Joseph Campbell

AS MÁSCARAS DE DEUS

MITOLOGIA ORIENTAL

Tradução
Carmen Fischer

Palas Athena

Título original: *The Masks of God – Oriental Mythology*

Publicado originalmente por The Viking Press, Nova York, 1962

Grafia segundo o Acordo Ortográfico da Língua Portuguesa de 1990,
que entrou em vigor no Brasil em 2009.

Coordenação editorial: *Lia Diskin*
Copidesque: *Graciela Karman*
Revisão técnica: *Elie Karman*
Revisão de provas: *Lucia Benfatti, Therezinha Siqueira Campos Lidia La Marck e Rejane Moura*
Edição de arte: *Roberto Sanz*
Editoração eletrônica: *Maria do Carmo de Oliveira*
Colaboração: *Collaço Veras, Ieda de Paula, João Câmara Neiva, Maria Teresa Bryg e Mirsia Hiromi Nakao*
Preparação e revisão ortográfica: *Lucia Benfatti e Flávia Bello*
Produção digital: *Tony Rodrigues*

Dados Internacionais de Catalogação na Publicação (CIP)
(Câmara Brasileira do Livro, SP, Brasil)

Campbell, Joseph, 1904-1987.
As máscaras de Deus : mitologia oriental / Joseph Campbell ; tradução Carmen Fischer. -- São Paulo : Palas Athena, 1994.

Título original : The Masks of God : occidental mythology.
Bibliografia.
ISBN 978-85-7242-009-9

1. Mitologia I. Título. II. Título: Mitologia oridental.

94-3664 CDD-291.13

Índices para catálogo sistemático
1. Mitologia 291.13

7ª edição – fevereiro de 2022

Direitos adquiridos para a língua portuguesa, no Brasil, pela
PALAS ATHENA EDITORA
Alameda Lorena, 355 – Jardim Paulista
01424-001 São Paulo, SP – Brasil
Fone: (11) 3050.6188
www.palasathena.org.br editora@palasathena.org.br

SUMÁRIO

PARTE I
A DIVISÃO ENTRE ORIENTE E OCIDENTE

Capítulo 1: Os Sinais Distintivos dos Quatro Grandes Domínios 13
I. O diálogo mítico entre Oriente e Ocidente 13
II. O mito comum do um que se tornou dois 17
III. As duas interpretações a respeito do ego 21
IV. Índia e Extremo Oriente: dois caminhos, dois modos 27
V. As duas lealdades da Europa e do Levante 33
VI. A era da comparação 35

Capítulo 2: As Cidades de Deus 36
I. A era do espanto 36
II. Mitogênese 37
III. Estágio cultural e estilo cultural 44
IV. O estado hierático 47
V. Identificação mítica 54
VI. Enfatuação mítica 65
VII. O imanente deus transcendente 73
VIII. A arte sacerdotal 79
IX. Subordinação mítica 82

Capítulo 3: As Cidades dos Homens 88
I. Dissociação mítica 88
II. Virtude mítica 95
III. Tempo mítico 97
IV. O dilúvio mítico 102
V. Culpa mítica 109
VI. O conhecimento da dor 114

PARTE II
AS MITOLOGIAS DA ÍNDIA

Capítulo 4: A Índia Antiga 123
I. O protagonista invisível 123
II. A civilização do Indo: *c.*2500-1500 a.C. 129
III. O período védico: *c.*1500-500 a.C. 142
IV. Poder mítico 155
V. Filosofia da floresta 162
VI. A divindade imanente-transcendente 168

VII. A grande reversão 172
VIII. O caminho da fumaça 177
IX. O caminho do fogo 190

Capítulo 5: A Índia Budista 195
I. O herói ocidental e o oriental 195
II. As novas cidades-estados: *c.*800-500 a.C. 199
III. A lenda do salvador do mundo 203
IV. Eternização mítica 205
V. O caminho do meio 207
VI. Nirvana 221
VII. A idade dos grandes clássicos: *c.*500 a.C.-500 d.C. 229
VIII. Três reis budistas 231
IX. O caminho da visão 240
X. O mundo reconquistado como sonho 248

Capítulo 6: A Idade de Ouro da Índia 254
I. A herança de Roma 254
II. O passado mítico 259
III. A idade das grandes crenças: *c.*500-1500 d.C. 267
IV. A via do prazer 271
V. O ataque do islamismo 286

PARTE III
AS MITOLOGIAS DO EXTREMO ORIENTE

Capítulo 7: Mitologia Chinesa 291
I. A antiguidade da civilização chinesa 291
II. O passado mítico 297
III. A época feudal chinesa: *c.*1500-500 a.C. 310
IV. A idade dos grandes clássicos: *c.*500 a.C.-500 d.C. 321
V. A época das grandes crenças: *c.*500-1500 d.C. 344

Capítulo 8: Mitologia Japonesa 360
I. Origens pré-históricas 360
II. O passado mítico 363
III. O caminho dos espíritos 370
IV. Os caminhos do Buda 374
V. O caminho dos heróis 387
VI. O caminho do chá 389

Capítulo 9: O Tibete: o Buda e a Nova Felicidade 393

Notas de referência 403
Índice remissivo 427

ILUSTRAÇÕES

Figura 1. Antigo complexo de templo, tipo oval: Iraque, *c.*4000-3500 a.C. 38

Figura 2. A força que se autoconsome: Suméria, *c.*3500 a.C. 39

Figura 3. O senhor da vida: Suméria, *c.*3500 a.C. 40

Figura 4. O sacrifício: Suméria, *c.*2300 a.C. 42

Figura 5. O leito ritual: Suméria, *c.*2300 a.C. 42

Figura 6. Mural mortuário em Hieracômpolis: Egito, *c.*2900? a.C. 47

Figura 7. Estela de Narmer (anverso): Egito, *c.*2850 a.C. 49

Figura 8. Estela de Narmer (reverso): Egito, *c.*2850 a.C. 50

Figura 9. Petróglifo. O barco da morte: Núbia, *c.*500-50 a.C.? 62

Figura 10. O segredo dos dois parceiros: Egito, *c.*2800 a.C. 68

Figura 11. A dupla entronização: Egito, *c.*2800 a.C. 69

Figura 12. O poder dual: Egito, *c.*2650 a.C. 72

Figura 13. O zigurate de Nipur (reconstrução): Iraque, *c.*2000 a.C. 90

Figura 14. Imagem de uma serva: Vale do Indo, *c.*2000 a.C. 130

Figura 15. Imagem de um sacerdote: Vale do Indo, *c.*2000 a.C. 132

Figura 16. O sacrifício: Vale do Indo, *c.*2000 a.C. 137

Figura 17. A deusa da árvore: Vale do Indo, *c.*2000 a.C. 138

Figura 18. O senhor das feras: Vale do Indo, *c.*2000 a.C. 140

Figura 19. O poder da serpente: Vale do Indo, *c.*2000 a.C. 140

Figura 20. O senhor da vida: França, *c.*50 d.C. 243

Figura 21. A ilha das pedras preciosas: Índia (Rajput), *c.*1800 d.C. 264

Figura 22. Estilo do Antigo Pacífico: à esquerda, cabo de osso, China (Shang) *c.*1200 a.C.; à direita, poste totêmico, América do Norte, (Costa Noroeste), recente 312

Figura 23. Estilo do Antigo Pacífico: acima, América do Norte (Costa Noroeste), recente; abaixo, México (estilo Tajin), *c.*200-1000 d.C. 313

Desenhos das figuras 2, 3, 4, 16, 19, 22, 23: John L. Mackey.

AS MÁSCARAS DE DEUS

MITOLOGIA ORIENTAL

PARTE I

A DIVISÃO ENTRE ORIENTE E OCIDENTE

CAPÍTULO 1

OS SINAIS DISTINTIVOS DOS QUATRO GRANDES DOMÍNIOS

I. O DIÁLOGO MÍTICO ENTRE ORIENTE E OCIDENTE

O mito do eterno retorno, que continua sendo essencial na via oriental, revela uma ordem de formas imutáveis que surgem e ressurgem ao longo do tempo. A rotação diária do Sol, o minguar e o crescer da Lua, o ciclo do ano e o ritmo de nascimento, morte e renascimento no mundo orgânico, representam um milagre de surgimento contínuo, fundamental à natureza do universo. Todos conhecemos o mito arcaico das quatro idades – do ouro, da prata, do bronze e do ferro – em que o mundo é mostrado em seu declínio, sempre para pior. Em seu devido tempo ele se desintegrará no caos, apenas para ressurgir, viçoso como uma flor, e recomeçar espontaneamente seu curso inevitável. Jamais houve um tempo em que não houvesse tempo. Tampouco haverá um tempo em que esse jogo caleidoscópico da eternidade no tempo deixe de existir.

Não há, portanto, nada a ser ganho, nem pelo universo nem pelo homem, através de originalidade e esforço individuais. Aqueles que se apegaram ao seu corpo mortal e a suas afeições, necessariamente acharão tudo muito penoso, pois tudo – para eles – terá que acabar. Mas para aqueles que encontraram o ponto imóvel da eternidade, em volta do qual tudo gira, inclusive eles próprios, tudo é aceitável da maneira como é, e pode ser vivenciado como magnífico e maravilhoso. O primeiro dever do indivíduo é, portanto, simplesmente exercer o papel que lhe foi atribuído – como o fazem o Sol e a Lua, as várias espécies animais e vegetais, as águas, as rochas e as estrelas – sem resistência, sem negligência, e então, se possível, orientar a mente de maneira a identificar sua consciência com o princípio contido no todo.

O encantamento onírico dessa tradição contemplativa, orientada metafisicamente, onde a luz e as trevas dançam juntas no jogo cósmico de sombras criador do mundo, traz até os tempos modernos uma imagem de idade incalculável. Em sua forma primitiva, ela é amplamente conhecida entre as aldeias tropicais da vasta zona equatorial que se estende da África, em direção leste, através da Índia, Sudeste Asiático e Oceania, até o Brasil, onde o mito básico é o da idade dos sonhos do princípio, quando não havia nem morte nem nascimento e que, entretanto, acabou quando foi cometido um assassinato. O corpo da vítima foi cortado e enterrado. E das partes enterradas não apenas surgiram as plantas comestíveis das quais a comunidade vive: também surgiram os órgãos reprodutivos naqueles que comeram de seus frutos. Foi assim que a morte, que chegou ao mundo através de um assassinato, foi contrabalançada por seu oposto, a geração, e a vida, essa coisa que se autoconsome e que vive da própria vida, iniciou seu interminável curso.

Em todas as selvas do mundo abundam não apenas cenas violentas entre animais, mas também espantosos ritos humanos de comunhão canibal, representando dramaticamente – com a força de um choque iniciatório – a cena do assassinato, o ato sexual e o banquete do princípio, quando a vida e a morte, que haviam sido uma, tornaram-se duas, e os sexos, que antes eram um, tornaram-se dois. As criaturas passam a ter existência, vivem da morte de outras, morrem e tornam-se alimento de outras, perpetuando através das transformações do tempo o arquétipo sem-tempo do princípio mitológico. O indivíduo, neste contexto, não é mais importante do que uma folha caída. Do ponto de vista psicológico, o efeito da prática de tal rito é retirar o foco da mente do individual – que perece – e colocá-lo no grupo – que permanece. Do ponto de vista mágico, reforça a vida perene em todas as vidas, que parecem muitas, mas na verdade são uma só, estimulando assim o crescimento do inhame, do coco, dos porcos, da Lua, da fruta-pão, bem como da comunidade humana.

Sir James Frazer, em *O Ramo Dourado*, mostrou que nas primeiras cidades-estados do Oriente Próximo, de cujo centro se originaram todas as civilizações avançadas do mundo, reis-deuses eram sacrificados em conformidade com esse rito selvagem.[1]* E a escavação de Sir Leonard Woolley das tumbas reais de Ur, nas quais cortes inteiras haviam sido cerimonialmente enterradas vivas, revelou que na Suméria tais práticas continuaram até aproximadamente 2350 a.C.[2] Sabemos, além do mais, que na Índia, no século XVI da nossa era, foram observados reis retalhando cerimonialmente a si próprios[3] e nos templos da deusa negra Kālī, a terrível de muitos nomes, "difícil de ser abordada" (*durgā*), cujo estômago é um vácuo que jamais pode ser preenchido e cujo útero está eternamente parindo todas as coisas, um rio de sangue de oferendas decapitadas tem fluído continuamente por milênios através de canais abertos para devolver esse sangue, ainda vivo, à sua fonte divina.

Até hoje setecentas ou oitocentas cabras são abatidas em três dias no Kalighat, o principal templo da deusa em Calcutá, durante seu festival de outono, o Durga Puja.

* As notas de referência encontram-se no final do volume e iniciam-se na p. 403.

As cabeças são empilhadas diante da imagem e os corpos vão para os devotos, para serem consumidos em comunhão contemplativa. Búfalos, ovelhas, porcos e aves também são imolados prodigamente em adoração a ela e, antes da proibição do sacrifício humano em 1835, ela recebia de todas as partes do país banquetes ainda mais abundantes. Em Tanjore, no templo dedicado a Śiva, uma criança do sexo masculino era decapitada diante do altar da deusa todas as sextas-feiras na hora sagrada do crepúsculo. No ano de 1830, um insignificante monarca de Bastar, desejando sua graça, sacrificou-lhe em uma ocasião vinte e cinco homens em seu altar em Danteshvari e, no século XVI, um rei de Cooch Behar imolou cento e cinquenta no mesmo local.[4]

Nas montanhas Jaintia, no Assam, era costume de uma certa casa real oferecer todos os anos uma vítima humana durante o Durga Puja. Depois de ter-se banhado e purificado, o sacrificado era vestido com roupas novas, coberto com sândalo e vermelhão, adornado com grinaldas, e dessa maneira instalado sobre uma plataforma elevada diante da imagem, onde passava algum tempo em meditação, repetindo sons sagrados e, quando pronto, fazia um sinal com o dedo. O carrasco, também pronunciando sílabas sagradas, primeiro elevava a espada e em seguida cortava a cabeça do homem, que logo era ofertada à deusa numa bandeja de ouro. Os pulmões, depois de cozidos, eram consumidos pelos iogues, e a família real compartilhava uma pequena porção de arroz embebido no sangue sacrificial. Os que eram oferecidos em tais sacrifícios eram habitualmente voluntários. Entretanto, quando se carecia deles, eram sequestrados fora do pequeno feudo. Assim aconteceu em 1832, quando quatro homens desapareceram do domínio britânico, dos quais um escapou para contar a história, e no ano seguinte o reino foi anexado – sem esse costume.[5]

"Por cada sacrifício humano acompanhado de seus devidos ritos, a deusa fica agradecida mil anos", podemos ler no *Kalika Purāṇa,* uma escritura hindu datada de cerca do século X da nossa era; "e pelo sacrifício de três homens, cem mil anos. Śiva, em seu aspecto terrífico, como consorte da deusa, é aplacado durante três mil anos por uma oferenda de carne humana. Pois o sangue, se imediatamente consagrado, torna-se ambrosia, e, como a cabeça e o corpo são extremamente gratificantes, deveriam ser oferecidos nas devoções à deusa. O sábio faria bem se acrescentasse tais carnes, livres de pelos, às suas oferendas de comida."[6]

No jardim da inocência, onde tais ritos podem ser realizados com perfeita equanimidade, tanto a vítima quanto o sacerdote sacrificial são capazes de identificar sua consciência com o princípio contido no todo. Eles podem verdadeiramente dizer e sentir, nas palavras da *Bhagavad Gītā,* que "assim como as roupas gastas são jogadas fora e as novas são vestidas, também corpos gastos são jogados fora pelo habitante do corpo e novos são vestidos".[7]

Para o Ocidente, entretanto, a possibilidade de retorno a tal estado sem ego, anterior ao nascimento da individualidade, não existe há muito tempo, e pode-se considerar que o primeiro estágio importante da separação ocorreu naquela mesma parte do Oriente Próximo nuclear, onde os primeiros reis-deuses e suas cortes foram sepultados ritualmente durante séculos: na Suméria, onde a separação das esferas divina e humana começou a ser representada no mito e no ritual por volta de 2350 a.C. O rei, então, não era mais um deus, mas um servo de deus, seu "lugar-tenente na terra", supervisor da raça de escravos humanos criada para servir aos deuses com labuta incessante. E a questão suprema já não era a da identidade, mas a da relação. O homem tinha sido feito não para *ser* Deus, mas para conhecê-lo, honrá-lo e servi-lo; de modo que o próprio rei – que de acordo com a visão mitológica anterior tinha sido a principal personificação da divindade na terra – era agora apenas um sacerdote oferecendo sacrifício em honra Àquele acima, não um deus retornando, ele mesmo, em sacrifício dedicado ao Si-Próprio.

No curso dos séculos seguintes, um novo sentido de separação levou a uma aspiração inversa de retorno, isto é: não à identidade, pois já não era mais possível conceber isso (criador e criatura não eram o mesmo), mas à presença e visão do deus perdido. Em consequência, a nova mitologia produziu, no devido tempo, um processo que se afastava da visão estática anterior de ciclos repetidos. Assim, de uma criação feita no princípio do tempo de uma só vez e para sempre, de uma queda subsequente e de uma obra de restauração ainda em curso, surge uma mitologia progressiva de orientação temporal. O mundo não mais era para ser conhecido como mera demonstração no tempo dos paradigmas da eternidade, mas como um campo de conflito cósmico inaudito entre as duas forças, a da luz e a das trevas.

O primeiro profeta dessa mitologia de restauração cósmica foi, ao que parece, o persa Zoroastro, cujas datas, entretanto, não foram fixadas com segurança. Elas foram situadas variadamente entre *c.*1200 e *c.*550 a.C.,[8] de maneira que, como Homero (de mais ou menos a mesma datação), ele talvez devesse ser olhado mais como símbolo de uma tradição do que como específica ou exclusivamente um homem. O sistema associado a seu nome está baseado na ideia de um conflito entre o senhor sábio, Ahura Mazda, "primeiro pai da Ordem Justa, que determinou o rumo do sol e das estrelas",[9] e um princípio independente do mal, Angra Mainyu, o Impostor, princípio da mentira que, quando tudo estava perfeitamente acabado, penetrou em cada partícula. O mundo, em consequência, é um complexo dentro do qual o bem e o mal, a luz e as trevas, a sabedoria e a violência, estão disputando a vitória. E o privilégio e dever de cada homem – que, como parte da criação, é ele próprio um composto de bem e mal – é escolher, voluntariamente, participar da luta em defesa da luz. Supõe-se que com o nascimento de Zoroastro, doze mil anos após a criação do mundo, o conflito experimentou uma mudança decisiva em favor do bem, e que quando ele retornar, passados outros doze milênios, na pessoa do messias Saoshyant, ocorrerá a batalha final e a conflagração cósmica, através da qual o princípio das trevas e a mentira serão destruídos. Depois disso, tudo será luz, não haverá mais história e o Reino de Deus (Ahura Mazda) terá sido fundado em sua forma prístina para sempre.

É evidente que para a reorientação do espírito humano seria necessária aqui uma poderosa fórmula mítica, capaz de arremessar esse espírito para a frente no decorrer do tempo e de convocar o homem a assumir uma responsabilidade autônoma pela renovação do universo em nome de Deus. Capaz também de promover uma nova e potencialmente política (ou seja, não contemplativa) filosofia de guerra santa. Diz uma oração persa: "Que possamos ser como aqueles que causam a renovação e o progresso deste mundo, até que sua perfeição seja atingida".[10]

A primeira manifestação histórica da força dessa nova visão mítica ocorreu no império aquemênida de Ciro, o Grande (morto em 529 a.C.), e Dario I (que reinou de *c.*521 a 486 a.C.), que em algumas décadas estendeu seu domínio da Índia à Grécia e sob cuja proteção os hebreus do pós-êxodo tanto reconstruíram seu templo (Ezra 1:1-11) como reconstruíram sua herança tradicional. A segunda manifestação histórica dessa nova visão foi a aplicação por parte dos hebreus de sua mensagem universal a si próprios; a seguinte foi a missão mundial do cristianismo e a quarta, a do islamismo.

"Ampliem o lugar de suas tendas e deixem abertas as cortinas de suas habitações; não recuem, estendam suas cordas e fortaleçam suas estacas. Pois vocês se dispersarão para o exterior para a direita e para a esquerda e seus descendentes possuirão as nações, e o povo escolhido, as cidades abandonadas." (Isaías 54:2-3; *c.*546-536 a.C.)

"E esse evangelho do reino será pregado em todo o mundo como testemunho para todas as nações, e então chegará o fim." (Mateus 24:14; *c.*90 d.C.)

"E mate-os onde quer que os encontre, e expulse-os de onde eles o expulsaram; pois o tumulto e a opressão são piores que a matança. [...] E combata-os até não haver mais tumulto ou opressão e ali prevalecer a justiça e a fé em Alá; mas se eles cessarem, não permita que haja hostilidade, exceto para aqueles que praticam a opressão." (Alcorão 2:191, 193; *c.*632 d.C.)

Duas mitologias completamente opostas sobre o destino e virtude humanos, portanto, chegaram juntas ao mundo moderno. E ambas estão contribuindo com qualquer nova sociedade que possa estar em processo de formação. Pois, da árvore que cresce no jardim onde Deus anda no frescor do dia, os sábios a oeste do Irã compartilharam do fruto do conhecimento do bem e do mal, enquanto os do outro lado daquele limite cultural, na Índia e Extremo Oriente, provaram apenas do fruto da vida eterna. Entretanto, os dois galhos, somos informados,[11] unem-se no centro do jardim, onde formam uma única árvore na base, ramificando-se quando atingem uma certa altura. Igualmente, as duas mitologias originam-se de uma única base no Oriente Próximo. E se o homem provasse de ambos os frutos ele se tornaria, disseram-nos, como o próprio Deus (Gênesis 3:22) – o que constitui a bênção que o encontro do Oriente e do Ocidente hoje nos oferece a todos.

II. O MITO COMUM DO UM QUE SE TORNOU DOIS

A extensão da divergência entre as mitologias – e em consequência as psicologias – do Oriente e Ocidente no decorrer do período entre o nascimento da civilização no Oriente Próximo e a época atual de redescoberta mútua, fica evidente nas respectivas versões opostas da mesma imagem mitológica do primeiro ser, que originalmente era um, mas se tornou dois.

"No princípio", afirma um exemplo indiano de *c.*700 a.C., preservado no *Bṛhadāraṇyaka Upaniṣad,*

> este universo não era nada senão o Si-Próprio na forma de um homem. Ele olhou em volta e viu que não havia nada além de si mesmo, de maneira que seu primeiro grito foi: "Sou Eu!", e daí surgiu o conceito "eu". (E é por isso que, até hoje, quando interpelados respondemos antes "sou eu!", e só depois damos o nome pelo qual atendemos.)
>
> Então, ele teve medo. (É por isso que qualquer pessoa sozinha tem medo.) Mas considerou: "Como não há ninguém aqui além de mim mesmo, o que há para temer?" Em consequência disso o medo desapareceu. (Pois o que deveria ser temido? É apenas a outro que o medo se refere.)
>
> Entretanto, ele carecia de prazer (por isso, carecemos de prazer quando sozinhos) e desejou outro. Ele era exatamente tão grande quanto um homem e uma mulher abraçados. Esse Si-Próprio dividiu-se então em duas partes, e com isso passou a haver um senhor e uma senhora. (Por isso, esse corpo, em si mesmo, como declara o sábio Yajnavalkya, é como a metade de uma ervilha. E é por isso, além do mais, que esse espaço é preenchido por uma mulher.)
>
> O macho abraçou a fêmea e desse abraço surgiu a raça humana, Ela, entretanto, refletiu: "Como ele pode unir-se a mim, que sou produto dele próprio? Bem, então vou esconder-me!" Ela tornou-se uma vaca, ele um touro e uniu-se a ela, e dessa união surgiu o gado. Ela tornou-se uma égua, ele um garanhão, ela uma jumenta, ele um jumento e uniram-se, e disso surgiram os animais de casco. Ela tornou-se uma cabra, ele um bode; ela uma ovelha, ele um carneiro e uniram-se, e surgiram as cabras e as ovelhas. Dessa maneira ele criou todos os pares de criaturas, até as formigas. E então percebeu: "Na verdade, sou a criação; pois tudo isso brotou de mim". Daí surgiu o conceito "Criação" (em sânscrito, *sṛṣṭiḥ:* "fruto do manar").
>
> Todo aquele que entender isso torna-se, verdadeiramente, ele próprio, um criador nessa criação.[12]

O mais conhecido exemplo ocidental dessa imagem do primeiro ser, dividido em dois, que parece ser dois mas é de fato um, está no Livro do Gênesis, segundo capítulo, orientado porém em outra direção. Pois o casal é dividido ali por um ser superior que, como nos contam, fez com que o homem caísse em profundo sono e, enquanto ele dormia, tirou uma de suas costelas.[13] Na versão indiana é o próprio deus que se divide e se torna não apenas homem, mas toda a criação; de maneira que tudo é uma manifestação daquela única substância divina onipresente: não há outro. Na Bíblia, entretanto, Deus e homem, desde o início, são distintos. De fato, o homem é feito à imagem de Deus e o sopro de Deus foi insuflado em suas narinas; mas seu ser, seu Si-Próprio, não é o de Deus, nem tampouco é uno com o universo. A criação do mundo, dos animais e de Adão (que então se tornou Adão e Eva), foi realizada não dentro da esfera da divindade, mas fora dela. Há, consequentemente, uma separação *intrínseca* e não apenas *formal*. E o propósito do conhecimento não pode ser contemplar Deus aqui e agora em todas as coisas; pois Deus não está nas coisas. Deus é transcendente. Apenas os mortos veem Deus. O propósito do conhecimento tem de ser, antes, conhecer a *relação* de Deus com sua criação, ou, mais especificamente, com o homem, e através de tal conhecimento, pela graça de Deus, religar a própria vontade de cada um com a do Criador.

Além do mais, de acordo com a visão bíblica desse mito, foi apenas após a criação que o homem caiu, enquanto no exemplo indiano a própria criação foi uma queda – a fragmentação de um deus. E o deus não é condenado. Antes, sua criação, "seu manar" (*sṛṣṭiḥ*) é descrito como um ato de voluntária e dinâmica vontade-de-ser-mais, que antecedeu a criação e tem, portanto, um significado metafísico e simbólico, nem literal nem histórico. A queda de Adão e Eva foi um evento dentro da já criada estrutura de espaço e tempo, um acidente que não deveria ter ocorrido. Por outro lado, o mito do Si-Próprio na forma de um homem que olhou em volta e não viu nada além de si mesmo, disse "Eu", sentiu medo e então desejou ser dois, fala de um fator não casual mas intrínseco na multiplicação do ser, cuja correção ou anulação não aperfeiçoaria, mas dissolveria a criação. O ponto de vista indiano é metafísico, poético; o bíblico, ético e histórico.

A queda e expulsão de Adão do Paraíso não foi, portanto, em nenhum sentido, uma divisão metafísica da própria substância divina, mas um evento apenas na história, ou pré-história, do homem. E esse evento no mundo criado aparece ao longo da Bíblia no registro dos sucessos e fracassos do homem na tentativa de religar-se a Deus – sucessos e fracassos, mais uma vez, concebidos historicamente. Pois, como veremos a seguir, o próprio Deus, em certo momento no curso do tempo, por sua própria vontade, moveu-se em direção ao homem, instituindo uma nova lei na forma de um pacto com um certo povo, que se tornou, com isso, uma raça sacerdotal, única no mundo. A reconciliação de Deus com o homem, de cuja criação ele se havia arrependido (Gênesis 6:6), deveria ser alcançada apenas pela virtude dessa comunidade particular – em seu devido tempo: pois em seu tempo deveria ocorrer a instauração do reino do Senhor Deus na terra, quando as monarquias pagãs se desagregariam e Israel seria salvo, quando os homens "lançariam seus ídolos de prata e seus ídolos de ouro, que fizeram para adorar, às toupeiras e aos morcegos".[14]

> Sede subjugados, vós, povos, e ficai desalentados;
>   dai ouvidos, todos vós, países distantes;
> escarnecei e ficai desalentados;
>   escarnecei e ficai desalentados.
> Aconselhai-vos, mas isso não vos levará a nada;
>   dizei uma palavra, mas ela não se sustentará,
>   porque Deus está conosco.[15]

Na visão indiana, pelo contrário, o que é divino aqui é divino lá também; tampouco se terá que esperar – ou mesmo desejar – pelo "dia do Senhor". Pois o que se perdeu é, em cada um, o Si-Próprio (*ātman*), aqui e agora, e tem apenas de ser procurado. Ou, como eles dizem: "Apenas quando os homens enrolarem o espaço como um pedaço de couro, haverá um fim para o sofrimento e além disso haverá o conhecimento de Deus".[16]

No mundo dominado pela Bíblia surge a questão a respeito da comunidade escolhida, pois é bem sabido que três manifestaram pretensões: a judaica, a cristã e a muçulmana, cada uma alegando autoridade advinda de uma revelação particular. Deus, embora concebido como fora do âmbito da história e não sendo ele próprio sua substância (transcendente: não imanente), supostamente engajou-se de modo milagroso na empresa de restaurar o homem caído, através de uma aliança, sacramento ou livro revelado, a fim de propiciar uma experiência comunal geral de realização ainda por vir. O mundo é corrupto e o homem um pecador; o indivíduo, entretanto, através da união com Deus no destino da única comunidade legitimada, participa da glória vindoura do reino da justiça, quando "a glória do Senhor será revelada e toda a carne junta a verá".[17]

Na experiência e visão da Índia, por outro lado, embora o mistério e ascendência sagrados tenham sido entendidos como, de fato, transcendentes ("outro que não o conhecido; mais do que isso: acima do desconhecido"),[18] eles são também, ao mesmo tempo, imanentes ("como uma navalha em seu estojo, como o fogo no pavio").[19] Não é que o divino esteja em *todas as partes:* é que o divino é *tudo.* De maneira que não se precisa de nenhuma referência externa, revelação, sacramento ou comunidade autorizada para se retornar a ele. Tem-se apenas de mudar a orientação psicológica e reconhecer (re-conhecer) o que está dentro. Sem esse reconhecimento, somos afastados de nossa própria realidade por uma miopia cerebral que em sânscrito é chamada *māyā,* "ilusão" (da raiz verbal *mā,* "medir, marcar, formar, construir", denotando, em primeiro lugar, o poder de um deus ou demônio de produzir efeitos ilusórios, de mudar de forma e de aparecer sob máscaras enganadoras; em segundo lugar, "mágica", a produção de ilusões e, na guerra, "camuflagem, táticas enganadoras", e finalmente, no discurso filosófico, a ilusão sobreposta à realidade por causa da ignorância). No lugar da expulsão bíblica de um paraíso geográfico e concebido historicamente, onde Deus andava no frescor do dia,[20] temos na Índia, portanto, já por volta de 700 a.C. (cerca de trezentos anos antes da compilação do Pentateuco), uma interpretação *psicológica* do grande tema.

Nas duas tradições, o mito do andrógino primevo é aplicado à mesma função: evidenciar a distância do homem, em sua vida secular normal, dos divinos Alfa e Ômega. Mas os argumentos diferem radicalmente e, por isso, sustentam duas civilizações radicalmente diferentes. Pois, se o homem foi afastado do divino por um evento histórico, será um evento histórico que o levará de volta, enquanto, se foi impedido por algum tipo de desvio psicológico, a psicologia será seu veículo de retorno. Portanto, na Índia o foco último de preocupação não é a comunidade (embora, como veremos, a ideia de comunidade sagrada exerça um papel formidável como força disciplinadora), mas a ioga.

III. AS DUAS INTERPRETAÇÕES A RESPEITO DO EGO

O termo indiano *yoga* deriva da raiz verbal sânscrita *yuj,* "ligar, juntar ou unir", etimologicamente relacionada com "emparelhar" – uma canga de bois – e é, em certo sentido, análoga à palavra "religião" (latim *re-ligio*), "ligar de volta ou atar". O homem, a criatura, é ligado de volta a Deus pela religião. Entretanto, a religião, *religio,* refere-se a uma vinculação historicamente condicionada por meio de uma aliança, sacramento ou livro sagrado, enquanto a ioga é a vinculação psicológica da mente com o princípio superior "pelo qual a mente conhece".[21] Além do mais, na ioga o que é unido é, finalmente, o Si-Próprio consigo mesmo, consciência com consciência; pois o que parecia, através da *māyā*, ser dois, na realidade não é assim; ao passo que na religião, o que une são Deus e o homem, que não são a mesma coisa.

Nas religiões populares do Oriente, entretanto, os deuses são adorados como se fossem exteriores a seus devotos e são observados todos os ritos e regras de uma relação convencionada. Contudo, a realização última, que os sábios celebraram, é que o deus adorado como algo externo é, na realidade, um reflexo do mesmo mistério do Si-Próprio. Enquanto permanecer a ilusão do ego, também permanecerá a ilusão proporcional de uma divindade separada, e vice-versa: enquanto for alimentada a ideia de uma divindade separada, uma ilusão do ego relacionada com ela no amor, medo, adoração, separação e reconciliação também estará presente. Mas precisamente essa ilusão de dualidade é o ardil da *māyā.* "Tu és Aquilo" (*tat tvam asi*)[22] é o pensamento adequado ao primeiro passo em direção à sabedoria.

No princípio, como vimos, havia apenas o Si-Próprio; mas ele disse "Eu" (em sânscrito, *aham*) e imediatamente sentiu medo e depois, desejo.

Deve-se observar que nesta abordagem do instante da criação (apresentada de dentro da esfera da psique do próprio ser criador), as duas motivações básicas são identificadas da mesma forma que as principais escolas modernas de análise profunda as indicaram na psique *humana:* agressão e desejo. Carl G. Jung, em seu primeiro ensaio sobre *The Unconscious in Normal and Pathological Psychology* [O Inconsciente na Psicologia Normal e na Psicopatologia] (1916),[23] escreveu sobre dois tipos psicológicos: o introvertido, acossado pelo medo, e o extrovertido, conduzido pelo desejo. Sigmund Freud também, em *Além do Princípio do Prazer* (1920),[24] escreveu sobre "o desejo de morte" e "o desejo de vida": por um lado, o desejo de violência e o medo dela (*thánatos, destrudo*) e, por outro, a necessidade e o desejo de amar e ser amado (eros, libido). Ambos originam-se espontaneamente da fonte profunda e obscura das energias da psique, o id, e são governados, portanto, pelo autocentrado "princípio do prazer" – *Eu* quero: *eu* tenho medo. De modo semelhante, no mito indiano, assim que o Si-Próprio disse "Eu" (*aham*), ele conheceu primeiro o medo e depois o desejo.

Mas agora – e aqui, acredito, há um ponto de importância fundamental para nossa interpretação da diferença básica entre as abordagens oriental e ocidental no cultivo do espírito – no mito indiano o princípio do ego, "Eu" (*aham*), é totalmente identificado com o princípio do prazer, enquanto nas psicologias tanto de Freud quanto de Jung sua função específica é conhecer a realidade externa e relacionar-se com ela ("princípio da realidade" de Freud): não a realidade da esfera metafísica, mas a da física, empírica, de tempo e espaço. Em outras palavras, a maturidade espiritual, conforme entendida no moderno Ocidente, requer uma diferenciação entre o *ego* e o *id*, enquanto no Oriente, ao longo de pelo menos toda a história de todas as doutrinas que provieram da Índia, o ego (*ahaṁ-kāra*: "a emissão do som 'Eu' ") é impugnado como o princípio da ilusão libidinosa, a ser dissolvida.

Vamos lançar um olhar sobre a maravilhosa história do Buda no episódio em que alcança o propósito de todos os propósitos sob a "árvore do despertar", a árvore Bo ou Bodhi (*bodhi,* "despertar").

O Bem-aventurado, sozinho, acompanhado apenas de sua própria decisão, com a mente firmemente determinada, ergueu-se como um leão ao cair da noite, na hora em que as flores se fecham e, encaminhando-se para uma estrada que os deuses tinham forrado de bandeiras, apressou-se em direção à árvore Bodhi. Cobras, gnomos, pássaros, músicos divinos e muitos outros seres o veneraram com perfumes, flores e outras oferendas, enquanto os coros dos céus entoavam música celestial; de maneira que os dez mil mundos ficaram repletos de aromas agradáveis, grinaldas e brados de júbilo.

Naquele momento, surgiu na direção oposta um cortador de grama chamado Sotthiya, carregando um fardo de grama; quando ele viu o Grande Ser, que era um homem santo, deu-lhe de presente oito punhados. Depois disso, chegando junto da árvore Bodhi, aquele que estava prestes a tornar-se o Buda ficou em pé no lado sul, de frente para o norte. Imediatamente, a metade sul do mundo afundou até parecer tocar o mais ínfero dos infernos, enquanto a metade norte se elevou até o céu mais alto.

"Parece-me", disse o futuro Buda, "que este não pode ser o lugar para a obtenção da suprema sabedoria", e caminhando em volta da árvore, com seu lado direito voltado para ela, chegou ao lado oeste e postou-se de frente para o leste. Em seguida, a metade oeste do mundo afundou até parecer tocar o mais ínfero dos infernos, enquanto a metade leste elevou-se até o mais alto dos céus. De fato, onde quer que o Bem-aventurado parasse, a vasta terra elevava-se e afundava-se, como se fosse uma imensa roda deitada sobre seu eixo e alguém estivesse pisando em sua borda.

"Penso", disse o futuro Buda, "que este também não pode ser o lugar para a obtenção da suprema sabedoria", e continuou caminhando, com seu lado direito voltado para a árvore, até chegar ao lado norte, colocando-se de frente para o sul. Então a metade norte do mundo afundou até parecer tocar o mais ínfero dos infernos, enquanto a metade sul se elevou até o mais alto dos céus.

"Penso", disse o futuro Buda, "que este tampouco pode ser o lugar para a obtenção da suprema sabedoria", e caminhando em volta da árvore, com seu lado direito voltado para ela, chegou ao lado leste e colocou-se de frente para o oeste.

Pois bem, é do lado leste de suas árvores Bodhi que todos os Budas sentaram, de pernas cruzadas, e esse lado jamais estremeceu ou oscilou.

Então, o Grande Ser, dizendo para si mesmo "este é o Ponto Imóvel, no qual todos os Budas se assentaram; este é o lugar propício para destruir a rede das paixões", apanhou um tufo de grama por uma das pontas e sacudiu-o. E imediatamente as folhas de grama formaram um assento medindo catorze cúbitos [50 cm] de lado, tão simétrico que nem mesmo o mais habilidoso pintor ou escultor conseguiria desenhar. O futuro Buda, de costas para o tronco da árvore Bodhi, colocou-se de frente para o leste e, tomando a firme resolução: "que minha pele, nervos e ossos fiquem secos; que toda a carne e sangue do meu corpo sequem, mas eu não me moverei deste assento até atingir a sabedoria suprema e absoluta!", sentou-se de pernas cruzadas numa postura inabalável, da qual nem mesmo uma centena de raios caindo de uma só vez poderia removê-lo.[25]

Tendo deixado seu palácio, esposa e filho alguns anos antes, para buscar o conhecimento que deveria libertar do sofrimento todos os seres, o príncipe Gautama Śākyamuni chegara, finalmente, ao ponto central, o ponto que sustenta o universo – aqui descrito em termos mitológicos, para que não seja tomado como um local físico que pudesse ser encontrado em algum lugar da terra. Sua localização é psicológica. É aquele ponto de equilíbrio na mente, do qual o universo inteiro pode ser contemplado: o ponto imóvel de desapego em torno do qual giram todas as coisas. Ao homem secular, as coisas parecem mover-se no tempo e ser, em seu caráter último, concretas. Eu estou aqui, você está lá; direito e esquerdo; em cima, embaixo; vida e morte. Os pares de opostos estão todos em volta e a roda do mundo, a roda do tempo, está sempre girando, com nossas vidas presas ao seu aro. Entretanto, há um ponto central que tudo sustenta, um centro onde os opostos convergem, como os raios de uma roda, na vacuidade. E é ali, diz-se, de frente para o leste (a direção do novo dia), que os Budas do passado, do presente e do futuro – pertencentes a um único Estado de Buda, embora se manifeste variadamente no tempo – experimentaram a absoluta iluminação.

O príncipe Gautama Śākyamuni, com sua mente firmada naquele centro e prestes a desvendar o mistério último da existência, seria agora assaltado pelo senhor da ilusão da vida: aquele mesmo Si-Próprio-em-forma-de-um-homem que, antes do princípio do tempo, olhou em volta e não viu nada além de si e disse "Eu", e imediatamente sentiu, primeiro medo e depois desejo. Representado mitologicamente, esse mesmo Ser de todos os seres apareceu diante do futuro Buda, primeiro como um príncipe, portando um arco florido, personificando Eros, Desejo (em sânscrito, *kāma*) e depois como um aterrorizante marajá de demônios, montado em um elefante guerreiro, o Rei Tanatos (em sânscrito, *māra*), Rei Morte.

Em uma famosa versão sânscrita da vida do Buda, escrita por Ashvaghosha (*c.*100 d.C.), um dos primeiros mestres do assim chamado estilo "poético" (*kāvya*) de composição literária, brâmane douto que se converteu à ordem budista, lemos:

> aquele que no mundo é chamado de Senhor Desejo, o dono das setas floridas, que também é chamado de Senhor Morte e é o inimigo último do desapego, conclamando seus

três filhos encantadores, ou seja, Loucura, Folia e Orgulho, e suas voluptuosas filhas, Luxúria, Prazer e Anseio, enviou-os ao Bem-aventurado. Pegando seu arco florido e suas cinco flechas que instilam paixão, chamadas A Incitadora do Auge do Desejo, A Que dá Contentamento, A Que Cega de Paixão, A Abrasadora e A Portadora da Morte, ele acompanhou sua prole até o pé da árvore onde o Grande Ser estava sentado. Brincando com uma flecha, o deus apareceu e dirigiu-se ao tranquilo vidente que ali estava fazendo sua travessia até a costa distante do oceano da existência.

"Levante-se, levante-se, nobre príncipe!", ele ordenou em tom de divina autoridade. "Lembre-se dos deveres de sua casta e abandone esta busca dissoluta de desapego. A vida mendicante não é para aquele que nasceu numa casa nobre; mas antes, pela lealdade aos deveres de sua casta, ficará a serviço da sociedade, manterá as leis da religião revelada, combaterá a perversidade no mundo e com isso, na qualidade de um deus, merecerá uma morada no mais alto céu."

O Bem-aventurado não se moveu.

"Não vai levantar-se?", perguntou então o deus. E colocou uma flecha no arco. "Se for obstinado, teimoso e persistir em sua decisão, esta flecha que estou armando e que já inflamou o próprio sol será arremessada. Ela já está apontando a língua em sua direção, como uma serpente." E, ameaçando sem nenhum efeito, ele disparou a flecha – sem resultado.

Pois o Bem-aventurado, pelo mérito de inumeráveis atos de doação ilimitada praticados durante suas inúmeras vidas, tinha dissolvido em sua mente o conceito do "eu" (*aham*) e, com isso, a experiência correlata de qualquer "tu" (*tvam*). Na vacuidade do Ponto Imóvel, debaixo da árvore do conhecimento além dos pares-de-opostos, além da vida e da morte, do bem e do mal, do eu e do tu, se ele tivesse pensado no "eu" teria sentido "eles ou elas" e, vendo as voluptuosas filhas do deus que se exibiam, sedutoras, à sua frente, como objetos na esfera de um sujeito, teria precisado no mínimo, controlar-se. Entretanto, não havendo nenhum "eu" presente em sua mente, não havia tampouco nenhum "eles ou elas". Absolutamente imóvel, porque ele próprio absolutamente ausente, assentado no Ponto Imóvel na atitude inabalável de todos os Budas, o Bem-aventurado era invulnerável à flecha.

E o deus, percebendo que seu ataque tinha fracassado, pensou: "Ele nem mesmo percebe a flecha que inflamou o sol! Será que é destituído de sentidos? Ele não merece nem minha flecha florida nem nenhuma das minhas filhas: vou enviar contra ele meu exército".

E imediatamente, despindo-se de seu aspecto atraente como Senhor Desejo, o grande deus tornou-se o Senhor Morte e em volta dele irrompeu um exército de criaturas demoníacas, ostentando formas assustadoras e portando nas mãos arcos e flechas, dardos, maças, espadas, árvores e mesmo montanhas resplandecentes; com aparência de javalis, peixes, cavalos, camelos, asnos, tigres, ursos, leões e elefantes; com um só olho, várias caras, três cabeças, pançudos e com barrigas pintadas; munidos de garras, presas, alguns trazendo nas mãos corpos sem cabeça, muitos com caras semimutiladas, bocas monstruosas, joelhos cobertos de nós e catinga de bode; vermelhos cor de cobre, alguns vestindo couro, outros absolutamente nada, com cabelos cor de fogo ou de fumaça, muitos com longas orelhas pendentes, com a metade da cara branca, outros com a metade do corpo verde; pintados de vermelho e cor de fumaça, amarelo e negro; com braços mais longos do que o alcance das serpentes, os cintos com sinos tilintantes; alguns tão altos quanto palmeiras, portando lanças; alguns do tamanho de uma criança, com dentes saltados; alguns com corpo de pássaro e cara de carneiro ou corpo de homem e cara de gato; com cabelos hirsutos, com topetes ou semicarecas; com expressões carrancudas ou triunfantes, consumindo forças ou fascinando mentes. Alguns divertindo-se no céu, outros no topo das árvores; muitos dançavam uns sobre os outros e muitos, ainda, pulavam desvairadamente no chão. Um deles, dançando, balançava um tridente; outro estalava sua maça; um, feito um touro, pulava de alegria; outro esparzia chamas de cada fio de cabelo. E havia alguns que se postaram à sua volta para assustá-lo com muitas línguas espichadas, muitas bocas, selvagens, dentes pontudos afiados, orelhas pontudas como pregos e olhos iguais ao disco solar. Outros, saltando para o céu, arremessavam rochas, árvores e machados, espalhando chamas tão volumosas quanto picos de montanhas, chuvas de brasas, serpentes de fogo e chuvas de pedras. E o tempo todo, uma mulher nua, com uma caveira na mão, agitava-se à volta, irrequieta, não parando em nenhum lugar, como a mente de um estudante distraído debruçado sobre os textos sagrados.

Mas vejam! Entre todos esses terrores, visões, sons e odores, a mente do Bem-aventurado não estava mais abalada do que o juízo de Garuda, o pássaro-sol de penas douradas, entre os corvos. E uma voz gritou do céu: "Ó Mara, não se canse em vão! Desista dessa maldade e vá embora em paz! Pois mesmo que o fogo um dia abandone o seu calor, a água sua fluidez, a terra sua solidez, jamais este Grande Ser, que adquiriu o mérito que o trouxe até esta árvore por muitas vidas em inumeráveis eras, abandonará sua determinação".

E o deus Mara, frustrado, desapareceu com seu exército. O céu, iluminado pela lua cheia, brilhou então como o sorriso de uma donzela e derramou sobre o Bem-aventurado flores, pétalas de flores, ramalhetes de flores úmidas de orvalho. Naquela noite, ao longo da noite, no primeiro período de vigília daquela noite maravilhosa, ele adquiriu o conhecimento de sua existência anterior; no segundo período conquistou a visão divina; no último, compreendeu a Lei da Originação Dependente e, ao nascer do sol, atingiu a onisciência.

A terra estremeceu de prazer, como uma mulher excitada. Os deuses desceram de todos os lados para adorar o Bem-aventurado que era agora o Buda, o Desperto. "Glória a ti, herói iluminado entre os homens", eles cantavam enquanto o circundavam movendo-se no sentido do sol. E chegaram todos os demônios da terra, mesmo os filhos e filhas de Mara, as divindades que vagam pelo céu e as que andam no chão. E depois de terem adorado o vitorioso com todas as formas de homenagens de acordo com suas posições, retornaram a suas diversas moradas, radiantes pelo novo êxtase.[26]

Em resumo: o Buda, havendo dissolvido o senso de "eu", orientou sua consciência para além da motivação da criação – o que, entretanto, não significou que ele tivesse deixado de viver. De fato, ele permaneceria por mais meio século no mundo do tempo e do espaço, participando – oh, ironia! – da vacuidade dessa multiplicidade, percebendo a dualidade, mas sabendo que ela é ilusória, ensinando compassivamente o que não pode ser ensinado a outros que, na verdade, não eram outros. Pois não há nenhuma forma de comunicar uma experiência em palavras àqueles que ainda não viveram essa experiência – ou, pelo menos, algo que se aproxime dela, à qual se possa fazer referência por analogias. Além do mais, onde não há ego, não há "outro" a ser temido, desejado ou ensinado.

Na doutrina clássica indiana das quatro finalidades para as quais se supõe que os homens vivam e lutem – amor e prazer (*kāma*), poder e sucesso (*artha*), ordem legal e virtude moral (*dharma*) e, finalmente, libertação da ilusão (*mokṣa*) – notamos que as duas primeiras são manifestações do que Freud chamou de "princípio do prazer", impulsos primários do homem natural, resumidos na fórmula "eu quero". No adulto, de acordo com a visão oriental, esses impulsos devem ser dominados e controlados pelos princípios do *dharma* que, no sistema clássico indiano, são estampados no indivíduo pela instrução outorgada por sua casta. O infantil "eu quero" deve ser dominado pelo "tu deves", aplicado socialmente (não determinado individualmente), o qual se supõe ser tão inerente à ordem cósmica imutável quanto o curso do próprio sol.

Agora, deve-se observar que na versão que acabamos de apresentar sobre a tentação do Buda, o Antagonista representa as três primeiras finalidades (o assim chamado *trivarga*: "agregado de três"); pois em sua caracterização como Senhor Desejo ele personifica a primeira; como Senhor Morte, a força agressiva da segunda; enquanto em sua intimação ao sábio meditativo a levantar-se e retornar aos deveres de sua posição na sociedade, ele promove a terceira. E, na verdade, como uma manifestação daquele Si-Próprio que não apenas criou, mas sustenta permanentemente o universo, ele é a própria encarnação dessas finalidades. Pois elas, de fato, suportam o mundo. E na maioria dos ritos de todas as religiões, esse deus, digamos, trino e uno, é o único e exclusivo deus adorado.

Entretanto, no nome e na realização do Buda, "O Iluminado", é anunciada a quarta finalidade: libertação da ilusão. E para sua obtenção, as outras são impedimentos, difíceis de serem removidos, mas não insuperáveis para quem tiver propósitos firmes. Sentado no umbigo do mundo, subjugando a perfeita força criativa que surgia em seu próprio ser e através dele, o Buda, de fato, irrompeu no vazio e – ironicamente – o universo de imediato vicejou. Este ato de autoanulação é um exemplo de esforço individual. No entanto, um observador ocidental não pode deixar de notar que não há exigência ou expectativa em qualquer parte desse sistema indiano de quatro finalidades, com relação ao amadurecimento da personalidade através de: 1º) a adaptação individual, inteligente e sempre renovada, ao mundo espaço-temporal que está ao nosso redor; 2º) a experimentação criativa com possibilidades inexploradas e, 3º) a aceitação de responsabilidade pessoal pela realização de atos inauditos praticados dentro do contexto da ordem social. Na tradição indiana tudo foi perfeitamente ordenado desde toda a eternidade. Não pode haver nada de novo, nada a ser aprendido, exceto o que os sábios vêm ensinando desde tempos imemoriais. E finalmente, quando o fastio desse horizonte infantil do "eu quero" contra o "tu deves" se tornou insuportável, a quarta e última finalidade é tudo o que é oferecido – a extinção total do ego infantil: desapego ou libertação (*mokṣa*) tanto do "eu" quanto do "tu".

No Ocidente europeu, por outro lado, onde a doutrina fundamental da liberdade de escolha dissocia essencialmente o indivíduo de todos os outros, do propósito da natureza e da vontade de Deus, entrega-se a cada um a responsabilidade de chegar de modo inteligente, a partir de sua própria experiência e volição, a algum tipo de relação com (não identidade com, nem extinção no) o todo, o vazio, o que é, o absoluto, ou qualquer que seja o termo apropriado para o que está além dos termos. E na esfera secular, espera-se que um ego educado deva ter ultrapassado a mera polaridade infantil dos princípios do prazer e da obediência, dirigindo-se para uma relação pessoal, sensível e não compulsiva, com a realidade empírica, uma certa atitude audaciosa diante do imprevisível e um senso de responsabilidade pessoal para com as decisões: o ideal na vida não é ser um bom soldado, mas um indivíduo único e desenvolvido. E podemos procurar em vão no Oriente por algo semelhante. Lá o ideal, pelo contrário, é a extinção do ego, não seu desenvolvimento. Esta é, com algumas variantes, a fórmula presente em toda sua produção literária: uma sistemática, constante e insistente desvalorização do princípio do "eu" – a função da realidade – que permaneceu, em consequência, pouco desenvolvido e portanto amplamente vulnerável a identificações míticas indiscriminadas.

IV. ÍNDIA E EXTREMO ORIENTE: DOIS CAMINHOS, DOIS MODOS

Voltando-nos da Índia para o Extremo Oriente, lemos nas linhas iniciais do *Tao Te Ching*, "O Livro (*ching*) da Virtude ou Poder (*te*) do Caminho (*tao*)":

> O *Tao* discutível não é o *Tao* permanente, eterno;
> O nome nomeável não é o nome permanente, eterno;
>
> Do indizível originou-se o céu e a terra;
> O nomeável é a Mãe das dez mil coisas.
>
> Em verdade: apenas aquele que não tem desejos pode discernir as essências secretas.
> Não libertos do desejo, vemos tão só cascas.[27]

A palavra *tao*, "o modo, o caminho", é equivalente ao *dharma*, visto que se refere à lei, à verdade ou à ordem do universo, que é lei, verdade, ordem e modo de todo ser e coisa contidos nele, conforme sua espécie. "Significa uma estrada, um caminho, um modo", escreve Arthur Waley, "e portanto, a maneira pela qual se faz algo; método, princípio, doutrina. O Modo do Céu, por exemplo, é implacável; quando chega o outono 'nenhuma folha é poupada pela sua beleza, nenhuma flor pela sua fragrância'. O Modo do Homem significa, entre outras coisas, a procriação, e diz-se que os eunucos estão 'afastados do Modo do Homem'; *Chu Tao* é 'a maneira de ser de um monarca', isto é, a arte de governar. Cada escola de filosofia tem seu *tao*, sua doutrina da maneira pela qual a vida deve ser organizada. E por último, para uma escola específica de filosofia, cujos seguidores passaram a ser chamados *taoistas*, *tao* significa 'o modo pelo qual o universo funciona' e, principalmente, algo muito semelhante a Deus, no sentido mais abstrato e filosófico do termo."[28]

O equivalente sânscrito é certamente *dharma*, da raiz *dhṛ*, que significa sustentar, suportar, apoiar, carregar, segurar ou manter. *Dharma* é a ordem que sustenta o universo e, consequentemente, todo ser e coisa contidos nele de acordo com a espécie. E como o *Tao Te Ching* disse a respeito do *tao*, assim dizem os indianos a respeito do *dharma*: seu lado de lá está além da definição; seu lado de cá é a mãe, sustento e portadora de todas as coisas.

O diagrama chinês da palavra *tao* representa geometricamente uma interação de dois princípios: o *yang*, o princípio claro, masculino ou ativo, quente, seco, benéfico, positivo e seu oposto, o *yin*, escuro, feminino, passivo, frio, úmido, maligno e negativo. Eles estão inclusos em um círculo do qual cada um ocupa a metade, representando o momento (que é sempre) em que geram as "dez mil coisas":

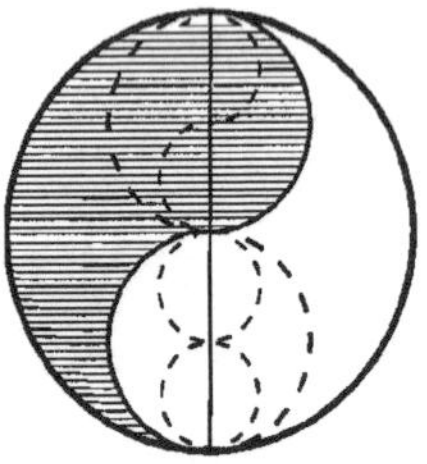

"A linha divisória desta figura", conforme observou o Prof. Marcel Granet, "que serpenteia um diâmetro como uma cobra, é composta de duas meias circunferências, cada uma com diâmetro igual à metade do diâmetro do círculo inteiro. *Esta linha é, portanto, igual a uma meia circunferência.* O contorno do *yin*, como o do *yang*, é igual ao contorno em volta de ambos. Se em vez de uma linha divisória, traçarmos uma linha composta de quatro semicircunferências, cada uma com diâmetro do mesmo tamanho, estas continuarão a ser iguais à meia circunferência do círculo principal. Além disso, resultará sempre no mesmo se prosseguirmos com a operação, e a linha serpenteante, com isso, se aproximará do diâmetro e tenderá a unir-se com ele. Três estarão unindo-se com dois. [...] No período Sung (1127-1279 d.C.) este diagrama era considerado um símbolo das fases da lua".[29]

O que este diagrama representa geometricamente é o mistério de uma circunferência que se torna duas e gera, então, as "dez mil coisas" da criação. O aspecto inominável, inefável do lado de lá do mesmo mistério, por sua vez, é representado simplesmente por um círculo:

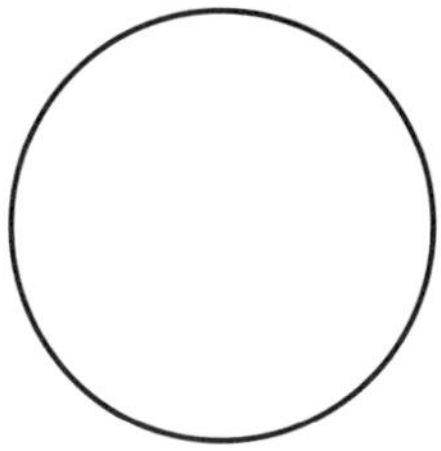

O *yang* e o *yin* estão presentes em todas as coisas. Eles não podem ser separados; tampouco podem ser julgados moralmente como bom ou mau. Funcionando juntos, em constante interação, predomina, ora um, ora outro. No homem prepondera o *yang*, na mulher o *yin* – embora ambos estejam presentes tanto no homem quanto na mulher. E sua interação é o universo das "dez mil coisas". Assim lemos, em seguida, no *Tao Te Ching*:

> Na origem, esses dois são o mesmo, embora diferentes em nome;
> À origem nós chamamos O Grande Mistério:
> E desse Mistério o mistério ainda mais obscuro é o portal de todas
> as essências secretas.[30]

É certamente óbvio que essa concepção chinesa do um além de nomes, que se tornando dois gerou de si mesmo as "dez mil coisas" e está, portanto, contido em cada uma delas como a lei – o *tao*, o modo, o sentido, a ordem e a substância – de sua existência, é uma concepção muito mais próxima da indiana do que da visão bíblica do um que se tornou dois. O símbolo do *tao* proporciona uma imagem do estado dual de Adão antes de Eva ter sido extraída de seu flanco. Entretanto, em contraste com a figura bíblica e em concordância com a indiana do Si-Próprio que se dividiu em dois, o *tao* é imanente e também transcendente: é a essência secreta de todas as coisas, o mistério mais insondável.

Além do mais, tanto no Extremo Oriente como na Índia, a arte da meditação como meio de reconhecimento do mistério tem sido praticada, ao que parece, desde os tempos antigos. "Sabemos", afirma Waley,

> que muitas escolas diferentes de Quietismo existiram na China nos séculos IV e III a.C. De sua literatura, apenas uma pequena parte subsistiu. Em termos cronológicos, a primeira foi a que chamarei de Escola de Ch'i. Sua doutrina era chamada *hsin shu*, "A Arte da Mente". Por "mente" entende-se não o cérebro ou o coração, mas "uma mente dentro da mente", que está para o homem assim como o sol está para o céu.[31] É ela que governa o corpo, cujos componentes são os ministros.[32] Ela tem de

permanecer serena e imóvel como um monarca em seu trono. Ela é uma *shen*, uma divindade, que somente estabelecerá sua morada onde tudo estiver limpo e adornado. O lugar que o homem prepara para ela é denominado seu templo (*kung*). "Abra os portões, ponha o eu de lado, aguarde em silêncio e o resplendor do espírito entrará e fará sua morada."[33] E um pouco adiante: "Apenas onde tudo estiver limpo o espírito habitará. Todos os homens desejam conhecer, mas eles não buscam naquilo por onde é possível conhecer". E novamente: "O que um homem deseja conhecer é *aquilo* (ou seja, o mundo exterior). Mas seu meio de conhecer é *isto*, (ou seja, ele próprio). Como pode conhecer *aquilo*? Apenas pelo aperfeiçoamento *disto*".[34]

Assim, encontramos o correspondente chinês não apenas do mito indiano do um que se tornou dois, mas também do método pelo qual a mente é preparada para a reunião com o um. A chegada do budismo à China, no primeiro século da nossa era, provocou uma transformação quase esmagadora das mitologias e rituais do Extremo Oriente. Entretanto, permanece manifesta nas duas civilizações do Pacífico – na japonesa não menos que na chinesa – uma atitude cultural e espiritual muito diferente da do mestre indiano que, quando sentado de pernas cruzadas sob a árvore Bodhi em postura inabalável, "rompeu a 'viga do telhado da sua casa' e penetrou conscientemente no Vazio".[35]

A obra clássica indiana sobre os fundamentos da ioga é o *Yoga Sūtra*, "Fio Condutor para a Ioga", do legendário santo e sábio Patanjali – que supostamente caiu (*pata*) do céu na forma de uma pequena cobra nas mãos de outro santo, Panini, quando suas palmas se uniam no gesto de adoração (*añjali*).[36] A palavra *sūtra*, que quer dizer "fio", etimologicamente relacionada com a inglesa *suture* [sutura, junção], significa em todo o Oriente um tipo de manual extremamente conciso que sintetiza os rudimentos de uma disciplina ou doutrina, ao qual se acrescentaram comentários de escritores posteriores que aumentaram consideravelmente seu volume. No *Yoga Sūtra* o texto básico é um "fio" muito fino contendo apenas 195 frases curtas que sustentam uma infinidade de comentários, dos quais os dois mais importantes são: 1. "A Elucidação da Ioga" (*Yoga-bhāṣya*), escrito presumivelmente em tempos pré-históricos pelo legendário autor do *Mahābhārata*, o poeta Vyasa, sobre cujo nascimento e vida miraculosa falaremos em capítulo posterior, porém mais provavelmente escrito *c.*350-650 d.C. ou mesmo mais tarde;[37] e 2. "A Ciência da Realidade" (*Tattvavaiśrādī*), de um certo Vachaspatimishra, que parece ter brilhado por volta de 850 d.C.[38] A este sutra foram atribuídas diversas datas, pelos estudiosos modernos, entre o século II a.C.[39] e o V da nossa era.[40] Mas como as disciplinas que ele codifica já eram conhecidas pelo Buda (563-483 a.C.), pelo santo jaina Mahavira (morto em *c.*485 a.C.), e como parece ter sido mesmo praticado antes da chegada dos árias,* tudo o que se pode dizer é que, não importa qual seja a data desse documento, tanto seus fins quanto seus meios são de antiguidade indeterminável.

* Conforme *infra*, p. 139-141.

A chave mestra dessa disciplina é apresentada no aforismo inicial: *yogaś cittavṛtti-nirodhaḥ*: "Ioga é a suspensão (intencional) da atividade espontânea da substância mental."[41]

A teoria psicológica arcaica envolvida nessa definição sustenta que na matéria *bruta* do cérebro e do corpo há uma substância *sutil* extremamente volátil, continuamente ativa, que assume as formas de tudo o que lhe é apresentado pelos sentidos e que, em virtude das transformações dessa matéria sutil, nos tornamos conscientes das formas, sons, gostos, odores e toques do mundo exterior. Além do mais, a mente está num contínuo fluir de transformações – e com tal força que se alguém sem treinamento em ioga tentasse fixá-la em uma única imagem ou ideia por, digamos, um minuto, a veria quase de imediato afastar-se dessa imagem ou ideia em fluxos de pensamentos ou sentimentos correlatos ou mesmo remotos. O primeiro objetivo da ioga é, por isso, alcançar o controle desse fluxo espontâneo, diminuí-lo e interrompê-lo.

A analogia é dada pela superfície de um pequeno lago soprada pelo vento. As imagens refletidas em tal superfície são entrecortadas, fragmentárias e continuamente oscilantes. Mas se o vento parasse de soprar e a superfície ficasse imóvel – *nirvāṇa*: "além ou fora (*nir-*) do vento (*vāṇa*)" – poderíamos ver não imagens entrecortadas, mas o reflexo perfeito de todo o céu, das árvores em volta e, nas profundezas calmas do próprio lago, seu belo fundo arenoso e os peixes. Poderíamos então ver que todas as imagens entrecortadas, que antes percebíamos fugazmente, eram na verdade apenas fragmentos dessas formas fixas reais, agora vistas de modo nítido e estável. E poderíamos ter à nossa disposição, em consequência, tanto a possibilidade de imobilizar a superfície do lago para apreciar a forma fundamental, quanto a de deixar o vento soprar e a água encrespar-se, pelo simples prazer do jogo (*līlā*) das transformações. Já não se tem medo quando uma vem e a outra vai; nem mesmo quando a forma que parece ser o Si-Próprio desaparece. Pois Aquele que é tudo permanece para sempre: transcendente – além de tudo; porém também imanente – presente em tudo. Ou, como diz um texto chinês mais ou menos contemporâneo do *Yoga Sūtra*:

> Os Verdadeiros Homens dos tempos antigos não sabiam nada a respeito do amor à vida nem do ódio à morte. A entrada na vida não lhes causava nenhuma alegria; o sair dela não despertava nenhuma resistência. Serenamente eles iam e vinham. Não esqueciam qual havia sido sua origem e não inquiriam sobre seu fim. Eles aceitavam a vida e a desfrutavam; passavam por cima do medo da morte e retornavam a seu estado anterior à vida. Dessa maneira, havia neles o que se chama ausência de toda intenção de resistir ao *Tao* e ausência também de qualquer esforço através do Humano para estar entre os Celestiais. Assim eram aqueles que são chamados Verdadeiros Homens. Suas mentes estavam livres de todo pensamento; sua conduta era tranquila e estável; suas testas irradiavam simplicidade. Qualquer frieza provinda deles era como a do outono; qualquer calor provindo deles era como o da primavera. Sua alegria e raiva

assemelhavam-se ao que vemos nas quatro estações. Eles agiam em relação a todas as coisas de maneira apropriada e ninguém podia conhecer o alcance dos seus atos.[42]

Enquanto o ponto de vista e a meta habituais e típicos do indiano sempre foram os do iogue esforçando-se por ter uma experiência como a da água parada, o chinês e o japonês, em contrapartida, tenderam a balançar com o movimento das ondas. Comparadas com qualquer dos sistemas teológicos ou científicos do Ocidente, as duas visões são nitidamente da mesma espécie; entretanto, comparando uma com a outra em seus próprios termos, revelam-se diametralmente opostas: o indiano, rompendo a casca do ser, vive em êxtase no vazio da eternidade, que está a um só tempo fora e dentro, ao passo que o chinês ou japonês, satisfeito com o fato de a Grande Vacuidade ser o Motor de todas as coisas, aceita que as coisas se movam e, sem temer e sem desejar, permitindo que sua própria vida se movimente com elas, participa, no ritmo do *Tao*.

Magnífico, ele prossegue.
Prosseguindo, torna-se remoto.
Tendo-se tornado remoto, retorna.
Por isso, o *Tao* é magnífico; o Céu é magnífico.
A Terra é magnífica, e o Rei sábio é também magnífico.
A lei dos homens provém da Terra; a da Terra, do Céu;
  a do Céu, do *Tao*.
E a lei do *Tao* é ela ser o que é.[43]

Em vez de imobilizar tudo, o sábio do Extremo Oriente permite que as coisas se movam nos vários modos de seu surgimento espontâneo, acompanhando-as como se fosse uma espécie de dança, "agindo sem agir". O indiano, por outro lado, tende a celebrar a catalepsia do vazio:

Para mim, habitando em minha própria glória:
  Onde está o passado, onde o futuro?
  Onde o presente?
  Onde o espaço?
  Ou onde está até mesmo a eternidade?[44]

Esses são, portanto, os sinais distintivos das duas maiores províncias do Oriente e, embora, como veremos, a Índia tenha tido seus dias de glória no encrespamento das ondas e o Extremo Oriente tenha aguçado seu ouvido para o som das profundezas além das profundezas, em termos gerais, as duas visões foram, respectivamente: "Tudo é ilusão, deixe passar" e "Tudo está em ordem: deixe acontecer"; na Índia, iluminação (samádi) com os olhos fechados; no Japão, iluminação (satori) com os olhos abertos. A palavra *mokṣa*, "libertação", tem sido aplicada a ambos os termos, mas eles não são a mesma coisa.

V. AS DUAS LEALDADES DA EUROPA E DO LEVANTE

Voltando um rápido olhar para o Ocidente, onde uma teologia originária em grande parte do Levante foi enxertada na consciência da Europa, do mesmo modo que, no Oriente, a doutrina do Buda o foi na consciência do Extremo Oriente, descobrimos que a fusão não ocorreu sem rachaduras. De fato, a rachadura, visível desde o início, ampliou-se agora para tornar-se uma lacuna evidente. E já podemos perceber os prenúncios dessa brecha, ilustrados numa variante – mais uma vez – da imagem mitológica do primeiro ser que se tornou dois: a versão de *O Banquete* de Platão.

O leitor lembra-se com certeza da anedota alegórica, atribuída a Aristófanes, sobre os primeiros seres humanos que, no princípio, eram cada um do tamanho que corresponde a dois hoje. Eles tinham quatro mãos e pés, as costas e os lados formavam um círculo, uma cabeça com dois rostos, dois sexos e o restante de acordo com esse conjunto. E os deuses Zeus e Apolo, temerosos de sua força, dividiram-nos em dois, como maçãs partidas ao meio para compota, ou como se pode cortar um ovo cozido com um fio de cabelo. Mas as partes divididas, cada uma desejosa da outra, juntaram-se e abraçaram-se e teriam morrido de fome se os deuses não as tivessem afastado. A lição diz que "a natureza humana era originalmente una e nós éramos um todo, e o desejo e busca do todo é chamado amor. [...] E se formos amigos de Deus e estivermos em harmonia com ele, encontraremos nossos próprios verdadeiros amores, o que não é frequente acontecer neste mundo". Ao passo que "se não somos obedientes aos deuses há o perigo de sermos divididos novamente e ficarmos condenados a andar à maneira das figuras esculpidas de perfil".[45]

Tal como na versão bíblica dessa imagem, o ser aqui dividido em dois não é a própria divindade suprema. Mais uma vez, de fato, estamos no Ocidente, onde Deus e homem estão separados e o problema, novamente, é de relação. Entretanto, deve-se observar uma série de contrastes entre as ênfases mitológicas grega e hebraica; pois "a teologia grega", conforme observou F.M. Cornford, "não foi formulada por clérigos, nem mesmo por profetas, mas por artistas, poetas e filósofos. [...] Não havia uma classe sacerdotal protegendo de influências inovadoras uma tradição sacra entesourada em um livro sagrado. Não havia religiosos que pudessem, com êxito, a partir de uma fortaleza inexpugnável de autoridade, pretender ditar os termos da crença".[46] A mitologia, em consequência, permanece fluida como a poesia, e os deuses não são literalmente concretizados, como Javé no paraíso, mas conhecidos exatamente como o que são: personificações trazidas à existência pela criativa imaginação humana. Eles são realidades, visto que representam forças tanto do macro quanto do microcosmos, o mundo exterior e o mundo interior. Entretanto, como são conhecidos apenas pelo seu reflexo na mente, compartilham dos defeitos daquele agente – e esse fato é perfeitamente conhecido pelos poetas gregos, como o é por todos os poetas (porém não, conforme parece, pelos sacerdotes e profetas). As lendas gregas sobre os deuses são jocosas, cômicas, evocam e expulsam as imagens ao mesmo tempo, receando que a mente, fixando-se nelas com profundo respeito, fracasse em ir além das imagens, rumo à realidade basicamente desconhecida e parcialmente intuída, e refletida por aquelas mesmas imagens.

Da versão do mito do um que se tornou dois apresentada em *O Banquete*, ficamos sabendo que os deuses tinham medo dos primeiros homens. Tão terrível era seu poder e tão grandiosos os pensamentos em seus corações, que atacaram os deuses, ousaram tomar o céu de assalto e teriam mesmo deitado suas mãos sobre os deuses. E tais deuses ficaram confusos; pois se aniquilassem os homens com raios, as oblações acabariam e os próprios deuses morreriam por falta de culto.

A lição irônica desse momento de indecisão celestial é a da dependência mútua entre Deus e o homem, como, respectivamente, o conhecido e o conhecedor do conhecido – uma relação na qual nem toda iniciativa e criatividade está, apenas, em uma das partes. Em todas as religiões do Levante essa relação da ideia de Deus com as necessidades, a capacidade e o culto ativo do adorador, parece nunca ter sido entendida, ou, se entendida, reconhecida. Pois lá, sempre se supôs que Deus – concebido como Ahura Mazda, Javé, a Trindade ou Alá – nesse aspecto específico seria absoluto, e um único Deus certo para todos, enquanto entre os gregos, no período de seu apogeu, tal literalismo e impudência eram inconcebíveis.

Além do mais, com relação a qualquer conflito de valores que pudesse surgir entre as forças cósmicas desumanas simbolizadas pelas figuras dos deuses e os princípios supremos de humanidade representados por seus heróis, a lealdade e simpatia dos gregos estavam, sem dúvida alguma, do lado dos homens. É verdade que os melhores e mais ousados pensamentos do coração humano se contrapõem inevitavelmente à força cósmica, de maneira que o perigo de ele ser partido em dois está sempre presente. Por isso, a prudência deve ser observada, a fim de não sermos condenados a andar como as figuras esculpidas de perfil. Entretanto, jamais tomamos conhecimento de tal traição da causa humana por parte dos gregos, como é normal e mesmo necessária no Levante. As palavras do severamente açoitado Jó, "justo e sem culpa", dirigidas a um deus que o tinha "consumido sem motivo",[47] podem ser representativas do ideal clerical devoto e submisso de todas as grandes religiões daquela área. "Vê, sou de pouca valia [...]. Ponho minha mão sobre a boca [...]. Sei que tu podes fazer todas as coisas [...]. Menosprezo-me e arrependido faço penitência no pó e na cinza."[48] O Prometeu grego, em contrapartida, igualmente torturado por um deus que bem podia crivar a cabeça do Leviatã com arpões, apesar disso sustenta seu julgamento humano de ser responsável por seu tormento e grita quando recebe ordem de capitular: "Pouco me importa Zeus: Ele que faça o que bem entender."[49]

Por um lado, o poder do Deus Supremo, em contato com quem todas essas insignificantes categorias humanas se transformam em misericórdia, justiça, bondade e amor, e, por outro, o construtor titânico da Cidade dos Homens, que roubou o fogo dos deuses, corajoso e disposto a assumir a responsabilidade por suas próprias decisões. Esses são os dois grandes temas de discórdia do que se poderia denominar estrutura mitológica ortodoxa do Ocidente: os polos da experiência de um ego separado da natureza, amadurecendo valores próprios, que não são os do mundo dado, e, contudo, projetando sobre o universo uma noção de paternidade antropomórfica – como se ela mesma jamais tivesse possuído, ou pudesse chegar a possuir, em si ou na sua base metafísica, os valores, sensibilidade e inteligência, decência e nobreza de um homem!

Na Índia e Extremo Oriente, entretanto, tal conflito entre o homem e Deus, como se fossem separados um do outro, seria considerado simplesmente absurdo. Pois o que lá é designado pelos termos que nós traduzimos como "Deus" não é a simples máscara descrita nas escrituras sagradas e que se pode manifestar para o meditante: é o mistério – a uma só vez imanente e transcendente – da profundeza última da própria existência humana, consciência da existência e, em consequência, deleite.

VI. A ERA DA COMPARAÇÃO

Quando os ousados navegadores do Ocidente, transportando em suas quilhas as sementes de uma nova era titânica, por volta de 1500 d.C., aportavam ao longo das costas não apenas da América, mas também da Índia e da China, floresciam no Velho Mundo as quatro civilizações desenvolvidas da Europa e do Levante, da Índia e do Extremo Oriente, cada uma com sua própria mitologia e considerando-se o único centro autorizado de espiritualidade e merecimento, sob o céu. Sabemos hoje que aquelas mitologias estão exauridas ou, pelo menos, ameaçadas de acabar: cada qual satisfeita de si dentro de seu próprio horizonte, dissolvendo-se, juntamente com seus deuses, em uma única nova ordem emergente de sociedade, em que, como Nietzsche profetizou em uma obra dedicada ao Espírito Livre, "as várias visões de mundo, costumes e culturas serão comparadas e vivenciadas lado a lado, de maneira impossível antes, quando a inclinação sempre regional de cada cultura estava de acordo com as raízes temporais e locais de seu próprio estilo artístico. Agora, finalmente, uma sensibilidade estética aguçada decidirá entre as muitas formas existentes que poderão ser comparadas – e se deixará morrer a maioria. Da mesma forma, está ocorrendo uma seleção entre as formas e costumes das moralidades superiores, cujo fim só poderá ser a ruína dos sistemas inferiores. É uma era de comparações! Essa é sua glória – mas, mais justamente, também sua mágoa! Não tenhamos medo dessa mágoa!"[50]

Das quatro direções, reuniram-se os quatro paradigmas: respectivamente, da razão humana e do indivíduo responsável, da revelação sobrenatural e da única verdadeira comunidade sob Deus, do êxtase ióguico na grande vacuidade imanente e da harmonia espontânea entre a ordem do céu e da terra – Prometeu, Jó, o Buda sentado, de olhos fechados, e o Sábio errante, de olhos abertos. E é hora de considerar cada um em sua puerilidade, bem como em sua majestade, de maneira bastante fria, sem indulgência ou desdém. Pois embora a vida, como diz Nietzsche, "deseje ser iludida e viva da ilusão",[51] faz-se também necessário, em certas ocasiões, um momento de verdade.

CAPÍTULO 2

AS CIDADES DE DEUS

I. A ERA DO ESPANTO

Dois grandes temas percorrem as mitologias e religiões do mundo. Eles não são iguais. Têm histórias diferentes. O primeiro a surgir pode ser chamado *espanto* em algumas de suas modalidades, da mera confusão frente a algo inexplicável até o arrebatamento de um terror demoníaco ou a reverência mística. O segundo é a salvação de si mesmo: a redenção ou libertação de um mundo que perdeu o brilho.

Rudolf Otto, em sua importante obra *O Sagrado*,[1] escreve sobre um fator não racional, essencial à experiência religiosa, que não pode ser caracterizado por nenhum dos termos tradicionalmente aplicados pelos teólogos à divindade: Poder Supremo, Espírito, Razão, Propósito, Benevolência, Seidade, Unicidade e outros. Na verdade, credos constituídos de tais termos racionais tendem mais a impedir do que a propiciar a experiência religiosa; em consequência, qualquer estudo científico de religião ou mitologia que lide apenas com tais conceitos e sua evolução gradual está simplesmente deixando escapar a essência de seu tema. "Pois", como escreve o Prof. Otto,

> se há um domínio da experiência humana que nos proporciona algo sem dúvida específico e único, peculiar a si mesmo, certamente é a vida religiosa. Na verdade, o inimigo tem revelado com frequência uma visão mais perspicaz neste contexto do que tanto o defensor da religião quanto o teórico neutro reconhecidamente imparcial. Pois os adversários sabem muito bem que toda "inquietação mística" não tem nada a ver com "razão" e "racionalidade".
>
> E assim, é salutar percebermos que a religião não está exclusivamente contida e exaustivamente incluída em qualquer série de afirmações "racionais". Vale a pena tentar tornar clara na mente a relação entre cada um dos diferentes "elementos" da religião, para que sua natureza possa tornar-se mais claramente manifesta.[2]

Tomarei essa afirmação como lema e atribuição de nossa tarefa, acrescentando apenas que na história das culturas mais avançadas, depois de um período de desenvolvimento comum no Oriente Próximo nuclear, os dois ramos do Oriente e do Ocidente separaram-se e os "elementos" (ou, eu diria, "estágios psicológicos") de suas experiências do sagrado também se separaram. Outrossim, depois do momento crucial que chamarei "a grande reversão" – quando, para muitos no Oriente e no Ocidente, o sentido de santidade se afastou de sua experiência, tanto do universo quanto de sua própria natureza, e sobreveio um desejo de libertação do que era sentido como um estado insuportável de pecado, banimento e decepção – os modos de autossalvação adotados nos dois mundos eram distintos, em todos os sentidos. No Ocidente, devido à ênfase, observada no capítulo anterior, sobre a dissociação homem/Deus, a agonia era interpretada como uma separação de Deus, especialmente em termos de culpa, punição e reconciliação. No Oriente, entretanto, onde permaneceu um senso de imanência da divindade em todas as coisas (embora oculto por uma compreensão errada), a interpretação era psicológica e, consequentemente, os meios e imagéticas de libertação têm o caráter mais de terapias alternativas do que de diretivas autoritárias de um pai sobrenatural. Em ambas as esferas, contudo, a ironia da questão está na circunstância de que precisamente aqueles que desejam e buscam a salvação de maneira mais sincera são os mais confinados em seu empenho, já que é justamente a busca de si mesmos que está lhes causando sofrimento. Vimos que quando Buda extinguiu em si o ego, o mundo floresceu. É esse, exatamente, o modo como o mundo se apresenta àqueles para quem o espanto – e não a salvação – é religião.

II. MITOGÊNESE

Uma plêiade de estatuetas femininas, que surge nos estratos arqueológicos do Oriente Próximo nuclear por volta de 4500 a.C., fornece nossa primeira pista para o foco do espanto das primeiras comunidades agropastoris. As figuras são de osso, argila, pedra ou marfim, eretas ou sentadas, comumente nuas, frequentemente grávidas e, por vezes, segurando ou amamentando uma criança. Símbolos concomitantes aparecem em louças de cerâmica pintada dos mesmos estratos arqueológicos, e entre eles, um motivo proeminente (por exemplo, na chamada cerâmica Halaf da extremidade sírio-cilícia)[3] é a cabeça de um touro, vista de frente, com longos chifres curvos – sugerindo que o mito amplamente conhecido da deusa-terra fertilizada pelo touro-lua, que morre e ressuscita, já deva ter sido desenvolvido. Derivados bem conhecidos desse mito são as lendas do período clássico tardio de Europa e o Touro de Zeus, Pasífae e o Touro de Posídon, Io metamorfoseada em vaca e o extermínio do Minotauro. Além disso, os primeiros complexos de templos do Oriente Próximo – de fato, os primeiros na história do mundo – reforçam a evidência do deus-touro e da deusa-vaca como principais símbolos de fertilidade do período. Datados *grosso modo* entre 4000-3500 a.C., três desses complexos de templos foram escavados no sul da Mesopotâmia, em Obeid,[4] Uruk[5] e Eridu;[6] dois um pouco para o norte, em Khafajah[7] e Uqair,[8] respectivamente ao norte e ao sul de Bagdá; enquanto um sexto, bem longe dali, em Tell Brak, no vale do Khabur no nordeste da Síria,[9] sugere uma ampla difusão daquela forma, comum na região sírio-cilícia (chamada Táurea). Sabe-se que dois desses seis complexos foram dedicados a deusas: o de Obeid, a Ninhursag e o de Khafajah, a Inanna – as divindades dos outros são desconhecidas. E três dos complexos (em Obeid, Khafajah e Uqair), cada um cercado por dois altos muros, eram de forma ovalada, projetada, ao que parece, para sugerir a genitália feminina (figura l).[10] Pois, como os templos indianos da deusa-mãe, onde o santuário mais secreto tem a forma simbólica do órgão genital feminino, também esses simbolizaram a força geradora da natureza, por analogia com os poderes de gestação e nutrição da fêmea.

A construção principal de cada complexo estava assentada sobre uma plataforma de barro compacto, com altura de 3 a 6 metros e acessível por uma escadaria. Todas as construções eram de tijolos, em estilo elegante, em forma de caixa e um tanto "moderno", com os ângulos orientados para os quadrantes, e decoradas com uma fina camada de tinta colorida e azulejos policromáticos. Outras construções dentro dos complexos ovalados eram residências dos sacerdotes, áreas de serviço, cozinhas etc., e também, notavelmente, estábulos. Mosaicos multicoloridos encontrados entre as ruínas em Obeid revelam um grupo de sacerdotes em sua sacra tarefa de ordenhar as vacas sagradas, tirando e armazenando o leite, e sabemos, por numerosos documentos escritos posteriormente, que a forma da deusa cultuada naquele templo, Ninhursag, a mãe do universo e de todos os homens, deuses e animais, era em particular a padroeira e guardiã dos reis, que ela alimentava com seu leite santificado – na verdade, o leite dos animais através dos quais ela atuava aqui na terra.

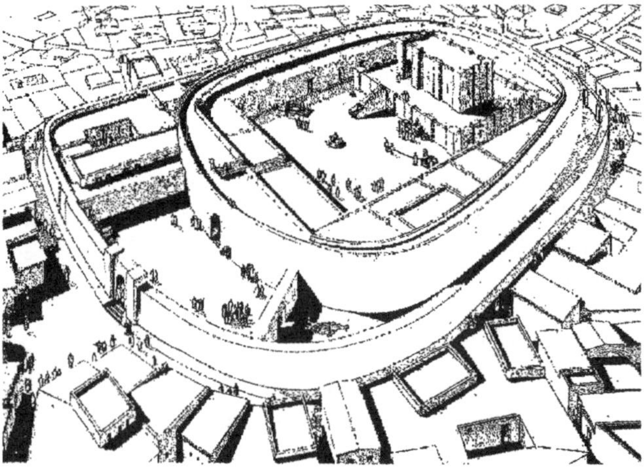

Figura 1. Antigo complexo de templo, tipo oval: Iraque, *c.*4000-3500 a.C.

Até hoje, na Índia, todos os que visitam os templos da deusa recebem arroz-de--leite ou outros alimentos lácteos para comer, os quais são distribuídos ritualmente como "dádiva" dela (*prasad*). Há também no sul da Índia, nas montanhas Nilgiri, uma tribo enigmática, a Todas, sem vínculo racial com suas vizinhas, na qual as pequenas instalações do templo são leiterias, onde os membros mantêm os animais que idolatram, e durante seu sacrifício mais importante – que é o de um bezerro, o filho simbólico da mãe – eles dirigem à sua deusa Togorsh uma oração que inclui a palavra *Ninkurshag*, cujo significado desconhecem.[11] Não pode haver dúvida de que nos estábulos reais da deusa Ninhursag de Obeid e Inanna de Khafajah, um milênio e meio antes dos primeiros sinais de qualquer civilização agropastoril ao leste do Irã, temos o prelúdio da grande sinfonia ritual – composta de sinos, velas tremulantes, orações, hinos e mugidos de vacas sacrificiais – que atravessando os séculos chegou até a deusa na Índia:

> Oh Mãe, Causa e Mãe do Mundo!
> Tu és o Único Ser Primordial,
> Mãe de inúmeras criaturas,
> Criadora dos próprios deuses: até de Brahma o Criador,
>   Viṣṇu o Mantenedor, e Śiva o Destruidor!
> Oh Mãe, ao louvar-Te com hinos, purifico minha fala.
>
> Como a lua solitária se deleita com o lótus branco da noite,
> O sol solitário, com o lótus do dia,
> Do mesmo modo que uma coisa quando sozinha se deleita com outra coisa,
> Assim, querida Mãe, apenas Tu deleitas o universo com Teu olhar. [12]

Há um antigo sinete cilíndrico sumério de mais ou menos 3500 a.C. (período Uruk, fase A: imediatamente antes da invenção da arte das letras) onde se veem dois carneiros monteses um de frente para o outro, por cima de um monte de terra,

Figura 2. A força que se autoconsome: Suméria, *c.*3500 a.C.

do lado do qual surge uma serpente de duas cabeças que parece prestes a picá-los (figura 2). Há uma flor acima de seus focinhos e uma águia com as garras fincadas em suas ancas, que se juntam no reverso do cilindro. O Prof. Henri Frankfort observou em seu comentário desse objeto que cada um de seus elementos foi relacionado, na arte e culto posteriores, com a mitologia do deus Tammuz (Dumuzi, na Suméria), morto e ressuscitado, protótipo de Adônis, que era consorte, bem como filho de parto virginal, da deusa-mãe de muitos nomes: Inanna, Ninhursag, Ístar, Astarté, Ártemis, Deméter, Afrodite, Vênus.[13] Em todo o mundo antigo, um monte de terra como o que aparece no centro do desenho simbolizava a deusa. É cognato do clássico umbigo do antigo relicário budista (*stūpa*). Quando ampliado, ele é o monte dos deuses (Olimpo grego, Meru indiano), em cujo topo está a fulgurante cidade das divindades, com as águas do abismo embaixo e os domínios da vida no meio.

A deusa-mãe sustenta-os a todos. Ela é reconhecida no céu estrelado bem como na terra semeada, e no sinete pode ser vista não apenas no monte mas também no fundo plano e nas bordas superior e inferior, na última das quais o monte desaparece.

A serpente que emerge desse morrinho parece prestes a picar os carneiros, e os carneiros, por sua vez, parecem prestes a comer a flor. Girando o sinete, vemos a ave de rapina com suas garras. Tudo isto indica um ciclo de vida-na-natureza-pela--morte-mútua. E como todas as figuras representam o poder do mesmo deus, o tema mitológico representado é o da energia geradora que se autoconsome, que vive sempre e morre sempre e que é a vida e a morte em todas as coisas.

Em um segundo sinete sumério de cerca de 3500 a.C., um sacerdote, talvez simbolizando o deus, segura uma árvore contra o peito de tal maneira que seus dois ramos vão nas quatro direções (figura 3). Os animais agora estão visivelmente comendo seus brotos, enquanto no reverso há um bezerro entre dois altos montes de juncos, da maneira como nessa arte sempre é representada a entrada para os recintos de um templo da deusa. O bezerro está ali para ser sacrificado e, no entanto, é como se estivesse em segurança dentro do útero. Na concepção cristã encontramos uma amalgamação semelhante de nascimento-morte na figura do Cristo, a Ovelha

Figura 3. O senhor da vida: Suméria, *c.*3500 a.C.

Sacrificial, Fruto da Árvore de Jessé que, no útero da Mãe Virgem, já era virtualmente o Crucificado.

Entre o período das primeiras estatuetas femininas de cerca de 4500 a.C. e o dos sinetes das figuras 2 e 3, decorreu um intervalo de mil anos, durante o qual aumentam constantemente os sinais arqueológicos de um culto da terra arada fertilizada pelo animal mais nobre e poderoso do rebanho sagrado recentemente desenvolvido, o touro – que não apenas emprenhava as vacas leiteiras, mas também puxava o arado que, naquele período, abria e semeava a terra a um só tempo. Além do mais, por analogia, a lua chifruda, senhor [masculino] do ciclo do útero, das chuvas e do orvalho, era equivalente ao touro; de maneira que o animal se tornou um símbolo cosmológico, unindo as esferas e as leis do céu e da terra. E todo o mistério da existência pôde, assim, ser poeticamente ilustrado pela metáfora da vaca, do touro e seu bezerro, representado liturgicamente nos recintos dos antigos complexos de templos – que simbolizavam o útero da própria deusa cósmica Vaca.

Durante o milênio seguinte, entretanto, a cultura básica de aldeia floresceu e se tornou uma civilização de cidades-estados, sobretudo na Baixa Mesopotâmia, e, como Sir James G. Frazer demonstrou em *O Ramo Dourado*, a liturgia poética do sacrifício cósmico era agora exercida principalmente nos reis, periodicamente mortos, por vezes acompanhados de suas cortes. Pois era a corte, não a leiteria, que agora representava a última e mais impressionante glorificação da vida. A arte da escrita tinha sido inventada por volta de 3200 a.C. (período Uruk, fase B); a aldeia fora definitivamente suplantada pela cidade-templo, e uma casta de sacerdotes profissionais tinha assumido o rumo da civilização. A partir da observação dos astros, foram identificados os cinco planetas visíveis (Mercúrio, Vênus, Marte, Júpiter e Saturno), movendo-se em cursos já percorridos pela Lua e pelo Sol entre os astros fixos (sete viajantes ao todo); um calendário matematicamente correto foi criado para disciplinar a vida da cidade-templo de acordo com as leis celestiais reveladas pelos astros, e, como sabemos de numerosas fontes, o conceito de ordem do Estado era a tal ponto identificado com as leis celestiais que a "morte" e "ressurreição" da lua, o ciclo do ano e os grandes ciclos das eras cósmicas matematicamente calculadas eram imitados de modo literal – tanto quanto possível – no padrão ritual da corte, para que as ordens cósmica e social fossem a mesma.

Dois sinetes sumérios de cerca de 2300 a.C. serão suficientes para ilustrar a nova ordem das cortes reais simbólicas. O primeiro (figura 4), das ruínas da cidade de Lagash, mostra uma mulher nua acocorada sobre um homem deitado de costas, enquanto um segundo homem, agarrando o braço dela, ameaça com uma vara ou punhal. À direita da cena há uma inscrição cujas duas primeiras linhas estão danificadas. A linha seguinte, entretanto, revela estas palavras: "Rei de Ghisgalla" – que, como Ernest de Sarzec observou, refere-se a "uma divindade denominada em outros textos o 'deus-rei' ou 'rei-deus' daquela localidade".[14] Havia um templo da deusa cósmica em Ghisgalla e o que parece termos aqui é um ritual de sacrifício em conúbio, praticado em uma sacerdotisa e um rei.[15]

Figura 4. O sacrifício: Suméria, *c.*2300 a.C.

Figura 5. O leito ritual: Suméria, *c.*2300 a.C.

O segundo sinete (figura 5) é de motivo similar, com a fêmea novamente sobre o macho. Representa, nas palavras do Prof. Henri Frankfort, o casamento ritual, o qual, segundo vários textos, era consumado pelo deus e pela deusa durante o Festival do Ano Novo e seguido imediatamente por uma festa na qual toda a população desfrutava da abundância assegurada pela realização dos ritos. [...] O leito que suporta as duas figuras tem pés em forma de patas de animais – cascos de touro, ou garras de leão. O escorpião sob o leito pode simbolizar Ishara, a deusa do amor,[16] e a figura ao pé do leito, [...] o sacerdote oficiante que, segundo a descrição da cerimônia no tempo de Idin Dagan (rei de Isin, *c.* 1916-1896 a.C.),[17] teria a função de purificar o deus e a deusa de seu conúbio. [...]

A cena [...] fazia parte de (um) ritual, que, sabemos, era realizado pelo rei, ou seu substituto, e uma sacerdotisa. A cena representa a morte do deus e sua ressurreição, seguida da reunião com a deusa. Numa descrição deste festival, feita pelo rei Gudea de Lagash, consta que após a conclusão do casamento se realizava uma festa da qual participavam os deuses, o governante e a população da cidade;[18] (e no sinete, à esquerda) um jarro com canudos salientes para beber está, de fato, perto do leito sobre o qual o casamento ritual é consumado.[19]

Uma grande quantidade de sinetes ilustra essa cena festiva. "Os participantes da festa – frequentemente um homem e uma mulher – estão de frente um para o outro e há um grande jarro entre eles, do qual bebem através de canudos, como parece ter sido a maneira usual de beber cerveja no Antigo Oriente Próximo."[20] Muitos desses sinetes foram encontrados entre os esqueletos nas tumbas reais de Ur, onde aparecem suficientes provas da realização do ritual do amor-morte no período representado pelas figuras 4 e 5. Não é necessário rever aqui a descrição daquelas surpreendentes tumbas, já feita no volume I desta obra,[21] mas apenas observar resumidamente que, dentro do complexo do templo daquela cidade do deus-lua, Sir Leonard Woolley escavou nos primeiros anos da década de 1920 uma série de dezesseis túmulos do que pareciam cortes reais inteiras. O mais impressionante foi o sepultamento duplo de uma rainha chamada Shub-ad e seu senhor A-bar-gi. A sepultura dele continha sessenta e cinco acompanhantes e dois carros puxados por três bois cada um, enterrados embaixo da rainha ou sacerdotisa ricamente ornamentada que, com um séquito de apenas vinte e cinco pessoas e um trenó puxado por dois asnos, acompanhara seu senhor ao mundo dos mortos – consumando, com isso, o mito da deusa que acompanhou o falecido deus Dumuzi ao mundo dos mortos para efetuar sua ressurreição.

O esqueleto de Shub-ad foi achado em um esquife de madeira numa câmara sepulcral de tijolos, com uma taça de ouro na mão, da qual pode ter bebido sua poção mortífera. E perto dela encontrava-se um diadema feito de uma tira de couro branco macio adornada com contas de lápis-lazúli e com uma série de animais de ouro maravilhosamente moldados: veados, gazelas, touros e cabras, e, entre eles, cachos de três romãs, galhos carregados de frutos de alguma outra árvore e nos intervalos rosetas de ouro. A analogia com o sinete da figura 2 é evidente. No chão, uma cabeça de vaca em prata, enquanto entre os ossos das harpistas que tocavam para seu senhor na sepultura abaixo havia duas belas harpas, ornamentadas com cabeças de touro, uma de cobre e a outra de ouro, cujos olhos, barba e pontas dos chifres eram de lápis-lazúli.

A vaca de prata na câmara de Shub-ad e o touro de barba de ouro na sepultura de A-bar-gi apontam, dois mil anos antes, para os templos-leiterias da deusa cósmica Vaca; as primeiras estatuetas femininas e os utensílios de cerâmica pintada exibem a cabeça do touro lunar mitológico com longos chifres curvos. O Prof. Anton Moortgat, em sua busca desses mesmos dois mil anos do nascimento da civilização, observa que "a deusa-mãe e o touro sagrado – as primeiras expressões espirituais tangíveis e significativas da cultura agrícola de aldeia – representam pensamentos que teriam sua forma preservada por milênios no Oriente Próximo".[22] E não apenas no Oriente Próximo, podemos acrescentar. Pois os temas anunciados pictoricamente naqueles primeiros símbolos do foco do espanto dos criadores da civilização sobrevivem, em certa medida, mesmo nas teologias mais recentes do Oriente e do Ocidente modernos. Na verdade, poderemos ouvir ecos de sua música por todo o passado mitológico daquela que se tornou a única grande província do alvorecer da nossa civilização mundial. Embora anunciada de maneira muito simples nessas primeiras formas neolíticas, sua música transformou-se num grandioso e rico *fortissimo*, em um perfeito concerto de arte de catedral e templo, da Irlanda ao Japão, cerca de 500-1500 d.C.

III. ESTÁGIO CULTURAL E ESTILO CULTURAL

De acordo com Rudolf Otto, aceitarei a raiz da mitologia, tanto quanto da religião, como uma apreensão do numênico.

> Esse estado mental (ele escreve) é totalmente *sui generis* e não passível de ser reduzido a qualquer outro, e por isso, como qualquer dado absolutamente primário e elementar, apesar de admitir ser discutido, não pode ser estritamente definido. Há apenas uma forma de ajudar outrem a entendê-lo. A pessoa terá que ser conduzida e orientada pela observação e discussão da questão com os meios de sua própria mente, até que atinja o ponto no qual "o numênico" nela começa a despertar, a penetrar em sua vida e sua consciência. Podemos colaborar nesse processo apresentando à sua percepção tudo o que pode ser encontrado em outras regiões da mente, já conhecido e familiar, que se assemelhe ou que possa proporcionar algum contraste especial com a experiência em particular que desejamos elucidar. Então temos que acrescentar: "Este nosso X não é exatamente *esta* experiência, mas semelhante a ela e oposto àquela outra. Não tens já por ti próprio a ideia dele?" Em outras palavras, nosso X não pode, estritamente, ser ensinado, pode apenas ser evocado, despertado na mente; como tudo o que provém "do espírito", tem de ser despertado.[23]

Nesse sentido, o simbolismo do templo e a atmosfera do mito são catalisadores do numênico – e nisso está o segredo de sua força. Entretanto, as peculiaridades dos símbolos e elementos dos mitos tendem a adquirir força própria através da associação, que pode bloquear o acesso ao próprio numênico. E, de fato, ele é bloqueado quando as imagens persistem como imagens definitivas em si mesmas: como o são, por exemplo, em um credo dogmático.

Tal formulação, como observou muito bem o Dr. Carl G. Jung, "protege a pessoa de uma experiência direta de Deus, impedindo que ela se exponha de maneira nociva para si mesma. Mas se ela abandonar o lar e a família, viver tempo demais sozinha e se fixar profundamente no espelho escuro, então o terrível evento do encontro poderá sobrevir. Porém, mesmo então, o símbolo tradicional, que floresceu plenamente através dos séculos, poderá operar à maneira de um vento reparador e desviar a incursão final da divindade viva para os espaços consagrados da igreja".[24]

Com a transferência radical de foco efetuada com a guinada do homem da caça para a agricultura e domesticação de animais, as antigas metáforas mitológicas perderam força, e com o reconhecimento, por volta de 3500 a.C., de uma ordem cósmica matematicamente calculável e quase imperceptivelmente indicada pelas luzes planetárias, vivenciou-se um novo e direto impacto de maravilhamento, contra o qual não havia defesa. A força do concomitante arrebatamento pode ser avaliada a partir dos ritos daquele tempo. Em *O Ramo Dourado*, Frazer interpretou em termos racionais o ritual regicida, como uma medida prática de efetuar uma fertilização mágica do solo, e não deve haver dúvida de que era usado com tal finalidade – exatamente como em todo culto religioso, a oração é usada, via de regra, para conseguir benefícios de Deus. Tal mágica e tal oração, entretanto, não representam a especificidade peculiar daquela experiência do numênico que as autoridades mais próximas que Frazer do núcleo da questão reconhecem universalmente na religião. Não podemos pressupor que o homem primitivo, menos protegido do que nós do numênico, tivesse uma mente de alguma forma imune a ele e, consequentemente, apesar de indefeso, fosse antes uma espécie de cientista social primitivo que um verdadeiro sujeito de arrebatamento numênico. "Não é fácil", como disse o Prof. Otto, "discutir questões de psicologia religiosa com alguém que consegue lembrar as emoções de sua adolescência, os desconfortos da indigestão ou, digamos, valores sociais, mas não consegue recordar nenhum sentimento intrinsecamente religioso."[25] Supondo que meu leitor não seja tal peso-pesado, não farei mais nenhum comentário sobre esse assunto, mas tomarei como óbvio que o surgimento, por volta de 4500-2500 a.C., de uma constelação inaudita de coisas sagradas – atos e objetos sagrados – aponta não para uma nova teoria sobre como fazer o feijão crescer, mas para uma verdadeira experiência em profundidade daquele *mysterium tremendum* que irromperia sobre todos nós, mesmo hoje, se não estivesse tão extraordinariamente mascarado.

O sistema de novas artes e ideias criado dentro dos recintos dos grandes complexos de templos sumérios passou para o Egito por volta de 2800 a.C., para Creta e o vale do Indo por volta de 2600 a.C., para a China por volta de 1600 a.C. e para a América durante os mil anos seguintes. Entretanto, a própria experiência religiosa em torno da qual os novos elementos de civilização tinham sido reunidos não foi – e nem poderia ser – disseminada. Não foi o próprio arrebatamento, mas sua liturgia e artes a ele relacionadas que se espalharam com os ventos, e foram aplicadas, então, a propósitos estranhos, adaptadas a novas geografias e estruturas psicológicas muito diferentes daquelas dos reis-deuses sacrificados ritualmente.

Podemos tomar como exemplo o caso das mitologias do Egito, que com relação ao período de *c.*2800-1800 a.C. são as mais bem documentadas do mundo. Frazer demonstrou que os mitos do deus Osíris morto e ressuscitado se assemelham tanto com os de Tammuz, Adônis e Dioniso, que parecem praticamente o mesmo e que todos estavam vinculados, no período de seu desenvolvimento pré-histórico, com os ritos do rei divino morto e ressuscitado. Além do mais, as descobertas mais recentes da arqueologia demonstram que o primeiro centro a partir do qual se difundiu a ideia de um estado governado por um rei divino foi quase certamente a Mesopotâmia. O mito de Osíris, portanto, e de sua esposa-irmã, a deusa Ísis, deve ser interpretado como uma variante egípcia de um tema comum ao Neolítico Tardio e à Idade do Bronze Antigo.

O Dr. E.A. Wallis Budge, por outro lado, em suas muitas obras sobre a religião egípcia, defendeu o argumento de uma origem africana da mitologia de Osíris,[26] e o Prof. John A. Wilson, mais recentemente, embora ateste os "contatos externos que devem ter sido mutuamente renovadores para ambas as partes", argumenta igualmente em defesa da influência da "prolongada e lenta mudança cultural" nativa do Nilo na formação da mitologia e da civilização egípcias.[27] No entanto, o argumento em defesa do desenvolvimento nativo contra o estrangeiro dissolve-se quando se observa que dois problemas – ou melhor, dois aspectos de um mesmo problema – estão em questão. Pois, como demonstra de imediato uma visão abrangente, todo âmbito cultural bem estabelecido, quando atingido por um novo sistema de ideias e civilização, recebe-o de maneira criativa, não inerte. Um complexo e sensível processo de seleção, adaptação e desenvolvimento coloca as novas formas em contato com seus análogos próximos ou seus homólogos na herança nativa e, em certos casos – notavelmente no Egito, Creta, no vale do Indo e, um pouco mais tarde, no Extremo Oriente – forças prodigiosas de produtividade nativa são liberadas, em *estilo* nativo, mas no nível do novo *estágio.* Em outras palavras, embora se possa demonstrar que seu estágio cultural, em qualquer período dado, tenha derivado da consequência de influências estranhas, pode-se demonstrar, com não menos segurança, que o estilo particular de cada um dos grandes domínios é nativo. E assim é que um estudioso muito interessado nas formas nativas tenderá a argumentar em defesa da originalidade estilística local, enquanto outro, voltado para as evidências amplas de difusão de técnicas, artefatos e motivos mitológicos, se inclinará a traçar uma única história cultural da humanidade, caracterizada por estágios gerais bem definidos, porém expressa por meio de estilos locais não menos bem definidos. Uma coisa é analisar a gênese e subsequente difusão da herança mitológica básica de todas e quaisquer civilizações desenvolvidas; outra é indicar a gênese, maturação e morte dos vários estilos mitológicos locais, e ainda outra é medir a influência de cada estilo local no contexto da história unitária da humanidade. Uma ciência completa da mitologia terá que dar atenção, na medida do possível, às três.

IV. O ESTADO HIERÁTICO

A mais antiga obra de arte que se conhece no estilo característico do Egito é uma placa comemorativa gravada em pedra, mostrando em cada lado a representação de um faraó triunfante (figuras 7 e 8). O local desta descoberta foi Hieracômpolis no Alto Egito, aparentemente o lugar originário de coroação de uma dinastia de reis devotada ao falcão solar, Hórus. Por volta de 2850 a.C. esses reis mudaram-se para o Norte, para o Baixo Egito, e fundaram a primeira dinastia das Duas Terras unidas. Uma segunda descoberta no local foi uma câmara funerária subterrânea de muros de tijolos, com uma das paredes em estuque decorada com cenas de caça, navegação e combate no estilo relativamente infantil da cerâmica ornamentada do Neolítico Tardio (figura 6).[28] E essa tumba é notável não apenas por seu mural, o primeiro conhecido da egiptologia, mas também por seus tijolos, que naquele período representavam uma nova ideia proveniente da região de lamaçais da Mesopotâmia.

Figura 6. Mural mortuário em Hieracômpolis: Egito, *c.*2900? a.C.

Até então as sepulturas no Egito eram simples covas rasas, de contornos retangulares com cantos arredondados ou, nas sepulturas menores, ovalados. O corpo, envolvido em couro cru, em panos de linho, ou em ambos, era colocado sobre o lado esquerdo numa postura encolhida, com a cabeça voltada para o sul, de frente para o oeste e, depois de arrumados os vasos domésticos de cerâmica nas laterais do túmulo, a cova era coberta e a terra excedente empilhada acima em um monte, sobre o qual se podiam depositar oferendas.[29] O tijolo possibilitou a construção de uma câmara subterrânea livre de terra (a subestrutura), bem como a elevação e ampliação do monte de terra em cima, dando lugar a uma mastaba de tijolos (a superestrutura), que servia tanto de memorial do personagem que morava embaixo quanto de capela para seu culto funerário. Mas tais superestruturas não resistem como a pedra. "Estruturas maciças desse tipo", afirma o Prof. George Reisner em seu estudo básico das tumbas egípcias, "desapareceram comprovadamente em poucos anos no último meio século."[30] Por conseguinte, com o tempo as mastabas desapareceram; as câmaras subterrâneas, nas quais os reis deveriam descansar para sempre, foram saqueadas, e as areias penetraram pelos tetos rachados.

A câmara de Hieracômpolis era de tamanho considerável: 4,50 metros de comprimento, 1,90 m de largura e 1,50 m de profundidade, separada em duas partes iguais por uma divisória baixa. O piso e as paredes eram de tijolo cru, medindo em média 22 cm por 11 cm por 9 cm, revestidos de uma camada de argamassa e cobertos com tinta amarela. A borda superior estava nivelada com a superfície deserta e seus conteúdos tinham desaparecido.[31] A pintura, entretanto, perdurou. E os navios de casco alto que ela exibe, impressionantes, são de tipo mesopotâmico. Entre suas numerosas figuras também notamos um homem domando dois animais rampantes (quarta figura à esquerda inferior) e, atrás dele, um carrossel de quatro antílopes; na extremidade direita do longo barco, mais dois antílopes, de frente para direções opostas (para cima e para baixo), unidos pelas pernas. Todos esses motivos haviam chegado ao Egito provenientes da esfera do Sudeste Asiático, onde tinham surgido como motivos básicos da cerâmica pintada (Samarra) já por volta de 4500 a.C.

Mas também, embora obviamente sob influência de uma época de descobertas culturais oriundas da Mesopotâmia,[32] no período da estela de Narmer a arte egípcia revela subitamente – e, pelo que sabemos, sem precedentes – não apenas uma elegância no estilo e no modo de esculpir pedra, mas também uma mitologia solidamente formulada, que são suas características inquestionáveis. O monarca representado é o faraó Narmer, que uma série de estudiosos identifica hoje com Menes,[33] o unificador das duas regiões do Alto e Baixo Egito, por volta de 2850 a.C.[34] E o feito comemorado parece ser sua conquista do Norte.

"Os sacerdotes dizem", escreveu o Pai da História, Heródoto (484-425 a.C.), "que Menes foi o primeiro rei do Egito e que foi ele quem construiu o dique que protege Mênfis das inundações do Nilo. Antes de seu reinado o rio inundava inteiramente o terreno ao longo da areenta extensão montanhosa que orlava o Egito do lado da Líbia. Ele, entretanto, aterrando o rio na sua curva a aproximadamente vinte quilômetros ao sul de Mênfis, secou o antigo leito e abriu um novo curso para as águas entre as duas linhas montanhosas. [...] Menes, o primeiro rei, desviando o curso do rio e transformando a região que costumava ser seca, construiu a cidade que hoje se chama Mênfis e fica na parte estreita do Egito; depois, ele continuou a escavar um lago fora da cidade, para o norte e oeste, em comunicação com o rio, que era a própria fronteira leste do país."[35]

Em ambos os lados da estela de Narmer, na parte superior, aparecem duas cabeças com chifres da deusa-vaca Hátor – quatro cabeças ao todo. Quatro é o número dos quadrantes do céu e, assim representada quatro vezes, a deusa deveria ser concebida limitando o horizonte. Ela era conhecida como Hátor do Horizonte e seu animal era a vaca – não, porém, a vaca doméstica, como no culto de Ninhursag, a deusa leiteira suméria, mas a vaca selvagem vivendo nos pântanos.[36] Assim, torna-se evidente uma diferenciação regional, de maneira que os dois cultos, doutamente

Figura 7. Estela de Narmer (anverso): Egito, *c.*2850 a.C.

investigados, não são o mesmo. Mas também, inteligentemente investigados, eles são na verdade o mesmo: o da cósmica deusa Vaca neolítica. Hátor firmou-se na terra de tal maneira que suas quatro pernas tornaram-se os pilares dos quatro quadrantes. Sua barriga era o firmamento. Além do mais, o sol, o falcão solar dourado, o deus Hórus, voando de leste para oeste, entrava em sua boca a cada anoitecer, para ser parido novamente no próximo amanhecer. Hórus era dessa forma o "macho de sua mãe": seu próprio pai. E a deusa cósmica, cujo nome, *hat-hor*, significa a "casa de Hórus", era dessa forma tanto a consorte quanto a mãe deste deus autogerado que, em um aspecto, era uma ave de rapina.[37] No aspecto de pai – o touro poderoso – esse deus era Osíris, identificado com o pai morto do faraó vivo; mas no aspecto de filho – o falcão, Hórus – ele era o faraó vivo agora reinante. Entretanto, essencialmente esses dois, o faraó vivo e o morto, Hórus e Osíris, eram o mesmo.

Figura 8. Estela de Narmer (reverso): Egito, *c.*2850 a.C.

Além do mais, em egípcio, segundo o Prof. Frankfort, "'casa', 'cidade' ou 'país' podem ser símbolos da mãe".[38] Consequentemente a "casa de Hórus", a deusa-vaca Hátor, não era apenas a estrutura do universo, mas também a terra do Egito, o palácio real e a mãe do faraó vivo, enquanto, como acabamos de ver, ele, o habitante da casa, autogerado, era não apenas ele mesmo, mas também seu próprio pai.

Tudo isso pode parecer um pouco complicado, e com certeza o é, caso se pense no faraó simplesmente como este ou aquele ser mortal, nascido em tal ou tal época, conhecido por este ou aquele feito e enterrado por volta desse ou daquele ano antes de Cristo. Entretanto, aquele faraó – quando assim descrito – não é o mesmo Faraó ao qual a mitologia se refere. Ele não é o falcão que é o macho de sua própria mãe. O princípio faraônico – Faraó com F maiúsculo – era um ser eterno, não um mortal. Por isso a referência mitológica e simbólica era sempre *àquele* Faraó encarnado nesses faraós mortais sobre os quais escrevemos quando determinamos datas, dinastias e outras questões de interesse histórico.

É ousado atribuir uma substância imortal a uma sequência de homens mortais; mas naquela época essa insensatez podia ser simplesmente eclipsada pelo disfarce, vendo-se não o homem mas a fantasia, como fazemos no teatro. Era uma época na qual o titular do cargo não agia de acordo com sua própria vontade, mas com a de seu papel, "para que os Preceitos pudessem ser cumpridos". Pois como Thomas Mann certa vez expôs muito bem em uma discussão sobre o fenômeno do "mito já vivido": "Antigamente, o ego com sua consciência de si mesmo era diferente do nosso, menos exclusivo, menos precisamente definido. Ele era, por assim dizer, aberto atrás; recebia muito do passado e, repetindo-o, concedia-lhe nova atualidade". E para tal senso de ego imprecisamente diferenciado, "a palavra 'imitação' significava muito mais do que hoje. Era uma identificação mítica. [...] A vida, ou melhor, a vida significativa, era a reconstituição do mito em carne e sangue; referia-se ao mito e apelava para ele; apenas através dele, através da referência ao passado, a vida podia confirmar-se como genuína e significativa". E em consequência dessa solene representação da vida como mito, da vida como citação, o tempo era abolido e a vida tornava-se um festival, uma máscara: a reprodução cênica com sacerdotes como atores representando os protótipos dos deuses – por exemplo, a vida e sofrimentos de Osíris morto e ressuscitado.[39]

O faraó da estela de Narmer, portanto, embora executando um ato histórico no tempo, em certa data e local, na terra do Egito, é representado não apenas como um rei guerreiro bem-sucedido, mas como a manifestação na história de uma forma eterna. Essa forma tem de ser conhecida como a "verdade" ou "ordem justa" (*maat*), que dá suporte ao rei enquanto consuma seu feito.

Verdade ou ordem justa, *maat* é o princípio mitologicamente personificado na deusa-vaca Hátor. Ela é o princípio eternamente presente, mantenedor do mundo: a uma só vez a estrutura do mundo e a força maternal atuando dentro dele, parindo o deus consumado e, ao mesmo tempo, fertilizada em sua fecundidade pelo ato dele. É por isso que se diz que o deus é o macho de sua mãe. E é por isso que o evento histórico mitologizado da estela de Narmer está coroado pelos quatro aspectos da deusa Hátor.

"Após a conquista", afirma o Prof. Frankfort, "tornou-se possível considerar a unificação do Egito, não como resultado efêmero de ambições conflitantes, mas como revelação de uma ordem predestinada. E assim a realeza foi, de fato, considerada em toda a história do Egito [...] como a justificação de um estado de coisas divinamente ordenado".[40] Desse modo, a guerra e sua crueldade não eram violências contra a natureza quando praticadas pelo rei-deus, mas atos para a execução de uma norma moral eterna, *maat*, da qual o rei, com o cetro erguido, era a força terrena e a revelação. De tal rei diz-se: "Fala autorizada (*hu*) está em tua boca. Entendimento (*sia*) em teu peito. Teu discurso é o santuário da ordem justa (*maat*)".[41]

As divinas vestes cerimoniais do rei e a alta estilização artística da estela de Narmer fazem a mente voltar-se para o foco mitológico: por isso, os deuses aparecem sustentando o evento. Vemos de um lado o Faraó usando a alta coroa branca do Alto Egito e, com o cetro erguido (a postura de Hórus), matando o chefe dos pântanos do Delta. Atrás da cabeça desse desventurado homem (aqui no papel mitológico do antagonista perverso de Osíris, o deus Set, inimigo de Osíris e morto por Hórus) está o emblema do sétimo nomo do Baixo Egito, um arpão, horizontal, acima de um lago: emblema heráldico do povo pescador cuja antiga capital era a cidade sagrada de Buto, no Delta Ocidental. Sua principal divindade, a deusa-naja Wadjet (seguindo a tradição de tais deusas locais, que não são mais do que especificações da força principal da deusa-mãe cósmica de *maat*), tornar-se-ia agora a padroeira e protetora do vitorioso, cuja façanha a glorificou. Atrás dele, observamos um personagem que carrega suas sandálias. À sua frente, acima da cabeça da vítima, há um falcão (Hórus, a força atuante) segurando uma corda presa no nariz de uma cabeça humana que parece emergir do solo de um brejo de papiro. Uma inscrição diz: "6.000 inimigos". E no painel inferior estão dois cadáveres flutuando.

O reverso mostra o mesmo rei Narmer, agora, entretanto, usando a coroa vermelha achatada, com a espira que simboliza o Baixo Egito, que ele conquistara. Seguido novamente por aquele que carrega suas sandálias, precedido por quatro estandartes simbólicos, o vencedor aproxima-se de dez inimigos decapitados, cada um com a cabeça entre os pés. Na parte inferior da composição há um forte touro demolindo uma fortaleza: o Faraó caracterizado como consorte de Hátor. No centro, há um símbolo maravilhoso da unificação das Duas Terras: leões e panteras com pescoços serpentinos, originários da Mesopotâmia, onde exemplos de cerca de 3500 a.C. têm pescoços entrelaçados de maneira idêntica.[42] E como lá, também aqui as formas entrelaçadas simbolizam a união de um par de opostos destinados a unir-se; pois tal era o conceito dos dois Egitos, heroicamente unificados.

Examinando-se de perto as representações do rei, percebe-se que na parte superior do saiote há quatro painéis decorativos, cada um ornamentado no topo com uma cabeça de Hátor; assim, novamente, ela aparece quatro vezes, sugerindo os quadrantes.

Essa faixa real representa o horizonte, que o Faraó ocupa em seu caráter divino. Também há, suspensa dessa faixa, uma espécie de cauda. E as figuras nos estandartes representam, da esquerda para a direita: 1. a placenta real; 2. o deus-lobo Upwaut, postado numa forma conhecida como *shedshed*, que vai na frente do rei vitorioso como o Franqueador do Caminho; 3. um falcão solar; e 4. um segundo falcão solar; de maneira que, novamente, o número é quatro. Esses quatro estandartes estarão patentes em toda a história do culto real. Eles representam aspectos manifestos do habitante da casa de Hórus, corporificado nesse faraó, o Rei Terrestre, cuja proteção e força se espalham nas quatro direções.

Mas é evidente que, embora o conceito de monarca universal aqui representado tenha penetrado no Egito durante o período Gerzeano Tardio, junto com a ideia e instituição da própria realeza e, embora seja também evidente que o mesmo conceito penetrou na Índia séculos mais tarde e, ainda mais tarde, na China e no Japão, o estilo específico de adaptação é peculiar em cada domínio. Além do mais, em cada caso o novo estilo parece ter surgido subitamente, sem prelúdio. Spengler, em *A Decadência do Ocidente*, apontou para esse problema – pouco tratado pelos historiadores – do súbito aparecimento de tais estilos culturais em certos momentos críticos dentro de horizontes limitados e sua persistência, a partir daí, por séculos, através de muitas fases de desenvolvimento e mudança. A estela de Narmer já é Egito. A pequena sepultura pintada, um pouco anterior, ainda não é Egito. Os pescoços entrelaçados dos animais na estela de Narmer são da Mesopotâmia, como também os motivos que apontei na sepultura. Entretanto, na estela eles foram apreendidos em um campo de ação que os transformou em funções de uma interpretação mitopoética egípcia do lugar e destino do homem no universo, ao passo que na sepultura eles ainda não estavam tão comprometidos. Eles permaneceram ali mais na condição de uma miscelânea descoordenada – talvez contando uma história, talvez não; não sabemos. De qualquer maneira, eles ainda não estavam contando aquela história em particular que, durante os três milênios seguintes, seria o grande mito do Egito – com diferentes ênfases, mas, não obstante, o mesmo.

E seremos obrigados a reconhecer momentos similares tanto na Índia quanto no Extremo Oriente. Momentos em que, como pareceria, o caráter da cultura se decidiu; momentos em que uma nova interpretação do universo se tornou socialmente atuante. E eles tomaram forma, no início, não em uma vasta e ampla esfera, mas em centros específicos, restritos, que logo se tornaram centros de influência, formando primeiro uma elite e depois, aos poucos, uma estrutura mais amplamente partilhada e portadora de civilização – enquanto o povo permanecia essencialmente no nível neolítico pré-literário, mais como objeto e matéria-prima do que como sujeito e vitalidade criativa da história mais avançada.

Qual pode ser o segredo psicológico do momento precipitador de um estilo cultural sem precedentes? Ainda não temos essa informação, pelo menos que eu saiba. Spengler escreveu sobre um novo senso e experiência de mortalidade – um novo temor da morte, um novo temor do mundo – como elemento catalisador.

"No conhecimento da morte", ele declarou, "origina-se a visão de mundo que temos pelo fato de sermos humanos e não animais".[43]

Spengler continua: "A criança subitamente capta o que é o cadáver sem vida: algo que se tornou pura matéria, totalmente espaço e, ao mesmo tempo, ela sente a si própria como um *ser* individual em um estranho vasto mundo. 'Da criança de cinco anos a mim mesmo não há mais que um passo. Mas do bebê recém-nascido à criança de cinco anos há uma distância espantosa', disse Tolstoi certa vez. Aqui, nos momentos decisivos da existência, quando o homem pela primeira vez se torna homem e compreende sua imensa solidão no universal, o medo do mundo revela-se pela primeira vez como o medo essencialmente humano na presença da morte, o limite do mundo da luz, do espaço rígido. Aqui, também, origina-se o pensamento mais elevado como meditação sobre a morte".[44]

E, consequentemente, "tudo de que temos consciência, qualquer que seja a forma na qual é apreendido – 'espírito' e 'mundo', ou vida e realidade, ou História e Natureza, ou lei e sentimento, Destino ou Deus, passado e futuro ou presente e eternidade – tem para nós um significado ainda mais profundo, um significado último. E o único meio de tornar esse incompreensível compreensível tem de ser uma espécie de metafísica que considere *o que quer que seja* com significado enquanto *símbolo*".[45]

O surgimento da estela de Narmer marca o momento, memorável para o Egito, em que o organismo cultural atingiu, por assim dizer, a idade de cinco anos. Algo – de modo definitivo – tinha ocorrido: algo mais profundo e de valor mais intimamente humano e infinitamente cósmico do que o massacre de seis mil inimigos e a fundação de um novo *Reich*. De fato, a presença de um novo estilo de arte – o estilo de arte, *de facto*, egípcio, e de uma visão mitopoética integrada, micro e macrocósmica, em que o faraó já está perfeitamente situado em seu papel – pareceria indicar, não que uma nova crise econômica ou política tivesse gerado uma nova ideia de civilização, mas exatamente o contrário. A ideia já *em existência* na estela de Narmer estava destinada a sobreviver enquanto força formadora e mantenedora efetiva de cultura através de milênios de crises novas e velhas, familiares e estranhas, favoráveis e desfavoráveis, políticas e econômicas, até ser substituída e liquidada, não por um novo exército ou uma nova economia, mas por um novo mito, no período de Roma.

V. IDENTIFICAÇÃO MÍTICA

Nos últimos anos do século passado, uma assombrosa série de sepulturas foi escavada nas areias fora dos limites de Abidos no Alto Egito e, embora todas tivessem sido totalmente saqueadas, restaram evidências suficientes para dar uma ideia do caráter da mitologia à qual tinham o propósito de servir.[46] As duas primeiras eram do período pré-dinástico tardio, cerca de 2900 a.C., maiores do que a câmara de Hieracômpolis, mas sem qualquer estuque ou pintura. Cada uma tinha cerca de 6 metros de comprimento, 3 de largura, 3 de profundidade e paredes não mais grossas do que o comprimento de um tijolo: 28 cm. A sepultura seguinte, entretanto, era de um novo e magnífico tamanho: 7,80 m por 4,80 m e com paredes de 1,50 m a 2,10 m de espessura. Cinco pilastras em cada lado e uma em cada extremo haviam servido de suporte para o revestimento interior de madeira, enquanto, adjunto a essa formidável câmara, percorrendo cerca de 72 m em direção nordeste, havia um novo e espantoso achado: um verdadeiro empreendimento imobiliário subterrâneo de trinta e três pequenas sepulturas secundárias revestidas de tijolos, em onze filas de três sepulturas cada, com uma última tumba na ponta mais distante e duas, bem maiores, na mais próxima: trinta e seis sepulturas ao todo. Algo – definitivamente – tinha ocorrido. E sabemos o quê. Pois essa era a sepultura e necrópole do rei Narmer.[47] A tumba vizinha, de um certo rei Sma, embora igualmente formidável, carecia de uma necrópole adjunta. Entretanto, a seguinte, de mais ou menos o mesmo tamanho, tinha a seu lado duas grandes sepulturas secundárias – e o nome de seu faraó, Aha-Mena, foi identificado por algumas autoridades com Menes.[48] Há, por isso, alguma dúvida sobre qual dos três foi, de fato, o primeiro faraó, o unificador dos dois Egitos; nenhuma dúvida, contudo, a respeito de quem eram os sepultados nas moradas adicionais daqueles jazigos subterrâneos.

Evidências irrefutáveis sobre a natureza dos ritos que, no período do Antigo Reino do Egito (cerca de 2850-2190 a.C.) acompanhavam as exéquias de um rei, vieram à luz entre 1913 e 1916, quando o Prof. George Reisner escavou um cemitério egípcio relativamente intocado, de cerca de 81 hectares de extensão, bem no alto do Nilo, na Núbia, onde um governo provincial egípcio muito próspero, cerca de 2000-1700 a.C., havia controlado as rotas comerciais e, principalmente, o suprimento de ouro para o Norte. Deve-se observar que essas datas pertencem ao período do Reino Intermediário do Egito (2052-1610 a.C.), quando rituais desse tipo não mais se praticavam (não que saibamos, pelo menos) nos principais centros da civilização egípcia. Entretanto, naquela época, como hoje, as pessoas que viviam nas províncias, longe da perversidade das grandes cidades, tendiam a favorecer e fomentar a boa e velha religião com suas boas e velhas maneiras.

O cemitério em questão era uma imensa necrópole, que estivera em funcionamento por cerca de trezentos anos e continha um sem-número, tanto de pequenas e modestas sepulturas, quanto de grandes túmulos, um dos quais com mais de 90 m de diâmetro. E o que o escavador encontrou, sem exceção, foi um padrão de sepultamento com sacrifício humano – especificamente, sacrifício de mulheres: da esposa e, nas tumbas mais opulentas, todo o harém, junto com serviçais.

O corpo principal – masculino – estava sempre deitado sobre seu lado direito ao sul da cova, habitualmente sobre um leito com travesseiro de madeira, com a cabeça orientada para o leste, de frente para o norte (em direção ao Egito), e com as pernas levemente flexionadas nos joelhos, a mão direita sob a face e a esquerda sobre o cotovelo direito ou perto dele, como para dormir. Ao lado e em volta estavam as armas e adornos pessoais, certos artigos de toalete e implementos de bronze, um leque de penas de avestruz e um par de sandálias de couro cru. Uma pele de animal (geralmente de boi) cobria todo o corpo, e os pés da cama eram em forma de patas de touro. O corpo tinha sido vestido de linho branco e havia numerosos e grandes recipientes de cerâmica dispostos em volta das paredes.

De considerável interesse e importância aqui é o detalhe das patas de touro, juntamente com a pele de animal. Sir Flinders Petrie, em seu relato sobre o agrupamento de sepulturas saqueadas que ele escavou nas areias de Abidos, informou que entre os fragmentos de bens sepultados que restaram para ser classificados havia numerosas partes de móveis (cadeiras, camas, estojos etc.) com pés esculpidos de maneira a simular patas de touro,[49] ao passo que pelo final da V Dinastia (cerca de 2350 a.C.), patas de leão começaram a substituir as de touro. Naquela época, também, a prática do sacrifício humano nos sepultamentos reais já tinha sido abandonada. As tumbas, além do mais, eram então construídas com pedra, não com tijolos, e os santuários eram erigidos ao novo deus-sol Rá, a quem o próprio faraó prestava reverência, como se fosse seu pai nas alturas, no céu – não abaixo, na cova. Daquele período em diante, o faraó era conhecido como o "bom deus", ao passo que no período das Dinastias I a IV ele era o "grande deus" que não prestava reverência a ninguém, sendo ele próprio a manifestação suprema do princípio divino no universo.[50] Portanto, parece que durante os memoráveis cinco séculos que decorreram entre a fundação da I Dinastia (*c.*2850 a.C.) e a queda da V Dinastia (*c.*2350 a.C.) aconteceu o apogeu e a transformação do culto faraônico do touro poderoso, mas não se encontra registrado em nenhum texto escrito: apenas nas formas mudas e conteúdos das tumbas dos faraós mortos-porém-vivendo-para-sempre e suas cortes sepultas.

Em cada um dos túmulos da necrópole núbia observou-se que o corpo principal e seus pertences ocupavam apenas uma parte muito pequena da escavação. O restante era ocupado por outros corpos humanos – de um a uma dúzia, nos sepultamentos menores e, nos maiores, de cinquenta até quatrocentos ou quinhentos. Os túmulos colossais já mencionados, com não menos de 90 m de diâmetro, tinham um longo corredor em sentido leste-oeste atravessando o centro, a partir do qual uma espécie de cidade sepulta com muros de tijolos, literalmente abarrotada de esqueletos, se estendia até a periferia. Restos de numerosos carneiros também foram encontrados nos túmulos. E, em contraste com a postura sempre serena do corpo principal, a disposição dos outros corpos não seguia nenhuma regra, exceto que a maioria estava sobre seu lado direito, a cabeça orientada para o leste, mas em quase todas as posturas possíveis. As mãos estavam geralmente sobre o rosto ou na garganta, mas às vezes entrecruzadas e outras puxando os cabelos. "A esses corpos", escreve o Prof. Reisner, "eu chamo de sacrifícios".[51]

Sem dúvida, seu maior número, seja nos túmulos menores ou nos maiores, era de mulheres e, entre elas, uma particularmente bem acompanhada de joias e bens sepultados era sempre colocada, ora diretamente em frente, ora sobre o leito, por baixo da pele de animal. "O agrupamento", declara o Prof. Reisner, depois de muitos anos de cuidadosa escavação e estudo desses túmulos, "representa um grupo familiar [...] constituído de membros de uma família, embora não necessariamente incluindo a família inteira". E nos túmulos maiores, onde o número de ocupantes aumentava aproximadamente em proporção à magnitude do monumento, mesmo as quatrocentas ou quinhentas pessoas presentes às vezes não teriam sido demais para representar o harém de um governador egípcio do Sudão. Esse total teria incluído uma grande proporção de mulheres e crianças, mas também guarda-costas e criados masculinos e é bem possível, mas indeterminável, que alguns deles fossem eunucos.

> O homem (lembra-nos o Prof. Reisner) era o governante de um país que controlava as principais rotas de comércio e o suprimento de ouro do Egito e, pela distância em dias de viagem de Tebas e Mênfis, deve ter ocupado a posição de um vice-rei quase independente, mas que pagava tributos ao rei do Egito. Em tais condições, um harém com todos seus integrantes – criados e progênie variada – facilmente totalizaria quinhentas pessoas ou mais. Portanto, todas as afirmações com relação aos corpos que acompanhavam o principal nos túmulos menores, aplicam-se igualmente aos dos grandes túmulos. Essas sepulturas imensas também representam enterros familiares realizados em um único dia, diferindo apenas em escala, que era proporcional ao lugar e poder do personagem principal.
>
> Concluindo que a sepultura representa um grupo familiar de criados, mulheres e crianças junto com o corpo principal; concluindo que todos foram enterrados no mesmo dia e na mesma cova; concluindo que isso não ocorria apenas em uma sepultura, mas em todas em um vasto cemitério, contendo só na parte egípcia por volta de quatrocentas sepulturas, e que a prática deve cobrir um período de muitas centenas de anos, cabe então perguntar à experiência humana sob quais condições tal costume pode existir. As possibilidades de guerra são simplesmente absurdas; a possibilidade do extermínio contínuo de família após família, executadas por violações criminais ou políticas, não pode ser seriamente considerada, e não há com certeza nenhum micróbio conhecido da ciência moderna que pudesse agir de maneira tão malevolamente oportuna, levando família após família ao mesmo tempo para o túmulo, através de tantas gerações. Em todo o âmbito do conhecimento atual, há apenas um costume conhecido que leva a família ou parte dela para o outro mundo junto com seu chefe: é o costume, amplamente praticado, mas mais conhecido no ritual hindu chamado *satī* no qual as esposas do defunto se lançam (ou são lançadas) na pira funerária. Costumes como esse explicariam perfeitamente os fatos registrados nos túmulos de Kerma e, após vários anos de reflexão, não me ocorre nenhum outro costume conhecido ou possível que explicasse, mesmo parcialmente, esses fatos. [52]

Desembocamos, assim, diante de um interessante enigma, que deve acorrer à mente de todos os que comparam seriamente os costumes antigos do Egito com os da Índia e do Extremo Oriente; o enigma das numerosas analogias que aparecem, e continuam a aparecer.

Por exemplo, na mitologia da estela de Narmer, a figura da vaca é, sem dúvida alguma, óbvia. O alcance da referência religiosa e emocional da vaca em toda a literatura e vida na Índia é enorme; sempre, entretanto, à maneira de uma imagem maternal, bondosa e querida – um "poema de compaixão", para usarmos a frase de Gandhi.[53] Já no Rig Veda (*c.*1500-1000 a.C.) a deusa Aditi, mãe dos deuses, era uma vaca.[54] Nos ritos, uma vaca era cerimonialmente chamada pelo seu nome.[55] Ela era o "sustentáculo das criaturas",[56] "amplamente expandida",[57] mãe do deus-sol Mitra e do senhor da verdade e da ordem universal, Varuna;[58] mãe, também, de Indra, rei dos deuses, tratado constantemente como um touro[59] e arquétipo do monarca terreno. No hinduísmo posterior dos períodos tântrico e purânico (*c.*500-1500 d.C.), quando os ritos e mitologias de Viṣṇu e Śiva floresceram, Śiva era identificado com o touro, Viṣṇu com o leão. O veículo ou montaria de Śiva era o touro branco Nandi, cuja forma suave é uma figura frequente em todos os seus templos e, em um caso célebre, em Mamallapuram, perto de Madras (o Templo da Praia, *c.*700-720 d.C.),[60] Nandi aparece multiplicado várias vezes, à maneira de uma espécie de moldura em volta do complexo. Além disso, a consorte de Śiva, a deusa Satī, que se imolou por causa de seu amor e fidelidade, é o modelo da perfeita esposa indiana. E, finalmente, a figura mitológica indiana e ideal do rei universal (*cakravartin*), cujo domínio tem o horizonte como limite, frente ao qual a roda do sol (*cakra*) gira (*vartati*) como uma manifestação da autoridade divina que abre o caminho para as quatro direções, que ao nascer é dotado com trinta e dois grandes sinais e numerosos sinais complementares e que, quando sepultado, deverá ter uma imensa estupa (*stūpa*) erigida sobre seus restos mortais,[61] está sem dúvida em perfeita correspondência com a antiga imagem egípcia e com o ideal do faraó.

Tais paralelos não são concatenações acidentais, mas conjuntos mitológicos estruturadores de cultura, relacionados e profundamente significativos, que representam o próprio núcleo do problema supremo de qualquer ciência de cultura comparada, mitologia, religião, arte ou filosofia, consideradas com seriedade.

O ritual do sati – para nós, terrível, cruel e aparentemente sem sentido –, praticado na Índia até hoje, o encontramos no passado remoto egípcio e o descobriremos novamente na China primitiva. As tumbas reais de Ur o revelam na Mesopotâmia e há, também, evidências na Europa. O que significará que o homem, precisamente nos momentos de primeiro florescimento de suas grandes civilizações, sacrificou sua humanidade e senso comum (de fato, pode-se dizer, mesmo seu desejo básico, biológico, de viver) no altar de um sonho?

Teríamos irrompido nas cidades do sono de vítimas voluntárias ou forçadas?

"Se as vítimas tivessem sido mortas antes de serem colocadas nos túmulos", escreveu o Prof. Reisner, "elas teriam sido colocadas todas na mesma posição, ordenadamente do lado direito, com a cabeça para o leste, com a mão direita sob a face e a esquerda sobre o cotovelo direito ou perto dele". Entretanto, embora algumas estivessem quase nessa posição, a maioria estava em outras posturas, que – para citar o Professor – "podiam apenas ter resultado do medo, de uma atitude resoluta sob a dor ou sua antecipação, ou de outros movimentos que surgiriam naturalmente no corpo de pessoas perfeitamente saudáveis sofrendo morte por sufocação conscientemente aceita".

A coisa mais comum era a pessoa enterrar a cabeça nas mãos, ou colocar uma das mãos sobre o rosto e pressionar a outra entre as coxas. Em três casos o braço cruzava o peito, segurando a nuca pelo lado oposto. Outro esqueleto apresentava a cabeça pendida na curva do cotovelo – "de maneira", afirma o Prof. Reisner, "muito reveladora do estado mental no momento de ser enterrado". Outro estava sobre o lado direito, com a cabeça para o oeste, mas com o ombro direito virado para trás e a mão direita segurando um leque de penas de avestruz pressionado na face inclinada sobre o peito, enquanto o braço esquerdo, atravessado, segurava o antebraço direito. Dois esqueletos foram desenterrados com as testas pressionadas uma na outra, como para consolar-se. Outro tinha os dedos da mão direita agarrados no cordão de contas em volta da cabeça, e essa era uma atitude bastante comum. A vítima principal em uma das sepulturas, a mulher na cama, embaixo do couro de boi, estava virada de costas, pernas abertas, mão esquerda apertada contra o peito, a direita apertando o osso pélvico direito e com a cabeça curvada sobre o ombro esquerdo. Outra sepultura revelou uma pobre criatura que tinha engatinhado até debaixo da cama e ali sufocara lentamente. A posição de suas pernas mostrou que ela se tinha deitado sobre o lado direito, da maneira apropriada, com a cabeça para o leste, mas então tinha-se virado de bruços com a cabeça voltada como se fosse repousar sobre a face esquerda, de frente para o sul em lugar do norte. Os braços estavam estendidos para baixo com a mão esquerda nas nádegas e a direita aparentemente apertando o pé esquerdo. Pois, como a cama era baixa, ela não podia virar-se sem esticar as pernas – e isso era impossível, pois elas se projetariam para fora do pé da cama, que estava bloqueado. E ainda outra mulher, também a vítima principal em seu túmulo, deitada ao pé do leito, sob a pele de boi, tinha-se virado de costas com a mão direita contra a perna direita e a mão esquerda, na agonia, apertando o tórax.[62]

Entretanto, apesar desses sinais de sofrimento e mesmo de pânico na hora da dor e sufocação, não deveríamos pensar no estado mental e experiência daquelas pessoas de acordo com qualquer modelo nosso de reações imagináveis diante de tal destino. Pois aqueles sacrifícios não eram, de fato, propriamente pessoais; em outras palavras, não se tratava de seres particulares, destacados de uma classe ou grupo em virtude de qualquer sentido ou realização de um destino e responsabilidade pessoais e individuais a serem desenvolvidos em uma vida individual. Eram partes, apenas, de um todo maior, e era apenas em virtude de sua absoluta submissão a esse todo, ao seu inalterável imperativo categórico, que tais seres eram algo.

O sentido pleno do termo indiano sati (*satī*) exporá, acho eu, algo da qualidade e caráter da mente e coração absolutamente abertos a uma identificação com um papel. A palavra provém da raiz verbal sânscrita *sat*, "ser", "estar". A forma substantiva, *satya*, significa "verdade; o real, genuíno e sincero, o leal, virtuoso, puro e bom", bem como "o realizado, o consumado", enquanto o negativo, *a-sat*, "irreal, não verdadeiro", tem as conotações "errado, mau e vil", e na forma feminina do particípio, *a-satī*, "esposa infiel, incasta". *Satī*, o particípio feminino de *sat*, é a fêmea que realmente *é* algo porquanto ela é de fato uma personagem do papel feminino: ela não é apenas boa e verdadeira no sentido ético, mas verdadeira e real ontologicamente. Na lealdade de sua morte, ela se torna una com seu próprio ser verdadeiro.

Uma percepção esclarecedora, embora um tanto quanto espantosa, da fonte silenciosa e profunda do espírito oriental arcaico, repleto desse sentido de transcendência de sua própria realidade, é proporcionada por uma história quase inacreditável de um ritual sati na Índia recente, que ocorreu em 18 de março de 1813. A notícia foi comunicada por certo capitão britânico Kemp, testemunha ocular do sacrifício vivo, a um antigo missionário na Índia, o Reverendo William Ward. Um dos melhores e mais jovens trabalhadores do capitão, chamado Vishvanatha, que havia estado doente durante alguns dias, fora informado por um astrólogo que estava prestes a morrer, e, por isso, tinha sido levado até a margem do Ganges para expirar. Imerso até a cintura nas águas turvas, ele foi mantido ali por certo tempo, mas como não morreu, foi levado de volta à margem e ali deixado torrando ao sol. Então, foi novamente colocado dentro do rio – e de novo levado de volta à margem. Essa função continuou por umas trinta e seis horas, até que finalmente, ele morreu, e sua esposa, uma jovem saudável de dezesseis anos, ao saber da morte, "chegou à desesperada decisão", escreve o capitão, "de ser enterrada viva com o defunto". O oficial britânico tentou em vão persuadir, primeiro a jovem e depois sua mãe, de que tal decisão era uma loucura, mas não obteve o menor sinal nem de hesitação nem de pesar. E assim a jovem viúva, acompanhada de seus amigos, encaminhou-se para a praia onde estava o corpo e ali foi-lhe ofertado um pequeno ramo de mangueira e, ao recebê-lo, ela selou sua decisão.

> Às oito horas da noite (escreve o capitão) o cadáver, acompanhado da vítima voluntária, foi levado para um lugar um pouco abaixo da nossa área, onde me refugiei, para assistir à prática de um crime que eu mal conseguia acreditar possível de ser cometido por um ser humano. O cadáver tinha sido deixado no chão perto do rio, enquanto era escavada a cova circular de aproximadamente 4,50 m de circunferência e 1,50 m ou 1,80 m de profundidade e então (depois da leitura de algumas preces), ele foi colocado no fundo da cova, em posição sentada, com o rosto voltado para o norte, e o parente mais próximo passou-lhe um chumaço de palha levemente no alto da cabeça. A jovem viúva, então, adiantou-se e deu sete voltas em torno da cova, gritando *Hari Bul! Hari Bul!** acompanhada pelas pessoas à volta. Logo desceu à cova. Então me aproximei, para observar se havia alguma relutância em seu semblante ou pesar em algum de seus parentes. Ela colocou-se em posição sentada, com o rosto de frente para as costas de seu marido, abraçando o cadáver com o braço esquerdo, e reclinou a cabeça sobre os ombros dele; a outra mão, ela colocou sobre sua própria cabeça, com o indicador apontado, movendo-o em círculos. A terra foi então

* "Hari (isto é, Viṣṇu), Salve! Hari, Salve!" Para a mulher indiana, seu marido é uma manifestação de Deus.

vagarosamente disposta em volta deles; dois homens estavam dentro da cova com o propósito de socar a terra em volta do morto e do vivo, o que eles fizeram como faz um jardineiro em volta de uma planta recém-transplantada, até que a terra se elevou até a superfície, ou seja 60 ou 80 cm acima das cabeças dos sepultados. Enquanto a cabeça da jovem era coberta, antes de cobrir o dedo de sua mão direita, tive a oportunidade de observar se ela manifestava algum pesar; mas o dedo continuou movendo-se em círculos da mesma maneira que antes, até a terra fazê-lo desaparecer por completo. Não se viu nenhuma lágrima de despedida derramada por nenhum de seus parentes até o grupo dispersar-se, quando então se iniciaram os lamentos e suspiros costumeiros, mas sem aflições.[63]

Podemos comparar esta cena com a reconstrução do Prof. Reisner dos ritos de sepultamento do grande governador provincial, Príncipe Hepzefa, no maior dos túmulos do cemitério núbio de Kerma, que deve ter ocorrido, segundo seus cálculos, entre 1940 e 1880 a.C.[64] A procissão teria partido de um grande edifício retangular, cujas ruínas foram escavadas a cerca de 32 m do prodigioso túmulo.

Imagino a procissão saindo da capela funerária (ele escreve) e tomando o atalho para a entrada oeste do longo corredor que leva ao túmulo; o leito de quartzito azul-vítreo, no qual o defunto Hepzefa provavelmente já estava deitado coberto com trajes de linho, com a espada entre as pernas, sua almofada, seu leque e suas sandálias nos devidos lugares; os servos com jarros de alabastro contendo unguentos, caixas de artigos de toucador e jogos, os grandes veleiros azuis de faiança com toda a tripulação a bordo, os vasos de faiança lindamente decorados e a fina cerâmica de uso diário do príncipe; os carregadores talvez puxando as cordas que arrastavam as duas grandes estátuas acondicionadas sobre trenós, embora elas possam ter sido levadas até o túmulo anteriormente; os carregadores que levavam as estatuetas mais leves; a multidão de mulheres e criados do harém cobertos com seus mais belos ornamentos, muitos levando alguns utensílios ou vasos indispensáveis. Eles marchavam, não no silêncio cerimonioso de nossos funerais, mas com todas as ululações e prantos comuns ao povo do Nilo. O leito com o corpo é colocado na câmara principal, os objetos mais finos nessa câmara e na antecâmara, os objetos de cerâmica entre as estátuas e estatuetas no corredor. As portas das câmaras são fechadas e lacradas. Os sacerdotes e oficiantes retiram-se. As mulheres e criados tomam seus lugares, acotovelando-se no corredor estreito, talvez ainda guinchando ou proferindo as palavras adequadas ao seu lugar. Os gritos e movimentos cessam totalmente. É dado o sinal. A multidão de pessoas reunidas para a cerimônia, de prontidão, joga a terra de seus cestos sobre as vítimas imóveis, mas vivas. É fácil imaginar a confusão frenética e a precipitação da multidão presente. As emoções das vítimas podem talvez ser exageradas por nós próprios; elas eram fortalecidas e apoiadas por suas crenças religiosas e tinham assumido voluntariamente seus lugares, sem dúvida, mas no momento final – sabemos a partir de suas posturas na hora da morte – um arrepio de medo percorreu-as e, em alguns casos, houve um espasmo de agonia física.

> O corredor era rapidamente coberto. Uma vez que a terra estava convenientemente disposta, algumas centenas de homens podiam realizar o trabalho em um quarto de hora; alguns milhares com cestos cheios de terra podiam efetuar a tarefa em alguns minutos. A multidão reunida dirigiu-se então, provavelmente, para a grande celebração. Bois haviam sido abatidos ritualmente para que seus espíritos acompanhassem o espírito do príncipe. A carne tinha de ser comida, como sempre o era. Se estou certo em minha interpretação dos fornos, que consistiam de cinzas e terra vermelha queimada, e que pontilhavam a campina para o oeste e sul do túmulo, a multidão recebia a carne em porções e a distribuía, pela área adjacente, a grupos familiares ou comunitários, para assá-la e comê-la. Não há dúvida de que os lamentos e os festejos se prolongavam por vários dias, acompanhados de jogos e danças. Dia após dia, a fumaça das fogueiras deve ter-se dirigido para o sul. [...][65]

Não há dúvida de que diante desses dois ritos, tão diferentes em intensidade, estamos na esfera da mesma crença espiritual. A mitologia e o ritual do sati, que tanto chocou os primeiros visitantes ocidentais na Índia e afrontou o senso moral ocidental, são muito mais antigos do que a tradição brâmane indiana à qual o ritual é em geral atribuído, e pela qual foi mantido até ser abolido em 1829. Em nosso primeiro volume desta obra, *Mitologia Primitiva*, discutimos detalhadamente a mitologia do ritual amor-morte; primeiramente como ele tem sido praticado até o

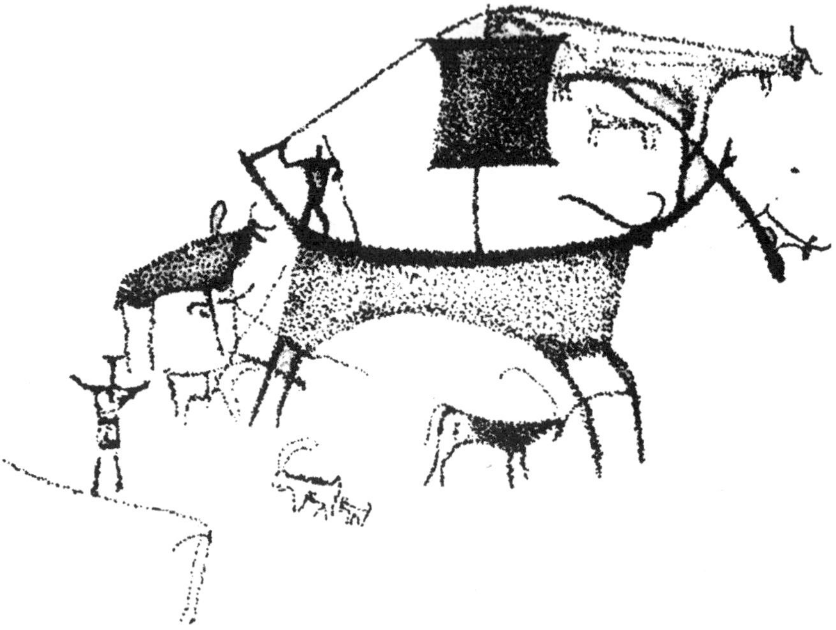

Figura 9. Petróglifo. O barco da morte: Núbia, *c*.500-50 a.C.?

presente no nível cultural das comunidades agrícolas primitivas da zona tropical equatorial, do Sudão em direção leste até a Indonésia e, através do Pacífico, até o Novo Mundo, e a seguir como ele apareceu em uma forma consideravelmente elevada nos ritos reais das primeiras cidades-estados hieráticas do Oriente Próximo – de onde a prática espantosa de um ritual regicida periódico se difundiu junto com a própria instituição da realeza, para o Egito, interior da África e Índia, bem como para a Europa e a China.[66] Não vamos repetir aqui o argumento, mas apenas apontar mais uma vez para as tumbas reais de Ur na Suméria, escavadas por Sir Leonard Woolley, onde se tornou óbvio que quando um personagem real morria (ou talvez fosse morto ritualmente) os membros da corte – ou, pelo menos, os membros femininos e o corpo de criados – vestidos a caráter, entravam na cova com o esquife e eram enterrados vivos.[67] E foram encontradas em uma das câmaras reais de Ur duas maquetes de barco, uma em prata e uma em cobre, com proa e popa elevadas e remos laminados. Os veleiros de faiança azul-vítreo no túmulo do príncipe no cemitério de Kerma não eram, portanto, meros brinquedos ou extravagâncias, mas elementos de um simbolismo do mundo do além: as embarcações do barqueiro da morte. Há uma figura em pedra proveniente do deserto núbio ao sul de Kerma representando esse barco, com velas e barqueiro, colocado de tal maneira nas costas de um touro que o barco e o animal galopando se tornam uma única coisa (figura 9). Há também, num ataúde no Museu Britânico, a figura de Osíris na forma de um touro galopando, com chifres em forma de meia-lua, transportando o morto para o mundo ínfero.[68] E agora vamos recordar os leitos funerários com pés iguais às patas do touro – e as peles de couro cru colocadas sobre o morto. Já discutimos o sinete cilíndrico da Mesopotâmia mostrando o casal sobre um leito cujos pés sugeriam as patas de um touro.[69] E longe dali, em Bali, no ponto mais remoto que a influência do complexo cultural indiano alcançou na Indonésia, os corpos dos ricos, à espera de serem cremados, são colocados em sarcófagos em forma de touros.

Retornando agora à antiga Abidos com olhos mais capazes de ver, observamos novamente os palácios reais, por milênios em silêncio debaixo das areias. Podemos recordar que na pequena sepultura pintada de Hieracômpolis havia duas partes, separadas por um muro baixo. Examinamos novamente a necrópole do rei Narmer, o unificador das Duas Terras, o vigoroso macho de sua mãe, que em um dia venceu seis mil inimigos. E perguntamos quem eram os que estavam nos outros túmulos, ou nas duas grandes câmaras secundárias próximas da tumba do outro possível primeiro faraó, Aha-Mena. Então, olhamos para a sepultura seguinte: a de Zer, o sucessor imediato do faraó Aha-Mena e, provavelmente, seu filho. Não há nenhuma cidade subterrânea dos mortos mais grandiosa no mundo! A tumba principal, cerca de 6 m abaixo da terra, tinha 13 m de comprimento, 11,50 m de largura e 2,70 m de profundidade, e dentro dela existiu uma grande câmara de madeira, dividida em compartimentos. Contra a parte externa de suas grossas paredes, com 2,50 m de espessura, havia paredes mais finas de tijolos de numerosos compartimentos adicionais, enquanto abaixo desse palácio real de muitas câmaras se desenvolvia – à maneira de um Versailles subterrâneo – uma vasta área de 318 túmulos secundários, ordenados em dependências, anexos e alas.

Os prováveis ocupantes sugeridos pelo Prof. Reisner eram os seguintes: no anexo mais imponente de dezessete câmaras secundárias, seis esposas principais e onze mulheres de segunda posição do harém. Nas barracas imediatamente atrás delas, quarenta e quatro do cortejo do harém, dois guardas do harém e dois criados deles. Em um amplo dormitório separado, cerca de trinta e oito criados do harém (talvez eunucos) e vinte e um guarda-costas, carregadores de palanquim etc. Em uma segunda ala ou anexo, vinte membros do que parece ter sido um harém separado, secundário. Em um amplo compartimento de serviçais, bem separado, um grupo de serviçais, desordenado, de mais ou menos cento e setenta e quatro almas. E entre as ruínas da própria câmara, que ao longo de seus 4.700 anos fora completamente saqueada, foi encontrado um pedaço do braço arrancado de uma múmia com seus envoltórios, ainda trazendo quatro elegantes braceletes de ouro da rainha favorita ou principal.[70]

Uma relação de dados aproximados será suficiente para ilustrar o modelo sati das sepulturas restantes da I Dinastia em Abidos, em ordem cronológica.

Rei Zet: uma área de 174 túmulos secundários, além de câmaras dentro do recinto principal.

Rainha Merneith (esposa de Zet?): 41 túmulos secundários, além de câmaras dentro do recinto principal.

Rei Den-Setui: um mausoléu extremamente elegante, com uma ampla escadaria descendo até uma entrada lateral do alicerce (uma nova ideia, copiada por todos os que o sucederam, a qual permitiu que o palácio subterrâneo fosse concluído, coberto com teto e mobiliado pelo próprio monarca antes de sua morte). Na câmara principal, uma pavimentação de grandes blocos de granito rosado, bem talhado, e uma porta levadiça de pedra calcária branca emoldurada, que revela um excelente domínio do trabalho em pedra, cujas consequências seriam muito significativas; agrupada em volta do palácio central, uma corte de 136 túmulos secundários, dos quais um, muito grande e com uma escada, pode ter sido o de uma rainha.

Rei Azab-Merpaba: o salão principal com escassos 6,60 m por 4,20 m e apenas 64 túmulos secundários. ("Pode-se concluir", comentou Reisner, "que, ou seus recursos estavam consideravelmente reduzidos, ou seu reinado foi muito breve".)[71]

Rei Mersekha-Semempses (Semarkhat): um novo estilo, sem muitas alas e anexos separados fora da extensão da mastaba principal, mas uma única subestrutura imensa, com grande número de compartimentos internos e 63 celas secundárias reunidas à sua volta, para que uma única superestrutura prodigiosa pudesse cobrir tudo.

Rei Qa: mais uma tumba nesse novo estilo, com 26 celas secundárias, construída, entretanto, às pressas e coberta antes de os tijolos secarem, de maneira que muitas câmaras desmoronaram quando o peso da areia acima as pressionou – comprovando de maneira definitiva, como observa Petrie, que todos tinham sido enterrados ao mesmo tempo que o rei, possivelmente em desordem; pois era a época da queda da dinastia de Menes e do surgimento da II Dinastia.[72]

E agora, mais um detalhe: devemos informar que outra série de tais palácios-sati, construída pelos faraós da I Dinastia, foi recentemente descoberta, bem distante da necrópole de Abidos, descendo-se pelo Nilo, em Sacara, perto de Mênfis – uma segunda série de túmulos, o que quer dizer, *exatamente dos mesmos faraós*. "Os túmulos de Sacara são, em todos os casos, muito maiores e mais elaborados do que seus correspondentes em Abidos", afirma o Sr. Walter Emery, um dos responsáveis pelas escavações. Além do mais, ele declara, "as escavações demonstram que a civilização no alvorecer do período faraônico no Egito era muito mais desenvolvida do que se supunha até agora".[73]

VI. ENFATUAÇÃO MÍTICA

"No Alto Egito", escreveu Sir James G. Frazer em *O Ramo Dourado*, citando as observações de um viajante alemão do século XIX, "no primeiro dia do ano solar pela contagem copta, ou seja, no dia 10 de setembro, quando o Nilo geralmente já atingiu seu nível mais alto, o governo regular é suspenso por três dias e cada cidade escolhe seu próprio governante. Esse regente temporário usa um alto barrete de bufão e uma longa barba loura e é envolvido em um estranho manto. Com o cetro na mão e seguido por homens disfarçados de escribas, carrascos etc., ele se encaminha para a casa do governador. Este admite ser deposto, e o rei bufão, ocupando o trono, preside um tribunal, a cujas decisões mesmo o governador e seus oficiais têm de curvar-se. Após três dias o falso rei é condenado à morte; o invólucro ou casca na qual ele fora envolto é entregue às chamas e o felá sai rastejando de suas cinzas. O costume aponta para uma antiga prática cruel, de queimar de fato um verdadeiro rei".[74]

Vale certamente a pena observar que, embora no período dos grandes túmulos dos faraós da I Dinastia aqueles vigorosos touros, ao "partirem", levassem consigo para o mundo subterrâneo numerosos rebanhos de vacas – "poemas de compaixão" –, eles não estavam tão identificados com seu papel mitológico quanto exigiria deles – reis poderosos – a submissão voluntária à morte ritual. Nos primeiros séculos das cidades-estados hieráticas pré-históricas – dos quais temos numerosas provas circunstanciais e cujas datas estou determinando esquemática e hipoteticamente entre 3500 e 2500 a.C.[75] – os reis, em sua identificação mítica, eram a tal ponto "abertos atrás" (para usar a frase perspicaz de Thomas Mann) que ofereciam seus corpos para serem mortos ou mesmo se matavam na pantomima festiva, como, de fato, reis continuaram a ser mortos na Índia até o século XVI e na África até o século XX.[76] No Egito, entretanto, já no período da estela de Narmer (*c.*2850 a.C.), suas personalidades, até certo ponto, tinham-se "fechado", de maneira que as cenas sagradas de morte-e-ressurreição não eram mais representadas com toda a empatia de outrora – pelo menos pelos atores do papel principal. Aqueles reis guerreiros, estrategistas e políticos, formadores do primeiro estado político na história do mundo, não se imolavam como verdadeiros touros, porcos, carneiros ou cabras aos guardiães clericais locais, que em tempos idos tinham extraído seus conhecimentos sagrados da ordem justa (*maat*) através da observação da órbita dos astros.[77] Em algum lugar, alguma vez, a certa altura do mapa pré-histórico ainda não focalizado pela pesquisa, o rei tinha tomado a *maat* para si mesmo; de maneira que quando os primeiros atores reais datados entram em cena – para nós de modo intempestivo – eles já estão representando uma nova versão do bem conhecido papel do Protagonista.

Em lugar daquele terrível drama antigo e fúnebre da morte do rei, antes representado por inteiro, a plateia assistia agora a uma solene pantomima simbólica, *o festival Sed*, no qual o rei renovava sua autoridade faraônica sem submeter-se à "inconveniência" de uma morte literal. O rito era celebrado, acreditam algumas autoridades, seguindo um ciclo de trinta anos, independentemente da duração dos reinados;[78] outros acreditam, entretanto, que o único fator determinante era o desejo do próprio rei que ordenava sua realização.[79] Qualquer que seja o caso, o verdadeiro herói da gloriosa ocasião não era mais o eterno Faraó (com F maiúsculo), que *vestia* e *despia* os faraós, como se fossem roupas, mas o traje vivo de carne e osso, determinado faraó Fulano de Tal, que, em vez de entregar-se a seu papel, agora tinha encontrado uma forma de apossar-se dele. E ele fez isso simplesmente descendo um degrau na imagem mitológica. Em vez do Faraó trocando de faraós, era o faraó que trocava de roupa.

A estação do ano desse balé real era a mesma da coroação: os primeiros cinco dias do primeiro mês da "Estação da Chegada", quando os outeiros e os campos, depois da inundação do Nilo, emergiam novamente das águas. Pois o ciclo sazonal, em todo o mundo antigo, era o principal sinal de renascimento depois da morte e, no Egito, o cronômetro desse ciclo era a enchente anual do Nilo. Numerosas edificações festivas eram erguidas, incensadas e consagradas: um salão real onde o rei deveria sentar-se quando abordado com reverência pelos deuses e seus cleros (que em tempos mais cruéis teriam sido os oficiantes de sua morte); uma grande corte para as representações mímicas, procissões e outros eventos visuais, e finalmente, uma capela à qual o rei-deus se retirava para trocar de vestimenta. Cinco dias de iluminação, chamados o "Acender da Chama" (que na primeira versão dessa representação miraculosa aconteceria após a extinção dos fogos na noite de lua escura, quando o rei era morto ritualmente),[80] precediam os cinco dias do festival propriamente dito, e então, iniciava-se a ocasião solene (*ad majorem dei gloriam*).

Os ritos iniciais eram realizados sob a proteção de Hátor. O rei, vestindo a faixa com as quatro faces de Hátor e a cauda de seu vigoroso macho, caminhava em numerosas procissões, precedido por seus quatro estandartes, de um templo a outro, oferecendo presentes (não sacrifícios) aos deuses. Em seguida, os sacerdotes vinham reverenciá-lo em seu trono, portando os símbolos de seus deuses. Mais procissões eram realizadas, durante as quais o rei andava para cá e para lá – conforme diz o Prof. Frankfort em seu relato – "como a naveta de um grande tear" para re-fazer o tecido de seu domínio, no qual as forças cósmicas representadas pelos deuses, não menos que os habitantes do país, deviam ser entrelaçadas.[81]

Toda essa pompa e circunstância, entretanto, eram apenas preliminares do evento principal; pois, como em todos os ritos tradicionais, também nesse o período de introdução e preparação cerimoniais devia ser seguido por um ato de consumação (anteriormente, a morte do rei), depois do qual uma rápida sequência de meditações finais, bênçãos etc., conduziria a uma marcha final. Habitualmente, cinco estágios são cumpridos em um programa assim:

1. Paramentações preparatórias, bênçãos e consagrações
2. Procissões introdutórias
3. Ritos propiciatórios à consumação
4. *A consumação do sacrifício (ou seu equivalente)*
5. *O pedido de benefícios*
6. Ação de graças, bênçãos finais e despedida.

Neste esboço do festival Sed já chegamos ao estágio número 4.

O rei, usando agora um manto antigo, curto e rígido, encaminha-se de maneira grave e imponente para o santuário do deus-lobo Upwaut, o "Franqueador do Caminho"; ali unge o estandarte sagrado atrás do qual marcha até a capela do palácio, onde desaparece.

Decorre um período de tempo durante o qual o faraó não é visto.

Quando reaparece está vestido como na estela de Narmer, o saiote com a faixa de Hátor e a cauda de touro presa. Sua mão direita segura o mangual e a esquerda, em vez do cajado do Bom Pastor, um objeto semelhante a um pequeno rolo de pergaminho, chamado Testamento, Documento da Dinastia ou Segredo dos Dois Parceiros, que exibe triunfalmente, proclamando a toda a audiência que lhe fora entregue por seu falecido pai Osíris, na presença do deus da terra Geb.

"Eu corri", ele grita, "levando o Segredo dos Dois Parceiros, o Testamento que meu pai me entregou diante de Geb. Atravessei o país e cheguei aos quatro cantos dele. Atravesso-o conforme minha vontade".[82]

Há uma gravura interessante, muito antiga, em uma peça quebrada de ébano proveniente da sepultura do Rei Den-Setui, o quinto faraó da I Dinastia (o devoto barba-azul cujo palácio pavimentado de granito rosado, outrora repleto de esposas assassinadas, já vimos),* que mostra o rei acabando de receber o Testamento (figura 10). Ele está saindo apressadamente com o Testamento. Leva o mangual sobre o ombro e o Testamento na mão esquerda. "A cena", escreve Petrie em seu relato da descoberta, "[...] é o exemplo mais antigo de uma cerimônia que se vê nos monumentos até os tempos romanos".[83] Tanto Osíris quanto o faraó usam a coroa dupla das Duas Terras; uma combinação da coroa branca alta, tipo tiara, do Alto Egito e a coroa vermelha baixa, com a espira simbólica, do Norte.

* *Supra*, p. 63-65.

Figura 10. O segredo dos dois parceiros: Egito, *c.*2800 a.C.

Alguns estudiosos sugeriram que no pátio interno do palácio deve ter sido demarcada uma área simbolizando as duas terras, isto é, o Baixo e o Alto Egito, e que o faraó a atravessava numa espécie de dança formal e pomposa, com passos lentos e cerimoniosos. Relatos e imagens posteriores indicam que uma mulher, provavelmente uma sacerdotisa representando a deusa Mert, que simbolizava o país, encarava o dançarino e, acompanhando-o com palmas, dizia: "Vamos! Traga-o!", enquanto o estandarte-lobo do "Franqueador do Caminho" era apresentado a ele por um criado vestindo o tradicional saiote de couro cru.[84]

Esse era o rito pelo qual o assassinato do antigo rei e a transferência do poder para o novo se transformara em alegoria. O rei não morria de fato mas simbolicamente, na mais antiga representação da Paixão de que temos notícia. E o enredo da pantomima sagrada era a velha, porém sempre nova, fórmula da Aventura do Herói, conhecida nas artes e literaturas posteriores de todo o mundo.[85] Analisado em termos de seus temas folclóricos, o enredo pode ser resumido da seguinte maneira:

> O faraó (o Herói), quando tomou conhecimento de que tinha chegado a hora de ser morto, começou a procurar uma prova de sua qualificação para continuar de posse de seu trono (Chamado à Aventura). Conduzido pelo "Franqueador do Caminho" (Guia para a Aventura, Ajuda Mágica), ele entrou no palácio do mundo ínfero (Limiar da Aventura, Labirinto, Reino dos Mortos), onde atingiu os quatro lados da terra do Egito (Tarefa Difícil, Correspondência Micro-macrocósmica) e com ajuda da deusa do reino do Egito (Ajuda Mágica, Tema de Ariadne, Noiva Sobrenatural), foi, em seguida, reconhecido por seu falecido pai, Osíris (Re-con-ciliação com o Pai). Ele recebeu o Testamento (Designação Divina, Símbolo, Elixir) e, com novos paramentos (Apoteose), reapareceu diante de seu povo (Ressurreição, Retorno), para reassumir seu trono (Aventura Concluída).

Assim, de maneira admiravelmente sutil começou o trabalho da Arte, que durante os longos e cruéis séculos seguintes iria amenizar, de modo gradativo, a força dos arrebatamentos míticos praticados no passado. Com isso, ela libertou o homem da desumanidade daqueles arrebatamentos e, por meio das imagens inspiradas naqueles mesmos arrebatamentos, abriu novos caminhos para a compreensão da própria humanidade.

O quinto estágio do festival Sed, o do Pedido de Benefícios, era dedicado ao emposse do faraó no seu duplo trono, que agora ele tinha merecidamente alcançado. Em seu papel, primeiro como rei do Baixo Egito, ele era carregado em uma liteira em forma de caixa nos ombros dos Grandes do Reino até a capela de Hórus-da--Líbia-com-o-Braço-Erguido, onde o sacerdote supremo lhe conferia o cajado de pastor, o mangual e o cetro da "prosperidade" e dois dignitários da cidade sagrada de Buto, no Delta, entoavam quatro vezes um hino em direção aos quatro pontos cardeais, tendo a ordem "Silêncio!" precedido quatro vezes cada canto. Em seu papel, depois, como rei do Alto Egito, ele era transportado numa liteira em forma de cesto até a capela de Hórus-de-Edfu-e-Set-de-Ombos, onde o sacerdote supremo lhe entregava o arco e as flechas de seu poder real. Disparando uma flecha em cada uma das quatro direções, o rei assumia seu trono e era coroado quatro vezes olhando de frente cada uma das vezes para um ponto cardeal; depois disso, no estágio final do festival, o sexto, ele se deslocava em procissão para a Corte dos Ancestrais Reais, onde prestava homenagem em um rito no qual os quatro estandartes reais – chamados "os deuses que seguem Hórus" – exerciam papel importante.[86]

A mais antiga representação sobrevivente da dupla entronização do festival Sed aparece num selo real (figura 11) encontrado por Petrie no túmulo devastado do rei Zer, segundo faraó (pelo cômputo de Petrie) da I Dinastia, a cujo monstruoso

Figura 11. A dupla entronização: Egito *c.*2800 a.C.

sepultamento conforme o ritual sati já tivemos oportunidade de nos referir.* E isso nos leva de volta à nossa questão. Pois embora esteja perfeitamente claro que esses faraós haviam arrebatado *maat* das estrelas, dos seus deuses e sacerdotes, renunciando ao ritual sagrado da morte e assumindo a função muito mais amena, de uma dança ritual – abandonando assim o papel de oferenda principal de uma ordem hierática medonha, governada pelos céus, para dedicar-se ao comando de uma ordem racionalizada e investida religiosamente, porém indiscutivelmente política, governada por seu próprio mandato –, por outro lado, quando eles finalmente expiravam no tempo decidido pela natureza (não simbólico), exigiam de suas esposas, concubinas, guardiães do harém, guardas do palácio e anões que fizessem o papel mais difícil, acompanhando o defunto para a sepultura que ele mesmo lhes preparara.

Tais exéquias não podem ser interpretadas, a exemplo do ritual regicida arcaico, como evidências da extinção do ego no papel divino de rei. De fato, em um nível – digamos, meramente pessoal – elas teriam sido celebradas devidamente e de maneira suficientemente nobre na última estrofe melancólica de *Enoch Arden*, de Tennyson:

> Assim foi-se o forte espírito heroico.
> E quando o sepultaram, o pequeno vilarejo
> Raras vezes tinha visto um funeral mais suntuoso.

Do ponto de vista histórico, entretanto, os grandes túmulos sati são de enorme interesse. Pois seu momento no alvorecer da história egípcia deu-se precisamente – para usar a imagem de Spengler – quando o conhecimento da morte irrompeu na mente. Foi o momento – servindo-nos da imagem de Thomas Mann – em que o senso de individualidade, que antes fora "aberto atrás", se fechou, e o conhecimento da morte deu seu golpe certeiro. Ou ainda, foi o momento em que – para usar a evidência de nossa incipiente ciência da arqueologia – a invenção do tijolo de barro cozido ao sol possibilitou forrar o alicerce de uma sepultura com paredes suportando o teto, criando assim uma câmara interna livre de terra, onde o corpo, e com ele a alma corpórea individual (em egípcio, *ba*), podia ser preservado. "O corpo do homem morto", como disse Spengler, referindo-se ao culto mortuário egípcio, "foi perpetuado".[87] E a finalidade do culto era reunir pela magia a alma corpórea (*ba*) com o princípio energético incorpóreo (*ka*) que tinha escapado no momento da morte: supunha-se que, feito isso, a morte deixaria de existir.

E assim temos que reconhecer agora na história do nosso tema um estágio secundário de arrebatamento mítico: não *identificação mítica*, ego absorvido e perdido em Deus, mas seu oposto, a *enfatuação mítica*, o deus absorvido e perdido no ego. O primeiro, gostaria de sugerir, caracterizava a verdadeira santidade dos reis sacrificados das primeiras cidades-estados hieráticas, e o segundo, a falsa santidade dos reis adorados nos subsequentes estados dinásticos. Pois estes últimos supunham que em seu caráter temporal é que eram deuses. Ou seja: eram homens alienados.

* *Supra*, p. 63-64.

Além disso, eram sustentados nessa crença, instruídos, bajulados e estimulados por seus clérigos, pais, esposas, conselheiros e por todos os que também os consideravam deuses. Ou seja: toda a sociedade estava alienada. Porém, foi dessa loucura que surgiu a coisa grandiosa a que chamamos civilização egípcia. Seu correlato na Mesopotâmia resultou nos estados dinásticos daquela região, e temos as provas claras de sua influência na Índia, no Extremo Oriente e também na Europa. Em outras palavras, grande parte da matéria-tema de nossa ciência tem de ser interpretada como evidência de uma crise psicológica de enfatuação, característica do alvorecer de cada uma das grandes civilizações do mundo: o momento do nascimento de seu estilo particular. E se estou certo em minha tese acerca do primeiro estágio hierático, é possível indicar certa sequência: 1. identificação mítica e o estado hierático, pré-dinástico, e 2. enfatuação mítica e os estilos dinásticos arcaicos.

Em seu culto, os faraós não estavam mais simplesmente imitando o passado sagrado, "com a finalidade de que a escritura fosse cumprida". Eles e seus sacerdotes estavam criando algo de e para si mesmos. Estamos aqui na presença de uma grandiosa linhagem de egos altamente egoístas e prodigiosamente presunçosos. Ademais, como vimos, esses megalomaníacos não se satisfaziam em ser apenas um deus; eles eram dois e, como tais, tinham dois palácios-sepultura cada um. Na estela de Narmer, trabalhada dos dois lados, aparecem duas coroas, uma de cada lado, e elas representam os dois Egitos que, novamente, estão representados pelos pescoços entrelaçados de dois animais simbólicos. Em um lado da estela o princípio faraônico era representado na forma de pássaro – o falcão Hórus – e no outro na de um vigoroso touro. E na pompa do festival Sed celebravam-se duas coroações. E no selo real do rei Zer, o monarca é mostrado duas vezes, enquanto na pequena figura arranhada do rei Den-Setui afastando-se rapidamente da presença de seu pai (com quem, embora eles fossem dois, o rei era uno) vimos que ambos usam a coroa dupla.

Além disso, o nome cerimonial do Testamento, a última garantia simbólica do regime faraônico, é o "Segredo dos Dois Parceiros". O que pensar disso?

A resposta surge nas areias de Abidos, nas tumbas dos faraós da II Dinastia, que são enormes e expõem todas as evidências de uma profusa ostentação do ritual sati. Pois o quarto faraó dessa dinastia é sempre representado por dois cartuchos e dois nomes, sobre um dos quais, Sekhemab, se exibe o habitual falcão Hórus da casa real, enquanto sobre o outro nome, Perabsen, aparece o curiosamente característico quadrúpede semelhante a um ocapi que simboliza sempre o arqui-inimigo, tanto de Hórus quanto de Osíris – ou seja, Set. E nas chancelas do sétimo e último faraó dessa dinastia, Khasekhemui, os dois antagonistas, Hórus, o herói, e Set, o vilão da história, estão lado a lado, juntos e em condições de igualdade (figura 12), enquanto o próprio monarca é denominado "a manifestação do poder dual no qual os deuses estão em paz".[88]

O nome do Testamento, "o Segredo dos Dois Parceiros", era então uma referência ao entendimento secreto dos dois deuses que, embora pareçam inimigos implacáveis, são uma única mente atrás dos bastidores. E somos obrigados a rever – ou, pelo menos, ampliar – nossa visão da sabedoria na loucura do faraó. Representando mitologicamente a dialética inevitável da temporalidade, onde todas as coisas aparecem aos pares, Hórus e Set estão sempre em conflito, enquanto na esfera da eternidade, por trás do véu do tempo e do espaço, onde não há dualidade, eles estão unidos; a morte e a vida são uma; tudo é paz. E lá sabe-se, também, que a própria paz transcendente habita até nas crueldades da guerra. De maneira que na estela de Narmer, onde o faraó, com o braço erguido de Hórus, mata o chefe do povo pescador, bem como seis mil inimigos que estão ali no papel de Set, a cena é de paz. E dessa paz, que é a realidade inerente de todas as coisas, toda a história e todo o sofrimento, o Faraó-deus-vivente é o centro. Ele é um epítome da esfera – do próprio universo – na qual atuam os pares de opostos.

Consequentemente, acompanhá-lo na morte é permanecer na vida, pois não há, de fato, morte na pastagem real além do tempo, onde os dois deuses são um e o cajado de pastor proporciona segurança.

Figura 12. O poder dual: Egito, *c.*2650 a.C.

E esse conhecimento secreto – a paz da existência eterna inerente a cada aspecto da esfera do vir a ser temporal – é a característica de toda essa civilização. É o fundo metafísico da majestade de sua escultura, bem como da nobreza de seu culto faraônico da morte, que em si mesmo era loucura, alienação, mas, à maneira de um símbolo, era uma metáfora do mistério da existência.

O faraó era conhecido como "Os Dois Senhores":

> "Os Dois Senhores" (escreveu o Prof. Frankfort) eram os eternos antagonistas, Hórus e Set. O rei era identificado com ambos esses deuses, mas não no sentido de ser considerado a encarnação de um e também de outro. Ele os corporificava enquanto um par, enquanto opostos em equilíbrio [...].
>
> Hórus e Set eram os antagonistas *per se* – os símbolos mitológicos de todo conflito. Contenda é um elemento do universo que não pode ser ignorado; Set é eternamente dominado por Hórus, mas jamais aniquilado. Tanto Hórus quanto Set são feridos no combate, mas no final há uma reconciliação: o equilíbrio estático do cosmos é estabelecido. A reconciliação, uma ordem imutável na qual as forças conflitantes exercem seu devido papel – essa é a visão egípcia do mundo e também sua concepção de estado.[89]

Essa, então, era a loucura do faraó e do Egito – como é do Oriente até hoje.

VII. O IMANENTE DEUS TRANSCENDENTE

Uma pedra quebrada, jogada na praia como refugo, chegou ao Museu Britânico vinda do Egito no ano de 1805 e foi catalogada como a estela nº 797. Sua difícil inscrição estava apagada, pois tinha servido por algum tempo de mó inferior. A luz na galeria do museu era fraca; os egiptologistas são humanos, e a maneira como os hieróglifos estavam dispostos era peculiar. Por isso, nas primeiras cópias publicadas de seu texto, as dinastias não apenas foram apresentadas de modo incorreto, mas também enumeradas ao contrário. E foi o grande, o velho Prof. James Henry Breasted, cujas *Histórias Antigas* todos nós lemos na escola, enquanto trabalhava meticulosamente com a coleção de inscrições do Museu Britânico para a preparação do *Berlin Egyptian Dictionary*, o primeiro a compreender o que tinha ocorrido com as dinastias e, em seguida, surgiu-lhe subitamente uma revelação. Ele escreveu um ensaio: "A Filosofia de um Sacerdote de Mênfis".[90]

O Prof. G. Maspero prosseguiu e também escreveu um ensaio intitulado "Sobre o Poder Absoluto da Palavra".[91]

O Prof. Adolf Erman redigiu então o ensaio *Ein Denkmal memphitischer Theologie* [92] [Um Monumento da Teologia Menfita], que fixou a data do texto como o início do Antigo Reino, e essa primeira demarcação foi agora confirmada.[93] O pedaço de pedra quebrada tinha recebido seu conteúdo literário de um documento anterior "devorado por vermes", que fora copiado, para ser preservado, no século oitavo a.C. por ordem de certo faraó Sabakos. E a razão de toda a agitação quando sua mensagem foi decifrada foi o fato de se considerar que o texto antecipara em dois mil anos a ideia da criação pelo poder da Palavra, que aparece no Livro do Gênesis, onde Deus disse "Faça-se a luz", e a luz foi feita. Ademais, na versão egípcia antiga dessa cena não testemunhada, o ponto de vista (como no relato indiano do Si-Próprio que disse "Eu" e se tornou dois) era intrínseco à divindade e era psicológico; ou seja, não era, como a versão bíblica, um relato apenas da sequência de ordens e seus efeitos acrescidos do refrão "E Deus viu que era bom". No texto de Mênfis do deus-múmia Ptá, somos informados de que foi o *coração* de Deus que gerou todas as coisas e a *língua* de Deus que repetia o que o coração tinha pensado:

"Toda palavra divina passou a existir pelo pensamento do coração e a ordem da língua."

"Quando os olhos veem, os ouvidos ouvem e o nariz respira, eles se comunicam com o coração. É o coração que concebe tudo e a língua que repete o pensamento do coração. Assim foram criados todos os deuses; mesmo Atum e sua Enéade."

As mentes clericais do grande templo de Ptá, na cidade principal fundada pelo primeiro faraó,* expõem nesse texto uma visão da natureza da divindade (*c.*2850 a.C.) que é a uma só vez psicológica e metafísica. Os órgãos do corpo humano estão relacionados com as funções psicológicas: o coração, com a concepção criativa; a língua, com a realização criativa. E essas funções, são então *cosmologizadas*. À maneira de uma correspondência micro-macrocósmica, elas são concebidas para serem a porção, no homem, das forças universalmente atuantes. E são esses os princípios ou forças personificados nas figuras dos deuses e por isso são manifestações (realizações em imagens) dos vários aspectos reconhecidos do mistério da existência. Os deuses participam, como tais, do aspecto numênico da realidade. Mas, por outro lado, visto que foram reconhecidos e nomeados, eles representam, também, a medida da penetração do homem no mistério da existência. E suas qualidades, consequentemente, participam não apenas do mistério último que habita todo santuário de contemplação, mas também da profundidade de percepção representada pelos clérigos que lhes definiram as características.

Dessa maneira, o clero menfita da divindade-criadora Ptá aprofundou o significado e poder do nome de seu deus ao penetrar psicologicamente em uma nova profundeza de discernimento da natureza da própria criatividade. E por esse feito filosófico ele ultrapassou o clero vizinho, da antiga cidade de On (Heliópolis), cujo conceito de criação havia sido apresentado no mito de sua própria divindade-criadora local, o deus-sol Atum.

Temos duas versões dos atos criativos de Atum, ambos dos Textos das Pirâmides – o mais antigo corpo conhecido de escritos religiosos preservados em qualquer parte do mundo, inscritos nas paredes de uma série de nove túmulos (*c.*2350- 2175 a.C.) na vasta necrópole de Mênfis, em Sacara.

Segundo a primeira dessas versões:

> Atum criou em Heliópolis por um ato de masturbação.
> Ele pegou seu falo na mão, para com isso despertar o desejo.
> E os gêmeos nasceram, Shu e Tefnut.[94]

De acordo com a segunda versão, a criação surgiu da saliva de sua boca, no

* Cf. *supra*, p. 48-49.

momento em que o Deus estava no pico do monte cósmico materno,* simbolizado por uma pirâmide:

> Ó Atum-Khepri, quando tu subiste na montanha,
> E iluminaste como a fênix a antiga pedra piramidal
> no Templo de Fênix em Heliópolis,
> Tu cuspiste o que era Shu, cuspiste o que era Tefnut.
> E tu puseste teus braços em volta deles como os braços de um *ka*,
> para que teu *ka* estivesse (presente) neles. [95]

Atum, portanto, como o Si-Próprio no Upanixade indiano, derramou-se fisicamente na criação. Entretanto, em nenhum desses dois textos egípcios – certamente muito mais antigos que as inscrições nas quais são preservados – há indicação de que tenha se desenvolvido alguma analogia psicológica. O que eles apresentam é simplesmente uma imagem primária da criação física quase no nível de um puro e simples símbolo onírico.

Os gêmeos Shu e Tefnut eram um macho e uma fêmea e foi deles que se originou o resto do panteão. Pode-se ler: "Shu juntamente com Tefnut criou os deuses, gerou os deuses, instituiu os deuses".[96]

E os deuses gerados deles eram a deusa-céu Nut e seu cônjuge, o deus-terra Geb, que por sua vez geraram dois pares divinos de gêmeos opostos, Ísis e Osíris, Néftis e seu irmão-consorte Set. De maneira que no sistema clerical do templo do deus-sol de Heliópolis havia se desenvolvido uma mitologia sincrética tardia – e longe de ser primitiva – na qual nove deuses (conhecidos como a Enéade de Heliópolis) foram reunidos em uma ordem hierárquica, simbolizada como uma genealogia:

Atum

Shu - - - - - - - - - - - - - - - - - - Tefnut

Geb- - - - - - - - - - - - - - - - - - Nut

Osíris/Ísis Set/Néftis

> Oh grande Enéade que estás em Heliópolis,
> Atum, Shu, Tefnut, Geb, Nut, Osíris, Ísis, Set, Néftis,
> Filhos de Atum ... vosso nome é Nove Arcos.[97]

Comparemos, agora, a percepção de Mênfis que superou essa teologia. O texto breve é de fácil compreensão:

Formou-se no coração e língua de Ptá, algo à imagem de Atum.

* Cf. *supra*, p. 40.

O criador rival, em sentido físico, é mostrado aqui como mero agente de uma força espiritual anterior.

> *Grande e poderoso é Ptá, que conferiu poder aos deuses e seus* kas*: através de seu coração, Hórus tornou-se Ptá, e através de sua língua, Tot tornou-se Ptá.*

Tot era um antigo deus-lua da cidade de Hermópolis, introduzido no sistema sincrético de Heliópolis no papel de escriba, mensageiro, mestre da palavra e da magia da ressurreição. No grande salão onde os mortos são julgados, ele registra os pesos de seus corações. Suas formas animais são o íbis e o babuíno. Como íbis, ele voa no céu e, como babuíno, ele saúda o sol nascente. Como símbolo da palavra criadora, entretanto, ele é identificado no sistema de Mênfis com o poder da *língua* de Ptá. Igualmente, a força solar que Tot saúda ao surgir, isto é, Hórus, filho vivo e ressurreição do poder criador de Osíris, é aqui identificada com a força do *coração* de Ptá. Os deuses são, portanto, membros atuantes do corpo maior, ou totalidade, de Ptá, que habita neles como sua força vital eterna, o seu *ka*.

> *Dessa maneira o coração e a língua dominaram todos os membros, visto que Ele está em cada corpo e cada boca de todos os deuses, todos os homens, todas as bestas, todas as criaturas rastejantes e o que quer que tenha vida, uma vez que Ele concebe e comanda tudo à sua vontade.*

Aqui, indubitavelmente, é anunciada a ideia do Deus imanente, que no entanto é transcendente, que vive em todos os deuses, todos os homens, todas as bestas, todas as criaturas rastejantes e o que quer que tenha vida. A imagem indiana do Si-Próprio que se tornou criação é aqui antecipada dois milênios completos.

> *Sua Enéade está diante dele em seus próprios dentes e lábios. Eles correspondem ao sêmen e mão de Atum. Mas enquanto a Enéade de Atum se formou através de seu sêmen e dedos, a de Ptá consiste nos dentes e lábios de sua boca, que pronunciaram, de cada coisa, o nome – de onde Shu e Tefnut surgiram; sendo dessa maneira o criador da Enéade.*

Os dentes e os lábios como agentes da fala da língua estão aqui nos papéis representados alhures por Shu, Tefnut e os demais. Todo o panteão, bem como o mundo, é assim organicamente assimilado ao corpo cósmico do criador.

E agora chegamos à analogia psicológica já mencionada:

> *Quando os olhos veem, os ouvidos ouvem e o nariz respira, eles se comunicam com o coração. É o coração que concebe tudo e a língua que repete o pensamento do coração. Assim foram criados todos os deuses; mesmo Atum e sua Enéade.*
>
> *Toda palavra divina adquiriu existência através do pensamento do coração e do comando da língua.*
>
> *Foi assim – por tal fala – que os* kas *foram criados e também as servas dos* kas.

As "Servas dos *kas*" são uma constelação de catorze qualidades, identificadas como os efeitos e sinais primários da força criadora: poder, radiância, prosperidade, vitória, riqueza, abundância, majestade, aptidão, ação criativa, inteligência, embelezamento, estabilidade, obediência e gosto.[98]

São elas que garantem todo o sustento, todo o alimento; tudo o que é desejado e tudo o que é detestado.

Portanto, foi ele que deu vida ao pacífico e morte ao transgressor.

Portanto, foi ele que realizou todas as obras, todas as artes, a ação dos braços, o movimento das pernas e a atividade de cada membro, de acordo com comandos concebidos pelo coração e emitidos pela língua, comunicando seu significado a cada coisa.

Por isso, diz-se de Ptá: "Foi ele quem fez tudo e gerou os deuses". Ele é, em verdade, A Terra Nascente que gerou os deuses, pois tudo proveio dele, sustento e alimento, as oferendas dos deuses e todas as coisas boas. Assim descobriu-se e compreendeu-se que sua força era maior do que a de todos os deuses. E Ptá ficou satisfeito quando acabou de criar todas as coisas e toda palavra divina.

Ele tinha dado forma aos deuses, feito as cidades, fundado os nomos, instalado os deuses em seus santuários, instituído suas oferendas e provido seus lugares sagrados. Ele tinha feito imagens de seus corpos para a satisfação de seus corações, e os deuses tinham penetrado nesses corpos feitos de cada coisa de madeira, pedra e argila que existe à sua volta, onde eles tomaram forma. E dessa maneira todos os deuses e seus kas *são um com ele, satisfeitos e unidos com o Senhor das Duas Terras.*[99]

"Pode-se observar", comenta Eduard Meyer sobre esse texto, "quão antigas são realmente essas especulações da 'sabedoria egípcia'. [...] Os mitos não podem mais ser tomados simplesmente em seu sentido literal. Eles têm de ser entendidos como uma expressão de concepções mais profundas, que procuram compreender o mundo de maneira espiritual, como uma unidade".[100]

Porém, enquanto tais especulações cósmicas em épocas posteriores foram expressas em sua maior parte em termos verbais, o instrumento usual do pensamento arcaico era representado em termos visuais. E é certamente curioso considerar que, embora nenhum estudioso merecedor de seu barrete de formatura preferisse comer o cardápio em vez do jantar, tomando equivocadamente a palavra impressa por aquilo a que se refere, lapsos elementares desse tipo são normais em obras científicas que tratam dos deuses antigos. É verdade que, hoje em dia, tanto clérigos quanto leigos cometem normalmente esse equívoco em relação a seus próprios símbolos religiosos e que em todas as partes e em todos os tempos houve homens que consideraram seus deuses como "celebridades" sobrenaturais que poderiam ser encontradas em pessoa em algum lugar. Entretanto, nosso exaustivo exame da *Sabedoria da Estela nº 797* permitiu-nos saber que na visão, pelo menos do clérigo no seu templo, o deus Ptá não foi concebido tão singularmente.

Ele é representado em seu hieróglifo como uma múmia com uma borla na parte posterior de seu colar honorífico e a cabeça careca de um sacerdote tonsurado, e dizia-se que estava encarnado em um touro negro gerado de modo miraculoso por um raio de lua. O assim chamado touro Ápis, quando morto ritualmente ao atingir a idade de vinte e cinco anos, foi embalsamado e sepultado na necrópole de Sacara em um túmulo talhado em rocha conhecido como Serapeu; então, imediatamente, nasceu uma nova encarnação do deus, que pode ser reconhecido por certos sinais: entre outros, marcas brancas peculiares no pescoço e ancas, assemelhando-se às asas de falcão, e uma intumescência de escaravelho debaixo da língua.

O simbolismo do touro Ápis continha assim, por meio da imagem animal (em lugar de humana), o tema básico do deus sacrificado essencial ao culto faraônico, e a ênfase dada a ele, na capital fundada pelo instaurador da I Dinastia sugere, com muita força, que a metáfora do touro sacrificado deve ter sido considerada um substituto apropriado para a do rei sacrificado. Na época pré-dinástica, o rei-lua era morto ritualmente, mas nesta época posterior era o touro – de maneira que o rei, aliviado dessa carga numênica, foi liberado para se dedicar ao seu balé político.

Ptá é representado como uma múmia, e o touro Ápis é negro, com exceção das marcas mais claras sugerindo asas de falcão. Tanto a múmia como a negritude do touro referem-se à lua escura, a lua morta, na qual a velha lua desaparece e a nova surge. O ciclo visível de minguar e crescer é apenas uma manifestação, no tempo, de aspectos desse estrato mais profundo e eterno. De modo análogo, a mitologia da morte de Osíris e do nascimento de Hórus não é mais do que uma manifestação de um Ptá mais profundo e eterno.

Também na Índia, na imagética tântrica tardia do período entre 500-1500 d.C., há uma importante ordem de símbolos ligados à adoração da deusa-mãe do mundo, onde ela é exibida sentada sobre Śiva, de uma forma que sugere a postura do antigo sinete sumério discutido anteriormente (figura 4), enquanto abaixo da figura de Śiva deitado de costas, há outro aspecto dele mesmo e grudado ao seu corpo, mas com o rosto orientado em direção contrária ao da deusa e com os olhos fechados (figura 21; p. 264). Nesse segundo aspecto, Śiva é conhecido como Śava, "O Cadáver", e a analogia com Ptá, na sua condição de múmia, é óbvia.

A analogia aumenta quando se considera que o animal de Śiva é o touro Nandi e o de Ptá o touro Ápis. Aumenta ainda mais quando se percebe que a referência de ambos os sistemas simbólicos é o mistério do deus que é transcendente (o Si-Próprio antes de ter pronunciado "eu"), porém ao mesmo tempo imanente (o Si-Próprio, dividido em dois, gerando o universo). E a analogia vai além da mera coincidência quando se sabe que o veículo animal da deusa consorte de Śiva é o leão, e a deusa consorte de Ptá é a grande e terrível deusa-leoa Secmet, cujo nome significa "A Poderosa". Sua correspondente indiana é chamada o "poder" (*śakti*) de Śiva, e, como vimos (p. 14-15), ela é insaciável em sua sede por ambrosia de sangue.

Há um documento egípcio de *c.*2000-1800 a.C. que fala da ira da deusa-leoa Secmet que, segundo esse texto, veio a existir como um aspecto da deusa-vaca

Hátor, para castigar o povo de Set. Entretanto, acabada sua missão, ela não podia ser apaziguada e, então, para salvar a humanidade, os deuses mandaram suas escravas fabricar sete mil cântaros de cerveja, que eles misturaram com pó de mandrágora, para fazê-la parecer sangue humano. "E na melhor parte da noite", lemos, "a cerveja sonífera foi despejada até que os campos ficaram completamente inundados por aquele líquido. E quando a deusa apareceu pela manhã (como o resplandecente sol da manhã), viu a inundação: seu rosto, refletido no líquido, era belo. Ela bebeu e gostou e retornou ao seu palácio embriagada. E foi assim que o mundo dos homens foi salvo".[101]

Nas primeiras mitologias do touro-lua o sol era sempre concebido como uma divindade guerreira, chamejante e destrutiva, e no calor abrasador dos trópicos ele é, de fato, uma força terrível, semelhante a uma leoa ou a uma ave de rapina com garras; enquanto a lua, provedora do orvalho noturno que refresca o mundo vegetal, representa o princípio da vida: o princípio do nascimento e da morte que é a vida. Simbolicamente, a lua – o touro-lua – como todos os seres vivos, morre e renasce, e enquanto, por um lado, sua morte é uma função de sua própria natureza, por outro, ela é executada pelas garras da leoa ou da ave de rapina solar. De maneira que, pássaro solar ou leoa, é, de fato, apenas um agente do princípio da morte já inerente à natureza da própria vida. Em consequência, o sol tem de ser concebido como manifestação de apenas um aspecto do princípio vida-morte, simbolizado de modo mais completo na lua – no touro-lua atacado pela leoa. Portanto, Secmet é manifestação de um aspecto de Hátor. E enquanto Ptá, em seu aspecto fálico criador, envia seu raio de lua para fertilizar uma vaca – o animal de Hátor – e assim gerar o touro-lua, em seu aspecto faraônico punitivo, que lida com a morte, sua consorte é Secmet. Seu filho com Secmet é o faraó governante – simbolizado pela Esfinge com cabeça humana e corpo de leão, entre as pirâmides onde os corpos-Osíris dos faraós habitam silenciosamente. E por último, para encerrar a tese da analogia de identidade na origem dos símbolos de Ptá e Śiva, deve-se observar que a serpente Uraeus da autoridade faraônica surge do ponto central da testa da Esfinge, que no simbolismo do Śiva da Índia é o ponto do terceiro olho, conhecido como o centro de "comando" (*ājñā*), de onde a chama aniquiladora do chamado Poder (de) Serpente do rei lança sua ira.

VIII. A ARTE SACERDOTAL

O saber refinado da maior capital do Antigo Egito só pode ser entendido em sua devida importância quando se percebe que aqueles que o desenvolveram constituíam um clero de artistas criativos em exercício. As sepulturas de Abidos, no Alto Egito, haviam sido escavadas entre pedregulhos; as da região de Mênfis, no planalto de Sacara, onde o estrato de pedra calcária estava muito mais próximo da superfície, tiveram que ser talhadas no leito de rocha.[102] Já no período pré-dinástico tardio, as pedras mais duras haviam sido usadas no Egito em pontas de clavas, estelas de ardósia e vários tipos de vasos, trabalhados por meio de brocas manuais e raspagem. Na época da estela de Narmer, foram introduzidos o trado de rabeca e a pesada furadeira a manivela, e, em consequência disso, na época do rei Zer* produziram-se vasos de pedra em tal quantidade que todos os outros, com exceção dos tipos mais finos de objetos de cerâmica, foram substituídos.[103] Como consequência, já no período do faraó Sekhemab/Perabsen da II Dinastia, formões de cobre nas mãos de artesãos do nomo de Mênfis não apenas lavravam e davam acabamento a enormes blocos, mas também talhavam à vontade a rocha viva.

O período de Khasekhemui, no final do reinado da II Dinastia (*c.*2650 a.C.), foi de progresso súbito em todas as artes. O torno de oleiro (que no Sudoeste da Ásia já havia surgido por volta de 4000 a.C.), fora introduzido recentemente; o cobre começava a ser muito usado; surgiu uma nova coleção de vasos de pedra e a arte de esculpir pedra, tanto em relevo quanto de forma tridimensional, começou a mostrar sinais de talento. Como Eduard Meyer escreveu sobre esse período em sua grande *História da Antiguidade*: "Já estamos nos aproximando do florescimento da primeira cultura egípcia".[104] E com a queda da II Dinastia o florescimento chegou. Pois com a III Dinastia (*c.*2650-2600 a.C.) ocorreu uma mudança decisiva de ênfase política ao norte de Mênfis – a série sinistra de sepultamentos sati em Abidos acabou e na necrópole de Mênfis em Sacara surgiu, por volta de 2630 a.C., a fabulosa pirâmide em degraus do faraó Zoser.

Esse belo monumento não era de tijolos, como os grandes túmulos anteriores, mas de pedra calcária branca, com acabamento maravilhosamente polido, admirado pelos peregrinos até por volta de 600 a.C. (conforme expressam seus elogios escritos na superfície). A superestrutura era um alto monumento em degraus: cinco mastabas de pedra diminuindo progressivamente, empilhadas uma sobre a outra até atingirem a altura de cerca de 60 m, com base de cerca de 69 m de comprimento por 67 m de largura. A câmara sepulcral (a subestrutura) foi escavada profundamente na pedra calcária, para onde foram baixados imensos blocos de granito mais duro para a construção do mausoléu. Cercando a pirâmide (que tinha aproximadamente a altura de um edifício moderno de vinte andares), havia um muro fortificado, com 27 m de largura de leste a oeste, 537 m de norte a sul e 9 m de altura, revestido com fina alvenaria de pedra calcária branca em pequenos blocos semelhantes a tijolos, imitando os muros de tijolo de barro de uma cidade arcaica fortificada. Ao longo desse muro, a intervalos regulares, havia grandes bastiões quadrados e entre dois deles, maiores que os demais, ficava a entrada principal, muito estreita, com apenas 90 cm de largura. Internamente, viam-se fileiras de templos fulgurantes, túmulos secundários e capelas, galerias e colunatas, em pedra branca perfeitamente trabalhada e acabada: colunas, caneladas e lisas, soltas e embutidas; capitéis e bases retangulares e circulares, capitéis de papiro, capitéis com folhas pendentes; cariátides; escadarias de pedra; paredes marchetadas em padrões de trançados com ladrilhos de faiança

* Ver p. 63-64.

azul; paredes esculpidas em motivos de trançados em baixo-relevo; paredes esculpidas com figuras em alto-relevo; figuras em baixo-relevo do faraó Zoser andando rapidamente, levando o mangual no ombro e, na mão esquerda, o documento do festival Sed – o Segredo dos Dois Parceiros – usando o saiote e a faixa arcaicos com as cabeças da deusa-vaca Hátor do Horizonte.

Quando as ruínas foram sistematicamente escavadas durante as décadas de 1920 e 1930, havia toneladas de fragmentos de alabastro esparramadas por toda parte; pois a valiosa área havia sofrido a ação criminosa de saques antes de a fria ciência do Ocidente chegar para registrar para a humanidade – não para apropriar-se e destruir – tanto quanto possível do nosso passado comum. E entre os fragmentos foi encontrada a base monolítica de um trono, ornamentada com catorze cabeças de leão (não de touro), esculpidas de forma tridimensional.[105]

Uma era havia terminado: a do touro. Outra havia surgido: a do leão. A mitologia do touro lunar seria substituída dali em diante, e não apenas no Egito, por uma mitologia solar do leão. A luz da lua cresce e míngua. A do sol brilha sempre. A escuridão habita a lua, onde sua função simboliza a morte na vida sobre a terra, enquanto a escuridão assalta o sol de fora para dentro e é vencida diariamente por uma força que jamais é escura. A lua é senhora da vegetação, das águas, do útero e dos mistérios do tempo; o sol, do brilho do intelecto, da pura luz e das leis eternas que jamais mudam.

Vale a pena notar que com o início do florescimento, em Mênfis, de uma arte duradoura em pedra, a mitologia que surgiu também foi a de um deus que jamais morre. Além disso, deve-se notar também que o clero, então conhecido como o responsável pela arte e arquitetura em pedra do Egito, era aquele do complexo de templos de Ptá. Dentro dos recintos daquele templo, uma multidão de mestres artesãos cinzelou e poliu durante toda a Era das Pirâmides, sob supervisão de um alto sacerdote cujo título era *wr hṛpw ḥmvt* "mestre dos mestres artesãos". Os prodigiosos blocos de pedra dos monumentos dedicados à glória dos faraós eram ali trabalhados um por um, e nas épocas da inundação anual, quando todo o trabalho no campo se interrompia, os trabalhadores das lavouras de todo o país iam para Mênfis transportar sobre as águas os imensos blocos perfeitamente acabados e içá-los pelas rampas até o devido lugar. As pedreiras também eram propriedade do deus Ptá, de maneira que tanto o material quanto a mão de obra eram encomendados pelo rei ao clero de seu templo. E como os projetos reais, tanto para o próprio faraó como para sua corte – que ele agraciava com lotes e túmulos funerários próximos do seu – eram infinitamente numerosos, a maior escola de arte do mundo antigo até o breve período do apogeu de Atenas, desenvolveu-se do coração e da língua, por assim dizer, do mestre dos diligentes e muito competentes artesãos de Ptá.[106]

Deste modo, o deus-múmia não era apenas uma divindade da criação, mas também da arte. Os gregos o identificaram com Hefesto. Ele era o deus que modelara o mundo e portanto, os segredos de sua arte eram os da forma e formação do mundo. Seria então demasiada ousadia sugerir que o conhecimento da natureza da criação, expresso na mitologia daquele deus, extraísse sua profundidade da experiência criadora concreta do clero que concebeu tal conhecimento? É à experiência criadora que o mundo civilizado deve as ruínas, não apenas da pirâmide em degraus da III Dinastia (*c.*2650 a.C.), mas também da Era das Pirâmides entre a IV e a VI Dinastias (*c.*2600-2190 a.C.) e, por conseguinte, a primeira manifestação em pedra – historicamente datável – de praticamente todas as regras básicas, técnicas e fórmulas sobre as quais as artes da arquitetura e escultura em pedra se basearam desde essa época.

IX. SUBORDINAÇÃO MÍTICA

Em todos os reinados que existiram da I à IV Dinastia (*c.*2850-2480 a.C.) a mão de obra egípcia não necessária no cultivo dos campos era aproveitada no empreendimento mitológico de manter os faraós felizes por toda a eternidade, e tal culto dos mortos, como observou Eduard Meyer, "jamais tinha a ver com a adoração de um deus do qual se desejava ajuda e proteção, ou cuja ira devia ser aplacada (como presumem todas as teorias que atribuem à adoração ancestral as origens da religião), mas, pelo contrário, preocupava-se apenas com a respiração artificial de um espírito, em si impotente, que deveria ser equivalente a um deus, embora não fosse tal coisa".[107] Com absoluta naturalidade o mito era diretamente atribuído a si mesmo pelo faraó; de maneira que a divindade suprema, foco da vida religiosa e objeto dotado da mais alta consideração para toda a humanidade, era aquele expoente do Segredo dos Dois Parceiros, esse indivíduo "aberto por trás": o rei-deus. E a magnitude da pirâmide de Quéops (seis milhões de toneladas: "a estrutura mais portentosa que a terra tem de suportar", como observa Meyer)[108] ilustra as proporções que um ego desenfreado pode atingir sob tais condições.

Entretanto, no apogeu da própria Era das Pirâmides, uma nova qualidade – comparativamente humanitária, benevolente e paternal – começou a surgir no caráter e comportamento dos faraós da IV Dinastia. "A forte ênfase na onipotência do faraó", observa Meyer, "e a desenfreada satisfação de seus caprichos pertenciam a um passado distante, mesmo que na linguagem dos textos mágicos pareça ter sobrevivido. Ele devia ser tratado apenas como um deus, embora até os deuses houvessem se tornado bondosos. As inscrições tumulares revelam que o rei considerava generosamente seus servos, os amava, os exaltava e lhes ofertava valiosas recompensas. E quando no meio da IV Dinastia as inscrições tumulares começaram a se tornar loquazes, elas exaltaram os mortos por jamais terem perpetrado o mal, tomado a propriedade ou o servo de outrem, ou abusado de seu poder, mas tendo sempre se comportado com justiça. E havia mesmo menções à devoção filial e ao amor marital".[109] Visto que, no passado, no período dos terríveis palácios dos mortos sacrificados a esse rei-deus, o Senhor da Vida e da Morte tinha tirado esposas de seus maridos a seu bel-prazer, segundo o ardor de seu próprio desejo, os homens se aproximavam dele tremendo, beijando o chão que ele pisava, e apenas os mais privilegiados tinham permissão de chegar até seus joelhos, e mesmo a menção de seu nome era evitada, usando-se outro termo em seu lugar, a saber: a "Grande Casa" (*par'o*), Faraó.[110]

Pode-se apenas tentar imaginar, à luz dessa descrição dos mestres-artesãos daqueles palácios subterrâneos construídos pelos próprios deuses viventes enquanto ainda viviam, que tipo de sentimentos deve ter tido a multidão de jovens mulheres, anões e eunucos, guarda-costas e mestres da corte, que observavam e sabiam o significado das salas e corredores que estavam sendo construídos para recebê-los. E resta apenas perguntar-se que tipo de influências sensatas podem ter transformado aqueles monstros do gigantesco "eu" em humanos e humanitários.

Meu primeiro palpite, já mencionado, é que tenha sido por influência da arte. Pois como a mitologia nasce da fantasia, toda vida e civilização criadas como resultantes de identificação mítica literal ou enfatuação – como uma concreta *imitatio dei* – necessariamente terão as características de um pesadelo, um jogo onírico levado demasiadamente a sério – em outras palavras, loucura. Por outro lado, quando a mesma imagética mitológica é devidamente interpretada como fantasia e se lhe permite agir na vida como arte, não como natureza – com ironia e graça, não com compulsão demoníaca feroz –, as energias psíquicas anteriormente aprisionadas pelas imagens constrangedoras passam agora a aprisionar as imagens, e ficam à disposição para serem desenvolvidas com espontaneidade para o enriquecimento da vida. Além do mais, como a própria vida é, de fato, feita da mesma substância que os sonhos, tal transferência de ênfase pode conduzir, em seu devido tempo, para uma vida vivida com a nobre consciência de sua própria natureza.

É perfeitamente óbvio que no antigo vale do Nilo, no terceiro milênio a.C., um mito vivente – ou melhor, um mito que sobreviveu nos corpos dos homens – estava transformando uma cultura popular neolítica em uma das mais refinadas e duradouras das grandes civilizações do mundo, literalmente movendo montanhas para transformá-las em pirâmides e enchendo a terra com o ecoar de sua beleza. Porém, os indivíduos nas garras desse mito vivente estavam tão enfeitiçados que, embora fossem titãs na prática, eram infantis nos sentimentos. Uma série de longas barcaças reais de madeira foi recentemente encontrada enterrada em profundas fendas talhadas nas rochas nos arredores das portentosas pirâmides de Gizé: cinco em volta da de Quéops (Khufu) e cinco em volta da de Quéfrem (Khafre).[111]

Primeiro, o sepultamento-sati, e agora isto? O grande homem velejando em seu brinquedo para a eternidade, como uma criança em um avião sem asas?

"Jamais nesta terra", escreveu Eduard Meyer, comentando o culto mortuário da Era das Pirâmides,

> a tarefa de transformar o impossível em possível foi enfrentada com tanta energia e persistência: a tarefa de prolongar o breve período de anos do homem, com todos seus prazeres, para a eternidade. Os egípcios do Antigo Império acreditavam nessa possibilidade com o mais profundo fervor; senão, jamais teriam prosseguido, geração após geração, desperdiçando nela todas as riquezas do estado e da civilização. Entretanto, por trás do empreendimento espreitava o sentimento de que todo aquele

esplendor era apenas ilusório; de que todos os meios massivos que estavam sendo empregados, mesmo sob as condições mais favoráveis, seriam capazes de produzir apenas uma condição de existência fantasmagórica, sem alterar em nada a realidade. O corpo, apesar da mágica, não estaria vivo; não poderia nem mover-se nem nutrir-se. E assim uma estátua bastaria em seu lugar; como também bastariam as gravuras no túmulo para substituir as verdadeiras oferendas e sacrifícios vivos; ou mesmo bonecas serviriam, por exemplo, representando mulheres moendo e fazendo pão, ao lado do defunto; na verdade, afinal, simples palavras rituais, pronunciadas e inscritas em volta da entrada do túmulo, seriam suficientes. No período da IV Dinastia, as coisas ainda não tinham ido tão longe para que as implicações dessa linha de raciocínio fossem conduzidas a seu fim lógico e a oferenda de verdadeiros sacrifícios humanos, abandonada. Entretanto, as preces inscritas e o mundo pictórico já estavam complementando os sacrifícios e, finalmente, tomariam seu lugar. E assim chegou-se a supor que as formas pintadas e esculpidas dos servos, especialmente se seus nomes estivessem inscritos, assegurariam a mesma existência prolongada do próprio morto.[112]

A ruptura final, no Egito, ocorreu com a queda da IV Dinastia e o surgimento da V, fundada pelo clero (2480-2350 a.C.). Pois naquele momento, e dali em diante, o faraó, embora continuasse sendo um deus, devia reconhecer-se e comportar-se não como um deus de primeira, mas de segunda categoria. Um novo mito predominou: o de uma nova e gloriosa divindade, o deus-sol chamado Rá, que não era, como Hórus, o filho, mas ele próprio o pai do faraó, bem como de tudo o mais. A história anterior dessa divindade é desconhecida. Ele era identificado com Atum, mas sua qualidade e força são diferentes. Tampouco sabemos o passado da casa real que lhe deu origem. Há, entretanto, uma lenda sobre os três primeiros faraós do reino, nascidos de mãe virgem, em que são representados como filhos do deus Rá, e, embora preservada em um manuscrito tardio de cerca de 1600 a.C., é quase com certeza o mito básico de origem da própria dinastia. Sua ensolarada atmosfera de ação é característica do espírito mítico do pensamento solar em oposição ao lunar. Nela, a antiga e profunda melancolia vegetal de um obscuro destino de morte e nascimento a partir da decomposição desapareceu, e um novo sopro jovial de ar puro espalhou-se pelos campos, dispersando todas as sombras. Um espírito masculino predominou, um tanto quanto pueril; relativamente superficial, poder-se-ia dizer; mas com certo distanciamento de si mesmo que torna possível o desempenho do intelecto onde antes tudo tinham sido trevas e infortúnio.

A lenda é sobre a boa senhora Ruditdidit, esposa de um alto sacerdote, chamado Rausir, do templo do deus-sol Rá: ela havia concebido três filhos de Rá que nasceriam dela como trigêmeos. E quando as dores do parto se iniciaram, o próprio deus, no céu, chamou por Ísis, Néftis, Hiqait (a parteira com cabeça de sapo que tinha assistido ao nascimento do mundo), Maskhonuit (deusa do parto e do berço) e pelo deus Khnum (que dá as formas): "Apressem-se! Depressa! Libertem a senhora Ruditdidit dos bebês que estão em seu útero, que deverão exercer nas Duas Terras a função real beneficente, construindo templos para vocês e trazendo oferendas a seus altares, provisões para suas mesas e aumentando o patrimônio de seus templos".

Ao ouvir a ordem majestática de Rá, as cinco divindades obedeceram. As quatro deusas transformaram-se em músicas e Khnum acompanhou-as como carregador. Assim disfarçados chegaram ao domicílio de Rausir, onde o encontraram estendendo linho. Quando passaram diante dele com suas castanholas e sistros ele as chamou: "Senhoras! Senhoras! Por favor! Há uma mulher aqui em dores de parto". Ao que elas responderam: "Permita-nos, então, vê-la, pois somos especialistas nas artes do parto". E ele disse-lhes: "Bem, então entrem!" Entraram e fecharam-se no quarto com a senhora Ruditdidit.

Ísis colocou-se diante da mulher que estava acocorada sobre uma esteira; Néftis colocou-se atrás dela para segurar-lhe o corpo durante as dores, e Hiqait acelerou o parto com massagens. "Ó criança", disse a deusa Ísis, "em teu próprio nome de Usir-raf, 'Aquele cuja boca é poderosa', não sejas poderosa no útero!" Em seguida, a criança veio às mãos de Ísis: um bebê com uns 50 cm de comprimento, de ossos fortes, membros da cor do ouro e cabelos lápis-lazúli. As deusas parteiras o lavaram, cortaram o cordão umbilical e o colocaram num leito de tijolos e então Maskhonuit aproximou-se e profetizou: "Este será um rei que exercerá a realeza nas Duas Terras". E Khnum infundiu saúde em seus membros.

Ísis postou-se novamente diante da mulher, Néftis atrás e Hiqait assistiu o segundo parto: "Ó criança", disse Ísis, "em teu nome de Sahuriya, 'Aquele que é Rá viajando pelo céu', não viajes mais pelo útero!" Em seguida a criança chegou às suas mãos. E, ajudando pela terceira vez, ela disse: "Ó criança, em teu nome de Kakui, 'O Escuro', não te demores mais no útero escuro!" E o pequeno faraó também chegou às suas mãos: com uns 50 cm de comprimento, de ossos vigorosos, membros da cor do ouro e cabelos lápis-lazúli. As divindades o lavaram, cortaram-lhe o cordão umbilical, deitaram-no num leito de tijolos e Maskhonuit aproximou-se e fez sua profecia. Khnum infundiu saúde em seus membros.

Ao partir, disseram ao bom homem: "Rejubile-se, Rausir, pois veja que lhe nasceram agora três filhos". Ele respondeu: "Ó Senhoras, o que posso fazer por vós?" E acrescentou: "Deem esses grãos a vosso carregador para que os leve até os vossos silos. Eis o meu pagamento". E o deus pegou os grãos e os cinco retornaram ao lugar de onde tinham vindo.[113]

Observemos o tema do nascido de uma virgem. Na mitologia anterior o faraó fora o macho de sua mãe; agora não o é mais. Um princípio superior e eterno, de pura luz, voltou-se contra o princípio flutuante anterior tanto da luz e das trevas, como da morte e ressurreição. O sol jamais morre. O sol desce até o mundo ínfero, combate os demônios do mar noturno, vive o perigo, mas jamais sucumbe.

> Numa consideração superficial, (escreveu o Prof. Meyer), poder-se-ia dizer que o culto a Rá representava apenas mais um deus acrescentado aos demais. O faraó reverenciava os outros deuses – com oferendas e concessões de terra – do mesmo modo

> que construía novos templos dedicados a Rá; nesses templos, além do mais, prestava-se devoção ao sósia de Rá, o deus da luz – "Hórus no Horizonte" – e à deusa-céu Hátor, bem como ao próprio Rá. Nisso, o culto diferia essencialmente da religião solar posterior de Aquenáton. Mas mesmo a forma do culto já revelava a profunda distinção entre Rá e todas as outras deidades. Um elemento sobrenatural e uma ideia mais elevada de Deus penetra na vida egípcia, e com isso é criado um contrapeso à ideia do rei-deus, que dominou exclusivamente a IV Dinastia. Junto com a tarefa de construir seu próprio túmulo colossal, o faraó agora assume, imediatamente após subir ao trono, a tarefa não menos importante, não menos custosa, de erigir um novo lugar de adoração ao deus-sol. [...] Deuses locais conservam o respeito dos devotos e guardam seu posto na teologia, apenas por serem manifestações de Rá, e as deusas tornam-se deusas celestiais e mães do sol. A própria realeza também é reinterpretada. Por um lado, o faraó é exaltado como o filho do regente celestial do mundo; por outro, ele fica subordinado a uma ideia religiosa nova e superior. O rei não mais está em pé de igualdade com seu pai, como estava anteriormente o Hórus vivo entre os deuses: agora é seu filho obediente que lhe cumpre a vontade. É por isso que o faraó dos séculos seguintes não é mais o "grande deus", como outrora, mas o "bom deus".[114]

Com isso gostaria de terminar nossa revisão dos documentos do Nilo, onde foi preservado o registro de uma sequência evolutiva de transformações psicológicas:

1. de um estágio pré-dinástico de identificação mítica, caracterizado pela submissão de todo julgamento humano ao milagre de uma suposta ordem cósmica, determinada por um sacerdócio e executada pelo sacrifício de um rei-deus;
2. através de um estágio dinástico primitivo de enfatuação mítica (da I à IV Dinastia, *c.*2850-2480 a.C.), quando a vontade do próprio rei-deus se tornou o sinal do destino e uma patologia muito criativa e demoníaca invocou a existência de uma civilização simbólica;
3. a um estágio culminante de subordinação mítica (V Dinastia, *c.*2480-2350 a.C. e daí em diante), onde o rei, embora ainda em sua função mítica, não mais desempenhava o papel desenfreado de um *mysterium tremendum* tornado carne, mas exercia contra si mesmo a censura de uma ordem de julgamento humano.

Assim, à maneira de uma cura psicanalítica comunal, a civilização foi levada, através da pessoa de seu rei simbólico, de um estado de fascinado arrebatamento cósmico a outro de humanidade, razoavelmente equilibrado. Valores humanos projetados no universo – bondade, benevolência, compaixão e outros – foram atribuídos a seu Criador e o apaziguamento do faraó foi alcançado como reflexo deste suposto humanitarismo do deus universal. O faraó era "Bom", não mais "Grande" no sentido arcaico, e ainda assim era Deus – verdadeiro Deus e também verdadeiro Homem. Ele manteve seu poder e seu lugar especial entre os homens como uma divindade; no entanto estava subordinado pela imagética do mito a um poder superior; não a si mesmo, mas aos aspectos de si mesmo que aparecem – como o touro Ápis – na esfera do tempo. Outrossim, a terra do Egito, na qual ele governava, era o paraíso:

permanecia o sentido de uma divindade imanente no mundo. O homem não foi deserdado. Não tinha havido nenhuma Queda. Ao morrer, o indivíduo ficaria diante do julgamento de Osíris, mas essa seria uma questão a respeito apenas dos méritos particulares. A espécie humana não era ontologicamente condenada, tampouco o universo. De maneira que o Egito – em definitivo – deve ser reconhecido como pertencente antes ao contexto de certo aspecto do Oriente do que do Ocidente. O espírito que habita sua mitologia é o milagre, não a culpa.

Por último, é certamente apropriado perguntar-se agora se não foi pela magia de sua prodigiosa arte que a cura do Egito de seu arrebatamento cósmico se efetuou sem quebrar o vínculo com o milagre, porém humanizando sua força. Na Mesopotâmia o vínculo rompeu-se; mas na Mesopotâmia não havia uma arte tão esplêndida quanto no Egito. Na verdade, não houve equivalente à arte egípcia em nenhum lugar do mundo até o período clássico grego e, posteriormente, o período Gupta da Índia, por volta de 400 d.C., quando a magia passou com o budismo Mahayana para a China e o Japão. Notamos semelhanças profundas entre as mitologias de Ptá e Śiva, Vamos agora apontar também as das artes: no templo Abu-Simbel, escavado na rocha e construído por Ramsés II (1301-1234 a.C.), não apenas o artifício, mas também toda a ideia e mesmo o plano arquitetônico básico, a organização da fachada e a concepção do interior, antecipam em mais de 1.500 anos os templos indianos escavados na rocha tanto de Śiva quanto de Buda em Elura e em outros locais. Portanto, se a relação de um estilo de arte com seu mito gerador é uma questão de alguma importância, há aqui um problema de considerável interesse, aguardando ser explorado: a passagem da inspiração, tanto das artes quanto dos mistérios do Egito, para aqueles que vieram a florescer por volta de 400-1250 d.C. na Índia, no Tibete, na China e no Japão.

CAPÍTULO 3

AS CIDADES DOS HOMENS

I. DISSOCIAÇÃO MÍTICA

No quase perfeitamente protegido e facilmente defendido vale do Nilo, com o mar ao norte e desertos a leste, oeste e sul, as dinastias reinantes permaneceram no poder, na maior parte, por longos períodos e sem nenhuma interferência de fora – com exceção do século em que os hicsos governaram, quando uma horda mista de forasteiros asiáticos, equipados com carro de guerra ligeiro e arco composto, rompeu a fronteira nordeste e tomou o poder, cerca de 1670-1570 a.C. "Eles reinaram sem Rá e não agiram por ordem divina", declarou a rainha Hatshepsut (1486-1468 a.C.), quando aqueles que os deuses abominam haviam sido expulsos e a terra tinha apagado suas pegadas.[1] Para proteger o Egito, foram então criados novos postos imperiais nas entranhas da Ásia, avançando ao norte até a Síria. E quando o povo do Nilo retornou a seus velhos hábitos de labuta, paz e prosperidade sob *maat*, a influência de seu pensamento e civilização se difundiu no exterior.

Em todo o Oriente Próximo do Sudoeste Asiático, por outro lado, enxames nômades de raças e tradições de origens completamente diferentes estavam continuamente colidindo, de maneira que uma miscelânea de batalhas, massacres, desordens em geral e vituperações mútuas, controlada apenas momentaneamente por reis insignificantes que, no melhor dos casos, jamais estavam mais seguros em seus tronos do que o homem que vencia temporariamente uma batalha campal, criou uma atmosfera pouco propícia à crença ou confiança na salubridade do mundo de Deus. Além do mais, até os dois rios sagrados eram inconstantes; como também o era o vaivém das nuvens. As anuais e desejáveis inundações do Nilo estavam em perfeita harmonia com as esperanças e expectativas normais da população. Ocorrendo na época das aparições anuais de Sótis (Sirius) – a bela estrela de Ísis – no horizonte ao alvorecer, elas forneciam um sinal relativamente seguro e um itinerário da ordem exata da senhora-deusa do cosmos. Ao passo que as inundações repentinas e mesmo as súbitas mudanças de curso do Tigre e do Eufrates eram tão incertas, incontroláveis e terríveis como tudo mais naquela região severa. Por isso, na Mesopotâmia a arte sacerdotal de conhecer a vontade e a ordem da criação requeria uma observação muito mais constante dos fenômenos imediatos do que sua correspondente no Egito, e o desenvolvimento de muitas técnicas de adivinhação seriamente estudadas foi consequência dessa necessidade. Por exemplo: hepatoscopia (exame do fígado dos animais sacrificados), oleografia (observação das configurações do óleo derramado na água), astroscopia (observação das aparições visíveis de estrelas, planetas, Lua e Sol – porém não, como na astrologia propriamente dita, a avaliação de suas localizações relativas no zodíaco) – também a previsão das condições meteorológicas (formação de nuvens, variedades de trovões e relâmpagos, chuvas, ventos, terremotos etc.) e, além disso, a observação do comportamento dos animais, dos voos dos pássaros, de nascimentos de prodígios etc.[2] E exatamente como o tumulto no cenário político e social levou, em seu devido tempo, a um desenvolvimento de governos progressivamente fortes e códigos de lei civil, por todo o Sudoeste Asiático, também a necessidade de manter uma observação rigorosa sobre a natureza conduziu – especialmente na astronomia – aos primórdios de uma ciência sistemática.

Consequentemente, enquanto na África, no protegido oásis do vale do Nilo, uma civilização arcaica conservou seu padrão essencial desde cerca de 2850 a.C. até o surgimento da era cristã, o Sudoeste Asiático, onde os primeiros padrões culturais do Neolítico Superior tinham surgido já por volta de 4500 a.C. e as primeiras cidades-estados um milênio depois, manteve não seu *padrão*, mas sua *liderança*, como principal elemento de desenvolvimento de toda e qualquer civilização – até precisamente 331 a.C., quando o brilhante jovem europeu, Alexandre o Grande (356-323 a.C.), aniquilou o exército do Rei dos Reis, Dario III (336-330 a.C.), e anunciou o prelúdio da era moderna, de sincretismo intercultural sob a liderança do Ocidente europeu.

Já observamos os estilos dos primeiros complexos de templos conhecidos em qualquer parte do mundo: os de Brak, Khafajah, Uqair, Obeid, Uruk e Eridu, cuja data genérica se situa entre 4000-3500 a.C. Durante o milênio seguinte apareceu um novo tipo de templo mesopotâmico, na forma do elevado zigurate de muitos terraços (figura 13). Orientado com os quatro ângulos para os pontos cardeais, elevando-se de uma imensa área na qual numerosos prédios secundários abrigavam um diligente clero administrativo, a montanha simbólica de tijolo e barro sustentava em seu topo um palácio dedicado ao principal deus da cidade. Pois nesse período, cada uma das cidades-estados mesopotâmicas era concebida para ser o solar terreno de um dos deuses regentes do mundo: Ur, do deus-lua Nanna, e perto de Obeid, como vimos, da deusa-leiteira Ninhursag. Eridu, na costa do Golfo Pérsico, era o solar do deus-água Enki ou Ea, cujo templo, elevando-se de um terraço com cerca de 180 metros de comprimento por 108 m de largura, pode ter tido não mais de dois andares (os séculos fizeram desaparecer sua altura certa) e talvez tenha conservado

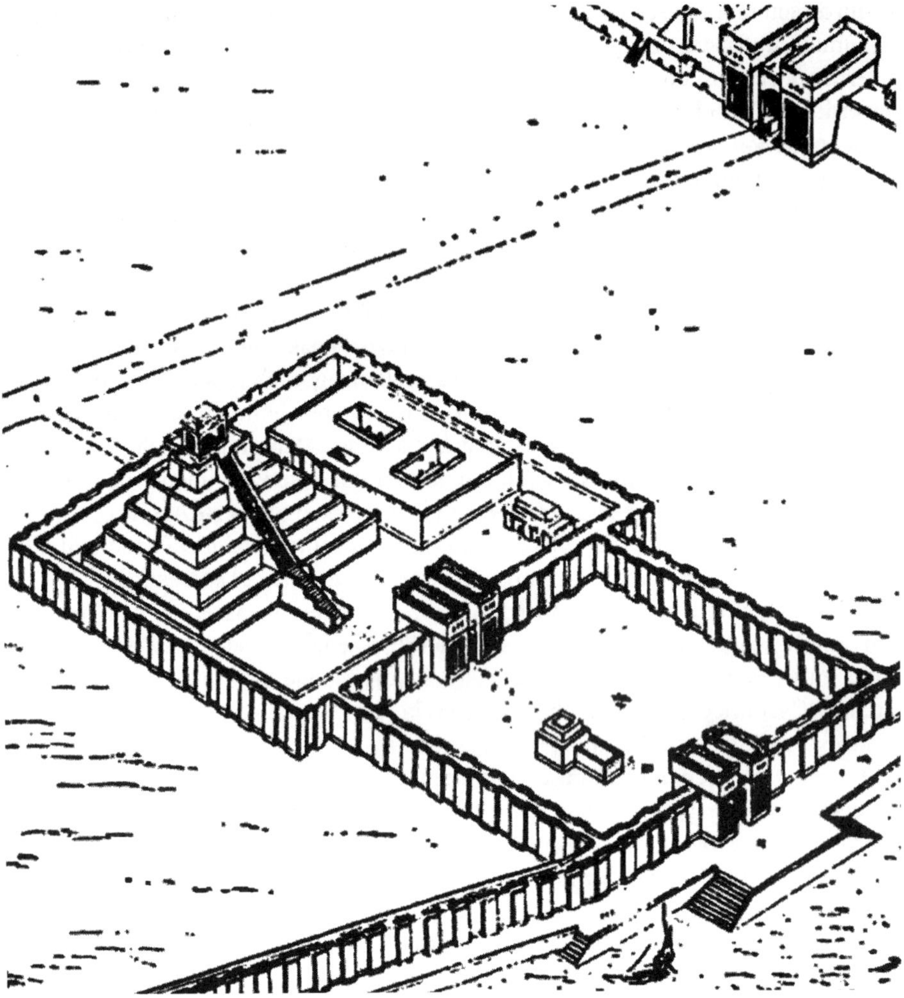

Figura 13. O zigurate de Nipur (reconstrução): Iraque, *c.*2000 a.C.

até um período posterior o formato do antigo templo em forma de casa sobre um terraço, porém com dimensões exageradas. Em Nipur, aproximadamente a 176 km a noroeste, surgiu o imenso zigurate do deus-ar Enlil, que, por todo o período de apogeu da antiga Suméria (*c.*3500-*c.*2050 a.C.) foi, como o Zeus olímpico dos gregos, *primus inter pares* do panteão. O local foi escavado durante os anos de 1889-90, 1890-91, 1893-96 e 1896-1900, por uma série de expedições extremamente tumultuadas enviadas pela Universidade da Pensilvânia. Importunados pelos árabes, pelas doenças, pelos métodos canhestros e tudo mais, os corajosos escavadores reuniram umas trinta mil tabuletas cuneiformes,[3] mas foram um tanto imprecisos no estudo do zigurate,[4] de maneira que encontramos hoje pouca concordância entre os eruditos com respeito a suas várias formas e dimensões durante os períodos de sua longa história.[5] Contudo, é certo que havia um grande átrio de frente para o rio e um pátio ainda maior nos fundos e ali, um zigurate de talvez cinco andares, talvez três, com uma única escadaria que ocupava toda a frente, conduzindo a um provável templo no topo, e tudo orientado com ângulos voltados para os pontos cardeais. Também havia, parece, um grande "templo mais baixo", na base.

Na verdade, a fórmula de dois templos, um acima, outro abaixo, parece ter sido essencial ao zigurate desde seu início, e o substrato mitológico disso foi interpretado com sensibilidade pelo arquiteto W. Andrae.[6] Em resumo, seu raciocínio sugere que a divindade vivia no templo do topo e se manifestava no de baixo. Havia apartamentos mobiliados no andar superior, para acomodar não apenas o deus ou deusa principal, mas também um séquito de serviçais divinos, e por ocasião de certos festivais designados pelo calendário, quando a divindade aparecia no templo inferior, era venerada pelo povo e concedia bênçãos. De maneira que o zigurate por um lado concedia à divindade os meios para descer à sua cidade na terra e, por outro, provia os habitantes daquela cidade com os meios de se aproximarem do deus e lhe fazerem pedidos.

Pois os reis mesopotâmicos não mais eram, como os do Egito, deuses em si mesmos. A dissociação crítica entre as esferas de Deus e as do homem, que com o tempo acabaria separando definitivamente os sistemas religiosos do Ocidente e do Oriente, já tinha ocorrido. O rei não era mais um rei-deus, ou mesmo propriamente um "rei" (*lugal*), mas apenas o "representante" (*patesi*) do verdadeiro Rei, que era o deus no céu.

Há um mito da criação do homem no qual aparecem algumas das implicações dessa nova concepção de dissociação. Ele provém do ciclo do deus Enki ou Ea da cidade-templo de Eridu. Um dos nomes, *e-a*, significa "Deus da Casa de Água", e o outro, "o Senhor (*en*) da deusa Terra (*ki*)". Seu animal simbólico tinha as partes dianteiras de uma cabra, mas o corpo de um peixe: a forma ainda conhecida como Capricórnio, o símbolo do décimo signo do zodíaco, no qual o sol, para renascer, entra na época do solstício de inverno. Enki funcionava como um deus da purificação nos rituais aquáticos conhecidos como rituais da "casa de batismo" ou "de lavagem";[7] e há certamente mais do que uma coincidência a ser vista no fato de que na obra de Berossos, sacerdote babilônio tardio, que escreveu em grego cerca de 280 a.C., o nome dado a Enki fosse Oannes. Compare-se o grego Ioannes, o latino Johannes, o hebraico Yohanan, João – João Batista e a ideia do renascimento pela água (São João 3:5). Enki morava com a esposa, a deusa Ninhursag, numa ilha paradisíaca conhecida como Dilmun, identificada geograficamente com a ilha Bahrein no Golfo Pérsico, mas que em seu caráter mitológico era uma "terra dos vivos", pura e luminosa, no meio do mar primevo:

> Em Dilmun o corvo não grasna,
> O milhano não emite seus guinchos,

O leão não mata,
O lobo não devora o cordeiro,
E desconhecido é o cão selvagem devorador de cabritos.

Lá a pomba não curva a cabeça,
O doente da vista não diz "eu sou doente da vista",
O doente da cabeça não diz "eu sou doente da cabeça",
A senhora idosa não diz "eu sou uma senhora idosa",
E o homem idoso não diz "eu sou um homem idoso".[8]

O Dr. Samuel Noah Kramer demonstrou em estudos comparativos de inumeráveis tabuletas sumérias nas bibliotecas da Europa, Oriente Próximo e Estados Unidos, que a deusa Nammu, cujo nome é escrito com o pictograma de "mar primevo", era a fundamental "mãe que pariu o Céu e a Terra",[9] e que ambos eram representados na forma única de uma montanha cósmica cuja base, pairando sobre o abismo das águas, era o fundo da terra, enquanto seu topo era o zênite do céu. A porção inferior, Terra (*ki*), era fêmea e a superior, Céu (*an*), macho; de maneira que sua natureza era novamente a do ser primordial dual que já conhecemos.

An gerou o deus-ar Enlil, que separou Terra e Céu, dividindo-os exatamente como, no conhecido mito clássico de Hesíodo, Gaia (Terra) e Uranos (Céu) foram separados pelo filho Cronos (Saturno).[10] Surgiu um numeroso panteão e esses deuses viviam em sua cidade celestial mais ou menos como os homens vivem na terra, cultivando campos de cereais.

Entretanto, houve um tempo em que as colheitas falharam, em grande parte devido à negligência, e Nammu, a velha mãe-água, percebendo a situação de sua progênie, procurou Enki, o mais inteligente de todos, o senhor do abismo dela, que encontrou em profundo sono em seu leito. Ela acordou-o. "Meu filho!", disse. E falou-lhe da tristeza dos deuses. "Levanta-te desse leito e realiza uma grande obra de sabedoria. Fabrica servos para assumir as tarefas dos deuses." E o sábio Enki, levantando-se, disse-lhe: "Ó Mãe, isso pode ser feito".

"Vai", ele disse, "e busca um punhado de barro do fundo da terra, logo acima da superfície do nosso abismo das águas e modela-o na forma de um coração. Produzirei bons e magníficos artesãos que darão a esse barro a consistência adequada. E então tu farás os membros. Acima de ti a mãe-Terra, minha esposa divina, estará parindo e oito deusas do parto estarão à disposição para assisti-la. Tu determinarás o destino do recém-nascido. A mãe-Terra terá imprimido nele a imagem dos deuses. E ele será Homem."

A obra foi realizada. A deusa-Terra, esposa de Enki, postou-se acima da deusa do abismo das águas e, assistida pelas oito deusas do parto, o barro foi tomado e separado como se separa o bebê de sua mãe. Bons e magníficos artesãos deram-lhe a consistência certa e Nammu modelou primeiro o coração e depois o corpo e os membros.

Em seguida, para celebrar, Enki fez uma festa para sua esposa e sua mãe, à qual convidou todos os deuses; pois ele levara a cabo uma grande e maravilhosa ideia, como os deuses logo perceberam. Eles o elogiaram com bajulação desmedida pela invenção de uma raça que serviria de escrava, para trabalhar diligentemente as lavouras de onde agora teriam gorduras e provisões para sacrifícios sem-fim. Cada divindade teria sua própria fazenda e solar, com um supervisor, seu arrendatário, que representaria na terra o papel real de Enlil entre os deuses. Sua morada seria um símbolo na terra da montanha-mundo de Enlil. Sua rainha seria a correspondente da encantadora deusa Ninlil, o planeta Vênus. E tudo seria na terra como é no céu. Haveria um porteiro e um mordomo principal do templo-palácio, exatamente como no palácio do deus nas alturas; um conselheiro e criado particular, um camareiro--mor, um cocheiro, um tambor-mor e chefe dos músicos, sete filhas (damas de companhia), armeiros e guardas palacianos, e além dos muros da cidadela-templo, nos campos e aldeias dos arredores, um administrador de propriedades, inspetor de pesca, guarda-caça, chefe de polícia e – aqui o milagre! – hordas de servos para os trabalhos pesados.

Foi uma grande festa e tanto Enki quanto sua esposa logo ficaram hilariamente embriagados. O texto daqui em diante merece maior atenção:

> Seus corações ficaram exaltados e a deusa perguntou ao deus:
> "Quão bom, realmente, ou quão mau, pode ser um corpo humano?
> Seguindo o impulso do meu coração, farei o corpo bom ou torná-lo-ei mau."
> E Enki, cheio de compreensão, respondeu:
> "Qualquer que seja o corpo que vier de tuas mãos, encontrarei um lugar para ele."

Ela pegou um punhado daquele barro e com ele modelou seis criaturas defeituosas, cada uma com uma grave deficiência física: uma mulher incapaz de parir, um ser sem órgão sexual nem masculino nem feminino. [...] Mas para cada um, à medida que foram surgindo, Enki foi capaz de sugerir um lugar:

> Enki, ao ver a mulher que não podia parir,
> Determinou seu destino: ser colocada num harém.
> Enki, ao ver o ser sem sexo masculino ou feminino,
> Determinou seu destino: postar-se diante do rei. ...

Quatro outros assim foram criados – cuja descrição ninguém foi até hoje capaz de interpretar a partir da inscrição cuneiforme. Entretanto, a brincadeira ainda não tinha acabado; pois Enki, achando que tinha vencido, desafiou a deusa a trocar de lugar – ele agora criaria e a deusa determinaria o destino.

Ele fez uma criatura chamada "Meu Dia de Nascimento é Remoto", com fígado e coração doloridos, olhos enfermos, mãos trêmulas e sem espírito. Então, ele falou à deusa:

Para cada um dos que tu modelaste, indiquei prontamente um lugar;
Portanto, a este que modelei, agora dás tu o lugar
Onde ele deverá subsistir.

A deusa se aproximou da criatura e lhe falou. Ela foi incapaz de responder. Ofereceu-lhe pão. A criatura foi incapaz de pegá-lo. Não podia sentar-se, ficar de pé ou dobrar os joelhos. A deusa foi incapaz de determinar-lhe qualquer destino.

E assim Enki criou outros. Mais uma vez, entretanto, a inscrição cuneiforme é ilegível. Parece que doença, loucura e similares foram criados enquanto Enki maliciosamente deixava a deusa sem saída. Tudo o que sabemos é que no final ela gritava:

Minha cidade está destruída, minha casa, arruinada;
Meus filhos foram feitos prisioneiros.
Fui exilada da cidade-montanha dos deuses:
Nem mesmo eu escapo de tuas mãos!
Daqui em diante tu não habitarás nem no céu nem na terra.

E Enki, assim injustamente condenado pela mãe-deusa da humanidade, foi de fato exilado da terra para o abismo. "Uma ordem saída de tua boca", ele disse, "quem poderá mudá-la?" E com essa frase a tabuleta interrompe-se.[11] A festa com aquela bebedeira acaba em tumulto. Seus efeitos, entretanto, subsistem.

"A pantomima pertence ao homem", conforme se lê em *Finnegans Wake*; "Deus tem gesta".

Vale a pena observar que, enquanto no mito mesopotâmico da separação da montanha céu-terra por seu filho Enlil, o céu (*an*) é masculino e a terra (*ki*) feminino, no mito egípcio correspondente o caso era exatamente o oposto. Ali, o céu foi primeiro (no período da estela de Narmer) a deusa-vaca Hátor e depois (no período dos Textos das Pirâmides), a deusa antropomórfica Nut, representada protegendo o mundo com seu corpo em forma de arco, mãos e pés apoiados no chão. Nos Textos das Pirâmides essa deusa Nut é chamada "a radiante, a grandiosa",[12] "a grande protetora",[13] "a dos cabelos longos, a dos seios pendentes".[14] "Ela não pode ser fertilizada", diz-se, "sem abaixar seus braços".[15] E o deus-terra, seu cônjuge, Geb, está sentado abaixo dela. "Um braço estendido para o céu", lê-se, "e o outro apoiado na terra".[16] Os dois estavam separados, além do mais, por Shu, o deus-ar, que não era filho deles – como Enlil é filho de Anki – mas seu progenitor;* de maneira que, enquanto em um caso é sugerida uma violenta façanha edípica freudiana de um filho desdenhando o pai e tomando a mãe para si ("Depois de An ter arrebatado o Céu. Depois de Enlil ter arrebatado a Terra."),[17] no outro sistema a separação é vista mais como efeito do zelo parental. Notamos também a imagem tosca da criação. O homem é feito do barro extraído do fundo da terra, onde ela cobre as águas do abismo, e a deusa Terra é representada de pé sobre a deusa Mar, sendo o barro extraído dela "como um filho de sua mãe" – obviamente uma imagem da criação da espécie humana a partir do

* *Supra,* p. 75.

excremento: outro tema freudiano infantil, antecipando o sentimento da repetida frase bíblica: "O que é o homem para te preocupares com ele?" (Jó 7:17; 15:14; Salmos 8:4; 144:3; Hebreus 2:5).

Voltemos aos antigos sinetes sumérios de cerca de 3500 a.C. (figuras 2 e 3) e recordemos a ideia neles expressa de uma divindade imanente a todas as coisas, que se autogera e autoconsome. Observemos que essa ideia é em essência a mesma que a da visão menfita, de Ptá, que está "em todo corpo e toda boca de todos os deuses, homens, animais, seres rastejantes e tudo o mais que vive".* Examinemos em seguida os dois sinetes sumérios de *c.*2300 a.C. (figuras 4 e 5), onde as formas femininas estão em cima das masculinas e notemos a correspondência de localização com a de Nut e Geb do Egito.

Pareceria, portanto, que a ordem anterior, neolítica, era a da fêmea acima do macho, a mãe cósmica sobre o pai e que em certa data, que temos agora de tentar indicar, as atribuições parentais na Mesopotâmia foram determinadas em sentidos opostos e consequentemente, também o foram seus efeitos psicológicos – com resultados filosóficos e mitológicos interessantes. Pois enquanto o corpo enterrado no solo egípcio era identificado com o deus-homem Osíris no mundo ínfero de seu pai Geb, e a ele retornava, o sepultado em solo mesopotâmico não voltava para o pai, mas para a mãe. E com a progressiva desvalorização da deusa-mãe em favor do pai, o que em toda parte acompanhou o amadurecimento do estado dinástico e do patriarcado, mas que no Sudoeste Asiático foi levado mais longe que em qualquer outra parte (culminando na mitologia do Antigo Testamento, onde não há absolutamente nenhuma deusa-mãe), um sentido de separação essencial do símbolo de valor supremo se tornou no devido tempo o sentimento religioso característico de todo o Oriente Próximo. E os primeiros sinais dessa ruptura espiritual foram os zigurates que começavam a ser erguidos como proteção e que, ao mesmo tempo, proporcionavam aos poderes celestiais uma escada pela qual eles podiam descer graciosamente até os homens.

II. VIRTUDE MÍTICA

Depois que An, Enlil, Enki e Ninhursag
Modelaram o povo de cabeça negra,
A vegetação brotou da terra,
Animais, quadrúpedes das campinas, engenhosamente
  foram trazidos à existência.[18]

E o mundo como o conhecemos, ou como o povo da Suméria o conheceu no quarto milênio a.C., existia exatamente na forma em que se esperava que se mantivesse – inalterado. Pois não há em qualquer mitologia arcaica nenhuma ideia de uma evolução da sociedade nem da espécie. As formas produzidas no princípio deveriam

* *Supra,* p. 76.

permanecer até o final dos tempos. E a virtude de cada classe de coisas, de cada tipo de homem, daí por diante, consistia em representar o modelo divino original criado para sua espécie – o que no Egito, como vimos, era conhecido como *maat*, na Índia como *dharma*, no Extremo Oriente como *tao*, e na Suméria seria conhecido como *me*.

O Dr. Kramer levantou em uma antiga tabuleta de barro suméria uma interessante lista parcial das virtudes (*me's*) naqueles primeiros tempos de pensamento sistemático se supunha constituírem a ordem do universo. Ao examinar a lista, o leitor moderno terá de tentar esquecer suas próprias concepções, não apenas da natureza, mas também do senso comum, e deixar a imaginação entregue a cada categoria, como se ela fosse um elemento permanente estruturador do mundo de Deus, representando à perfeição Seu projeto; como se vê a seguir: 1. domínio supremo; 2. divindade; 3. a coroa exaltada e permanente; 4. o trono da realeza; 5. o cetro exaltado; 6. a insígnia real; 7. o santuário exaltado; 8. a condução espiritual; 9. realeza; 10. senhoria duradoura; 11. a ocupação sacerdotal conhecida como "senhora divina"; 12. a ocupação sacerdotal conhecida como *ishib*; 13. a ocupação sacerdotal conhecida como *lumah*; 14. a ocupação sacerdotal conhecida como *gutug*; 15. a verdade; 16. descida ao mundo ínfero; 17. subida do mundo ínfero; 18. a ocupação do eunuco conhecida como *kurgarru*; 19. a ocupação do eunuco conhecida como *girbadara*; 20. a ocupação do eunuco conhecida como *sagursag*; 21. o estandarte de batalha; 22. dilúvio; 23. armas; 24. relação sexual; 25. prostituição; 26. procedimento legal; 27. libelo; 28. arte; 29. a câmara de culto; 30. a função da "hierodula do céu"; 31. o instrumento musical chamado *gusilim*; 32. a música; 33. primogenitura; 34. condição de herói; 35. o poder; 36. inimizade; 37. retidão; 38. a destruição de cidades; 39. lamentação; 40. regozijo do coração; 41. falsidade; 42. a terra rebelde; 43. bondade; 44. justiça; 45. a arte da marcenaria; 46. a arte da metalurgia; 47. a condição de escriba; 48. a arte do ferreiro; 49. a arte de trabalhar o couro; 50. a arte do construtor; 51. a arte do confeccionador de cestos; 52. sabedoria; 53. atenção; 54. purificação sagrada; 55. medo; 56. terror; 57. luta; 58. paz; 59. fadiga; 60. vitória; 61. conselho; 62. problemas sentimentais; 63. discernimento; 64. decisão; 65. o instrumento musical chamado *lilis*; 66. o instrumento musical chamado *ub*; 67. o instrumento musical chamado *mesi*; 68. o instrumento musical chamado *ala*.[19]

Esses eram os arquétipos da existência e experiência determinados no quarto milênio a.C. para todo o sempre. E a ênfase sobre a música é interessante. Vale lembrar que foi encontrada uma série de harpas entre as sepulturas sati das tumbas reais de Ur que tem como ornamento a figura do touro-lua morto e ressuscitado, Tammuz, com barba em lápis-lazúli.* Pois a inaudível "música das esferas", que é o sussurro do cosmos no ser, torna-se audível através da música; é a harmonia, o significado da ordem social, e a harmonia do próprio espírito descobre nela sua consonância. Essa ideia é básica à música confuciana, bem como à música indiana; essa foi, é claro, a crença pitagórica, e foi uma ideia fundamental, também, da nossa

* *Supra*, p. 44.

Idade Média: daí o canto contínuo dos monges, que se exercitavam diligentemente em consonância com o coro dos anjos.

Não apenas a música, mas toda a arte – toda a arte arcaica e oriental – participa dessa mística. É uma epifania da Forma das formas. "Onde a arte europeia", escreveu o Dr. Ananda K. Coomaraswamy, "descreve um momento do tempo, uma ação suspensa ou um efeito da luz, a arte oriental representa uma condição contínua".[20] Assim também, pode-se acrescentar, ocorre com cada aspecto, estilo, experiência e condição da vida oriental. E assim, igualmente, por toda a Idade Média todas as formas de vida foram concebidas para subsistir substancialmente como ideias (espécies fixas) na mente resplandecente de Deus. De fato, podemos mesmo dizer que na maior parte do mundo moderno ocidental essa antiga crença se perpetua, pelo menos aos domingos, quando o texto científico preferido não é *A Origem das Espécies* de Charles Darwin, mas o Livro do Gênesis (primeiro milênio a.C.: espécies fixas, costela de Adão, serpente no Paraíso, arca de Noé e tudo o mais).

"Absolutamente todas as coisas obedecem a uma ordem própria e essa é a forma que torna o universo igual a Deus", escreveu o poeta Dante;[21] e na mesma linha de pensamento, Santo Tomás de Aquino: "Deus em Si mesmo nem ganha nem perde nada pelo ato do homem; mas o homem, por seu lado, recebe algo de Deus, ou oferece-Lhe algo, quando observa ou deixa de observar a ordem instituída por Deus".[22] E essa ordem, é claro, seja no segundo milênio depois de Cristo ou no quarto milênio antes de Cristo, é sempre a da estrutura social local e a do estado de aprendizado consentido, cuja existência é obra – e mesmo obra brutal, assassina – do próprio homem (por exemplo, o Narmer egípcio unificador das Duas Terras). Tudo isso, entretanto, deve ser interpretado exata, total e eternamente, como *maat*, *me*, *dharma*, *tao* e a arquetipologia da vontade de Deus.

III. TEMPO MÍTICO

Por tudo o que sabemos da antiga Mesopotâmia, torna-se evidente a suposição de que certos números permitiam acesso a um conhecimento da ordem cósmica, e já em 3200 a.C., com o surgimento pela primeira vez de tabuletas escritas, eram empregados dois sistemas de numeração: o decimal e o sexagesimal. O último baseava-se no *soss* (60), por cuja unidade ainda medimos círculos e calculamos o tempo. Sessenta segundos fazem um minuto, 60 minutos um grau, 360 graus um círculo. O céu e a terra são medidos em graus. E no círculo do tempo, 60 segundos fazem um minuto, 60 minutos uma hora. O ano mesopotâmico contava com 360 dias, de maneira que o círculo do tempo e o do espaço estivessem em perspectivas do mesmo princípio numérico. E no centro do círculo do espaço estavam os cinco pontos do zigurate sagrado – quatro ângulos voltados para os pontos cardeais e o topo para o céu – por meio dos quais a divindade vinha ao mundo, enquanto no círculo do tempo, igualmente, além dos 360 dias seculares, havia um festival que se prolongava por uma semana de cinco dias, durante a qual o ano velho morria e o novo nascia, e era restaurado o princípio da divindade na terra. Além do mais, como o dia em proporção ao ano, o ano também estava em proporção ao ano grande, e no final de tal era, ou ano grande, havia um dilúvio, uma dissolução e um reinício cósmicos.

Uma tabuleta suméria, hoje em Oxford (Weld-Blundell, 62), fornece uma lista de dez reis mitológicos que reinaram por um total de 456.000 anos no período entre a primeira descida da realeza das cortes celestiais para as cidades dos homens e a vinda do Dilúvio. Uma segunda tabuleta (Weld-Blundell, 144) relaciona apenas oito desses deuses, num total de 241.200 anos, e uma terceira lista, muito posterior, escrita em grego por volta de 280 a.C. pelo erudito sacerdote babilônio Berossos, que já tivemos oportunidade de mencionar, relaciona os dez reis novamente, mas num total de 432.000 anos – soma extremamente interessante. Pois no Eda poético islandês conta-se que no salão celestial dos guerreiros de Odin havia 540 portas:

> Quinhentas e quarenta portas existem,
>   Suponho, nas paredes do Valhala;
> Oitocentos guerreiros passam por cada porta
>   Quando para a guerra com o Lobo eles vão.[23]

A "guerra com o Lobo", naquela mitologia, era a periódica batalha cósmica dos deuses e antideuses no final de cada ciclo cósmico (o *Götterdämmerung* de *O Anel dos Nibelungos* de Wagner), e como o leitor – sempre alerta – sem dúvida já percebeu, 540 vezes 800 é 432.000, o número fornecido por Berossos como a soma de anos dos reis antediluvianos. Além do mais, no *Mahābhārata* indiano e numerosos outros textos do período dos Puranas (*c.*400 d.C. em diante), o ciclo cósmico de quatro eras do mundo totaliza 12.000 "anos divinos" de 360 "anos humanos" cada um, o que significa 4.320.000 anos humanos, e nossa porção particular daquele ciclo, a última e pior, a chamada Kali Yuga, é exatamente um décimo dessa soma.[24] De maneira que encontramos esse número, agora, na Europa por volta de 1100 d.C., na Índia por volta de 400 d.C., e na Mesopotâmia cerca de 300 a.C., referindo-se, em cada caso, à medida de uma era cósmica.

Mas há outra particularidade interessante relacionada com esse número, que foi percebida imediatamente antes da Primeira Guerra Mundial e provocou muita controvérsia acerba na época e depois ficou completamente esquecida, e gostaria de retomar aqui, pois não consigo considerá-la resolvida, mas apenas deixada de lado. Ela se refere ao fato observável de que na ocasião do equinócio de primavera (21 de março)* o céu não se encontra jamais na mesma posição do ano anterior, já que há uma pequena retardação anual de cerca de 50 segundos, o que no curso de 72 anos equivale a um grau (50" x 72 = 3.600" = 60' = 1°) e em 2.160 anos equivale a 30 graus, o que é um signo do zodíaco. O Sol no equinócio de primavera encontra-se atualmente na constelação de Peixes (*Pisces*), mas no século de Cristo encontrava-se

* Refere-se ao Hemisfério Norte. [N. da T.]

na de Carneiro (*Aries*) e no período da Suméria primitiva, na de Gêmeos (*Gemini*). Esse considerável "deslizamento" é conhecido como a "precessão dos equinócios", e supõe-se ter sido notificada por um grego asiático, Hiparco de Bitínia (cujo florescimento ocorreu entre 146 e 126 a.C., 150 anos depois do período de Berossos), em sua obra *Sobre o deslocamento dos signos de solstícios e equinócios* – na qual, entretanto, os cálculos chegaram ao total, levemente errado, de cerca de 45 a 46 segundos por ano.[25] Supõe-se que o cálculo correto tenha precisado esperar até o século de Copérnico, por volta de 1526 d.C. Entretanto, se continuarmos o cálculo sumério já iniciado, vamos encontrar o que é explicado a seguir.

Em um ano, como vimos, a retardação precessional é de 50 segundos; em 72 anos perfaz um grau e em 2.160 anos, 30 graus; consequentemente, em 25.920 anos perfaria 360 graus, um ciclo completo do zodíaco, ou, como é chamado, um "Ano Grande" ou "Platônico". Mas 25.920 dividido por 60 (um *soss*) resulta no número 432. E, assim, voltamos ao mesmo lugar. Há uma relação exata entre o número de anos atribuído por Berossos ao ciclo de seus dez reis antediluvianos e a soma real de anos de um ciclo equinocial do zodíaco.

Será, então, que os babilônios já teriam observado e calculado corretamente a precessão dos equinócios séculos antes de Hiparco calculá-la erradamente? O Prof. H. V. Hilprecht, na Filadélfia, no Museu da Universidade, observando *literalmente* milhares de fragmentos de barro contendo cálculos matemáticos escreveu em 1906 que "todas as tabelas de multiplicação e divisão das bibliotecas dos templos de Nipur e Sipar e da biblioteca de Assurbanípal são baseadas na cifra 12.960.000".[26] E, como ele indicou, 12.960 x 2 = 25.920, que é o nosso número para o Ano Grande ou Ano Platônico. Alfred Jeremias sentiu-se inclinado a aceitar a descoberta de Hilprecht como a possibilidade de um reconhecimento da precessão na Mesopotâmia já no terceiro, ou talvez mesmo quarto milênio a.C. "Se essa interpretação é correta e o número se refere realmente à precessão", ele escreveu, "então fica provado que antes de Hiparco havia sido alcançado um cálculo correto da precessão, o que depois foi esquecido".[27] E escreveu também: "Na realidade, é incrível que os babilônios, experientes como eram na observação do céu, não tivessem deduzido, da diferença entre observações anteriores e posteriores, uma alteração do ponto equinocial. [...] Tão logo a posição do Sol na ocasião do equinócio de primavera se tornou um ponto de observação, a precessão durante séculos deve ter sido percebida [...] pois no curso de um ano chega a 50 segundos e durante períodos mais longos não pode ter passado despercebida".[28]

Um assiriologista francês, V. Scheil, entretanto, observou em 1915 que a descoberta do Prof. Hilprecht não poderia ser tomada como prova de observação astronômica precisa, já que o próprio sistema sexagesimal teria fornecido o número como a quarta potência de 60: 60 x 60 x 60 x 60 = 12.960.000.[29]

E assim, suponho que teríamos de nos perguntar de que deveríamos nos maravilhar mais: do sistema sexagesimal ou dos sumérios que o criaram? Seu antigo ano-festival era calculado em termos puramente matemáticos, não naturais, de 72 semanas de 5 dias, mais 5 dias festivos intercalados, 5 x 72 = 360. Mas 360 x 72 = 25.920, resultando, assim, em um "ano grande" encontrado *matematicamente*, cuja coincidência com o observável "ano grande" *astronômico* poderia, de fato, ter resultado apenas de um mero (mas então realmente fantástico) acidente.

De qualquer maneira, é evidente que Berossos levou o número a sério como, em certo sentido, a soma dos anos entre a descida do céu da realeza e a chegada do Dilúvio.

Sendo assim, vamos agora comparar as duas listas muito antigas de reis sumérios com a lista muito posterior de Berossos e acrescentar, para melhor avaliação, os dez patriarcas antediluvianos do Livro do Gênesis.

As tabelas são as seguintes:

Suméria W.B. (Weld-Blundell) 144

Rei	Anos
1. Alulim	28.800
2. Alagar	36.000
3. Enmenluanna	43.200
4. Eumengalanna	28.800
5. Divino Dumuzi	36.000
6. Ensibzianna	28.800
7. Enmenduranna	21.000
8. Ubardudu	18.600
9.	
10.	
	241.200

Suméria W.B. 62

Rei	Anos
Alulim	67.200
Alagar	72.000
Kidunnushakinkin	72.000
... ?	21.600
Divino Dumuzi	28.800
Enmenluanna	21.600
Enzibzianna	36.000
Eumenduranna	72.000
Arad-gin	28.000
Ziusudra	36.000
	456.000

Berossos

Rei	Anos
1. Aloros	36.000
2. Alaparos	10.800
3. Amelon	46.800
4. Ammenon	43.200
5. Megalaros	64.800
6. Daonos	36.000
7. Euedoraches	64.800
8. Amempsinos	36.000
9. Opartes	28.800
10. Xisuthros	64.800
	432.000

A Bíblia (Gênesis 5)*

Patriarca	Anos
Adão	130
Set	105
Enós	90
Cainã	70
Malaleel	65
Jared	162
Henoc	65
Matusalém	187
Lamec	182
Noé, até o Dilúvio	600
	1.656

* A numeração aqui está de acordo com a hebraica (Rei James), não com a Vulgata dos Setenta ou versões samaritanas.

A primeira questão a ser notada é que, embora a de Berossos divirja consideravelmente das listas anteriores e estas entre si, há o suficiente para indicar que todas são variantes de um legado comum, que com isso prova ter persistido numa continuidade essencial por, pelo menos, dois mil anos. E podemos facilmente ver que, embora os anos que lhes são atribuídos variem muito, todos são da mesma ordem mitológica e não poderiam ser interpretados hoje como referindo-se com precisão a eventos históricos. Esses cômputos, portanto, representam remanescentes não de uma história propriamente dita, mas de lenda, isto é, da história interpretada como manifestação do mito.

Tampouco se pode dizer que a mitologia aqui em questão tenha ou possa ter surgido espontaneamente da psique à maneira de um sonho. Também não deve ser interpretada simplesmente em termos de um tema típico neolítico de preocupação com a fertilidade que, embora talvez presente, não pode ser responsável pela ênfase, evidente em toda essa mitologia e em todas as mitologias dela resultantes, dada aos números – números gigantescos, e contudo não aleatórios, mas números cuidadosamente elaborados, baseados em leis, temas e correspondências de uma certa ordem matemática seriamente considerada e compartilhada – como percebemos quando reconhecemos que nas três tabelas mesopotâmicas já mencionadas, as somas finais são múltiplos do mesmo número inteiro, 1.200, que na Índia representa até hoje a soma dos "anos divinos" em um ciclo cósmico: 1.200 x 201 = 241.200; 1.200 x 380 = 456.000; 1.200 x 360 = 432.000.

A indicação pareceria ser, portanto, que a principal preocupação da mitologia da qual se originaram essas listas de reis não era nem com a história nem com a fertilidade, mas com algum tipo de ordem: algum tipo de ideia matematicamente ordenada e astronomicamente atribuída à relação do homem com os ritmos de sua vida na terra; não apenas com as estações, os mistérios anuais do nascimento, morte e regeneração, mas além desses, com os ciclos bem maiores – os anos grandes. Os temas anteriores, de um povo neolítico relativamente simples, e da fertilidade na aldeia, foram ampliados de maneira colossal e abertos a uma visão de todo nova, poética e elitista do homem no universo – o homem como um órgão *do* universo, juntamente com os deuses e todas aquelas "virtudes" (*me's*), que, como vimos, são os elementos estruturadores permanentes do mundo de Deus.

Ou antes, não acho que possamos dizer "Deus" neste contexto, já que os únicos deuses nomeados e reconhecidos nessa mitologia são eles próprios funções e funcionários da ordem. Tampouco o Dilúvio, nessa mitologia, pode ter sido originalmente concebido como enviado para punir o homem. Toda a ideia do ritmo cósmico envolve intrinsecamente morte e ressurreição; de maneira que uma interpretação antropomorfizada em termos de punição ou propósito de um deus imprevisível pode representar apenas uma visão superficial, com o plano mais profundo e mais sagrado ilustrado naquelas terríveis sepulturas de Ur, onde, quando chegava a sua hora, literalmente centenas de seres humanos nobres eram enterrados vivos. A ordem cósmica (*me*), que, como vimos, se manifesta nas categorias de: 1. domínio supremo;

2. divindade etc., inclusive o (22) Dilúvio, é conhecida do modo mais profundo e essencial através do número, que se torna audível – como sustentou Pitágoras e sugerem as harpas de Ur – nas harmonias e ritmos da música, especificamente o sistema numérico de:

60 – o *soss*
600 – o *ner*
3.600 – o *sar*
216.000 – o *grande sar* (= 60 x 3.600)

sendo que dois grandes *sars* resultam naquela interessante soma de 432.000 da era de Berossos.

IV. O DILÚVIO MÍTICO

Uma série de estudiosos acharam que realmente deve ter havido alguma enchente devastadora que quase destruiu toda civilização na região das primeiras cidades, e alguns chegaram mesmo a pensar que em suas escavações tinham descoberto as evidências. Entretanto, os estratos evidenciadores de inundação escavados em vários locais de cidades mesopotâmicas não se correspondem em termos de data. Os de Shuruppak[30] e Uruk[31] foram assentados no final do período Jemdet Nasr, por volta de 3000 a.C., enquanto o de Ur[32] ocorreu no final do período de Obeid, meio milênio antes, e o de Kish[33] dois ou três séculos mais tarde; de maneira que cada um pode ser interpretado apenas como uma catástrofe local, não de toda a Mesopotâmia (muito menos universal). É obviamente possível que em cada pequena cidade-estado a enchente local tenha sido interpretada de modo exagerado como um evento cósmico, dando subsídios ao Dilúvio mitológico. Entretanto, como estudiosos modernos desse tema, não podemos permitir-nos compartilhar desses juízos evidentemente errôneos, cacarejando como a galinha quando uma ervilha caiu em seu rabo: "Corra, corra, o céu está despencando!"

O primeiro relato de dilúvio, até hoje conhecido, está num fragmento danificado de barro cozido de 18 cm de comprimento por 14 cm de largura, levado para a Universidade da Pensilvânia, entre milhares de outros troféus, pela expedição de 1895-1896 a Nipur. Catalogado e arquivado em 1904 como "Fórmula mágica 10.673 (III Exp. - Boxe 13)", ele foi examinado criticamente apenas em 1912 pelo Prof. Arno Poebel do Museu da Universidade e, como já tinha ocorrido com a pedra de Mênfis sob as lentes de Breasted dois ou três anos antes, subitamente tornou-se visível – como o pálido raio de luz de uma estrela distante que sob uma observação mais rigorosa se revela uma imensa galáxia – outra revelação inesperada do grandioso terceiro milênio a.C.

As primeiras linhas do texto cuneiforme estão extremamente danificadas. Um deus, ou talvez uma deusa, está falando; Enlil, Enki ou a deusa Nintu (um aspecto de Ninhursag):

"Minha raça humana, em sua destruição eu irei ..."

É essa a voz de Enlil, ameaçadora? Pois é ele quem vai enviar o dilúvio "... em sua destruição irei empenhar-me!" Ou é a voz de Enki ou da deusa, já considerando o resgate?: "... em sua destruição eu irei socorrer!" Não podemos afirmar.

A linha seguinte também é obscura:

"Minhas, criações de Nintu ... eu irei ..."

Ou talvez, melhor:

"Ó Nintu, o que criei ... eu irei ..."[34]

O resto, entretanto, está relativamente claro:

"Eu recolocarei as pessoas em suas terras;
Cidades ... elas construirão. ...
Seus tetos (ou abrigos) eu tornarei seguros.
Os tijolos de nossos templos elas colocarão em lugares imaculado
Nossos locais ... elas fundarão em lugares imaculados."[35]

Seguem algumas linhas mutiladas e, em seguida, as quatro que já citei na página 95, depois das quais – na Coluna II – está relacionada uma lista das cinco cidades a serem destruídas: Eridu, Larak, Badtibira, Sipar e Shuruppak.

A seguir – Coluna III – ouviremos a deusa, que compreendeu o que está por acontecer. O primeiro nome dado a ela é Nintu; o segundo, entretanto, é Inanna. Não está claro se devemos ver nessas diferentes designações uma ou duas deusas, já que denominações múltiplas desse tipo não são necessariamente personificadas em separado:

O ... lugar ...
O povo ...
Uma chuva torrencial ...
Naquela hora Nintu urrava como uma mulher com dores de parto;
A pura Inanna chorava por seu povo.
Enki consultava seu próprio coração.
An, Enlil, Enki e Ninhursag ...
Os deuses do céu e da terra invocavam os nomes de An e Enlil.

Parece haver divergência entre os deuses e é evidente que o Dilúvio cósmico deve ser tratado nesse texto não como uma ocorrência fria, matematicamente determinada e inevitável, mas como consequência da ira de um deus contra o qual certas outras divindades estão prestes a conspirar, e isso pareceria representar uma teologia completamente diferente daquela relacionada com as listas de reis.

Ou, antes, devemos considerar esse texto como manifestação popular e exotérica da mesma tradição? Sabemos que na Índia uma atitude devocional de amor e temor a Deus é cultivada em numerosos cultos populares onde se enfatiza o caráter de alguma divindade; contudo, no nível mais profundo, a instrução última é de uma lei absoluta. Da mesma forma, entre os gregos, onde os deuses nas histórias que nos são bem conhecidas parecem autodeterminados e voluntariosos, havia um ensinamento mais profundo sobre o destino divino, *moira*, personificado nas Parcas, contra as quais nem o próprio Zeus podia lutar. E na Bíblia temos Deus surpreso, ou fingindo surpresa, arrependido de sua criação, chegando a novas decisões – dialogando, por assim dizer, com suas criaturas; por outro lado, também, fomos instruídos a respeito de sua eternidade, onipotência e presciência. O problema é o dos pares de opostos: destino e livre-arbítrio, justiça e misericórdia etc., que em si mesmos não podem ser reconciliados, e que, quando os encontramos em nossa própria tradição, tendemos a reconhecer como reconciliados em Deus. Entretanto, quando os encontramos em outras tradições, tendemos, antes, a considerá-los contradições.

Neste caso não estamos tratando de nenhuma tradição estranha, mas de um capítulo primitivo da nossa própria tradição: uma variante suméria primitiva da mesma lenda do dilúvio que chegou até nós pelo Livro do Gênesis em duas versões semíticas tardias: a "jeovista", talvez do século nono antes de Cristo, na qual Noé recebe a ordem de levar para sua arca "dois exemplares de cada espécie de tudo o que vive" (Gênesis 6:19), e a "sacerdotal" do século V a.C., na qual devem ser "sete pares de todos os animais puros e um par de animais dos que não são puros" (Gênesis 7:2). Temos de perguntar, portanto, se aqueles que aprenderam a reconhecer os sinais de uma sabedoria superior nas contradições bíblicas, em nome da própria coerência não deveriam estender seu aprendizado até as fontes sumérias anteriores; ou se, por outro lado, em algum período não pode ter havido uma mudança de ponto de vista. Neste caso, uma mudança de uma mitologia anterior de lei impessoal para uma posterior, mais antropomórfica, da vontade de um deus pessoal.

Como na Bíblia, também nesse texto de aproximadamente 1750 a.C., deverá salvar-se apenas um homem bom (aparentemente com sua família) em uma enorme barca repleta de animais. Ele é o décimo e último dos reis longevos antediluvianos (na Bíblia eles tornaram-se patriarcas), o bom e velho rei Ziusudra da antiga cidade-estado de Shuruppak. Continuando a leitura da Coluna III:

> Naquela época Ziusudra era rei, o sacerdote lustral de ...
> Ele construiu um(a) enorme ...
> Humilde, prostrou-se, reverentemente ...
> Diária e perseverantemente, prestes a servir ...
> Pressagiando através de sonhos nunca sonhados antes ...
> Conjurando em nome do céu e da terra ...

A coluna interrompe-se e passamos a examinar a Coluna IV. O esforço do rei para conhecer a vontade dos deuses agora está sendo recompensado; pois ele está de pé junto à parede de um santuário que construiu, quando uma voz – a voz do deus Enki – é ouvida:

... os deuses um muro ...
Ziusudra, de pé a seu lado, ouviu:

Esse é o cenário. Agora chega a voz:

Na parede, à minha esquerda, estão. ...
Junto da parede, vou dizer-te uma palavra.
Ó meu abençoado, abre teu ouvido a mim.

Por nossa mão uma tempestade ... será enviada,
Para destruir a semente da raça humana ...
É a decisão, a palavra da assembleia dos deuses,
A ordem de An e Enlil. ...
Seu reino ... seu governo ...

Há novamente uma interrupção. Na parte que falta, a construção e ocupação da barca devem ter sido concluídas; pois no início da Coluna V já estamos testemunhando o Dilúvio, que é descrito em duas breves e vívidas estrofes:

Todos os vendavais com força enorme, chegaram todos juntos.
A chuva torrencial ... veio assolando com eles.
E quando por sete dias e sete noites
A chuva torrencial a terra tinha devastado,
A imensa barca sobre a imensidão das águas
tinha sido levada pelo vendaval,
Utu, o sol, surgiu, espalhando luz no céu e na terra.
Ziusudra abriu uma janela da imensa barca.
Deixou que a luz do deus-sol, o herói,
penetrasse no interior da imensa barca.
Ziusudra, o rei,
Prostrou-se diante de Utu.
O rei: ele sacrifica um boi, mata uma ovelha. ...

E agora, finalmente, a Coluna VI: não sabemos com certeza quem está falando, mas pode ser o deus-sol Utu, diante de An e Enlil intercedendo em favor de Ziusudra:

"Pelo espírito do céu, pelo espírito da terra, vós o conjurais,
que ele possa ... convosco.
Pelo espírito do céu, pelo espírito da terra, ó An e Enlil,
vós conjurais, e ele vai ... convosco."
A vegetação, saindo da terra, ressurge.
Ziusudra, o rei,
Diante de An e Enlil prostra-se.

E os deuses concedem ao herói vida imortal naquela terra feliz da qual já ouvimos falar:

> Vida como a de um deus eles lhe concedem.
> E espírito eterno como o de um deus eles criam para ele.
> Depois do que Ziusudra, o rei,
> Portador do título, "Preservador da Semente da Humanidade",
> Numa ... montanha, a montanha de Dilmun, eles o fizeram morar. ... [36]

A data da tabuleta na qual aparece essa primeira versão conhecida do Dilúvio – que no Ocidente é conhecida como o dilúvio de Noé e na Índia como o de Manu – na verdade, em termos sumérios, é tardia: cerca de 1750 a.C.[37] "O idioma sumério de nosso texto", afirma o Prof. Poebel, "não é mais o do período clássico".[38] De fato, a Suméria, enquanto poder político, já tinha ruído, e a liderança da civilização já tinha passado para os numerosos povos semíticos de Acad, para quem o sumério era uma língua arcaica, estudada como o latim na Idade Média. Na realidade, até o próprio período sumério final de Ur III, entre 2050-1950 a.C., tinha sido um século neo-sumério de restauração, voltado para o passado, cujos últimos três reis, Amar-Sin, Shu-Sin e Ibbi-Sin tinham nomes semíticos.

Pois, como uma olhada no mapa físico mostrará, há um grande deserto a oeste da Mesopotâmia, estendendo-se da Síria, ao norte, até o extremo sul da Arábia, que, desde o remoto período do final do Paleolítico, foi a matriz da qual todas as numerosas tribos semíticas da história se originaram, notadamente:

1. Os acadianos, que conquistaram a terra da Suméria e levaram a realeza para sua cidade de Agade (Sargão de Acad), cerca de 2350 a.C. (Seguiu-se o período de restauração de Ur III, de aproximadamente 2050 a 1950 a.C.);
2. os babilônios amoríticos, que deram o golpe de misericórdia tanto na Suméria quanto em Acad, cerca de 1850 a.C. (Hamurábi, cerca de 1700 a.C.);
3. os amoritas posteriores, que conquistaram a antiga cidade de Jericó por volta de 1450 a.C. e a deixaram em ruínas;
4. os cananeus (de Canaã), que os sucederam na Síria e Palestina;
5. os fenícios da costa, seus parentes próximos;
6. os hebreus (Saul, cerca de 1010 a.C.);
7. os assírios, que conquistaram a Babilônia por volta de 1100 a.C. e no apogeu de seu poderio, no período de Assurbanípal (668-626 a.C.), dominaram a totalidade do Sudoeste Asiático;
8. os caldeus, que foram por um breve período os senhores, de 625 a cerca de 550 a.C.;
9. os arameus – obscuramente definidos – cuja língua era falada do Sinai à Síria, e, como língua de comércio, até a Índia, nos séculos imediatamente anteriores e posteriores a Cristo, e finalmente,
10. os árabes que, com as conquistas do islamismo (séculos VII a XVI d.C.), se tornaram os senhores do maior domínio cultural difundido na história do mundo antigo.

Mas mesmo antes das vitórias de Sargão, tribos semíticas de guerreiros nômades já estavam invadindo e saqueando a Suméria; de maneira que, no domínio clássico dos primeiros estados hieráticos, desde muito cedo havia contribuições da esfera primitiva dos bandos de nômades do deserto para quem as sutilezas da observação matemática dos astros não significava nada. Por isso, não podemos excluir a probabilidade de que, em nossa lenda do Dilúvio de Ziusudra, já estivessem atuando influências semíticas. A súbita ênfase dada ao papel de Utu, o correspondente sumério do grande deus-sol semítico Shamash, aponta para algo dessa adulteração que as mãos clericais sempre se permitem. E toda a ideia do Dilúvio mais como obra de um deus irado do que como marcação natural de uma era, digamos de 432.000 anos, parece, de fato, ser efeito de uma criação intelectual posterior, secundária e relativamente simples.

Assim, a evidência proveniente de várias partes sugere muito claramente que nos mais antigos textos mitológicos sumérios até agora conhecidos, à visão sacerdotal básica, matematicamente inspirada, já se sobrepusera uma intrusa visão antropomórfica das forças que criam o mundo, muito mais primitiva do que aquela da qual havia emergido a primeira civilização avançada; de maneira que os mitos que sobreviveram até nós representam certa queda ou degeneração da tradição, que pode ter sido intencional – à maneira de qualquer popularização religiosa – ou não intencional, em consequência de uma perda de compreensão. E esta última hipótese é a mais provável, já que, como o Prof. Poebel nos dá a conhecer, o idioma sumério desses textos "não é mais o do período clássico". São textos de um período epígono tardio.

Eu sugeriria, portanto, que a matemática manifesta em alguns dos primeiros documentos sumérios conhecidos, ainda que tardios, é suficiente para mostrar que durante o período formativo daquela vigorosa tradição (que então remodelou a humanidade), uma avassaladora experiência de ordem – não como algo criado por um primeiro ser antropomórfico, mas como um ritmo estruturador do universo, ritmo todo-criador sem princípio e sem fim – soprou o vento que deu forma à sua civilização. Além disso, por um milagre que até agora ninguém interpretou, a aritmética desenvolvida na Suméria já por volta de 3200 a.C., por coincidência ou por indução intuitiva, equiparou-se de tal maneira à ordem celestial que significou em si mesma uma revelação. Todo o mundo arcaico oriental, em contraste com o primitivo anterior e o ocidental posterior, ficou absolutamente hipnotizado por esse milagre. A influência do número era mais importante que a mera realidade, pois parecia, de fato, ser o gerador da realidade. Era mais importante que a humanidade, pois era o princípio organizador pelo qual a humanidade percebia e reconhecia sua própria harmonia e sentido latentes. Era ainda mais importante que os deuses, pois na majestade de seus ciclos, ciclos maiores e cada vez maiores, mais majestosos, infinitamente ampliados, estava a lei pela qual os deuses ganhavam existência e desapareciam. Era mesmo maior que a existência, pois em sua matriz estava a lei da existência.

Dessa maneira, a matemática naquele momento crucial de mutação cultural encontrou o anteriormente conhecido mistério da morte e geração biológicas, e os dois uniram-se. O ritmo lunar do útero já havia advertido sobre uma correspondência entre as condições celestes e terrestres. A lei matemática agora unia as duas. E assim, em todas essas mitologias, o princípio de *maat*, *me*, *dharma* e *tao*, que na tradição grega tornou-se *moira*, foi mitologicamente sentido e representado como feminino. A terrível e misteriosa Grande Mãe, cuja forma e apoio dominam toda a tradição ritual do mundo arcaico, que vimos como a deusa-vaca Hátor nos quatro pontos cardeais da estela de Narmer e cuja deusa da vaca doméstica, Ninhursag, era a ama-de-leite dos primeiros reis sumérios, está igualmente presente no céu acima, na terra abaixo, nas águas sob a terra e no útero. E a lei de seu ritmo generativo era representada para todo o mundo antigo naquelas unidades e múltiplos de 60 da antiga aritmética sexagesimal suméria, que, a uma só vez, tinha capturado a medida do tempo e do espaço.

Na verdade, mesmo o Livro do Gênesis pode contê-la secretamente em toda a sua extensão, na matemática do destino de seu Povo de Deus – como parece sugerir a comparação das tabelas equivalentes dos dez reis babilônios e dez patriarcas hebreus. Há, num primeiro relance, é claro, uma considerável diferença entre as somas de anos de Berossos e da Bíblia – respectivamente, 432.000 e 1.656. Entretanto, como observou um célebre estudioso judeu do século passado, o "Nestor da assiriologia",[39] Julius Oppert (1825-1906), em um fascinante ensaio sobre "As Datas do Gênesis",[40] ambas as somas contêm 72 como fator: 432.000 ÷ 72 = 6.000, e 1.656 ÷ 72 = 23; de maneira que a relação é de 6.000 para 23. (Lembremos que 72 é o número de anos que a precessão leva para avançar um grau.) Além disso, no calendário judaico um ano é contado como 365 dias, o que em 23 anos, somados os 5 dias dos anos bissextos contidos nesse período, corresponde a 8.400 dias, ou 1.200 semanas de 7 dias, e dessa última soma multiplicada por 72, para encontrar *o número de semanas judaicas de 7 dias em 1.656* (23 x 72) *anos,* resulta 86.400 (1.200 x 72). Enquanto, por outro lado, no calendário babilônico o ano era composto de 72 semanas de 5 dias: de maneira que, se agora – seguindo a prática normal de cálculos desse tipo – contarmos cada ano babilônico como um dia e, a seguir, contarmos *o número de semanas babilônicas de 5 dias em 432.000 dias*, o resultado também será 86.400 (432.000 ÷ 5). Mas 86.400 = 86.400 – Q.E.D. [*quod erat demonstrandum*]. Nitidamente, está aqui implícita uma correspondência passo a passo dos sistemas dos calendários: e como uma ordem matemática é a antítese de uma doutrina de livre-arbítrio, pode-se apenas questionar através de que tipo de ideia transcendente as duas teologias se reconciliaram.

O Prof. Oppert imaginava, quando escreveu seu ensaio em 1877, antes de se ter qualquer conhecimento da Suméria, que os números hebraicos eram os originais e os de Berossos os "falsificados";[41] entretanto, agora parece ser o oposto. Tampouco pode ter havido qualquer "falsificação" de nenhuma parte, já que não havia nessa história nenhum fato propriamente dito para ser falsificado, mas apenas uma forma de interpretar o universo – e quem aceita o modelo de outro? Do mesmo modo que o Egito, a Índia, e a China; Creta, Grécia e Roma; os germânicos e os celtas herdaram e recriaram o legado civilizador do Oriente Próximo nuclear, assim também os autores do Livro do Gênesis. E "re-criação", não "falsificação", é a palavra a ser usada quando se discute a reconstrução de um mito.

V. CULPA MÍTICA

Surge agora um paradoxo, que subsistirá por toda a história do nosso tema, separando o Oriente e o Ocidente; porque quando a visão cósmica passa para segundo plano e os deuses não são mais meros administradores de uma ordem matemática, mas eles próprios onipotentes, criadores voluntários de uma ordem relativamente arbitrária – personificações amplamente difundidas de paternidade, sujeitas a extravagâncias, ira, paixão e tudo o mais – desaparece certa sofisticação mística caracterizada por dignidade e maturidade, e pela majestade de perspectiva e garantia espiritual. Mas, em contrapartida, surge um fator pessoal, ético e humanizante, completamente ausente do outro lado do muro. Lá se encontra a não dualidade, a paz de espírito e a inumanidade; aqui, a tensão, a dualidade e um senso de separação – porém com a face não de um mero funcionário, mas do indivíduo autônomo, espontâneo, competente para mudar o destino e, em consequência, responsável por si mesmo, pela humanidade e pelo futuro, não pelo cosmos, a metafísica e o passado. Esse é o muro que separa radicalmente os dois hemisférios, Leste e Oeste, daqui até o céu, o inferno e mais além.

Como disse certa vez o filósofo zen-budista japonês, Dr. Daisetz T. Suzuki, resumindo o que lhe parecia ser a situação espiritual característica do Ocidente: "O homem é contra Deus, a natureza é contra Deus, e o homem e a natureza são um contra o outro". Enquanto, ao contrário, segundo seu argumento: "Se Deus criou o mundo, criou o homem como parte dele, como pertencente a ele, organicamente relacionado com ele. [...] Há algo divino em ser espontâneo e de maneira alguma obstruído pelas formalidades humanas e suas sofisticadas hipocrisias artificiais. Há algo direto e vivificante no fato de não ser restringido por algo humano".[42] E, na verdade, há. Mas toda a história espiritual do Ocidente, desde 2350 a.C., tem sido a longa desmama de sua própria parte humana para separar-se de seu demonismo sublime.

Uma tendência crítica já está implícita no mito sumério da criação, em que a virtude do homem é descrita como a de um escravo criado para o prazer dos deuses. Tal mito representa não essencialmente uma devoção, mas um comentário, e em tal comentário o Oriente se perde e surge o Ocidente. O *tremendum* metafísico, o grande temor diante da grandiosa verdade imutável e a total submissão de todo julgamento humano a um mistério sem nome, que é infinito, impessoal, porém profundo em todos os seres, todas as coisas e também na morte: esses são os valores que no Oriente permaneceram venerados como os mais sagrados. E do ponto de vista do conhecimento no êxtase daquele vazio pleno, a dedicação da mente ocidental aos assuntos meramente pessoais dos homens e mulheres viventes no mundo parece representar apenas a perda do fruto da vida – que aquela jovem encontrou junto ao Ganges quando foi com seu marido para a cova.*

Vimos que no Egito uma sequência de estágios psicológicos progredia (ou, se o leitor preferir, declinava) de um estado de identificação mítica, através da enfatuação, até a subordinação mítica, e que no último estágio certo padrão de decência humana – não inerente à ordem da natureza – era, por projeção, atribuído a Deus. O faraó – aquele grande "Menino da Natureza" – era assim reduzido à virtude humana sem prejuízo de seu senso de participação na virtude divina. Mas, na Mesopotâmia, esse senso altamente lisonjeiro de participação na divindade dissolveu-se. O rei não era mais o Grande Deus nem tampouco, como no Egito, o Bom Deus, mas o Arrendatário da Fazenda de Deus. E essa ruptura mitológica separou as duas ordens, a da natureza e a da humanidade, sem, contudo, dar ao homem a coragem de assumir seus próprios julgamentos racionais. Como consequência, desenvolveu-se um *páthos* de ansiedade, no qual todas as angústias da criança na primeira infância que se esforça por conquistar a atenção dos pais foram transformadas em um pesadelo cosmológico de dependência mítica, caracterizado pela alternância da obtenção e da perda do auxílio divino e, finalmente, por um senso mordaz, canino, de uma intrínseca culpa humana.

Há uma bem conhecida balada épica de certo rei Etana da cidade de Kish, na qual o significado dessa passagem da mitologia anterior de divindade intrínseca do homem (ou, pelo menos, do rei) para a mitologia posterior de absoluta dissociação, dependência e culpa, aparece tão vividamente, que pode muito bem servir-nos de marco para fixar o ponto sem retorno entre a esfera espiritual anterior e a posterior.

Nas antigas listas de reis sumérios, nas quais já examinamos as partes relativas ao tempo antes do Dilúvio, o nome de Etana aparece entre os reis da I Dinastia depois daquela catástrofe, onde ele é chamado "um pastor, o que ascendeu ao céu, o que consolidou todos os países, tornou-se rei e reinou por 1.560 anos".[43] Essa observação torna claro que, embora nenhuma versão suméria de tal ascensão ao céu tenha chegado até nós, a aventura de Etana era conhecida do antigo cronista, e tudo indica que ele foi bem-sucedido em sua ascensão. A lenda deve ter servido, na verdade, para legitimar o mandato divino do rei. Entretanto, nas versões dessa ascensão que sobreviveram, todas elas de produção semítica tardia – babilônicas ou assírias, em sua maior parte provenientes da biblioteca danificada do último monarca assírio, Assurbanípal (668-635 a.C.) – todo o tema foi convertido em negativo, de maneira que a lição que deixa não é a de virtude de aspiração, mas a de culpa.

O prólogo dessa pequena epopeia, como aparece hoje, fala da culpa até mesmo do portentoso pássaro, a Águia Solar, que serviria na grande aventura como veículo do primeiro astronauta do mundo.

"Vem", disse o pássaro a sua vizinha, a Serpente, "vamos fazer um juramento

* *Supra*, p. 60-61.

de paz e amizade, e que a maldição do deus-sol Shamash recaia sobre aquele que não cumprir com a palavra".

Eles fizeram o juramento diante do deus-sol e o selaram com uma maldição: "Que Shamash, com sua forte mão de golpeador, golpeie calamitosamente aquele que transgredir os limites de Shamash! Que a montanha dos mortos cerre sua entrada para ele!"

Depois disso, eles conceberam e geraram filhotes: os da serpente à sombra de um olmo; os do pássaro no pico de uma montanha. E quando a águia abatia um touro selvagem ou um asno, a serpente comia e se afastava para seus filhotes comerem; quando a serpente pegava uma cabra selvagem ou um antílope, a grande águia comia, afastava-se e seus filhotes comiam; até que, certo dia, quando os filhotes de águia criaram penas, uma ideia maligna se apossou da mente do pássaro.

"Olhai", ele disse, "vou devorar o filhote da serpente".

"Ó meu pai", disse um de seus filhotes, "não faças isso, senão a rede de Shamash vai te capturar".

O pássaro, entretanto, saltou, devorou o filhote de serpente, rebentou seu ninho e, quando a serpente olhou, seu filhote já tinha desaparecido. Então, ela foi até Shamash.

"Certamente, ó Shamash", ela suplicou, "tua rede é a vasta terra; tua armadilha, o céu distante! E da tua rede, quem escapa?"

"Prepara-te!", disse o deus-sol. "Sobe a montanha! Faze de um touro selvagem teu esconderijo. Corta a barriga dele, entra nela e faze dela tua morada. Todos os pássaros do céu descerão e, entre eles, confiante, tua águia com um único pensamento: entrar. Apanha-a por uma asa. Arranca-lhe as asas e as garras. Tira-lhe as penas, joga-a numa cova e deixa-a morrer ali de fome e sede".

A serpente fez conforme lhe foi dito e o pássaro mutilado suplicou a Shamash: "Ó senhor, devo expirar nesta cova? Ó senhor, teu castigo, de fato, recaiu sobre mim. Entretanto, permite-me viver – eu, tua águia – e honrarei para sempre teu nome".

O deus-sol disse-lhe: "Tu foste mau, causando sofrimento, o que é proibido pelos deuses. É uma desgraça o que tu fizeste: pois tu juraste. E em verdade, farei recair sobre ti a recompensa por teu juramento. Entrega-te ao primeiro homem que eu te enviar e deixa-o conduzir-te pela mão".

O homem seria o velho e muito débil rei pastor, Etana, da cidade de Kish.

"Ó meu Senhor Shamash", o ancião implorou: "Tu consumiste a força de meu carneiro e, em todo o reino, os filhotes de minhas ovelhas; porém, eu reverenciei os deuses, dei vida aos mortos, fiz sacerdotisas imolarem minhas oferendas. Por tua ordem, portanto, ó Senhor, permite que alguém obtenha para mim a planta do nascimento; pois sou velho e sem descendentes. Permite que a planta do nascimento me seja revelada. Arranca seu fruto, ó Deus, e concede-me um filho".

"Sobe a montanha", disse o deus-sol. "Procura a cova. Olha dentro dela. O pássaro ali te mostrará a planta do nascimento".

E assim fez Etana. [...]

As tabuletas fragmentadas interrompem-se aqui, e quando a lenda prossegue, o velho rei, montado em sua águia, já está chegando à entrada do céu inferior, onde estão o Sol, a Lua, a tempestade e o planeta Vênus. O pássaro está falando com seu passageiro.

"Vem, meu amigo, vou levar-te ainda mais adiante, para o céu mais acima de Anu (An sumério). Aperta teu peito contra mim. Coloca tuas mãos sobre as penas das minhas asas e teus braços sobre as costas das minhas asas."

Por mais duas horas eles subiram. O pássaro exclamou: "Olha para baixo, meu amigo, para a terra, que estranha! O mar salgado é cercado por um oceano. A terra no meio é uma montanha".

Por mais duas horas eles subiram. O pássaro disse: "Olha para baixo, meu amigo, para a terra, como ela é! O mar salgado não é mais que uma ampla faixa em torno da terra".

Mais duas horas e novamente: "Olha para baixo, meu amigo, para a terra! O mar salgado não é mais que uma vala de irrigação de jardineiro".

Eles chegaram ao portão superior dos deuses Anu, Bel e Ea (os sumérios An, Enlil e Ea). [...] Etana e sua águia [...]

A tabuleta interrompe-se mais uma vez. Virando-a, reconhecemos o pássaro:

"Vem, meu amigo, vou levar-te ainda mais adiante, para o céu da deusa Ístar (Inanna). Vou colocar-te a seus pés. Aperta teu peito contra mim. Coloca tuas mãos sobre as penas de minhas asas."

Mais duas horas, e o pássaro disse: "Olha para baixo, meu amigo, para a terra, vê! A terra parece chata e o vasto mar salgado não mais que um curral".

Mais duas horas: "Olha para baixo, meu amigo, para a terra, vê! A terra é um mero torrão e o vasto mar salgado, um cesto de vime".

Por mais duas horas eles subiram. Mas dessa vez, quando Etana olhou, não pôde mais ver nem o mar nem a terra. "Ó meu amigo, não subas mais!" ele gritou, e com isso, eles caíram.

Por duas horas eles caíram, e mais duas [...]

O documento e seus caracteres fragmentam-se juntos na parte inferior. Tudo o que resta são algumas linhas interrompidas:

> Pela terceira vez duas horas ...
> A águia continuou caindo e estava ...
> Estava despedaçada sobre a terra ...
> A águia caiu e ele estava ...
> ... águia ...

Outro punhado de palavras sugere que a viúva do rei está de luto e o espírito dele é invocado em tempos de dificuldade.[44]

O Prof. Morris Jastrow, em sua discussão desse fragmento, já observou há meio século que "na lenda original de Etana, há todas as razões para supor que, de fato, ele foi colocado entre os deuses".

"Isso é mostrado", ele escreveu, "pelo êxito do primeiro voo, no qual a meta é atingida, já que o céu de Anu – a parte mais alta do céu – é alcançada. O segundo voo é claramente uma reprodução do primeiro e evidencia na linguagem usada sua dependência do anterior.* Esse é um dos temas preferidos das teologias babilônicas, às quais devemos a preservação e forma final dos antigos contos populares e mitos, onde o homem não consegue chegar aos deuses, nem tampouco descobrir o que lhe está reservado após a morte, além da certeza de que estará condenado à inatividade em uma obscura caverna subterrânea. Pode haver exceções, mas essa é a regra geral".[45]

Além disso, o Prof. Jastrow distinguiu nessa versão da lenda duas histórias inteiramente distintas entrelaçadas: a primeira, de um rei e sua cidade abandonada por seus deuses, e a segunda, de uma águia e uma serpente aliadas. Na primeira, ele supôs, o bem-estar da comunidade deve ter sido restaurado pela intervenção da deusa e do deus da fertilidade – ou seja, Ístar (Inanna) e Bel (Enlil) – pelos quais Etana apelou para Shamash (ou talvez originalmente para Ístar) para que lhe fosse mostrada a planta do nascimento com a qual seus rebanhos pudessem novamente ter filhotes.[46]

A segunda história, por outro lado, era uma peça folclórica, à qual foi acrescentada uma lição de moral. E teria estado de acordo com o espírito babilônico posterior se, na combinação das duas histórias, Etana tivesse sido impedido de alcançar sua meta.

"Em vez de ser levado à presença de Ístar, ele é lançado para a terra. Exatamente quando ele parece estar perto de atingir sua meta, a águia montada por Etana cai pelo imenso espaço de três vezes duas horas, que tinha percorrido. [...]"[47] E a aventura não se consuma.

Jastrow conclui: "As duas histórias assim entrelaçadas foram criadas para ensinar uma lição, ou melhor, duas lições: a) que as leis de Shamash não podem ser transgredidas sem a imposição de graves castigos e, em segundo lugar – porém, mais importante: b) que o homem não pode ser imortal como os deuses. É essa a lição que os teólogos babilônicos enfatizaram na composição épica de Gilgamesh [...] e é essa mesma lição que o mito de Etana, em sua forma final, teve o propósito de transmitir".[48]

Assim, um dos principais estudiosos desse campo, já em 1910, acreditou que a ideia da separação absoluta entre o homem e os deuses pertence não propriamente à Suméria, mas à mentalidade semítica posterior. Entretanto, ela também pertence aos gregos, em sua ideia de *hybris*, e é o princípio contido na tragédia. E está subjacente também no mito cristão de Queda e Redenção, Árvore e Cruz. De fato, em toda a literatura do Ocidente, o malogro é típico de tais aventuras sobre-humanas,

* "Que o segundo voo é meramente uma duplicação do primeiro vê-se na persistência de 'pela terceira vez duas horas' no percurso da distância. Na realidade, os dois voos cobrem seis horas duplas e a águia deveria cair essa distância antes de atingir a terra." (Nota de Jastrow)

mas não é assim no Oriente, onde, como na lenda do Buda, aquele que parte em busca da imortalidade quase sempre vence.

No Ocidente, o sentido da tragédia tem tal força que a palavra "catástrofe" (do grego *kata*, "baixo", *strophein*, "virar"), que primariamente significa apenas o evento final, o desfecho de um drama, seja triste ou não, passou a significar para nós, na fala comum, apenas calamidade, e mesmo nosso símbolo mais alto de espiritualidade, o crucifixo, mostra o próprio Deus naquele momento trágico em que seu corpo é entregue ao poder da morte.

Nosso conceito do herói é o do indivíduo real, específico, que é mortal e, por isso, condenado. No Oriente, entretanto, o verdadeiro herói de toda mitologia não é a personalidade empírica, lutando em vão, mas o reencarnado e apenas transmigrante que, para citar uma célebre passagem, "jamais nasce; tampouco morre; nem, tendo existido, deixa de existir. Não nascido, eterno e imutável, ele não morre quando o corpo morre".[49]

A queda de Etana com sua águia tem o caráter de uma "catástrofe" ocidental, não oriental. De maneira que, com essa lenda, perdemos a inocência, provamos o fruto do conhecimento do bem e do mal e deslocamos o caminho ocidental para a grande esfera da psique e do destino, onde a tarefa do homem foi concebida, em sua maior parte, não psicologicamente, como busca interior de um princípio já ali presente, mas historicamente, como o estabelecimento progressivo de um acordo entre as ordens moral e empírica.

VI. O CONHECIMENTO DA DOR

Muitos estudiosos observaram, como o Prof. John A. Wilson, que os primeiros murais e relevos de sepulturas egípcias "não enfatizam as cerimônias fúnebres e de sepultamento; eles enfatizam o prazer de uma colheita abundante, o deleite na natureza, o prazer da caça e a alegria das festas e jogos". A impressão total, como ele observa, é de confiança, vivacidade e alegria. "Autoconfiança, otimismo e vontade de viver criavam uma afirmação vigorosa de vida eterna."[50]

Entretanto, nos primeiros séculos do segundo milênio a.C., uma nova nota dissonante torna-se evidente nos escritos do Egito e, mais enfaticamente, da Mesopotâmia. Por exemplo, lemos em um famoso papiro de cerca de 2000 a.C. o seguinte melancólico "Diálogo de um Misantropo com sua Alma":

> Vê, meu nome é abominado:
> Vê, mais do que o odor dos pássaros
> Em dias de verão, quando o céu está ardente.
> Vê, meu nome é abominado:
> Vê, mais do que o odor dos pescadores
> Pelos pântanos depois de terem pescado.

Vê, meu nome é abominado:
  Vê, mais do que uma mulher,
  Contra quem uma mentira é contada ao marido.
Com quem posso falar hoje?
  Os irmãos são maus;
  Os amigos de hoje não amam.
Com quem posso falar hoje?
  O homem gentil sucumbiu;
  O atrevido anda em toda parte.
Com quem posso falar hoje?
  De desgraças estou carregado,
  Sem nenhum amigo de boa-fé.
Com quem posso falar hoje?
  A iniquidade assola o país;
  Ela não tem fim.

A morte está diante de mim hoje:
  Como a recuperação de um homem enfermo,
  Como sair para o jardim depois da enfermidade.
A morte está diante de mim hoje:
  Como o odor da mirra,
  Como estar sentado em um veleiro enquanto um vento bom sopra.
A morte está diante de mim hoje:
  Como o curso de um rio,
  Como o retorno de um homem do navio de guerra para sua casa.
A morte está diante de mim hoje:
  Como a casa que um homem anseia por ver,
  Depois de ter passado anos como prisioneiro.

Ele que está além*
  Prenderá o culpado, como um deus vivo,
  Infligindo castigo ao malvado.
Ele que está além
  Estará de pé na barca celestial,
  Escolhendo os sacrifícios a serem oferecidos aos templos.
Ele que está além
  Será um sábio que não é repelido
  Quando fala em oração com Rá.[51]

* "Ele que está além"; o *ka* do próprio infeliz, quando tiver se juntado com seu *ba* no barco de Rá. *Ka* e *ba*, cf. p. 70.

Será que já não ouvimos nesse canto o prelúdio à Primeira Nobre Verdade do Buda: "A vida inteira é cheia de sofrimentos", e ao julgamento de Santo Tomás de Aquino: "É impossível que a felicidade do homem seja nesta vida"?[52] Conforme Nietzsche observou: "Os enfermos e moribundos: foram eles que desprezaram o corpo e a terra e inventaram o mundo celestial e as gotas redentoras de sangue. [...] Para além da esfera de seus corpos e desta terra eles então se imaginaram transportados, esses ingratos. Porém, a que eles devem a convulsão e o êxtase de seu arrebatamento? A seus corpos e a esta terra".[53]

Chamarei essa crise de *A Grande Reversão*, pela qual a morte não era mais vista como uma continuação do milagre da vida, mas como uma libertação de seu sofrimento: "Como a recuperação de um homem enfermo", "como a casa que um homem anseia por ver".

Mas, o que pode ter causado essa inversão de valores?

No Egito, aparentemente, um período de desintegração social que sucedeu à queda da IV Dinastia, por volta de 2190 a.C.; na Mesopotâmia, o pavor de uma época durante a qual a força bélica, primeiro de cidade contra cidade, mas depois de tribos do deserto e da estepe (semitas e árias) contra os próprios centros da civilização, espalhando ruínas por todos os lados.

"Sargão, rei de Acad" lemos em uma crônica real de cerca de 2350 a.C., "Vice-regente de Inanna, Rei de Kish, *pashishu* de Anu, Rei da Região, grande *ishakku* de Enlil: a cidade de Uruk ele atacou e suas muralhas destruiu. Com o povo de Uruk ele lutou e derrotou-o. Com Lugalzaggisi, Rei de Uruk, ele lutou e capturou-o e agrilhoado conduziu-o pelo portão de Enlil. Sargão de Acad lutou com o homem de Ur e venceu-o; sua cidade ele atacou e suas muralhas destruiu. E-Ninmar ele atacou e suas muralhas destruiu, e todo seu território, de Lagash até o mar, ele assolou. E lavou suas armas no mar. Com o homem de Umma ele lutou, derrotou-o e atacou sua cidade e destruiu suas muralhas. A Sargão, Rei da Região, Enlil não ofereceu nenhum adversário; do mar alto ao mar baixo, Enlil submeteu a ele as terras."[54]

Além do mais, havia também as inevitáveis decepções daquelas almas devotas que, como Jó, tinham cumprido até em demasia todas as obrigações religiosas, apenas para serem abatidas horrivelmente, como foi o caso de um velho rei devoto, Tabi-utul-Enlil, de cerca de 1750 a.C., conhecido como o Jó da Babilônia. Seu lamento e testemunho merecem ser citados:

> Meus globos oculares ele obscureceu, trancando-os sob cadeado;
> Meus ouvidos ele bloqueou, como os de um surdo.
> De rei eu fui transformado em escravo,
> E como um louco sou maltratado pelos que estão à minha volta.
> O tempo de vida designado eu tinha atingido e ultrapassado;
> Para onde quer que eu me virasse via maldade sobre maldade.
> A miséria crescia, a justiça perecia,
> Eu supliquei a meu deus, mas ele não mostrou sua face;
> Implorei à minha deusa, mas ela não levantou sua cabeça.

O sacerdote-adivinho não conseguiu prever o futuro através de uma visão,
O necromante com uma oferenda não conseguiu justificar meu caso.
Apelei para o sacerdote oracular: ele não revelou nada.
O mestre exorcista com seus ritos não conseguiu libertar-me da maldição.
Algo igual jamais tinha sido visto:
Para onde quer que eu me virasse, havia sofrimentos pela frente.

Como se eu nunca tivesse reservado a porção do deus
E não tivesse invocado a deusa na refeição,
Não tivesse inclinado minha cabeça e pago meu tributo:
Como se eu fosse um cuja boca não expressa constantemente súplicas e orações;
Não tivesse reservado o dia do deus; tivesse negligenciado a festa da lua nova;
Sido negligente, ou desprezado suas imagens,
Não tivesse ensinado a seu povo reverencia e temor,
Não tivesse invocado sua divindade, ou tivesse comido alimentos do deus,
Negligenciado sua deusa e deixado de fazer a libação:
Sou comparado com o opressor que esqueceu seu senhor
E profanou o sagrado nome de seu deus.

No entanto eu pensava apenas em súplicas e orações;
A oração era minha prática, o sacrifício minha lei,
O dia de adoração dos deuses, o júbilo de meu coração,
O dia de devoção à deusa, mais [valia] para mim do que as riquezas;
Prece real – essa era minha alegria;
Sua celebração – meu deleite.
Ensinei meu país a guardar o nome de deus,
Acostumei meu povo a honrar o nome da deusa.
A glorificação do rei, eu tornei igual à de um deus,
E por temor ao palácio, eu instruí o povo.
Achava que tais coisas fossem agradáveis a um deus....

Aqui temos o problema deste pobre velho. E agora vem a resposta usual, já conhecida da Babilônia por volta de 1750 a.C.

O que, entretanto, parece bom a si mesmo, a um deus desagrada,
E o que é rejeitado encontra as boas graças junto a um deus.
Quem é que pode saber a vontade dos deuses no céu?
O plano de um deus, pleno de mistério – quem pode entendê-lo?
Como podem os mortais descobrir a vontade de um deus?

Pois o homem não passa de uma coisa insignificante,
    enquanto os deuses são importantes.
O homem que ontem estava vivo hoje está morto;

Em um instante ele pode enlutar, de repente, ser aniquilado.
Pois, enquanto um dia ele canta e se diverte,
No outro chora como as carpideiras.

O estado de espírito do homem muda como o dia e a noite;
Quando tem fome, é como um cadáver;
Satisfeito, julga-se igual a seu deus;
Quando as coisas vão bem, gaba-se de subir ao céu,
Quando em dificuldades, queixa-se de descer ao inferno.

Como Jó, entretanto, que enfrentaria esse mesmo problema cerca de 1.500 anos mais tarde, o velho rei Tabi-utul-Enlil, embora submetido a severa provação, não foi abandonado por seu deus, mas viu aumentada sua fortuna. Primeiramente, entretanto, para tornar clara a extensão do milagre de seu deus, temos que ouvir toda a litania de seus males:

Um demônio perverso saiu de sua toca,
E, de amarelado, minha enfermidade deixou-me lívido.
Ele golpeou meu pescoço, quebrou minha espinha,
Dobrou minha altura como um álamo;
De maneira que fui arrancado como uma planta do brejo e atirado de costas.
A comida tomou-se amarga – pútrida.
E a doença prolongou seu curso. ...

Recolhi-me a minha cama, incapaz de deixá-la,
E minha casa tornou-se minha prisão.
Como algemas do meu corpo, minhas mãos ficaram impotentes.
Como cotos de asa, meus pés esmoreceram,
Meu desconcerto era grande, minha dor intensa.

Uma correia de muitas voltas afligia-me,
Uma lança pontuda trespassava-me.
E o perseguidor atormentou-me o dia inteiro;
E por toda a noite não me deu sossego:
Como que deslocadas, minhas juntas estavam e dilaceradas,
Meus membros, despedaçados, ficaram impotentes.
Em meu estábulo passei a noite como um boi,
Imerso como uma ovelha em meus próprios excrementos.

O mal de minhas juntas aturdiu o principal esconjurador,
Para o vaticinador meusősságios eram obscuros;
O exorcista não conseguiu encontrar o caráter da minha doença,
Tampouco o adivinho determinar o limite de meus males.

Mesmo assim nenhum deus veio em meu socorro, tomando-me pela mão,
Nenhuma deusa teve compaixão de mim, ficando a meu lado.
A cova foi aberta, meu sepultamento, ordenado,
    embora não morto, já estava sendo pranteado.
O povo de meu país já tinha pronunciado "ais!"
    sobre meu corpo.
A face de meu inimigo resplandeceu quando ele soube.
Quando as notícias foram anunciadas, seu fígado se regozijou,
E eu sabia que tinha chegado o dia em que toda minha família,
Dependente da proteção de nossa divindade, estaria em apuros.

Mas então, quando tudo estava perdido e o velho rei, acamado, paralisado, cego, surdo, incapaz de comer e atormentado por dores incessantes chegou à beira do desespero, então veja! O virtuoso sofredor não foi abandonado, mas em sua hora mais sombria, veio até ele em um sonho o mensageiro de sua divindade – "um forte herói ornado com uma coroa" – e tudo o que lhe tinha sido tomado lhe foi devolvido.

O deus enviou uma forte tempestade até a base da montanha celeste,
Para as profundezas da terra ele dirigiu-a
E obrigou aquele demônio perverso a voltar para o abismo. ...

Com a maré ele me livrou do calafrio.
Ele arrancou a raiz do meu mal como uma planta.
O mau sono, que tinha impedido meu repouso,
    encheu e escureceu os céus como fumaça. ...

E meus olhos, que tinham sido cobertos pelo véu da noite,
Com um forte vento que levou o véu ele fez brilhar.
De meus ouvidos, que tinham estado fechados e bloqueados,
    como os de uma pessoa surda,
Ele removeu a surdez, abrindo sua audição.

A boca que tinha estado tapada, com dificuldade de exprimir sons,
Ele purificou, e como o cobre a fez brilhar.
Os dentes que tinham estado presos, apertados uns contra os outros,
Ele soltou, fortalecendo suas raízes.
Da língua inchada que não podia mover-se,
Ele removeu a intumescência e a fala retornou.
Minha garganta, que tinha estado comprimida como a de um cadáver,
Ele curou e meu peito ressoou como uma flauta. ...

Meu pescoço tinha sido torcido e pendia:
Ele tornou-o ereto como um cedro erguido.
Minha estatura ele tornou perfeita;
E liberto do demônio, ele poliu minhas unhas.

Ele curou meu escorbuto, livrou-me da coceira. ...
Todo meu corpo ele restabeleceu.

Pois o velho rei, agarrado à sua fé, tinha sido levado, à maneira de um devoto que vai a Lourdes ou ao Ganges, a uma água sagrada, onde o poder do deus o curou imediatamente:

Ele limpou as manchas, tornando o corpo inteiro radiante.
A carcaça estropiada recuperou seu esplendor.
Às margens do rio onde os homens são julgados
A marca da escravidão foi apagada e os grilhões retirados.

Daí a seguinte lição:

Deixa aquele que peca contra o templo aprender comigo:
Na mandíbula do leão prestes a devorar-me, Enlil inseriu um bocado.
Enlil capturou o laço do meu perseguidor:
Enlil sitiou a cova do demônio. [55]

E assim, finalmente, depois de todos esses mitos sobre imortalidade e reis que desapareciam e surgiam como a lua; depois de milênios de inumanidade ritualizada, quando o homem, participando das ordens de natureza animal, vegetal e matemática, tinha tão pouca consideração por seu próprio julgamento que a lei (*maat*, *me*) projetada sobre o universo a partir de sua própria imaginação condicionada temporalmente foi aceita sem questionamento, não apenas como sobrenaturalmente ordenada, mas também superior ao que, mesmo no quarto milênio a.C., deve ocasionalmente ter sido reconhecido como senso comum; depois dos supremos e sagrados contos de fadas da criação a partir do nada, da verbalização mágica, da masturbação ou do ato sexual de seres divinos, das primeiras travessuras dos deuses uns com os outros e com suas criaturas (dilúvios, criaturas disformes e tudo o mais) – agora, finalmente, o único ponto ao qual não se concedera nem mesmo um pequeno lugar na agenda, isto é, o problema moral do sofrimento, deslocou-se para o centro do palco, onde permaneceu a partir de então.

Pois quando a sensibilidade do próprio homem – ou antes, de certas pessoas superiores notáveis – se desenvolveu do nível do sangue frio réptil dos primeiros reis para o de humanidade daqueles que mais tarde escreveram para seus filhos: "Torna-te inocente diante de Deus. [...] Mostra generosidade para com a cidade; Deus te louvará pela consideração. [...] O bem é trabalhar pelo futuro [...]",[56] inevitavelmente, tornou-se claro que o próprio homem tinha mais bondade do que Deus, mais amor, mais dignidade, mais justiça e mais afeição. E à medida que a realização dessa verdade se ampliou e o segundo axioma do Buda ocupou aos poucos a mente – "Há libertação do sofrimento!" – a suprema preocupação da mitologia, do ritual e da sabedoria humana passou dos antigos interesses mágicos do culto da natureza para a tarefa psicológica mais íntima de alcançar a paz, a harmonia e a profundeza da alma neste vale de lágrimas.

PARTE II

AS MITOLOGIAS DA ÍNDIA

CAPÍTULO 4

A ÍNDIA ANTIGA

I. O PROTAGONISTA INVISÍVEL

"A crença de que a vida teve origem na água", afirma o Dr. Ananda K. Coomaraswamy em uma de suas obras, "era comum a muitas culturas antigas e deve ter surgido muito naturalmente em casos de povos como os do Nilo, Eufrates ou vale do Indo, entre os quais a água, em forma de chuvas sazonais ou de inundações constantes, era o pré-requisito mais óbvio para o crescimento vegetativo."[1]

A implicação dessa proposta é que mitologias análogas poderiam ter-se desenvolvido independentemente em várias partes do mundo, segundo leis psicológicas comuns, e essa foi a visão preferida de grande parte dos estudiosos do século XIX e início do século XX. Entretanto, desde que as mais recentes descobertas arqueológicas indicaram núcleos culturais específicos a partir dos quais se difundiram variedades comuns de grãos, animais domesticados e técnicas de fabricação de novos artefatos para os quatro cantos da terra, o velho argumento em favor de um desenvolvimento paralelo de civilizações, originalmente isoladas pela atuação de "leis" econômicas, sociológicas ou psicológicas "naturais", foi em geral abandonado. Como já se observou, a origem última da economia camponesa doméstica de cultivo de grãos e criação de gado na qual se basearam as primeiras civilizações ribeirinhas não ocorreu nos grandes vales do Nilo, do baixo Tigre-Eufrates ou do Indo, mas nos prados montanhosos e vales das montanhas do Crescente Fértil chuvoso. E naquela singular região de transformação cultural, uma sub-região de particular importância tanto para a Índia quanto para o Ocidente foi o sudoeste do Irã, onde por volta de 4500 a.C. surgiu um artefato característico de couro de búfalo, cuja influência pode ser rastreada tanto na direção oeste até a Baixa Mesopotâmia, cerca de 4000 a.C., (ocupação inicial da zona suméria: Eridu e Obeid antigas), quanto na leste, cerca de um milênio mais tarde, até o Beluchistão (coleções de Quetta, Nal e Kulli) e o vale do Indo (artefatos Amri e Kalepar).[2]

Os emigrantes do Sudoeste Asiático que se dirigiram à Índia receberam os elementos de uma cultura neolítica avançada: cabras domesticadas, ovelhas e gado, carretas de boi cobertas, torno de oleiro, cobre e bronze e, ao que parece, até vidro. Eles construíram cidades de tijolos crus, pedras ou tijolos sobre alicerces de pedra, cultivaram cereais e confeccionaram estatuetas de cerâmica da deusa e de touros. E a ornamentação de sua cerâmica compreendia motivos já familiares ao Ocidente: a suástica revela a influência do Irã; o machado de dupla lâmina, da distante Síria; meandros, linhas pontilhadas e onduladas, motivos quadrados, angulares, triângulos, losangos etc., com animais, plantas, peixes e pássaros estilizados ou naturalistas entre eles, com frequência reproduzem precisamente características conhecidas nos sítios do Neolítico Superior do sudoeste e norte do Iraque (Susa I e II e cerâmica Samarra), Síria (cerâmica Halaf) e estratos mais antigos da Mesopotâmia ribeirinha (Obeid e Jemdit Nasr). Na verdade, a tal ponto que, como o Prof. V. Gordon Childe observou: "o Beluchistão [...] algum dia deve ter feito parte de um continuum cultural estendendo-se do Tigre ao Indo".[3]

Além do mais, já que foi do mesmo Oriente Próximo nuclear e, particularmente da Síria – onde o touro, o machado de dupla lâmina e a deusa apareceram já por volta de 4500 a.C. – que a civilização básica de Creta e muito da antiga mediterrânea se originou, não precisamos mais ficar boquiabertos ou em enlevo metafísico quando aparecem semelhanças correspondentes a identidades nos mitos e rituais do Oriente e do Ocidente. Como o Dr. Robert Heine-Geldern muito bem observou: "Por mais original e única que pareça qualquer uma das antigas civilizações, nenhuma delas surgiu independente. [...] Estamos diante de um grande movimento histórico, mais precisamente, de uma concatenação de movimentos que, em última análise, se irradiaram, todos, de uma mesma fonte".[4]

E ainda, se procurarmos agora não as analogias, mas as diferenças, uma série de características ficam evidentes no extremo oriental da vasta expansão do continuum neolítico do Oriente Próximo, o qual parece apontar para uma ordem de civilização indiana não inteiramente dependente de inspiração ou contribuições dos imigrantes do Ocidente. Os belos touros representados na cerâmica e modelados nas estatuetas de cerâmica são do tipo corcunda da Índia (zebu). Motivos ornamentais baseados nas formas das folhas da figueira-dos-pagodes indiana (*Ficus religiosa*) indicam que já era reverenciada uma planta hoje adorada por toda a Índia e associada a seus gênios da terra nativos (*yakṣas e yakṣīs*). E há uma série interessante de estatuetas de cerâmica representando a deusa do vale Zhob do norte do Beluchistão com características que não se encontram em nenhum outro lugar em todo o amplo domínio do culto à deusa no Oriente Próximo. Como uma série de exemplos do Irã, elas acabam abaixo da cintura em pedestais, e como as estatuetas da deusa em toda parte, são ornamentadas com colares. Mas como o Prof. Stuart Piggott observou, os rostos são completamente diferentes de qualquer um conhecido em outras partes do mundo.

"As cabeças com uma touca ou xale", ele escreve, "têm testas altas e lisas acima das órbitas circulares dos olhos proeminentes, narizes bico-de-coruja e bocas estreitas.

O resultado é aterrorizante; mesmo em um modelo minúsculo com não mais de 5 cm de altura e em dois de Dabar Kot, toda ilusão é colocada de lado e o rosto é uma caveira sorridente. [...] Dificilmente podem ser brinquedos; antes parecem uma personificação horrível da deusa-mãe, que é também a guardiã dos mortos – uma divindade do mundo ínfero igualmente preocupada com o cadáver e com a semente de cereal colocados na terra."[5]

Outras têm olhos arregalados, tais como se encontram até hoje nas imagens da deusa do sul da Índia, onde ela é conhecida afetuosamente como "A de Olhos de Peixe" (*minākṣī*). E também, em Dabar Kot, Beluchistão, um dos altares escavados revelou um escoadouro de tijolos cozidos e no vale de Quetta, um pouco para oeste, estatuetas da deusa-mãe e do touro apareceram em uma plataforma de tijolos de barro contendo esses drenos, que tinham na base um crânio humano desarticulado.[6]

Esses escoadouros são nossos conhecidos. São aqueles que nos santuários da Índia levavam o sangue das vítimas decapitadas imediatamente de volta para sua fonte na Deusa; pois, como vimos, "o sangue, se imediatamente consagrado, torna-se ambrosia".* E para completar o quadro de certa enfática tendência indiana nesses vestígios: de um local conhecido como Moghul Ghundai, no Beluchistão do Sul, surgiu um falo esculpido em pedra, enquanto de outro – Periano Ghundai – não apenas um falo de cerâmica rústica, mas uma estatueta que consistia de "uma vulva e coxas femininas exageradamente grandes".[7] É verdade que características fálicas são relevantes também nos cultos ocidentais da deusa neolítica. Entretanto, na Índia, elas predominam até hoje, e juntamente com os motivos acima mencionados da deusa da morte, a deusa de olhos de peixe, altares com escoadouros, altares construídos sobre seres humanos sacrificados, touros corcundas e folhas de figueiras-dos-pagodes, sugerem que pode ter havido na Índia algum tipo de centro cultural separado, com características próprias, relacionadas com as ocidentais, mas sem imitá-las por inteiro.

Entretanto, essa evidência tornar-se-á um verdadeiro desafio para o estudioso da pré-história, pois quando a pá arqueológica penetra um centímetro abaixo dessas primeiras aldeias e fundações de cidades, ela irrompe abruptamente num estrato muito mais primitivo, indicando um vasto hiato cultural: materiais pré-neolíticos muito simples do período Capsitano Tardio de caça, cujo traço característico é um tipo de pederneira minúscula (micrólito), encontrada por toda a parte ocidental da esfera cultural paleolítica tardia, da África do Sul ao norte da Europa, do Marrocos ao Ceilão, e cuja pátria não era certamente a Índia. E escavando mais profundamente, a camada cultural seguinte é todo o abismo até a própria base da escala cultural humana no período Paleolítico Inferior.

Isso quer dizer que a Índia, em termos de bens duráveis – pedra, cerâmica e metal – nos dá um quadro muito variado e desarticulado. Pois a coleção paleolítica inferior a que chegamos agora provém da última fase da segunda Era Glaciária

* Cf. *supra*, p. 15.

ou início da segunda Interglaciária, por volta de 400 000 a.C. e mais ou menos contemporânea do Pitecantropo ereto, que o velho Prof. Haeckel celebrou como o "Elo Perdido".[8] Uma espécie de ferramenta grande de pedra lascada conhecida como cutelo, encontrada no noroeste e centro da Índia, representa a variante indiana da indústria paleolítica daquela época tateante e tosca. A essas, as mais antigas ferramentas indianas conhecidas, chamadas de cutelos-de-cortar pré-Soan, seguem-se no noroeste – a chamada zona cultural Soan – no decorrer da segunda Era Interglaciária de cerca de 400 000 a talvez 200 000 a.C., dois tipos adicionais de implementos de pedra extremamente primitivos: 1. uma "ferramenta de seixo" maciçamente redonda, mostrando afinidades com os implementos contemporâneos e anteriores mais rústicos da África do Sul e Oriental, e 2. um novo tipo de lâmina grossa e pesada para cortar, de cuja matriz eram extraídos tais implementos rústicos. Ferramentas e matrizes desse último tipo foram encontradas também em Burma (indústria *aniácia*), Malásia (*tampânia*), Java (*pajitânia*) e China (em associação com os remanescentes do Homem de Pequim em Choukoutien), de maneira que indicam uma vasta zona cultural paleolítica antiga no leste da Ásia, da qual fazia parte o noroeste da Índia.

Durante esse longo período, entretanto, um tipo muito mais desenvolvido de ferramenta de pedra já tinha sido criado no Oeste, no vasto domínio euro-africano da chamada cultura do machado sem cabo do período Aqueliano – e apenas o oeste, centro e sudeste da Índia participaram desse desenvolvimento. Portanto, duas zonas culturais indianas diferentes, porém interativas, podem ser reconhecidas já desde cerca de 500 000 a.C.:

A. A zona cultural Soan do noroeste, empregando:

1. "instrumentos de seixo" com afinidades sul-africanas primitivas, e
2. "cutelos" com afinidades posteriores no Leste Asiático;

B. A zona Madras-aqueliana do oeste, centro e sudeste da Índia (de Bombaim a Madras), representada por

3. "machados sem cabo" do tipo aqueliano.

Durante o Paleolítico Médio (terceira Era Interglaciária e última Glacial, de 200 000 a talvez 30 000 a.C., quando o Homem de Neandertal, que tinha penetrado nas regiões gélidas do Norte, perseguia o mamute lanoso por toda a Europa) as duas regiões indianas básicas acima definidas permaneceram fiéis a suas respectivas tradições do Paleolítico Inferior que se desenvolviam muito lentamente. E assim acaba, tanto quanto sabemos, a história paleolítica da Índia, pois nada até hoje foi encontrado indicando qualquer progresso em solo indiano em direção ao nível cultural do Paleolítico Superior, ou seja, rumo a um verdadeiro tipo de indústria "da lâmina", como a que surgiu na Europa no período das pinturas de caverna do Cro-Magnon (Lascaux e demais, *c.*30 000 a *c.*10 000 a.C.) e desenvolveu na África durante o período Capsitano Tardio (*c.*10 000 a *c.*4000 a.C.) até a fase final, microlítica, que acabamos de mencionar.

Entretanto, como o Prof. Piggott observa, ferramentas de pedra não contam, de maneira alguma, toda a história.

"Apenas dispomos", ele escreve, "do vestígio imperecível da cultura material de grupos de caçadores nômades, que muito provavelmente estiveram equipados com outros objetos feitos de substâncias perecíveis como madeira, fibra, capim, folhas ou outros materiais orgânicos como peles e couros."[9]

E Leo Frobenius, há muitos anos, colocou a interessante questão de que em nossas reconstruções dos primeiros períodos da humanidade, dos quais restam apenas as partes mais duradouras dos esqueletos, a prova visível tem de ser compreendida como representante apenas de um resíduo de uma realidade desconhecida e invisível que um dia existiu.[10] Além do mais, por toda a vasta zona equatorial das remotas origens e difusão do homem, onde os materiais naturais mais disponíveis são perecíveis, apenas sobrevivem as formas que tradicionalmente modelaram os materiais, enquanto nas zonas temperadas do Norte, a pedra, e depois a cerâmica e os metais, exercem um papel proporcionalmente muito maior na estruturação material de uma cultura. De maneira que, enquanto a influência do Norte sobre o Sul pode ser representada por uma intrusão visível e mensurável, o impacto de uma influência equatorial sobre uma tradição de uso de pedra, cerâmica e metais de uma zona temperada pode ser revelado apenas por alterações sintomáticas dos artefatos da própria tradição do Norte – que o filósofo incauto pode ser levado a interpretar como ilustração de alguma "lei natural" de evolução cultural vagamente concebida.

> Nossa compreensão da história antiga (escreve Frobenius) depende de documentos de contextos culturais manifestos primeiro em formas arqueológicas e, mais tarde, em formas históricas. Mas todos esses relatórios são de tipo essencialmente egoísta: dão informações a respeito de si mesmos e de seus próprios pequenos egos. Cada domínio – a Suméria aqui, o Egito ali – fala de seus próprios interesses. O que quer que ocorra, exista, ou funcione fora dos limites dessas estreitas províncias é completamente ignorado e, se uma influência cultural provém de fora, não importa como ela chegou ali e de que circunstância alienígena ela proveio. Tudo o que importa é o fato da sua chegada, jamais a história de sua maturação alhures. E assim somos levados a crer que o grande ciclo cultural do Oeste Asiático e do Egito se desenrolou sozinho e isolado do mundo, nascendo e desenvolvendo-se totalmente à parte. Esses monumentos não dão indícios de que fora do próprio âmbito houvesse forças trabalhando em silêncio. O mundo externo não aparece no espelho desses documentos.
>
> Enquanto a ciência se satisfazia em investigar o caráter histórico das culturas mais avançadas – em outras palavras, enquanto foi aceito o critério adotado no período romano para a classificação em "povo civilizado" e "povo bárbaro" – essa limitação foi permitida. Entretanto, nas últimas décadas (escreveu Frobenius em 1929), quando a necessidade de inquirir sobre o destino da humanidade nos obrigou a questionar o caráter último e o sentido da cultura, tudo mudou. A arqueologia por um lado e a moderna etnologia por outro demonstram que as culturas avançadas são os pináculos de pirâmides, cujas partes inferiores e bases podem ser reconstruídas apenas através da procura de miseráveis fragmentos. Porém, tais descobertas mostram que uma

> intensa vida cultural animou o mundo de outrora, além do âmbito das ruínas das culturas superiores.
>
> As grandiosas culturas avançadas da Antiguidade ocuparam, pelo que sabemos, uma parte do mundo não maior do que uma faixa entre 20 e 45 graus no norte; isto é, estavam confinadas a uma área ao norte do Trópico de Câncer. Contra essa demonstração da arqueologia, o ramo etnológico de nossa ciência não podia deixar para sempre de reconhecer que ao sul dessa faixa, a partir da África Ocidental, através da Índia, do arquipélago malaio e Melanésia, até hoje sobreviveram culturas cujos traços não apenas não podem ter-se originado das culturas históricas, mas também representam um mundo próprio, não menos distinto do outro do que o mundo vegetal do animal. Esse domínio de uma *segunda espécie de cultura* é um fato. Essa segunda espécie é em tudo tão diferente do caráter das culturas históricas que não é possível associá-la com qualquer circunstância histórica, pois não oferece nenhum vestígio externo ou indício de sua idade. Vista de fora, ela exibe apenas panoramas e perspectivas estáticos. Parece ter passado seu tempo de vida, como o mundo vegetal de sua terra nativa, sem primaveras ou invernos, sem altos e baixos.
>
> Eu gostaria de denominar esse grande grupo de culturas de "protagonista invisível" na história da cultura da humanidade.
>
> E embora sua existência raramente seja atestada em documentos históricos e, portanto, dificilmente seja demonstrada de modo direto, não tenho dúvida de que seus efeitos, provenientes do Sul, podem ser reconhecidos nas influências que exerceu sobre as culturas mais avançadas. [11]

E assim é que, contra as evidências das descobertas arqueológicas – tão bem descritas nos artefatos pré-históricos que agora estão surgindo – temos de considerar a influência, também, de um protagonista invisível, cujo caráter será indicado apenas pelas transformações e acréscimos que um olho pouco atento a sinais poderia não ver. O Prof. W. Norman Brown sugeriu uma área de 800 a 1.600 km a leste do rio Indo como possível local das primeiras evidências de cultura desenvolvida no vale do Indo;[12] e como hipótese experimental, essa ideia ainda pode ser plausível. Entretanto, avaliar seu possível nível de civilização acima, por exemplo, de um complexo populacional melanésio contemporâneo, seria ir consideravelmente além das evidências. Minha própria sugestão seria que na rica península da Índia deve, de fato, ter-se desenvolvido uma ordem local de uma espécie de aldeias tropicais genericamente relacionada ao complexo equatorial comum que descrevi no volume anterior – *Mitologia Primitiva* – e que ela pode muito bem ter sido de dignidade respeitável e de profundidade espiritual. Mas receio ter de deixar para aqueles a quem a intangibilidade de um pensamento dá a medida de seu valor, a ideia patriótica, compartilhada atualmente por muitos eruditos indianos, de uma sabedoria eterna revelada unicamente na Índia em uma época indefinível, talvez antes do Dilúvio[13] quando, para citar um inspirado autor, "o pensamento se originava por outros métodos que não os do nosso raciocínio lógico e expressão", e os Vedas vieram à existência como "uma Palavra divina que surgiu vibrando do Infinito para a recepção interna do homem que já tinha se preparado para o conhecimento impessoal."[14] Por enquanto, vou pedir ao leitor que deixe os fatos mensuráveis de nossa ciência ocidental ainda em desenvolvimento, e não os ventos do imponente Himalaia, nos servirem de guia.

II. A CIVILIZAÇÃO DO INDO: *c.*2500-1500 a.C.

Ninguém até hoje explicou satisfatoriamente o súbito aparecimento no vale do Indo, por volta de 2500 a.C., de duas grandes cidades da Idade do Bronze em pleno florescimento, culturalmente idênticas, porém a 640 km de distância uma da outra e com nada além de pequenas aldeias entre uma e outra: Harapa, no Punjab, às margens do rio Ravi, e Mohenjo-Daro, no sul, em Sind, às margens do Indo, do qual o Ravi é afluente. Como as duas estão no mesmo plano horizontal, seus desenvolvimentos não podem ter ocorrido de modo independente. Elas eram postos coloniais. E o que surpreende é a extensão de sua influência. Sir Mortimer Wheeler, o arqueólogo mais recente dessas cidades, observou que "a civilização do Indo exemplifica o mais vasto experimento político antes do advento do Império Romano".[15] Seus artefatos característicos foram encontrados desde o Punjab até as proximidades de Bombaim. Entretanto, o que é ainda mais surpreendente é sua total monotonia. Pois os vestígios não exibem nenhum desenvolvimento ou mesmo variação, nem do mais antigo até o último, nem do norte até o sul; apenas uma lenta deterioração dos padrões depois da primeira aparição espetacular. As cidades e sua civilização surgem, permanecem inalteradas por um milênio, enfraquecem e desaparecem como as ilusões noturnas.

Wheeler observou que no período de Sargão de Acad (*c.*2350 a.C.) no porto de sua capital mesopotâmica havia navios vindos de dois portos remotos, Makkan e Meluhha – com uma parada para reabastecimento na ilha conhecida como Dilmun ou Telmun (Bahrein). Um pouco mais tarde, no período de Ur III (*c.*2050-1950 a.C.), Makkan continuou na rota, mas Meluhha não, embora cobre, pedra, madeira, objetos de marfim e certas espécies de animais fossem, de alguma forma, obtidos lá. Então, finalmente, aproximadamente no período de Hamurábi (*c.*1700 a.C.), o contato com Makkan também se perdeu. "O corolário dessa evidência de declínio comercial", escreve Wheeler, "é que Telmun, Makkan e Meluhha estão respectivamente a maiores distâncias da Mesopotâmia, e se a esse fato acrescentarmos a associação de Meluhha com o marfim, madeira e cobre, sua identificação com a civilização do Indo (com suas florestas, elefantes e minas de cobre no Rajastão) se torna provável. Ela corresponde também à evidência arqueológica. O trabalho em marfim era uma arte do Indo. [...]"

"Podemos imaginar", ele continua a sugerir, "navios carregados de madeira, metais e marfim – e por que não também de macacos e pavões, ambos familiares ao artista do Indo? – levantando âncoras dos portos do Indo no apogeu de sua civilização, e, em seguida, com o prolongado declínio evidente nos padrões cívicos posteriores, é fácil visualizar uma redução correspondente na extensão e intensidade do tráfego transoceânico. A inferência dos registros e as evidências materiais estão de acordo".[16]

Do ponto de vista racial, os cinquenta e tantos esqueletos humanos encontrados entre as ruínas do Indo foram classificados, na maior parte, em dois grupos: 1. com características protoaustraloides, e 2. com afinidades mediterrâneas.

Os primeiros foram comparados com os aborígines vedoides do Ceilão, os nativos da Austrália e numerosas tribos autóctones da própria Índia. "A opinião comum tende a ver", escreve o Prof. Stuart Piggott sobre essa influência, "que a Austrália recebeu sua população aborígine pela migração, via Ceilão e Melanésia, do sul da Índia, onde este tipo está bem representado até hoje. De pequena estatura, cor de pele escura aproximando-se da negra, cabelos negros ondulados ou encaracolados (mas jamais encarapinhados), cabeças alongadas, narizes grandes achatados e

Figura 14. Imagem de uma serva: Vale do Indo, *c.*2000 a.C.

polpudos, lábios salientes, esse tipo de pessoa forma o principal elemento das tribos aborígines do sul e centro da Índia de hoje, bem como constitui amplamente as chamadas 'castas excluídas' da sociedade hindu."[17]

Há uma estatueta de bronze desse tipo proveniente de Mohenjo-Daro, de uma menina esbelta nua (figura 14). Seu penteado, seus seios pequenos e a disposição de suas pulseiras sugerem uma comparação com uma série de estatuetas do complexo cultural Kulli do Beluchistão do Sul, de cerca de 3000 a.C., "e se, como parece provável", escreve o Prof. Piggott ao sugerir a comparação, "ela for de fato uma representação de um tipo do Beluchistão, pode-se notar de passagem que a pele muito escura associada ao grupo protoaustraloide estaria de acordo com o nome atribuído ao Beluchistão do Sul nos tempos clássicos – Gedrosia, o país do povo escuro".[18]

Conviria notar, ademais, que as principais línguas do sul da Índia, que não são árias, mas de origem dravídica – ou seja, tâmil (a principal língua do sul, da qual o malaiala do Malabar é um dialeto), telugu (na região de Madras), canarense (a língua de Mysore), kodagu, badaga, kota e toda (línguas das tribos das montanhas Nilgiri), gôndi e seus dialetos, bhil e kolam, também khondi e oraon (das províncias centrais, Orissa e Bihar) e, finalmente, malto (em Rajmahal) – têm até hoje um parentesco próximo com o idioma brahui das montanhas do Beluchistão Oriental e de Sind.[19]

A segunda raça, a mediterrânea, ao contrário – para citar mais uma vez o Prof. Piggott –, "atualmente inclui grande número de grupos de povos, da Ibéria até a Índia. O tipo característico surge nos tempos natufianos tardios na Palestina (*c.*7500-5500 a.C.) e pode ter-se diferenciado nas estepes sul da África Setentrional e na Ásia e se difundido para leste e oeste. Os egípcios pré-dinásticos certamente pertenciam a essas raças e seus representantes mais puros podem ser encontrados atualmente na Península Arábica. Na Índia, ela constitui hoje um elemento dominante na população do norte e está espalhada em outras partes entre as classes sociais superiores. Tais povos têm estatura que vai da média à alta, cor de pele do marron-oliva escuro ao claro, cabeça e fronte alongadas e nariz estreito e relativamente saliente; cabelos negros e olhos que vão do negro ao castanho e peculiarmente grandes e abertos. A constituição física é esbelta".

"A evidência arqueológica mostra", ele continua, "que esse tipo mediterrâneo de cabeça alongada é associado em todas as partes da Ásia Ocidental com os primeiros povoados agrícolas". E conclui: "Exatamente como a evidência da cerâmica pintada do Beluchistão e a que está oculta nos objetos pintados da cultura Harapa aponta para uma eventual homogeneidade entre essas variadas e simples economias agrícolas, também esse tipo físico apresenta semelhança étnica por toda a região, e o surgimento de um povo 'mediterrâneo' primitivo na Índia pré-histórica tem de ser relacionado com a expansão proveniente do oeste".[20]

Há uma estatueta quebrada de Mohenjo-Daro, com 17,50 cm de altura, exibindo uma figura sacerdotal coberta por um xale com desenhos trifólios sobre o ombro esquerdo, deixando o direito nu (figura 15) – que é ainda a maneira adequada de indicar reverência, tanto na Índia quanto em todo o mundo budista, ao aproximar-se de um santuário ou um homem santo. Tal reverência pelo ombro direito descoberto é típica também, entretanto, das primeiras estátuas sumérias de personagens sacerdotais, e o desenho trifólio aparece igualmente na arte mesopotâmica, porém não na tradição posterior da Índia. Tampouco o arranjo dos cabelos dessa estatueta aparece na arte posterior da Índia. Puxados para trás e repartidos no meio, os cabelos acabam em pequenos cachos na nuca e estão presos por uma fita estreita amarrada atrás, com duas longas pontas soltas e um medalhão no meio da testa. A barba e o bigode estão cuidadosamente aparados, abaixo de cada orelha há um furo que pode ter prendido um colar e em volta do bíceps direito a figura usa um bracelete. Os olhos alongados parecem estar semifechados. O nariz, bem formado, tem base alta e não sugere, de maneira alguma, o epíteto aviltante "sem nariz" (anāsa), posteriormente usado pelos árias invasores ofendendo a população nativa, que eles desprezavam como "demônios" de pele negra (*dāsas*, *dasyus*), "cujo deus é o falo" (*śiśna-deva*).[21] Obviamente, essa figura pertence à segunda raça, cultural e socialmente superior, que, em certa medida, já podia estar assimilada quando os árias chegaram.

Figura 15. Imagem de um sacerdote: Vale do Indo, *c.*2000 a.C.

Entre as ruínas encontramos muitos indícios de que os cultos fálicos da deusa-mãe, desprezados pelos árias, eram uma característica importante da civilização. Ademais, como o etnólogo Padre Wilhelm Koppers demonstrou, sobrevivem na Índia até hoje duas formas de culto à deusa-mãe: 1. do estrato protoaustraloide, e 2. do Neolítico, embora o conceito de divindade última, antes feminino que masculino, em nenhum outro lugar do mundo tenha sido tão elaboradamente desenvolvido.[22] Não é, portanto, de admirar que o sacrifício humano, característico do culto da deusa em toda parte – seja na esfera tropical ou na neolítica –, tenha sobrevivido com vigor na Índia, tanto nos templos quanto nas florestas-santuário, até ser suprimido por lei em 1835. Além do mais, é preciso reconhecer que no vale do Indo eram celebrados ritos periódicos essencialmente da mesma natureza, não apenas nas aldeias nativas e bairros de trabalhadores, mas também nas cerimônias supremas do Estado. E o que tais ritos envolviam tanto em termos de sofrimento para a vítima quanto de excitação para o povo pode-se concluir a partir do que sabemos da vida das aldeias da Índia nos tempos modernos.

Uma típica e vívida lição é, por exemplo, a dos khonds, povo de origem drávida, protoaustraloide, de Orissa, Bengala e Bihar* cujas vítimas, conhecidas como *meriah*, eram escolhidas e frequentemente mantidas em cativeiro por anos, para serem sacrificadas à Deusa Terra com o fim de garantir boas colheitas e imunidade contra doenças e, em especial, um belo, profundo e intenso vermelho para a colheita de açafrão-da-índia. Para ser aceitável, esse indivíduo tinha de ter sido adquirido ou nascido de um *meriah*. Os khonds, segundo relato, ocasionalmente vendiam seus próprios filhos para esse sacrifício, supondo que na morte suas almas seriam singularmente abençoadas. Entretanto, era mais frequente que os comprassem dos vizinhos pans, uma tribo tecelã criminosa, que obtinha crianças das planícies para esse propósito. Na juventude, o *meriah* em geral recebia como cônjuge outro *meriah* e assim seus filhos também seriam *meriahs*. Eles eram tidos como seres consagrados e tratados com extrema afeição e respeito, disponíveis para serem sacrificados em ocasiões extraordinárias ou nas festas periódicas, antes da semeadura, para que cada família da aldeia pudesse adquirir, pelo menos uma vez por ano, um pedaço de carne humana para plantar em sua lavoura a fim de aumentar a colheita.

Dez ou doze dias antes do sacrifício, a vítima era tratada: cortavam-lhe o cabelo e a ungiam com óleo, manteiga e açafrão-da-índia. Seguia-se uma temporada de orgias e devassidão, ao final da qual o *meriah* era conduzido com música e danças à floresta *meriah*, um pouco afastada da aldeia, um lugar de árvores frondosas intocadas pelo machado. Atada ali a um poste e novamente ungida com óleo, manteiga e açafrão-da-índia, a vítima era adornada com flores, enquanto a multidão dançava à sua volta, cantando para a terra: "Ó Deusa, nós te oferecemos este sacrifício, proporciona-nos boas estações, colheitas e saúde", e para a vítima: "Nós te compramos por um preço, não te capturamos, e agora, segundo o costume, te sacrificamos:

* *Supra*, p. 131.

nenhum pecado pesa sobre nós". Seguia-se uma grande luta para conseguir relíquias mágicas dos adornos de sua pessoa – flores ou açafrão – ou uma gota de sua saliva, e a orgia continuava até por volta do meio-dia seguinte, quando chegava a hora, finalmente, da consumação do rito.

A vítima foi novamente ungida com óleo (escreve Sir James G. Frazer em seu resumo de quatro relatos independentes de testemunhas oculares) e cada pessoa tocou o ungido e passou o óleo na sua própria cabeça. Em alguns lugares, levava-se a vítima em procissão em volta da aldeia, de porta em porta, onde alguns arrancavam cabelos de sua cabeça e outros suplicavam por uma gota de sua saliva, que esfregavam em suas próprias cabeças. Como a vítima não podia ser amarrada nem demonstrar qualquer resistência, quebravam-lhe os ossos dos braços e, se necessário, das pernas; mas com frequência essa precaução tornava-se desnecessária pelo entorpecimento dela com ópio. A maneira de matá-la variava de acordo com os diferentes lugares. Um dos métodos mais comuns parece ter sido o estrangulamento ou esmagamento. O galho verde de uma árvore era rachado em sentido longitudinal o bastante para ser inserido no pescoço da vítima (em outros lugares, no peito) e o sacerdote, com o auxílio de seus ajudantes, lutava com todas as forças para fechar a fenda. Então ele feria levemente a vítima com seu machado, ao que a multidão se precipitava para a desgraçada e arrancava a carne dos ossos, deixando a cabeça e os intestinos intactos. Às vezes, a vítima era esquartejada viva. Em Chinna Kimedy ela era arrastada pelos campos, cercada pela multidão, que, evitando sua cabeça e intestinos, lhe arrancava a carne do corpo com facas até ela morrer. Outro método de sacrifício muito comum no mesmo distrito era pregar a vítima à tromba de um elefante de madeira, que girava em volta de um poste fixo e, à medida que girava, a multidão cortava a carne da vítima ainda viva. Em algumas aldeias, o major Campbell encontrou catorze desses elefantes de madeira, que tinham sido usados para sacrifícios. Em uma região a vítima foi morta lentamente a fogo. Foi construída uma plataforma baixa, com declives laterais, como um telhado; sobre ela colocaram a vítima, os membros envoltos em cordas para impedir seus esforços. Então se acenderam fogos e lhe aplicaram brasas incandescentes, para fazê-la rolar pelas inclinações da plataforma por tanto tempo quanto possível, pois quanto mais lágrimas ela derramasse, mais abundantes seriam as chuvas. No dia seguinte, o corpo era esquartejado.

A carne cortada da vítima era imediatamente levada para casa pelas pessoas que tinham sido delegadas por cada aldeia. Para assegurar que chegasse rapidamente, era por vezes passada adiante numa espécie de corrida de revezamento por 80 ou 100 quilômetros. Em cada aldeia todos os que ficavam em casa jejuavam rigorosamente até a carne chegar. O portador a depositava no lugar de reunião pública, onde era recebida pelo sacerdote e os chefes de família. O sacerdote a dividia em duas porções, uma das quais oferecia à Deusa Terra enterrando-a em um buraco no chão, de costas e sem vê-la. Então, cada homem acrescentava um punhado de terra e o sacerdote despejava água no local com uma cabaça. A outra porção de carne, ele dividia em tantos pedaços quantos fossem os chefes de família presentes. Cada chefe de família enrolava sua fatia de carne em folhas e enterrava-a em seu terreno preferido, colocando-a na terra virado de costas sem vê-la. Em alguns lugares, cada homem levava sua porção de carne para o rio que irrigava suas lavouras e ali a pendurava num poste. Pelos três dias consecutivos nenhuma casa era varrida, e em uma região, observava-se silêncio absoluto; nenhum fogo era distribuído, nenhuma lenha cortada e nenhum estrangeiro era recebido. Os restos da vítima humana (ou seja, a cabeça, os intestinos e os ossos) eram vigiados por fortes grupos durante a noite depois do sacrifício, e na manhã seguinte eram queimados, juntamente com uma ovelha inteira, numa pira funerária. As cinzas eram espalhadas pelos campos, colocadas como pasta sobre as casas e celeiros, ou misturadas com os cereais novos para preservá-los dos insetos. Às vezes, entretanto, a cabeça e os ossos não eram incinerados mas enterrados.

Depois da supressão dos sacrifícios humanos, vítimas inferiores substituíram as precedentes em alguns lugares; por exemplo, na capital de Chinna Kimedy, uma cabra ocupou o lugar da vítima humana. Outros sacrificam um búfalo. Eles o atam a um poste de madeira em uma floresta sagrada, dançam selvagemente à sua volta brandindo facas e, então, atacam o animal vivo, o esquartejam e cortam em alguns minutos, lutando e brigando uns com os outros por cada naco de carne. Assim que um homem consegue um pedaço, sai a toda velocidade para enterrá-lo em sua lavoura, segundo um costume antigo, antes de o sol se pôr, e como alguns têm de andar muito precisam correr rapidamente. Todas as mulheres jogam torrões de terra aos homens que se afastam velozmente, algumas com boa pontaria. A floresta sagrada, há pouco um cenário tumultuado, fica em silêncio e deserta, com exceção de algumas pessoas que permanecem para proteger tudo o que restou do búfalo: a cabeça, os ossos e os intestinos, que são incinerados cerimoniosamente ao pé do poste.[23]

Até hoje, entre os nagas de Assam, pode-se ver um touro vivo, correndo numa arena, e aos poucos sendo retalhado por uma tribo de selvagens urrando e, entre os birmaneses de olhos dóceis, ao norte do distrito Chindwin Superior, crianças pequenas são compradas com o propósito de serem sacrificadas anualmente durante o festival em agosto, para assegurar uma farta colheita de arroz.

"Depois de lhe colocarem uma corda em volta do pescoço, a vítima era levada às casas de todos os parentes de seu comprador. Em cada casa cortavam-lhe um nó de dedo e todas as pessoas da casa eram lambuzadas com o sangue. Elas também lambiam o nó cortado e o esfregavam no tripé de cozinhar. A vítima era então amarrada a um poste no meio da aldeia e morta por repetidos golpes de lança; o sangue de cada golpe recolhia-se em um bambu oco, usado depois para lambuzar os corpos dos parentes do comprador. As entranhas eram então retiradas e a carne removida dos ossos e tudo colocado num cesto numa plataforma próxima, como oferenda ao deus. Depois de o sangue ter sido esfregado no comprador e seus parentes, que enquanto isso dançavam e choravam, o cesto com seu conteúdo era jogado na floresta."[24]

Tais ritos são endêmicos da zona cultural do Protagonista Invisível e já foram abordados no volume anterior, *Mitologia Primitiva*.[25] O mito subjacente é o de um ser divino, morto, esquartejado, cujas partes enterradas depois se transformam nas plantas comestíveis das quais a comunidade vive, e o tema principal, como foi dito no volume anterior, é a chegada da morte ao mundo: com o particular detalhe de que ela chega através do assassinato. O segundo detalhe é que as plantas comestíveis das quais o homem vive se originam dessa morte. Finalmente, os órgãos sexuais, de acordo com essa mitologia, surgiram por ocasião da chegada da morte; porque a reprodução sem a morte teria sido uma calamidade, como o seria a morte sem a reprodução. Consequentemente, podemos afirmar agora, mais uma vez, "que a interdependência de morte e sexo, sua importância como aspectos complementares de um único estado de existência e a necessidade de matar (matar e comer) para a continuidade desse estado de ser, que é o do homem na terra e o de todas as coisas na terra – os animais, os pássaros e os peixes – esse tocante e emocionalmente perturbador vislumbre da morte como a vida dos vivos é a motivação básica que sustenta os ritos ao redor dos quais se formou a estrutura social dos primeiros agricultores aldeões". E foi também, temos de acrescentar agora, o tema fundamental a partir do qual se desenvolveram toda a mitologia, a civilização e a filosofia da Índia.

Pois a força calma e implacável da selva e a consequente orientação de seu povo (os aborígines protoaustraloides daquele mundo de perspectivas estáticas, sem história mas apenas com duração) forneceu o tom básico de qualquer canção entoada na Índia a respeito do homem, seu destino e fuga do destino. Novas civilizações, raças, filosofias e grandes mitologias entraram na Índia e foram não apenas assimiladas, mas amplamente desenvolvidas, enriquecidas e sofisticadas. Porém, no final (e também durante, ainda que de modo secreto), o poder duradouro daquela terra foi sempre o da mesma velha deusa escura de longa língua vermelha que transforma tudo em seu Si-Próprio eterno, terrível mas, afinal, um tanto tedioso.

"Oh, ela atua de diferentes maneiras", diz-nos, por exemplo, seu maior devoto de tempos recentes, Shri Ramakrishna (1836-1886).

> Ela é a única conhecida como Maha-Kālī (Tempo Poderoso), Nitya-Kālī (Tempo Infinito), Shmashana-Kālī (Kālī do Solo-Abrasador), Raksha-Kālī (Kālī Guardiã) e Shyama-Kālī (A Negra). Maha-Kālī e Nitya-Kālī são mencionadas na filosofia tântrica. Quando não havia nem a criação, nem o Sol, nem a Lua, nem os planetas e nem a Terra, e quando as trevas estavam envolvidas nas trevas, então a Mãe, a Sem Forma, Maha-Kālī , o Grande Poder, era una com Maha-Kālī, o Absoluto.
>
> Shyama-Kālī tem um aspecto um tanto meigo e é venerada nos lares hindus. Ela é a Dispensadora-de-bênçãos e a Dispersadora-do-medo. As pessoas veneram Raksha-Kālī, a Protetora, em tempos de epidemia, fome, terremotos, secas e inundações. Shmashana-Kālī é a corporificação do poder de destruição. Ela reside nos crematórios, cercada de cadáveres, chacais e terríveis espíritos femininos. De sua boca

jorra uma torrente de sangue, de seu pescoço pende uma grinalda de cabeças humanas e em volta de sua cintura há um cinto feito de mãos humanas.

Depois da destruição do universo, no final do grande ciclo, a Mãe Divina armazena as sementes para a próxima criação. Ela é como a senhora idosa da casa, que tem um baú no qual guarda diversos artigos de uso doméstico. [...] Depois da destruição do universo, minha Divina Mãe, a Corporificação de Brahman, recolhe as sementes para a próxima criação. Depois da criação, esse Poder Primevo habita no próprio universo. Ela emana este mundo fenomênico e então impregna-o. [...]

Kālī, minha Divina Mãe, é de pele negra? Ela parece negra porque é vista de alguma distância; mas quando conhecida intimamente ela não é mais assim. [...] Prisão e liberação, ambas são obras suas. Através de sua *māyā* os habitantes do mundo se envolvem em "mulheres e ouro" e novamente, por sua graça, eles conseguem a liberação. Ela é chamada a Redentora e a Removedora do cativeiro que prende a pessoa ao mundo. [...] Ela é obstinada e sempre tem de ter tudo à sua maneira. Ela é cheia de graça.[26]

Como prova principal, evidência do papel dessa poderosa deusa no primitivo vale do Indo, podemos tomar um sinete descoberto em Harapa, que chamou a atenção de Sir John Marshall, diretor da primeira escavação desse sítio (figura 16). Ele exibe, à direita do lado anverso, uma fêmea nua, de cabeça para baixo, pernas abertas e com uma planta saindo de seu útero. À esquerda, na mesma face, há dois espíritos animais um frente ao outro. E entre eles e a fêmea nua há uma inscrição

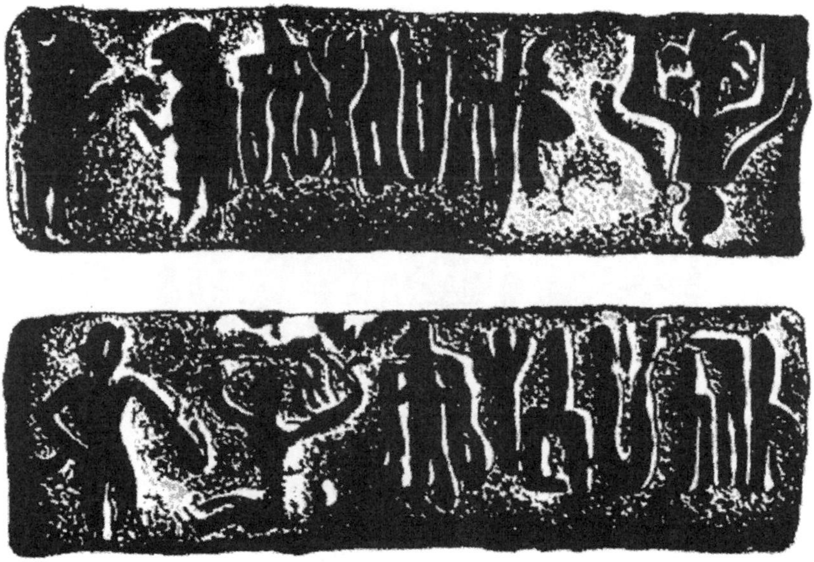

Figura 16. O sacrifício: Vale do Indo, *c.*2000 a.C.

indecifrável de seis caracteres. No reverso, a inscrição se repete e à sua esquerda, como observa Marshall, estão "as figuras de um homem e uma mulher; o homem de pé com uma faca em forma de foice na mão direita e a mulher, sentada no chão com as mãos erguidas em postura de súplica".

"Evidentemente", observa Marshall, "o homem está preparando-se para matar a mulher, e é razoável supor que a cena tenha a intenção de retratar um sacrifício humano relacionado com a Deusa Terra representada no outro lado, com quem temos também que associar os dois espíritos, que eu tomo como ministrantes da Divindade. Embora única na Índia, que eu saiba, esta impressionante representação da Deusa Terra com uma planta crescendo de seu útero não é inatural e podemos compará-la a um relevo de terracota do antigo período Gupta (*c.*330-650 d.C.) de Shita nas Províncias Unidas, no qual a Deusa é exibida com as pernas em postura muito semelhante, mas com um lótus saindo não do útero mas de seu pescoço."[27]

Outro sinete (figura 17) leva o motivo mais adiante. Mostra novamente nossa deusa nua, mas agora de pé entre os galhos abertos de uma figueira-dos-pagodes sagrada que, como Marshall observou, "é a árvore do conhecimento (árvore *bodhi* ou *bo*), embaixo da qual o Buda chegou à iluminação". Uma espécie de esfinge, metade touro, metade cabra ou carneiro, com face humana, está de pé atrás da figura semiajoelhada do que parece um suplicante diante dela, enquanto no espaço abaixo há uma fileira de sete serviçais femininas, cada uma com uma pluma, ou talvez ramo, no cabelo, e uma longa trança pendendo nas costas. Muitos sinetes mesopotâmicos mostram um devoto levado por um deus à presença de um deus superior.

Figura 17. A deusa da árvore: Vale do Indo, *c.*2000 a.C.

Presumo que este sinete seja da mesma ordem. Notamos, também, que tanto aqui como nos sinetes mesopotâmicos, coroas com chifres adornam certas figuras que nas séries mesopotâmicas sempre representam divindades. Nessa analogia, a cena em questão representaria um deus conduzindo uma esfinge à presença da deusa nua da árvore. Como sabemos que no Egito a esfinge era símbolo do Faraó (F maiúsculo), é difícil não ver nesta cena a apresentação de um rei divino (ritual regicida) à deusa que deve ser fertilizada. Neste caso as sete figuras talvez sejam virgens sati. E teria a árvore sido partida, como no ritual homicida dos khonds?

Não foi encontrada nenhuma sepultura relacionada com o complexo do vale do Indo, de maneira que não podemos afirmar com certeza que lá se praticasse o regicídio. Entretanto, como já se observou, no Malabar, ainda no século XVI da nossa era, encontramos o caso de um rei de pé sobre uma plataforma retalhando-se e jogando seus pedaços para seu povo, até que, prestes a desmaiar, cortou a garganta.*

A primeira observação a ser feita com respeito à mitologia indiana, portanto, é que sua raiz mais profunda está no solo do eterno mundo equatorial do ritual da morte do qual a vida procede. No período das enigmáticas cidades do vale do Indo, um correspondente neolítico dessa versão primitiva do mistério da existência chegou do Oriente Próximo com sua própria versão da deusa, juntamente com as artes de uma civilização letrada: a escrita e, sem dúvida, a matemática do calendário, a realeza e tudo o mais. E, a não ser que as evidências tanto da arqueologia quanto da etnologia nos tenham enganado, naquelas cidades era praticado algum tipo de ritual de regicídio e sati, no qual pelo menos algumas daquelas grandes tradições indianas de sacrifício humano, ou talvez todas elas, devem ser rastreadas, e sobre as quais abundam registros e relatos não apenas nas notas dos viajantes ocidentais, mas também em monumentos, crônicas, mitos e contos ao estilo da própria Índia.

Um segundo tema, não menos típico da eterna Índia, chama a atenção nas imagens de uma série de cerca de meia dúzia de sinetes do Indo exibindo *figuras em postura de ioga,* dos quais dois exemplos serão suficientes no momento. O primeiro (figura 18) mostra um personagem, aparentemente com três rostos, sentado em posição de ioga sobre um trono baixo, diante do qual estão duas gazelas uma frente à outra. Quatro animais o cercam nas quatro direções: um tigre, um elefante, um rinoceronte e um búfalo da Índia. Sua cabeça traz como enfeite dois imensos chifres entre os quais uma coroa alta sugere (como o adorno na cabeça da deusa na árvore) a forma de um tridente (*triśūla*). E o falo, exposto, está ereto.

Todos os que comentaram essa figura perceberam nela um protótipo de Śiva, o deus que na Índia até hoje é o consorte da deusa Kālī; pois Śiva é o senhor da ioga, dos crematórios, dos animais selvagens, cuja ferocidade subjuga com sua presença meditativa, e do *liṅgam* (o falo). Seu símbolo é o tridente. Representado como Maheshvara, O Grande Senhor, ele tem três faces. Ademais, seu animal específico é o touro, e, entre as numerosas bestas representadas nos sinetes do vale do Indo, o touro

* Cf. *supra*, p. 65-66, e *As Máscaras de Deus – Mitologia Primitiva*, p. 142.

prepondera de longe, frequentemente diante de um censor, o que sugere que, como o touro Ápis de Ptá, ele era considerado divino.

Entretanto, Śiva não é a única grande figura do mito indiano posterior sugerida por essa imagem; pois as duas gazelas diante do trono posam como nas imagens clássicas do Buda pregando seu primeiro sermão no Parque dos Cervos de Benares.

Figura 18. O senhor das feras: Vale do Indo, *c.*2000 a.C.

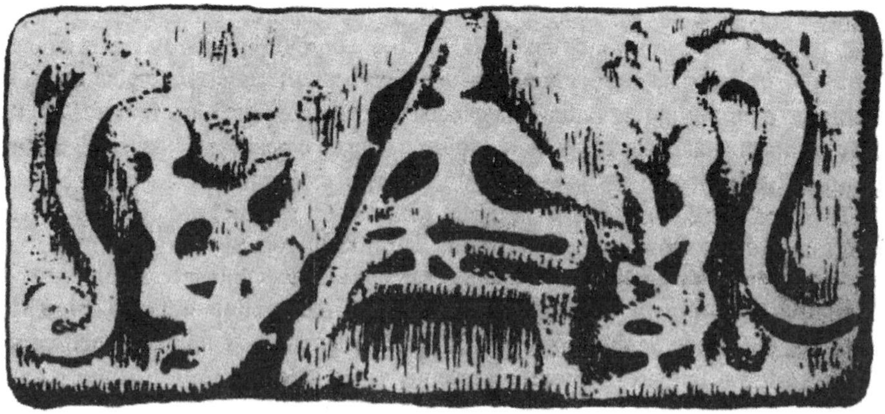

Figura 19. O poder da serpente: Vale do Indo, *c.*2000 a.C.

Além disso, a forma do enfeite que leva sobre sua cabeça é familiar na arte budista como símbolo das chamadas "Três Joias": O Buda, a Lei e a Comunidade.

No segundo sinete desta série de ioga (figura 19), um par de serpentes levantam os corpos a cada lado da imagem meditativa, precisamente até a altura da coroa de sua cabeça, enquanto adoradores ajoelhados prestam reverência de cada lado.

Numerosos símbolos fálicos foram encontrados entre as ruínas do Indo, medindo aproximadamente de 1,25 cm a 30 cm de comprimento, e a eles é associada uma série curiosa das assim chamadas "pedras anéis". "Quanto ao tamanho", escreveu Marshall sobre elas, "têm de 1,25 cm até quase 120 cm de diâmetro. Todos os espécimes maiores são de pedra; os menores, do mesmo material ou de faiança, concha ou cornalina. Os mais típicos têm a superfície superior e inferior ondulantes; em outros, a superfície inferior é lisa e a superior assume forma quadrifólia." Nas "pedras anéis" de data muito posterior desenterradas em Taxila, que também fica no vale do Indo, ele acrescenta, "figuras nuas de uma deusa estão significativamente entalhadas no interior de um buraco central, indicando com isso [...] a relação entre elas e o princípio feminino".[28]

Os clássicos símbolos indianos de *liṅgam* e *yoni* – de longe, os mais numerosos objetos sagrados em toda a série de religiões indianas contemporâneas – antecipam-se claramente nessas representações da Idade da Pedra Tardia e Alta Idade do Bronze. E quando se acrescentam a esta evidência as figuras, por um lado, do divino iogue meditativo e, por outro, da mãe deusa do mundo vegetal, não pode haver dúvida quanto à antiguidade na Índia do grande deus e da deusa conhecidos hoje como Śiva e sua consorte-consumidora-de-sangue, Kālī, "a escura", Durga, "de difícil aproximação", para a qual sobejam sacrifícios. Seu culto, além do mais, é duplo; em um nível, de ordem extremamente primitiva, protoaustraloide e com afinidades com os cultos das aldeias da Melanésia, Nova Guiné e outras regiões florestais do mundo; mas em outro, proveniente das matrizes de civilização do Oriente Próximo, o principal conceito era de uma deusa de uma era matematicamente marcada pelas passagens das sete esferas, e o rei, morto ritualmente, era o deus encarnado, seu cônjuge que constantemente vivia e morria.

Recentemente, descobriu-se que ao longo da extremidade oeste tanto de Harapa como de Mohenjo-Daro – guardando a direção de onde os construtores dessa província cultural vieram e de onde, no devido tempo, o povo guerreiro ária também viria terminar seus dias – havia uma formidável cidadela de chão batido, bem revestida com tijolos, de aproximadamente 400 m de comprimento em sentido norte-sul, 15 m de altura e 180 m de largura. No topo havia portões e plataformas (sugerindo procissões), fortificações, torres de observação, saguões e áreas de vários tipos e, em Mohenjo-Daro, um banho público com 12 m de comprimento, 7 de largura e 2,40 de profundidade, acompanhado de vestiários. Duas avenidas principais, com 9 m de largura, estendiam-se para o leste de cada extremo dessas grandes cidadelas, atravessadas em cada um dos casos por três amplas ruas em sentido norte-sul, a intervalos de cerca de 225 m. De maneira que as cidades, planejadas de forma quadriculada, eram organizadas ordenadamente em doze divisões, e dentro de cada uma havia labirintos de ruelas estreitas entre paredes ininterruptas de tijolos.

Em certas áreas das cidades, um considerável luxo é sugerido por balneários assoalhados, mananciais cobertos e sofisticados sistemas sanitários, *grosso modo* comparáveis – embora em maior escala – aos escavados em Creta. Certas outras áreas, entretanto, sugeriram aos arqueólogos uma comparação com os bairros cules dos modernos cortiços orientais. Os bairros operários em Harapa, por exemplo, consistiam de séries de estruturas planejadas de modo idêntico, com dimensões internas de 6 m por 3,60 m e divididas em dois aposentos, um com o dobro do tamanho do outro. Nas proximidades ficavam as caldeiras dos metalúrgicos e as moendas circulares de tijolos cozidos, onde era moído um tipo de cevada que em geral se considera proveniente do Oriente Próximo, e também um trigo para pão, de vinte e um cromossomos, desenvolvido no próprio vale ou perto dele. Da mesma forma, embora as espécies de porco, cabra, boi, ovelha e asno ali conhecidas já pertencessem há três milênios ao Complexo do Crescente Fértil, uma série de rebanhos e animais locais também foram domesticados: o touro corcunda ou zebu já notado no Beluchistão, o camelo e o cavalo (também, ao que parece, dessa região), o elefante, o búfalo da Índia e aves domésticas (que são definitivamente de origem indiana e do Sudeste Asiático) e, por fim, um grande cão aparentado com o vira-lata indiano e o dingo australiano.[29] Acrescente-se a tudo isso a evidência das duas raças, já observada, e a situação histórica geral torna-se clara. Não havia necessidade de nenhuma defesa a leste, pois os nativos eram primitivos mesolíticos ou mesmo paleolíticos não desenvolvidos. Entretanto, eles podiam ser treinados para o trabalho. E assim encontramos na Índia, como em nenhum outro lugar no mundo antigo, não apenas um culto duplo da deusa, mas também as precondições das castas. Em nenhum outro lugar havia tal defasagem racial e cultural entre as raças superiores, conquistadoras, e as inferiores, subjugadas. E até hoje essa defasagem – com sua herança característica mesclada à inumanidade e à resignação – permanece.

III. O PERÍODO VÉDICO: *c.*1500-500 a.C.

É difícil entender que antes do segundo milênio a.C., aonde quer que o homem fosse, a não ser pelas jangadas e outras embarcações, ele ia com os próprios pés. O impulso cultural era, portanto, centrífugo: uma tendência para fora e para a distância, destinada a permanecer. E o resultado, para a mitologia, era uma contínua diferenciação. Temas, personagens, episódios, sistemas completos eram levados para novas terras, onde, por um processo sensível que eu cunhei (de acordo com o Dr. Ananda K. Coomaraswamy) *land-náma*, "designação de terra" ou "tomada de terra",[30] as características do mundo recentemente adentrado eram assimiladas à herança importada do mito.

Com o domínio do cavalo, entretanto, tudo mudou, e vemos os primeiros sinais da nova influência no súbito aparecimento, logo depois de 2000 a.C., do carro leve de duas rodas puxado por um par de bem treinados corcéis. A roda, como sabemos, já tinha surgido na Suméria por volta de 3200 a.C. e lá há um estranho mosaico de conchas, lápis-lazúli e arenito vermelho das tumbas reais de Ur que mostra – como seu descobridor, Sir Leonard Woolley, declara – "o armamento e a organização do primeiro exército de que temos conhecimento".[31] Naquele mosaico veem-se carruagens; mas eram coisas desajeitadas de quatro rodas puxadas por juntas de quatro asnos ou burros selvagens. "As rodas eram sólidas", escreve o Prof. V. Gordon Childe, ao descrever os veículos daquela época, "constituindo-se de peças sólidas de madeira unidas por suportes e fixadas com aros de couro presos com pregos de cobre. Elas giravam junto com o eixo que era preso à estrutura do carro por tiras de couro."[32] Não era, obviamente, um veículo fácil de manobrar! Entretanto, a certa altura no tempo e no espaço, por volta de 2000 a.C. e provavelmente ao norte da cordilheira do Cáucaso, a biga leve de duas rodas puxada por dois cavalos velozes entrou em uso e as rodas, que agora tinham raios, rodavam livres sobre seus eixos, de maneira que os veículos podiam ser agilmente manobrados. E com a vantagem dessa arma militar móvel, surgiram subitamente novos impérios em partes inesperadas do mundo, como por exemplo o dos hititas na Anatólia, por volta de 1650 a.C. – que, ademais, já usavam o ferro; ou, por volta de 1523 a.C., o da dinastia Shang, na China, que ainda usava o bronze. Os hicsos, que "reinaram sem Rá", levaram o veículo para o Egito, aproximadamente em 1670-1570 a.C., e os indo-árias o levaram para a Índia por volta de 1500-1250 a.C. E também, no sudeste da Europa, por volta de 1500 a.C., surgiu uma nova arma: a espada, inventada para golpear montado a cavalo.[33] De alguma parte do mundo chegavam homens que tinham aprendido a cavalgar.

Nessas circunstâncias, todos aqueles que dominavam o uso dessas novas armas adquiriram um poderoso impulso expansionista que nada detinha, e as civilizações mais antigas – basicamente camponesas e enraizadas na terra – ficaram simplesmente desamparadas. Não havia surgido apenas uma nova força combatente, mas também uma nova arrogância, pois há algo mais lisonjeiro para um homem de caráter simples do que uma confortável sela sobre um esplêndido cavalo? As palavras *cavalier, caballero, chevalier e cavalheiresco* falam por si sós. O tempo do camponês a pé e do nobre montado a cavalo despontara, e perdurou até hoje, só agora substituído pela era da máquina. E aquela era deveria permanecer por cerca de quatro mil anos, unindo progressivamente pela violência e pelo domínio as vastas províncias das centrífugas eras anteriores; de maneira que o mundo, que antes se dividia, agora estava aos poucos sendo unido – mas com uma cisão radical no nível horizontal entre aqueles que gritam "Vitória!" e os que choram. Por todo o percurso do Nilo até o rio Amarelo, a lição da inevitabilidade da dor era assim aprendida pelos que tinham o papel de bigorna e ensinada pelos que tinham têmpera para serem martelos. Com isso, a idade de ouro dos filhos da Mãe Terra foi relegada ao passado.

Montes de esqueletos de homens, mulheres e crianças, alguns com cortes de espada e machado, foram encontrados no nível mais alto das escavações de Mohenjo-

-Daro. Um grupo invasor tinha passado por cima – e ele era de uma raça tão pouco interessada em cidades, que uma vez efetuada a conquista não houve mais cidades no Indo por um milênio. Em Chanhu-Daro, cerca de 130 km ao sul, e em muitos outros locais, um povo rude de nível inferior ergueu choupanas pobres sobre as ruínas (a chamada cultura Jhukar) e no extremo sul do que tinha sido um vasto domínio cultural, a península de Kathiawar, restou algum tipo de vestígio de riqueza. Entretanto, no que tange ao "maior experimento político antes do advento do Império Romano": *fuit Ilium*, seu tempo acabara.

Pode-se ter uma ideia do brilho da nova raça nômade guerreira que chegara, entoando magicamente poderosos versos a um panteão de deuses guerreiros condutores de carruagem, a partir do seguinte hino típico do *Rig Veda*:

> Eu clamei a Agni, primeiro por bem-estar;
> Clamei a Mitra-Varuna, aqui, por ajuda.
> Clamei à Noite, que faz o mundo repousar;
> Clamei ao deus Savitri por apoio.
>
> Rodando por este caminho às escuras,
> Abatendo tanto os imortais quanto os mortais,
> Em seu carro de ouro Savitri chega,
> O deus que observa todos os seres.

O nome de Savitri provém da raiz verbal sânscrita *sū*, "excitar, estimular, incitar, impelir" e denota, de acordo com um antigo comentarista, "o estimulador de tudo".

> Savitri de mãos de ouro, o ativo,
> Viaja entre o céu e a terra.
> Ele bane a doença, orienta o sol,
> E através das trevas chega ao céu.
>
> Por um caminho descendente, por um caminho ascendente ele vai;
> Adorável ele vai, com seus dois vigorosos corcéis.
> De longe vem o deus Savitri,
> Dissipando todas as aflições.
>
> Por teus antigos caminhos, Ó Savitri,
> Sem poeira e bem traçados no espaço,
> Viajando por esses caminhos facilmente atravessados
> Protege-nos e fala por nós, Ó Deus, neste dia.[34]

Por cerca de um século e meio, cientistas de grande erudição discutiram a origem dos árias que assim chegaram, e embora uma série de questões importantes permaneça sem resposta, as linhas básicas de uma teoria geral da pré-história do grupo de povos, línguas e mitologias dos assim chamados árias, indo-europeus ou indo-germânicos, emergiram de maneira bastante clara.

Resumidamente, devem-se distinguir dois estágios pré-históricos de desenvolvimento do que pode, ou não, ter sido inicialmente uma comunidade nuclear bastante homogênea:

1. Um estágio de origens comuns, em algum lugar das vastas regiões pastoris, quer entre o rio Reno e o Don, quer entre o Reno e o Turquestão Ocidental.

2. Um estágio de divisão entre: a) uma congérie ocidental de tribos, centrada possivelmente nas planícies entre o rio Dnieper e o Danúbio, da qual em breve derivaram as primeiras difusões grega, itálica, céltica e germânica, e b) uma divisão oriental, possivelmente centrada ao norte do Cáucaso, talvez em torno do mar de Aral, da qual se originaram, com o tempo, as tribos armênias e várias balto-eslávicas (antigos prussianos, lavínios e lituanos; checos, poloneses, russos etc.), bem como os antigos persas e seus parentes próximos, os indo-árias, os quais, forçando a entrada através das passagens do Hindo-Kush, irromperam na promissora, rica e disponível planície indiana.

Ninguém sabe quando ocorreu a separação das duas grandes divisões, *a* e *b*, ou onde o grupo se encontrava ao separar-se – se é que de fato aconteceu tal separação ou mesmo se alguma vez houve um único grupo homogêneo. Pois as amplas pradarias do norte, das quais esses povos surgiram, haviam sido um campo de caça paleolítico por cerca de 200.000 anos, antes de chegarem as novas artes do Oriente Próximo nuclear para transformar caçadores em pastores. Pode-se pensar em camponeses labutadores expandindo-se para leste e oeste a partir dos antigos centros do Neolítico, entre 4500 e 2500 a.C., com a consequente retração das tribos paleolíticas mais antigas. Mas após assimilar uma parte das novas artes à sua própria maneira, estas últimas voltaram e, com seu domínio da carruagem, tornaram-se terríveis. Rebanhos, inicialmente de gado, eram seus principais bens. Eram homens polígamos, patriarcais, orgulhosos de sua descendência, habitantes de tendas, imundos e rudes. E como as mulheres por eles conquistadas eram alegremente incorporadas às suas bagagens, as raças árias – se é que se pode chamá-las assim – podem ter evoluído apenas por um processo de constante cruzamento, mistura e separação. De fato, como o Prof. C.C. Uhlenbeck demonstrou, mesmo antes da divisão em duas partes se efetuar, a língua materna era uma mescla de elementos que sugere afinidades, por um lado com os povos do Cáucaso e, por outro, com os esquimós.[35]

Os deuses dos vários panteões árias são, na maior parte, dissociados da realidade local. Eles não são especificamente identificados com esta ou aquela árvore em particular, com este ou aquele lago, rocha ou cenário local, como as divindades tanto de culturas primitivas quanto das avançadas e estabelecidas. Eram, sim, poderes tornados manifestos nos fenômenos que os nômades podiam vivenciar e levar consigo para onde fossem. Por exemplo, dos 1.028 hinos do *Rig Veda* indo-ária, não menos que

250 eram dirigidos a Indra, rei dos deuses, controlador do relâmpago e provedor da chuva; 200 a Agni, a divindade do fogo, que nas chamas das lareiras protegia as famílias e nas chamas dos altares recebia a honra de seus sacrifícios, que ele próprio levava em sua boca inflamada até os deuses, e 120 eram dirigidos a Soma, a bebida da oferenda derramada na boca de Agni.

Eram numerosos os hinos dirigidos ao sol, ao vento, ao deus da chuva e a deuses das tempestades. O radiante Pai Céu e a muito difundida Mãe Terra, juntamente com suas filhas, as encantadoras Aurora e Noite, também eram celebrados. Entretanto, a majestade suprema, embora apenas uma dúzia de hinos fossem dirigidos a ele de maneira exclusiva, era Varuna.

O nome Varuna provém da raiz verbal *vṛ*, "cobrir, circundar"; pois ele circunda o universo, e seu atributo é a soberania. Varuna coloca fogo nas águas; faz a esfera dourada, o sol, percorrer o céu; regula e mantém o dia e a noite separados, e o ritmo de sua ordem (*ṛta*) é a ordem do mundo. Suspenso no ar, ele delimita a terra através de seu poder oculto criativo (*māyā*), usando como instrumento o sol. Dessa maneira ele fez três mundos, habitando em todos eles: céu, terra e o espaço intermediário de ar, onde o vento que ressoa é o sopro de Varuna. Sua morada dourada é o zênite: uma mansão de mil portas, onde está sentado, observando todos os feitos, enquanto à sua volta estão sentados seus informantes, que inspecionam o mundo e não se deixam ludibriar. Os Pais o visitam e também o sol que-tudo-observa, saindo de sua própria casa luminosa, se encaminha para aquela morada suprema para relatar-lhe os feitos dos homens.[36]

Obviamente, essa divindade não é de maneira alguma um mero "deus natural", como muitos desejaram ver nas figuras do panteão védico (bem como no grego). Tampouco é adequado aplicar sistematicamente qualquer teoria de evolução religiosa a essa coletânea de hinos poéticos e, em consequência, classificar como primitivos todos os dirigidos ao fogo *factual* queimando no altar, ao próprio sol brilhando, ao relâmpago saindo das nuvens ou à chuva caindo do céu, e como de desenvolvimento posterior aqueles que personificaram as forças *por trás* desses fenômenos. Porque, em primeira instância, não há em lugar algum do mundo evidência sólida de tal tendência mitológica a evoluir de uma visão direta do fenômeno para uma personificação de sua força inerente. Já em todos os mitos dos pigmeus andamaneses – que são mais ou menos tão simples quanto quaisquer outros conhecidos – surgem personificações, como na figura de Biliku, a monção noroeste. E, em segundo lugar, os árias, já de posse de animais domesticados, da carruagem e do bronze, estavam, de fato, longe de ser primitivos. As formas estruturadoras fundamentais de sua ordem védica mostram que elas tinham suas raízes – juntamente com a agricultura, a criação de gado e o sistema decimal de cálculo – no centro primário de toda e qualquer civilização superior, isto é, a Suméria.

O céu, a terra e o ar entre ambos são os reinos de An, Ki e Enlil. Soma, a oferenda, corresponde a Tammuz e até conserva as mesmas associações; pois este deus também é identificado com a lua crescente e minguante, o touro amarrado ao poste sacrificial, a seiva frutificadora que flui através de todo ser vivente e, na forma de uma bebida inebriante fermentada do sumo da planta soma, é a ambrosia da vida imortal. Ademais, o princípio da ordem (*ṛta*: "curso ou caminho") de acordo com o qual Varuna rege todas as coisas é o correspondente védico, exatamente, do *maat* egípcio e do *me* sumério. E, como *maat* e *me*, o termo não designa apenas uma ordem física, mas também uma ordem moral.

O Prof. Hermann Oldenberg escreveu sobre este princípio regente do universo em seu estudo clássico sobre o pensamento védico:

> "*Ṛta* faz os rios correrem." "De acordo com *ṛta* surge a Aurora nascida do céu." Os Pais regentes do mundo "de acordo com *ṛta* elevaram o sol até o céu", que é ele próprio "a radiante face visível de *ṛta*"; ao passo que a escuridão de um eclipse, que obscurece o sol violando a ordem natural, é uma coisa "contrária à lei". Em volta do céu gira a roda de doze raios de *ṛta*, que jamais envelhece – o ano. E a força de *ṛta* é especialmente visível onde qualquer ocorrência surpreendente e aparentemente contraditória se torna uma ocorrência sempre nova; por exemplo, naquele prodígio ao qual o homem deve seu alimento: que a vaca, apesar de ser escura produza leite branco e a vaca, apesar de "fria", produza uma bebida quente – o que é celebrado pelo poeta védico como "o *ṛta* da vaca, regido por *ṛta*".
>
> "*Ṛta*-e-Verdade" são termos constantemente combinados, e como antônimo de "verdade" é usado com frequência o termo *anṛta*, "que não é *ṛta*". O homem que injuria seu semelhante pelo engano ou magia malévola é situado em oposição ao homem honrado, que "se esforça de acordo com *ṛta*". "Para aquele que segue *ṛta* o caminho sob os pés é agradável e sem espinhos." [...]
>
> É verdade que certo traço de concretude é inerente ao *ṛta*. Há mesmo traços de uma espécie de vaga localização, como quando descobrimos que os alvoreceres vêm despertando da morada de *ṛta*; ou quando o lugar da oferenda é representado como o assento de *ṛta*. Há caminhos de *ṛta* – e essa, compreensivelmente, é uma expressão favorita, já que *ṛta*, na verdade, envolve a ideia de uma direção nos acontecimentos; há aurigas de *ṛta*, barcos de *ṛta*, vacas e leite de *ṛta*. Porém, salvo algumas exceções irrelevantes, ninguém jamais orou a *ṛta* ou lhe fez oferendas.[37]

Deve-se observar, entretanto, que embora uma influência obviamente enorme das primeiras matrizes culturais do Oriente Próximo seja responsável pela magnificência arquitetônica da mitologia dos Vedas, há nesses hinos um espírito e uma linha de interesse completamente diferentes de quaisquer orações e mitos conhecidos tanto do Egito quanto da Suméria. Pois, como os semitas, os árias eram um povo relativamente simples e quando tomavam material emprestado das ordens sacerdotais das grandes cidades-templos dos estados instituídos, eles os aplicavam a seu próprio propósito – que não era a articulação de uma complexa unidade social, já que não administravam tal condição, mas, especificamente, o poder: vitória e pilhagem, produtividade competitiva e riqueza.

Portanto, como vimos, a base mitológica da Civilização do Indo, destronada pelos árias, parece ter sido uma variante da ordem rítmica vegetal-lunar da antiga Idade do Bronze Superior, na qual uma ciência clerical do calendário exigia de todos submissão sem resistência a um destino implacável. A Deusa Mãe, em cujo útero macrocósmico se supunha que todas as coisas vivessem suas breves vidas, tinha poder absoluto, e, na esfera de seu domínio, sentimentos tão insignificantes quanto o heroísmo não podiam esperar alcançar qualquer resultado sério. "Ela é obstinada", disse Ramakrishna, "e tem sempre de ter tudo à sua maneira." Entretanto, para os filhos que se submetem sem se rebelar à vontade da mãe, "ela é cheia de graça". Toda vida, todos os momentos acabam em seu estômago insaciável; porém, nesse retorno temível, existe a possibilidade do êxtase para aquele que, em confiança, consegue oferecer-se – como o rei perfeito: o filho e também o macho de sua mãe cósmica.

"Kālī, minha mãe, será realmente negra?", assim canta um devoto indiano.

> A Despida, da cor mais negra,
> Ilumina o Lótus do Coração.[38]

Nos hinos dos Vedas, por outro lado, ressoa um cântico completamente diferente. Com um regozijo vívido e colorido pela recompensa da continuação da vida, esses versos mágicos se alçam com o brilho de um nascer do sol ou de sua jovem deusa preferida, Aurora, que é celebrada em cerca de vinte hinos:

> Maravilhosa de admirar, ela desperta o mundo dos homens,
> Indo na frente, abrindo o caminho
> Na sua sublime carruagem, majestosa, deleitando a todos,
> Irradiando luz ao romper do dia.
>
> Como se estivesse orgulhosa dos encantos de seu corpo,
> Recém-banhado, a jovem Aurora ergue-se,
> Para ser vista. As Trevas, o Inimigo, é expulso
> Quando a Filha do Céu surge, irradiando luz.
>
> Filha do Céu, como uma noiva formosa, deixa cair o véu
> De seu peito: revela um regozijo luminoso
> Àquele que a adora. Como desde outrora ela chegou, assim
> A jovem Aurora ergue-se novamente, irradiando luz. [39]

Dá para ouvir o ruído dos carros de guerra, o estalido dos chicotes e o tinir de bronze sobre bronze na cadência destes versos vigorosos, cuja trama capturou o poder dos próprios deuses. O reconhecimento do destino como algo que o espírito humano pode muito bem suportar em verdadeira e paciente devoção, com a promessa de um bom desfecho no final, incendeia cada verso, e ainda, por serem suas principais imagens simbólicas o sol nascente, o fulgor do relâmpago e as labaredas das línguas de Agni sobre os altares, encontramos em todos esses hinos uma confiança na capacidade do fogo ativo para abrir caminhos em toda parte em vista de sua vitória sobre a escuridão. A velocidade conquistada através do cavalo recentemente arreado, as novas armas e o consequente poder de avançar sobre as cidades, planícies e tudo mais à vontade, deram ao povo guerreiro um novo senso de autonomia. De maneira que mesmo a lição do sacrifício cósmico era agora interpretada como uma lição não em termos de submissão, mas de força conquistada. A vítima lunar, Soma, era agora derramada sobre o fogo em forma de sumo da planta soma como uma bebida apropriada para os deuses; mas a mesma bebida embriagante era despejada também na goela do próprio guerreiro, onde inflamava a bravura de seu coração de modo todo especial. "Prudentemente", ouvimos:

Prudentemente, eu compartilhei do doce alimento que estimula
Bons pensamentos: o melhor antídoto da cautela.
Do qual todos os deuses e mortais
Chamando-o de mel, se aproximam.

Nós bebemos Soma; tornamo-nos imortais.
Fomos para a luz; encontramos os deuses.
O que pode a hostilidade fazer conosco agora?
E o que pode a malícia, ó Imortal, do homem mortal?

Ó gloriosas, gotas redentoras!
Que me fundiram às minhas juntas, como as amarras de uma carruagem
Que essas gotas me protejam de quebrar uma perna,
E me livrem das doenças.

Como o fogo aceso pela fricção, inflama-me!
Ilumina-nos! Torna-nos ricos:
Pois na embriaguez que tu proporcionas, ó Soma,
Sinto-me rico. Ao penetrar em nós, agora, torna-nos de fato ricos. [40]

Os árias, já dissemos, eram, como os semitas, um povo relativamente simples. E, exatamente como na mitologia dos semitas o conceito clerical da era invencível foi transformado em uma função da vontade complacente de um deus pessoal, sujeito a ira, mas também a preces, assim também na esfera védica a ordem cíclica (*ṛta*) de Varuna, embora reconhecida com devoção, era impedida de estar no primeiro plano do sistema. Sendo caçadores, pastores e guerreiros, os árias conheciam por demais o poder do homem de ação de traçar o destino. Consequentemente, não tolerariam que o peso morto e assassino de uma visão matemática clerical os tornasse farinha do mesmo saco, com todo o resto. Por isso, a ordem rítmica de Varuna retrocedeu.

E ergueu-se para o primeiro plano da cena cósmica mítica, em um carro de batalha puxado por dois extraordinários corcéis fulvos com crinas esvoaçantes de coloração de penas de pavão, o maior de todos os bebedores de Soma, o deus do combate, da temeridade, da força guerreira e da vitória, arremessador do raio de muitos ângulos, cuja barba fulva se agitava violentamente quando tinha bebido e estava encharcado de Soma, como um lago: Indra, como o sol, cujos longos braços arremessavam o raio pelo qual o dragão cósmico Vritra era destruído.

Uma serpente extraordinária, silvando, dispondo do trovão, do relâmpago, de névoa e granizo à vontade, Vritra, o arquidemônio sem mãos ou pés, descansava entre as fortalezas distantes, deitado sobre as montanhas – depois de açambarcar para si as águas do mundo, de maneira que o universo, privado por séculos de qualquer líquido, tinha se tornado um deserto.

Mas quem ainda não ouviu falar da façanha de Indra?

> Como um touro impetuoso, ele apossou-se do Soma,
> E bebeu de três grandes tigelas a bebida espremida,
> Pegou sua arma, o raio fulminante,
> E matou o dragão primogênito.[41]

A façanha é narrada, como dissemos, em pelo menos um quarto dos hinos da coletânea.

Além do mais (e aqui há uma questão, acredito, que não foi suficientemente enfatizada nos comentários), o nome do dragão destruído pelo raio provém da raiz verbal *vṛ*, "cobrir, circundar", que, como o leitor certamente lembra, é a raiz da qual também derivou o nome Varuna.

Em outras palavras:

1. O antagonista nesta mitologia ária é o aspecto negativo da própria ordem cósmica clerical, na medida em que afeta o mundo da vida.
2. A seca provocada pela serpente espiralada Vritra, "o que envolve", corresponde nessa mitologia ao Dilúvio no sistema mesopotâmico.
3. Como na versão semítica do Dilúvio, também nesta versão ária da Seca, a catástrofe cósmica não é interpretada como efeito automático de uma ordem rítmica impessoal, mas como obra de uma vontade autônoma.
4. Em contraste com a visão semítica, entretanto, o mito indo-ária representou Vritra, o autor da façanha negativa, não como um deus a ser venerado, mas como uma coisa a ser desprezada:

> Sem pés e sem mãos, ele enfrentou Indra,
> Que lançou seu raio nas suas costas.
> E Vritra, o macho castrado que tinha tentado igualar-se ao macho viril,
> Foi abatido e esparramou-se em muitos lugares.

E sobre ele, que ali jazia como uma oferenda sacrificada,
A torrente de águas avançou,
Que ele, com sua força, havia represado:
Sob a corrente, agora, jazia o grande dragão.[42]

5. Portanto, enquanto no desenvolvimento mesopotâmico o deus supremo pode ser desfavorável ao homem – um deus ciumento, perigoso e irritável que, contrariado, se torna malvado – os deuses védicos em geral são de tendência gentil, fáceis de contentar, e, se negligenciados, simplesmente viram as costas. O Prof. Winternitz descreve assim este contraste:

> O cantor védico eleva os olhos para o deus que ele celebra, sem o profundo temor e sem a fé inquebrantável do salmista de Jeová. Tampouco as orações dos cantores religiosos da Índia antiga sobem aos céus, como os salmos, saindo do mais fundo de suas almas. Esses poetas estão mais próximos dos deuses que celebram. Quando louvam um deus, esperam que ele os recompense com vacas e com filhos heroicos e não hesitam em mostrar-lhe seus propósitos. "Eu dou para que tu me dês" (*do, ut des*), tal é o lema, e assim canta um devoto védico a Indra:
>
> Se eu, ó Indra, como tu,
> Fosse o único senhor de todas as bonanças,
> O celebrante de minhas preces
> Jamais ficaria sem vacas.
>
> Eu o ajudaria de bom grado;
> Dando ao celebrante sábio o que lhe é devido:
> Se, ó Generoso Deus, eu
> Fosse, como tu, o Senhor das Vacas.[43]

Mas há ainda um ponto a ser levantado: na vida leviana e no desejo de poder terreno desses hinos não encontramos nada do espírito nem da imagem do mundo mitológico do hinduísmo posterior que, ironicamente, se supõe ter-se originado dos Vedas. Não há, por exemplo, nenhuma ideia de reencarnação; nenhum anseio de libertação da roda do renascimento; nenhuma ioga; nenhuma mitologia de salvação; nenhum vegetarianismo, não violência ou casta. A antiga palavra védica para guerra, *gaviṣṭi*, significa "desejo por vacas" – e as vacas dos pastores árias eram abatidas, usava-se o couro e consumia-se a carne bem como o leite. (Tudo isso seria difícil de explicar, se contradições e interpretações tendenciosas não fossem comuns ao tradicionalismo religioso em todo o mundo.)

A questão aqui é, simplesmente, que a mitologia posterior da Índia não é védica em substância, mas dravidiana, originária principalmente do complexo da Idade do Bronze do Indo. Pois no curso dos anos os árias foram assimilados (embora não, infelizmente, suas vacas) e o princípio da ordem do deus cósmico Varuna – que tinha derivado, como o próprio perfil do Indo, da matemática do Oriente Próximo – adquiriu supremacia sobre o princípio da vontade autônoma de Indra. O *ṛta* de Varuna tornou-se *dharma*. A *māyā* criativa de Varuna tornou-se a *māyā* criativa de Viṣṇu. E os ciclos do eterno retorno voltaram a girar infinitamente. Assim, o ato de vontade e virtude do maior deus heroico dos Vedas tornou-se apenas algo que não deveria ter ocorrido.

Pois o dragão, como logo saberemos, tinha sido um brâmane. E como o assassinato de um brâmane, segundo uma concepção posterior da Índia, é o mais hediondo de todos os crimes, o assassinato do brâmane Vritra praticado por Indra era um crime que ele somente expiaria cumprindo uma penitência terrível.

A seguir, lemos no *Mahābhārata*, um milênio completo (pelo menos) depois do período dos nossos hinos védicos, a versão modificada da matança do dragão cósmico pelo deus védico.

"Faça-nos ouvir, ó Sábio!" Assim é feita a invocação ao narrador no início desta passagem: "Faça-nos ouvir sobre a grande dedicação à virtude (*dharma*) do imensuravelmente brilhante Vritra, cuja sabedoria era inigualável e cuja devoção a Viṣṇu, ilimitada!"

> Naquele tempo (começa o relato transformado) o poderoso Rei dos Deuses, dirigindo sua carruagem, cercado pelo seu exército celestial, viu diante de si um titã imenso, descomunal como uma montanha, com 7.000 km de altura e 2.400 km de circunferência. Em seguida, percebendo aquela forma prodigiosa, que a força dos três mundos juntos seria incapaz de destruir, todo o exército celestial ficou paralisado pelo medo e seu comandante, percebendo a dimensão de seu antagonista, perdeu o controle dos membros da cintura para baixo.
>
> Um ruído de batidas de tambor, trombetas e outros instrumentos espalhou-se por todos os lados e o titã, divisando o exército dos deuses com seu rei à frente, não ficou nem surpreso nem assustado. Tampouco achou que seria necessário usar de todos seus poderes nessa luta.
>
> A guerra iniciou-se. E ela semeou terror nos três mundos. Pois todo o céu foi ocupado por guerreiros de ambos os lados, empunhando lanças, dardos, adagas e machados, espadas e maças, pedras de vários tamanhos, arcos de som estrondoso, numerosos tipos de armas celestiais, fogos e ferros incandescentes. E ali reuniram-se para assistir, agrupando-se em suas melhores carruagens, todos aqueles profetas abençoados por quem os Vedas em tempos de outrora tinham sido revelados, e também iogues realizados e músicos celestiais em seus próprios carros formosos, onde estavam também as damas celestiais; ademais, brilhando acima de todos estava o criador e controlador do mundo, o grande deus Brahma em pessoa.
>
> Então, Vritra, o mantenedor do *dharma*, destramente subjugou tanto o Rei dos Deuses quanto todo o mundo do ar com uma densa chuva de pedras. E os deuses, explodindo de raiva, despejaram uma chuva de flechas naquelas pedras, dissolvendo-as. Mas o titã, poderoso graças à sua *māyā* e à sua força, deixou o Rei dos Deuses completamente estupefato pelo poder de sua *māyā*. E quando, entorpecido por aquele

poder *māyā*, o deus dos cem sacrifícios ficou imobilizado, o sábio védico Vasishtha – que em contemplação tinha ouvido e, consequentemente, composto, todos os hinos do sétimo livro do *Rig Veda* – devolveu-lhe os sentidos entoando versos védicos. "Tu és o líder dos deuses", disse o sábio. "Dentro de ti está o poder dos três mundos. Por que vacilas? Todos, Brahma, o Criador, Viṣṇu, o Conservador, e Śiva, o Destruidor da Ilusão, bem como o glorioso, divino Soma e videntes védicos estão observando. Não sucumbas aqui como um mero mortal. Os três olhos de Śiva estão sobre ti. E tu não estás ouvindo os santos védicos louvando-te com hinos em tua vitória?"

Assim, recuperados os sentidos, tornando-se confiante, o deus aplicou-se à ioga e, dessa maneira, afastou a *māyā*, pela qual tinha sido entorpecido. Em seguida, os videntes, que tinham acabado de testemunhar a façanha do titã, voltaram-se para Śiva, Senhor do universo, em oração. E, em resposta, aquele Grande Deus enviou sua energia para Vritra na forma de uma terrível febre. Simultaneamente Viṣṇu penetrou na arma de Indra. E todo o séquito de videntes, dirigindo-se a Indra, exortou-o a atacar seu inimigo. O próprio deus Śiva dirigiu-se a ele:

"Diante de ti está teu inimigo, Vritra, apoiado pelo seu exército; ele é o Si-Próprio (*ātman*) do universo, onipresente e de imenso poder enganador.

Por 60 mil anos esse titã dedicou-se a austeridades ascéticas para alcançar essa força até que, por fim, Brahma foi compelido a conceder-lhe as graças que ele desejava. E elas foram as maiores que se podem obter pela ioga, notadamente, o poder de criar ilusões à vontade, força invencível e energia sem fim. Entretanto, agora estou confiando-te *minha* energia e força. Assim, com a ioga a assistir-te, mata o inimigo com teu raio."

Disse então o Rei dos Deuses: "Ó Deus Supremo, diante de vossos abençoados olhos, dotados com a bênção de vossa graça, vou agora com este meu raio matar o filho invencível da mãe dos demônios".

E os deuses e todos os santos, vendo o inimigo atacado por aquela febre, soltaram um rugido de satisfação. Tambores ribombantes, timbales, conchas e trombetas, aos milhares, em todas as partes, começaram a soar. Os demônios perderam o juízo. Seus poderes de iludir os abandonaram. E a forma que o Rei dos Deuses assumiu então, no momento de sua grande vitória, sentado em sua carruagem, entre os gritos de aclamação dos videntes védicos, foi tal que ninguém conseguia olhar para ele sem medo.

Mas contemos primeiro o que aconteceu com o titã golpeado. Quando ele foi tomado por aquela febre abrasadora, sua imensa boca soltou uma explosão de chamas. Sua cor desapareceu. Todo ele tremia, mal conseguia respirar e cada pelo de seu corpo eriçou-se. Sua mente atravessou seus maxilares em forma de um demônio, um terrível chacal e meteoros explodiram em chamas de seus lados, tanto direito quanto esquerdo.

E o Rei dos Deuses, louvado e adorado pelos deuses, manejando seu raio, observava o monstro que, arrebatado pela febre, escancarou a boca com um estrondoso uivo, e enquanto sua grande boca estava aberta, o deus disparou nela seu raio, repleto

> de não menos energia do que o fogo que consome o universo no final de um ciclo cósmico – o qual fez Vritra voar em pedaços prodigiosamente pelos ares, no mesmo instante. Os deuses estavam em êxtase. E o Rei dos Deuses, recuperando seu raio, afastou-se célere em sua carruagem em direção ao céu.
>
> Mas aquele crime hediondo, "bramanicídio", terrível, ominoso, espalhando medo por todos os mundos, saiu do corpo do titã assassinado na forma de uma figura feminina, com os dentes projetando-se de modo terrível, aspecto furiosamente contorcido, fulvo e negro, cabelos desgrenhados, olhos assustadores, uma grinalda de caveiras à volta do pescoço, banhada em sangue, vestida de farrapos e cascas de árvores. E ela foi atrás do Mestre do Raio, tomou sua carruagem, prendeu-o e, desde aquele momento, o "bramanicídio" colou-se a ele. Apavorado, ele escondeu-se num talo de lótus, onde se refugiou durante anos tentando por todos os meios livrar-se dela. Mas todos seus esforços foram em vão até que, por fim, com aquele espírito maligno ainda colado, o miserável Rei dos Deuses aproximou-se de Brahma, o Criador, que, conhecendo o crime, começou a considerar a questão de como o Rei dos Deuses poderia ser liberto.[44]

Portanto, certamente nada há de védico neste episódio senão os nomes – e apenas os nomes – dos dois competidores. Suas características foram alteradas. Seus poderes também. Mesmo suas virtudes foram invertidas. Não podemos deixar de notar que a coragem do herói-fantoche é derivada não do soma, e sim da ioga que, como descobrimos nos sinetes do Indo, era uma característica da civilização do Indo. E o crédito final da vitória foi atribuído a Śiva, o mestre da ioga, igualmente prefigurado naqueles sinetes. De maneira que, obviamente, no decorrer dos séculos entre o ingresso dos árias e a composição desta peça literária, o panteão védico foi adaptado a uma teologia derivada, pelo menos em certos traços, do sistema anterior nativo da Índia, no qual a ioga exercia papel soberano. De fato, mesmo o poder do antagonista é aqui atribuído a um exercício de ioga no qual ele perseverou por sessenta mil anos.

Notamos, ademais, uma ênfase no *dharma*, interpretado como virtude em concordância com a lei cósmica: precisamente *maat*, *me*, *ṛta*, *tao*. Em outras palavras, o princípio da ordem da Idade do Bronze novamente passou para primeiro plano, enfraquecendo o tema do herói védico da façanha individual. E na verdade, ao longo de todo o *Mahābhārata* predominou um tema contrário, isto é, anti-heroico; notadamente de uma alternância de poder entre um séquito de titãs e um séquito de deuses, como ilustração do princípio do ciclo da luz e das trevas. De modo que, muito à maneira de certas modernas visões da história – por exemplo, a de Tolstoi ou de Marx – é a própria maré da história que é representada conduzindo heróis notórios (Napoleões, Bismarcks, Indras etc.) em sua irresistível crista: não é o herói quem faz a história. Entretanto, em contraste com o sistema de Marx – um tanto levantino –, não deve haver nessa mitologia nenhuma Era Messiânica na qual as leis da história, tais como as conhecemos, deixam de funcionar. Pois, de acordo com essa visão, é inerente à vitória de cada lado uma limitação intrínseca. A alternância é essencial. Brahma, o criador da ilusão do mundo, concede o poder da ilusão ao vilão da história. Śiva concede a Indra sua força e energia para a destruição dessa mesma ilusão. E quando o deus herói mata seu homem, acha que se tornou – por assim dizer – um criminoso de guerra, embora seja o salvador do mundo.

Aqui, encontramos um eco de Prometeu; um eco também do Cristo crucificado, com os pecados do mundo sobre suas costas. Cristo na cruz; Prometeu pregado na montanha do mundo; Indra no talo do seu lótus! Tocamos, novamente, naquele veio mitológico arcaico, que nos apareceu pela primeira vez nas figuras de Hórus, Set e o Segredo dos Dois Parceiros,* além do bem e do mal.

A ioga e o princípio do ciclo já eram, então, aparentemente, características de um sistema anterior do Indo. Entretanto, o tema dos profetas védicos cantores de salmos pertence ao lado védico da figura apresentada nesse mito, e a ideia de uma trindade de deuses, compreendendo Brahma, como criador da ilusão do mundo, Viṣṇu, seu mantenedor, e Śiva com três olhos, o mestre da ioga, como destruidor da ilusão do mundo, é uma concepção tardia, muito tardia, que não aparece na arte e mito da Índia até 400 d.C.

Trataremos dessa idade posterior no Capítulo VI; por enquanto seguiremos o curso pelo qual os ensolarados deuses védicos foram unidos, pela primeira vez, ao sistema não heroico da adoração fálica que eles menosprezavam e assim, ironicamente, convertidos ao culto daquela doutrina de negação do mundo que Nietzsche denominou a *Virtude que Apequena*, pela qual os grandes são tornados pequenos, os pequenos, grandes e os pregadores da resignação obtêm a glória – para si mesmos.

IV. PODER MÍTICO

O meio pelo qual a casta sacerdotal na Índia conquistou a superioridade sobre a nobreza – talvez devagar, mas segura e decididamente – foi o medo que conseguiu inspirar à sua volta através do cântico e poder aparente de seus encantamentos védicos. No primeiro período implorava-se aos deuses. Mas quando se concluiu que, visto que os deuses podiam ser conjurados pela vontade do homem, o poder dos ritos de conjuração devia ser maior que o dos deuses, deixou-se de implorar aos deuses e passou-se a obrigá-los a conceder suas bênçãos aos clãs guerreiros, e a magia dos brâmanes, conhecedores de potentes encantamentos, foi reconhecida como a mais poderosa e mais perigosa do mundo.

A palavra *veda*, "conhecimento", provém da raiz *vid* (compare-se com a latina *video*,"eu vejo"), que significa "perceber, conhecer/saber, considerar, nomear, descobrir, adquirir, conceder". Os hinos védicos, supunha-se, não tinham sido compostos por homens, mas "ouvidos" (*śruti*), através de revelação, pelos grandes profetas (*ṛṣis*) do passado mítico. Eram portanto um tesouro da verdade divina e,

* *Supra*, p. 71-73.

consequentemente, um poder a ser estudado, analisado e contemplado. As obras de teologia dedicadas à sua interpretação são as chamadas "Obras dos Brâmanes" (Brahmanas), a primeira das quais pode ser datada de cerca de 800 a.C. Nelas, os hinos e ritos védicos não são tratados como produtos do pensamento e da ação do homem, mas como fatores fundamentais do universo. Na verdade, os Vedas, acreditava-se então, antecederam o universo; pois eles continham aquelas eternas sílabas potentes e criativas das quais tinham procedido os deuses e o universo. Acerca de "OM!" lemos, por exemplo:

> Esta sílaba imortal é tudo isso.
> O que quer dizer:
> Tudo o que é Passado, Presente e Futuro é OM;
> E o que está além dos três Tempos também é OM.[45]

Através do conhecimento e controle do poder dos hinos védicos, o brâmane iniciado podia causar, conforme lhe agradasse, tanto benefícios a seus amigos quanto desgraças a seus inimigos, simplesmente pela manipulação adequada dos versos. Por exemplo:

> Se ele desejar para um homem: "Quero privá-lo da expiração", deve recitar o terceto a Vayu (o deus vento) em desordem, omitindo um verso ou uma estrofe; com isso, o terceto fica confuso – em verdade, dessa maneira, ele o impede de expirar. Se ele desejar para um homem: "Quero privá-lo da expiração e da inspiração", deve recitar para ele o terceto a Indra e Vayu desordenadamente, omitindo um verso ou uma estrofe; com isso, o terceto fica confuso – na verdade, dessa maneira, ele o impede de expirar e inspirar. [...] Se ele desejar para um homem: "Quero privá-lo da força", ele deve recitar para ele o terceto a Indra desordenadamente. [...] Se ele desejar para um homem: "Quero privá-lo de seus membros", ele deve recitar para ele o Terceto a Todos os Deuses desordenadamente. [...] Mas se ele desejar para um homem: "Com todos os membros, com todo o Si-Próprio, quero fazê-lo prosperar", deve recitar para ele na ordem certa; na verdade, dessa maneira, ele o faz prosperar com todos seus membros, com todo seu Si-Próprio. Com todos seus membros, com todo seu Si-Próprio, prospere aquele que souber isto.[46]

Os deuses tiravam sua força do sacrifício. "O sacrifício", dizia-se, "é a carruagem dos deuses."[47] Consequentemente, os brâmanes eram os mestres, não apenas dos homens, mas também dos deuses. "Há, na verdade", lemos, "duas espécies de deuses. O que quer dizer, os deuses são deuses, e os iniciados e sábios brâmanes são deuses humanos. A oferenda é compartilhada entre os dois: os sacrifícios são para os deuses e os proventos são para os deuses humanos, os iniciados e sábios brâmanes. A pessoa que oferece o sacrifício proporciona prazer aos deuses com o sacrifício e aos deuses humanos, os iniciados e sábios brâmanes, com os proventos. E uma vez que todos ficam satisfeitos, esses dois tipos de deuses elevam o oferente à beatitude do céu."[48]

Se surgisse, entretanto, a questão sobre qual dos dois tipos de deus é mais importante, a resposta se encontrava à mão. "O brâmane descendente de um grande *rishi* é, em verdade, ele próprio, todos os deuses";[49] e novamente: "O brâmane é o deus supremo".[50]

De todas as grandes cerimônias através das quais os brâmanes eram preparados para exaltar seus protetores, a mais pomposa era a do Sacrifício do Cavalo (*aśvamedha*), destinada e reservada a reis, e para a qual se necessitava de grande número de brâmanes capacitados. Tais brâmanes constituíam quatro classes:

1. O *hotri*, ou "Invocador", que no período anterior (*c.*1000 a.C.) pode ter sido tanto cantor quanto oficiante do sacrifício, mas no período superior dos Brahmanas posteriores (entre 800 e 600 a.C.), tinha a tarefa específica de convocar os deuses, convidando-os a deixar suas várias moradas para participar da festa e receber os bocados sacrificados no fogo;

2. O *adhvaryu*, ou "Sacrificador", cuja tarefa era supervisionar as oferendas, e enquanto o *hotri* é exaltado como "dotado de língua primorosa", o *adhvaryu* é "dotado de mãos primorosas"; o manual do *hotri* era o *Rig Veda* e o de *adhvaryu* o *Yajur Veda*, e em todos os ritos importantes os dois eram os principais oficiantes, cada um com uma série de auxiliares, dependendo da magnitude da ocasião;

3. O *udgatri*, ou "Cantor", que entoava partes selecionadas de outra coletânea, o *Sama Veda*, de onde os hinos (muitos dos quais são os mesmos do *Rig*) são destacados para esse uso, e finalmente:

4. O brâmane supervisor, com frequência, mas não necessariamente, o sacerdote principal do rei.

O simbolismo do Sacrifício do Cavalo era em muitos lugares grotescamente sexual; pois o rito tinha sido adaptado dos rituais anteriores do touro da Idade do Bronze, os quais tinham servido primeiramente para cultos de fertilidade vegetal. Entretanto, supunha-se que mesmo os aspectos fálicos mais evidentes concedessem não apenas fertilidade mas, sobretudo, poder real supremo e autoridade sobre – no melhor dos casos – o mundo inteiro. O rito iniciava-se na primavera ou no verão e o animal tinha de ser um garanhão puro-sangue, distinguido por sinais especiais. Uma vez escolhido, era isolado cerimonialmente e amarrado a um poste sacrificial.

"O poste sacrificial", lemos, "é o sol, o altar é a terra; o capim sagrado representa as plantas; os gravetos, as árvores; as águas borrifadas são as águas; as varas circundantes, os quatro pontos cardeais."[51]

Cada aspecto do sacrifício tinha sua contrapartida na estrutura do universo; cada ato, uma referência cósmica, e o poder do rito de produzir efeitos sobre o mundo provinha da precisão dessas analogias. O poder da casta brâmane, na verdade, consistia no conhecimento de tais concordâncias. Basicamente, o princípio envolvido era o da "magia imitativa" de Frazer.[52] Entretanto, ao passo que no nível primitivo as analogias de magia envolvidas são via de regra evidentes, as dos brâmanes eram obscuras em extremo e com frequência brilhantemente poéticas.

Depois de amarrado ao poste, o cavalo era empurrado com uma vassoura para a água a fim de ser banhado, enquanto o filho de uma prostituta batia até a morte num cachorro de "quatro olhos" (ou seja, um cachorro com uma mancha escura acima de cada olho, sugerindo os cães de guarda do mundo dos mortos), que era então remetido no curso das águas rumo ao sul – para a terra dos mortos – após passar sob a barriga do cavalo.

"Que Varuna avance contra quem se atrever a atacar este corcel", grita o matador do cachorro. "Fora o homem! Fora o cão!"[53]

O cão morto nesse curioso rito é símbolo do azar, magicamente banido por um ser que não apenas representa, mas é fruto realmente do poder do puro sexo: o fruto de uma prostituta. O poder do sexo deve então exercer seu papel nesse rito, não menos que os poderes das armas militares e o conhecimento da tradição brâmane.

O cavalo é agora libertado para que corra à vontade por um ano em companhia de uma centena de rocins mas sem nenhuma égua lustrosa, seguidos de uma cavalaria de uma centena de príncipes, mais uma centena de filhos de oficiais de alto escalão e uma centena de filhos de oficiais de baixo escalão; de maneira que se alguém tentasse roubar o garboso cavalo ou proibir sua entrada em um reino, aquele rei teria de lutar. Por outro lado, se algum rei franqueasse a passagem desse cavalo, com isso concedia supremacia ao grande monarca que o tinha libertado – e que agora estava em casa muito ocupado em uma cerimônia de considerável magnitude e importância mágica.

À maneira de sacrifícios, presentes eram oferecidos diariamente ao deus Savitri. Diariamente também, em uma reunião festiva diante do rei e sua corte, o sacerdote *hotri* promovia recitais com representações dramáticas, canto e música, dança e declamações de lendas épicas, bem como versos improvisados cantados por um nobre bardo em homenagem ao rei. E o público era escolhido de acordo com o assunto do dia: velhos ou jovens; encantadores de serpentes, pescadores ou passarinheiros; ladrões e usurários; ou sábios.[54] E da mesma forma que o cavalo, o rei também não deveria desfrutar do sexo durante esse ano – para ele, entretanto, a abstenção tornava-se mais difícil pela exigência de ter de dormir todas as noites entre as pernas de sua rainha predileta. E a cada quinze dias, mais ou menos, um colegiado de trinta e sete sacerdotes *adhvaryu*, sentados cada um em um banco de madeira *ashvatta* (aqui há um trocadilho envolvido na palavra *aśva*, "cavalo"), passava a noite lançando ao fogo produtos da lavoura e laticínios: manteiga, cevada, leite e arroz.[55]

O ano acabava com um festival de três dias, quando o cavalo e seus acompanhantes retornavam galopando garbosamente e entoavam o hino do *Sama Veda*. O milagre da voz animal era conseguido quando o sacerdote *udgatri* iniciava seu próprio canto e era trazida uma égua ante a qual o impecável garanhão relinchava. O relincho era conhecido como o *udgitha* do garanhão. A impecável égua respondia. E esse era o *udgitha* da égua.[56]

Parece que em tempos védicos anteriores o único animal sacrificado nesse rito, além do cavalo, era o carneiro, representando o deus Pushan, mensageiro do sol. Entretanto, no *Mahābhārata* é descrito o seguinte espetáculo:

> Os sacerdotes iniciados nos Vedas executavam com precisão todos os ritos, movendo-se adequadamente em todas as direções devidas, todos perfeitamente treinados e perfeitamente cônscios. Tampouco cometiam qualquer infração no ritual: nada era feito indevidamente. Entre a multidão, além do mais, não se encontrava ninguém desanimado, pobre, com fome, pesaroso e ninguém vulgar; havia comida disponível para todos os que desejassem comer.
>
> Todos os dias, os sacerdotes, versados em todos os tipos de saber sacrificial, seguindo com precisão as injunções da escritura, realizavam os atos necessários para a consumação de um poderoso rito, e não havia ninguém que não fosse mestre em conhecimento védico ou perfeito observador de seus votos. E chegada a hora de colocar as estacas, seis eram de madeira *vilva*, seis de *kadhira*, seis de *sarvavarnin*, duas de *devadaru* e uma de *shleshmataka* (vinte e uma estacas ao todo). Ademais, apenas por questão de beleza, eram erguidas outras, de ouro. E tais estacas, adornadas com flâmulas ofertadas pelo rei, reluziam como Indra cercado pelas divindades de sua corte, junto com sete profetas celestiais à sua volta. Também eram fornecidos tijolos de ouro para a construção de uma torre, tão bela quanto qualquer uma no céu, com dezoito cúbitos de altura e quatro andares, sobre cujo pináculo era colocado um grande pássaro de ouro triangular em forma de Garuda, o pássaro-sol.
>
> Então, os sacerdotes, seguindo com precisão todas as injunções da escritura, atavam animais e pássaros àquelas estacas segundo a divindade de cada uma. Touros de características apropriadas, conforme as indicações dos Vedas, e animais aquáticos, eram devidamente atados àquelas estacas depois de aceso o fogo sacrificial. E em preparação aos sacrifícios, trezentos animais eram então amarrados nessas estacas – inclusive aquele que era o melhor de todos os melhores garanhões.
>
> E com isso todo o terreiro sacrificial ficava esplendidamente adornado, como um lugar animado por profetas celestes, acompanhados por bandos de músicos celestiais com suas damas – as jovens dançarinas. [...][57]

As três (ou quatro) esposas do rei, uma das quais podia ser da casta sudra* aproximam-se então e andam em volta do cavalo; depois o preparam para a imolação, ungindo-o com óleo e colocando-lhe grinaldas no pescoço, enquanto o sacerdote *hotri* e o brâmane supervisor fazem uma representação simbólica, cômica e enigmática. Depois disso o cavalo é levado de volta ao seu poste, coberto com um pano e sufocado; em seguida, a esposa principal do rei aproxima-se e inicia-se o rito arcaico curioso e quase inacreditável do casamento de uma rainha com um animal morto, símbolo do eterno e grandioso deus Varuna, senhor da ordem do mundo.

Ela deita-se ao lado do cavalo morto e o sacerdote *adhvaryu* cobre os dois com um pano. Ele roga: "No céu sejam ambos cobertos. Que o garanhão virilmente

*"Há três tipos de esposa para o brâmane, dois para o xátria, e o vaixia pode desposar apenas alguém de sua própria casta. [...] Faça com que a esposa brâmane seja a primeira de um brâmane e a xátria de um xátria. Para o prazer, também uma sudra é permitida. Outros, entretanto, não têm essa permissão." (*Mahābhārata* 13.44.12)

potente, doador de sêmen, aplique o sêmen dentro". A rainha deve pegar e atrair para si o órgão sexual do garanhão, pressionando-o contra seu próprio órgão sexual.

"Ó Mãe, Mãe, Mãe!", ela grita. "Ninguém vai me tomar! O pobre cavalo dorme! Eu, esta maravilhosa coisinha toda vestida de folhas e cascas da árvore *kampila*!"

O sacerdote: "Incitarei o procriador. Tu também, incita o procriador."

Ao que a rainha diz ao garanhão: "Vem, vamos os dois esticar nossos membros".

O sacerdote reza para incitar o deus: "Vem, coloca teu sêmen no canal daquela que te abriu as coxas. Ó tu, potência de virilidade, impulsiona o órgão que é para as mulheres o nutridor da vida. Ele arremessa-se dentro da bainha, seu amante oculto, movimentando-se no escuro para a frente e para trás".

A rainha: "Ó Mãe, Mãe, Mãe! Ninguém está me tomando!"

O rei acrescenta uma metáfora enigmática: "Levanta-o alto, como alguém apoiando uma carga de juncos contra uma colina. Ficará mais fácil quando chegar ao meio, como alguém joeirando numa brisa fresca".

O sacerdote volta-se para uma princesa assistente, apontando para o sexo dela: "A pobre galinha está lá chapinhando excitada. O pênis vai fundo na fenda; com voracidade, a bainha o engole".

E a princesa diz ao sacerdote, apontando para o sexo dele: "O pobre galo está chapinhando excitado, exatamente como tua grande boca loquaz. Sacerdote, cala-te".

Mais uma vez a rainha: "Ó Mãe, Mãe, Mãe! Ninguém está me tomando!"

O brâmane supervisor lembrou-a: "Teu pai e tua mãe uma vez subiram ao topo da árvore. 'Agora', disse teu pai, 'vou penetrar', e ele fez penetrar o pênis na fenda profunda, indo para a frente e para trás".

A rainha: "Ó Mãe, Mãe, Mãe! Ninguém está me tomando!"

O sacerdote *hotri*, voltando-se para uma das outras rainhas: "Quando aquela coisa enorme naquela fenda estreita se choca contra a coisa pequena, os dois grandes lábios se agitam como dois peixinhos numa poça em uma trilha de vacas".

A rainha a quem fora dirigida a palavra volta-se para o sacerdote *adhvaryu*: "Se os deuses concedem prazer àquele touro manchado e gotejante, os joelhos erguidos da mulher vão demonstrá-lo tão nitidamente quanto uma verdade diante de seus olhos".

E a rainha novamente: "Ó Mãe, Mãe, Mãe! Ninguém está me tomando!"

O mordomo real, agora, para a quarta esposa, sudra:

"Quando o nobre antílope se alimenta de grãos de centeio, ninguém se lembra de que a vaca da aldeia se alimentou deles antes. Quando o amante da sudra é um ária, ela se esquece do pagamento pela prostituição." [58]

Cruas e difíceis de serem relacionadas com os belos títulos daqueles de cujas bocas nobres elas saíram, estas obscenidades ritualizadas estão plenamente de acordo com o saber mágico da religião arcaica das Idades do Bronze e do Ferro. Pois, como escreve o Prof. J.J. Meyer em seu grande estudo dos cultos das plantas da Índia: "Graças ao princípio da analogia, tal coito verbal atua não menos saudavelmente em sua magia do que a verdadeira relação sexual ritual, ou, de fato, quaisquer relações sexuais".[59] O ato simbólico do cavalo morto sacrificado corresponde ao de Osíris morto, gerando Hórus, o jovem touro Ápis.* E o rito de uma rainha relacionando-se com um animal é facilmente encontrado, como observa Meyer, "no *hieros gamos* da Rainha de Atenas com o deus da fertilidade Dioniso, celebrado no 'estábulo' – onde o deus deve tê-la abordado em sua forma de touro, exatamente como aqui Varuna veio à Grande Rainha (*mahiṣī*) em sua forma de garanhão".[60]

Todas as rainhas, inclusive a que se deitou com o cavalo sacrificial, estão agora de pé recitando em uníssono uma estrofe do *Rig Veda*, dirigida a um cavalo voador divino chamado Dadhikravan ("Aquele que esparrama leite coalhado"):

> A Dadhikravan louvores sejam cantados:
> O potente e veloz corcel de muitas vitórias;
> Que ele empreste fragrância a nossas bocas.
> Que ele prolongue os dias de nossa vida![61]

Elas banham-se ritualmente e se dirigem às águas que devem ser consideradas, como todas as águas do mundo, correndo em direção a Varuna. Estas são as palavras, também do *Rig Veda*:

> Ó tu, Água, vivifica-nos,
> E traze-nos nova energia,
> Que nos proporcione grande alegria.
>
> Que abundante bênção é a tua!
> Permite-nos partilhar dela aqui,
> Como as amorosas, divinas mães-deusas.
>
> Nós te abordamos em nome D'Aquele
> Para cuja morada tu corres apressadamente.
> Concede-nos, ó Água, tua força![62]

"Depois de abater o cavalo", lemos em seguida na versão do *Mahābhārata*, "eles fizeram com que a rainha de grande inteligência – que era dotada de conhecimentos sagrados, de dignidade e devoção, qualidades básicas de uma rainha – se sentasse ao lado do animal esquartejado, enquanto os brâmanes, tranquilos e impassíveis, tiravam o tutano e o cozinhavam devidamente. Em seguida o rei, conforme os textos sagrados, aspirava a fumaça daquele tutano assim cozido, que é poderoso para expurgar os pecados. Os membros restantes do animal eram então lançados no fogo pelos dezesseis sacerdotes iniciados e o Sacrifício do Cavalo daquele Monarca do Mundo estava concluído."[63]

A lenda homérica do Cavalo de Troia, através de cujo "renascimento" os heróis gregos conquistaram Troia, deve ter sido reflexo de um rito potente como este. E ainda, um Sacrifício do Cavalo bastante simplificado, envolvendo também a matança

* *Supra*, p. 50, e *As Máscara de Deus – Mitologia Primitiva*, p. 342-345.

de um carneiro branco como "mensageiro" do deus, mas omitindo tanto o tema sexual quanto o imperial, foi observado tão recentemente quanto 1913 entre o povo finês-queremense da região do Volga.[64] O rito é originário do povo das estepes do Norte, que subjugou o cavalo pela primeira vez, e do qual os árias védicos foram uma ramificação. E no contexto da tradição indiana posterior, é um indício básico da influência ária-brâmane, como os ritos de sacrifício humano o são da mais antiga ordem mítica não védica da deusa e seu cônjuge.

V. FILOSOFIA DA FLORESTA

Brahmavarta, a clássica Terra Santa dos Vedas, ficava na parte nordeste da planície entre os rios Yamuna e Sutlej, aproximadamente entre Délhi e Lahore; enquanto Brahmarshidesha, "a Terra dos Santos Profetas", onde os hinos foram coletados e compilados, ficava um pouco a sudeste dessa região, na parte superior de Doab (a terra entre o Yamuna e o Ganges) e nas regiões em volta de Mathura.[65] O tigre de Bengala não é mencionado no *Rig Veda*; tampouco o arroz, produto do sul. O lugar de honra é ocupado pelo leão, que naquela época rondava os vastos desertos a leste do Sutlej, e o cereal dos criadores de gado parece ter sido o trigo.[66]

A terra clássica dos budistas, por outro lado, situa-se distante a leste desses primeiros centros árias, em sentido leste, descendo o Ganges, abaixo de Benares, nas redondezas de Oudh e Bihar, atingindo ao norte o Nepal e ao sul as perigosas selvas de Chota Nagpur: as terras do tigre de Bengala e do arroz.

Podemos deixar que esses dois mundos permaneçam como polos simbólicos representando a interação das mitologias opostas dos recém-chegados e dos mais antigos habitantes da região. Pois não apenas os budistas e jainistas, mas também uma grande constelação de sábios autônomos moradores da floresta e que negavam o mundo, tinha sua própria Terra Santa nessa outra parte da Índia. Benares era a cidade do deus Śiva, "O Mestre da Ioga". E, na verdade, existe a possibilidade – como já se observou* – de ter sido o centro de onde, em última instância, se originaram as posições de ioga representadas nos sinetes do vale do Indo. Podemos tomá-lo hipoteticamente como zona mitogenética de passado insondado.

Ora, os brâmanes, como fomos informados, eram os deuses mais importantes. Entretanto, havia uma brecha considerável na fortaleza mágica de seu Olimpo, e essa brecha não foi conhecida por eles até o domínio ária da planície do Ganges atingir as redondezas de Benares – digamos, por volta de 700-600 a.C. Conforme lemos no mais antigo dos Upanixades:

> Era uma vez um orgulhoso e iniciado brâmane da família Gargya, de nome Balaki, que foi até o rei Ajatashatru de Benares. "Vou falar-vos", disse ele, "sobre *brahman*". O rei respondeu: "Por tal ensinamento eu te darei mil vacas". E o brâmane Gargya disse: "A pessoa que está no sol eu prezo como *brahman*". Mas Ajatashatru disse:

* *Supra*, p. 128, 154.

"Não me fales dele: já o reverencio como chefe supremo e rei de todos os seres. Todo aquele que o reverencia dessa maneira se torna chefe supremo e rei de todos os seres". Gargya disse: "A pessoa que está na lua, eu reverencio como *brahman*". Mas Ajatashatru disse: "Não me fales dele; já o reverencio como o grande rei de manto branco Soma. Todo aquele que o reverencia como tal recebe abundante *soma* concedido todos os dias: não lhe falta alimento".

O brâmane tentou da mesma forma pregar sobre o raio, o espaço, o vento, o fogo e a água, o ser visto no espelho, o som dos passos de um homem, as quatro direções, a sombra e o corpo, e a cada uma de suas sugestões ele recebeu a mesma recusa; então, ficou subitamente silencioso.

E o rei perguntou: "Isso é tudo?"

E Gargya respondeu: "Isso é tudo".

O rei disse: "Mas isso não é suficiente para o conhecimento de *brahman*".

O brâmane respondeu: "Eu chego a vós como aluno".

E o rei disse: "É certamente extraordinário um brâmane vir até um xátria pensando, 'ele vai falar-me de *brahman*'. Entretanto, devo instruir-te". E o rei levantou-se, tomou Gargya pela mão e levou-o até um homem dormindo. Ajatashatru disse ao homem adormecido: "Ó tu, grande Rei Soma de manto branco". O homem não se levantou. O rei cutucou-o até despertá-lo. O homem levantou-se. E Ajatashatru disse: "Quando este homem dormia, onde estava a pessoa que consiste de entendimento, e de onde ele veio quando retornou?"

Gargya não soube responder.

Ajatashatru disse: "Quando um homem dorme, a pessoa que consiste de entendimento permanece no espaço dentro do coração, tendo se apossado do entendimento dos sentidos através de seu entendimento. E quando a pessoa tiver absorvido dessa maneira os sentidos, diz-se estar adormecida. A respiração é absorvida, e a voz e as faculdades da visão, audição e intelecto. E quando um homem dorme assim, o mundo inteiro é seu. Ele se torna como um *maharaja*. Ele se torna como um grande brâmane. Ele como que penetra nas alturas e nas profundezas. Pois, exatamente como um *maharaja*, levando consigo seu povo, se move em volta de seu próprio país a seu bel-prazer, assim a pessoa adormecida, levando consigo seus sentidos, move-se (em sonhos) em volta de seu próprio corpo à vontade.

"Mas quando ele vai além e cai em sono profundo, sem saber nada de nada, todo seu corpo descansa, tendo deslizado para fora daquele espaço dentro do coração através dos 72.000 canais que vão do coração para o corpo. E então, tal como um *maharaja*, um grande brâmane ou uma criança quando atinge o auge de felicidade, essa pessoa descansa.

"Pois como uma aranha percorre sua teia ou como faíscas saem do fogo, também desse Si-Próprio (*ātman*) saem todos os sentidos, os mundos, os deuses e toda existência. E o nome secreto (*upaniṣad*), por isso, é a realidade da realidade (*satyasya satya*: a Existência da existência, a Verdade da verdade). O mundo sensorial é uma realidade, de fato. E sua realidade é esta. [...]"[67]

Uma característica marcante dessa lição é a dos canais ou veias saindo do coração, junto com a associação mística dessa anatomia interior com os estados de sono com sonhos e sem sonhos. Esse saber da Existência da existência pertence, sem dúvida, a uma doutrina psicossomática de ioga – já bem desenvolvida ali por volta de 700-600 a.C; embora não tenhamos nenhuma informação sobre isso nos Vedas. A doutrina do *ātman*, o Si-Próprio espiritual, também está perfeitamente configurada nesse texto e, além do mais, associada não com o saber brâmane do sacrifício, mas com uma doutrina de sonho incubado e estados sem sonhos.

Permitam-me também chamar a atenção para o número 72.000. O ano mesopotâmico, como vimos, era composto de 72 semanas de 5 dias. Ademais, no relato de Plutarco sobre a morte de Osíris, o deus morto e ressuscitado que é idêntico ao Si-Próprio* foi encarcerado em seu ataúde (enviado, em outras palavras, para o estado de sono profundo) por 72 companheiros de seu irmão Set.[68] O número está em um contexto mesopotâmico ao qual se atribuem equivalências macro e microcósmicas. É uma magnitude mítica, relacionada a uma ciência de ordem mais simbólica do que estritamente factual.

As ideias, então, de: 1. *ātman*; 2. sono profundo, sonho e estado de vigília; 3. ioga, e 4. um sistema psicossomático relacionado simbolicamente a 5. um sistema cósmico proveniente, parece, da Mesopotâmia da Idade do Bronze, subitamente apareceram no primeiro Upanixade – como um raio num céu azul. Elas permanecerão como ideias básicas de todo o desenvolvimento subsequente da filosofia e religião orientais. E elas não são introduzidas na história mundial do pensamento, permitam-me observar, por um brâmane ou por um monge, mas por um rei – possivelmente não ária – a quem o orgulhoso Gargya tinha ido como missionário e, como muitos dos melhores missionários, aprendido o que deveria ter ensinado, ou seja, que ele, afinal, não detinha o controle de toda a esfera da verdade.

Um segundo e gentil brâmane, que é o favorito de todos os mestres da sabedoria do Oriente, teve a mesma surpresa quando enviou seu filho a certa casa real para participar de uma reunião de sábios. O jovem iniciado, Shvetaketu, chegou e o rei, Pravahana Jaibali, disse-lhe:

– Jovem, teu pai te instruiu?
– Sim, senhor, ele o fez.
– Tu sabes para onde vão as criaturas quando morrem?
– Não, senhor.
– Tu sabes como elas retornam?
– Não, senhor.
– Tu sabes onde se separam os dois caminhos, o que vai aos deuses e o que vai aos antepassados?
– Não, senhor.
– Tu sabes por que o mundo do além jamais fica lotado?

* Cf. *supra*, p. 78-79.

– Não, senhor, não sei.

– Tu sabes como a água da quinta libação vem a chamar-se Homem?

– Não, senhor, na verdade, não.

– Então, por favor, por que me disseste que foste instruído? Como pode alguém que ignora tais questões dizer-se instruído?

Angustiado, o jovem retornou a seu pai.

– Venerável senhor, o senhor fez-me pensar que havia me instruído quando, de fato, não o havia. Aquele membro da classe real colocou-me cinco questões, das quais não consegui responder nenhuma.

O pai, informado sobre as perguntas, disse-lhe: "Mas eu tampouco sei qualquer uma das respostas. Se soubesse teria te ensinado".

E, por isso, ele foi até o palácio do rei.

O rei disse a seu visitante: "Venerável Gautama, podes escolher para ti mesmo qualquer bem que desejares de riqueza humana".

Mas ele respondeu: "Que a riqueza humana seja vossa, ó Rei! Vim, antes, para saber a respeito das cinco perguntas que fizestes ao meu filho".

Então, o rei ficou perplexo.

"Espera", disse ele. "Esse conhecimento jamais foi dado a um brâmane. É por isso que, no mundo inteiro, até hoje, a soberania se manteve apenas com a casta xátria."

Contudo, o rei Jaibali deu seu ensinamento, e a doutrina que ele ensinou é uma das mais importantes do pensamento mítico oriental. Ela é denominada aqui doutrina do fogo e da fumaça, ou a separação dos dois caminhos espirituais: de um lado, o caminho do fogo que leva ao sol e, portanto, aos deuses, para lá morar; de outro, o caminho da fumaça que conduz à lua, aos antepassados e à reencarnação.

"Os que conhecem essa sabedoria", disse o rei, "e os que, vivendo na selva, meditam com fé e austeridade, passam pela chama do fogo crematório e dela para o dia; do dia para a quinzena da lua crescente; dela para os seis meses do sol dirigido ao norte; dali para o ano e do ano para o sol; do sol para a lua, e da lua para o raio, onde há uma Pessoa (*puruṣa*) não humana (*a-manāva*), que os leva até Brahma. Esse é o caminho para os deuses.

Mas aqueles que na aldeia reverenciam o sacrifício, o mérito e a caridade, passam pela fumaça do fogo sacrificial e da fumaça para a noite; da noite para a segunda quinzena do mês; dela para os seis meses do ano em que o sol está dirigido ao sul – com os quais o ano não culmina –; daqueles meses para o mundo dos antepassados; do mundo dos antepassados para o espaço; do espaço para a lua. Isso é o Rei Soma. Isso é o alimento dos deuses. Isso é o que os deuses comem.

E permanecendo naquele lugar por tanto tempo quanto durar o mérito de suas boas ações, retornam pelo mesmo caminho por que vieram. Eles vão para dentro do espaço e do espaço para o vento. Tendo sido vento, eles tornam-se fumaça e depois de terem sido fumaça tornam-se névoa. Depois de névoa, tornam-se nuvem. Depois de terem sido nuvem, caem como chuva e nascem como arroz ou cevada, ervas,

> árvores, gergelim ou feijões, de cuja condição é realmente difícil emergir. Pois apenas se um ou outro o comer como alimento e depois o emitir como sêmen, poderá alguém aprisionado dessa maneira continuar a desenvolver-se.
>
> Entretanto, para aqueles que tiveram uma conduta cordial aqui na terra, a perspectiva então é penetrarem num útero cordial seja de brâmane, xátria ou vaixia. Mas para aqueles que tiveram uma conduta miserável aqui, a perspectiva é, de fato, penetrarem num útero miserável, de um cão, um porco ou um pária.
>
> Mas então, finalmente, por nenhum desses caminhos vão aquelas criaturas pequenas que retornam continuamente, das quais se diz: 'Nasçam e morram'. O delas é um terceiro estado. E é por isso que o mundo do além nunca fica lotado. É por isso que sempre se deve estar atento. [...]
>
> Aquele que sabe disso jamais é maculado pelo mal. [...] Ele torna-se puro, limpo, possuidor de um mundo puro, aquele que sabe disso – sim, de fato, aquele que sabe disso!"[69]

E aqui está tudo: casta, carma, a roda do renascimento e a fuga dela; uma associação da lua com o ciclo da morte e do nascimento, e do portal solar com a libertação; disciplinas de religiosidade secular (ritos sacrificiais, caridade etc.) como meios de um nascimento favorável, bem como de uma estadia celestial agradável entre os antepassados e, por outro lado, disciplinas de austeridade praticadas na selva, como meios de libertação. Acrescente-se a isso a doutrina da ioga, *ātman*, sono profundo, sonho e vigília, pregada pelo outro rei, e resta muito pouco de hinduísmo básico a ser procurado.[70]

Como o Prof. Paul Deussen observou em sua discussão clássica sobre esse tópico: "Considerando-se que nessas passagens sobre o conhecimento de *brahman* como *ātman* e de *ātman* como o princípio animador de tudo e do destino da alma além da morte, os pontos mais importantes da doutrina dos Upanixades estão enunciados, e que neles os reis são representados como os conhecedores e os brâmanes, especificamente, como os desconhecedores ou falsos conhecedores (sendo os textos comunicados pelos sábios védicos, eles próprios brâmanes), podemos concluir – se não com absoluta certeza, pelo menos com considerável probabilidade – que a doutrina de *ātman*, de fato oposta a todo o espírito do saber ritual védico, mesmo que no início possa ter sido formulada por brâmanes, foi assumida e cultivada no círculo dos xátrias e apenas posteriormente adaptada pelos brâmanes".[71]

Deussen escreveu no final do século XIX, antes de se ter qualquer conhecimento da Civilização do Indo, e ele já reconhecera – como nenhum indiano parece jamais ter percebido – que entre as visões védica e upanixádica a diferença é tão grande que a segunda não poderia ter-se desenvolvido da primeira. Uma era voltada para fora e litúrgica, a outra para dentro e psicológica. Uma era ária; a outra não.

Na verdade, como outro texto vai demonstrar, os deuses patriarcais árias eram agora expostos como meras insignificâncias em termos de sabedoria mesmo se comparados à Deusa – a velha Deusa neolítica da Idade do Bronze! Ela aparece pela primeira vez em qualquer documento indo-ária no seguinte Upanixade de cerca de 600 a.C.

A LENDA DA DEUSA E DOS DEUSES ÁRIA-VÉDICOS

Brahman obtivera uma vitória para os deuses. Brahman, o poder sagrado. Eles, entretanto, exultantes pela vitória de Brahman, a imaginaram deles próprios, pensando: "De fato, é nossa esta vitória! É nossa a glória!" Brahman entendeu este orgulho e apareceu diante deles; mas eles não sabiam o que era Brahman. "Que tipo de espectro (*yaksa*) será essa coisa?", perguntaram. E disseram a Agni: "Ó tu, Quase Onisciente, descobre o que é essa coisa". "Sim", respondeu ele e correu para ela. Brahman perguntou: "Quem és tu?" "Sou o famoso Agni, o Quase Onisciente", ele respondeu. Brahman perguntou: "Que poder em ti te concede tal fama?" E o deus replicou: "Posso queimar coisas, o que for que estiver na terra". Brahman colocou uma palha diante dele. "Queima-a!" Agni atacou-a com todas as forças. Foi incapaz de queimá-la. Ele retornou aos deuses: "Não consegui saber", disse ele, "o que é aquele espectro".

Os deuses disseram então a Vayu: "Ó tu, Vento, descobre o que é aquele espectro". "Sim", disse e correu para ele. Brahman perguntou: "Quem és tu?" "Sou o famoso Vayu, Aquele que se Move pelo Céu", ele respondeu. Brahman perguntou: "Que poder em ti te concede tal fama?" E o deus respondeu: "Posso levar coisas embora, seja o que for que houver na terra". Brahman colocou uma palha diante dele. "Leva-a embora!" ordenou Brahman. Vayu tentou. E com todas as forças foi incapaz de levá-la embora. Ele retornou aos deuses: "Não consegui descobrir", disse ele, "o que é aquele espectro".

Então os deuses pediram a Indra: "Ó tu, O Respeitável, descobre o que é aquele espectro". "Sim", ele respondeu, e correu para ele, mas Brahman desapareceu de sua frente. Em seu lugar ele viu uma mulher de grande beleza, Uma Haimavati, a Filha da Montanha Nevada. Ele perguntou-lhe: "O que era aquele espectro?" Ela respondeu: "Brahman. Pela vitória daquele Brahman vocês conquistaram a glória da qual tanto se orgulham". Dessa maneira, Indra soube de Brahman.[72]

"A Deusa não era nenhuma iniciada na sabedoria védica", escreveu Heinrich Zimmer em comentário sobre esta lenda alegórica;

contudo, ela – e não os deuses védicos – conhecia Brahman. E ela deu-lhes a conhecer aquela essência divina, de maneira que os três se tornaram então os maiores deuses, "porque foram os primeiros a conhecer Brahman."[73] Por esse texto vemos que já em um período relativamente precoce (por volta do século VII a.C.) era a Deusa, e não as divindades masculinas aparentemente dominantes do panteão védico, a verdadeira conhecedora do sagrado poder central oculto do universo, pelo qual são obtidas todas as vitórias no drama interminável do processo do mundo. Pois ela própria era aquele mesmo poder. Ela é Brahman, a força vital do universo que habita secretamente todas as coisas.

> Nesse episódio do *Kena Upaniṣad*, em que a mãe deusa aparece pela primeira vez na tradição ortodoxa religiosa e filosófica da Índia, ela – a feminilidade encarnada – se torna o *guru* dos deuses masculinos. Ela é representada como o mistagogo deles, que os inicia no segredo mais profundo e elementar do universo, e é, de fato, sua própria essência.[74]

Quando o termo *brahman*, "poder sagrado", da raiz *bṛh*, "crescer, expandir, rugir"[75] aparece nos hinos védicos, é apenas com referência ao poder inerente nas palavras e ritmo da prece; seu significado é especificamente "esta estrofe, verso ou linha". Por exemplo, "Por esta estrofe (*anena brahmaṇā*) livro-te da doença".[76] O deus Brihaspati, sacerdote dos deuses, é portanto "o senhor (*pati*) do poder rugidor (*bṛh*)", o poder das estrofes mágicas, e os brâmanes são seus correspondentes entre os homens: grandes deuses porque têm o conhecimento e o controle para usar tal poder. Entretanto, o uso do termo *brahman* com referência a uma base de toda existência concebida metafisicamente, anterior à utilização brâmane desse poder e independente dela, não é encontrado até o período dos Brahmanas, (e mesmo então, raramente) e no período posterior, chamado *Livros da Floresta*.

Não deve haver dúvida a este respeito: uma constelação alienígena tornou-se conhecida dos brâmanes e está a caminho de ser assimilada. Tampouco se pode duvidar de que a base dessa influência se encontra revelada nas cidades do vale do Indo. Em contraste à magia litúrgica, voltada para fora e imitativa dos brâmanes – primeiro implorando e depois conjurando os poderes do céu, da terra e do espaço intermediário, através do núcleo controlador do mundo do altar do fogo –, esse outro era um sistema psicológico, voltado para dentro, de pensamento, magia e experiência, no qual muito do que hoje se sabe do inconsciente foi antecipado e mesmo, em certa dimensão, em certo sentido, superado.

VI. A DIVINDADE IMANENTE-TRANSCENDENTE

Já comparamos dois elementos do complexo mítico indiano: o do antigo vale do Indo, no qual o touro era o principal animal simbólico e onde se encontram os antecedentes das figuras tanto de Śiva quanto da Grande Deusa, e o sistema dos Vedas, onde o lugar de honra passou para o leão – que devora o touro, como o guerreiro bebe soma e o sol consome a luz da lua. Temos agora de considerar um terceiro elemento: a ioga, que, em termos de nosso estudo, pode ser definida como uma técnica para induzir à identificação mítica.

O surgimento de figuras em postura clássica iogue nos sinetes do vale do Indo sugere uma relação do sistema com a antiga mitologia do ritual regicida da Idade do Bronze, em que o rei era identificado com a lua morta e ressuscitada. E a associação do pensamento iogue nos séculos posteriores com Śiva e a Deusa e com a ideia de um ciclo que se repete eternamente tende a confirmar esse indício. Numerosos sinais sugerem uma relação particularmente próxima com a visão de mundo e o sistema simbólico da ordem clerical do grande Ptá; de maneira que se pode argumentar que o desenvolvimento indiano da ioga proveio de Mênfis. Entretanto, em vista do fato de cada linha da literatura iogue evidenciar uma profundidade de discernimento psicológico que supera tudo o que conhecemos diretamente do Egito, e em vista também do fato de não existir evidência arcaica, em nenhuma parte a oeste do Indo, de postura iogue como a das pequenas figuras daqueles sinetes, seria mais sensato supor – de modo experimental, pelo menos – que a ioga seja nativa da Índia, e, em consequência, tratá-la como um terceiro elemento independente.

Em hipótese, pode-se supor que a ioga se desenvolveu a partir de técnicas xamanistas locais para induzir ao transe e à possessão. Pois, como o Prof. Mircea Eliade demonstrou, a produção de "calor interno" (*tapas*) pela retenção da respiração é uma técnica amplamente disseminada entre os povos primitivos, via de regra associada ao domínio do fogo, "uma façanha de faquir que deve ser considerada o elemento mais arcaico e mais amplamente disseminado da tradição mágica. [...] A Índia aborígine, então", como ele conclui, "pode ter conhecido uma série de tradições imemoráveis a respeito dos meios de atingir o calor mágico, o êxtase ou a possessão divina".[77]

Os sinetes do vale do Indo, nesse caso, indicariam uma assimilação da tradição iogue à ordem mítica da antiga Idade do Bronze, quando alcançou o vale do Indo por volta de 2500 a.C. E as passagens anteriormente citadas dos Upanixades indicariam uma filiação similar de sua técnica à iconografia dos árias védicos. Com relação ao sistema indo, o termo último de identificação teria sido o deus lunar morrendo constantemente, o *objeto* do destino, o sacrifício (o Rei Soma sacrificado), enquanto no sistema ária, pelo contrário, o termo último de identificação era o *sujeito* do destino, o poder flamejante pelo qual o sacrifício é consumado. Identificado com o primeiro, o iogue ou devoto morre e retorna à "maneira de fumaça", continuando no circuito; ao passo que o identificado com o último passa para a esfera da eternidade pela via da identificação mítica com o deus-sol que tudo consome, com o deus-raio ou com o deus-fogo ou ainda com uma abstração como *brahman*, o sujeito puro (*ātman*) ou (conforme o budismo) a vacuidade.

Uma série de pontos de apoio para um enxerto orgânico imediato do hemisfério do mito védico voltado para fora e do não védico voltado para dentro – isto é, a ioga – foi suprida por numerosas divindades e princípios do próprio sistema védico, e os brâmanes (que naquele momento foram os mais criativos e perspicazes intérpretes de mitos que o mundo já conhecera) não demoraram em perceber a oportunidade.

O deus védico Savitri, por exemplo, celebrado no primeiro hino citado na página 144, que sugere de muitas maneiras o sol, é na verdade um poder além do sol. Conforme o Prof. Oldenberg afirmou sobre esse deus e o sistema védico do qual ele é até hoje um símbolo importante: "Como o sol, em si mesmo, é a síntese da principal força móvel do universo e, assim, controla qualquer outro movimento, Savitri naturalmente está em uma relação muito próxima com ele, e há uma tendência a transferir para ele os atributos de uma divindade solar. Entretanto, interpretar o

Savitri original e mesmo o Savitri rig-védico como um deus-sol é interpretar mal a estrutura de todo esse complexo de ideias. O ponto essencial na concepção de Savitri não é a ideia do sol; tampouco o é a ideia do sol exercendo certa função, na medida em que estimula a vida e o movimento. Pelo contrário, o principal aqui é o pensamento abstrato dessa estimulação. Esse pensamento fornece a estrutura que inclui todas as ideias associadas ao deus".[78]

O nome Savitri, como vimos, provém da raiz *sū* "excitar, incitar, estimular e impelir" e significa, segundo um antigo comentarista, "o estimulador de tudo".[79] Lemos num verso dirigido a ele:

> Todas as coisas imortais repousam sobre ele,
> Como sobre a extremidade do eixo de uma carruagem.[80]

E novamente:

> No regaço, eternamente, de Savitri,
> Repousam o Deus, os habitantes e todos os povos.[81]

Savitri confere tempo de vida ao homem, imortalidade aos deuses; as águas e os ventos obedecem a seu comando; nenhum ser, nem mesmo o maior deus, pode resistir à sua vontade e ele é o senhor tanto do que se move quanto do que permanece parado. Com laços ele fixou a terra: ele firmou o céu no espaço desancorado. E ele cumpre leis imutáveis.[82]

Uma segunda figura védica que forneceu uma conexão com o outro sistema foi o feroz deus Rudra, a quem são dedicados apenas três hinos védicos, e cujo nome, da raiz *rud*, "gritar", parece significar "Uivador". Ele foi identificado em culto posterior com o meditativo Senhor das Feras (figura 18), discutido acima como um proto-Śiva. O epíteto Śiva, "O Auspicioso", é uma palavra sânscrita e assim não pode ter sido o nome daquele deus em tempos pré-védicos. Nos Vedas, entretanto, ele é dirigido ao deus Rudra que, embora terrível e destrutivo, é igualmente benévolo. Ele é chamado de touro e é o pai de uma grande hoste dourada de jovens deuses masculinos, os Maruts, cuja mãe era uma vaca. Eles detêm o raio em suas mãos, estão cobertos de ricos ornamentos e são tão amplos quanto o céu por onde suas carruagens trovejam, derramando chuva.

> Ó Rudra, Controlador do Raio, o mais excelente dos
> Nascidos, glorioso, poderoso dos poderosos:
> Leva-nos com segurança para a outra margem,
> Para além da aflição, afastando as ameaças da maldade.[83]

A terra do lado de lá, para além do mal, o poderoso raio, a hoste uivante, o touro e a vaca, o caráter feroz e também protetor e a ordem universal do deus Rudra, sempre jovem, são todos atributos do Śiva dos tempos posteriores. Entretanto, o caráter enfaticamente fálico de Śiva não pode ter origem em qualquer argumento dos Vedas, nem tampouco seu caráter como mestre da ioga.

Do mesmo modo, Viṣṇu, divindade védica de menor importância, a quem são dirigidos apenas meia dúzia de hinos, torna-se em um culto posterior uma das mais ricas e mais sofisticadas divindades do panteão hindu. No período védico, como vencedor de demônios, ele está aliado a Indra e é celebrado particularmente por seus três lances; dois deles são visíveis aos homens, ao passo que o último vai além do voo dos pássaros. Com esses lances ele mensurou (isto é, trouxe à existência) a terra, o ar e o céu. Ademais, seu nome, derivado da raiz *viṣ*,"estar ativo", está associado pelo sentido ao de Savitri. E assim, mais uma vez, podemos ver por que motivos profundos – além de suas formas míticas poeticamente representadas – os deuses védicos se tornaram os preferidos como manifestações do onipresente *brahman* da fé nativa.

> A Viṣṇu que meu hino inspirador louve,
> Àquele touro de passadas largas que habita a montanha,
> Que sozinho, com três lances apenas, mediu
> Este imenso lugar de ajuntamento que se estende ao longe.
>
> Ó, quem dera poder ir para o seu caro domínio,
> Onde os devotos aos deuses vivem em delícia:
> Pois aquele lugar, supremamente familiar ao de passos largos,
> É uma fonte de ambrosia: o lance supremo de Viṣṇu. [84]

E, finalmente, o deus Soma, o sacrifício, era outra figura védica apropriada para ser adaptada à ideia de um Si-Próprio que se verte em todas as coisas. Fragmentado, porém vivendo em tudo, ele é consumido por Agni no fogo do altar. De modo análogo, quando o alimento é comido, o fogo do estômago o digere (isto é, "o cozinha"). O fogo no estômago é Agni. O alimento, portanto, é Soma. E quando o indivíduo morre, ele por sua vez se torna Soma; pois Agni o consome na pira funerária e nos vermes. De maneira que todo este mundo é um eterno sacrifício Soma: imortalidade incessantemente derramada no fogo do tempo.

"Todas as coisas, ó sacerdotes", disse Buda em seu famoso Sermão do Fogo, "estão acesas. [...] E com que estão ardendo? Com o fogo da paixão, digo eu, o fogo do ódio, da enfatuação, do nascimento, da velhice, da morte, do sofrimento, da lamentação, da miséria, da aflição e do desespero. [...] E percebendo isso, ó sacerdotes, o nobre e iniciado discípulo o rejeita. [...]"[85]

Mas não era esse o espírito da visão védico-upanixádica das chamas dançantes. Ali se lê:

> Ó, maravilhoso! Ó, maravilhoso! Ó, maravilhoso!
> Sou alimento! Sou alimento! Sou alimento!
> Sou um comedor (de alimento)!
> Sou um comedor (de alimento)!
> Sou um comedor (de alimento)!
> Sou um fazedor de fama! Sou um fazedor de fama!
> Sou um fazedor de fama!

> Sou o primogênito da ordem do mundo (*ṛta*)
> Anterior aos deuses, no umbigo da imortalidade!
> Aquele que me oferece, na verdade me ajudou!
> Eu, que sou alimento, como o comedor de alimento!
> Eu conquistei o mundo inteiro!
>
> Aquele que sabe disso, tem uma luz fulgurante.
> Assim é o Upanixade místico.[86]

E assim atingimos o grande tema e problema do quarto elemento da visão indiana mítica da vida: os sábios da floresta do período do Buda rejeitam com aversão tudo o que fora afirmado anteriormente, mesmo o milagre daquela divindade do ser imanente-transcendente que havia sido a glória da visão védica tardia.

VII. A GRANDE REVERSÃO

"OM. A alvorada é a cabeça do cavalo sacrificial; o sol, seus olhos; o vento, sua respiração; o fogo cósmico, sua boca aberta. O ano é o corpo do cavalo sacrificial; o céu, seu lombo; o espaço intermediário, sua barriga; a terra, a parte inferior de seu ventre; os pontos cardeais, seus flancos; as direções intermediárias, suas costelas; as estações, seus membros; os meses e quinzenas, suas articulações; dias e noites, os pés; estrelas, os ossos; nuvens, a carne. A areia, outrossim, é o alimento em seu estômago; os rios, as entranhas. As montanhas são seu fígado e seus pulmões; arbustos e árvores, seus pelos. O sol nascente é sua parte dianteira; o sol poente, sua parte traseira. Seu bocejo é o raio; o estremecimento de seu corpo, o trovão; sua urina é chuva, e sua voz, a Palavra criativa. [...]"[87]

Identificado com o cavalo, o universo, tal como o cavalo, deve agora ser sacrificado pelo sábio em seu coração e mente. Vamos chamar isso de *interiorização do sacrifício*. É um ato iogue fundamental. E do mesmo modo que o Sacrifício do Cavalo fazia prosperar os domínios do rei e o estabelecia como Monarca do Mundo, assim esse sacrifício, interiorizado, faz prosperar o Si-Próprio, faz florescer o lótus do Si-Próprio e conduz o sábio até sua corola como rei.

Eis as palavras do Buda em seu Sermão do Fogo:

> Ó sacerdotes, o iniciado e nobre discípulo gera uma aversão pelo olho, gera uma aversão pelas formas, gera uma aversão pela consciência visual, gera uma aversão pelas impressões recebidas pela vista. E qualquer que seja a sensação, agradável, desagradável ou indiferente, ela surge na dependência de impressões recebidas pela vista, pela qual ele também gera uma aversão. Ele gera uma aversão pelo ouvido, uma aversão pelos sons, [...] gera uma aversão pelo nariz, gera uma aversão pelos odores, [...] gera uma aversão pela língua, gera uma aversão pelos sabores, [...] gera uma aversão pelo corpo, gera uma aversão por coisas tangíveis, [...] gera uma aversão pela mente,

gera uma aversão por ideias, gera uma aversão pela consciência mental, gera uma aversão pelas impressões recebidas pela mente. E qualquer que seja a sensação, agradável, desagradável ou indiferente, ela surge na dependência de impressões recebidas pela mente, pela qual ele também gera uma aversão. E ao gerar essa aversão, ele se torna despojado de paixão e pela ausência de paixão, ele se torna livre e quando ele está livre, ele toma consciência de que está livre, e ele sabe que o renascer se esgotou, que ele viveu a vida sagrada, que ele fez o que lhe coube fazer e que não é mais para este mundo.[88]

A introversão é, em consequência, o método pelo qual se obtém a segurança absoluta; entretanto, não é verdade que o objetivo original da ioga fosse orientar o sábio, através desse método, para a libertação dos renascimentos. A ioga não é intrinsecamente, nem necessariamente, nem mesmo usualmente, associada com a negação. O fato de que as primeiras escrituras conhecidas, nas quais a ioga é analisada, a descrevam como disciplina de despojamento, não nos permite afirmar que as figuras nos sinetes do vale do Indo fossem em seu tempo associadas a qualquer ideal semelhante. Na verdade, até hoje, no conceito popular a ioga é amplamente associada antes com a aquisição de "poderes" (*siddhi*) do que com a façanha de uma saída da arena do mundo, e esses poderes através dos quais os obstáculos concretos do mundo são magicamente superados são oito: 1. o poder de tornar-se pequeno ou invisível; 2. o poder de chegar a um tamanho enorme e alcançar até o objeto mais distante – por exemplo, a lua, com a ponta de um dedo; 3. o poder de tornar-se leve e, assim, andar no ar, andar sobre as águas; 4. o poder de tornar-se tão pesado quanto o mundo; 5. o poder de obter tudo à vontade, inclusive conhecimento dos pensamentos dos outros e do passado e do futuro; 6. o poder de gozo infinito; 7. o poder de dominar todas as coisas, inclusive a morte, e 8. o poder de encantar, fascinar e subjugar por meios mágicos.*

De fato, mesmo um pouco de ioga praticada por um homem que conhece os meios adequados pode produzir tais efeitos miraculosos. Por exemplo, como lemos nos últimos capítulos da obra clássica indiana de política, o *Arthashastra* de Kautilya, "O Manual da Arte de Alcançar as Metas":

"Depois de jejuar por três noites, deve-se obter, no dia da constelação conhecida como Pushya, o crânio de um homem que foi morto com uma arma ou enforcado. E depois de encher o crânio com terra e sementes de cevada, deve-se irrigá-las com leite de cabra e de ovelha; então, usando uma grinalda feita com brotos dessa cevada, a pessoa se toma invisível para os outros."[89]

Ou ainda:

"Depois de jejuar por quatro noites, no décimo quarto dia da quinzena escura da lua, deve-se obter a figura de um touro feito de um osso humano e venerá-lo com o seguinte mantra:

* Os termos sânscritos são: 1. *aṇimā*, 2. *mahimā*, 3. *laghimā*, 4. *garimā*, 5. *prāpti*, 6. *prakāmya*, 7. *īsitva* e 8. *vasitva*.

'No deus do fogo, eu tomo refúgio, e também nas deusas das dez direções:* que todas as obstruções desapareçam e que todas as coisas estejam sob meu poder: Suplico!'

Uma carreta puxada por dois bois surgirá então diante do devoto que, montando nela, pode andar pelos céus e por toda parte em volta do sol e por outras órbitas celestes."[90]

As crônicas estão repletas de casos de magia deste tipo, praticada por iogues através de toda a história da Índia. Ademais, já vimos o poder ao qual uma verdadeira dedicação à ioga pode conduzir – digamos, depois de cerca de 60 mil anos!** Entretanto, à luz da sabedoria daqueles que são verdadeiramente sábios – como a historieta a seguir vai mostrar – todo poder, natural ou sobrenatural, que faz aumentar o prazer de uma pessoa neste mundo é apenas palha a alimentar o fogo que a pessoa deveria se esforçar com zelo por extinguir.

O caso que vou contar é sobre um grande sábio, de nome Saubhari que, como todos os grandes sábios da Índia, era iniciado nos Vedas e dedicado apenas à virtude suprema. Por isso, ele tinha passado anos imerso na água, longe do mundo dos homens. Não havia nenhum homem, rei, mulher ou inimigo que conseguisse trazê-lo de volta a este mundo ilusório, mas apenas certo peixe de considerável tamanho, que habitava as mesmas águas do santo.

Com sua numerosa progênie de filhos e netos à volta, o peixe vivia muito feliz entre eles, brincando com eles dia e noite. E Saubhari, o sábio, ao ser perturbado em sua concentração pelos respingos, percebeu a felicidade patriarcal do monarca do lago e permitiu-se pensar: "Que invejável é esta criatura que, embora nascida em tão modesta situação, brinca alegremente com seus filhos e netos! Ele desperta em minha mente o desejo de participar de tal prazer, divertindo-me assim com meus filhos". E, decidido, Saubhari saiu da água e foi até o palácio de um poderoso rei chamado Mandhatri, pedir em casamento uma de suas filhas.

O rei, informado da chegada do santo, levantou-se do trono para oferecer-lhe a hospitalidade usual, tratando-o com profundo respeito, e Saubhari então disse ao rei: "Decidi-me, ó Rei, a casar. Concedei-me, portanto, uma de vossas filhas. Não é prática dos príncipes de vossa linhagem recusar os desejos daqueles que vêm a eles em busca de ajuda e sei, por isso, que não me desapontareis. Outros reis vivem na terra, a quem foram concedidas filhas, mas vossa família é, acima de todas, reconhecida pela sua generosidade. Tendes cinquenta filhas. Concedei-me apenas uma".

E o rei, considerando a pessoa do sábio, enfraquecido pela austeridade e idade avançada, sentiu-se disposto a recusar; mas temendo provocar a ira e a imprecação do santo homem, ficou perplexo e, baixando a cabeça, permaneceu absorto por um momento em seus próprios pensamentos.

Em seguida, o sábio, observando sua hesitação, disse: "Sobre o que, ó Rajá,

* Os quatro pontos da bússola, os quatro pontos intermediários, o zênite acima e o nadir abaixo.
** *Supra*, p. 153.

meditais? O que foi que pedi que não possa ser prontamente concedido? Ademais, se eu ficar satisfeito com a filha que ora deveis me dar, nada haverá no mundo que possais desejar sem conseguir".

Mas o rei, com muito medo de desagradá-lo, respondeu-lhe: "Respeitável senhor, é costume desta casa que nossas filhas escolham, elas mesmas, entre os pretendentes de posição apropriada, e como seu pedido ainda não é conhecido de minhas filhas, não posso dizer se ele será tão bem-vindo a elas quanto o é a mim. Essa é a razão de minha reflexão; não sei o que fazer".

O sábio compreendeu. "Isso", ele pensou, "é um mero artifício do rei para esquivar-se de mim. Ele vê que sou velho, não tenho atrativos para as mulheres e provavelmente não serei escolhido por nenhuma de suas filhas. Bem, assim seja! Agirei da mesma forma que ele." E disse: "Já que esse, ó Majestade, é o costume de vossa casa, ordenai que eu seja conduzido ao harém. Se alguma de vossas filhas quiser tomar-me como esposo, eu a tomarei como esposa, e se nenhuma quiser, deixemos que a culpa recaia sobre os anos que tenho e apenas sobre eles".

Mandhatri, com muito temor dele, foi assim obrigado a ordenar que o eunuco o conduzisse aos aposentos interiores, onde o sábio, enquanto os adentrava, assumiu uma forma de tal beleza que de longe excedia a de qualquer mortal, e até mesmo os encantos dos seres celestiais. E o eunuco disse: "Vosso pai manda-vos este sábio devoto, jovens damas, que veio a ele em busca de uma noiva. E o rei prometeu-lhe que não lhe recusará nenhuma que o escolher para marido". As jovens, ao vê-lo e ouvir tal proclamação, ficaram imediatamente tomadas de desejo e, como uma manada de fêmeas elefantes disputando os favores de seu dono, alvoroçaram-se e empurraram-se mutuamente: "Fora, irmã, fora!" "Ele é meu escolhido." "Ele é meu." "Ele não é para ti." "Ele foi criado por Brahma para mim e eu para ele." "Fui eu quem o viu primeiro." "Tu não podes colocar-te entre nós." De maneira que surgiu uma violenta contenda e enquanto o "inocente" sábio era disputado pelas princesas aos gritos, o eunuco retornou ao rei e com a cabeça baixa relatou-lhe a rixa. O rei ficou surpreso. "O que!" exclamou. "Não é possível! O que devo fazer agora? O que é que eu fui prometer?" E para cumprir com sua promessa ele teria de conceder ao velho visitante as cinquenta.

E assim, depois de desposar legalmente as cinquenta filhas do rei, o sábio foi com elas para sua floresta, onde fez o mestre artesão dos deuses, o próprio Vishvakarman, construir-lhe cinquenta palácios, um para cada uma de suas esposas, provendo cada um com luxuosos leitos, elegantes poltronas e outros móveis, jardins, agradáveis arvoredos e reservatórios d'água, onde o pato selvagem e outras aves aquáticas podiam brincar entre os lótus. E finalmente, em cada um havia uma despensa e um tesouro inesgotáveis para que as princesas pudessem entreter seus hóspedes e criadas com suas bebidas preferidas e alimentos de todos os tipos.

Passado um tempo, o rei Mandhatri, com saudades das filhas e preocupado em saber como passavam, partiu para uma visita ao eremitério de Saubhari. E quando chegou, viu diante de si uma galáxia de palácios de cristal, brilhando enfileirados tão intensamente quanto cinquenta sóis, entre jardins esplendorosos e reservatórios de águas transparentes. Ao entrar em um, ele encontrou e abraçou efusivamente uma de suas filhas. "Querida filha", disse com lágrimas nos olhos, "dize-me como estás? Estás feliz? O grande sábio trata-te bem? Ou sentes saudades de teu primeiro lar?"

E ela respondeu: "Pai, tu próprio vês em que maravilhoso palácio estou vivendo, cercado de jardins e lagos encantadores onde o lótus floresce e os gansos selvagens grasnam. Tenho a comida mais deliciosa, os unguentos mais raros, ornamentos preciosos e belas roupas, camas macias e todos os prazeres que a riqueza pode proporcionar. Por que então deveria sentir falta do palácio onde nasci? A ti devo tudo o que possuo. Entretanto, tenho apenas um problema, que é o seguinte: como meu marido jamais se ausenta do meu palácio, está sempre comigo, jamais pode ir ter com minhas irmãs. Estou preocupada com elas, devem sentir-se mortificadas por sua negligência. Esta é a única coisa que me preocupa".

O rei continuou a visitar uma por uma de suas filhas, abraçando-as, sentando-se com elas e fazendo a mesma pergunta – à qual todas deram a mesma resposta. E o rei, com o coração transbordando de felicidade, dirigiu-se então ao sábio Saubhari, que encontrou sozinho. Inclinou-se diante do sábio e agradecido dirigiu-se a ele.

"Ó santo sábio, vi a maravilhosa evidência de seu grande poder: semelhantes faculdades miraculosas jamais vi ninguém possuir. Que grande recompensa por suas austeridades devotas!"

O rei, saudado respeitosamente pelo sábio, permaneceu com ele por algum tempo, compartilhando abundantemente dos prazeres daquele maravilhoso refúgio, e depois retornou, satisfeito, para seu palácio. As filhas tiveram, com o tempo, três vezes cinquenta filhos, e a cada dia o amor de Saubhari por seus filhos aumentava, de maneira que seu coração ficou totalmente ocupado com o sentimento de si (*mamatā*: "o meu"). "Estes meus filhos", ele adorava pensar, "encantam-me com suas conversas infantis. Eles aprenderão a caminhar. Eles crescerão e tornar-se-ão jovens e depois homens. Eu os verei casados e com filhos. E depois verei os filhos desses filhos."

Ele percebeu, entretanto, que a cada dia suas expectativas superavam o transcorrer do tempo; de maneira que, por fim, pensou: "Que louco! Não há fim para meus desejos. Mesmo que em dez mil anos ou cem mil anos, tudo o que desejo se realizasse, haveria ainda novos desejos surgindo em minha mente. Pois agora já vi meus filhos caminharem, assisti a sua juventude, maturidade, casamentos e progênie, e no entanto as expectativas continuam surgindo e minha alma anseia por ver a progênie de sua progênie. Assim que a vir, um novo desejo surgirá e quando se realizar, como posso prevenir o surgimento de ainda outros desejos? Finalmente descobri que não há fim para a esperança a não ser com a morte e que a mente perpetuamente ocupada com expectativas não pode unir-se ao espírito supremo. Minhas devoções, quando vivia imerso na água, foram interrompidas pelo envolvimento com meu amigo peixe. O resultado dessa relação foi meu casamento e o resultado de minha vida de casado é o desejo insaciável. [...] A separação do mundo é o único caminho do sábio para a libertação final; da relação com o mundo podem surgir apenas inumeráveis erros. Agora, portanto, devo empenhar-me na salvação de minha alma".

E tendo assim dialogado consigo mesmo, Saubhari deixou os filhos, a casa com todo seu esplendor e, acompanhado de suas esposas, foi viver na floresta, onde diariamente praticava as observâncias prescritas aos chefes de família, até ter abandonado todos os apegos. Então, quando sua inteligência atingiu a maturidade, concentrou em seu espírito os fogos sagrados e se tornou um mendicante devoto. Depois disso, dedicando todos seus atos ao supremo, ele alcançou a condição de Firmeza (*acyuta*: "não gotejante, não vazante, não perecível"), que não conhece nenhuma mudança e não está sujeita às vicissitudes de nascimento, transmigração e morte.[91]

A moral é obviamente que para o verdadeiro indiano o mundo não basta – mesmo o melhor que há no mundo, mesmo além do melhor. Seu objetivo supremo, portanto, está além deste mundo. E no entanto, as criaturas e os feitos do mundo têm para ele certos fascínios, que se apossam de suas faculdades em forma de ciladas. A floresta, por isso, é o primeiro refúgio de seu coração anelante. Mas mesmo a floresta mostra seus encantos. Consequentemente, as portas dos próprios sentidos têm de ser fechadas. Contudo, no interior, também a respiração dá prazer. E mais fundo no interior? Sigamos, portanto, o iogue em sua busca da chama.

VIII. O CAMINHO DA FUMAÇA

Em primeiro lugar, para entender de que mar de lágrimas o sábio indiano deseja libertar-se, vamos considerar de forma um pouco detalhada uma das várias versões indianas do mito arcaico matematicamente estruturado do ciclo do eterno retorno. Vamos escolher, por sua clareza, o ciclo, do mundo dos jainas que, apesar de hoje constituírem uma comunidade pequena, foram no passado numerosos e de grande influência. Seu mestre mais famoso, Mahavira, que morreu por volta de 485 a.C., foi contemporâneo e formidável rival do Buda. Ambos eram naturais daquela região do baixo Ganges, ao sul de Benares, que chamamos a Terra Santa clássica dos sábios da floresta. Ambos eram de ascendência xátria, não brâmane, e depois de se casarem deixaram o mundo para se tornarem salvadores errantes de congregações ascéticas de discípulos. E ambos pregaram doutrinas de libertação (*mokṣa*) do desejo (*kāma*) e da morte (*māra*), por meio de um sistema progressivo de votos. Entretanto, enquanto a do Buda era em todos os sentidos uma Via do Meio, a de Mahavira não poderia ser mais extremada. Ela continha todos os traços de uma noção arcaica e dualista que opunha radicalmente matéria e espírito, aversão extrema à mescla dos dois princípios no organismo do universo, vontade inexorável de desembaraçar o espírito imortal do vórtice e, no entanto, extraordinária suavidade para com todas as coisas, quaisquer que fossem, já que todas (paus, pedras, ar, água e tudo mais) eram espíritos vivos enredados por sua própria vontade mal direcionada na inútil e cruel roda do renascimento no vórtice em eterno girar deste mundo de dor.

O Buda pregava uma nova doutrina; Mahavira, pregava uma que em seu tempo já era velha. Seus pais já tinham sido jainas, seguidores da doutrina de um salvador anterior, o Senhor Parshva, cujo animal-símbolo era a serpente – porque, no momento de alcançar a perfeição, absolutamente nu ("vestido de céu": *digambara*) na postura ereta conhecida como "rejeitando o corpo" (*kāyotsarga*), depois de ter arrancado com as próprias mãos todos os fios de cabelo e cortado pela raiz todos os impulsos de vida, ele foi atacado por um demônio, mas protegido de cada lado por um imenso par de serpentes cósmicas.

O demônio, cujo nome era Meghamalin ("Encoberto por nuvem"), havia enviado contra o santo absorto em si mesmo tigres, elefantes e escorpiões que, quando invadiram a esfera de sua presença imóvel, se retiraram desconcertados. Então, uma escuridão densa e terrível foi invocada. Veio um ciclone. Árvores, despedaçando-se, arremessavam-se no ar. Picos despencaram. A terra, com um rugido, abriu-se e a chuva caiu, tornando-se uma torrente. Mas a figura do santo permaneceu imóvel. O monstro, irado, tornou-se hediondo: a cara negra e a boca vomitando fogo. Com uma grinalda de caveiras, ele parecia aquele deus da morte, Mara, que atacou o Buda em situação semelhante. Mas quando veio célere, brilhando na noite, gritando "Matem! Matem!", o Senhor Parshva permaneceu, como sempre, absolutamente imóvel.

O rei-serpente, que vive debaixo da terra, cujas muitas cabeças com capelos suportam a superfície da terra, emergiu então, acompanhado de sua rainha, a deusa Srī Lakṣmī que, como ele, tinha forma de serpente. As duas cobras fizeram mesuras diante do Senhor, que não tomou conhecimento da chegada delas e, postando-se a seu lado, abriram seus capelos sobre ele. Em seguida, o demônio, aterrorizado pela magnitude das serpentes, montou em sua carruagem e fugiu. Elas então, curvando-se mais uma vez diante do Senhor, retornaram para sua morada.

A cena sugere a do sinete do vale do Indo com as duas serpentes (figura 19) e pode haver mesmo uma relação. Pois o Senhor Parshva, cujas datas foram estimadas entre 872 e 772 a.C.,[92] não foi o primeiro salvador dos jainistas, mas – segundo a tradição jaina – o vigésimo terceiro. E se houve de fato vinte e dois antes dele, ou mesmo apenas um quarto desse total, a descendência poderia facilmente ter provindo do período daqueles sinetes. Entretanto, o estilo jaina de cálculo matemático não nos permite confiar na exatidão dos cálculos. Pois, segundo uma lenda jaina, Arishtanemi, o salvador anterior a Parshva, antecedeu-o 84.000 anos, o que o situa no período do Homem de Neandertal. Nami, o vigésimo primeiro, é datado por volta de 134 000 a.C. e Suvrata, o vigésimo, por volta de 1 234 000 a.C. – ou seja, uns bons 800.000 anos antes do Pitencantropo ereto. Com salvadores ainda antes disso, ultrapassamos até mesmo as eras geológicas e torna-se claro que, como no caso dos reis mesopotâmicos e dos patriarcas bíblicos anteriores ao Dilúvio, a contagem é feita em termos míticos e não históricos.

Na imagem cósmica dos jainas a ordem do tempo é representada por uma roda de seis raios descendentes (*avasarpinī*) e outros seis ascendentes (*utsarpinī*). Ao longo dos descendentes – onde a extensa era dos vinte e quatro salvadores do mundo se situa no quarto raio, e a nossa própria era (seguindo-se à morte de Mahavira) no quinto – o bem dá lugar ao mal; mas por outro lado, durante as subsequentes eras ascendentes, o mal dá lugar ao bem e o mundo inteiro volta-se inevitavelmente para a virtude.

No começo do primeiro período descendente, as pessoas atingiram a estatura de 9.600 metros, tinham 256 costelas e nasciam gêmeas, sempre um menino e uma menina, que se tornavam marido e mulher e viviam por três *palyas*: três "períodos de incontáveis anos". Dez árvores miraculosas satisfaziam todos os desejos: uma repleta de frutas deliciosas, outra com folhas que serviam como potes e panelas, enquanto as folhas de uma terceira produziam continuamente música suave. Uma quarta brilhava à noite com luz forte e uma quinta com o fulgor de muitas pequenas lâmpadas. As flores da sexta não eram apenas magníficas, mas impregnavam o ar de perfume encantador e a sétima concedia alimento, tanto de grande beleza quanto de muitos sabores deliciosos. A oitava produzia joias. A nona era um palácio de muitos andares e a casca da décima fornecia roupas. A terra então era doce como o açúcar; as águas eram vinhos deliciosos. E quando cada casal, em seu devido tempo, dava à luz um par de gêmeos, os mais velhos, depois de um período de sete vezes sete dias, passavam diretamente para as regiões dos deuses, sem nem mesmo terem ouvido falar de religião.

Essa era, conhecida como Extrema Felicidade (*suṣamā-suṣamā*), durou 400.000.000.000.000 de oceanos de anos* e deu lugar à que é conhecida como Felicidade (*suṣamā*) à qual, como o nome sugere, cabia exatamente a metade da ventura da primeira. As árvores miraculosas, a terra e as águas tinham apenas metade da abundância de antes. Os homens e as mulheres tinham apenas 6.400 metros de altura, apenas 128 costelas, viviam apenas por dois períodos de anos incontáveis e passavam para o mundo dos deuses quando seus filhos gêmeos tinham apenas 64 dias. Essa era durou 300.000.000.000.000 de oceanos de anos, declinando gradual mas inevitavelmente até o estágio chamado Felicidade e Desgraça (*suṣamā-duḥṣamā*), quando a alegria se misturou ao pesar. Os gêmeos agora tinham 3.200 metros de altura, 64 costelas e viviam apenas um período de incontáveis anos. Além disso, as árvores miraculosas tinham-se tornado tão frugais em sua provisão que as pessoas começaram a reivindicá-las como propriedades individuais e, assim, surgiu a necessidade de um governo. Por isso, foi indicado um legislador de nome Vimalavahana, e o último patriarca de sua longa descendência, Nabhi, foi o pai do primeiro Salvador Jaina, Rishabhanatha. Pois havia necessidade não apenas de um governo, mas também de um guia libertador desse círculo agora pesaroso.[93]

Rishabhanatha, cujo nome significa o "Senhor (*nātha*) Touro (*ṛṣabha*)", nasceu em Ayodhya, a capital de seu respeitável pai, gozou enquanto jovem príncipe dos prazeres da corte por 1.000.000 de vezes 2.000.000 de anos e quando se tornou rei,

* Um "oceano de anos" consiste de 100.000.000 vezes 100.000.000 *palyas*, sendo o *palya* um período de incontáveis anos.

percebendo que as provisões das árvores miraculosas em breve se tornariam insuficientes, ensinou, durante os 1.000.000 de vezes 6.300.000 anos de seu reinado, as 72 ciências, das quais a primeira, diz-se, é a escrita, a aritmética a mais importante e a ciência da adivinhação a última, e também 100 artes práticas, 3 ocupações masculinas e 64 perícias femininas. Ele teve 100 filhos, a cada um deles deu um reino e, então, voltando-se para sua obra última, renunciou ao mundo, entregou-se à prática de austeridades por 1.000 vezes 1.000.000 de anos e, finalmente, atingindo a iluminação sob uma figueira-de-bengala no parque conhecido como Cara Suja (*sakaṭamukha*) perto da cidade de Purimatala, pregou aos 84 discípulos principais pelos 99.000 vezes 1.000.000 de anos restantes de sua vida, viu o crescimento de uma ordem de 84.000 monges, 300.000 monjas e 859.000 discípulos leigos (305.000 do sexo masculino e 554.000 do sexo feminino) e partiu, finalmente, para o pico do Monte Octópode (*aṣṭapada*) onde, depois de um ciclo completo de 8.400.000 vezes 1.000.000 de anos, seu corpo dourado foi deixado cair por sua mônada, exatamente três anos, oito meses e meio antes do final do período Felicidade e Desgraça do mundo e início do Desgraça e Felicidade (*duḥṣamā-suṣamā*).

Pois com a quarta era do ciclo descendente, os aspectos desagradáveis da existência começaram a preponderar sobre os agradáveis e essa situação piorou com o passar de cada milhão de anos. A era anterior tinha durado 200.000.000.000.000 de oceanos de anos; essa iria durar apenas 100.000.000.000.000 de oceanos de anos, menos 42.000 anos comuns. E enquanto as pessoas no início do período tinham 900 metros de altura, 32 costelas e viviam por 10.000.000.000 de anos, no final (datado precisamente em 522 a.C.), elas não tinham mais de 2,85 metros de altura e viviam não mais que um miserável século. A religião jaina, entretanto, foi durante esse tempo repetidamente renovada para sua salvação pela longa série de vinte e quatro Salvadores do Mundo ou "Autores (*tīrthaṅkaras*) da travessia do rio", o último dos quais morreu três anos, oito meses e meio antes do começo da quinta era descendente, que é a nossa própria, quando o caminho da libertação se fecha gradualmente; a religião dos jainas logo desaparecerá e não haverá mais *Tīrthaṅkaras* para pregar a uma humanidade em deterioração já abaixo do nível da capacidade necessária para a realização.

Esta é a era conhecida como Desgraça (*duḥṣamā*). E apesar de, para certos estrangeiros e aborígines, parecer tratar-se de um período de mudanças auspiciosas e de abertura de horizontes, para os sábios (que se dedicaram mais à leitura dos textos sagrados do que ao fútil aprendizado do mundo e que, portanto, sabem não apenas que coisa maravilhosa era a vida há milhões de oceanos de anos atrás, mas também que mesmo aquele estado de graça, preso à roda da ilusão, é infinitamente ultrapassado no estado incondicional do nirvana) este mundo com toda sua espalhafatosa glória de meras árvores visíveis, montanhas, oceanos, estrelas e galáxias que causam estupefação é, de fato, um miserável vale de lágrimas. Pois, vejam! Os homens mais altos têm apenas 3,20 metros de altura e suas vidas não duram mais que 125 anos. As pessoas têm apenas 16 costelas, são egoístas, injustas, violentas, luxuriosas, orgulhosas e avaras. A era deve durar 21.000 anos e antes de seu término o último monge jaina, que será chamado Duppasahasuri, a última monja jaina, Phalgushri, o último leigo jaina, Nagila, e a última mulher leiga, Satyashri, morrerão não iluminados e então começará a última era descendente, que será conhecida como Extrema Desgraça (*duḥṣamā-duḥṣamā*).

A vida mais longa será então de 20 anos, a maior estatura será de 45 cm e o número de costelas será apenas 8. Os dias serão terrivelmente quentes, as noites geladas, haverá abundância de doenças e a castidade desaparecerá. Tempestades varrerão a terra e aumentarão à medida que o período avançar. No final, toda a vida humana e animal, bem como todas as sementes de plantas, terão de buscar abrigo no Ganges, nas cavernas e no mar.

O ciclo descendente de seis eras terminará e o ascendente (*utsarpinī*) terá início quando a tempestade e a devastação tiverem atingido um nível insuportável. Então, choverá por sete dias; sete diferentes tipos de chuva cairão; o solo se renovará e as sementes começarão a crescer. Essa melhora terá início durante a quinzena escura da lua no mês de *shravana* (julho-agosto). As horríveis criaturas anãs da terra árida sairão de suas cavernas e, muito lentamente, tornar-se-á perceptível uma pequena melhora em seus costumes, saúde, estatura e beleza; até que, com o tempo, elas estarão vivendo em um mundo tal como o que conhecemos hoje. Um salvador chamado Padmanatha ("Senhor Lótus") nascerá para anunciar novamente a religião dos jainas; a estatura da espécie humana aproximar-se-á novamente do superlativo e a beleza do homem superará o esplendor do sol. Por fim, a terra tornar-se-á doce e as águas transformar-se-ão em vinho, as árvores miraculosas produzirão abundância de prazeres a uma população abençoada de gêmeos perfeitamente casados, e a felicidade dessa comunidade novamente se duplicará e a roda, através de dez milhões de dez milhões de cem milhões de cem milhões de períodos de anos incontáveis, atingirá o ponto do início da revolução descendente, que novamente levará à extinção da religião eterna e ao crescente tumulto da licenciosidade, da guerra e dos ventos pestilentos.

A mais antiga mitologia em que se registra tal ciclo de idades do mundo foi encontrada na antiga Mesopotâmia onde, entretanto, não aparece nenhum sinal de racionalização sistemática de aversão ao mundo como nessa mitologia dos jainas. Tampouco tenho conhecimento de qualquer conceito mesopotâmico antigo sobre o formato do universo que corresponda ao dos jainas – que é de uma forma humana colossal, normalmente feminina, com a superfície da terra à altura da cintura; sete infernos abaixo, na cavidade pélvica, pernas e pés, estratificados como na visão de Dante; catorze andares celestiais acima, na cavidade toráxica e nos ombros, pescoço e cabeça; enquanto pairando no alto – na forma de um guarda-sol de ouro branco brilhante de 14.230.250 *yojanas** [94] de circunferência, 8 *yojanas* de espessura no centro, afinando na direção das extremidades até chegar à tenuidade de uma asa de mosquito – há um lugar de perfeição pura chamado "Levemente Inclinado"

* *Yojana* é uma medida equivalente a 4 km, 6,4 km, 8 km, 14,4 km ou 28,8 km.

(*iṣat-prāgbhāra*), para o qual o espírito liberto ascende quando o último vestígio de apego, mesmo celestial, foi queimado pela prática da ioga.

Na superfície ao nível da cintura, uma série de continentes circulares, ordenados como os anéis de um alvo com oceanos intercalados, estaria circundando uma montanha axial: o Monte Meru. O continente circular da Macieira Rosa é o central. Tem dois sóis e duas luas e em seu extremo sul está a Índia. É cercado pelo Oceano Salgado, que tem quatro sóis e quatro luas. O seguinte é o continente do Salgueiro Púrpura, com doze sóis e luas, cercado pelo Oceano Negro, com quarenta e dois sóis e luas. O Círculo do Lótus, que é o seguinte, tem setenta e dois pares de astros e é o último continente habitado pelo homem. Além dele fica o Oceano do Lótus e, depois, em séries que vão se expandindo, o Círculo do Deus Varuna e o Oceano de Varuna, o Círculo Lácteo e o Oceano Lácteo, o Círculo da Manteiga Clarificada e Oceano da Manteiga Clarificada, o Círculo da Cana-de-Açúcar e Oceano da Cana-de-Açúcar, passando por muitos outros até, finalmente, chegar à Terra da Alegria de Ser Si-Mesmo e, além, o Oceano da Alegria de Ser Si-Mesmo, que tem o diâmetro de uma infinitude (*rajju*) e preenche a extensão da cintura do ser cósmico.

Mas este grande ser não tem vontade, alegria, nem poder; na verdade, nenhuma essência própria; pois ele é apenas uma magnitude da matéria (*a-jīva*) cuja forma foi soprada, por assim dizer, pela força e vitalidade de um número infinito de mônadas iludidas (*jīvas*), pululando como vermes através de cada partícula de sua substância geralmente inerte. Presas e circulando pelos vastos órgãos e membros, elas vestem e despem as formas das várias ordens que conhecemos como vida, aparentemente nascendo, aparentemente morrendo, porém, de fato, apenas transmigrando de um estado a outro em um círculo inexorável e lamentável. E essas numerosas ordens de aparência, muito diferentes entre si, são classificadas pelos jainistas com minúcia em um sistema surpreendente de categorias psicologicamente progressivas, um pouco tediosa de se analisar, mas com consequências não apenas para o jainismo, mas também para o budismo, o hinduísmo, todo o Oriente atingido pelo pensamento budista, o zoroastrismo – e mesmo Dante. Como uma imagem de *la condition humaine*, além do mais, ele é tão desolador e bizarro quanto qualquer coisa que a mente insana do homem for capaz de conceber.

Na altura da cintura do grande ser cósmico, onde a passagem do tempo é marcada pelo ciclo do eterno retorno dos doze estágios já vistos, as encarnações pelas quais todos nós passamos muitas vezes e continuamos a passar são as seguintes:

I. Encarnações terrenas:

1. numerosas variedades de partículas de pó
2. areia, seixos, pedregulhos e rochas
3. os vários metais
4. as várias pedras preciosas
5. argila, enxofre e os vários sais (talco, alume, rosalgar, salitre, sódio, pigmento, cinábrio etc.)

As mônadas permanecem nessas formas por períodos que vão desde menos de um segundo até 22.000 anos e enquanto permanecem nesse nível podem chegar a viver até 700.000 encarnações. Além de aparecerem como matéria bruta (*sthūla*), outras ocorrem como matéria sutil (*sukṣma*), por exemplo, no cenário do céu e nas imagens dos sonhos.

II. Encarnações aquáticas:

1. mares, lagos, rios etc., e chuvas de várias espécies
2. orvalho e outras exsudações
3. geada
4. neve, granizo e gelo
5. nuvens e nevoeiro

Tais encarnações podem durar de menos de um segundo a 7.000 anos e cada mônada poderá totalizar até 700.000 encarnações, seja como matéria bruta ou sutil.

III. Encarnações vegetais:

1. plantas reproduzidas por gemação (líquens, musgos, cebolas e outras raízes bulbosas, aloés, eufórbios, açafrão, bananas etc.): 1.400.000 encarnações podem ser vividas por uma única mônada nesta esfera.
2. plantas individuais, produzidas por sementes (árvores, arbustos e cipós, capins, grãos e plantas aquáticas): nestas a mônada pode aparecer apenas 1.000.000 de vezes.

Todas as encarnações dessas três divisões, terrena, aquática e vegetal, são conhecidas como imóveis. Outro grupo, também composto de três divisões, constitui as encarnações móveis, a saber:

IV. Encarnações ígneas:

1. chamas
2. brasas
3. lampejos
4. raios
5. meteoros e bólides

Tais encarnações jamais duram mais de três dias e são comumente mais breves que um segundo. Uma única mônada pode viver 700.000 dessas encarnações.

V. Encarnações eólicas:

1. brisas
2. ventanias, rajadas de vento, temporais e tempestades
3. redemoinhos
4. nevascas
5. as inalações e exalações dos seres vivos

Sejam móveis ou imóveis, todos os seres enumerados até aqui possuem quatro poderes vitais: um corpo, um tempo de vida, respiração e o sentido do tato. Os seguintes, em escala ascendente, têm poderes vitais adicionais:

VI. Organismos: todos com o poder de fazer um som (*vāc*):

1. Seres com dois sentidos – tato e paladar (vermes, sanguessugas, moluscos, cauris, cracas, mariscos e outros).
2. Seres com três sentidos – tato, paladar e olfato (pulgas e piolhos, larvas de farinha, baratas, forficulinos, insetos rastejantes, formigas, aranhas etc.): estes vivem não mais de 49 dias.
3. Seres com quatro sentidos – tato, paladar, olfato e visão (borboletas, abelhas e vespas, moscas e mosquitos, escorpiões, grilos, gafanhotos e outros insetos altamente desenvolvidos): estes podem viver até seis meses, e finalmente:
4. Seres que possuem cinco sentidos, classificados em duas categorias, cada uma, entretanto, subdividida:

   A. Animais
   1. Aquáticos: peixes, tubarões, golfinhos, marsopas, crocodilos e tartarugas.
   2. Terrestres: mamíferos (alguns com cascos, outros com garras); lacertídeos e icnêumones; serpentes.
   3. Aéreos: com asas de penas (papagaios, cisnes etc.); com asas de couro (morcegos); os que têm asas e forma de caixas redondas (esses jamais são vistos pelo olho humano, mas vivem em outros continentes); os que jamais tocam a terra, mas flutuam e mesmo dormem nas alturas com asas sempre estendidas (também jamais vistos).

   B. Espécie humana:
   1. Pessoas de linhagem decente (*āryan*), de muitos tipos; por exemplo: bonitas e feias, enfermas e saudáveis, sábias e imprudentes, ricas e pobres; com poucos ou muitos familiares, famosas ou desconhecidas, poderosas ou de baixo nível; falando esta ou aquela língua; possuindo lavouras, casas, rebanhos, escravos, ouro ou outros bens; mercadores, oleiros, tecelões, banqueiros, escribas, alfaiates, guerreiros, sacerdotes e reis, grandes reis e monarcas universais – os últimos, ademais, são subdivididos em Dinastia Lunar e Dinastia Solar, e finalmente, é feita uma distinção radical entre os que habitam as chamadas "esferas de ação", que ficam no extremo sul e extremo norte, bem como no centro do Continente da Macieira Rosa, e os que habitam as "esferas do prazer", em certas outras partes da terra. Nestas últimas, os homens são gigantes, duas vezes mais altos do que os que conhecemos, mas, como não prestam atenção às leis da virtude, estão sujeitos a inumeráveis encarnações.
   2. Bárbaros (*mlecchas*): são o resíduo da espécie humana e entre eles há

> raças fabulosas vivendo em remotas ilhas jamais visitadas; alguns têm chifres e caudas, outros andam pulando sobre uma perna, todos com caras monstruosas, alguns com orelhas imensas que, quando dormem, se dobram sobre os olhos.[95]

Encarnações ao nível da cintura não constituem, entretanto, tudo; pois os céus e infernos também estão vivos nas mônadas: os de baixo, recebendo as punições e os de cima, as recompensas de suas vidas na terra.

Embaixo, nos sete infernos, há figuras terríveis de se olhar, como pássaros imensos privados de penas, assexuados e com corpos do tipo conhecido como "mutável" (*vaikriyika*); pois carecem de ossos e tendões e são articulados frouxamente. No inferno mais baixo têm 900 metros de altura;*[96] no seguinte, 450; no quinto, 225; no quarto, 112; no terceiro, 56; no segundo, 28, e no primeiro ou inferno superior, 14 metros. Os que estão nos três infernos mais baixos são negros, os dos dois seguintes, azul-escuros e os dos dois superiores, da cor cinza da fumaça. Todos estão sujeitos às quatro paixões básicas: o orgulho, a ira, a ilusão e o desejo e atormentam e dilaceram uns aos outros terrivelmente com flechas, dardos e tridentes, bastões e achas, facas e navalhas, lançando uns aos outros às feras e pássaros dotados de garras e bicos de ferro ou aos rios de líquido corrosivo ou de fogo; alguns são pendurados de cabeça para baixo sobre barris ferventes de sangue e excrementos, outros são assados vivos, e outros, pregados pelas cabeças a grandes árvores lamentosas, têm os corpos cortados em tiras. E o alimento dessas criaturas é veneno, graxa escaldante e estrume, e para beber eles têm metal derretido. Os três infernos superiores estão em chamas, os dois próximos são uma mistura de frio e calor e o mais profundo está congelado – como na visão de Dante.

Ademais, para os infernos superiores são designadas quinze divindades de uma laia ordinária e vigorosa conhecida como *asuras*, que não são de maneira alguma infelizes nesse domínio mas, pelo contrário, desfrutam de um prazer diabólico em ministrar dores.

Mas na visão jainista, as divindades, sejam malignas no inferno ou seres celestiais, são, elas próprias, meras mônadas presas no vórtice do renascimento, felizes por um tempo, mas destinadas a passar para outras formas. E elas são de quatro categorias principais, mas cuidadosamente subdivididas:

I. Deuses que sustentam a ordem terrena
   1. Demônios dos infernos superiores (*asuras*)
   2. Serpentes divinas
   3. Divindades do relâmpago
   4. Pássaros-sol de asas douradas
   5. Divindades do fogo

* Quinhentos *dhanus*, tendo um *dhanu* 4 *hastas* ("mãos"; medida que vai do cotovelo até a ponta do dedo médio, cerca de 45 cm).

6. Divindades do vento
7. Deuses do trovão
8. Deuses da água
9. Deuses dos continentes
10. Deuses dos pontos cardeais

II. Espíritos elementares da natureza ou da selva

1. *Kinnaras* (o nome significa "que tipo de homem?"): músicos em forma de pássaros com cabeças humanas.
2. *Kimpurushas* (o nome também significa "que tipo de homem?"): são os que têm formas humanas com cabeças de cavalo.
3. *Mahoragas*: "Grandes Serpentes".
4. *Gandharvas*: músicos celestiais de forma humana.
5. *Yakshas*: poderosos demônios terrestres, normalmente benignos.
6. *Rakshasas*: demônios canibais malignos e muito perigosos.
7. *Bhutas*: vampiros de cemitérios.
8. *Pishachas*: poderosos demônios malignos.

III. Corpos Celestes

1. Sóis: num total de 132 nos mundos habitados pelo homem
2. Luas: também 132
3. Constelações: 28 para cada sol e cada lua
4. Planetas: 88 para cada sol e cada lua
5. Estrelas: 6.697.500.000.000.000.000 para cada sol e cada lua

IV. Habitantes das Mansões dos Céus Progressivos; de duas ordens, subdivididas na seguinte série ascendente:

1. Os de dentro da Esfera Temporal
   - A. Mestres da Verdadeira Lei
   - B. Os Poderes Senhoriais
   - C. A Juventude Eterna
   - D. Os Grandes Reis
   - E. Habitantes do Mundo Causal
   - F. Senhores do Som Místico *Va*
   - G. O Muito Brilhante
   - H. Os de Mil Raios
   - I. O Pacífico
   - J. O Venerado
   - K. Os que Desfrutam do Abismo
   - L. O Imperecível (*acyutas*: "que não goteja")

2. Os de além da Esfera Temporal; em duas categorias subdivididas:
   A. Os que Residem no Pescoço Cósmico
      1. Agradável de Ver
      2. De Alcance Nobre
      3. Deliciando a Mente
      4. Universalmente Benigno
      5. Ilustre
      6. Bem-intencionado
      7. Auspicioso
      8. Proporcionando Alegria
      9. Dando Bem-aventurança

   B. Os que Residem na Cabeça Cósmica
      1. O Vitorioso
      2. Os Portadores de Estandartes
      3. Os Conquistadores
      4. Os Invencíveis
      5. Os Plenamente Realizados

Cada uma dessas quarenta e nove subordens do ser divino é organizada, como um reino indiano, em dez níveis:

1. Reis (*indras*)
2. Príncipes
3. Trinta e três altos funcionários
4. Nobres da Corte
5. Guarda-costas
6. Guardas Palacianos
7. Soldados
8. Cidadãos
9. Escravos
10. Classes criminosas

Todas as divindades que residem abaixo da esfera do pescoço desfrutam da prática sexual e, como nos infernos, aqui também as mônadas da vida têm cores segundo a espécie; as das categorias I, II e III são negras, azul-escuras e cinza-fumaça; as da IV, subordens 1. A e B, vermelho fogo; de C a E, amarelas, e as restantes, cada vez mais brancas. Os deuses das ordens I, II, III e IV. 1. A e B têm 3,15 m de altura; IV. 1. K, L e os deuses que residem no pescoço têm 90 cm de altura, enquanto os seres no topo – os vencedores portando estandartes, conquistadores, invencíveis e plenamente realizados – têm todos menos de 45 cm de altura. Comparados com os seres no inferno mais baixo que têm 900 m de altura, um desses deuses poderia muito bem servir de enfeite sobre uma escrivaninha!

E assim, acima da terra, bem como abaixo, é imaginada apenas uma série de mônadas – nenhum deus, nem mesmo Deus, seja no sentido ocidental desse termo ou no antigo sentido védico. Pois, mesmo em seu dia supremo de vitória portando o estandarte nos luminosos céus da cabeça, não são mais que espíritos, mônadas, temporariamente bem situados por causa das boas ações realizadas nas vidas anteriores, mas destinados a continuar o caminho quando seu mérito tiver se esgotado. Tampouco há qualquer juiz computando os feitos para atribuir-lhes a devida punição ou recompensa. A ação tem efeitos automáticos. Atos de violência automaticamente atraem peso e escuridão para o espírito; os de bondade clareiam tanto sua cor quanto aliviam seu peso; de maneira que a mônada cai e se ergue por si mesma. E jamais houve um criador deste mundo – este mundo é como sempre foi desde toda a eternidade.

Assim, o jainismo é uma religião sem Deus. Pode-se quase denominá-la mecanicista-científica, embora seja certamente óbvio que, apesar de sua grandiosa exibição de meticulosa descrição, essa imagem é (no mínimo) imprecisa enquanto fato. Tal esforço para inferir uma ordem consistente de todo o espetáculo da natureza está longe de ser primitivo. Ele representa uma busca já altamente desenvolvida de leis que deveriam ser constantes por todo o tempo e espaço. Entretanto, no pesadelo insano em que consiste esse sistema, está de todo ausente a indispensável atitude científica em busca de evidências – conferindo, testando, criticando, separando cuidadosamente a realidade da fantasia. E o resultado é um mundo que nunca existiu, mas ao qual o indivíduo é impelido a conformar sua vida, pensamentos, reflexões, sonhos e mesmo os medos e prazeres fundamentais.

Além do mais, quaisquer que tenham sido o objetivo e a atitude dos primeiros protocientistas a quem se podem atribuir as origens dessa tentativa de classificar em termos puramente psicológicos a fenomenologia tanto do mundo material quanto do visionário, no sistema jaina e em todas as práticas religiosas posteriores de tais modelos cosmológicos arcaicos não há nenhum interesse pela realidade. Projetada da mente para o universo real, como um filme na tela, essa imagem foi por séculos usada não para elucidar novas pesquisas, mas para encobrir o universo. Sua função é psicológica; ela visa o deslocamento e dissolução da vontade de viver e o afastamento dos sentimentos de seus naturais interesses terrenos para além mesmo de todas as imagens religiosas usuais de esperança e medo – céus, infernos e tudo mais – em direção a uma meta absolutamente transcendente, absolutamente inconcebível, para a qual se devem voltar todos os esforços da vontade. A ninguém interessa se tal visão, eficiente para afastar o coração e a mente da terra, corresponde, cientificamente, à realidade. O julgamento de sua verdade e valor é pragmático: se funciona (sobre a psique) é verdadeiro.

E assim temos nessa mitologia dos jainistas um exemplo de algo absolutamente novo na história do nosso tema, pelo menos até onde vai a evidência: uma mitologia destinada a quebrar (não a fomentar) a vontade de viver e a encobrir (não a realçar) o universo.

Entre os gregos, é verdade que havia também uma tendência ascética, na linha dos órficos, Pitágoras, eleáticos e Platão. Mas não há nada em parte alguma da filosofia grega e, de fato, em nenhuma outra parte da história conhecida do nosso tema, que se compare ao absoluto Não! da religião jaina. A melancolia peculiar de sua alienação desta vida-na-morte que jamais acabará vai infinitamente mais longe do que a grega – como também sua visão do alcance do tempo e do espaço e, consequentemente, da miséria cósmica. Pois a visão grega do mundo, como Spengler bem demonstrou em suas discussões do "espírito apolíneo" em A *Decadência do Ocidente*, colocava toda a ênfase nos corpos visíveis, tangíveis. A língua grega não possuía nenhuma palavra para espaço. O distante e o invisível eram *ipso facto* "não lá". O termo grego *cosmos* referia-se não a um campo de espaço e energia, mas a uma soma de corpos bem definida, harmoniosamente ordenada, euclidiana, mensurável e perceptível. Os números euclidianos eram uma definição de limites. "Assim, inevitavelmente", como declarou Spengler, "a cultura clássica tornou-se gradualmente a cultura do pequeno."[97]

Por outro lado, a orientação da mente indiana para o ilimitado – bem sintetizada em seu ridículo (para nós) *palya* ("um período de incontáveis anos"), no qual mesmo os números precisos se tornam imprecisos – dilatou de tal maneira o espetáculo cósmico que os fatos ao alcance da mão simplesmente não merecem a atenção dos sábios. Em contraste com o grego, cuja interpretação do cosmos começava pelo visível e se orientava apenas um pouco em direção ao espaço – espaço que sua visão podia apreender – o indiano iniciava sua cosmologia pelo espaço (*ākāśa*) e criava a partir disso um universo que ninguém jamais tinha visto: ademais, um universo trespassado por tal magnitude de sofrimento que o verdadeiro sofrimento e dor dos seres "efêmeros" próximos – um vizinho, por exemplo, de casta inferior – mal merecia consideração. O sábio, já saturado de seu conhecimento do sofrimento do mundo, podia ver neles apenas ilustrações de um estado cósmico incorrigível. E à luz de seu conhecimento, tudo o que era seguramente evidente era a importância infinita para o indivíduo infinito da tarefa espiritual de sair de seu extraordinário pesadelo, no qual mesmo o céu é apenas uma teia de fios de ouro perfumados, dispostos para prender e induzir o *jīva* de volta ao círculo calamitoso.

A força e melancolia peculiares da alienação indiana dessa vida-na-morte que jamais acabará é uma função da própria mente indiana que, em sua fabulosa extensão, encontrou infinidade em todos os cantos e preencheu-a, não com observação racional, mas com um pesadelo racionalizado de sua própria produção. Jamais houve um tempo em que não houvesse tempo e jamais haverá um tempo em que o tempo deixará de existir: este mundo de tristezas – como ele é – continuará, de tristezas, para sempre. Além do mais, a tristeza que o olho vê não representa, de maneira alguma, a magnitude em profundidade nem a amplitude do todo. A miséria do homem e dos animais à sua volta, o mundo vegetal e a terra que dá o sustento, as rochas e águas, o fogo, o vento e as nuvens passageiras; na verdade, o próprio espaço com seus corpos luminosos, constituem apenas uma fração mínima daquele corpo – conglomerado de miséria – eternamente vivo e eternamente iludido que é o universo em sua existência total.

IX. O CAMINHO DO FOGO

Lemos em um texto jaina: "Da mesma forma que um lago, quando seu fluxo d'água é barrado, seca gradualmente pelo consumo d'água e evaporação, assim também a matéria cármica de um monge, adquirida através de milhões de nascimentos, é aniquilada pelas austeridades – desde que não haja mais fluxo".[98]

A primeira tarefa do mestre jaina, portanto, é bloquear em seu discípulo o fluxo cármico, o que pode ser conseguido apenas por uma gradativa redução na participação da esfera da vida. A segunda tarefa, quando o discípulo já conseguiu fechar e bloquear todas as portas, é fazê-lo queimar, pelo ascetismo, a matéria cármica já presente. O termo sânscrito usual para designar essa disciplina é *tapas*, palavra que significa "calor". Através de seu calor interno incandescente o iogue jaina deve, literalmente, queimar a matéria cármica e, assim, purificar e clarear sua preciosa mônada para que, elevando-se pelos planos do corpo cósmico, ele possa por fim atingir "a paz no isolamento" (*kaivalyam*), sob o Guarda-Sol Levemente Inclinado, onde a mônada vital individual, perfeitamente limpa de qualquer matéria colorante, brilhará para sempre em sua própria existência pura, translúcida e cristalina.

Para iniciar de modo sério e sistemático a grande ascensão – que pode exigir muitas vidas futuras – o mero homem do mundo, o leigo, maculado e carregado pela matéria do mundo, ainda que desejando livrar-se dela, tem de renunciar primeiro a cinco defeitos: 1. dúvida a respeito da validade da visão jaina do universo, da façanha dos Salvadores do Mundo, "Autores da Travessia do Rio", e da eficácia da prática jaina; 2. desejo de abraçar qualquer outra fé; 3. incerteza com relação aos efeitos nocivos da ação; 4. louvor aos impostores (isto é, pessoas que não renunciaram aos cinco defeitos); e 5. associação com os impostores.

O passo seguinte é tomar progressivamente – de acordo com a própria capacidade – doze votos:

I. Os Cinco Votos Básicos do Leigo Jaina
   1. não violência
   2. autenticidade
   3. não roubar
   4. castidade
   5. não adquirir bens

II. Três Votos para aumentar a força dos Cinco Básicos
   6. limitar os próprios movimentos
   7. limitar o número de coisas usadas
   8. não desejar mal a ninguém ou usar de influência para causar o mal; não pôr em risco a vida por descuido ou possuir armas e facas desnecessárias

III. Quatro Votos para iniciar de fato a prática religiosa
9. meditar no mínimo 48 minutos por dia
10. restringir de tempos em tempos, durante um dia, os limites já impostos
11. praticar durante quatro dias por mês o jejum e a meditação, à maneira dos monges
12. auxiliar mosteiros e monges com donativos

E a vida ideal do leigo, na qual se deve empenhar através de tudo isso, deve incluir as onze ordens de virtude, a saber:

1. *virtudes de crença:* crença resoluta no jainismo, respeito para com o mestre religioso (*guru*), adoração dos vinte e quatro Autores da Travessia (*tīrthaṅkaras*) e evitação dos sete feitos maléficos, isto é: fazer jogos de apostas, comer carne, ingerir bebidas embriagantes, cometer adultério, caçar, roubar e praticar a devassidão.
2. *virtudes de dedicação:* observar estritamente os doze votos e receber a morte em paz absoluta quando ela chegar.
3. *virtudes de meditação:* aumento do número de períodos de meditação até, pelo menos, três vezes ao dia.
4. *virtudes de esforço monástico:* aumento do número de períodos de jejum monacal até, pelo menos, seis vezes por mês.
5. *virtude de não danificar as plantas:* evitar comer vegetais crus; jamais apanhar uma manga da mangueira ou comê-la antes de alguma outra pessoa ter extraído o caroço etc.
6. *virtude de não prejudicar insetos minúsculos:* jamais comer entre o pôr e o nascer do sol ou beber água antes do raiar do dia, pois pode haver algum inseto invisível nela.
7. *virtude da castidade absoluta:* evitar mesmo a própria mulher e o odor do corpo para que ela não se excite; depois, evitar todos os deuses, seres humanos e animais do sexo oposto, tanto em pensamento quanto em palavra e ação.
8. *virtude de renunciar a uma ação:* jamais iniciar qualquer empreendimento que possa envolver destruição de vida; por exemplo, a construção de uma casa ou a escavação de um poço.
9. *virtude de renunciar às posses:* renúncia à ambição, dispensa de todos os criados e transferência das propriedades para os filhos.
10. *virtude de renunciar à participação:* a pessoa não come nenhuma refeição, mas apenas os restos da de outros; não dá nenhum conselho mundano e, assim, prepara-se para, finalmente, dar o grande passo.
11. *virtude do retiro:* a pessoa veste o traje de asceta, retira-se para algum mosteiro ou para a floresta e vive de acordo com as regras prescritas a um monge.

Após despedir-se de seus parentes (lemos em um texto jaina), liberado pela família, esposa e filhos; após dedicar-se à prática do conhecimento, da intuição, da conduta,

> do ascetismo e da corajosa concentração, então, diante de um monge qualificado, um líder rico em méritos, de família distinta e aspecto puro, de idade madura e altamente aprovado por outros monges, ele faz uma reverência e, depois de dizer "aceite-me", recebe aprovação.
>
> Votos, observâncias religiosas, restrição dos sentidos, remoção de todos os cabelos, deveres diários, nudez e evitação do banho: esses são os fundamentos do monaquismo, prescritos pelos melhores Vencedores (*jīnas*), e também dormir no chão, não escovar os dentes, ingestão da comida de pé e uma refeição por dia.
>
> Se a renúncia não for absoluta, não haverá para o monge a purificação do fluxo cármico. E na mente do impuro, como poderá o carma ser aniquilado?[99]

Durante os primeiros estágios de esforço monástico a raiva é suprimida; o orgulho, a ilusão e a ganância são reduzidos a meros vestígios; a necessidade de dormir é superada, a capacidade de meditação aumenta e uma nova alegria introduz-se na vida.

Em breve, o orgulho desaparece e com isso, aumenta imensamente a capacidade de meditação. As mulheres, dizem alguns, não conseguem ir além desse ponto; por isso, elas não têm permissão para entrar no estado despido chamado "vestido de céu". "A paixão, a aversão, o medo, o ódio e outros tipos de ilusão (*māyā*) são inerradicáveis das mentes das mulheres", afirma um manual jaina para chegar ao nirvana; "para as mulheres, por isso, não há nirvana. Tampouco seu corpo é uma proteção adequada; por isso, elas têm de usar vestes. No útero, entre os seios, no seu umbigo e quadris, uma sutil emanação da vida está continuamente ocorrendo. Como então elas podem ser capazes de autocontrole? Uma mulher pode ser pura em sua fé e mesmo ocupar-se com o estudo dos sutras ou com a prática de um extremo ascetismo: neste caso, mesmo assim não haverá dissolução da matéria cármica".[100]

"Do mesmo modo que a ilusão é natural nas mulheres", afirma outro manual, "ficar de pé, sentar-se, perambular e pregar a lei são naturais aos sábios".[101]

A próxima paixão a ser suprimida, então, é aquela necessidade de ter um papel no jogo da vida, que é chamada de ilusão pelos jainas e que, nas mulheres, jamais é superada. Quando essa paixão desaparece, o caráter se torna virtualmente assexuado e o desapego absoluto é anuviado apenas pela memória de coisas agradáveis ou desagradáveis que a pessoa fez ou viu antes de tornar-se ascética.

A prática inflexível da meditação, portanto, tem de erradicar agora não apenas todas as sensações de prazer na beleza das formas e sons, mas também a repulsa à feiura, aos odores pútridos e mesmo à dor. E quando esse prodígio de purgação é alcançado, o sábio fica completamente apático e o último sinal de sua humanidade desaparece.

E mesmo assim, a química do corpo continua apegada ao primeiro e último vínculo elementar da mônada vital com a matéria. Os termos "avidez", "avareza" ou, no nível químico, "valência" e no nível físico atômico, "poder de ligação", podem ser usados para caracterizar seu controle puramente fisiológico que tem agora de ser dissolvido. Pois se não for rompido, mas enfraquecido ou afrouxado, não apenas a saída final para a liberdade absoluta jamais será atingida, como permanecerá o perigo latente de até uma leve incapacidade de concentração ascética despertar o fogo quase extinto fazendo-o explodir em chamas. Se isto acontecer, toda a série, numa reação em cadeia, se inflamará novamente – prazer e dor, lembranças, orgulho, raiva e todo o resto – de maneira que a mônada, numa corrente inflamada, será outra vez varrida para dentro do redemoinho; como foi o caso do iogue com as cinquenta jovens esposas, que permitiu que sua unidirecionalidade fosse perturbada pelos respingos de um peixe.

Àquele que deu o grande passo, por outro lado, e com ele atingiu a condição de "paixão aniquilada", restam apenas mais dois estágios: 1. o da "autoidentidade na ioga", e 2. o da "autoidentidade sem ioga".

E assim como a visão jaina da miséria do universo era uma imagem mítica sobrenatural destinada a inspirar rejeição, também o é agora a visão de realização não menos mítica, destinada, entretanto, a inspirar zelo.

Vimos no episódio de Parshva, o Salvador do Mundo, que o demônio Meghamalin, quando o atacou com trevas, tempestade e na forma do próprio deus da morte, foi banido pelo par de serpentes cósmicas. O santo – que, ao contrário daquele que fora distraído por um peixe, tinha permanecido imóvel mesmo quando a terra se abriu, as montanhas caíram e a floresta se despedaçou à sua volta – adquiriu a autoidentidade na ioga. Uma vez dissolvido todo o contato com o mundo exterior, sua energia e luz estavam em repouso, infinitamente radiantes, no interior da mônada. Em seguida, caiu do céu uma chuva de flores. As moradas de todos os deuses do universo estremeceram. Os coros celestiais cantaram. E acorreram divindades de todas as direções e classes, portando símbolos de autoridade, com o propósito de construir para o Mestre do Mundo um local de reunião de doze partes chamado "Afluência", no qual haveria um espaço designado para cada espécie de ser. Foi-lhe oferecido o trono em forma de leão, o guarda-sol da ordem do mundo e uma auréola brilhante. Seu pai rei, sua mãe e sua ex-rainha chegaram cantando hinos em seu louvor. Houve rufar de timbales celestiais e ele pregou a todos o Sermão Cósmico, no qual se ensina a disciplina quádrupla do caminho que conduz à margem além do sofrimento, ou seja: caridade, piedade, ascetismo e caráter.

Muitos – inclusive o demônio que o tinha atacado – converteram-se; alguns chegaram mesmo a atingir a perfeição. O pai, a mãe e a rainha tomaram votos. Chegou um demônio negro de quatro braços e cara de elefante, montado numa tartaruga, protegido pelo capelo de uma grande naja, trazendo em suas duas mãos esquerdas um mangusto e uma serpente respectivamente; nas mãos direitas, uma cidra e uma serpente; depois apareceu uma deusa dourada de quatro mãos numa carruagem puxada por uma serpente alada, trazendo em suas duas mãos direitas respectivamente um laço e um lótus, e nas esquerdas um gancho e uma fruta. E o Senhor, seguido de toda a vasta multidão, começou a andar, com o demônio de um lado e a deusa do outro, diante dele e no ar a roda da lei e um grande tambor ressoando. Protegido por um guarda-sol e moscadeiros,* ele andou a passos largos sobre lótus dourados que emergiam à sua frente enquanto as árvores se curvavam em reverência; as doenças se afastaram para muito longe; as estações, pássaros e ventos estavam em glória, e em todo o mundo cessaram as hostilidades.

Então, sabendo que seu nirvana estava próximo, o mestre Parshva subiu certa montanha, deixando seus acompanhantes ao longo do caminho, até chegar ao topo com apenas trinta e três sábios iluminados que, junto com ele, praticaram ioga por um mês. E quando não lhe restava mais tempo na terra do que o suficiente para pronunciar as cinco vogais, ele passou para o estágio da autoidentidade sem ioga.

Setenta anos antes, seus carmas destrutivos tinham se esgotado; agora os oitenta e cinco vínculos relacionados com os quatro modos do carma não destrutivo desapareceram. Isso ocorreu no sétimo dia da quinzena iluminada da lua do mês *shravana* (julho-agosto) e o mestre alcançou sua liberação.

A radiante mônada vital ergueu-se da terra, maior e mais brilhante do que o sol, porém sem cor, cristalina, imortal, onisciente e onipotente, ilimitada e sem peso, subindo pelo céu dentro da esfera temporal do grande tórax cósmico, para além, através do pescoço e da cabeça, continuando pelo crânio até chegar àquele lugar mais do que sublime "sem vento" (*nir-vāṇa*), onde paira o grande guarda-sol, e nele permanecer para sempre. A mônada liberta, sem peso, não é alcançada por prece alguma. É indiferente ao turbilhão cíclico aqui embaixo. Ela é toda consciência, embora sem pensamento; sozinha, embora em todas as partes. Está além do caráter individual, personalidade, qualidade ou definição. É simplesmente perfeita.

E o corpo, que fora abandonado, jazia privado de vida no pico da montanha. As moradas de todos os deuses estremeceram. Caiu uma chuva de flores do céu. Coros celestiais cantaram; os timbales novamente ressoaram; divindades vieram de todas as direções portando seus moscadeiros; serpentes divinas, divindades dos raios, pássaros-sol de penas douradas, demônios dos infernos superiores, portadores de estandartes dos céus da cabeça: todos vieram. Eles banharam o corpo no líquido bento do Oceano Lácteo Cósmico, vestiram-no com ornamentos divinos, colocaram-no numa pira de madeira de sândalo e aloé. A seguir, da cabeça do deus do fogo surgiu uma chama e o corpo foi consumido. Jovens-nuvens apagaram a pira.

Os deuses e deusas esfregaram as cinzas em suas cabeças e corpos, construíram sobre os ossos um templo de pedras preciosas e, finalmente, com músicas e danças, marcharam em todas as direções, em triunfo, de volta a suas moradas ocultas.[102]

* Moscadeiro: no Oriente, símbolo de autoridade. [N. da T.]

CAPÍTULO 5

A ÍNDIA BUDISTA

I. O HERÓI OCIDENTAL E O ORIENTAL

Há quatro décadas, Miguel Asín y Palacios, padre católico e professor de árabe da Universidade de Madri, chocou o mundo erudito europeu ao demonstrar uma influência de origem muçulmana na *Divina Comédia* de Dante.[1] Revendo detalhadamente a literatura a respeito da lenda sobre a visita noturna de Muhammad* ao purgatório, inferno e céu, ele demonstrou haver paralelos suficientes para provar definitivamente essa relação, que também se estende à tradição da Pérsia zoroastriana e, além disso, ao julgamento da alma ante Osíris, tal como figura no *Livro dos Mortos* egípcio. E de particular interesse para nosso propósito é a nota, em sua obra, sobre a origem persa da tortura pelo frio no círculo interior de Dante. "Nem seria preciso notar", afirma o Padre Asín, "que a escatologia bíblica não faz menção a nenhuma tortura pelo frio no inferno. A doutrina muçulmana, entretanto, coloca essa tortura no mesmo nível da tortura pelo fogo. [...] Sua introdução no sistema muçulmano do inferno deveu-se [...] à assimilação pelo islamismo de uma crença zoroastriana. [...] É provável que ela tenha sido introduzida por zoroastrianos convertidos ao islamismo". "Tortura pelo frio", ele acrescenta, "também ocorre no inferno budista".[2] E, como acabamos de ver, no jainista.

Tanto no Ocidente quanto no Oriente, a fonte mais remota do céu com andares e de infernos abissais com a montanha do mundo no meio, é o conceito mesopotâmico da arquitetura do universo. Nele, como já vimos, há uma montanha cósmica axial simbolizada pelo zigurate com os lados orientados para os pontos cardeais e acima dele, no céu mais alto, está sentado um deus supremo, An, entre um ilustre séquito de divindades. A Planta do Nascimento e o Pão e a Água da Imortalidade situam-se nessa esfera elevada. Abaixo dela, no céu intermediário, está o arquétipo divino e senhor do poder real, cujo papel, no longo curso da história mesopotâmica

* Em geral transliterado indevidamente como Maomé. [N. da R.]

com sua instabilidade imperial, foi exercido por uma série de beneficiados: primeiro, aparentemente, Enlil (divindade padroeira da cidade suméria Nipur), em seguida, Bel Marduk (da Babilônia de Hamurábi), Assur (da Assíria) e, entre numerosos outros, Javé (dos antigos hebreus). Em sua corte de muitos deuses (ou anjos) luminosos eram escritas anualmente as Tábuas do Destino. E os sete céus dos planetas girando abaixo, em andares, eram representados no período da Assíria (*c.* 1100-630 a.C.) pelos sete terraços na encosta da montanha do zigurate, enquanto debaixo da terra, no abismo, a terrível deusa Ereshkigal, da Terra-sem-Retorno, era alcançada depois de atravessados sete portões. No reino de trevas desta deusa, chamado Arallu, uma horda de monstros e almas penadas, privados ao morrer dos últimos ritos de sepultamento, vagavam deploravelmente em forma de pássaros horrendos.[3]

Assim, na iconografia dos primeiros focos de civilização, as cidades sumérias da Mesopotâmia ribeirinha, que floresceram mais ou menos entre 3500 e 2000 a.C. e criaram a ordem simbólica da cidade-estado hierática, vê-se a fonte comum das visões mitológicas do universo tanto orientais quanto ocidentais. Entretanto, um processo diferenciador separou claramente e transformou as duas ao longo do tempo. Pois nota-se no Ocidente, de acordo com nossa ênfase característica na dignidade da vida individual – para cada alma um nascimento, uma morte, um destino, uma maturação da personalidade – que, seja no céu, no purgatório ou no inferno, o visitante visionário logo reconhece os falecidos. Muhammad, no céu, falou com seus leais e valentes amigos, da mesma forma que Dante em sua jornada o fez, tanto com os condenados quanto com os salvos. E também nas visitas gregas e romanas ao mundo ínfero, tanto Ulisses quanto Enéas falaram com seus amigos falecidos. No Oriente não há tal continuidade da personalidade. O centro de atenção não é o indivíduo, mas a mônada (o *jīva* reencarnado) à qual não pertence intrinsecamente nenhuma individualidade, mas que passa adiante, como um navio através das ondas, de uma personalidade para outra: ora larva, ora deus, demônio, rei ou alfaiate.

Encontramos, portanto, como observou Heinrich Zimmer, que nos céus e infernos orientais, embora multidões de seres sejam representados em suas agonias e regozijos, nenhum conserva as características de sua personalidade terrena. Alguns conseguem lembrar-se de ter estado em outro lugar e saber qual foi o ato que precipitou o atual castigo; contudo, em geral estão todos imersos e perdidos em seu estado. Da mesma forma como qualquer cão está absorvido na condição de ser exatamente o cão que ele é, fascinado pelos detalhes de sua vida atual – como nós mesmos, em geral, estamos fascinados pelas nossas atuais existências pessoais –, assim estão os seres nos outros mundos hinduístas, jainistas e budistas. Eles são incapazes de recordar qualquer condição anterior, qualquer traje usado durante uma existência anterior; eles se identificam só com o que são agora. E isso, do ponto de vista indiano, é justamente o que eles não são.[4]

Enquanto o típico herói ocidental é uma personalidade e, por isso, necessariamente trágico, condenado a ver-se enredado seriamente na agonia e mistério da temporalidade, o herói oriental é a mônada: sem caráter em essência, uma imagem de eternidade, intocada pelos envolvimentos ilusórios da esfera mortal ou liberta deles. E da mesma forma que no Ocidente a orientação para a personalidade se reflete no conceito e experiência até de Deus como uma personalidade, no Oriente, em total oposição, a compreensão dominante de uma lei absolutamente impessoal permeando e harmonizando todas as coisas reduz o acidente de uma vida individual a um mero borrão.

Um obscuro e ainda não esclarecido problema na história da ruptura entre os dois mundos envolve a figura persa de Zoroastro e a origem de sua mitologia progressista, orientada eticamente e estritamente dualista que, no que diz respeito a seu espírito, está do lado ocidental do divisor de águas cultural, embora na origem tenha surgido, pelo menos em parte, da mesma mitologia dos Vedas. Uma discussão mais ou menos extensa será reservada ao volume *Mitologia Ocidental*. Mas com relação à Índia e à influência do pensamento persa sobre o budismo e o hinduísmo, torna-se necessário, neste momento, apontar para alguns dos principais contrastes que distinguem a doutrina de Zoroastro e consequentemente do Ocidente.

A primeira e mais radical das inovações – que, acredito, aparece aqui pela primeira vez na história da mitologia – é o ciclo do mundo progressivo, não degenerativo. Como já se observou,* a versão zoroastriana do curso do mundo apresenta a criação como obra de um deus de pura luz na qual penetrou um princípio maléfico de natureza contrária ao primeiro e independente dele, de maneira que uma batalha cósmica está em andamento; entretanto, ela não vai continuar para sempre, pois acabará com uma vitória total da luz. Em consequência, o processo terá fim na perfeita realização do Reino da Justiça na Terra e não haverá continuação do ciclo. Não temos aqui menção alguma do eterno retorno.

Uma segunda inovação radical – que distingue essa mitologia sobretudo da mitologia da Índia – pode ser encontrada na responsabilidade de escolher que é dada ao indivíduo: escolher por sua livre e espontânea vontade se e como tomará o partido da Luz, em pensamento, palavra e ação.

"Ouvi com vossos ouvidos; vede as chamas brilhantes com os olhos da Mente Melhor. A decisão sobre questões religiosas cabe a cada um individualmente por si mesmo. Ante o grande esforço da causa, despertai para nossos ensinamentos." [5]

E finalmente, um terceiro princípio, essencial na visão zoroastriana de mundo, que não apenas a afasta da indiana, mas é diametralmente oposta a ela, prega o engajamento como caminho que conduz à meta última, não o desengajamento. O indivíduo que, por sua livre vontade, assumiu pensar, falar e agir para o Melhor, se aplica com todo zelo ao trabalho, não na floresta, mas na aldeia. A causa do mundo não é, de maneira alguma, sem esperança. E acho que vale a pena notar que na iconografia do zoroastrismo posterior a figura que reúne todo o mal da terra, o antagonista obscuro da ordem moral, é o rei tirano Azhi Dahaka, a "Cobra Perversa", representado com serpentes surgindo de seus ombros – como o mestre Parshva na

* *Supra*, p. 16-17.

arte dos jainas. Sou propenso a ver nisso não um mero acidente. Pois, como o jainismo, a religião de Zoroastro é um dualismo absoluto, sem pactos. Não há nesses sistemas antagônicos nenhum indício de um implícito "Segredo dos Dois Parceiros", por meio do qual o Melhor e o Mau (no zoroastrismo), *jīva* e não *jīva* (no jainismo), se reconciliariam por trás dos bastidores do palco do mundo onde seu drama está sendo representado. As duas religiões são gêmeos antagônicos: para cada uma, a outra representa inteiramente o Impostor. E enquanto no sistema indiano o único caminho possível para a salvação da mônada estava no *desengajamento* do mundo que gira futilmente, o caminho persa era exatamente o *engajamento* no esforço comum de Deus e do homem em direção a uma meta atingível – de maneira alguma fútil – de justiça na terra. Na verdade, encontramos na literatura zoroastriana um ataque explícito, direto e intencional aos ideais de uma filosofia como a que acabamos de ver em nosso estudo do jainismo:

> Na verdade, vos digo (declarou o Senhor da Luz, Ahura Mazda, a seu profeta Zoroastro), o homem que tem uma esposa está muito acima daquele que não gera nenhum filho; aquele que tem um lar está muito acima daquele que não o tem; aquele que tem filhos está muito acima do que não os tem; o que tem riquezas está muito acima daquele que não as tem, e de dois homens, aquele que se sacia de carne é muito mais pleno de bom espírito do que o que não o faz; o último está quase morto; o primeiro está acima dele no valor de uma moeda, de uma ovelha, no valor de um boi, no valor de um homem. É este homem que pode lutar contra os ataques da Morte Separadora dos Ossos, da Morte Flecha Autopropulsora; que mesmo com as roupas mais leves, pode lutar contra o espírito invernal; que pode lutar contra o tirano cruel e golpeá-lo na cabeça; é este homem que pode lutar contra o impostor ímpio e iludido, aquele que não come.[6]

Os anos em que Zoroastro nasceu e morreu, como já dissemos, são desconhecidos. Mesmo a questão que o Prof. James Darmestetter levantou já em 1880, "se Zoroastro era um homem convertido em deus ou um deus convertido em homem",[7] permanece sem resposta. Tudo o que se sabe com certeza, que possa ajudar a determinar o período de sua vida, é o fato de Dario I (que reinou de 521 a 486 a.C.), contemporâneo de Mahavira (que morreu por volta de 485 a.C.), de Buda (563-483 a.C.), de Ésquilo (525-456 a.C.) e de Confúcio (551-478 a.C.), ter escrito pela própria mão em Behistun em 520 a.C., com caracteres cuneiformes e em três línguas – persa, elamita e acádio –, como um devotado zoroastriano: "Pela graça de Ahura Mazda, eu sou rei".

Naquela época o império persa estendia-se das ilhas gregas Jônicas (Satrápia I) ao Punjab e Indo (Satrápia XX). Todos os mundos antigos do Egito, Mesopotâmia, Fenícia, os gregos asiáticos e o vale do Indo tinham sido incorporados em uma nação internacional inspirada no progresso e na agressão: a primeira dessa espécie na história do mundo. A resposta persa à dor – contemporânea à trágica de Ésquilo, à ascética de Mahavira e à prudente de Confúcio – foi a fundação de um império mundial progressista governado com firmeza por "Deus". Estradas transitáveis e um comércio intenso iam da Índia até a Grécia. Uma política geral de tolerância promoveu a reconstrução do templo de Jerusalém, que os caldeus tinham destruído. Os deuses de muitos povos derrotados foram resgatados. As artes floresceram. Novas cidades e cortes surgiram por todo o império. E durante algum tempo pareceu que o Monarca Universal havia se tornado de fato realidade, na pessoa do Rei Persa.

II. AS NOVAS CIDADES-ESTADOS: *c.*800-500 a.C.

Os vaqueiros-guerreiros árias, cujas carroças cobertas rolaram pesadamente até a Índia durante o segundo milênio a.C., correspondiam na Grécia, como vimos, aos numerosos e variados grupos de caçadores e boiadeiros-guerreiros, grandes e pequenos, cujo vandalismo durante o longo período entre cerca de 1900 a cerca de 1100 a.C. a arqueologia do Egeu descobriu. Escrevendo sobre os que deixaram suas marcas sobre as costas do sul da Grécia e em Creta, o Prof. H.G.L. Hammond declara:

> Algumas conclusões negativas são admissíveis. Os invasores não deixaram nenhuma cerâmica pintada característica ou outros vestígios de uma civilização desenvolvida. Eles não eram atraídos pela vida urbana. Eram provavelmente nômades no início, vivendo em barracas e choupanas, usando utensílios de madeira e adorando estátuas de madeira. Seus primeiros assentamentos em aldeias eram pequenos. Eles não demonstraram nenhum respeito pelos padrões da civilização micênica e, por isso, presumivelmente vieram de fora dos limites da região micênica. E eles devem ter sido fisicamente fortes e habilmente conduzidos para destruir os centros do poder micênico. Podem ter tido alguns instrumentos desenvolvidos, mas nas artes eram inferiores àqueles que derrotaram.[8]

Sem dúvida, a mesma descrição geral pode ser aplicada às tribos que atravessaram o vale do Indo na época da destruição das cidades de Harapa e Mohenjo-Daro da Alta Idade do Bronze. Entretanto, enquanto os invasores do Egeu estavam entrando em um mundo de impérios arcaicos ainda poderosos, os da Índia, depois de passar e deixar atrás de si as duas cidadelas decadentes de um sistema colonial já ultrapassado, viram-se diante de agricultores relativamente rudes, caçadores e coletores, os dasyus, objeto de seu profundo desprezo. Além disso, em 1200 a.C. os gregos tinham ferro; os árias indianos não. E finalmente, as agradáveis águas de amplos horizontes do Mediterrâneo, repleto de navios, convidavam os gregos a conhecer terras distantes e a manter os olhos abertos, enquanto as vastidões de terra e montanhas da Ásia, jamais conquistadas antes pelo homem, sempre ameaçando responder às suas pequenas vitórias com uma força infinitamente superior a qualquer coisa que o homem pudesse imaginar, mantinham diante da mente o aspecto do universo que é experienciado mais como sublime do que como belo. Assim temos, de um lado, a esfera europeia, onde os deuses e mitos da herança arcaica – com a progressiva segurança do homem em um mundo onde podia sentir-se em casa –, foram cada vez mais desenvolvidos em seu aspecto antropomórfico; de outro lado, a Índia, onde o aspecto de espanto, grande medo e poder, força sobre-humana e sublimidade transcendente foi levado a tal ponto que mesmo no coração do homem a humanidade se dissolveu e nele penetrou a inumanidade de Deus.

O antigo mundo das cidades-estados hieráticas era agora uma lembrança e, na maior parte, muito vaga. Mas, embora muitas cidades tivessem ruído, no Ocidente muitas permaneceram. Na Índia, em contrapartida, não havia nenhuma. Assim, os gregos logo começaram a reconstruir sobre as ruínas do passado utilizando tijolos, estuque e pedras, enquanto os árias védicos do Punjab e planície do Ganges usavam material não suficientemente durável para deixar-nos quaisquer vestígios, razão pela qual sua trajetória até cerca de 800 a.C. é um vazio em termos arqueológicos. Tampouco deixaram quaisquer indícios literários de seu estilo de vida. Da *Ilíada* e *Odisseia* pode-se tirar uma imagem bastante fidedigna da idade heroica grega, da qual temos, ademais, considerável suporte arqueológico. Por outro lado, da epopeia indiana que, como vimos, mostra características e alterações profundas até o século V d.C., temos apenas uma ilusória visão clerical, muito idealizada, acerca do povo e do mundo da idade védica, e não temos absolutamente nada de tangível, isto é, para ser visto em vez de ouvido, sobre os objetos domésticos, ritualísticos e de guerra daqueles por quem Indra matou o dragão, libertou os sete rios, "subjugou o povo escuro dasyu e fez sua cor desaparecer".[9]

Sobre o período subsequente ao ária-védico, entretanto, houve uma descoberta arqueológica promissora na região do alto Ganges há pouco mais de uma década, quando uma colina bem estratificada foi explorada em Hastinapura, aproximadamente a 128 km a nordeste de Délhi, e onde foi encontrada uma sequência de três tipos distintos de objetos de cerâmica:

1. Utensílios coloridos com ocre, aparentemente de cerca de 1000 a.C., associados a implementos de cobre. "A impressão no momento", afirma Sir Mortimer Wheeler, "é que eles precedem [...] o pleno desenvolvimento de vida urbana na região."[10]

2. Utensílios cinza pintados, datados por Wheeler entre o quinto e o oitavo século a.C.: uma cerâmica característica da Idade do Bronze concentrada na região dos "dois rios" (*doāb*) Yamuna-Ganges, mas estendendo-se para oeste até o Punjab e para o sul até Ujjain. Torneada e bem queimada, pintada com padrões lineares e pontilhados, círculos concêntricos, espirais, sigmas e suásticas, em geral pretos, ocasionalmente vermelhos. "Se os árias têm de ser inseridos neste quadro", escreve Wheeler, "é possível supor que a cerâmica cinza pintada possa representar a segunda fase de sua invasão da Índia, quando penetraram pelo Punjab e 'arianizaram' a região intermediária entre o Ganges e o Yamuna, depois de recolherem ideias e artesãos no vale do Indo e na região limítrofe do Beluchistão."[11]

Aquele era o período dos Brahmanas, dos principais Upanixades, dos reis Ajatashatru e Jaibali e, possivelmente também, daquela grande guerra cujos ecos chegaram até nós no *Mahābhārata* – que, como as Guerras das Rosas na Inglaterra, representa o fim de uma era aristocrática feudal. Depois daquele desastre, o termo *vīra*, "herói", não mais se aplicava a combatentes em carruagens, mas aos iogues; como no nome Mahavira, o Grande (*mahā*) Herói (*vīra*), o último dos Salvadores do Mundo dos jainas.

3. Utensílios pretos polidos do Norte, uma cerâmica elegante, torneada, muito bem polida, comparável em qualidade ao aço e associada ao ferro; datada provisoriamente entre os séculos quinto e segundo a.C. – o período que vai do Buda (563-482 a.C.) ao imperador Ashoka (que reinou entre cerca de 268 e 232 a.C.). Aparentemente dominante em Bihar, a região das primeiras pregações do Buda, dali pode ter sido levada, pelos vencedores de Ashoka e seus predecessores imediatos, para oeste até o alto Punjab (Taxila), para leste até Bengala e Orissa e, para o sul, até Amaravati e Nasik.

O surgimento de cidades na Índia, não de tijolos ou pedras, mas de madeira e com paliçadas de enormes vigas e toras, pode ser associado apenas com os dois últimos desses utensílios. Com relação à cerâmica cinza pintada, podemos imaginar (sugere Wheeler) "uma vida urbana confortável e organizada na bacia do Yamuna-Ganges em algum período da primeira metade do primeiro milênio a.C. [...] pano de fundo urbano do *Mahābhārata* [...]: uma representação de dinastias e políticas ricas e ciumentas, baseadas em solo ilimitado e fértil, e boas comunicações fluviais".[12] E então, por volta de 500 a.C., relacionado com o complexo de utensílios pretos polidos do Norte, "o conhecimento do trabalho em ferro espalhou-se pela região, sem dúvida proveniente da Pérsia, onde a fundição do ferro era familiar há cinco ou seis séculos. [...] A introdução da cunhagem, também proveniente da Pérsia, revela uma aceleração do senso comercial" e, como conclui Wheeler, uma vez estabelecida, essa civilização do Ganges que a cerâmica negra polida do Norte nos indica, "permaneceu pelos séculos com uma imutabilidade que a Idade Moderna não conseguiu abalar totalmente".[13]

Podemos registrar, então, com uma olhada de volta para a Grécia, para além da outra fronteira do império persa, o surgimento gradual e florescimento, de cerca de 800 a.C. a cerca de 500 a.C., de uma multidão de estados seculares monárquicos (em oposição aos hieráticos) através de todo o território de Atenas a Bengala: literalmente centenas de minúsculas potências soberanas, cada uma com sua principal fortaleza, cidade ou metrópole, governada por uma família real e com conselhos de anciãos, assembleias de cidadãos, exército palaciano, clero, campesinato e comerciantes, lojas, residências e, nas mais prósperas, monumentos e parques. E eis que, a certa altura, naquelas agradáveis pequenas capitais começaram a aparecer sábios pregadores errantes, cada um com seu séquito de devotos e cada um supondo ter solucionado – de uma vez por todas – o mistério do sofrimento: Kapila (talvez por volta de 600 a.C.), Gosala (no apogeu em 535 a.C.), Mahavira (morreu por volta de 485 a.C.), o Buda (563-483 a.C.); Pitágoras (cerca de 582-500 a.C.), Xenófanes e Parmênides (ambos também do século sexto a.C.) e Empédocles (cerca de 500-430 a.C.), "o fazedor de milagres que andava entre os homens como um Deus imortal, coroado com fitas e grinaldas". Atrás deles despontaram figuras mais obscuras, das quais não se pode dizer se eram deuses ou homens: Parshva (872-772?) e Rishabha, Orfeu (data desconhecida) e Dioniso. Ademais, nos ensinamento desses sábios, tanto na Índia quanto na Grécia, surge uma série de temas característicos, desconhecidos dos mitos dos antigos árias. Por exemplo: a ideia da roda do renascimento que é fundamental ao orfismo bem como à Índia; a ideia do espírito preso ao corpo ("o corpo como tumba", diziam os órficos) e da libertação pelo ascetismo; do pecado que conduzia ao castigo do inferno, da virtude que conduzia ao êxtase e, dele, ao conhecimento absoluto e à libertação. Heráclito (floresceu em 500 a.C.) falava da vida como um fogo eterno, como fez o Buda (mesma data) em seu Sermão do Fogo. A doutrina dos elementos é comum às duas tradições: fogo, ar, terra e água entre os gregos; éter, ar, fogo, água e terra na sequência indiana. Os órficos, bem como os indianos, conheciam a imagem do ovo cósmico e também do dançarino cósmico. Já nas palavras de Tales (cerca de 640-546 a.C.) é anunciada a ideia de que o universo, possuidor de uma alma, é pleno de espíritos. E no *Timeu* de Platão o corpo do universo é descrito muito à maneira dos jainistas, como "uma Criatura Viva da qual são partes outras criaturas vivas, individualmente e em suas espécies".[14]

Já observamos entre os povos caçadores primitivos a ideia da imortalidade da alma individual, que não nasce nem morre, mas simplesmente passa de lá para cá e vice-versa, como através de um véu, surgindo em corpos e desaparecendo. Observamos, também, o desenvolvimento no antigo Oriente Próximo da ideia de cidade-estado hierática, governada em cada fase da vida pelo exemplo de uma harmonia cósmica matemática revelada e ilustrada pelas esferas celestes. E notamos, por volta de 1750 a.C., nos dois principais centros daquela época, Mesopotâmia e Egito, uma literatura de lamentação, dúvida e questionamento.

Um milênio turbulento decorrera. A antiga situação amplamente rural da Idade do Bronze tinha dado lugar, sobre um vasto território de civilização em desenvolvimento, a uma galáxia de cidades governadas por reis seculares e não divinos. E nelas, a maioria dos habitantes não mais era de agricultores. Temos notícia de mercadores, ladrões profissionais, agiotas, artesãos de todos os tipos, juízes e uma classe de burocratas, marinheiros, integrantes de caravanas, hospedeiros, supervisores de minas e oficiais militares. Sobre eles, simplesmente não exerciam nenhum poder os antigos ritos de uma religião rural do solo fértil, ou monárquica da mágica da vitória: eram ritos ultrapassados. Assim, criou-se uma vasta zona apta à recepção de uma nova abordagem do problema do supremo bem humano. Deslocada do solo, bem como das antigas necessidades da caça, surgiu uma população urbana bastante sofisticada, com certo lazer, luxo considerável e, portanto, tempo para a neurose. Inevitavelmente, apareceram os novos iniciadores, que em suas próprias experiências haviam enfrentado as novas ansiedades: os primeiros psicólogos sistemáticos de todos os tempos e, de muitas maneiras, talvez os melhores. E seus instrumentos básicos eram sempre os mesmos: a antiga tradição ritual, herdada de seu passado hierático, com sua concepção de harmonia e equivalência ocultas unindo o microcosmos ao macrocosmos e de uma consequente ressonância que levava a efeitos mágicos. Entretanto, agora a questão principal não era mais mágica (o clima, as colheitas, abundância de bens e vida longa), mas psicológica (a *détente* e harmonização da psique) e sociológica (a integração do indivíduo a uma nova sociedade baseada em uma tradição secular em vez de hierática). Assim, tinha-se estabelecido uma perfeita zona mitogenética; "uma área limitada, porém suficientemente ampla da superfície da terra, relativamente uniforme quanto às características, onde uma vasta população de indivíduos estreitamente relacionados (no caso, os que habitavam o vasto domínio das sociedades da Alta Idade do Bronze Tardia e início da Idade do Ferro) foi afetada ao mesmo tempo por 'estampagens' [*imprintings*] grosseiramente comparáveis (de uma emergente vida familiar urbana) e onde, em consequência, 'arrebatamentos' psicológicos da mesma espécie eram iminentes em toda parte e, de fato, se precipitaram em um contexto de procedimento ritualizado e mito afim".[15]

Em uma zona como essa, ideias e práticas podem surgir de modo espontâneo em mais de um lugar ao mesmo tempo e espalhar-se tão rapidamente quanto um incêndio.

"Afastados de seu passado de rituais masculinos originais, tribais e amplamente difundidos", afirma o Dr. Karl Kerényi, ao escrever sobre os ritos órficos de iniciação espiritual, em moda na Grécia no século sexto a.C., "eles ofereciam suas artes adaptadas às necessidades religiosas de uma nova era. E nesse processo histórico tanto o sentido quanto o caráter da iniciação mudaram. Eles foram divididos em uma direção inferior, meramente ritualística e uma superior, puramente espiritual, onde os filósofos – primeiro os pitagóricos e depois outros, mas nem todos à maneira cerimoniosa de um Empédocles – se tornaram os iniciadores."[16]

E assim ocorreu também na Índia, onde os antigos ritos das cidade pré-árias forneceram os temas básicos de renascimento na morte e ascetismo, desapego psicológico e identificação mítica. Em cursos perfeitamente paralelos os novos ensinamentos surgiram, talvez, fecundados via Pérsia. Tudo o que pode ser afirmado agora, à luz das parcas evidências de que dispomos com relação ao período, é que tanto na Índia quanto na Grécia, bem como na Pérsia entre ambas, os temas básicos de uma precoce filosofia mitológica dualista apareceram abruptamente sob novas formas, mais ou menos ao mesmo tempo, e se difundiram com rapidez.

III. A LENDA DO SALVADOR DO MUNDO

É impossível reconstruir o caráter, a vida e a verdadeira doutrina do homem que se tornou o Buda. Supõe-se que ele tenha vivido entre 563 e 483 a.C. Entretanto, sua mais antiga biografia, a do cânon páli, começou a ser escrita apenas por volta de 80 a.C. no Ceilão [atual Sri Lanka], há cinco séculos e a 2.400 km de distância do verdadeiro cenário histórico. E a vida, a essa altura, tinha-se tornado mitologia – segundo um padrão característico dos Salvadores do Mundo do período entre aproximadamente 500 a.C. e 500 d.C., seja na Índia, como nas lendas dos jainas, ou no Oriente Próximo, como na visão evangélica de Cristo.

Em resumo, essa biografia arquetípica do Salvador fala de:

1. o descendente de uma família real
2. nascido milagrosamente
3. em meio a fenômenos sobrenaturais
4. sobre quem um santo ancião (Simão = Asita), logo após o nascimento, profetizou uma mensagem de salvação do mundo, e
5. cujas façanhas na infância proclamam seu caráter divino.

Na sequência indiana, o herói do mundo:

6. casa-se e gera um herdeiro
7. desperta para sua missão
8. parte, com o consentimento de seus progenitores (no jainismo), ou secretamente (o Buda)
9. para engajar-se em árduas disciplinas na floresta
10. que o confrontam, finalmente, com um adversário sobrenatural, sobre o qual
11. a vitória é alcançada.

O último citado, o Adversário, é uma figura que nos tempos védicos teria aparecido como um dragão antissocial (Vritra) mas, em concordância com a nova ênfase psicológica, representa agora aqueles equívocos da mente que o mergulho do Salvador do Mundo nas suas próprias profundezas traz à luz, e contra os quais ele está lutando, tanto por sua própria vitória quanto para a salvação do mundo.

Na lenda cristã, não há registro dos anos de juventude representados acima pelos estágios 6 a 8. Entretanto, os episódios culminantes (9 a 11) estão representados pelo jejum de quarenta dias no deserto onde se deu o confronto com Satã. Ademais, pode-se argumentar que as cenas infantis da matança dos inocentes pelo rei Herodes, o aviso do anjo a São José e a fuga da Sagrada Família correspondem simbolicamente ao 6, isto é, aos esforços do pai do futuro Buda para frustrá-lo em sua missão, confinando-o no palácio e fazendo-o casar-se depois do que (7) ele foi despertado para sua missão pela visão de um ancião, um homem doente, um cadáver e um iogue, ante o que (8) planejou fugir. Em ambos os casos a narrativa é a de um inimigo régio do espírito, lutando com todos seus recursos – sejam eles maléficos (rei Herodes) ou benignos (rei Suddhodana) – que se mostram vãos para frustrar o infante Salvador em sua predestinada missão.

Seguindo seu encontro cara a cara com o Antagonista e vencendo-o, o Salvador do Mundo:

12. realiza milagres (caminha sobre as águas etc.)
13. torna-se um pregador errante
14. prega a doutrina da salvação
15. a um séquito de discípulos e
16. a uma pequena elite de iniciados

17. um dos quais, menos rápido para aprender do que o resto (Pedro = Ananda),[17] recebe o comando e se torna o modelo da comunidade leiga, enquanto
18. outro, obscuro e traiçoeiro (Judas = Devadatta), está empenhado na morte do Mestre.

Em várias versões da lenda são dadas diferentes interpretações aos temas comuns, coincidindo com as diferenças de doutrina. Por exemplo, 2: enquanto a Virgem Maria concebeu do Espírito Santo, a rainha Maya, mãe do Buda, era uma verdadeira esposa de seu consorte; tampouco o Salvador do Mundo que ela dera à luz era uma encarnação de Deus, o Criador do Universo, mas um *jīva* reencarnado iniciando a última de suas inumeráveis vidas. Igualmente os itens 10-11: enquanto a vida do Buda atingiu o ápice na sua vitória sobre Mara sob a árvore Bodhi, a lenda cristã transfere a Árvore da Redenção para o estágio 19, isto é, a morte do Salvador, que na vida do Buda não é mais do que uma passagem pacífica no final de uma longa carreira de mestre. Pois o ponto principal do budismo não é – como no antigo sacrifício Soma – a imolação física do Salvador, mas seu despertar (*bodhi*) para a Verdade das verdades e, em consequência, a libertação (*mokṣa*) da ilusão (*māyā*). Por isso, o ponto principal para o indivíduo budista não é se a lenda do Buda corresponde ao que de fato e historicamente ocorreu entre 563 e 483 a.C., mas se serve para inspirá-lo e guiá-lo para a iluminação.

IV. ETERNIZAÇÃO MÍTICA

Assim a narrativa, pouco preocupada com a exatidão dos fatos, diz:

Era uma vez um rei bondoso, Suddhodana, da Dinastia do Sol, que reinava na cidade de Kapilavastu, onde o sábio Kapila havia pregado (episódio lendário).

A Dinastia do Sol, como o leitor sabe, corresponde ao princípio da pura luz. A luz do sol é pura. A luz da lua, por seu lado, participa da escuridão. A luz do sol, ademais, é eterna, enquanto a da lua, minguando e crescendo em contraposição à sua própria obscuridade, é a uma só vez mortal e imortal. Os deuses Tammuz e Osíris e, no sistema védico, Soma, eram manifestações do mistério lunar. E o deus Śiva, como vimos, também era uma divindade desse contexto. Seu animal é o touro; nos seus cabelos está a lua crescente; relacionamos sua iconografia com a do iogue dos sinetes do vale do Indo. A mitologia do Buda, por outro lado, é solar. Ele é chamado o Leão do clã Śākya, que está sentado sobre o Trono do Leão. O símbolo de sua doutrina é o Disco Solar e sua doutrina faz referência a um estado que não é estado, do qual a única imagem apropriada é a luz.

No Egito, com a ascensão da V Dinastia por volta de 2480 a.C., a mitologia do sol substituiu o sistema lunar de Osíris e o faraó, no papel da lua, era chamado o filho do deus-sol Rá. Tronos e leitos com patas de touro deram lugar a patas de leão. Entre os semitas, o deus-sol Shamash (Utu, na Suméria) era uma divindade de poder supremo, e entre os árias, o sol era uma força poderosa. Na reluzente cidade de

Persépolis do Rei dos Reis persa – construída por Dario I, em 522 a.C. e destruída em 330 a.C. por Alexandre – o princípio solar do Senhor da Luz do profeta ária Zoroastro resplandecia com o brilho do próprio sol na terra, emitindo seus raios. E assim ficamos sabendo, também, que o bom rei, pai do Buda, era da Dinastia do Sol, reinando na cidade em que um dia o sábio Kapila tinha pregado.

Kapila era o fundador da chamada filosofia Sanquia, que o Buda tomou como ponto de partida. Como o jainismo e o budismo, a escola Sanquia é não védica e, como o jainismo, mas não como o budismo, ela trata de dois princípios contrários: 1. matéria, que chama de *prakṛti*, e 2. a mônada, que ela denomina *puruṣa*, "o ser". Enquanto no jainismo a mônada é concebida como fisicamente contaminada pela matéria, na visão Sanquia não há um contato real entre elas; a pessoa – como o sol – fica separada. Seu brilho ativa o princípio inerte da matéria, que é como a água agitada na qual se reflete a luz solar. E cada reflexo imagina que ele próprio é o ser e por isso, eterno: consequentemente, vivencia-se a ansiedade, junto com a tristeza e tudo mais. Na escola Ioga, entretanto, quando a porção de matéria agitada contida na mente individual (o estofo mental) se acalma – como na ioga de Patanjali descrita no Capítulo 1* – surge a imagem inteira do ser real, a falsa ideia do mero reflexo (ego = *aham*) desaparece e se reconhece a verdadeira identidade da pessoa com aquela entidade imorredoura, semelhante ao sol – identidade que, ironicamente, a pessoa foi o tempo todo sem sabê-lo.

A ioga de Patanjali descrita acima, tão diferente na finalidade quanto no método do suicídio psicofísico dos jainistas, é a prática dessa filosofia. E a fábula clássica contada para ilustrar seu tema central é a do filho do rei afastado do palácio do pai quando bebê e criado por um membro de uma tribo primitiva na ignorância a respeito de sua verdadeira natureza. Ele vive anos pensando: "Sou uma pessoa sem casta, um membro de uma tribo primitiva". Entretanto, quando o rei morre sem outro descendente, certo ministro de Estado, apurando que o menino está vivo, localiza-o e diz-lhe: "Tu não és sem casta. Tu és o filho do rei". Imediatamente o jovem abandona a ideia de ser um pária e assume sua natureza real, dizendo a si mesmo: "Eu sou o rei".

"Desse modo", continua a narrativa, "seguindo a instrução de um ser misericordioso (o *guru*), que declara: 'Tu és originário do Homem Primordial (*ādipuruṣa*), a divina e universal mônada da vida que se manifesta através da consciência pura e é espiritualidade que tudo permeia e completa em si mesma; tu és uma porção dela', uma pessoa inteligente abandona o erro de supor-se manifestação ou produto da simples matéria e permanece fiel à sua própria existência intrínseca (*svasvarūpam*)."[18]

O nome de Kapila significa "o Vermelho" e é um epíteto do sol, símbolo da mônada brilhante e cristalina. E há uma lenda sobre ele no *Mahābhārata*, que conta que quando os sessenta mil filhos de certo Monarca Universal chamado Oceano (Sāgara) estavam cavalgando na função de guarda armada do cavalo sacrificial de seu pai, o

* *Supra*, p. 30-31.

animal subitamente desapareceu da vista deles e quando penetraram na terra onde tinha desaparecido, descobriram-no bem no fundo da terra com um santo sentado a seu lado em meditação – Kapila. Quando a guarda tentou recapturar o objeto de sua responsabilidade sem deter-se para prestar a devida reverência a Kapila, este, com o brilho de seus olhos, queimou-os deixando-os em cinzas.[19] De maneira similar, o encontro com a mônada, "o Vermelho", aniquila as incontáveis ilusões do oceano do mundo. O sacrifício do cavalo cósmico, consequentemente, torna-se um sacrifício interior.* E a falsa identificação desaparece.

Em nossa visão da primitiva sequência touro-leão, do Egito, foram observados três importantes estágios psicológicos: 1. Identificação Mítica (no ritual regicida pré-dinástico), 2. Enfatuação Mítica (no culto faraônico da I à IV Dinastia), 3. Subordinação Mítica (na mitologia de Rá da V Dinastia).

Temos agora de registrar, com relação à filosofia Sanquia de Kapila, à ioga de Patanjali e à anterior e mais rude mitologia e ioga dos jainistas, um quarto estágio ou instância: 4. Eternização Mítica (na ioga) onde, por uma mudança de associação, o sujeito aprende a identificar-se, não com o filho do sol, mas com o próprio sol, o Pai, testemunho do Filho.

"Tão serenamente quanto a própria luz brilharia se tudo o que ela ilumina – céu, terra e ar – não existisse, exatamente assim é o estado isolado daquele que vê, o puro Si-Próprio, quando o mundo tríplice, tu e eu, em suma tudo o que é visível, se acaba."[20]

"Esse também é o isolamento daquele que vê e que fica sem ver, depois que a confusão de aparências – eu, tu, o mundo e tudo – desaparece."[21]

Exatamente como no estágio 1, aqui também foi alcançada uma identificação mítica. Ela não se dá, entretanto, com qualquer objeto percebido, seja mortal ou imortal, mas com o sujeito que percebe; não com o campo, mas com quem percebe o campo; não com a "matéria" (*prakṛti*), sob qualquer forma, mas com o "indivíduo" (*puruṣa*) sozinho: consciência – de nada – em e de si mesma.

V. O CAMINHO DO MEIO

Vamos agora saltar para os episódios 6 a 11, os anos de casamento, busca e despertar do jovem Gautama, que iria superar até Kapila em sua capacidade de introversão; pois se Kapila fez o mundo objetivo desaparecer, o Buda também varreu o sujeito.

A versão de sua lenda que irei usar, a do monge poeta Ashvaghosha, de cerca de 100 d.C., já forneceu nosso relato do ataque de Mara.** Composta em sânscrito, do ponto de vista da escola Mahayana (divisão posterior do pensamento budista), ela não apenas proporciona uma ocasião de compará-la com a perspectiva estritamente

* *Supra*, p. 172.
** *Supra*, p. 23-25.

monástica – à maneira Sanquia – da antiga escola Hinayana, mas também dedica uma atenção mais precisa do que o texto páli às crises de busca intelectual que precederam a descoberta do Caminho do Meio. E para nosso propósito, que é definir tanto quanto possível em termos orientais as transformações do pensamento mítico oriental, esse guia sumário é inestimável. Deverei deter-me no caminho para sublinhar categorias, mas em geral apenas procurarei apresentar, da melhor forma possível ainda que brevemente, algo do sabor e do sentido desse primeiro clássico do chamado estilo Kāvya ("poético") da língua literária sânscrita.

ESTÁGIO 6 – O PALÁCIO DOS PRAZERES

Quando o jovem príncipe Gautama ultrapassou a infância e atingiu a juventude, aprendeu em poucos dias as ciências próprias à sua linhagem, coisa que os outros necessitam de muitos anos para dominar, e o rei, seu pai, procurou para ele em uma família de excelência moral irrepreensível uma noiva dotada de beleza, modéstia e conduta suave, chamada Yashodhara, e o príncipe rejubilou-se com aquela princesa. E para que não tivesse nenhuma visão que pudesse perturbar sua mente, o rei preparara para ele uma residência longe das pressões do palácio, provendo-a de todos os prazeres. Com o ressoar suave das batidas de tamborim pelas mãos das mulheres dançando como ninfas celestiais, aquela residência resplandecia como a montanha dos deuses. Com suas belas vozes suaves, sua jocosa excitação, doces risadas e olhares furtivos, aquelas mulheres peritas nas artes do amor agradavam-no a tal ponto que uma vez, em busca do telhado de um pavilhão, ele escorregou; entretanto, jamais chegou ao chão: como um santo sábio saindo de uma carruagem celeste, ficou suspenso flutuando no ar.

No devido tempo, a bela e generosa Yashodhara deu à luz um filho, Rahula, e o bom rei, pai de Gautama, alegrando-se com o neto, redobrou as devoções às quais vinha se entregando desde o nascimento de seu próprio filho, Gautama. Ofereceu sacrifícios *soma* a Agni e outras divindades do panteão pronunciando frases dos Vedas, praticou a tranquilidade perfeita e observou numerosas disciplinas apropriadas aos leigos; mas sempre perguntando-se com que outros meios de sedução sensual poderia impedir que seu querido filho partisse para a floresta.

Reis prudentes desta terra que prezam a prosperidade zelam cuidadosamente os passos de seus filhos no mundo; mas esse rei, embora devotado à religião, manteve o filho longe disso, voltando-o apenas para os objetos de prazer.

Entretanto, aqueles cuja "existência" (*sattva*) é "iluminação" (*bodhi*), os *bodhisattvas*, os futuros budas, depois de conhecerem o sabor do mundo, sempre, depois do nascimento de um filho, partem para a floresta.

ESTÁGIO 7 – OS QUATRO SINAIS

E assim, certo dia quando as lagoas de lótus estavam adornadas e as florestas cobertas de grama tenra, tendo ouvido sobre a beleza dos bosques da cidade caros às mulheres, o *bodhisattva* decidiu sair, como um elefante há muito tempo trancado em seu estábulo. E o rei, ao saber do desejo do filho, ordenou que uma comitiva se preparasse com extremas precauções para que nenhuma pessoa aflita aparecesse ao longo do caminho e perturbasse a mente protegida de seu filho.

Em uma carruagem de ouro, acompanhado de um ilustre séquito e por uma estrada atapetada de flores, o príncipe partiu, puxado por quatro cavalos mansos, e ao anúncio de sua passagem, "o Príncipe vem vindo", as mulheres, que haviam obtido permissão dos maridos, se apressaram para os telhados e assustaram os pássaros com o tilintar de suas cintas e guizos nos tornozelos ressoando até as estrelas. Algumas atrapalhavam-se com as tiras das cintas escorregando, atordoadas, tendo acabado de despertar e de vestir às pressas seus ornamentos; outras tinham dificuldade para subir simplesmente pelo peso de seus amplos quadris e seios abundantes. Debruçando-se incansavelmente nas janelas, empurrando-se entre a multidão, os ornamentos tilintando, as faces de lótus das mulheres brilhavam enquanto olhavam intensamente e suspiravam com mentes puras e sem sentimentos abjetos: "Feliz de sua esposa!"

Os deuses, entretanto, em suas moradas puras, reconhecendo o momento, enviaram um ancião a andar pela estrada.

O príncipe viu-o.

O príncipe dirigiu-se ao condutor da carruagem.

"Quem é aquele homem de cabelos brancos, mãos fracas segurando um bastão, olhos perdidos sob as sobrancelhas, membros curvados e andando à deriva? Alguma coisa aconteceu para alterá-lo ou é esse seu estado natural?"

"É a velhice", respondeu o condutor da carruagem, "que arrebata a beleza, acaba com a força, causa pesar, destrói os prazeres, envenena a memória e é inimiga dos sentidos. Em sua infância, ele também tomou leite e aprendeu a engatinhar, chegou passo a passo até o vigor da juventude e agora, também passo a passo, chegou à velhice".

O condutor da carruagem revelou dessa maneira, em toda sua simplicidade, o que deveria ser ocultado do filho do rei, que exclamou: "O quê? E este mal atingirá a mim também?"

"Sem dúvida, por força do tempo", respondeu o condutor.

E o de grande alma, cuja mente, através de muitas vidas, tinha se apossado de grande quantidade de méritos, ficou agitado quando ouviu sobre a velhice – como um touro que ouviu de perto a explosão de um trovão. E pediu para ser levado para casa.

Outro dia, outra saída, e os deuses enviaram-lhe um homem afligido pela doença.

O príncipe disse: "Aquele homem, pálido e magro, de barriga inchada, respiração pesada, braços e ombros caídos e com todo o corpo alquebrado, pronunciando lamentosamente a palavra 'mãe' quando aborda um estranho: o que lhe aconteceu?"

"Meu bom senhor", respondeu o condutor da carruagem, "é a doença".

"E esse mal é peculiar a ele ou são todos os seres igualmente ameaçados pela doença?"

"É um mal comum a todos", respondeu o condutor.

E, de novo, tremendo, o príncipe desejou ser levado para casa.

Pela terceira vez, ele saiu e as divindades enviaram-lhe um homem morto.

Disse o príncipe: "Mas o que é aquilo, carregado por quatro homens, vestido mas sem respirar e acompanhado de um séquito de pranteadores?"

O condutor da carruagem, com a mente pura subjugada pelos deuses, disse-lhe a verdade: "Esse, meu bom senhor, é o fim de todos os seres viventes".

Perguntou o jovem: "Como pode um ser racional, sabendo essas coisas, permanecer negligente aqui na hora da calamidade? Volta a carruagem, homem. Esta não é a hora nem o lugar para o prazer".

Dessa vez, entretanto, em obediência ao pai do jovem, o condutor prosseguiu até o festival das mulheres nos bosques. E o jovem príncipe, ao chegar, foi recebido como um noivo. Algumas acharam que era o próprio deus do amor encarnado; outras acharam que era a lua. Muitas ficaram tão comovidas que simplesmente abriram a boca como se fossem engoli-lo. E como o filho do sacerdote familiar as exortasse a fazer uso de seus encantos, tiveram as almas arrebatadas pelo amor. Elas atacaram o príncipe com todos os tipos de estratagemas. Encostando os seios contra ele, dirigiram-lhe convites. Uma abraçou-o violentamente, fingindo ter tropeçado. Outra sussurrou-lhe no ouvido: "Deixe meu segredo ser revelado". Uma terceira, com gestos apropriados, entoou uma canção erótica, fácil de entender, e uma quarta, com belos seios, riu, seus brincos a balançar no ar e gritou: "Pegue-me, senhor, se puder!" Mas ele, o mais excelente de todos os jovens, ali vagando como um elefante na floresta seguido de um rebanho de mulheres, apenas ponderou em sua mente agitada: "Essas mulheres não sabem que a velhice um dia lhes tirará a beleza? Sem verem a doença, são felizes aqui neste mundo de dor. E, a julgar pela maneira como riem em suas brincadeiras, não sabem absolutamente nada sobre a morte".

O séquito voltou para o palácio com as esperanças abaladas.

Assim o jovem e afetuoso príncipe tinha aprendido as lições negativas da velhice, da doença e da morte, que no sistema budista são os sinais do sofrimento de toda vida. E a circunstância da infância em vão superprotegida intensificou o impacto desses aspectos negativos da existência; pois a lenda é inteiramente simbólica, não uma biografia verdadeira. Um jovem sensível e bem-dotado é criado em um mundo de total ilusão até o período de fermentação, quando profundos choques psicológicos afetam, de fato, o espírito, e um choque em profundidade plena é consequentemente representado pelo que chamaríamos hoje de trauma. Sua busca, de agora em diante, será a de uma cura.

Mas uma cura com que finalidade? O retorno a este mundo, descoberto (para usarmos a frase terrível de Schopenhauer) como "algo que não deveria ter sido"?

Conforme Nietzsche escreve sobre o problema:

> O mundo do dia a dia está separado por um abismo de esquecimento da realidade dionisíaca da vida, e quando, depois de uma percepção rápida dessa profundidade, o

> mundo do dia a dia novamente se descortina, é considerado apenas com repugnância. Uma disposição ascética, negativa para com a vontade de viver, é a consequência de tal estado mental.
>
> Nesse sentido, o caráter dionisíaco lembra Hamlet. Cada um teve uma percepção real da natureza essencial das coisas. Eles são iluminados. E agora isso pode apenas tirar-lhes a vontade de agir. Pois seus feitos não podem mudar nada do que diz respeito à eterna natureza da existência. Por isso acham ridículo ou infame o fato de serem chamados a consertar o mundo – que está desarticulado. A iluminação paralisa a ação, que exige a presença de um véu de ilusão cobrindo a verdade. Essa é a moral de Hamlet. [...]
>
> Porque, uma vez vista a verdade das coisas, tendo essa verdade em mente, pode-se ver em toda parte apenas a monstruosidade ou o absurdo da existência: compreende-se o simbolismo do destino da louca Ofélia. [...] E fica-se totalmente nauseado.[22]

É fácil demais atribuir tal percepção da natureza das coisas e o choque resultante a um trauma psicológico e, então, escrever complacentemente sobre "adaptação". Semelhante banalidade apenas retira um véu de esquecimento, e sobre ele, um véu de ilusão. Pois o problema, de fato, é conservar a percepção obtida enquanto se procura orientá-la para o que Nietzsche denominou "saúde mais elevada".

E o chamado do jovem príncipe Gautama a essa finalidade veio-lhe na saída seguinte do ninho, quando viu o quarto e último dos Quatro Sinais.

Ele cavalgava em seu corcel branco, Kanthaka, por um campo que estava sendo arado e viu o capim novo não apenas cortado e espalhado, mas também coberto de ovos e larvas de insetos mortos. Cheio de profunda tristeza, como se fosse sua própria espécie abatida, ele desceu do cavalo e caminhou lentamente sobre o chão, refletindo sobre o nascimento e a destruição e pronunciando: "Realmente lamentável!" E, desejando estar a sós, foi sentar-se ao pé de um jambeiro-rosa num lugar ermo, sobre a terra coberta de folhas. Ponderando sobre a origem do mundo e sua destruição, ele resolveu manter-se no caminho da firmeza mental. E assim liberto de todas as causas de sofrimento, como o apego ao desejo pelos objetos do mundo, atingiu o primeiro estágio da contemplação. Ele estava tranquilo e absorto em pensamentos.

Em seguida, viu diante de si um asceta mendicante. "O que és tu?", ele perguntou, ao que o outro respondeu: "Aterrorizado pelo nascimento e morte, desejando libertar-me, tornei-me asceta. Como mendigo, errando sem família e sem esperança, aceitando qualquer esmola, vivo agora por nada além do bem supremo". Em seguida, ele elevou-se para o céu e desapareceu; pois tratava-se de um deus.

ESTÁGIO 8A – A VISÃO DO CEMITÉRIO

De volta a casa, o príncipe foi até o pai reunido com sua corte e, prostrando-se, com as mãos juntas acima da cabeça, disse-lhe: "Ó Senhor dos Homens, quero tornar-me um asceta mendicante". Mas o rei, abalado como uma árvore atacada por um elefante, pegou as mãos juntas de seu filho e disse-lhe, afogado em lágrimas: "Ó meu filho, afasta essa ideia. Não é hora de te voltares para a religião. Durante o primeiro período da vida a mente é instável e a prática religiosa cheia de perigos". O príncipe olhou para ele e respondeu rispidamente: "Pai, não é certo deter uma pessoa prestes a escapar de uma casa que está se incendiando". E levantou-se e retornou a seu palácio, onde foi recebido por suas esposas. Mas o rei disse: "Ele não irá!"

Em seu palácio, o príncipe sentou-se num trono de ouro, cercado por aquelas graciosas mulheres que não desejavam nada mais do que agradá-lo com sua música. E os deuses encantaram-nas, de maneira que enquanto tocavam caíram no sono, deixando os instrumentos escorregar-lhes das mãos. Uma deitou com seu tambor como se fosse um amante. Outra, com os cabelos em desalinho, saias e ornamentos em desordem, era como uma mulher atropelada por um elefante. Muitas respiravam ruidosamente; outras, com os olhos brilhantes arregalados e paralisados, estavam feito mortas. Uma, com a nudez à mostra, babava como se estivesse embriagada. E todas, que antes ostentavam todas as graças, agora, com os trajes em desordem, estavam abandonadas à vergonha e ao desamparo. Eram como um lago de lótus varrido pelo vento.

O príncipe pensou: "Tal é a natureza das mulheres: impuras e monstruosas no mundo dos seres vivos! Enganado pelas aparências, o homem apaixona-se por seus encantos. Mas deixe que ele as veja em seu estado natural – a mudança produzida nelas pelo sono!"

E ele se ergueu, com vontade apenas de fugir para a noite.

ESTÁGIO 8B – A GRANDE PARTIDA

Os deuses fizeram a porta do palácio abrir-se e o príncipe desceu à corte, indo diretamente ao condutor de sua carruagem. "Rápido!", ele disse, "estou indo embora." E o homem, conhecendo a ordem do rei, porém impelido por uma força superior, buscou o belo corcel branco, Kanthaka, que o príncipe, com sua mão de lótus, acariciou. "Ó tu, que és o melhor dos cavalos", disse, "o rei, meu pai, cavalgando-te derrotou muitos inimigos. Portanto, empenha-te agora, pelo teu próprio bem e do mundo, para que eu também seja vitorioso." E o cavalo, levando o príncipe, galopou em silêncio a toda velocidade. Os gênios da terra abriram suas palmas aos cascos para que as pegadas não despertassem a noite. E Chandaka, o auriga, corria ao seu lado.

Os portões da cidade, trancados com pesadas traves, abriram-se por si mesmos sem ruído. E o fugitivo, ao atravessá-los, olhou para trás e rugiu como um leão.

"Até que eu tenha visto a margem além de nascimento e morte, jamais entrarei de novo nesta cidade chamada Kapila."

E ao ouvir aquele poderoso rugido de leão, as hostes de deuses rejubilaram-se.

Começara a aventura que iria formar a civilização da maior parte da raça humana. O rugido de leão, som do espírito solar, princípio da pura luz da mente, sem receio de sua própria força, tinha irrompido na noite estrelada. E, da mesma forma que o sol ao nascer emite seus raios, espantando tanto os terrores quanto os êxtases noturnos, e o rugido do leão emitindo seu aviso pela planície repleta de animais espanta as maravilhosas gazelas amedrontadas, o rugido de leão daquele que assim irrompeu anunciou o salto leonino da luz que estava por vir.

Seres celestiais irradiavam luz ao longo do caminho daquele que tinha assim escapado do palácio de redes de ouro e teias para prender e embaraçar corações de leão. Ao alvorecer, o príncipe que não era mais príncipe chegou a um eremitério na floresta, onde realizaria sua primeira façanha no caminho do fogo. Gazelas e cervos dormiam ainda em calma e confiança e os pássaros repousavam tranquilamente. E ali chegando, o futuro Buda também descansou, como se sua meta tivesse sido atingida.

Ele desceu de seu cavalo, elogiou-o com algumas palavras e dirigiu-se a Chandaka. "Bom amigo, tua devoção a mim e tua bravura de espírito foram provadas pela condução desta montaria." E deu ao homem uma pedra preciosa, retirada de seu diadema, pedindo-lhe que voltasse com a montaria a Kapilavastu. "Não devo ser pranteado", ele disse. "Tampouco parti para a floresta em hora errada. Não há, na verdade, hora errada para a religião."

Chandaka afogou-se em lágrimas. "Ó mestre! O que dirá vosso pobre pai e vossa rainha com o filhinho? E, ó mestre, meu único refúgio é a vossos pés. O que será de mim?"

O futuro Buda respondeu: "Como os pássaros recorrem a seus abrigos nas árvores e não obstante partem, também os encontros de todos os seres acabam inevitavelmente em separação. Meu bom amigo, não te entristeças e parte, e se teu amor resistir, algum dia retorna. Aos de Kapilavastu dize que só retornarei depois de ter vencido a velhice e a morte, do contrário perecerei fracassado".

Ao ouvir isso, o cavalo, deixando pender a cabeça, derramou lágrimas quentes e lambeu as patas. O príncipe acariciou-o. "Tua natureza equina perfeita", disse ele, "foi constatada. Não chores, bom Kanthaka. Tua ação dará fruto."

Em seguida ele puxou da bainha sua espada pontuda, azul-escura, coberta de pedras preciosas, com a lâmina ornamentada de ouro. E tendo-a puxado, cortou de um só golpe o topete real de seus próprios cabelos. Juntamente com o diadema, jogou-o para o alto no ar onde os deuses, tomando-o respeitosamente, levaram-no com gritos de júbilo para ser adorado no céu.

ESTÁGIO 9 – A PROCURA DO CAMINHO

Com o passo de um leão e a beleza de um cervo, o futuro Buda penetrou no bosque, e todos ali, experientes em penitências, deixaram suas atividades. Encantados, os pavões soltaram gritos; as vacas em oblação derramaram seu leite. Ascetas pastando como cervos imobilizaram-se junto com os cervos. E o príncipe disse àqueles que se aproximaram: "Bons senhores, como este, hoje, é meu primeiro eremitério, por favor, explicai-me os propósitos de tais atividades".

"Folhas, água, raízes e frutos, alimentos não cultivados", disseram-lhe: "isto e apenas isto é o alimento destes bons santos. Alguns, como os pássaros, bicam sementes; outros pastam, como os cervos. Alguns vivem de ar e vivem como as cobras entre as formigas, às quais permitem fazer formigueiros à sua volta. Alguns poucos, com grande esforço, conseguem alimentar-se de pedras. Outros comem grãos moídos com seus próprios dentes. Outros, como os peixes, vivem na água, permitindo que as tartarugas arranhem sua carne; enquanto muitos, com os cabelos emaranhados sempre molhados, oferecem oblações a Agni, entoando hinos. Porque a dor, dizemos, é a raiz do mérito. O céu é conquistado pelas maiores penitências, os objetivos terrenos pelas menores; mas seja qual for o caso, é pelo caminho da dor que eventualmente a felicidade será obtida."

O futuro Buda pensou: "É na melhor das hipóteses o céu que eles estão conquistando. Mas se a dor é religião e a felicidade não religião, então, pela religião eles estão conquistando a não religião. Como, entretanto, é apenas pela mente que o corpo age ou não age, o que deveria ser controlado não é o corpo, mas o pensamento. Sem o pensamento, o corpo não passa de uma tora. Tampouco a água irá lavar o pecado".

Esse era um argumento emprestado pelo jovem príncipe da escola psicológica de Kapila, com o qual se refutava tanto o jainismo quanto as cruéis e extremadas disciplinas iogues puramente físicas praticadas naquele eremitério. Entretanto, um segundo pensamento concebido naquela ocasião, conforme apresentado pela visão Mahayana, aponta para além de Kapila em direção ao fundamento último da religião popular que iria emergir, um dia, da descoberta e ensinamento do Buda, referente a seu Caminho do Meio. O futuro Buda refletiu: "Uma vez que se deve procurar um lugar na terra que possa ser devidamente chamado sagrado, que seja um onde haja algo tocado por um homem virtuoso. Eu contaria como metas de peregrinação apenas as virtudes daqueles que manifestaram virtude".

Já há em seu pensamento uma racionalização do culto popular budista posterior, o das relíquias, e, em contraposição a um caminho filosófico, é prescrito um amplo interesse por um caminho religioso – de redenção. Pois a influência final que se pretende aqui não é apenas sobre o pensamento, mas sobre o caráter. O pensamento pode transformar o caráter, mas mesmo a simples presença de um personagem pode também causar tal milagre de transformação. A curiosa impaciência popular por apenas ver, tocar e juntar lembranças de "personalidades" – que no Ocidente de hoje em geral não se considera uma variante do empenho religioso – no Oriente é exatamente assim, como foi em nossa própria Idade Média, e o futuro Buda, nessa biografia, pareceria ter sido preparado para adaptar esse desejo a seu sistema, como um complemento popular, secundário, mas de maneira nenhuma inconsequente. A relíquia do Ceilão do Dente do Buda e as relíquias preservadas em toda parte nas estupas do mundo budista, trazem à mente aquelas ideias das virtudes dos virtuosos pelas quais são purificados "os pecados" – ou seja, pensamentos equivocados e, consequentemente, palavras e ações equivocadas.

O futuro Buda permaneceu apenas algumas noites naquele diligente e tranquilo bosque eremitério, observando os iogues em suas penitências e, quando se dispôs a partir, eles todos juntaram-se, implorando que não fosse. "Com tua chegada", disse um ancião, "este eremitério ficou pleno. Meu filho, seguramente não vais nos deixar agora. À nossa frente temos os sagrados Himalaias para olhar, habitados por santos; tua presença multiplica o mérito de nossas penitências. Nas redondezas há numerosos centros de peregrinação: escadas para o céu. Ou talvez tenhas visto aqui alguém negligenciar seus ofícios? Algum pária? Algum impuro? Fala e nós te ouviremos com alegria!"

O autor desse texto, de aproximadamente 100 d.C., pertencera à casta brâmane antes de participar da ordem budista, e aqui satiriza humoristicamente as devoções de sua própria crença anterior: as penosas austeridades dos iogues da floresta, sua reverência aos poderosos Himalaias, a glorificação da peregrinação, as ideias de mérito espiritual e o reconhecimento das castas.

"Bons santos", disse o futuro Buda, "vossa devoção é para ganhar o céu, enquanto meu desejo é não mais renascer. A cessação não é o mesmo que a ação. Por isso, não posso continuar vivendo neste bosque sagrado. Todos aqui, como os grandes sábios védicos, estão bem firmes em suas tarefas religiosas, as quais estão em perfeita concordância com o estilo dos tempos passados."

Os ascetas reunidos prestaram-lhe a devida reverência, e certo brâmane de olhos vermelhos, deitado sobre cinzas, levantou a voz. "Ó sábio, és verdadeiramente corajoso em teu propósito. Na verdade, todo homem que, ao ponderar profundamente as alternativas do céu e da libertação, decide pela libertação é corajoso! E assim, vai agora até o sábio Arada. Ele é aquele que obteve percepção da bem-aventurança absoluta."

O futuro Buda pôs-se a caminho, mas duas interrupções ocorreram antes de ele chegar ao eremitério de Arada. Pois quando o condutor da carruagem retornou ao palácio sem seu amo, e com um cavalo que se recusava a comer e virando-se para a floresta relinchava repetidos lamentos, o rei, que estava no templo, recebeu a notícia e caiu no chão. Erguido por criados, ele olhou para o selim vazio e voltou a cair. Então um conselheiro ofereceu-se para buscar o filho e, com a bênção do rei, montado numa carruagem, chegou ao eremitério, onde soube que o príncipe tinha partido em busca de Arada. Ele alcançou o príncipe, desceu e abordou-o.

"Ó príncipe, pensa", ele disse, e relatou toda a confusão em casa. Mas a resposta não lhe deu nenhuma esperança. "Retornarei a casa", disse o futuro Buda, "apenas com o conhecimento da verdade. E se fracassar em minha busca eu preferiria antes entrar nas labaredas do fogo a entrar na minha casa."

O conselheiro retornou, e o príncipe, depois de atravessar o Ganges, chegou à cidade de Rajagriha, onde o rei, Bimbisara, percebendo de seu palácio uma multidão que crescia e se movia lentamente na rua, perguntou a razão daquilo e foi informado.

O jovem mendicante deixou a cidade e subiu a encosta de uma montanha vizinha, para onde Bimbisara o seguiu acompanhado de um pequeno séquito e logo o viu sentado tão calmamente quanto a própria montanha. O rei, um leão entre os homens, aproximou-se respeitosamente, sentou-se na superfície limpa de uma rocha e, com o consentimento do peregrino, dirigiu-lhe a palavra.

"Gentil jovem, tenho uma grande amizade com tua família e se, por algum motivo, não desejas o reino de teu pai, então aceita, aqui e agora, a metade do meu. Tu és um amante da religião: mas dizem que ao jovem pertencem os prazeres; ao homem de meia-idade, a riqueza e os bens; a religião é para os velhos. Tu deverias desfrutar dos prazeres agora. Entretanto, se a religião é realmente teu único objetivo, então está bem, oferece sacrifícios de acordo com a tradição de tua estirpe e, dessa maneira, merece o supremo céu."

O príncipe replicou. E quando acabou de falar, primeiro da gratidão pela amizade do rei e depois sobre a velhice, a doença, a morte e também sobre os sofrimentos daqueles que desejam o prazer, declarou que havia abandonado o mundo por completo, inclusive os objetivos mais elevados.

"E com relação ao que acabais de dizer, ou seja, que eu deveria ser diligente em sacrifícios dignos de minha estirpe, que trazem frutos gloriosos, louvados sejam tais sacrifícios! Mas não desejo nenhum fruto obtido através da dor e da morte. Fiz este caminho para visitar Arada, o profeta, e estarei com ele hoje mesmo. Portanto agora, vós podeis guardar o mundo, ó Rei, como Indra; guardá-lo incessantemente, como o Sol; guardar sua felicidade; guardar a terra e guardar a religião."

Bimbisara ergueu suas mãos juntas ante a face dele. "Vai!", ele disse. "Estás a caminho de tua meta. E quando, finalmente, tiveres alcançado a vitória, volta aqui e concede-nos tua graça."

O rei retornou ao palácio. O príncipe ergueu-se e seguiu seu caminho. E o sábio Arada, em seu refúgio na floresta, avistando-o de longe, deu-lhe boas-vindas com um forte grito. De olhos arregalados, ele dirigiu-se ao jovem que se aproximava.

"Não é nenhum milagre quando reis se retiram para a floresta na velhice, passando suas glórias para os filhos como se deixa uma grinalda depois de tê-la usado. Mas isto é para mim um milagre. Tu és um eleito."

O príncipe, sentando-se, pediu para ser ensinado, e o sábio relatou-lhe toda a lição do mestre Kapila.

"Aquilo que nasce tem necessariamente de envelhecer e morrer; isto é determinado pelas leis do tempo e é denominado o manifesto, do qual o não manifesto deve ser distinguido por oposição.

"Pois bem, com referência à causa da existência temporal, ela é tríplice, ou seja, ignorância, ação e desejo, cada um conduzindo os outros dois. Ninguém que permaneça nesse círculo alcança a verdade das coisas.

"Essa permanência equivocada é o primeiro erro, do qual derivam, na seguinte sequência: egotismo, confusão, indiscriminação, falsos meios (ritos e coisas semelhantes são falsos meios), apego e o infortúnio da gravitação. As pessoas pensam: 'Este sou eu', e logo, 'isto é meu', e desse modo precipitam-se para baixo para novos nascimentos.

"Portanto, deixemos que o sábio conheça estas quatro coisas: o manifesto e o não manifesto; iluminação e não iluminação. Conhecendo-as, pode-se apreender o imortal."

O ouvinte perguntou quais os meios para se atingir tal saber e o sábio ancião Arada revelou:

"Antes de tudo, a vida mendicante; nela, a prática da sujeição dos sentidos conduz à satisfação, dentro da qual é experienciado o primeiro estágio da contemplação: um novo êxtase e deleite. O sábio passa para o segundo estágio: um mais elevado e luminoso êxtase e deleite. Continuando até o terceiro, chega-se ao êxtase sem o deleite, onde muitos permanecem; mas há um quarto estágio de contemplação, isto é, sem o êxtase, e o verdadeiro sábio vai ainda além desse, para se livrar de todo sentido de corpo.

"Porém, para experienciar o vazio do corpo, é preciso antes, no estado de contemplação, fazer uso de todas as aberturas do corpo, resultando disso uma sensação de vazio nas partes sólidas. Ou, considerando-se o habitante do corpo puro espaço, pode-se levar essa consideração além do espaço, reconhecendo um vazio ainda mais refinado. Uma terceira via é abolir o sentido de ser uma pessoa contemplando a Pessoa Suprema.

"Então, como um pássaro que escapou de sua gaiola, a pessoa que escapou do corpo é considerada liberada. Nós a chamamos Pessoa Suprema – eterna, imutável, vazia de atributos – cujo conhecimento os sábios que conhecem a realidade chamam Libertação.

"Bem, já te ensinei tanto a meta quanto o caminho e, se compreendeste e concordaste com ambos, coloca-os agora em prática."

O futuro Buda tinha ponderado, mas não aceito.

"Ouvi teus sutis ensinamentos, profundos e preeminentemente auspiciosos; porém, eles não podem ser conclusivos, pois não ensinam como livrar-se da Pessoa, o Si-Próprio supremo. Embora o Si-Próprio purificado possa ser chamado livre, enquanto esse Si-Próprio permanecer não há nenhum verdadeiro abandono do egotismo. Ademais, se o Si-Próprio em seu estado prístino é livre, como é que ele foi aprisionado? Eu mantenho que a única realização absoluta se dá pelo abandono absoluto."

Ele levantou-se e, inclinando a cabeça, deixou o sábio Arada.

E foi até outro sábio, Udraka, que tinha encontrado paz para seu desassossego na ideia de que não há nada nem nomeado nem não nomeado. Essa ideia, ele chamou visão além do nome e não nome, além do manifesto e não manifesto.

Depois de ouvi-lo o futuro Buda deixou também o sábio Udraka.

E chegou a um agradável eremitério à margem do gracioso rio Nairanjana, onde se juntou a cinco mendicantes em um método de disciplina baseado em abstinência progressivamente mais austera; até que apenas pele e ossos, macilento por nenhum propósito, ele considerou: "Mas este, certamente, não é o caminho para a impassibilidade, conhecimento e libertação, que não podem ser atingidos sem força".

Em seguida ele recordou sua primeira meditação ao pé do jambeiro-rosa quando, depois de ter visto a morte espalhada em um campo arado, ele descera de seu cavalo e refletira sozinho. "Aquele", ele pensou, "era o verdadeiro caminho". E pensou mais: "A calma perfeita – o controle da própria mente – só pode ser obtida pela satisfação constante e perfeita dos sentidos. A contemplação produz-se quando a mente, controlada, está em repouso. E pela contemplação pode ser alcançado aquele estado de calma perfeita, imperecível, que é tão difícil de conseguir. Tudo isso depende de ingerir comida".

E assim, mais uma vez, ergueu-se. E, tendo se banhado, magro como estava, no gracioso rio Nairanjana, voltou à margem apoiando-se nas árvores ao longo do rio.

A bela Nandabala, filha de um dos principais pastores daquelas paragens, movida e guiada pelos deuses, aproximou-se de onde ele estava sentado e, fazendo uma reverência com súbita alegria no coração, ofereceu-lhe uma boa tigela de leite, que restabeleceu suas forças; mas os cinco mendicantes, considerando que ele tinha retornado ao mundo, partiram. O príncipe levantou-se e, sozinho, acompanhado apenas de sua própria decisão, dirigiu seus passos até a árvore Bodhi onde, segundo se sabe, sentou-se no Ponto Imóvel.

ESTÁGIOS 10 E 11 – O GRANDE DESPERTAR

Esta versão Mahayana dos feitos do Buda conta-nos que quando o Senhor da Morte (*māra*) – que no mundo chamamos de Prazer (*kāma*) – fracassou em seu esforço para movê-lo, o Santo recordou na primeira vigília daquela noite o grande número de suas vidas anteriores e, pensando: "Toda existência, qualquer que seja, é insubstancial", sentiu compaixão por todos os seres. Em sua busca pela passagem para além do sofrimento, ele já tinha demarcado o Caminho do Meio entre a dedicação ao prazer (*kāma*) e à dor (*māra*). Agora, como primeiro fruto de sua passagem entre as rochas antagônicas desses dois extremos, ele vivenciava uma nova dimensão do Caminho do Meio; ou seja, por um lado, a compreensão de que todos os seres carecem de natureza intrínseca (*anātman*) e, por outro e simultaneamente, a compaixão por todos os seres (*karunā*).

Esta pode ser considerada a postura fundamental da mente budista. O comprometimento da mente ocidental com os interesses e valores do ser vivente é basicamente rejeitado, como o é no jainismo e, também, no sistema Sanquia. Entretanto, o típico interesse oriental pela mônada também é rejeitado. *Não há nenhuma mônada-herói reencarnante a ser salva, libertada ou encontrada.* A vida inteira é sofrimento e, no entanto, não há nenhum Si-Próprio, nenhum ser, nenhuma entidade no sofrimento. Não há nenhuma razão, consequentemente, para sentir aversão, choque ou náusea diante do espetáculo do mundo; mas, pelo contrário, o único sentimento apropriado é a compaixão (*karunā*), de fato, imediatamente sentida quando se compreende a verdade paradoxal e incomunicável de que todos esses seres sofredores são, na realidade, não seres.

Então, qual terá sido o princípio ilusório que fez com que tantos seres – embora carecendo de um Si-Próprio – estejam ocupados consigo mesmos a ponto de supor que os sofrimentos próprios e os dos outros constituem um problema cósmico e dizer: "A vida é algo que não deveria ser"?

A resposta veio ao Santo na segunda vigília daquela noite, quando alcançou uma visão divina e viu o mundo como em um espelho imaculado: os tormentos do condenado, a transmigração das almas humanas para bestas e todas as variantes de nascimento, puro e impuro. Ele viu claramente então que onde há nascimento há inevitavelmente velhice, doença e morte; onde houve apego há nascimento; onde há desejo há apego; onde há percepção há desejo; onde há contato há percepção; onde há órgãos sensoriais há contato; onde há organismo há órgãos sensoriais; onde há consciência incipiente há organismo; onde há inclinações resultantes de atos há consciência incipiente, e onde há ignorância há inclinações.

A ignorância, portanto, precisa ser designada como a raiz.

Pela cessação da ignorância, os sofrimentos de todos os seres existentes são interrompidos.

O Bem-aventurado considerou: "Essa, então, é a causa do sofrimento no mundo dos seres vivos, e esse, portanto, é o método para sua cessação."

De 1, a ignorância, procedem, na seguinte sequência: 2. ações, 3. novas inclinações, 4. consciência incipiente (augurando nova vida), 5. um organismo, 6. órgãos sensoriais, 7. contato, 8. percepções, 9. desejo, 10. apego, 11. renascimento e 12. velhice, doença e morte.

Ele encontrara o que buscava. Ele estava desperto: "aquele que tinha visto". Ele era o Buda.

ESTÁGIO 11 (continuação) – O FESTIVAL DO SUPREMO JÚBILO

Muito tem-se escrito sobre a crença budista e há tanto desacordo sobre o significado da cadeia de causação dos doze elos (*pratītya-samutpāda*) que acabamos de descrever, que o problema ficou no ar. Entretanto, o principal ponto da doutrina é suficientemente claro: já que todas as coisas carecem de natureza intrínseca, carecem de um Si-Próprio, nenhuma tem de *alcançar* a extinção; cada uma já está, na verdade, extinta e sempre o esteve. A ignorância, entretanto, conduz à ideia e, em consequência, à experiência, de uma entidade que sofre. Portanto, em vez de indiferença ou aversão, deve-se sentir compaixão por aqueles seres sofredores que, caso se livrassem de sua ideia de ego, saberiam que não há "pessoa" sofrendo em absolutamente nenhum lugar – e experienciariam esse fato.

Quando alcançou essa iluminação, o Buda pensou: "Mas como posso ensinar uma sabedoria tão difícil de ser apreendida?"

Esse, portanto, é o segundo ponto: o budismo não pode ser ensinado. O que se ensina são simplesmente os caminhos que levam dos vários pontos da bússola espiritual até a árvore Bodhi, e conhecer esses caminhos não é suficiente. Ver a árvore não é suficiente. Mesmo ir sentar-se sob a árvore não é suficiente. Cada um tem de encontrar e sentar-se, ele próprio, sob a árvore e, então, em meditação solitária, iniciar a passagem para dentro, para o interior de si mesmo – que não está absolutamente em nenhum lugar.

Os deuses espalharam flores do céu e Buda, sobre um trono, elevando-se no espaço até sete vezes a altura de uma palmeira, dirigiu-se aos *bodhisattva*s de todos os tempos: "Oh! Oh! Ouvi minhas palavras", ele exclamou, iluminando-lhes as mentes. "É por atos meritórios que tudo é alcançado. Por tais atos, através de muitas vidas, tornei-me primeiro um *bodhisattva* e sou agora o Vitorioso, Todo-Sábio. Portanto, enquanto houver vida, adquiri méritos!"

Aqui temos, portanto, um terceiro ponto, o ponto principal do caminho Mahayana, em oposição ao Hinayana. Ele é conhecido como o Caminho do *bodhisattva*, o meio de viver no mundo sem retirar-se para a floresta: adquirindo experiência e com ela o conhecimento da verdade da não existência do eu através do dar – dar sem limites – realizando altruisticamente a própria missão na vida.

Os *bodhisattva*s de todos os tempos, depois de venerarem o Buda, desapareceram e chegaram os deuses, jogando flores; em seguida, o Vitorioso, descendo ao nível da terra, permaneceu, em seu trono, imerso em reflexão por sete dias e seu único pensamento era: "Alcancei a sabedoria absoluta".

A terra estremeceu de seis maneiras diferentes, como uma mulher arrebatada de alegria; miríades de universos ficaram iluminados, e os seres de todos os mundos, descendo, circum-ambularam o Buda, retornando a suas moradas.

Mais sete dias e ele foi banhado por seres celestiais com jarros de água dos quatro oceanos.

Um terceiro período de sete dias e ele permaneceu sentado de olhos fechados.

Um quarto período de sete dias e ele estava de pé sobre seu trono, assumindo muitas formas quando um deus, descendo, perguntou o nome da meditação das quatro semanas passadas. "Ela chama-se, ó ser divino", respondeu o Buda, "a Ordem do Alimento do Grande Júbilo. É o festival da coroação de um rei que, tendo conquistado todos seus inimigos, goza agora de prosperidade. Os budas passados também permaneceram, como estou permanecendo aqui, sob suas árvores Bodhi."

O céu ficou escuro por sete dias e caiu uma prodigiosa chuva. Entretanto, o poderoso rei das serpentes, Mucalinda, veio das profundezas da terra e protegeu com seus capelos aquele que é a fonte de toda proteção. Quando a grande tempestade passou, o rei-serpente assumiu sua forma humana, fez uma reverência ao Buda e retornou em júbilo ao seu palácio.*

O Buda encaminhou-se para uma grande figueira, onde ficou sentado por mais

* Compare a figura 19 e o texto *supra*, p. 178. Fica evidente que o episódio da serpente na vida de Parshva coincide com o desfecho. Aqui, ela ocorre após a iluminação e representa um motivo de reconciliação com a força da natureza que sustenta o mundo. A serpente, renascendo de si mesma quando muda de pele, é simbólica do princípio lunar do eterno retorno.

sete dias; depois encaminhou-se para outros lugares. Dois prósperos mercadores suplicaram por chumaços de seus cabelos e fragmentos de suas unhas para a construção de um santuário. Os quatro deuses dos pontos cardeais chegaram com a oferenda de quatro tigelas para esmolas que se tornaram uma única, da qual o Vitorioso bebeu uma oferenda de leite. E uma deusa, filha dos deuses, sorrindo, trouxe-lhe para sua investidura um traje de farrapos.[23]

VI. NIRVANA

É extremamente difícil para uma mente ocidental compreender quão profunda é a impessoalidade do oriental. Mas, se quisermos compreender algo daquele mundo tão distante com o qual estamos dialogando, é necessário abandonar a imagem de uma espécie de alma-Buda pré-rafaelesca sentada inocentemente sobre um lótus, dissolvendo-se no nirvana com amor a todos os seres em seu coração de lótus – imagem que um número considerável de sentimentalistas pintaram para nós.

Certa vez, o Venerável Ananda aproximou-se do Mestre e disse: "É maravilhoso, ó Mestre, que a Originação Dependente que ensinastes, apesar de ser tão profunda e parecer tão profunda, a mim pareça absolutamente clara".

"Não fales assim, Ananda; pois essa Originação Dependente que eu ensinei é profunda e parece profunda, também. É do não despertar para essa verdade, Ananda, do não penetrá-la, que essa originação ficou embaraçada como um novelo de linha, envolta em desgraça, retorcida como um cipó e não consegue libertação do sofrimento, do mal das circunstâncias, do incessante redemoinho, deste círculo cíclico."[24]

O primeiro encontro significativo entre o Oriente e o Ocidente, no âmbito de tentativa de intercâmbio filosófico, ocorreu quando o primeiro e mais brilhante de todos os ocidentais chegou: o jovem Alexandre, o Grande. Depois de destruir todo o Império Persa com um único e poderoso golpe, ele chegou disseminando ruínas e surgiu no vale do Indo em 327 a.C., envolvendo-se imediatamente tanto em observações filosóficas quanto políticas, econômicas e geográficas. Estrabão nos informa que em Taxila, a primeira capital indiana que ele invadiu, Alexandre e seus oficiais souberam de um grupo de filósofos sentados em reunião fora da cidade, e imaginando réplicas de seus próprios professores e modelos (o tutor de Alexandre, Aristóteles, ou aquele famoso tagarela, Sócrates), enviaram uma delegação para convidar o círculo de eruditos à mesa de Alexandre. E o que eles encontraram foram quinze sujeitos completamente nus sentados imóveis numa superfície de pedra torrada pelo sol, tão quente que ninguém podia pisar nela sem calçado. O chefe da delegação, Onesicrito, fazendo um daqueles cavalheiros saber através de uma série de três intérpretes que ele e seu rei desejavam aprender algo de sua sabedoria, recebeu a resposta de que a ninguém que tivesse a petulância de vir de botas de cano longo, chapéu de aba larga e cota cintilante de cavalaria, como as que os macedônios usavam, se podia ensinar filosofia: o aspirante – ainda que viesse de Deus – deveria primeiro ficar nu e ter aprendido a sentar-se impassivelmente sobre a pedra escaldante. O grego, cujo próprio mestre tinha sido Diógenes, sem intimidar-se por tal afronta, falou a um segundo pensador nu a respeito de Pitágoras, Sócrates, Platão e os demais, e o indiano, apesar de admitir que tais homens deviam ser originários de uma grande nação, expressou pesar e surpresa por eles terem mantido tanto respeito pelas leis e costumes de seu povo a ponto de terem negado a si mesmos a vida superior, permanecendo vestidos.

Estrabão prossegue contando que, entretanto, dois deles, um mais idoso e outro mais jovem, foram finalmente persuadidos pelo rajá de Taxila a irem até a mesa de Alexandre, mas quando deixaram a rocha foram acompanhados pelos insultos de seus companheiros e, quando retornaram, se retiraram para um lugar isolado. Ali, o velho ficou deitado de costas, exposto ao sol e à chuva, enquanto o mais jovem ficou apoiado alternadamente sobre uma perna e outra durante todo um dia, com uma vara de cerca de 2 metros de comprimento em cada mão.[25]

Outro do grupo, que os gregos apelidaram Kalanos, porque usava a palavra *kalyāna* ("sorte") para saudar as pessoas, acompanhou o séquito por algum tempo, tornando-se uma figura famosa entre os guerreiros e os filósofos em volta do jovem rei. No entanto, quando o exército, voltando-se para oeste, chegou à Pérsia, ele pediu a Alexandre que mandasse construir uma grande pira, para a qual foi carregado numa liteira, adornado à maneira indiana e cantando numa língua que os gregos não conseguiam entender. À vista do exército, ele subiu e assumiu a postura sentada de pernas cruzadas de iogue. A construção tinha sido coberta de vasos de ouro e prata, materiais preciosos e outros tesouros, que ele distribuiu entre os amigos. Depois, ordenou que a pira fosse ateada. As trombetas gregas soaram, todas ao mesmo tempo. O exército inteiro gritou, como se estivesse iniciando uma batalha. Os elefantes indianos soltaram seus urros peculiares. As chamas, subindo, envolveram a figura, que os espectadores viram sentada imóvel.[26] E Kalanos, deixando assim os gregos, renasceu imediatamente, pode-se supor, talvez no Céu do Pescoço, para permanecer por inúmeros milhões de oceanos de períodos indefinidos de anos em algum estado inconcebível de prazer.

Pode ser surpreendente, mas o relato grego é a mais antiga evidência tangível da prática da ioga na Índia ária. Pois não encontramos até agora nenhuma testemunha, seja escrita ou de pedra cinzelada, registrando todo o período de tempo desde a destruição das cidades do Indo até o ano da chegada de Alexandre. Depois daquele evento, entretanto, o desenvolvimento – primeiro na política e mais tarde nas artes – revelou coisas a partir das quais foi possível reconstruir os tempos védicos anteriores e os primeiros séculos budistas. Isto se conseguiu através da maravilhosa mágica da filologia à qual, em anos recentes, somou-se a mágica da arqueologia.

A expectativa que os iogues encontrados por Onesicrito tinham a respeito dos filósofos dignos desse título era que deviam rejeitar as leis e costumes de seu povo, despojar-se das roupas como prova do abandono deste mundo e retirar-se para uma rocha quente. Isso demonstra que por volta de 327 a.C., o mais tardar, já estava desenvolvida a ideia fundamental indiana da finalidade da vida humana, que inspira até hoje todo pensamento tipicamente indiano e motiva aquele lugar-comum a respeito de o indiano ser "espiritual" e o ocidental "materialista" – uma espécie de axioma da arena internacional, inclusive do circuito de coquetéis da moda, em que os indianos bebem suco de tomate. Entre os jainistas, que representam *in extremis* essa visão dualista, a interpretação física do problema do desapego conduzia, como vimos, a um desenvolvimento nítido, inequívoco de votos progressivos, evoluindo da condição de aprisionamento do leigo até a liberdade, depois de muitas vidas, do Vitorioso. "O universo", lemos em um texto típico, "é constituído de *jīva* e não *jīva*. Quando eles estão separados, nada mais é necessário; mas quando unidos, como o estão no mundo, a interrupção e a dissolução – primeiro gradual e depois final – de sua união são as únicas considerações possíveis."[27] E também no sistema Sanquia, como aprendemos do sábio Arada, o conceito de uma separação essencial da pessoa espiritual (*puruṣa*) do mundo da matéria (*prakṛti*) confirmava a visão de que a vida mendicante, com controle dos sentidos etc., era o único verdadeiro caminho para aquele estado de isolamento espiritual (*kaivalyam*) – única meta verdadeira para o homem. Da mesma forma, no primeiro corpo dos escritos budistas, o do cânon páli do Ceilão de cerca de 80 a.C., tal ideal é mantido em sua pureza acima de todos os outros. E as escolas budistas derivadas desse centro, as chamadas Escolas Sulistas de Burma, Tailândia e Camboja, dão indiscutida primazia a esse ideal negativo (do ponto de vista mundano), tendo como símbolo o Buda enquanto monge. Conforme lemos em um dos primeiros salmos da ordem:

> Cada um por si, (nós) vivemos na floresta,
> Como toras rejeitadas pela arte do lenhador;
> E mais de um inveja minha sorte,
> Que mesmo acorrentado ao inferno, a caminho do Céu.[28]

Entretanto, nos primeiros monumentos budistas de pedra, os do primeiro grande leigo da fé, o rei Ashoka, que reinou entre cerca de 268 e 232 a.C., dois séculos antes da escrita do cânon, parece que um ideal e mitologia contrários já estavam começando a se desenvolver em torno da figura do homem vivendo no mundo da mesma forma que o Buda vivera por incontáveis vidas – e vive agora em cada um de nós – atingindo o nirvana não pela cessação, mas pelo desempenho dos atos. E no decorrer dos séculos seguintes, culminando no período do reinado de Kanishka, cerca de 78 a 123 d.C. (ou, segundo outra estimativa: cerca de 120 a 162 d.C.),[29] esse tema secular se desenvolveu a tal ponto que a visão monástica anterior, que negava o mundo, foi desafiada fundamentalmente como uma arcaica interpretação equivocada do Caminho do Meio. O termo *bodhisattva*, "aquele cuja existência (*sattva*) é iluminação (*bodhi*)", fora empregado no vocabulário anterior do cânon páli do Ceilão* para designar aquele que está a caminho da realização, mas que ainda não

* A verdadeira forma da palavra em páli é *bodhisatta*; mas neste livro estamos usando as formas sânscritas.

chegou: um Buda em suas vidas anteriores, um futuro Buda. Por outro lado, no novo vocabulário do cânon sânscrito que se desenvolveu no norte e noroeste da Índia nos primeiros séculos da nossa era, o termo foi usado para representar o sábio que, vivendo no mundo, recusa a graça da cessação embora tenha alcançado a realização e, assim, permanece um perfeito conhecedor do mundo, um farol, um guia e salvador compadecido de todos os seres.

Pois se, como o Buda anunciara, não há nenhum Si-Próprio a ser encontrado em parte alguma, se todos já estão extintos por natureza e se o que deve ser controlado não é o corpo, mas o pensamento – então, por que toda essa conversa sobre viagem e chegada à outra margem? Já estamos lá! Alguns, de fato, para controlar suas mentes, podem ter de raspar as cabeças, recolher esmolas com suas tigelas, fugir para a floresta e olhar para os cervos em vez de olhar para os homens. Mas aqueles realmente dotados para a sabedoria do Buda podem ordenar suas mentes em casa e, ao mesmo tempo, ajudar os outros na realização da sabedoria do Buda em suas próprias vidas vividas. Pois, como Heinrich Zimmer certa vez observou: "A estação de rádio SDB, Sabedoria Do Buda, está sempre no ar: tudo o que precisamos é de um aparelho receptor".

Vimos como Ashvaghosha introduziu o tema do *bodhisattva* na cena da noite da Iluminação, onde antes não havia existido. Sobre um trono, ascendendo no espaço até sete vezes a altura de uma palmeira, o recém-iluminado Buda dirigiu-se aos *bodhisattva*s de todos os tempos: "É por atos meritórios que tudo é alcançado". Depois, ele desceu à terra e os acontecimentos retomaram seu curso normal. Da mesma forma, em outro importante episódio posterior, o da primeira volta da Roda da Lei no Parque dos Cervos de Benares, Ashvaghosha acrescentou ao sermão usual, pregado aos cinco ascetas famintos com quem Gautama tinha passado a última fase de seus anos de busca, uma segunda mensagem, dirigida não a qualquer um na terra, mas a Maitreya, o futuro Buda, que estava esperando no Céu dos Deuses Felizes para nascer cinco mil anos após a partida de Gautama e havia chegado, juntamente com numerosos deuses e *bodhisattva*s, para assistir a essa Primeira Volta da Roda da Lei.

"Tudo o que é sujeito a causação", disse o Buda a Maitreya e outros à sua volta, "é como uma miragem, um sonho, a lua vista na água, um eco: nem removível, nem existente por si. E a própria Roda da Lei é descrita nem como 'ela é' nem como 'ela não é'. E tendo ouvido e recebido essa Lei com alegria, ide agora, felizes para sempre. Pois isto, senhores, é o Mahayana, anunciado por todos os budas. Venerando os budas, os *bodhisattva*s, os *pratyeka* budas (budas que não ensinam) e os *arhats* (sábios iluminados), um homem gerará em sua mente a ideia do Estado de Buda e proclamará a Lei em boas obras. Em consequência, onde essa doutrina pura prevalece, mesmo o chefe de família que vive em sua casa se torna um buda."[30]

Assim, o Mahayana, "a grande (*mahā*) barca (*yanā*)", é uma embarcação sobre a qual todos viajam – e, de fato, estão viajando – indo a lugar nenhum, já que todos estão extintos. É um passeio, um festival de júbilo. Ao passo que o Hinayana, "a abandonada (*hīna*) barca (*yāna*)", é uma embarcação diligente, relativamente pequena, transportando apenas iogues através do redemoinho que eles desdenham, a caminho de absolutamente nenhum lugar! De maneira que, afinal, eles também estão numa viagem a passeio, mas parecem não saber.

Conforme a recente descrição dos principais estágios da compreensão da passagem iogue budista Hinayana, feita pelo Reverendo Hpe Aung, célebre mestre da ordem birmanesa, eles são os seguintes:

1. Compreensão de que tudo é impermanente, triste e despido de um Si-Próprio, de uma natureza intrínseca
2. Compreensão referente ao princípio e fim das coisas
3. Compreensão referente à decomposição das coisas
4. Compreensão de que o mundo é terrível
5. Compreensão de que tal mundo terrível é repleto de vazio e de vaidade
6. Compreensão de que tal mundo deveria ser execrado
7. Compreensão de que o mundo deveria ser abandonado
8. Compreensão de que a libertação deveria ser alcançada
9. Compreensão de que o equilíbrio deveria ser observado apesar das vicissitudes da vida
10. Compreensão de que é preciso adequar-se para a realização do nirvana.

"Os budistas são otimistas", ele escreveu, "porque, apesar de o mundo ser repleto de sofrimentos, para o budista, ainda assim, há uma saída".[31]

Deste modo, embora reconhecendo que o propósito jainista de escapar do mundo da matéria e conseguir o isolamento físico, o do sistema Sanquia de realizar psicologicamente a realidade do isolamento e o do monge budista de realizar a realidade da não existência representam diferenças importantes para os verdadeiros praticantes da arte da ioga, temos de classificar esses três caminhos monásticos como variantes da única categoria mítica da Grande Reversão.

No Mahayana, por outro lado – apesar da típica reverência ao monge, ao *arhat* e ao Buda – desenvolveu-se o tema vigoroso e sempre crescente do milagre e afirmação do mundo, simbolizado pela imagem do *bodhisattva*. Pois enquanto o Hinayana representa o mistério do nirvana do ponto de vista do pensamento dualista normal do mundo, onde se supõe haver uma diferença entre as vicissitudes do ciclo e a paz da libertação eterna, o Mahayana vê o mundo do ponto de vista do vazio realizado, da própria eternidade, e sabe que para vivenciar uma distinção entre a paz daquele vazio e o tumulto deste mundo – do não ser e ser – é preciso permanecer iludido pelas categorias dualistas dos sentidos.

O Buda disse, segundo um desses textos Mahayana sobre a Sabedoria da outra Margem: "Tudo o que tem forma é ilusório. Mas quando se percebe que toda forma é não forma, o Buda é reconhecido. [...] Todas as coisas são coisas-Buda".[32]

E com isso chegamos ao quinto e último componente do complexo mítico primário indiano.

O primeiro, como vimos, foi instituído no sistema do vale do Indo. Uma mitologia vegetal-lunar de maravilhamento e submissão diante do destino, em dois aspectos: a) o protoaustraloide, de um mundo vegetal tropical em germinação, e b) a Alta Idade do Bronze, hierática, oriunda do Oriente Próximo, de uma ordem cósmica (*maat*, *me*) matematicamente determinável e visualmente manifesta nos ciclos planetários.

O segundo era o sistema de poder leonino ária dos Vedas, no qual também devem ser notados dois aspectos: a) um anterior, no qual as divindades eram os termos últimos de referência, e b) um posterior, no qual o poder da própria liturgia brâmane era o termo último. Observamos, também, que em oposição à visão semita, onde a catástrofe e o sofrimento são interpretados como castigos enviados por um deus aos homens culpados, a disposição ária sempre foi considerar tal calamidade antes obra dos demônios, com os deuses do lado do homem. Na Índia, no decorrer do tempo, os deuses védicos do livre-arbítrio perderam o controle e o princípio da ordem (*maat*, *me*, *ṛta*, *dharma*) da anterior Idade do Bronze retornou inevitavelmente. Porém, como mestra das liturgias nas quais foi incluído o princípio da ordem, a casta sacerdotal manteve o controle – não sobre o próprio destino, mas sobre a distribuição de seus efeitos. *Vidyā*, "conhecimento", era da ordem cósmica e "Ele que sabe tanto" (como se lê por todos os Brahmanas e os Upanixades) – pode fazer praticamente tudo o que desejar.

O terceiro componente do complexo mítico indiano era a ioga, definida, em termos deste estudo, como uma técnica para alcançar a identificação mítica. Uma série de suas disciplinas parece ter sido originária do xamanismo; por exemplo, o controle da respiração e o uso de dança, sons rítmicos, drogas, meditações controladas etc., para a produção de calor interior, êxtase e possessão. Nesse nível primitivo atingem-se identificações com vários pássaros e animais xamânicos (o lobo, o urso, a raposa, o corvo, a águia, o ganso selvagem etc.) e os poderes adquiridos incluem, além do de assumir essas formas animais, o domínio do fogo e a imunidade a ele, voo extático, invisibilidade, passagem para além dos limites da terra e para regiões superiores e inferiores, ressurreição, conhecimento de vidas passadas e curas milagrosas. Muito do caráter e fama da ioga nas aldeias da Índia encontra-se nesse nível até hoje. Entretanto, no contexto do vale do Indo vimos figuras na clássica postura iogue assemelhando-se, de um lado, a Śiva enquanto Senhor das Feras (*paśupati*) e, de outro, a Gautama Buda no Parque dos Cervos de Benares e ao mestre Parshva entre serpentes. A indicação óbvia é de que a ioga, em sua característica especificamente indiana, já havia sido desenvolvida junto com a iconografia que permanece com ela até hoje, mas não sabemos quais eram suas finalidades na época. O sinete da figura 17, exibindo uma cena de sacrifício diante da deusa da Árvore da Iluminação, sugere o tema do ritual regicida no período do sistema do vale do Indo e, portanto, pode-se supor que o mestre da ioga fosse o próprio rei sacrificado. Nesse caso, o deus lunar teria sido o termo mais provável de identificação – mas não o sabemos. No período ária-védico dos Upanixades, muito posterior, tanto a mitologia lunar quanto a solar foram incluídas na ioga ensinada aos brâmanes pelos reis iniciados; de maneira que tanto a identificação lunar quanto a solar estão bem documentadas com referência ao período de cerca de 700 a 600 a.C. E sabemos também que na união subsequente da ioga não védica com o sistema de poder védico em seu segundo estágio – o estágio b) –, a última instância com a qual o iogue teria de se esforçar para conseguir a identificação estava além de quaisquer deuses, isto é, estava no poder (*brahman*) do sacrifício, então reconhecido como a base de toda existência.

O quarto componente essencial do complexo mítico indiano, ou seja, a disposição de absoluta aversão ao mundo da Grande Reversão, parece ter sido conhecido dos reis mestres dos Upanixades, pois eles se referem àqueles que trocaram o mundo pela floresta como os seguidores do caminho solar, do caminho do fogo. Sabemos também que tanto no Egito quanto na Mesopotâmia uma literatura de lamentação já se tinha desenvolvido por volta de 1750 a.C.* Pode-se supor que também no vale do Indo, uma disposição para negar o mundo e a vida tenha conquistado grande parte da população nativa não ariana em seu período de colapso, quando o povo guerreiro védico chegou, aproximadamente entre 1500 e 1200 a.C. Mas, enquanto nem no Egito nem na Mesopotâmia parece ter sido encontrada uma resposta prática para o problema da libertação do sofrimento, na Índia a ioga fornecia os meios. Em vez de buscar a identidade mítica com qualquer ser ou princípio do mundo objetivo, os contemplativos negadores do mundo começavam agora – talvez já por volta de 1000 a.C. – a grande (e, creio eu, única) aventura indiana do caminho da negação: "não é isto, não é aquilo (*neti neti*)". Nós indicamos três estágios nesse caminho de saída do campo de batalha. O primeiro foi o dos jainistas, que se esforçaram por separar fisicamente *jīva* de não *jīva* através de votos progressivos de renúncia à vida. O segundo foi o da filosofia Sanquia de Kapila e o sistema iogue de Patanjali, em que o alvo do conhecimento, *puruṣa*, se concebia como eternamente separado do mundo objetivo da matéria e a tarefa crucial era alcançar o pleno conhecimento de nossa identidade com *puruṣa*, alvo de todo conhecimento: "a energia do intelecto orientada para si mesma".[33] O terceiro está representado na vitória do Buda quando até mesmo esse alvo se apagou e a única instância se tornou o vazio: que era – e ainda é – a postura do Hinayana.

Entretanto, naquele momento um quinto e último componente entrou na esfera do pensamento indiano; pois, como qualquer colegial sabe, dois negativos fazem um positivo. O duplo negativo, eliminando a identificação tanto com o objeto quanto com o sujeito, levava a um irônico retorno à vida sem compromisso com absolutamente nada, a não ser uma compaixão (*karunā*) igual para todos – pois todas as coisas são vazias.

Nietzsche, em *Assim Falou Zaratustra*, descreve o que ele denomina "três metamorfoses do espírito": o camelo, o leão e a criança.

* *Supra*, p. 114-120.

Há muitas coisas que são difíceis para o espírito, para o espírito forte e respeitoso: porém o mais difícil são as exigências desse próprio espírito.

O que é difícil? – pergunta o espírito que suportaria muito e se ajoelha como um camelo querendo ser bem carregado. [...] E como o camelo que, carregado, se apressa para o deserto, o espírito então se apressa para o deserto.

No deserto mais solitário, entretanto, ocorre a segunda metamorfose. Ali, o espírito torna-se um leão que quer conquistar sua liberdade e ser senhor de seu próprio deserto. Ali, ele procura seu último senhor: deseja combatê-lo e combater seu último deus; pela vitória final ele deseja lutar com o grande dragão.

Qual é o grande dragão que o espírito não quer mais chamar de senhor e deus? "Tu deves" é o nome do grande dragão. Mas o espírito do leão diz: "Eu quero". "Tu deves" está no seu caminho, cintilante como ouro, um animal coberto de escamas, e em cada escama brilha um dourado "Tu deves".

Valores, com milhares de anos de idade, faíscam nessas escamas, e assim fala o mais poderoso de todos os dragões: "Todo valor de todas as coisas brilha em mim. Todo valor já foi criado há muito tempo e eu sou todo valor criado. Em verdade, não haverá mais 'Eu quero'". Assim falou o dragão.

Meus irmãos, por que há no espírito a necessidade do leão? Por que não basta a besta de carga, que renuncia e é respeitosa?

Criar novos valores é coisa que mesmo o leão não consegue; contudo, criar liberdade para uma nova criação, isto o poder do leão consegue. Para instituir a liberdade para si mesmo e um santo "Não" mesmo perante o dever – para isso, meus irmãos, é necessário o leão. Assumir o direito a novos valores – essa é a admissão mais aterrorizante para um espírito forte e respeitoso que suportaria muito. Na verdade, para ele isto é uma rapina e assunto para um animal de rapina. Ele um dia amou "Tu deves" como o mais sagrado: agora ele tem de encontrar ilusão e arbitrariedade mesmo no mais sagrado; a fim de conquistar a liberdade de seu amor precisa do leão para essa rapina.

Mas digam, meus irmãos, o que pode a criança fazer que mesmo o leão não poderia? Por que o leão de rapina tem ainda de se tornar criança? A criança é inocência e esquecimento, um novo começo, um jogo, uma roda autopropulsora, um primeiro movimento, um sagrado "Sim". Para o jogo da criação, meus irmãos, é necessário um sagrado "Sim": o espírito quer agora sua própria vontade e aquele que estava perdido para o mundo conquista agora seu próprio mundo.

Três metamorfoses do espírito eu lhes contei: como o espírito se tornou um camelo, e o camelo, um leão, e o leão, finalmente, uma criança.[34]

O Rugido de Leão do Buda – um espírito de imensa criatividade na vida, na civilização, nas artes, e de arrebatamento no jogo dos deuses (uma gargalhada olímpica) – ecoou por toda a Índia nos séculos resplandecentes que se seguiram. Mas também emergiu um novo problema, que nos daremos ao trabalho de examinar em alguns detalhes e que, na verdade, hoje representa um problema fundamental no encontro e compreensão mútua do Oriente e Ocidente. Pois se todas as coisas são coisas-Buda e nada é nem reverenciado nem condenado, o que será feito dos valores sociais sobre os quais repousa toda civilização? No Ocidente, esses valores têm sido a grande preocupação tanto da filosofia quanto da religião, mesmo ao ponto insustentável de atribuir valores éticos ao universo e seu suposto, eticamente orientado, Criador. Conforme o Dr. Albert Schweitzer resumiu essa visão: "Segundo essa explanação ética do universo, pela atividade ética o homem abraça o exercício do propósito divino do mundo".[35] Na Índia, entretanto, seja na ideia do *brahman* dos Upanixades ou na do vazio (*śunyatā*) e da compaixão (*karunā*) da realização budista Mahayana, alcança-se uma ruptura fundamental além do bem e do mal; como o é, também, na verdade, embora através da negação, nas identificações negativas jainistas, Sanquia e Hinayana.

Os capítulos seguintes irão mostrar, de uma forma ou outra, a capacidade do grande "Duplo Não" da Índia de gerar novos mundos; mas também a influência ali presente do "Tu deves" do eterno dragão com escamas de ouro. O dragão e o camelo, o leão e a criança: essas são as quatro faces, por assim dizer, de Brahma, o criador da alma indiana. E, se é que se pode resumir a esta altura a estrutura do paradoxo espiritual básico e a tensão daquela alma, mesmo no momento atual ela está entre as exigências, por um lado, do dragão, *dharma*, e, por outro, da meta espiritual última de libertação absoluta da virtude, *mokṣa*: a criança, a roda girando por si mesma.

"O senso do dever", lemos em um texto clássico dos Vedas, "pertence ao mundo da relatividade. Ele é transcendido pelos sábios, que têm a forma do vazio – sem-forma, imutável e impoluto.

"A pessoa sincera faz o que quer que surja para ser feito, seja bom ou mau; pois sua ação é como a da criança."[36]

VII. A IDADE DOS GRANDES CLÁSSICOS: *c.*500 a.C.-500 d.C.

Temos agora que examinar em linhas gerais o espetáculo paradoxal de uma civilização brotando da manifestação do não manifesto; pois é fato que a civilização posterior da Índia chegou a florescer como expressão do jogo da energia do vazio – que está em todas as coisas – seja em termos budistas ou bramânicos.

A época que vai do século do Buda até a metade do período Gupta (cerca de 500 a.C. a 500 d.C.) pode ser denominada Idade dos Grandes Clássicos, não apenas com relação à Índia, mas também ao mundo civilizado. Na Europa, entre o tempo de Ésquilo (525-456 a.C.) e o de Boécio (*c.*480-524 d.C.), a herança greco-romana ganhou forma. No Oriente Próximo, entre os reinos de Dario I (reinou *c.*521-486 a.C.) e Justiniano (527-565 d.C.), foram definidos os cânones zoroastriano, hebraico, cristão e vários gnósticos e maniqueus. No Extremo Oriente, entre a vida de Confúcio (551-478 a.C.) e a data lendária da chegada à China do sábio budista indiano Bodhidharma (520 d.C.), foram instituídos os textos básicos e os princípios das doutrinas confuciana, taoista e budista chinesa. E de fato, mesmo as civilizações da América pré-colombiana vieram a florescer naquele milênio de seu assim chamado Horizonte Clássico: *c.*500 a.C.-500 d.C. [37]

Tanto por via terrestre quanto marítima, os caminhos entre Roma, Pérsia, Índia e China foram abertos nesse período para um comércio a tal ponto em contínuo crescimento que em nenhum lugar do hemisfério restava ainda a possibilidade de um desenvolvimento mitológico local isolado. O intercâmbio de ideias era muito variado. Porém, havia em cada domínio uma força regional (que chamei de estilo ou sinais distintivos)* que funcionava como fator de transformação sobre cada ideia importada: na Europa, como já foi definido, a influência do indivíduo racional, inovador; no Oriente Próximo, a ideia de uma única comunidade verdadeira realizando o propósito de Deus; na China, o pensamento da antiga Idade do Bronze de harmonia entre o céu, a terra e o homem, e em toda a história da Índia posterior, a noção de uma base imanente dentro da qual todas as coisas se dissolvem e fora da qual, simultaneamente, por um truque de *māyā*, elas continuamente emanam.

No decorrer daquele milênio fluíram do Ocidente para a Índia quatro correntes: I. A primeira, que já observamos resumidamente,** era a da Pérsia aquemênida, depois de cerca de 600 a.C. II. A segunda, depois da invasão de Alexandre em 327 a.C., era de uma casta nitidamente helenista, sustentada por uma poderosa comunidade grega na província de Bactriana na fronteira noroeste, que por certo tempo recuperou o controle de todo o vale do Indo, *c.*200-25 a.C. III. A seguinte trouxe a marca de Roma e passou para a Índia em grande parte por meio de um comércio marítimo extremamente arriscado, mas lucrativo, que se desenvolveu nos primeiros séculos da nossa era, através de uma cadeia de portos ao longo da costa oeste da Índia, bordeando o cabo da Boa Esperança e continuando até o outro lado. E finalmente, IV, com a vitória em Roma do culto cristão, o fechamento das universidades e a eliminação dos pagãos em todo o império conduziram para a Índia, por volta de 400 d.C., uma corrente de refugiados eruditos, levando um rico tesouro das civilizações romana tardia, grega e sírio-egípcia, cuja influência inspirou de imediato muitos aspectos da subsequente idade de ouro indiana.

Em termos arqueológicos, como observei,*** temos pouco mais que fragmentos quebrados de cerâmica colorida com ocre, cinza pintada e negra polida, indicando os séculos de cultura ária-védica anterior à chegada de Alexandre. Entretanto, o súbito aparecimento de elegantes monumentos de pedra tirou a glória da Índia das trevas para colocá-la na luz da civilização documentada, no período da subsequente dinastia Maurya (cerca de 322-185 a.C.). O impacto do golpe do jovem macedônio tinha reverberado pelo norte do subcontinente e, no momento de alteração do

* *Supra*, Capítulo 1.
** *Supra*, p. 198-199 e 201-203.
*** *Supra*, p. 200-201.

equilíbrio político, um arrogante de origem desconhecida, Chandragupta Maurya, possivelmente de casta inferior, não apenas destronou o rei da dinastia Nanda, da qual havia sido comandante-em-chefe, mas também instituiu um estado militar nativo segundo o modelo persa, suficientemente forte para enfrentar Seleukos no ano de 305 a.C. com meio milhão de homens, nove mil elefantes de guerra e uma infinidade de carruagens. Foi firmado um tratado pelo qual os gregos ficaram com quinhentos dos elefantes e, ao que tudo indica, Chandragupta ficou com uma filha de Seleukos, os gregos se retiraram para Báctria e a recém-instituída dinastia Maurya dominou do Afeganistão até Bihar.[38]

VIII. TRÊS REIS BUDISTAS

ASHOKA MAURYA: *c.*268-232 a.C.

O neto de Chandragupta foi o grande Ashoka, que reinou de aproximadamente 268 a 232 a.C. e, dando continuidade às conquistas, dominou toda a costa leste da Índia, de Orissa a Madras. Mas, ao ver as marcas de sofrimento, miséria e morte que seus triunfos tinham causado, foi tomado (como o jovem príncipe Gautama) de profundo pesar e, penitenciando-se pela natureza do mundo, entrou para a Ordem Budista como discípulo leigo e primeiro rei budista. Supõe-se que tenha sustentado 64.000 monges e construído não apenas incontáveis mosteiros, mas também, numa única noite, 84.000 santuários-relicários. Na verdade, cerca de meia dúzia de suas lendárias estupas sobrevive até hoje, mas tão incrementadas em tamanho, que não podemos considerá-las da fase de Ashoka.

Vestígios mais reveladores, sobreviventes das décadas de seu reinado, são uma série de sete colunas heráldicas de pedra, de pé ou tombadas em vários locais, com capitéis finamente esculpidos em estilo aquemênida-persa altamente refinado. Com a queda do Império Persa e o incêndio da cidade-palácio de Persépolis, "o evoluído talento artístico da Pérsia", conforme colocou Sir Mortimer Wheeler, "ficou sem função" e, movendo-se em direção leste até o império sucessor mais próximo, alcançou a Índia de Chandragupta[39] onde, na arte budista do tempo de Ashoka, um florescimento colonial do estilo aquemênida produzia os primeiros monumentos de pedra daquela que em breve se tornaria uma das maiores tradições esculturais da história do mundo.

Devemos notar, entretanto, que todos os locais da primeira e mais notável tradição de pedra do mundo, isto é, a do clero menfita de Ptá no Egito, tinham sido há muito incorporados aos impérios, primeiro da Pérsia e depois de Alexandre, o Grande. Cambises, filho de Ciro, conquistou o Egito em 525 a.C. e a tumba de seu sucessor, Dario I, pode ser visitada até hoje fora das ruínas de Persépolis, talhada, como as tumbas talhadas em rochas dos faraós (Abu-Simbel e os demais), numa parede rochosa perpendicular. Há mais seis mausoléus semelhantes nas vizinhanças, um dos quais inacabado, atribuídos respectivamente a Xerxes I (485-465),

Artaxerxes I (465-425), Dario II (424-404), Artaxerxes II (404-359), Artaxerxes III (359-338) e (o inacabado) a Arses (338-336) ou, talvez, à vítima de Alexandre, Dario III (336-330).

Por que nos surpreender, então, se os primeiros monumentos talhados em rocha aparecem na Índia no período de Ashoka? O mais notável da série de Ashoka é um pequeno eremitério delicadamente talhado perto de Gaya, a gruta chamada Lomas Rishi, talhada em rocha sólida, com a fachada belamente esculpida, imitando uma choupana de madeira e palha com um vívido baixo-relevo exibindo uma fileira de elefantes em movimento, graciosamente arqueada sobre a entrada.

As estupas de Ashoka sugerem igualmente uma origem no passado remoto, especificamente no culto da deusa Terra neolítica. Pois, como o Dr. Heinrich Zimmer observou em suas conferências sobre "A Arte da Ásia Indiana", agrupamentos de sete pequenos montículos de barro batido até hoje são feitos e adorados nas aldeias do sul da Índia, não como túmulos ou relicários, mas como santuários das sete deusas-mães.[40] É interessante lembrar o montículo no sinete sumério da figura 2. Relíquias do morto colocadas nesse santuário são devolvidas ao útero da mãe-deusa para o renascer, como a múmia do faraó em sua pirâmide. A estupa budista pareceria apontar, portanto, como a ioga do próprio budismo, não para o sistema de crença ária-védico, mas para um sistema neolítico anterior.

Da mesma forma, os eremitérios encravados na rocha, apontando para o Egito via Pérsia, nos fazem saber que as formas de arte e arquitetura que surgiram no período de Ashoka não eram exatamente novas. Elas provinham de uma arte arcaica que havia sido primeiramente desenvolvida nos limites do templo de Ptá de Mênfis e que agora, séculos depois, eram enxertadas em uma base indiana pré-védica de estilo mais rude, porém essencialmente da mesma origem cultural.

E à medida que as formas de arte indiana avançam a partir de então, aumentam as evidências dessa interação orgânica entre traços do passado indiano mais remoto e influências oriundas do Ocidente. De maneira que ainda resta um problema extremamente complexo a ser enfrentado pelos estudiosos daquelas obras. Elas representam uma interação cultural orgânica, onde a influência de uma corrente aparentemente alienígena proveniente de um centro alienígena tinha, na verdade, traços de grande afinidade com um aspecto do passado espiritual autóctone oculto por muito tempo.

Entretanto, nem tudo o que surge naquele período tem de ser interpretado como o despertar de um gigante tropical que dormia há dois mil anos. Muito do que havia era realmente novo. O uso do ferro e da cunhagem, originários da Pérsia cerca de três séculos antes do período de Ashoka, era novo, assim como o uso de um alfabeto semita para a escrita de inscrições reais. Uma série de colunas de Ashoka contém inscrições desse tipo, como também certas superfícies de rocha tosca, e o tipo de escrita (*karoṣṭhi*) da maioria das inscrições era uma adaptação da escrita aramaica do Oriente Próximo.

Por exemplo: numa parede de rocha perto de Kandahar, Afeganistão do Sul, há um texto bilíngue em grego e aramaico (grego acima e aramaico abaixo) celebrando, nos seguintes termos autocongratulatórios e de paternal advertência, a conversão de Ashoka à fé budista e a subsequente conduta exemplar:

> O Rei de Atenciosa Consideração, quando dez anos de seu reinado se tinham cumprido, tornou manifesta à humanidade a virtude da piedade. E desde essa época, os homens foram persuadidos a se tornarem mais piedosos, e na terra tudo prosperou. E o Rei priva-se de seres vivos: assim igualmente o fazem outros, e os caçadores e pescadores do Rei cessaram de caçar e pescar.
>
> Outrossim, aqueles que não eram senhores de si mesmos deixaram, segundo suas capacidades, de não ser senhores de si mesmos. E são obedientes a seus pais, mães e idosos, o que não era antes o caso. De maneira que no futuro, comportando-se assim, eles viverão de maneira melhor e mais proveitosa em todos os sentidos.[41]

A parte grega da inscrição, como afirma o Prof. A. Dupont-Sommer em sua apresentação do monumento, "conforma-se inteiramente ao estilo helênico do terceiro século a.C., sem exotismos ou regionalismos. [...] A aramaica logo abaixo dela [...] conforma-se no geral ao 'aramaico imperial' que fora usual nos tribunais aquemênidas, mas revela certa licenciosidade na sintaxe, bem como vários regionalismos. E, como era o caso no próprio período aquemênida, ela assimilou uma série de termos iranianos, sendo iranianas não menos que nove de suas oitenta e poucas palavras".[42]

Pode-se fazer uma comparação entre o destino do cristianismo sob Constantino, três séculos após a crucificação, e o do budismo sob Ashoka, três séculos após a Primeira Volta da Roda da Lei. Pois em ambos os casos uma doutrina ascética de salvação, pregada a um grupo de discípulos mendicantes ("Se alguém lhe bater na face direita, volte para ele a outra. [...] Sigam-me e deixem que os mortos enterrem seus próprios mortos"),[43] tornou-se uma religião imperial e secular de boa conduta devocional para as pessoas engajadas no mundo – ainda na esfera da história – e que não abandonaram tudo para raspar as cabeças e viver de esmolas. Também é possível notar que nos Éditos em Pedra de Ashoka, que são os primeiros escritos budistas que possuímos, não se faz qualquer menção às doutrinas da negação do eu, da ignorância ou da extinção, mas apenas ao céu, às boas obras, ao mérito e à alma.

"Que todo júbilo consista no esforço", o rei aconselha, "porque isso serve tanto para este mundo quanto para o próximo."[44]

"O cerimonial da devoção não é temporal; pois mesmo que ele não consiga atingir a finalidade desejada neste mundo, certamente produz mérito eterno no próximo."[45]

"Mesmo o homem comum pode, se ele assim escolher, conquistar para si mesmo pelo empenho a graça celestial."[46]

"E por que labuto? Para nenhuma outra finalidade a não ser esta: que eu possa saldar minha dívida com seres sencientes e que, enquanto torno felizes alguns aqui, eles possam no próximo mundo merecer o céu." [47]

Ou ainda: "Sua Majestade acha que nada tem muita importância, com exceção do que concerne ao próximo mundo".[48]

"Sua Sagrada e Graciosa Majestade", afirma o mais célebre de todos, mostrando uma tolerância típica da Índia através de toda sua longa história religiosa, "reverencia os homens de todas as seitas, sejam ascetas ou pais de família, com presentes e várias formas de reverência. Sua Sagrada Majestade, porém, não se importa tanto com presentes ou reverências quanto com o crescimento espiritual em todas as seitas. O crescimento espiritual assume várias formas, mas sua raiz é a restrição da fala, a saber: um homem não deve reverenciar sua própria seita injuriando a de outro homem sem razão. A reprovação deveria ser apenas por razões específicas, porque as seitas de outras pessoas merecem reverência por uma ou outra razão. [...] A concórdia é, portanto, meritória, a saber: ouvindo voluntariamente uma e outra vez a doutrina da devoção como é aceita por outras pessoas. Pois é desejo de Sua Sagrada Majestade que seguidores de todas as seitas ouçam muita pregação e observem uma doutrina perfeita."[49]

Foi sob o patrocínio de Ashoka que se iniciou a missão budista mundial, com pregadores enviados não apenas ao Ceilão – onde a missão atingiu solo fértil – mas também a Antíoco II da Síria, Ptolomeu II do Egito, Magas de Cirene, Antígono Gónatas da Macedônia e Alexandre II de Epiro.[50] Durante seu reinado também encontramos a primeira evidência substancial da penetração no sul da Índia de uma civilização oriunda do Ganges, do norte. Escavações realizadas amplamente em Mysore nos últimos anos de governo britânico, mas suplementadas e apoiadas desde então por escavações em outras partes, demonstraram que até por volta de 200 a.C. a cultura do Decão e do Sul era ainda extremamente primitiva. As ferramentas eram de um tipo microlítico grosseiro do Paleolítico Tardio. A cerâmica era ainda artesanal, usualmente de material tosco e de cor cinza, de tipo globular, embora tenham sido achados fragmentos ocasionais de cerâmica gravada e pintada. O metal era conhecido, mas muito escasso: peças de cobre e bronze, mas nenhuma de ferro, aparecem entre os vestígios. Buracos de postes sugerem casas feitas de madeira, por vezes complementadas por paredes baixas de blocos de granito natural. E isso é tudo.

Foi apenas depois de cerca de 200 a.C. que surgiu um complexo cultural megalítico extremamente interessante, com semelhanças surpreendentes com o megalítico muito anterior da Idade do Bronze (cerca de 2000 a.C.) da Espanha, França, Inglaterra, Suécia e Irlanda. Entretanto, esse complexo alcançou o sul da Índia associado ao ferro e parece ter vindo, não do oeste, mas do nordeste. Depois disso, subitamente por volta de 50 d.C., chegou uma influência muito mais avançada e deu início, com a vinda dos mercadores de Roma, a um período de esplendor no sul.[51]

Assim, na região ao sul dos Vindhyas, parece haver indicações de três períodos de desenvolvimento muito retardado após o Paleolítico: 1. uma cultura de machado de pedra mesocalcolítica tosca, talvez do primeiro milênio a.C. até cerca de 200 a.C.; 2. uma cultura megalítica intrusa associada ao ferro, de cerca de 200 a.C. até cerca de 50 d.C; 3. a chegada de postos de comércio e manufatura de Roma, por volta de 50 d.C., pela rota marítima direta dos portos egípcios do mar Vermelho. E foi nessa região selvagem relativamente primitiva, pelo final do período 1, que a cerâmica negra polida do norte e o ferro dos centros urbanos ário-budistas penetraram por volta de 300 a.C., com as conquistas dos grandes governantes da dinastia Maurya. Três cópias de um dos éditos de Ashoka foram encontradas ao sul, em Brahmagiri, Mysore.

De maneira que um vasto domínio cultural heterogêneo é assinalado no período da mais antiga difusão budista, marcado no oeste, no Afeganistão, pelo édito greco-aramaico de Ashoka (e além disso, suas missões para a Macedônia e o Egito), no leste, pela conquista da costa indiana desde Orissa até Madras e no sul por sua missão ao Ceilão, bem como (no continente) por seus éditos em Mysore. E nesse vasto mundo budista pode ser facilmente constatada uma combinação de elementos egípcio-assírio-persas, indo-árias, dravidianos e gregos, toda ela encabeçada por um monarca, o maior do mundo em sua época, de tolerância e generosidade dificilmente encontradas na história das nações, protegendo as miríades de monges "rugidores como leões" dos numerosos cultos de renúncia à vida (nirvana), embora fomentasse e desenvolvesse, com a sabedoria de um grande patriarca, o bem-estar, tanto na terra quanto no céu, de seus filhos no mundo.

E durante um período, sob o reinado deste poderoso e piedoso rei, parecia que, de fato, algo semelhante à idade de ouro do leão dormindo com a ovelha estava prestes a realizar-se. Entretanto, as leis da história – que no manual de política de seu avô tinham sido definidas como a "lei dos peixes" (os grandes devoram os pequenos e os pequenos têm de ser rápidos)[52] – não se tinham dissolvido no vórtice deste mundo. O império desintegrou-se cerca de cinquenta anos após a morte de Ashoka, quando o último de seus sucessores, Brihadratha, foi morto por seu próprio comandante-em-chefe por ocasião de uma revista das tropas, e uma nova família não budista, proveniente da província de Ujjain (que antigamente havia sido um feudo da dinastia Maurya), assumiu o trono imperial. Em seguida, o assassino, Pushyamitra, fundador da nova dinastia hinduísta Shunga, dando início ao clássico sacrifício védico, soltou um cavalo para perambular à vontade pelo reino acompanhado de uma centena de príncipes guerreiros. Mas em algum lugar no meio do caminho para o Punjab, o desafio do cavalo errante simbólico foi aceito por uma companhia de cavalaria grega. Os europeus foram derrotados e o sacrifício védico imperial consumado – mas a presença dos cavaleiros gregos foi suficiente para indicar que algo interessante estava fervilhando no Ocidente.[53]

MENANDRO: *c.*125-95 a.C.

Pois, de fato, na Báctria helênica um tirano grego, Eutidemo, fundara por volta de 212 a.C. o estado militar grego independente dos selêucidas, e seu filho Demétrio reconquistara todo o vale do Indo para os gregos, por volta de 197 a.C.

Naquele formidável posto avançado estavam em ação mitologias e crenças hinduístas e budistas, bem como clássicas. Os próprios gregos identificavam Indra com Zeus, Śiva com Dioniso, Kṛṣṇa com Héracles e a deusa Lakṣmī com Ártemis, e um dos maiores reis gregos, Menandro (*c.*125-95 a.C.), parece ter sido, se não ele próprio um budista, pelo menos um generoso protetor desta fé. A Roda da Lei budista aparece em suas moedas.[54] Plutarco afirma que as cidades de seu domínio competiram pela honra da posse de suas cinzas e acabaram concordando em dividi-las entre si para que a memória de seu reinado não se perdesse.[55] E há um importante texto budista antigo (em parte, talvez, de *c.*50 a.C.),[56] *As Questões do Rei Milinda* (*Milindapañha*), no qual o rei (Milinda = Menandro) é mostrado em discussão com um monge budista, Nagasena, por quem é derrotado e convertido.

"O rei era erudito", lemos, "eloquente, sábio e capaz, um praticante consciencioso – e isso na hora certa – de todos os vários atos de devoção e cerimônia prescritos nos seus hinos sagrados referentes às coisas passadas, presentes e por vir. [...] E numa discussão, ele era difícil de se igualar e ainda mais difícil de superar; reconhecidamente, superior entre todos os fundadores das várias correntes de pensamento. Ademais, assim como na sabedoria, em força física, agilidade e coragem, não se encontrava ninguém em toda a Índia, igual a Milinda. Além disso, era rico, grande na fortuna e prosperidade, e o número de suas tropas armadas era infinito."

Vou deixar que o próprio leitor procure o texto[57] e descubra como esse homem poderoso, ao fim de seu dia de trabalho, solicitava a seus quinhentos cortesãos jônios que lhe sugerissem algum sábio indiano erudito com o qual pudesse desfrutar de uma noite de conversa e como, atendido pelos quinhentos, montando na carruagem real, ele ia para os refúgios deles, um após outro, colocando-lhes questões que eles eram incapazes de responder.

Então, o rei Milinda pensou consigo mesmo: "Toda a Índia é uma coisa vazia; é, na verdade, uma insignificância! Não há ninguém, nem monge nem brâmane, capaz de discutir comigo e dissipar minhas dúvidas".

Felizmente para a reputação da Índia, entretanto, vivia no alto dos Himalaias um grupo de *arhats* budistas e um deles, por sua divina capacidade de audição, *ouviu* o pensamento de Milinda. Em seguida, iniciou-se a procura de um que estivesse à altura do grego, e descobriu-se – também por telepatia – que ele seria encontrado (não se espante!) no Céu dos Deuses Felizes. O inumerável séquito de *arhats* desapareceu do pico da montanha, surgiu no Céu dos Deuses Felizes e, descobrindo o deus em questão, de nome Mahasena, ouviu que teria prazer em socorrer a fé, refutando a heresia de Milinda. Então os *arhats*, desaparecendo daquele céu, ressurgiram na montanha dos Himalaias, e o deus nasceu na terra como filho de um brâmane.

Quando tinha compreendido tudo quanto o bramanismo podia ensinar, Mahasena entrou na ordem budista sob o nome de Nagasena; aprendeu com facilidade a Lei e, em breve, era um *arhat* merecedor de enfrentar o rei, que assim encontrou seu igual. O sábio respondeu com sucesso cada uma das 262 perguntas do grego, a terra tremeu seis vezes até seus limites, relampejou, uma chuva de flores caiu do céu etc.

e todos os habitantes da cidade, e as mulheres do palácio do rei, curvaram-se diante de Nagasena, ergueram as mãos juntas até a testa e partiram. E o rei, com júbilo no coração e o orgulho aplacado, tomou consciência da virtude da religião dos Budas, parou de alimentar dúvidas, não permaneceu mais na selva da heresia e, como uma cobra venenosa privada de suas presas, pediu perdão por seus erros e admissão na fé, para ser um verdadeiro prosélito e patrocinador pelo resto de sua vida.

KANISHKA: *c.*78-123 (ou 120-162?) d.C.

Os dias dos gregos naquele portal do nirvana estavam contados pela aproximação de uma horda um tanto quanto enigmática de nômades das vizinhanças da Muralha da China, chamados yueh-chi pelos chineses, kushanas pelos indianos, classificados por alguns como mongóis, por outros como um tipo de turcomanos e ainda por outros como algum tipo de povo ária da família dos citas. Eles tinham sido desalojados e postos em marcha por um grupo de hunos que percorriam o país entre a extensão sul da Muralha e as montanhas de Nan Shan. Sua migração pelos desertos de Kuku Nor e Sinkiang prolongou-se por cerca de quarenta anos (*c.*165-125 a.C.), causando grandes deslocamentos de população nas áreas que atravessavam e, consequentemente, novas pressões sobre as fronteiras da Báctria. As defesas gregas se quebraram. Primeiro irromperam os citas, depois os kushanas e, atravessando as montanhas em direção à Índia, apossaram-se da maior parte da planície do Ganges até as montanhas Vindhya.

Kanishka, cujas datas são estimadas variadamente como cerca de 78-123 ou 120-162 d.C.,[58] foi o maior dos reis kushanas. Há uma estátua de sua figura, com 1,60 metro de altura até os ombros (infelizmente falta a cabeça), esculpida em arenito vermelho de Mathura, na qual o uniforme de campanha de cinto longo e pesadas botas de montar, a vigorosa postura e a destreza das duas mãos nas empunhaduras de duas imensas espadas embainhadas, anunciam dramaticamente o caráter dos centro-asiáticos que tinham assumido o comando da Índia.[59]

Como Ashoka e Menandro, Kanishka era um converso ao budismo e, como tal, um generoso patrocinador tanto dos monges quanto das artes da comunidade laica. Ashvaghosha era uma figura de sua corte – possivelmente o autor de sua conversão. Há uma tradição, questionável embora em geral aceita, de que sob seu patrocínio um grande concílio budista deu à luz a doutrina Mahayana. O uso do sânscrito como língua literária de elite e do estilo clássico Kāvya ("poético") iniciou-se, aparentemente, nas cortes kushanas.[60] E na esfera da arte religiosa, ocorreu uma série de desenvolvimentos que estavam entre os mais notáveis na história do Oriente.

Numerosos e imensos relicários foram construídos naquela época; os do tempo de Ashoka foram ampliados, e em volta dos santuários ergueram-se portões e balaustradas opulentamente talhados em rocha, sobre os quais apareciam em abundância todos os espíritos da terra e da natureza da tradição popular perene – cercando em reverência jubilosa as grandes estupas silenciosas, símbolos do nirvana. Mas essas figuras, longe de representarem o sofrimento e as abominações do mundo conforme pregavam o Mestre e seus monges, parecem antes representar seu encanto ingênuo. Ao peregrino que visite o santuário, essas pequenas cenas e figuras parecem dizer: "De fato, para ti que vieste até aqui, carregando teu *eu*, tudo é sofrimento; mas para nós aqui, sabendo que nós e todas as coisas somos despidos de *eu*, há o êxtase do nirvana, mesmo aqui na terra, em cada uma de nossas várias vidas e maneiras de ser".

Anões barrigudos suportam grandes vigas mestras sobre as quais animais, deuses, espíritos da natureza e seres humanos adoram os símbolos dos Budas, passados e futuros. Leões alados estão acocorados como cães de guarda, demônios da terra carregando pesados bastões nos ombros guardam a Roda Solar da Lei. Em toda parte vinhas e lianas em flor saem das bocas e umbigos de monstros mitológicos. Conchas, máscaras e vasos emanam igualmente lianas, lótus e auspiciosas plantas geradoras de frutos e pedras preciosas, dos quais surgem animais ou entre os quais os pássaros podem saltitar e os espíritos da terra brincar. Dríades agarram-se aos galhos de suas árvores, balançando-se voluptuosamente. E entre essas numerosas formas, aparecem figuras tanto da vida quanto das encarnações anteriores do Buda: quando ele era uma tartaruga, um macaco, um elefante ou uma grande lebre, mercador ou monarca do mundo; quando retornou a Kapilavastu e realizou milagres diante de seu pai, subiu miraculosamente até sua mãe no céu, que tinha morrido sete dias após seu nascimento, ou quando andou sobre as águas.

Porém, em monumentos desse tipo, construídos antes do período de Kanishka (os do chamado Antigo Estilo Clássico de cerca de 185 a.C.-50 d.C.), a forma humana do próprio Buda jamais é mostrada. Na cena de suas excursões palacianas na carruagem, por exemplo, o condutor é visto segurando um guarda-sol sobre um príncipe que não está presente.[61] O retorno a Kapilavastu mostra o pai e sua corte em saudação e os deuses deixando cair grinaldas do céu, mas onde deveria estar o Buda vemos uma árvore Bodhi, simbolizando sua presença.[62] A Roda da Lei, a árvore, um assento vazio, pegadas ou uma estupa representam o Buda em tais cenas; pois ele é aquele que realizou a extinção, que, como o sol, se pôs e está "vazio, não existente". Como se lê em um texto do cânon páli do Ceilão: "Não há mais nada com o que ele possa ser comparado".[63]

Entretanto, no período e reinado de Kanishka ocorreu um novo desenvolvimento, visto que o próprio Buda era agora representado – em toda parte –, em dois estilos contrastantes: o greco-romano de Gandhara, em que é mostrado como uma espécie de mestre grego semidivino, humanizado, como uma personalidade impressionante,[64] e um forte estilo nativo desenvolvido pelos escultores da cidade de Mathura, em que é exibido, vigorosa e realisticamente, como um arquetípico sábio indiano.[65] E a explicação dessa aparição, como Heinrich Zimmer foi o primeiro a indicar, é que uma nova concepção da doutrina fundamental tinha surgido. "E sabemos", ele afirma, "precisamente qual era a nova concepção: era a Mahayana, documentada no próprio período dos monumentos Gandhara pelos textos *Prajñā-pāramitā*. Neles, ficamos sabendo que exatamente como nunca houve nenhum mundo, assim também jamais houve um Buda histórico para redimi-lo. O Buda e o mundo são igualmente vacuidade; *śūnyam*: 'vazio, não existência'. Do ponto de vista transcendental da consciência liberta, eles estão em um único e mesmo plano de ilusão, e esse ponto de vista transcendental é, ademais, o verdadeiro. O ilusório Buda histórico, que pela iluminação alcançou o nirvana, mas continuou vivendo aos olhos do mundo até alcançar o *parinirvāṇa*, pode, consequentemente, ser representado como se estivesse vivo no mundo ilusório."[66]

Mais um detalhe deve ser observado na arte daquelas balaustradas das estupas budistas que, à luz do que sabemos sobre a atitude usual dos monges, pareceria representar um desafio direto a seu ponto de vista.

Ananda disse: "Senhor, como devemos nos comportar com as mulheres?"

O Mestre: "Não vê-las".

Ananda: "E se tivermos de vê-las?"

O Mestre: "Não falar com elas".

Ananda: "E se tivermos de falar com elas?"

O Mestre: "Mantenham seus pensamentos sob estrito controle".[67]

E ainda assim, a figura mais proeminente na decoração de todos os primeiros monumentos budistas, rivalizando em proeminência mesmo com os símbolos do Buda e do nirvana, é a da deusa-lótus, Śrī Lakṣmī, do panteão popular indiano. Ela aparece variadamente de pé ou sentada sobre um lótus, elevando um lótus nas mãos, com botões e corolas de lótus erguendo-se à sua volta – em duas das quais podem aparecer elefantes despejando água das trombas ou de jarros levantados com as trombas sobre sua cabeça e corpo de amplos quadris. Além do mais, apesar de nas representações anteriores (por exemplo, nas balaustradas da estupa nº 2, em Sanchi, cerca de 110 a.C.)[68] a parte inferior de seu corpo estar decentemente coberta, como também o estão os corpos de outras formas femininas nos monumentos daquele período, nas balaustradas e portões de data posterior (Estupa Sanchi nº 1: primeiro século d.C.),[69] não apenas a parte inferior do corpo da deusa-lótus está nua, mas a perna está frequentemente dobrada para revelar o lótus de seu sexo, e as outras formas femininas, estejam elas apinhadas em balcões e janelas para ver o príncipe Gautama saindo de seu palácio, ou balançando voluptuosamente como dríades nas árvores, usam um tipo de cinta ornamentada que não esconde, mas expõe e acentua seu sexo.[70] Na vida de Buda de Ashvaghosha, as cenas que acabamos de mencionar das mulheres nos telhados, nos bosques do prazer e no harém, são representadas em detalhe com uma ênfase erótica que em numerosas passagens cobre páginas inteiras. E no decorrer dos séculos seguintes, seja na arte e literatura budistas, hinduístas ou mesmo jainistas, essa ênfase no feminino e, especificamente, como objeto erótico, é constantemente intensificada, até que nos séculos XII e XIII pareceria haver muito pouco além disso no misticismo indiano.

A deusa da árvore do vale do Indo, parindo o mundo vegetal, retornou então de maneira dramática (figuras 16 e 17), e deve ser reconhecida como presente ou representada em cada mulher do mundo. Ela é a deusa da árvore Bodhi – a mesma que, na lenda de Adão, era Eva. Mas no Jardim do Éden, a serpente, seu amante, foi amaldiçoada, enquanto na cena da árvore Bodhi a serpente se ergueu da terra para proteger o Salvador. A serpente, junto com sua consorte, também apareceu para proteger o iogue na cena da provação de Parshvanatha. E a consorte, naquele caso, era expressamente a deusa Lótus, Śrī Lakṣmī, a deusa da força vital, em forma de serpente.

Há um grande contexto mitológico desenrolando-se aqui diante de nós, estendendo-se para oeste e leste, como os dois ramos de uma árvore: de um lado, do conhecimento do bem e do mal e, do outro, da vida imortal. Mas vamos aguardar por mais algumas informações antes de assistirmos à reaparição da deusa simbólica do universo no meio de um mundo de monges meditantes. Pois algo realmente novo aconteceu.

"O Iluminado parte na Grande Barca", lemos em um texto deste período, "mas não há ponto de partida. Ele parte do universo; mas na verdade, ele parte de nenhum lugar. Sua barca está equipada com todas as perfeições, e não é manejada por ninguém. Ela se apoiará em absolutamente nada e se apoiará no estado de tudo saber, que lhe servirá como não apoio. Ademais, ninguém jamais partiu na Grande Barca; ninguém jamais partirá nela e ninguém está partindo nela agora. E por que isso? Porque nem aquele que está partindo nem o destino para o qual ele parte podem ser encontrados: por isso, quem estaria partindo e para onde?"

O Bodhisattva Subhuti disse: "Profunda, ó Venerável, é a perfeita Sabedoria Transcendental".

E o Venerável respondeu: "Profunda como o abismo, como o espaço do universo, ó Subhuti, é a perfeita Sabedoria Transcendental".

Subhuti disse ainda: "Difícil de ser alcançada pelo Despertar é a perfeita Sabedoria Transcendental, ó Venerável".

Ao que o Venerável respondeu: "Essa é a razão, ó Subhuti, por que ninguém jamais a alcança pelo Despertar".[71]

IX. O CAMINHO DA VISÃO

Han Ming Ti, da China, sonhou com um homem de ouro no oeste, ou, pelo menos, assim nos contam.[72] E embora soubesse que apenas demônios e bárbaros viviam além das fronteiras de seu império celestial – que mantinha em harmonia com o universo, através de sua imobilidade em seu trono cósmico, de frente para o sul –, ele enviou uma delegação. Esta fez incursões no deserto ao longo da Antiga Rota da Seda, aberta entre Roma e o Extremo Oriente por volta do ano 100 a.C. E por ela, de fato, vinham na direção leste pelo caminho desolado do deserto dois monges budistas conduzindo um cavalo branco que levava no lombo uma imagem do Buda e um maço de textos Mahayana. O mosteiro construído para hospedá-los na capital Lo Yang recebeu o nome do animal em cujo lombo a respeitável carga tinha chegado, e foi ali, naquele Mosteiro Cavalo Branco, por volta de 65 d.C., que se iniciou a longa tarefa de verter o sânscrito para o chinês.

A julgar pela data, a imagem deve ter sido da escola Gandhara, greco-romana, possivelmente de ouro e provavelmente de Gautama pregando. Entretanto, a grande maioria das imagens do Buda do Extremo Oriente feitas desde essa época não representa o Buda indiano Gautama. São imagens que representam aparições puramente visionárias, "Budas surgidos da meditação", sem qualquer referência histórica. E delas, a mais popular e importante é a de Amitabha, o Buda de "luz (*ābha*) imensurável (*a-mita*)", também conhecido como Amitayus, o Buda de "longevidade (*āyus*) imensurável (*a-mita*)", que é produto do pensamento budista, mas leva as marcas de procedência última do Irã.

Amida, como esse brilhante Buda solar é chamado no Extremo Oriente, já era conhecido na China na metade do século II d.C., e é hoje no Japão o foco da devoção das grandes seitas Jodo e Shinshu. Em sua reverência, o caminho ensinado não é o da autoconfiança (japonês: *jiriki*, "a força própria da pessoa"), mas o da confiança na graça (*tariki*, "força fora, força de outrem") de Amida – ambos caminhos, entretanto, não diferem tanto quanto um ocidental poderia supor, já que o Buda concebido fora simboliza o Estado de Buda, que está igualmente dentro.

Na versão Mahayana da vida do Buda do monge poeta indiano Ashvaghosha, que acabamos de ler, aparece uma série de cenas que não encontramos no texto Hinayana em páli. Uma das mais importantes ocorre no final da quarta semana do festival do Grande Despertar quando, segundo essa versão, Mara – o antagonista do Buda – foi mais uma vez postar-se diante do Santo: "Ó Santo", ele disse, "tu irás agora gentilmente passar para o nirvana". Mas o Gautama Buda respondeu: "Fundarei, primeiro, inumeráveis Reinos Búdicos". E o tentador, com um grito de horror, desapareceu.[73]

O Reino Búdico é um produto da escola Mahayana, de enorme interesse para todo estudioso de mitologia comparada pois, de um lado, mostra muitos pontos semelhantes à ideia ocidental do paraíso, mas, por outro, não é concebido como a meta última da vida espiritual, e sim como a penúltima. Uma espécie de porto de partida para o nirvana. E assim como existem muitos portos ao longo da costa de um grande mar, também ao longo do oceano do vazio foram criados muitos Reinos Búdicos. Sabemos do de Maitreya, Vairochana e Gautama, bem como do de Amida e, teoricamente pelo menos, mesmo o Paraíso de Cristo pode ser vivenciado como Reino Búdico. Na verdade, como um mecanismo de engate pelo qual a mitologia paradisíaca de qualquer religião pode ser acoplada à budista, o conceito de Reino Búdico torna possível à missão Mahayana penetrar em qualquer esfera religiosa e não destruir, mas acrescentar e complementar as formas locais.

O Reino Búdico de Amitabha surgiu, segundo se conta, pela virtude do voto que esse particular Salvador do Mundo fez quando era ainda um *bodhisattva*. Esse voto consistia na renúncia à iluminação para si mesmo a não ser que por seu Estado de Buda ele pudesse levar ao nirvana todo aquele que apelasse para seu nome – mesmo que não fizesse mais que repeti-lo dez vezes. E o poder de sua ioga era tal que em seguida surgiu no Ocidente um reino puramente visionário, o Reino da Felicidade (*sukhāvati*), onde ele agora está sentado para sempre, como um sol se pondo (que, entretanto, jamais se põe), permanecendo para sempre (*amitāyus*), imensuravelmente brilhante (*amitābha*), à margem de um grande lago de lótus. E todos os que invocam seu nome renascem sobre os lótus daquele lago, alguns em cálices abertos, outros ainda dentro de botões, segundo seus vários estágios espirituais, pois nem todos, na hora da morte, estão preparados para a plenitude da radiante luz redentora.

Quando morre um ser da mais alta categoria, um ser que praticou por toda a vida a verdadeira compaixão (*karunā*), não injuriou ninguém e observou rigorosamente todos os preceitos, Amithaba lhe aparece numa bola de luz, flanqueado por dois grandes *bodhisattva*s: Avalokiteshvara à esquerda e Mahasthama à direita. Inumeráveis budas históricos brilham por todos os lados, junto com seus monges e devotos, inumeráveis deuses e incontáveis palácios adornados com pedras preciosas. Um trono de diamantes é oferecido ao falecido pelos dois grandes *bodhisattva*s; todos estendem as mãos para ele a fim de dar-lhe boas vindas; o Buda Amitabha irradia seu corpo sobre raios de luz, e tendo contemplado tudo isto, com um pulo de alegria ele alcança o trono de diamantes, sendo levado em uma grande procissão para o Reino da Felicidade. Em todas as partes ouve-se o *Dharma*; veem-se raios brilhantes e florestas de pedras preciosas. E, vivendo na presença de todos aqueles budas, *bodhisattva*s, deuses e visões luminosas, banhado continuamente na luz de Amitabha, consciente de um espírito de resignação a quaisquer consequências que possam surgir, são-lhe dados incontáveis mantras de meditação para recitar e em pouco tempo ele alcança o nirvana.[74]

No extremo oposto da moral, o ser que não alcançou absolutamente nada, o perverso, o estúpido, culpado de muitos crimes, aconselhado na hora da morte por algum amigo que lhe disse: "Mesmo se você não puder imaginar o Buda, pode pelo menos pronunciar seu nome", e depois de ter pronunciado o mantra de Adoração ao Buda Amitayus por dez vezes, ao morrer verá um lótus dourado, brilhante como o disco solar, em cuja corola ele então se encontrará envolvido. E nesse lago, permanecerá dentro do botão durante doze grandes eras, recebendo e absorvendo o tempo todo as influências radiantes do lago; até que, um dia, as pétalas se abrirão e todas as glórias do lago estarão à sua volta. Então, ele ouvirá as vozes, elevando-se em grande compaixão, dos dois grandes *bodhisattva*s, ensinando-lhe detalhadamente o verdadeiro estado de todos os elementos da natureza e a lei da expiação das faltas. Logo, rejubilando-se, ele dirigirá todos seus pensamentos para o Estado de Buda que, de fato, em breve alcançará.[75]

Um purgatório suave suplantou aqui a imagem indiana do progresso espiritual pela reencarnação e se a data desta doutrina não fosse tão remota, poder-se-ia supor uma influência cristã. Entretanto, da maneira como estão as coisas, a interpretação mais plausível é que a influência do Irã e a doutrina de Zoroastro – que, como já se observou, exerceram seu papel na formação da visão de Dante – tenham deixado suas pegadas aqui. Uma brilhante monografia recente sobre este assunto diz:

Não devemos esquecer que o primeiro apóstolo a levar o culto de Amida para a China foi um príncipe parta, Ngan Che-Kao, e que o império Kushana, onde surgiu pela primeira vez o culto a Amida, era não menos iraniano que indiano, não menos masdeísta que budista. Ngan Che-Kao era um arsácida que viveu na China de 148 a 170 d.C. [...] Além do mais, o trabalho de traduzir textos sagrados e de mascatear e confeccionar imagens sagradas, no segundo e terceiro séculos da nossa era, ficava a cargo principalmente dos súditos bactrianos e sogdianos do Yueh-chi. [...] Por isso, não é na própria Índia que devem ser procurados os fatores que contribuíram para a vitória de Amida, mas na zona intermediária entre a Índia e a China, onde prevaleceu a influência do Irã. [...] Tudo isso explica por que o culto a Amida, que na Ásia Central e Extremo Oriente desfrutou de tamanha expansão, parece ter sido pouco favorecido na própria Índia.[76]

A Dra. Marie-Thérèse de Mallmann, autora desse importante estudo, demonstrou que os nomes Amitabha e Amitayus correspondem às caracterizações usuais

Figura 20. O senhor da vida: França, *c.*50 d.C.

do deus-criador persa Ahura Mazda, como o senhor tanto da luz quanto do tempo eterno, e ademais, que por todo o vasto domínio de influência religiosa persa (que, como sabemos, se expandiu com o exército romano para a Gália e a Bretanha), aparecem em muitos locais tríades divinas semelhantes à de Amitabha, sentadas entre seus dois grandes *bodhisattvas* de pé.

Em Reims, por exemplo, foi encontrado um altar galo-romano (figura 20), cuja frente mostra, em alto-relevo, uma divindade com chifres sobre um trono baixo, tendo no antebraço esquerdo um recipiente em forma de cornucópia de onde caem grãos, e diante de seu trono, de frente um para o outro – como as gazelas da divindade com chifres do vale do Indo da figura 18 – um touro e um veado comem dos grãos. O frontão acima apresenta a figura de um grande rato, que na Índia é o veículo animal do deus Gaṇeśa, senhor (*iśa*) das hostes (*gaṇa*) de seu pai Śiva. Enquanto a cada lado, à direita e à esquerda desse rei celta, identificado como Cernunnos (que em outra circunstância aparece, como Śiva, com três cabeças) há um par de deuses, Apolo e Hermes-Mercúrio, de maneira muito semelhante aos dois grandes *bodhisattvas*.[77]

A semelhança dessa composição simbólica com a tríade budista e, além disso, suas múltiplas associações com motivos incidentais do contexto Śiva-Buda são demasiado próximas para serem acidentais. E se lembrarmos agora que o profeta persa Mani (216?-276? d.C.), fundador do maniqueísmo, procurou sintetizar os ensinamentos do Buda, Zoroastro e Cristo, e que por volta do século V comunidades maniqueias já eram conhecidas desde o norte da África (onde Santo Agostinho foi um maniqueu professo de 373 a 382) até a China, tornar-se-á evidente que a religião de Amida não era de maneira alguma o único exemplo conspícuo de sincretismo intercultural nesse período genérico de ascensão e queda dos grandes impérios militares de Roma, Pérsia, Índia e da China da dinastia Han.

Em espírito, contudo, a religião de Amida é absolutamente diferente do dualismo ocidental, seja de revelação persa ou cristã. Em uma análise superficial, a base óbvia para manipulações sincréticas foi fornecida por uma afinidade não apenas de tradições, mas de imagética e objetivos espirituais gerais. Por exemplo: se compararmos a visão cristã do destino do homem com a hinduísta-budista veremos que em ambas o tema fundamental, a preocupação máxima, é a preparação do ser temporal para uma experiência na eternidade do *summum bonum*. Aqueles que na hora da morte se encontram despreparados têm de submeter-se após a morte a uma espécie de curso de pós-graduação, representado na imagem cristã pelo símbolo do purgatório e na hinduísta-budista pela reencarnação. Purgatório e reencarnação resultam, assim, homólogos. Igualmente, segundo ambas iconografias, aqueles tão incorrigíveis no vício que nenhuma influência da graça divina seria capaz de endireitar, permanecem como são, afastados de seu próprio bem supremo, quer no inferno eterno (a imagem cristã), quer em um círculo de renascimentos ininterruptos.

Porém, quando os dois sistemas são comparados mais de perto, aparecem diferenças significativas. Comparando a parte inferior das duas composições descobrimos que na imagem cristã do grande teatro da salvação os reinos animal, vegetal e inanimado da existência foram omitidos, enquanto na parte superior a inteireza máxima é Deus. A imagem ocidental é, por assim dizer, apenas o torso da outra; não chega a alcançar nem a de baixo do homem-feito-à-imagem-de-Deus nem a de cima do Deus-à-imagem-do-homem. Pois não importa quão soberba e etereamente Deus possa ser descrito, ele é sempre, em última instância, igual ao homem; tão grosseiramente igual como em toda a Bíblia, ou mais sutilmente, quando descrito como alguma espécie de presença abstrata contendo em grau superlativo as qualidades humanas de bondade, compaixão, justiça, sabedoria, ira e poder.

Em suma, enquanto os limites Homem-Deus do sistema ocidental resultam, em última instância, em uma interpretação do universo em termos de situação edípica (um bom pai criou um mau filho que pecou e agora precisa ser redimido), no Oriente a ordem antropomórfica é apenas o primeiro plano de uma estrutura maior. E, enquanto na estrutura antropomórfica se dá ao problema do universo uma moldura essencialmente ético-penal (em que as punições e provações são a doença, a derrota, o tormento e a morte, ficando porém inexplicado o sofrimento animal), a ética no Oriente – ser bom e obedecer ao pai – representa apenas o jardim de infância de uma escola superior. Portanto, enquanto na imagem ocidental do purgatório, o fim último, o *summum bonum* a ser alcançado, é a visão beatífica no Reino da Felicidade, na imagem budista Mahayana de Amida a própria visão beatífica é apenas a última fase do processo de purgação; não um fim último mas o último passo para algo além. A pessoa deve saltar para além de Deus-à-imagem-do-homem, homem-à-imagem-de-Deus e do universo conhecido pela mente. A própria mente, na verdade, deve quebrar e dissolver – na luz ardente da realização tanto acima quanto abaixo, fora e dentro – tudo o que ela concebeu: uma experiência do inefável, inimaginável nada (não coisa), que é o mistério de toda existência, mas também nenhum mistério, já que ele é, na verdade, nós próprios e o que estamos vendo a cada minuto durante todo o tempo de nossas vidas.

Em consequência, nem a condição terrena do homem é interpretada no Oriente como uma punição por algo cometido, nem sua finalidade é tida como expiatória. O poder redentor de Amida não tem absolutamente nada a ver com expiação. Sua função é pedagógica, não penal. O objetivo não é a satisfação de um pai sobrenatural, mas o despertar do homem natural para a verdade. E sua única intenção é que a visão desse Buda e seu eloquente Reino da Felicidade levem a atingir essa finalidade de maneira mais fácil e rápida – e de modo mais abrangente – do que qualquer outro método pedagógico que se conheça.

Por exemplo, no "Guia de Meditação sobre Amida", que já citei anteriormente, é apresentado em detalhe o método de criar na mente, passo a passo, a visão redentora do Buda, seus acompanhantes *bodhisattvas* e o próprio Reino da Felicidade – com a garantia final de que a visão não é, na verdade, de um ser e um lugar específicos, mas do ser e da natureza que habitam cada um de nós e o mundo todo, todas as coisas e tudo o que está além de todas as coisas. Ademais, continuando a leitura desse texto (no qual acho importante nos determos), não podemos deixar de reconhecer nele a fonte das imagens da arte dos templos budistas de todo o Extremo Oriente – que em termos ocidentais só podem ser mal interpretadas. Pois essas imagens não são em nenhum sentido ídolos: são suportes para a meditação. E o próprio Buda da meditação não é um ser supremo situado em algum lugar no céu, ou mesmo em algum Reino da Felicidade real, mas uma figura, uma máscara, uma representação para a mente, do mistério que habita toda e qualquer fenomenalidade, seja do mundo, do templo, da imagem ou do próprio devoto.

A lição é apresentada nesse texto à maneira de um ensinamento pregado pelo Buda Gautama à rainha consorte daquele gentil rei Bimbisara, que lhe oferecera seu reino quando, no início de sua busca, havia passado esmolando pela cidade do rei, detendo-se para um descanso ao pé da montanha.* O próprio rei, agora idoso, passara por maus momentos; pois seu perverso filho Ajatashatru tinha-o jogado numa prisão de sete paredes, e sua esposa, Vaidehi, a mãe daquele filho perverso, também tinha sido jogada atrás das grades. Ela, entretanto, havia, suplicado por consolo, e o Buda Salvador do Mundo, Gautama Śākyamuni, apareceu-lhe numa visão, sentado sobre um lótus de numerosas pedras preciosas, flanqueado por dois discípulos e, acima dele, divindades derramando flores. Por entre as sobrancelhas do Buda partiu um raio que se difundiu por todos os mundos das dez direções e, retornando, pousou sobre sua cabeça, e ali se tornou um pilar dourado, alto como a montanha dos deuses, de onde todos os Reinos Búdicos das dez direções podiam ser vistos de uma só vez. E ao vê-los, ela escolheu o do Buda Amitabha-Amitayus.

Gautama disse: Aqueles que desejarem nascer ali devem, antes de tudo, ser filiais, compassivos e observantes dos dez preceitos, que são os seguintes: 1. não matar; 2. não roubar; 3. não mentir; 4. não pecar contra a castidade; 5. não ingerir inebriantes.** Esses são os cinco que todos têm de observar, seguidos de mais cinco adicionais para os monges: 6. não comer em ocasiões proibidas; 7. não dançar, cantar ou assistir a espetáculos teatrais e outros; 8. não usar perfumes, grinaldas ou outros ornamentos; 9. não usar camas altas ou largas; 10. não aceitar dinheiro.

Em segundo lugar, disse o Buda, aqueles que desejarem entrar nesse reino devem tomar refúgio no Buda, na Lei e na Ordem, cumprir todas as regras cerimoniais e devotar total atenção a alcançar a iluminação, acreditando profundamente na doutrina dos doze elos da causação, estudando e recitando os sutras e orientando outros a seguirem o mesmo caminho.

A seguir, o Buda disse graciosamente à rainha: "Tu és apenas uma pessoa comum; a qualidade de tua mente é inferior e medíocre. Ainda não alcançaste a visão divina e, portanto, não consegues ver nada que não esteja diretamente a teu alcance.

* *Supra*, p. 215-216.

**Comparar *supra*, p. 190, com os cinco votos básicos do jainismo. Comparar, também, com a paródia política desses cinco nos "Cinco Pontos (*panca śila*) para a Coexistência Internacional", criados em abril de 1954 no preâmbulo do Acordo Sino-Indiano sobre o Comércio com o Tibete (discutido por Adda B. Bozeman, "India's Foreign Policy Today: Reflections upon Its Sources", *World Politics*, janeiro de 1958, vol. X, n° 2, p. 256-273.

Por isso, vais perguntar como pode ser adquirida a percepção do Reino Búdico. Eu vou te explicar". Logo, ensinou à boa e piedosa rainha como visualizar Amitayus.[78]

Na hora do pôr do sol ela deveria sentar-se de frente para o oeste, concentrar firmemente a mente no sol e reter a imagem daquele sol na memória. Essa seria a percepção do sol: a Primeira Meditação.

Em seguida, ela deveria adquirir a percepção da água cristalina, retendo bem essa imagem, e uma vez percebida a água, a mente meditante deveria visualizar o gelo, transparente e reluzente, e depois o lápis-lazúli. Então, a terra deveria ser vista como se fosse lápis-lazúli, transparente e reluzente, tanto por dentro quanto por fora, sustentada por baixo por um estandarte de ouro com sete pedras preciosas, estendendo-se para os oito cantos da terra, cada um deles constituído por uma centena de pedras preciosas, cada pedra preciosa por mil raios e cada raio por oitenta e quatro mil cores que, refletindo-se da terra lápis-lazúli, pareceriam iguais a um bilhão de sóis. Estendendo-se sobre aquele chão poderiam ser vistas cordas de ouro, entrelaçadas transversalmente, sendo o conjunto dividido por cordões de sete pedras preciosas, cada uma das quais emitindo raios de quinhentas cores, parecendo flores ou a lua e as estrelas. E esses raios deveriam formar uma torre de dez milhões de andares, construídos de pedras preciosas, cujos lados deveriam ser guarnecidos com cem milhões de estandartes representando flores e incontáveis instrumentos musicais, todos emitindo sons cujos significados são: "sofrimento", "não existência", "impermanência" e "não eu". Essa seria a percepção da água: a Segunda Meditação.

A seguir, alcançada essa percepção, cada um de seus componentes, um por um, deveria ser visualizado tão claramente que a totalidade jamais se perdesse, mesmo quando os olhos estivessem abertos – a não ser durante o sono. "Considera-se que aquele que tiver realizado esta percepção", disse o Buda, "tenha visto vagamente o Reino da Felicidade". E essa percepção do Reino é a Meditação Número Três.

A meditação seguinte deveria ser a das árvores de pedras preciosas daquele Reino Búdico: sete fileiras delas, cada uma com 800 *yojanas** de altura, todas carregadas de flores e folhas de sete pedras preciosas. E da primeira pedra preciosa de cada uma, que é de lápis-lazúli, sai um raio dourado; da segunda, de cristal, um raio amarelo-laranja; da próxima, de ágata, um raio diamantino etc. Corais, âmbar e todas as outras pedras preciosas sucedem-se como ornamentos. Ademais, sete redes de pérolas devem ser visualizadas estendidas sobre cada árvore e, entre cada conjunto de redes e o conjunto vizinho, quinhentos milhões de palácios construídos de flores primorosas, como o palácio do deus Brahma. Crianças divinas habitam esses palácios e cada criança tem uma grinalda de quinhentos milhões de pedras preciosas, cujos raios iluminam uma centena de *yojanas*, como se cem milhões de sóis e luas estivessem reunidos. "É difícil", disse o próprio Buda, "explicá-los em detalhes."[79]

E chegamos apenas à Quarta Meditação!

* Ver nota do Capítulo 4, p. 181.

O nirvana é a meta, e a mente está começando a ceder – como tem de acontecer se, de fato, se quer atingir a meta.

Entretanto, como a meta desta obra não é o nirvana, mas a visão intercultural das imagens com que os povos do mundo procuraram representar no tempo e no espaço suas instituições daquele termo além dos termos – que no Ocidente personificamos como Deus e no Oriente é despersonificado tanto como Ser quanto como Não Ser –, vou pedir ao leitor que desejar continuar com o Buda que me permita dizer-lhe, respeitosamente, as palavras do Antagonista (ele próprio, como já sabemos, uma-coisa-Buda): "Ó Santo, tu irás agora gentilmente passar para o nirvana". Pois vamos fazer uma pausa aqui, por um momento, para ordenar nossas ideias. Chegamos a um ponto em nosso estudo onde todo seu domínio está irrompendo, como um Reino Búdico, em quinhentos milhões de raios multicoloridos e, certamente, é difícil explicar todos em detalhes.

X. O MUNDO RECONQUISTADO COMO SONHO

O uso de visualização de imagens com o propósito de conduzir a mente e os pensamentos para além de si mesmos, ultrapassando limiares rumo a novas esferas de compreensão, desenvolveu-se no Oriente durante séculos, desde a escrita do "Guia para a Meditação sobre Amida" até chegar a uma técnica pedagógica extremamente versátil, e para esse fim, são usados não apenas livros de meditação, mas também obras de arte. Ainda não chegamos, nesta nossa pesquisa sistemática, ao período da maior revelação dessa metodologia visionária. Entretanto, os princípios básicos já são evidentes. E como eles não representam apenas um método oriental de guiar o espírito, mas também a mais profunda, ampla e mais completamente testada e provada teoria da natureza e do uso do mito que a ciência de qualquer parte já produziu nesse campo, vou fazer uma pausa para uma breve análise de seus postulados.

O primeiro ponto a ser notado é o que já reconhecemos em nosso estudo do sistema jainista: a fuga da realidade. Seja voluntariamente na floresta enquanto monge, ou na prisão por força maior, o indivíduo está psicologicamente dissociado da esfera da vida normal à sua espécie. Os estímulos externos são cortados.

A seguir, com o sistema normal de "estímulos-sinais" interrompido (o sistema da realidade), desenvolve-se uma ordem supranormal (o sistema mítico), à qual são dirigidos os sentimentos.

Dali surgem duas alternativas. O método negativo dos jainistas, da escola Sanquia e do Hinayana exigia a extinção parcial ou total do sistema mítico de "estímulos supranormais" e, como consequência, advogava uma realização de arrebatamento extático. O método positivo do Reino Búdico, por outro lado, retém a imagem supranormal e a desenvolve em duas direções simultâneas: 1. em direção ao vazio da não existência (o Reino Búdico é uma mera visão da mente), e 2. em direção à realidade (o mundo da vida normal é em si mesmo um Reino Búdico).

Depois de o Buda Śākyamuni ensinar à rainha as primeiras seis meditações, por exemplo, apareceu, como que espontaneamente, a visão de Amitayus. A rainha aprendeu primeiro a visualizar o sol; a seguir, a água; depois, a terra, as extraordinárias árvores de pedras preciosas. Em seguida, disse o Buda, deveriam ser vistos os lagos cobertos de lótus daquele Reino Búdico: as águas de oito lagos, cada um de sete pedras preciosas, macias e dóceis, oriundas do Rei das Pedras Preciosas, a Gema Realizadora de Desejos. Dela brotavam águas em catorze correntes luminosas, cada uma da cor de sete pedras preciosas, com encostas de ouro e leito de diamantes variados. Em cada lago há sessenta milhões de lótus de sete pedras preciosas cada um, medindo doze *yojanas* de circunferência, todas elas subindo e descendo suavemente à medida que a água se agita entre elas, entoando de maneira melodiosa a lição de "sofrimento", "não existência", "impermanência" e "não ser"; proclamando, também, os sinais (trinta e dois no total) e as oitenta marcas menores de excelência. Ademais, raios de ouro emitidos da Gema Realizadora de Desejos tornam-se pássaros das cores de uma centena de pedras preciosas, louvando o Buda, a Lei e a Ordem. Assim é a Quinta Meditação: nas oito águas das boas qualidades. E esta é então seguida de uma sexta e última meditação antes de Buda Amitayus chegar. Percebe-se que cada divisão do Reino Búdico tem galerias e andares de pedras preciosas atingindo um total de quinhentos milhões, e dentro de cada uma delas há inumeráveis divindades tocando música celestial. E numerosos instrumentos musicais estão suspensos, também, como estandartes cobertos de pedras preciosas a céu aberto, ressoando a lembrança do Buda, da Lei e da Ordem. E diz-se que quem atingiu esse grau de meditação viu vagamente as árvores de pedras preciosas, a terra de pedras preciosas, os lagos de pedras preciosas e o ar de pedras preciosas do Reino da Felicidade. "Aquele que a tiver experienciado", disse o Buda, "expiou todas as faltas, as mesmas que o teriam levado a inúmeras transmigrações, e seguramente nascerá no Reino Búdico".

A mente foi assim liberta de toda relação com árvores, terra, lagos e ar, pássaros, estandartes e pedras preciosas verdadeiros; um palco visionário foi montado para a entrada de Amida – e eis que ele chega!

Pois enquanto o Buda Śākyamuni, no papel de mestre, falava à rainha Vaidehi, apareceu o Buda Solar Amitayus, no céu de pedras preciosas repleto de estandartes e música, junto com seus dois grandes *bodhisattvas*, Avalokiteshvara à sua esquerda e Mahasthama à direita, e houve um fulgor tão deslumbrante que ninguém conseguiu ver claramente. Era cem mil vezes mais intenso do que o brilho do ouro. E aproximando-se do Buda Śākyamuni, a rainha orou a seus pés. Ele então lhe explicou como todos os seres deveriam meditar sobre o Buda Amitayus no futuro.

O leitor, com certeza, já viu a descrição desta meditação reproduzida em numerosas obras budistas, sejam elas da Índia, Tibete, China, Coreia ou Japão. Em consequência, compreenderá que, embora o olho do conhecedor de arte faça um julgamento estético das formas, o olho da religião atravessa e vê – ou, pelo menos, esforça-se por ver – não a pedra, a madeira ou a tinta, não o bronze, mas um chão de sete pedras preciosas sustentando um lótus de inumeráveis luzes, cada pétala exibindo as cores de numerosas pedras preciosas e com oitenta e quatro mil nervuras, cada nervura emitindo oitenta e quatro mil raios. E há uma torre inteira de pedras preciosas, na qual há quatro postes com estandartes cobertos de pedras preciosas, sendo cada estandarte como cem mil montanhas cósmicas: sobre os estandartes um véu de pedras preciosas, como aquele do palácio celestial do Senhor da Morte, brilhando com quinhentos milhões de pedras preciosas, cada uma com oitenta e quatro mil raios, cada raio com oitenta e quatro mil cores douradas e todo ele mudando continuamente de aparência: ora uma torre de diamantes, ora uma rede de pérolas, outra vez nuvens de grande variedade de flores – que, como se diz ter declarado o Buda Śākyamuni, é a Sétima Meditação: no trono florido.

Depois desta vem o pensamento final. A joia de todas as grandes joias nessa rede de joias; de fato, a única joia da Ásia que deve ser mantida na mente através de todas essas magnitudes de visão metamórfica. Palco e trono foram instalados. Agora a mente deve ver Amitayus. E no que diz respeito à natureza daquele Buda, vamos ouvir Śākyamuni:

> Cada Buda-Que-Assim-Chegou (*tathāgata*) é aquele cujo corpo espiritual é ele próprio o princípio que habita a natureza (*dharmadhātu-kāya*): o corpo que é o princípio ou sustentáculo da lei da verdadeira existência). Consequentemente, ele pode penetrar na mente de qualquer ser. Como consequência, também, quando você tiver percebido aquele Buda, de fato, é sua mente que está de posse daqueles trinta e dois sinais de perfeição e das oitenta marcas menores de excelência encontradas no Buda. Em resumo: é sua própria mente que se torna o Buda. Não! É sua própria mente que é, mesmo agora, o Buda. O oceano de verdade e de conhecimento universal de todos os Budas tem origem na mente e no pensamento da própria pessoa.[80]

À luz desta ideia básica, escrita em sânscrito no período Kushana, traduzida por volta de 424 d.C. para o chinês e conhecida em qualquer templo moderno do Buda solar Amitabha – seja na China, na Coreia ou no Japão – o leitor saberá que, durante os séculos que se seguiram à primeira aparição das imagens do Buda, houve uma rápida tendência ao afastamento da visão realista dos ensinamentos dos Budas, tanto do antigo estilo Gandhara greco-romano quanto do estilo indiano nativo de Mathura,* que transferiu a forma do plano da vida desperta para o do sonho visionário iniciatório. A auréola solar por trás das cabeças do Buda do período Gandhara foi originariamente um motivo zoroastriano iraniano, que estava surgindo também no Ocidente, mais ou menos na mesma época, na iconografia greco-romana dos primeiros cristãos. Com o passar do tempo, entretanto, a imagem do Cristo assumiria caráter cada vez mais realista, enquanto a do Buda andava rapidamente na direção oposta. Nas formas do estilo Gandhara a ação dramática do drapeamento grego e do destaque da cabeça à maneira apolínea perderam força: a figura, por assim dizer,

* *Supra*, p. 238.

movia-se um pouco para trás, convocando a mente contemplativa também a dar um passo atrás. Conforme declarou Heinrich Zimmer: "A aparência foi transmutada em aparição. Nenhum ser corpóreo, apenas uma essência que se tornou silenciosamente manifesta é o que se vê naquelas formas posteriores do estilo Gandhara."[81] E também na arte do estilo Mathura, no grandioso século V da nossa era – que é o momento do apogeu da Índia clássica – a auréola tornou-se majestosa, sugerindo o milagre do mundo-lótus. Seguiu-se por toda a Ásia um florescimento das artes visionárias, incomparável na história da humanidade. E no próprio reino da Mãe Índia, a inspiração budista passou, como que por uma reação em cadeia, para o novo universo do hinduísmo pós-budista – que, inflamado pelo espírito budista, logo surgiria com seu desafio e, em breve, passaria à frente, avançando para um mundo fértil e voluptuoso com suas próprias bem-aventuranças visionárias.

> Ao entrar em uma sala com esculturas indianas (escreve o Dr. Zimmer), fica-se impressionado pela atmosfera de paz, mesmo quando as imagens que ela contém são vigorosamente ativas. Elas respiram um ar de tranquilidade que se apossa do visitante, reduz seu passo e o leva ao silêncio, tanto externo quanto interno. Essas obras de arte não inspiram a pessoa a uma entusiástica conversa elogiosa; elas não pedem para serem olhadas e consideradas belas. Vivem em um mundo próprio, e até do Buda – com sua mão aberta erguida ou suspensa – pode-se dizer que simplesmente está ali, realizando em seu gesto sua própria existência na esfera de sua própria aura, sem dirigir-se à nossa pessoa. Diante de sua serenidade, nós não existimos.[82]

Tal obra é uma visão encarnada, não na matéria preciosa do sonho, sutil e luminosa, mas na massa insensível de uma rocha, ou em argila, madeira ou bronze. Não se percebe nela o esforço do artista. Tampouco é uma imitação da natureza. Ela é manifestação da mente – "que assim chegou", *tathāgata* – que sai de uma profundeza para dirigir-se a uma profundeza equivalente, não a um perito em arte. Ela não está aí para ser julgada nem mesmo moralmente (como em breve teremos oportunidade de perceber). Pois obras desse tipo são representações de além do horizonte racional, além do âmbito do julgamento social, da ética e da estética, e a faculdade de julgar, que tira sua força das esferas da experiência normal, é exatamente a faculdade da qual essas obras tencionam nos libertar. Posta em ação contra elas, essa faculdade de julgamento tornar-se-á uma barreira à nossa própria entrada nas esferas de atuação dessas obras. Em outras palavras: pode servir apenas para nos proteger do impacto de uma experiência numênica, destruindo todas nossas ideias autocongratulatórias de verdade descoberta.

"Ao formar a imagem do Buda Amitayus" – disse o Buda Śākyamuni à rainha para cuja mente não havia mais nenhuma prisão – "primeiro deverias perceber a imagem daquele Buda – estejam teus olhos abertos ou fechados – cor de ouro, sentado sobre aquela flor, e quando a tiveres visto, serás capaz de ver clara e nitidamente a glória daquele Reino Búdico. E quando a tiveres visto, deverias formar outra flor de lótus no lado esquerdo e outra no lado direito daquele Buda. No trono florido do lado esquerdo percebe uma imagem do *bodhisattva* Avalokiteshvara emitindo raios dourados como os do Buda, e Mahasthama, igualmente, no direito. E quando essa percepção tiver sido atingida, deve-se ouvir a Boa Lei sendo pregada através de uma corrente de água, um brilhante raio de luz, numerosas árvores de pedras preciosas, patos de pedras preciosas, gansos de pedras preciosas e cisnes de pedras preciosas. Tanto em meditação quanto fora dela deve-se ouvir sempre a Lei excelente."[83]

Ademais, nos dois grandes *bodhisattvas* – cada um com oitocentos mil *niyutas** de *yojanas* de altura – na auréola de Avalokiteshvara, podemos ver quinhentos Budas, cada um acompanhado de outros tantos *bodhisattvas*, cercados por inumeráveis deuses, enquanto na parte da frente de sua tiara está sentada a figura de um Buda de vinte e cinco *yojanas* de altura. Do cacho de cabelo entre suas sobrancelhas irrompem oitenta e quatro tipos de raios, cada um emitindo inumeráveis Budas acompanhados de seus *bodhisattvas*, mudando de aparência e ocupando os mundos nas quatro direções. E na coroa de Mahasthama brilham quinhentas flores de pedras preciosas, cada uma suportando quinhentas torres de pedras preciosas, em cada uma das quais podem ser vistos todos os reinos búdicos das dez direções. Quando ele caminha, as dez direções estremecem e onde quer que a terra trema aparecem quinhentos milhões de flores de pedras preciosas. As palmas das mãos desses dois *bodhisattvas* compassivos são multicoloridas, as pontas de seus dedos são dotadas de oitenta e quatro mil figuras, e cada figura de oitenta e quatro mil cores e cada cor de oitenta e quatro mil raios. E com essas mãos cobertas de pedras preciosas eles acalentam todos os seres.[84]

Essa é a visão da glória do vazio do não ser da própria pessoa, que agora deve ser conhecida como a glória sempre presente de todas as coisas. As sólidas paredes de nossa prisão de matéria dissolvem-se. As mãos de pedras preciosas dos *bodhisattvas* surgem e o mundo que antes significava prisão torna-se um Reino Búdico. "O homem não deveria acreditar nem na ideia de uma coisa nem na ideia de uma não coisa", lemos num texto Mahayana amplamente conhecido, e, continuando:

> Estrelas, escuridão, uma lâmpada, um fantasma, orvalho, uma bolha;
> Um sonho, um relâmpago e uma nuvem:
> Assim deveríamos considerar o mundo. [85]

A deusa-lótus, o lótus do mundo, sobre cujo trono florido de inumeráveis luzes aparece o Buda, em cujo cálice mesmo o ser de nenhuma realização, estúpido, perverso, culpado de muitos crimes, pode obter o conhecimento de sua própria glória e que, ademais, está presente em todos aqueles seres femininos desprezados pelos jainistas e pelos monges do Hinayana, retorna assim – transformada – à cena.

* Uma *niyuta* é uma unidade definida variadamente como 100.000, 1.000.000 ou 10.000 vezes 10.000.000.

Como vimos, ela surgiu pela primeira vez nas obras da mais antiga arte budista como a figura mais proeminente na ornamentação dos locais sagrados; pois, como se lê em um texto Mahayana posterior:

Sarvāsām eva māyānāṁ
strīmāyaiva viśiṣyate

"De todas as formas de ilusão, a mulher é a mais importante."[86] Seu papel, consequentemente, é ampliar primeiro o imaginário e depois a realidade: como o próprio portal da libertação, como o Reino Búdico por excelência, em cuja natureza ilusória está manifesta a compaixão (*karunā*) do nirvana. Pois da mesma forma que o Buda é o símbolo máximo da via negativa, ela o é da positiva. Como a imagem viva do milagre deste mundo no qual vivemos, ela é a barca e a meta a um só tempo.

CAPÍTULO 6

A IDADE DE OURO DA ÍNDIA

I. A HERANÇA DE ROMA

No ano 399 d.C., Fa-hsien, primeiro de uma notável série de peregrinos budistas chineses, deixou a suntuosa capital Ch'ang-an – perto do trecho inicial da Antiga Rota da Seda da China para Roma – para enfrentar os desertos de Lop Nor. Seis anos mais tarde chegou a Taxila, no Punjab, passou para a própria Índia e levou mais seis anos atravessando o país de oeste a leste, consultando os sábios e debatendo com eles, visitando lugares sagrados e observando com prazer a virtude do povo e a beleza dos santuários budistas.

"Em todas as regiões da Índia a dignidade na condução do sacerdócio e a surpreendente influência da religião são indescritíveis", escreveu em seu diário.

> Desde o tempo do nirvana do Mestre Buda, reis, homens notáveis e chefes de família erigiram mosteiros para os monges e proveram seu sustento doando-lhes lavouras, casas, jardins, servos e rebanhos. Essas terras da congregação são-lhes garantidas por concessões em placas de cobre que passam de reino para reino e que ninguém teve a temeridade de anular. Todos os sacerdotes residentes a quem foram concedidos aposentos nas *viharas* são supridos de cama, esteira, comida e bebida; eles passam o tempo realizando atos de caridade, recitando as escrituras ou meditando. Quando um estranho chega ao mosteiro, os sacerdotes superiores o acompanham até a casa de hóspedes, carregam suas vestes e a cuia de esmola. Oferecem-lhe água para lavar os pés, óleo para unção e preparam-lhe uma refeição especial. Depois de ele ter descansado por um momento, perguntam por sua posição no sacerdócio e, de acordo com ela, indicam-lhe um aposento e um leito. Durante o mês após a estiagem, os devotos fazem uma coleta para ser oferecida ao mosteiro, e os sacerdotes, por sua vez, fazem uma grande assembleia e pregam a Lei.[1]

O budismo estava emergindo no período de Fa-hsien, período do lendário monarca indiano Chandragupta II (cujo reinado transcorreu de 378 a 414 d.C.). Na Índia, os mosteiros e capelas de Ajanta cravados nas rochas – o primeiro dos quais data de cerca de 50 a.C. – aumentavam tanto em número quanto na beleza de seus ornamentos esculpidos, exibindo numerosos motivos desconhecidos da arte indiana anterior. Os templos-cavernas budistas do Turquestão chinês estavam sendo esculpidos em grandes rochedos. E em 414, ano da morte de Chandragupta, começou-se a trabalhar nas cavernas budistas chinesas de Yunkang. Nesse período, a imagem do Buda ganhou sua forma clássica matematicamente harmoniosa: figuras colossais surgiram tanto em pedra quanto em bronze. E quando nosso decidido viajante chinês, no ano de 411, embarcou num navio no porto de Tamrilipti, na embocadura do rio Ganges, e em duas semanas chegou ao Ceilão, encontrou a religião budista não menos exaltada ali do que no continente.

Entretanto, de súbito, a ocasional visão de um leque chinês de tafetá ofertado em um santuário comoveu Fa-hsien de tal maneira que ele irrompeu em lágrimas e decidiu navegar de volta para casa pelo caminho de Java, aonde chegou em um navio mercante que transportava duzentos passageiros. Ali passou para um navio menor e com toda sua bagagem de imagens e manuscritos budistas chegou ao porto de Kwan Chow, no sul da China, no ano de 414.

Fa-hsien estivera em território budista durante toda a trajetória; no entanto, na própria Índia de sua época, apesar da magnitude e glória da ordem tanto ali quanto por toda a Ásia Maior, a força criativa principal não era mais o budismo, mas um renascente e sofisticado bramanismo, prodigamente patrocinado pela corte e desenvolvido de modo brilhante por uma geração de brâmanes que bem sabia como sintetizar as tradições nativas e estrangeiras, as desenvolvidas e as primitivas, a fim de criar o que pode ser denominado, sem dúvida, o sistema (ou galáxia de sistemas) mitológico mais sutil, rico e abrangente já conhecido pelo homem.

Uma das glórias daquela época era o poeta hindu Kalidasa, cuja deliciosa peça, *Shakuntala*, inspirou a Goethe os versos:

> Se você deseja o desabrochar da juventude e os frutos da maturidade,
> Deseja o que é encantador e fascinante bem como o que nutre e satisfaz,
> Deseja capturar o céu e a terra em um só nome:
> Eu digo Shakuntala, e está dito![2]

Um enriquecimento subitamente profícuo de toda a cadeia de vida, arte, literatura, ciência e religião indianas surge nas obras daquele tempo mágico da flor e do fruto, para o qual a Índia permaneceu sempre voltada, projetando imaginativamente sua perfeição em um passado distante, como se por milênios ela tivesse conhecido a voluptuosa graça e harmonia daquele instante de apogeu. Na verdade, uma das características mais notáveis daquela época foi a tendência dos responsáveis por sua glória a atribuírem todas as novas artes, ciências, preceitos teológicos, sociais e estéticos não à sua própria genialidade, mas aos deuses e sábios de um suposto passado mitológico.

Tal tendência não é, na verdade, privilégio da Índia. Vamos observá-la também na China. Ela inspirou, ainda, os autores do Pentateuco. Entretanto, a magnitude e sofisticação da fantasia indiana do século V da nossa era foi algo totalmente excepcional; pois não apenas estavam envolvidos uma renovação da crença e ritual religiosos, da ordem moral e do sistema social, mas também um florescimento das artes visuais, da literatura, teatro, música e dança, cujos aspectos foram elaborados racionalmente de maneira a representar um renascimento da eterna Índia – embora, na realidade, grande parte de seus antecedentes não fosse de maneira alguma indiana, mas romana.

"Não passa um ano", escreveu Plínio, o Velho (23-79 d.C.), "sem que a Índia nos tire nada menos que 550.000.000 de sestércios em troca de seus próprios produtos manufaturados, que são vendidos entre nós a 100 vezes seu custo original."[3]

"Nossas damas vangloriam-se de andarem com pérolas nos dedos, ou com duas ou três balançando nas orelhas, deliciadas até mesmo com o chocalhar das pérolas quando batem umas nas outras. E agora, nos dias de hoje, até as classes mais pobres as estão ostentando, pois as pessoas têm o hábito de dizer que 'uma pérola usada por uma mulher em público vale tanto quanto um lictor andando à sua frente'. Não: vale mais; elas as usam nos pés e não apenas nos laços das sandálias, mas cobrindo todo o calçado; usar pérolas não é o suficiente, é preciso pisar sobre elas e caminhar com elas também sob os pés."[4]

Evidências desse comércio podem ser constatadas em numerosas moedas romanas da coleção do Museu de Madras, cunhadas com os brasões de Tibério, Calígula, Cláudio e Nero (42 a.C.-68 d.C.); em menor número, de Vespasiano e Tito (69-81 d.C.), e novamente em abundância, de Domiciano, Nerva, Trajano e Adriano (81-138 d.C.).[5] E há também o diário de bordo, *O Périplo do Mar da Eritreia*, de um desconhecido grego egípcio, cidadão romano, que na época de Plínio conduzira pessoalmente sua nave mercante, do Mar Vermelho para a Índia, por uma rota marítima de comércio muito utilizada.

"Muziris", ele escreveu, referindo-se ao principal porto do sudoeste da Índia, "abunda em navios para lá enviados com carregamentos da Arábia e dos gregos." A pimenta é mencionada entre as exportações e, também, "grandes quantidades de pérolas finas, marfim, seda, nardo do Ganges, cinamomo do interior, pedras transparentes de todas as espécies, diamantes, safiras e carapaças de tartaruga."[6] E entre as importações, encontramos "vinho, de preferência italiano [...]; cobre, estanho e chumbo; coral e topázio; tecidos leves [...], cintos de cores fortes com 50 centímetros de largura, [...] moedas de ouro e prata, que dão lucro quando trocadas pela moeda do país; unguentos, mas não muito caros e não em grande quantidade. E para o rei são trazidos vasos de prata muito caros, meninos cantores, belas jovens para o harém, vinhos finos, roupas leves da melhor qualidade e os melhores unguentos".[7]

"A região interiorana distante da costa compreende muitas áreas desertas e grandes montanhas; abundam todos os tipos de animais selvagens – leopardos, tigres, elefantes, serpentes enormes, hienas e babuínos de todas as espécies." Entretanto, havia também, como afirma o autor, "muitas nações populosas até o Ganges".[8]

Sir Mortimer Wheeler, na metade da década de 1940, escavou na Costa do Coromandel, no sudeste da Índia, os vestígios de Arikamedu, um considerável posto de comércio romano do período. "Numerosos fragmentos tanto de cerâmica vermelha esmaltada – segundo consta fabricada na Itália nos primeiros séculos antes e depois de Cristo – quanto dos vasos de duas alças ou ânforas característicos do comércio de vinho mediterrâneo do período, juntamente com lâmpadas e artigos de vidro romanos, associam-se indicando", afirma Wheeler em seu relato, "que Arikamedu era um dos postos de comércio '*yavana*'* ou ocidental dos quais falam tanto os escritores greco-romanos quanto os antigos tâmeis." A manufatura de contas de colar era uma indústria daquele porto. "Ouro, pedras semipreciosas e vidro eram usados para esse propósito e duas joias, lapidadas com desenhos gravados por joalheiros greco-romanos, uma delas inacabada, sugerem a presença de artesãos ocidentais no local." Alguns pátios murados associados a tanques cuidadosamente construídos, supridos e escoados por galerias de tijolo, sugerem "a manufatura de musselina, que foi desde os tempos antigos um produto notável dessa parte da Índia e é registrado por escritores clássicos como um produto indiano de exportação".[9] E a 480 km ao norte, em Amaravati, nas esculturas ornamentais daquilo que do primeiro ao terceiro século de nossa era foi uma estupa budista ricamente decorada, aparecem várias representações de ocidentais, enquanto algumas das esculturas são nitidamente inspiradas em modelos helênicos.[10]

Em outras palavras, são numerosos os sinais de um intenso comércio indiano com Roma nos primeiros séculos de nossa era, com um fluxo de influências tanto culturais quanto comerciais em ambas as direções. Em Alexandria, no Egito, era comum encontrar sábios indianos: eles são mencionados por Dio Crisóstomo (*c.*100 d.C.) e por Clemente (*c.*200 d.C.).[11] No norte, onde a Antiga Rota da Seda, de Roma para a China, fora aberta por volta de 100 a.C., os khushanas cultivavam associações tanto no comércio quanto na diplomacia. Surgira uma era de comércio mundial desenvolvido sistematicamente por terra e por mar, unindo costas que aumentariam em complexidade e vigor os quatro grandes domínios do mundo antigo, de Roma (que então já incluía a França e a Bretanha) ao Extremo Oriente.

Tudo isso, entretanto, é apenas o começo da história; pois, como demonstrou o Dr. Hermann Goetz, ex-curador do Museu de Baroda, ocorreu um evento de suma importância para a Índia no início do século V de nossa era, cuja primeira fase se deu em Roma.

"As crueldades (romanas) praticadas contra os mártires cristãos são bem conhecidas", escreve o Dr. Goetz, "mas quando a tendência mudou, as crueldades praticadas contra os pagãos leais à fé de seus antepassados não foram menos marcantes.

* *Yavana*: grego ou estrangeiro. [N. do E.]

Sob Teodósio I os antigos cultos foram sistematicamente varridos (379-395), a despeito de uma obstinada resistência, embora não tenham desaparecido até o final do século VI. Os templos foram fechados ou destruídos, os sacrifícios pagãos proibidos sob pena de morte, os sacerdotes banidos ou mortos."[12] Mas "os refugiados vão para qualquer lugar onde encontrem asilo", e como observa o Dr. Goetz, "esse lugar era a Índia, com antigas relações comerciais com o Mediterrâneo".

Portanto, foi na tolerante Índia, no período de Chandragupta II (378-414, datas que, deve-se observar, incluem e ultrapassam o período de Teodósio I), que ocorreu o florescimento súbito de uma imensa e fantástica constelação de formas arquitetônicas, culturais, literárias, sociais, religiosas e filosóficas, desconhecidas até então na Índia, mas com centenas de pontos em comum com a Roma Tardia.

Façamos uma interrupção para observar alguns detalhes.

No campo da arquitetura: um tipo de cela de pedra retangular com pórtico e colunata, semelhante a um pequeno *templum in antis* helenístico, que surgiu abruptamente no período de Chandragupta II, e já no período de seu sucessor, Kumaragupta I (414-453), foi suplantado por um tipo modificado de cela de pedra com uma torre um tanto quanto piramidal no topo, resultante da inspiração no zigurate e relacionada com a introdução na Índia, naquele momento, da astronomia babilônio-helenística. Também da arte romana surgiu a ideia de estátuas em nichos, um tipo especial de decoração de frisos ornamentados com arabescos no qual vários Eros brincam entre trepadeiras entrelaçadas, outro composto de uma linha de cubos em alto-relevo, e ainda outro de pétalas, outro de rosetas de quatro ou mais pétalas; outro ainda: molduras em forma de grinaldas de louro ou acanto, certas novas variantes do trono do Buda, grinaldas de fios de pérolas ora suspensas ora presas a dois suportes; um motivo originário de sarcófagos romanos mostrando uma porta entreaberta com uma mulher olhando para fora. Acrescentem-se alguns tipos de quiméricos animais aquáticos (*makara*), harpias (*kinnarī*), máscara de leão (*kīrtimukha*), casal divino pairando (*gandharva*-e-*apsaras*), técnicas de fundição de bronze com desenho embutido, esmalte e arte gliptográfica e o número de semelhanças torna-se demasiado grande para representar qualquer coisa que não seja uma adaptação massiva – que também deve ser reconhecida, como o Dr. Goetz demonstra claramente, em uma multidão de outros detalhes que vão das formas de pensamento e literárias a estilos de dança e de penteados.

Entretanto – e aqui está o ponto crucial: "Apesar de terem sido absorvidas muitas ideias, técnicas e tipos novos, a ponto de ter-se aberto um novo e importantíssimo capítulo da arte indiana, tais ideias, técnicas e tipos nunca foram assimilados de uma vez. [...] Tudo era fragmentado, traduzido para conceitos indianos e reconstruído sobre princípios indianos".[13] Contra o cânon helenístico do corpo humano, foi instituído um cânon indiano. Contra a tipologia helênico-romana, foi desenvolvida uma indiana, para servir a uma vida completamente diferente. Tipos arquitetônicos e esculturais foram adaptados ou substituídos por tipos indianos análogos: tritãos por *gandharvas*; folhas de acanto pelas de lótus. Usou-se do folclore nativo, adaptado sistematicamente (mas jamais de maneira consistente) pelos brâmanes a seus próprios desígnios. E o resultado, para citar mais uma vez o Dr. Goetz, foi "um reescrever da história como, em nosso tempo, apenas o nazismo e o comunismo foram capazes de ousar".[14] Obliterado o verdadeiro passado, foi projetado um passado mítico, pelo qual o presente deveria então ser validado ostensivamente para todo o sempre, contra toda heresia, crítica e verdade.

"A revolução Gupta prosperou com base no lema de que estava fazendo retornar os 'bons velhos tempos' dos antigos *rishis*, heróis e deuses. Entretanto, na realidade, ocorria um desenvolvimento cultural caótico. Mas todas as inovações eram introduzidas sob alegação de que já tinham sido proclamadas no passado, se possível pelos próprios deuses."[15]

Foi esta, então, a idade vívida na qual o ousado peregrino chinês, Fa-hsien, chegou à Índia e se maravilhou com seu apogeu: a Índia naquela época de ouro, quando se tornou por um tempo a principal civilização da humanidade.[16]

II. O PASSADO MÍTICO

O principal documento mitológico da Idade de Ouro da Índia é a epopeia *Mahābhārata*, da qual muito material é indefinidamente antigo, talvez anterior a 400 a.C., mas cujo estilo e espírito finais são aproximadamente de 400 d.C., ou ainda mais recentes. A obra é uma espécie de moraina terminal de todos os tipos de tradição mítica, ritual, moral e genealógica, oito vezes mais extensa que a *Ilíada* e a *Odisseia* juntas: "um conglomerado", para citar uma autoridade erudita, "de visões muito diferentes e, o que é mais importante, de visões muito diferentes repetidas em proximidade imediata uma das outras sem qualquer consciência aparente de sua incongruência".[17]

Seria tedioso e sem nenhum sentido apresentar aqui um esboço do enredo dessa obra imensa. Mas a lenda de seu suposto autor, recontada no primeiro livro, fornece uma excelente amostra de sua aventura. O grande Vyasa foi chamado "O Homero da Índia" mas é, na verdade, muito mais. Ele é o que Homero teria sido se, além de louvar a Guerra de Troia, também tivesse sido o pai de todos seus personagens de ambos os lados. O próprio nome, *vy-āsa*, significa "distribuir ou deixar ir (*as*) em todas as direções (*vi-*)" – o que dificilmente poderia ser mais adequado. Pois esse homem não foi apenas o autor da prodigiosa obra e o progenitor de todos os personagens principais, mas também o autor dos dezoito ou mais Puranas (que é uma série de epopeias menores, referentes ao período que vai do século IV ao XVI d.C.), compilador e organizador dos quatro Vedas, criador da filosofia vedantina e, além disso tudo, um perfeito eremita da floresta.

A biografia típica indiana desse *ṛṣi* (profeta, sábio, vidente) inicia-se naquela idade mais que de ouro para a qual os poetas do período de Kanishka já estavam se voltando, época que deu à Índia um passado infinitamente superior a qualquer outro conhecido em outras partes do mundo. Pois havia naqueles tempos lendários um rei, de nome Vasu, devotado à virtude (*dharma*), mas não menos à caça. E em uma ocasião em que certa grande montanha próxima de seu palácio, louca de desejo pelo rio que corria a seus pés, abraçou e cercou o rio de maneira que suas águas deixaram de banhar a cidade, ele foi e deu um pontapé na montanha. O rio fluiu da fenda, mas estava agora grávido e, dando à luz um menino e uma menina, os ofereceu ao rei em agradecimento. O rei fez do menino seu general, e da menina, sua esposa. Ela foi chamada Girika, "Filha da Montanha". E quando chegou a época de sua "impureza", falou ao marido de seu estado e foi ao rio purificar-se.

Pois bem, é um princípio do *dharma* de todos os maridos que eles tenham relação sexual com suas esposas imediatamente após o período menstrual porque – segundo a verdade infalível da revelação védica – essa é a melhor época para a concepção de um filho. E assim aquele rei, ao tomar conhecimento da aptidão de Girika, também se lembrou de seu dever, ao qual era devotado. Mas ele era devotado também, como já sabemos, aos prazeres da caça. Assim, enquanto sua esposa ainda se encontrava no rio, chegou um grupo de parentes mais velhos para convidá-lo a caçar cervos e ele, ponderando que um ancestral deveria ser obedecido, observou o *dharma* filial, e não o marital.

Havia numerosas árvores em flor na região em que ele penetrou. Ademais, a floresta inteira estava enlouquecida naquela época pelo canto dos pássaros e o zumbido das abelhas embriagadas; pois era primavera e os bosques pelos quais andava estavam tão encantados quanto os jardins dos espíritos da terra. Sua mente foi tomada pelo *dharma* marital e, subjugado pelo desejo, sentou-se embaixo de uma bela árvore florida e de forte perfume onde, quando sua mente se dissolveu em loucura, ele entrou em crise; em seguida, cismou que seu sêmen não deveria perder-se e juntando-o numa folha, chamou um falcão que sobrevoava: "Ó meu amigo, leve isso à minha mulher, que está em seu momento propício".

O pássaro assumiu a tarefa, mas no caminho outro falcão, supondo que a carga fosse carne, precipitou-se contra ela que caiu no rio Yamuna, onde foi imediatamente engolida por um peixe que, na verdade, era uma ninfa sob feitiço; no décimo mês o desafortunado peixe foi capturado por um pescador o qual, ao descobrir dentro dele uma menina e um menino, ficou maravilhado. O menino, presenteado ao rei, em breve tornou-se ele próprio rei; mas a menina, por causa do odor típico de peixe com o qual fora dotada, foi destinada a ser filha do pescador. E a ninfa, liberta, subiu ao céu.

Esta é a primeira parte da lenda da linhagem do autor do *Mahābhārata*.

A segunda parte narra agora a da menina.

Ela era dotada de extraordinária beleza e de todas as virtudes. Satyavati, "Verdade", era seu nome, mas era conhecida como Cheiro de Peixe. E, servindo a seu pai adotivo, ela manejava um barco sobre as águas do rio Yamuna ao qual, um dia, chegou para ser transportado à outra margem um grande, muito grande iogue chamado Parashara. E ao ver aquela menina com suas belas formas sorrindo para ele no barco, foi subitamente tomado de desejo. Mas ela disse: "Ó santo abençoado, os outros santos ao longo das margens, esperando para serem transportados, iriam nos ver".

Então, o iogue fez descer uma névoa que os ocultou da visão; ao que a moça ficou confusa. "Sabei que sou uma donzela aos cuidados de meu pai", ela disse. "Ó santo imaculado sem igual, pensai e procedei corretamente." Encantado com o caráter dela, o santo tranquilizou-a. "Mocinha tímida, tua virgindade pode ser restaurada", ele disse. "Ademais, nenhum desejo meu jamais é sem fruto. Pede-me qualquer coisa que desejares." Ela pediu que seu corpo tivesse um odor suave; assim, os desejos de ambos foram mutuamente concedidos. A virgindade retornou e a donzela ficou conhecida dali em diante como Gandhavati, "Docemente Perfumada", pois os homens podiam sentir o perfume de seu corpo a uma légua de distância.

Na margem oposta, o iogue partiu para seu eremitério e a jovem, quando chegou a hora, em segredo, numa ilha coberta de mato no meio do sagrado rio Yamuna, deu à luz um menino. Mais uma vez a virgindade retornou. E o menino, pondo-se de pé, caminhou para a floresta, dizendo: "Quando precisares de mim, pensa em mim, Mãe, e eu aparecerei".[18]

O leitor talvez não consiga acreditar que essa lenda esteja bastante próxima da realidade. Entretanto, esse filho assim parido foi Vyasa, e estamos lendo sua própria narrativa desses feitos sagrados em seu próprio livro grandioso – que continua, agora com a aventura da mãe, ainda virgem, a cujo barco chegou, atraído por seu perfume, certo rei importante, muito importante.

E esse bondoso homem, que já não era mais jovem, de nome Santanu, tinha acabado de conceder o direito de sucessão a seu extraordinário filho Bhishma, nascido havia alguns anos de uma encantadora personagem que provara, para espanto do rei, ser a deusa-rio Ganges. Aproximando-se agora do sagrado rio Yamuna e sentindo aquele perfume extraordinário, o rei, em busca de sua fonte, chegou ao barco da bela donzela da casta dos pescadores.

"Ó tímida e encantadora donzela", ele disse, "quem serás tu?"

E ela respondeu: "Sou a filha, bom senhor, do principal pescador deste lugar e a serviço de meu pai transporto peregrinos para a outra margem".

O rei foi diretamente ao pai, mas o pescador disse-lhe: "Se vosso desejo por minha filha for lícito, tereis de prometer-me que o filho que conceberdes com ela será o único sucessor de vosso trono". E ao ouvir isso, o velho rei ficou desalentado. Ele retornou a Hastinapura, sede de seu reino, e triste, pensando apenas naquela donzela, começou a definhar.

Então, seu extraordinário filho, Bhishma, descobrindo a causa da aflição do pai, foi até o pescador acompanhado de um séquito de príncipes, e lhe disse: "Meu bom homem, prometo aqui diante destes príncipes que o filho de meu pai com tua filha será nosso rei". Mas o pescador respondeu: "Não duvido, senhor, de vosso compromisso. O que será, entretanto, das reivindicações de vossos possíveis filhos?" E o príncipe disse: "Assumirei, então, um segundo compromisso: o de viver celibatário por toda a vida". Ao ouvir aquilo, os cabelos do pescador ficaram de pé. Ele assentiu. E a virgem do rio foi concedida.[19]

Assim chegamos à lenda dos outros filhos da donzela do barco; pois o bondoso rei Santanu gerou dois. O primogênito sucedeu-o no trono, mas foi morto em uma batalha, ainda muito jovem, e como o caçula morreu consumido por uma doença, também muito jovem, restaram duas viúvas reais sem filhos, belas, altas, com cabelos lisos e sedosos, unhas vermelhas, seios túmidos e grandes quadris. E a enviuvada rainha-mãe, Satyavati, disse a Bhishma: "A linhagem não tem descendentes. Mas tu és conhecedor dos Vedas, poderoso, virtuoso e, estou certa, preocupado com a preservação da estirpe; portanto, vou atribuir-te uma missão. Assume nosso trono, desposa donzelas de acordo com nossos ritos e gera filhos".

Bhishma simplesmente lembrou-lhe o juramento que o pai dela lhe havia arrancado e ela, em sua aflição, logo pensou no menino que tinha ido embora.

Vyasa era agora um grande sábio, trabalhando na interpretação dos Vedas, porém ele apareceu, conforme havia prometido, quando sua mãe pensou nele.

"Vou gerar filhos como Yama e Varuna", ele disse, quando ela o banhou de lágrimas e lhe confiou sua preocupação. "Só que antes as duas jovens damas devem observar durante um ano certos votos que vou lhes determinar."

E ela respondeu: "Mas nosso reino está em perigo. A tarefa deve ser realizada hoje".

"Bem, então", disse ele, "que elas tolerem minha feiura, aparência soturna, corpo repulsivo, odor terrível e aspecto assustador. Se elas suportarem tudo isso terão filhos robustos. Faze com que a mais velha seja preparada. Faze-a esperar por mim em um leito." E desapareceu.

A jovem foi delicadamente persuadida, banhada e enfeitada com belos ornamentos e conduzida por Satyavati a um amplo leito. "Aqui vais ficar deitada", ela disse, "esperando o irmão mais velho de teu esposo". E a jovem viúva, feliz por supor que era Bhishma o irmão mais velho, ficou pensativamente em vigília. O lampião queimava. A porta abriu-se e uma forma entrou. E o que ela viu, com um sobressalto, foi um asceta de rosto negro ameaçador, olhos ardentes, cabelos de cobre entrançados, barba repugnante e um odor tal que, quando se aproximou, ela mal pôde suportar. Ela fechou os olhos. E quando ele retornou a Satyavati, disse: "O menino será tão forte quanto dez mil elefantes, pai de cem filhos; entretanto, por causa da omissão da mãe, que no momento da concepção fechou os olhos, ele será cego".

E a criança nasceu, de fato, cega. Tornou-se o grande rei Dhritarashtra ("aquele que suporta", *dhṛta*, "o reino", *raṣṭra*), pai dos Kauravas, a facção inimiga no enredo do *Mahābhārata*. Mas Satyavati, ao ver aquela criança, pensou de novo em Vyasa e quando ele apareceu, pediu-lhe para tentar novamente.

A segunda encantadora viúva foi levada, sem suspeitar, para o leito. O lampião queimava no grande quarto. A porta abriu-se. Uma figura entrou e os olhos dela arregalaram-se; ela ficou pálida. O santo aproximou-se e, quando a relação acabou, disse: "Como tu estás pálida, teu filho também será pálido. Por isso, deverás chamá-lo Pandu" (*pāṇḍu*: "branco, amarelo-esbranquiçado, pálido").

E, de fato, o filho que nasceu era muito pálido. Mas foi o pai dos Pandavas, os cinco irmãos heróis do *Mahābhārata*: Yudhishthira, Bhima, Arjuna e os gêmeos Nakula e Sahadeva.

Em outras palavras, a guerra épica seria em essência um conflito entre os Filhos das Trevas (um rei que havia sido concebido com os olhos fechados) e os Filhos da Luz (um rei concebido com os olhos abertos). Mas haveria ainda um terceiro nascimento; pois Satyavati, ainda insatisfeita, arranjou uma segunda oportunidade para a primeira das duas jovens rainhas que, entretanto, tramou colocar uma jovem escrava em seu lugar. E depois de o iogue ter satisfeito a vontade de Satyavati com aquela jovem sudra, ela levantou-se e prestou-lhe reverência, o que muito o agradou. "Ó amável donzela, tu não serás mais escrava", ele disse, "e teu filho será grandiosamente dotado." E, de fato, seu filho foi o sábio Vidura, tio conselheiro dos Pandavas que, no final, se tornou iluminado como um iogue.[20]

Ora, o tema da Luz e das Trevas, como o leitor lembra, apareceu no Irã por volta de 500 a.C., na guerra cósmica entre o Senhor da Verdade e o Mestre da Mentira. Nos pergaminhos hebraicos do Mar Morto, de cerca de 175 a.C.-66 d.C.,[21] ele reaparece na guerra dos Filhos da Luz contra os Filhos das Trevas. E nas várias literaturas gnósticas dos primeiros séculos de nossa era podem ser encontrados outros desenvolvimentos desse mesmo tema. A utilização levantina deste tema é, a uma só vez, ética e ontológica. O princípio da verdade e da luz representa tanto *virtude* quanto *existência verdadeira*. Assim, tem uma referência social e validade absoluta e, no final, triunfará em escala cósmica. Nesses sistemas, não se fará nenhuma distinção essencial entre a ordem social e a ordem metafísica de julgamento.

E também na mitologia budista de Amida, o princípio da luz e do verdadeiro conhecimento tem uma referência ética e substancial. A vitória final da luz não é representada aqui em termos cósmicos; pois no cosmos budista de ciclos intermináveis não há lugar para um tempo além do tempo quando a sucessão de ciclos tiver acabado: a extinção budista é psicológica, à maneira de um desapego do círculo incorrigível. Contudo, o princípio da luz é de uma ordem mais verdadeira e mais substancial do que o das trevas do círculo. Este último é mera função da ignorância e do desejo – e da ação do feitiço envolvente e cegante de ambos. Por conseguinte, da mesma forma que nos sistemas ocidentais as ordens social e metafísica são equivalentes, também no sistema de Amida o são a ordem psicológica e a metafísica.

Algo muito mais complexo aparece no sofisticado, aparentemente ridículo mas, na verdade, elaborado jogo simbólico dos brâmanes, por quem foi concebida a biografia fisicamente impossível de Vyasa. Deve-se notar que, nessa versão indiana da influência polarizada da luz e das trevas no campo de batalha da vida, não há vencedor. Mas, ambas as forças provêm de uma única fonte superior: Vyasa. E, embora seja aplicado um julgamento ético a favor e contra respectivamente os Filhos da Luz e os Filhos das Trevas, o veredito não é de maneira alguma absoluto. Pelo contrário, os dois lados são igualmente de uma ordem dualística secundária, funções de certa circunstância que valeria a pena parar um momento para considerar: a impaciência da rainha por resultados práticos imediatos. Isso tornou impossível a preparação do campo e foi assim a verdadeira causa do sobressalto das duas jovens e suas respostas opostas e igualmente espontâneas. Portanto, a influência da luz e das trevas na esfera da história humana parece ter sido uma função da fraqueza humana e, embora possam ser apresentados julgamentos éticos na esfera dessa influência, tanto a virtude quanto o vício aos quais eles se referem pertencem a uma esfera secundária. São complementares. Compare-se com o antigo Segredo Egípcio dos Dois Parceiros! Na tradição indiana há um ponto de vista mais amplo e elevado do que aquele em que aparece o jogo cósmico fantasmagórico da luz e das trevas, e no contexto do *Mahābhārata* esse ponto de vista é representado pelo progenitor e testemunha da história. Compare-se a figura, que já discutimos, de Ptá, a Múmia, procriador do

Figura 21. A ilha das pedras preciosas: Índia (Rajput), *c.*1800 d.C.

touro Ápis e do Faraó, cuja réplica no posterior simbolismo tântrico da Índia é Śava, o Cadáver, divorciado de, mas essencialmente uno com o par Śiva-Śakti, gerador do mundo (*supra*, p. 78 e figura 21)! Compare-se com o Si-Próprio que disse "Eu" e se tornou dois!

O sistema bramânico tardio do *Mahābhārata*, ao contrário do budista de Amida, abarca tanto o envolvimento no mundo de *māyā* quanto a fuga dele. Entretanto, nesse envolvimento não está implícita qualquer afirmação absoluta dos valores do mundo como acontece em nosso positivismo ético ocidental. O círculo não pode ser aperfeiçoado; tampouco seus valores vão além de sua própria esfera. Ainda assim – como demonstra claramente a biografia de Vyasa – o mundo pode ser afirmado ironicamente pelo sábio: um pouco à maneira como um adulto afirma uma brincadeira levada a sério pela criança que brinca.

E agora, finalmente, a figura da rainha Satyavati, que nesta lenda representa toda a ironia do jogo de *māyā*, é a mãe tanto de Vyasa quanto dos dois jovens reis que morreram. O mistério cósmico de *māyā* tem três poderes. O primeiro é o de obscurecer, tornar oculto *brahman*; o segundo, o de projetar a miragem do mundo, e o terceiro, o de revelar *brahman* através da miragem. Satyavati em seu barco transportava iogues para a outra margem e nessa função representava o poder revelador de *māyā*; mas ela também transportava passageiros da margem de lá para a de cá e com isso obscurecia e projetava. A serviço do desejo do bondoso rei Santanu, que ficou com ela na margem de cá, ela se tornou a força ativadora de toda a esfera e de toda interação de luz e sombra no universo do *Mahābhārata*. Atendendo ao desejo daquele iogue durante a travessia entre as duas margens, ela se tornou mãe do grande Vyasa que, como compilador dos Vedas, autor dos Puranas etc., ofereceu ao mundo uma literatura de revelação e, como progenitor das duas famílias criou, mesmo na margem de cá, uma história essencialmente reveladora que, se for lida como meramente factual, obscurece.

Satyavati no papel de sedutora do rei tinha um doce perfume que, entretanto, não era seu odor verdadeiro; tampouco a virgindade concedida ao rei era verdadeira. O odor repulsivo para o mundo era o verdadeiro, e foi recebido com avidez pelo iogue – cuja verdadeira meta, entretanto, estava na outra margem. E o rio da vida que corre incessantemente, do qual ela tinha vindo, como toda vida em toda a literatura do Oriente, é símbolo do jorrar da graça divina no campo do fenomênico. Em um dos lados (uma margem), é campo de toda alegria e dor, virtude e vício, conhecimento e ilusão, mas no outro (a outra margem), atravessado ou interpretado de outra maneira, leva para além desses princípios complementares até um absoluto que está além dos princípios. E na ilha entre ambos, a ilha do nascimento do grande Vyasa, está o mundo e a fonte do mito – o *Mahābhārata* – que, em si mesmo, é tanto verdadeiro quanto falso, tanto revelador quanto obscurecedor, e deve ser interpretado, como a própria vida, de acordo com o talento de cada um, de um ou de outro jeito.

Mas prometi não relatar detalhadamente o enredo desse oceano de mito. Quero apenas observar, concluindo, que o cego Dhritarashtra deixou seu trono e Pandu, "o branco", se tornou rei; ele, entretanto, morreu jovem, de maneira que o irmão mais velho teve de retornar. Os numerosos filhos de Dhritarashtra, os Kauravas, e os cinco extraordinários filhos de Pandu, os Pandavas, envolveram-se então num banho de sangue no qual a nata da fidalguia da época feudal da Índia védica pereceu.

Os últimos cinco livros da epopeia (livros 14 a 18) referem-se a um elenco definitivamente pós-heroico. Yudhishthira, o mais velho dos Pandavas, sacrifica um cavalo, ato pelo qual todos os pecados da guerra são purificados. O ancião Dhritarashtra e sua esposa, privados de seus cem filhos, retiram-se para a floresta. As encarnações divinas do deus Viṣṇu – Kṛṣṇa negro e seu irmão branco Balarama –, que por todo o longo curso das numerosas provações proporcionaram grande conforto e assistência aos cinco irmãos (os quais simbolizam os cinco sentidos, os cinco elementos), morrem. Os próprios Pandavas, juntamente com a encantadora Draupadi, sua esposa comum (o fascínio da vida), partem vestidos com cascas de árvores e acompanhados de um cão, para subir a pé ao céu. Eles atravessam a cordilheira dos Himalaias rumo à montanha do mundo, Meru, que escalam com dificuldade. No caminho, Draupadi cai morta e, em seguida, Sahadeva, Nakula, Arjuna e Bhima, de maneira que apenas Yudhishthira chega ao topo, acompanhado de seu cachorro. O deus Indra desce da carruagem para levá-lo, mas ele faz objeções até obter a promessa de que a esposa e os irmãos serão encontrados no reino celestial e que o cachorro também poderá entrar. O animal, aceito, torna-se o deus Dharma. Os irmãos e a esposa, entretanto, não são encontrados, pois estão no inferno enquanto, sentado glorioso em um trono, está o líder dos escuros Kauravas, o vilão supremo. Indignado, Yudhishthira deixa o céu, descendo ao inferno, onde descobre não apenas seus irmãos, mas muitos amigos sofrendo terrivelmente. Então compreende (e também nós, a esta altura) que aqueles que morrem com poucos pecados vão primeiro para o inferno a fim de serem purificados e depois para o céu, enquanto aqueles com pouca virtude vão primeiro para o céu onde desfrutam brevemente de seus méritos e depois são jogados por um longo e terrível período no inferno.

A cena do inferno desaparece e os Pandavas estão todos no céu como deuses. Entretanto, Vyasa, seu progenitor, continua trabalhando aqui embaixo na terra. Passou-se algo como uma era: todo o mundo do *Mahābhārata*, que tinha nascido do próprio Vyasa, apagara-se no ar, como uma miragem. E agora ele tinha de traduzi-lo em palavras, palavras sagradas, palavras da verdade de todas as coisas.

Mas a essa altura Vyasa conseguira um acólito, de nome Vaishampayana, a quem narrou toda a lenda; esse homem erudito assistiu então a um grande ritual de magia ofídica, em que um rei, Janamejaya, se vingou da morte de seu pai causada por uma mordida de cobra, fazendo com que todas as serpentes do mundo rastejassem até morrer num vasto fogo védico. E foi durante os intervalos entre os atos da cerimônia que Vaishampayana recitou o *Mahābhārata*. Um poeta chamado Ugrashrava ouviu-o e foi posteriormente abordado por um séquito de santos para que lhes recontasse tudo – o que ele fez. E essa é a fonte de nosso atual *Mahābhārata*; ela vem das palavras de um poeta que o ouvira de um sábio que, por sua vez, o tinha ouvido do próprio Vyasa[22] que, a essa altura, já deixara este mundo ao qual tinha dado à luz e visto morrer. Deixara-o através de um voo iogue pela porta incandescente do sol.[23]

III. A IDADE DAS GRANDES CRENÇAS: *c.*500-1500 d.C.

O budismo era na origem uma doutrina de renúncia, tipicamente representada pelo monge de cabeça raspada com sua cuia de esmola que se retirara para um mosteiro em busca da margem de lá. O bramanismo ressurgente do período restaurador Gupta, por outro lado, era dirigido não apenas a fins monásticos, mas igualmente à manutenção de uma sociedade secular. E nesse contexto, o termo *dharma* não se referia primariamente a uma doutrina de desapego – como no budismo –, mas a um sistema cósmico de leis e processos pelo qual o universo existe. É um termo derivado da raiz verbal *dhṛ*, "sustentar, suportar, manter", e no que diz respeito ao significado, como já vimos, está em concordância com o *maat* egípcio e o *me* sumério. Por isso, enquanto na mitologia budista não ouvimos nada a respeito de formação sagrada e manutenção da ordem do mundo, mas apenas sobre a aventura da biografia do Salvador, com a qual se deve aprender o caminho de libertação dos sofrimentos do mundo fenomênico, nas mitologias do bramanismo sempre é oferecida uma dupla lição, tanto do *dharma* quanto da ioga, do apego e do desapego – ambos simultaneamente.

"Ó Rei", lemos no *Mahābhārata*, "caminhai como convém em um reinado, seguindo as pegadas dos homens generosos. O que se ganha vivendo no eremitério dos ascetas, privado da virtude (*dharma*) da própria casta, das riquezas (*artha*) e do prazer (*kāma*)?"[24]

Na interpretação budista da natureza da existência tudo é absolutamente vazio e desprovido de Si-Próprio; as formas do fenomênico movem-se como uma miragem sobre absolutamente nada, invocadas pela força da ignorância e o único propósito está em sua dissolução.

"Do surgimento da ignorância vem o surgimento das formações cármicas. Do fim da ignorância vem o fim das formações cármicas." Esta é a palavra do cânon páli Hinayana.[25]

"A forma é o vazio e o vazio é a forma. O vazio não é nada mais do que forma e a forma nada mais do que vazio. Fora do vazio não há nenhuma forma e fora da forma nenhum vazio." Essa é a sabedoria Mahayana da margem de lá.[26]

Na interpretação ortodoxa védico-bramânica hinduísta, por outro lado, tudo é a manifestação de um poder autoconcedido (*brahman*) que é transcendente, porém imanente em todas as coisas como o Si-Próprio (*ātman*) de cada uma. Ele surgiu de si mesmo à maneira do Si-Próprio que disse "Eu", sentiu medo, depois desejo, e criou o mundo, do qual já ouvimos falar.* Daí o poder gerador daquela presença –

* *Supra*, p. 18.

não um vazio – que deve ser reconhecido e experienciado em todos os seres. Pois, embora desconhecido, ele está em toda parte.

> Embora ele esteja oculto em todas as coisas,
> Aquele Si-Próprio não se irradia.
> No entanto, é visto por videntes argutos
> Com intelecto superior e perspicaz.[27]

O caminho para o conhecimento dessa Existência das existências pode parecer semelhante ao budista, pois é conhecido como um sacrifício do ego, no qual o "eu" (*aham*) é abandonado.

> Para quem conquistou a si mesmo por si mesmo,
> Seu Si-Próprio é um amigo.
> Mas para quem não conquistou a si mesmo por si mesmo,
> Seu Si-Próprio é hostil, como um inimigo. [28]

Entretanto, o que vai ser alcançado por esse sacrifício do ego é um conhecimento de identidade, não com o vazio, mas com aquele Ser que é pelo seu próprio sacrifício o milagre do mundo.

Portanto, há no hinduísmo uma afirmação essencial da ordem cósmica enquanto divina. E como a sociedade é concebida como uma parte da ordem cósmica há, igualmente, uma afirmação da ordem social indiana ortodoxa enquanto divina. Além disso, como a ordem da natureza é eterna, também o é a dessa sociedade ortodoxa. Não há tolerância para a liberdade humana ou invenção na esfera social; pois a sociedade não é concebida corno uma ordem a ser desenvolvida pelos seres humanos, sujeita à inteligência e à mudança, como foi nas avançadas sociedades grega e romana e é no Ocidente moderno. Suas leis são da natureza, não sujeitas a serem aprovadas, aperfeiçoadas ou inventadas. Exatamente como o sol, a lua, as plantas e os animais seguem leis inerentes às suas naturezas, assim também o indivíduo tem de seguir a natureza de sua origem, seja como brâmane, xátria, vaixia, sudra ou pária. Cada uma é concebida como uma espécie. E como um rato não pode tornar-se um leão, ou mesmo desejar ser um leão, nenhum sudra pode ser um brâmane, e desejar sê-lo seria uma insanidade. Por isso, a palavra indiana "virtude, dever, lei", *dharma*, tem um alcance profundo, muito profundo. "Melhor o próprio dever mal cumprido", lemos, "do que o de outro com perfeição." [29] A ideia grega ou renascentista a respeito da importância do indivíduo simplesmente não existe no âmbito desse sistema. Cada um deve ser, antes, um *dividuum*, homem dividido, o homem que representa um membro ou função do grande homem (*puruṣa*) que é a própria sociedade, onde a casta sacerdotal brâmane é a cabeça; a casta governante xátria os braços; a casta financeira vaixia a barriga e o torso; enquanto os trabalhadores sudras são as pernas e os pés. Os párias, sem casta, enquanto isso, são inteiramente de outra ordem natural e em relação com a sociedade humana podem realizar apenas tarefas inumanas ou de bestas.

O primeiro golpe sério à integridade desse sistema foi desferido no próprio período Gupta, no ano de 510 d.C., quando os hunos brancos ou eftalitas, sob a jovem liderança de Mihirgula, invadiram e devastaram o noroeste e sujeitaram os guptas a pagar-lhes tributos. Seu reinado selvagem foi breve; pois Mihirgula foi derrotado por uma confederação de príncipes em 528, e retirou-se para a Caxemira, onde morreu. As consequências para a Índia, entretanto, foram decisivas. "A cortina", como o Prof. H.G. Rawlinson escreve sobre a situação transformada, "desceu sobre o palco por quase um século", e quando ela subiu encontramos no vale do Ganges três proeminentes estados em constante guerra: os guptas de Malwa Oriental, sem dúvida um ramo da família imperial do passado, os maukharis de Kanauj e os vardhanas de Thanesar, cidade ao norte de Délhi. Por volta de 612, durante um breve período todo o norte esteve unido sob o domínio de Harsha, depois de cuja morte no ano de 647, entretanto, "a cortina mais uma vez desceu" e, quando se ergueu dois séculos mais tarde, o cenário estava completamente mudado.[30]

"Surgiu uma nova ordem social, cujas figuras centrais são os numerosos clãs de uma mesma raça, que se autodenominam rajaputros ou 'Filhos de Reis'. [...] Os rajaputros proclamam ser os antigos xátrias e encontraram seus ideais de conduta nos heróis das epopeias hindus; mas a pesquisa moderna demonstra que eles são principalmente os descendentes dos gurjaras, dos hunos e de outras tribos centro-asiáticas que entraram através da fronteira noroeste nos séculos V e VI. Esses invasores esforçaram-se por adquirir reinos para si mesmos e finalmente estabeleceram-se no país, desposando mulheres hindus."[31]

Do oeste, enquanto isso, havia chegado uma série de novos movimentos religiosos, entre os quais era de particular importância o culto gupta tardio do deus-sol Surya. Tratava-se de um rico composto sincrético de elementos oriundos do culto imperial romano tardio do Sol Invictus e do culto do Mitra iraniano, mistura do culto planetário alexandrino com um ressurgimento popular dos antigos ritos sírios da grande deusa Anahid-Cybele em um templo de prostituição ritual;[32] de todos eles, o famoso templo-sol em Kanarak (século XIII d.C., em Orissa) talvez seja a evidência mais conhecida que resta.[33]

Mas também o fervor de uma crença levantina inteiramente nova começou a se fazer sentir naqueles anos. Durante séculos, mercadores árabes tinham frequentado os movimentados portos da costa oeste da Índia; seus navios já eram mencionados em *O Périplo do Mar da Eritreia* no século I de nossa era.* No decorrer do século VII a religião de Muhammad (570?-632) conquistou o território de todo o Oriente Próximo; embora seu impacto total não tenha sido sentido na Índia até um milênio mais tarde, os portos de Sind a Malabar já estavam familiarizados com seus dogmas pelo ano 712, quando a primeira colônia muçulmana árabe se estabeleceu em Sind.

* *Supra*, p. 256.

De fato, uma série de novos movimentos dentro da própria congregação hinduísta já tinha sido desencadeada pelos prosélitos do islamismo; pois como atesta um recente autor indiano, P.N. Chopra:

> A crença na irmandade dos homens e igualdade teórica de todos os crentes, o monoteísmo e a submissão absoluta à vontade de Deus, que são características do islamismo, causaram profunda impressão nas mentes de certos pensadores e reformadores indianos desse período. Contatos entre muçulmanos e hinduístas, tanto na costa do Malabar quanto na de Coromandel, funcionaram como fermento para um desenvolvimento considerável do pensamento indiano e estimularam o renascimento de movimentos monoteístas e anticastas no sul, que era o berço das reformas religiosas ocorridas do século VIII ao X. Devotos de Viṣṇu e Śiva fundaram escolas de *bhakti* e homens de erudição como Shankara, Ramanuja, Nimbaditya, Basava, Vallabhacharya e Madhva formularam seus sistemas filosóficos pessoais.[34]

Em resumo, desde o período da invasão dos hunos reinava no cenário indiano um novo espírito caracterizado, por um lado, por uma multiplicação de influências estrangeiras, mas por outro, por um esforço contrário em manter as formas clássicas do período Gupta anterior. Nas palavras do Dr. Goetz: "Depois das terríveis invasões dos hunos eftalitas, dos shulikas e dos gurjaras, depois da queda do império Gupta, das guerras civis, ditaduras militares, desastres monetários, declínio de cidades e colapso da classe burguesa, a cultura indiana tornou-se definitivamente feudal-clerical, isto é, medieval. E o que no período Gupta anterior tinha sido renascimento disfarçado e retorno ao regime aristocrático, agora se tornou tradição sacrossanta: o modelo indispensável para uma era que defendia sua herança cultural com muito esforço contra uma crescente barbarização". [35]

O período corresponde ao da Europa gótica, da queda de Roma ao Renascimento. É o período do apogeu de Bizâncio e do florescimento do islamismo, desde o século de Justiniano (483-565) à queda, por um lado, de Constantinopla para os turcos (1453) e, por outro, da Granada moura (1492) para a patrocinadora de Colombo. O período paralelo na China estende-se desde as dinastias Sui e T'ang até a metade da Ming; enquanto no Japão todo o desenvolvimento desde a chegada do budismo dentro de um sistema de erudição chinesa (552 d.C.) até o apogeu do período Ashikaga (1392-1568) foi levado a cabo no decorrer desse milênio.

Numa visão ampla, do Oriente ao Ocidente e do Ocidente ao Oriente, a época distingue-se em toda parte pelo surgimento de artes religiosas devocionais: é a era da catedral cristã, o mundo das mesquitas do islamismo, dos principais monumentos brâmanes da Índia e dos jardins dos templos budistas do Extremo Oriente. Seus estilos de pensamento, em geral, eram mais escolásticos do que criativos, apoiados nos padrões de um passado glorificado, pouca dúvida, crença veemente, atribuindo as revelações do tempo à eternidade e o trabalho de alguns homens, a Deus. Mas na Índia, enquanto os templos aumentavam em tamanho e os livros sagrados em volume, sua vitalidade foi declinando gradualmente. O sentimentalismo e os clichês suplantaram o pensamento e a emoção. Artes e religiosidade populares dominaram o terreno, e as artes, esvaziadas por completo de inspiração religiosa, tornaram-se astutamente eróticas ou totalmente inexpressivas. Assim, onde antes havia existido um maravilhoso espírito de aventura, havia agora nada mais do que devoção camponesa, arte utilitária, rotina sacerdotal e um mundo de cortes rivais semibárbaras.

"Apenas em regiões remotas e atrasadas como o Nepal e o Tibete", afirma o Dr. Goetz, "a tradição da arte indiana permaneceu, até nosso tempo, realmente viva no sentido medieval de uma iconografia. O que há lá, entretanto, mal pode ser tomado, em seu estado atual, como uma medida da verdadeira arte indiana em todo seu vigor e abundância de formas."[36]

IV. A VIA DO PRAZER

Para provar o sabor do último fruto – já um tanto passado – da árvore da Índia, a escolha mais óbvia é a lenda do menino-salvador negro-azulado Kṛṣṇa, em seu fascinante aspecto popular de amante ao luar das Gopis: mulheres jovens e de meia-idade de uma tribo de vaqueiros, pelas quais ele era criado como filho adotivo.

A lenda interessa não apenas por si mesma, mas também como ponto de referência, pois comparando sua celebração pública do amor adúltero com a da poesia dos trovadores europeus e dos romances de Lancelote e Guinevère e de Tristão e Isolda, ela exibe, de um lado, uma série de analogias, mas de outro, um espírito completamente distinto. Embora seu documento máximo, *A Canção do Vaqueiro* (*Gītā Govinda*), composta pelo poeta de corte Jayadeva, seja de uma data (*c.*1175) que o situa precisamente no século dos principais romances em verso de Tristão (desde o de Thomas, ao redor de 1165 até o de Gottfried von Strassburg, 1210) e, além disso, seja uma obra de definição erótica ainda mais explícita do que a deles, a atmosfera e o tema são, o tempo todo, da esfera da religião: como se a paixão de Tristão e Isolda tivesse sido identificada com o amor, digamos, de Cristo e Maria Madalena à maneira do Cantar dos Cantares. Além do mais, enquanto nas disciplinas da corte do século XII da Europa a concentração do amante deveria recair inteiramente nas qualidades de uma dama, o maravilhoso menino-salvador Kṛṣṇa, que podia multiplicar-se infinitamente, alcançou no decorrer dos séculos de sua lenda (como o leitor logo verá) um êxtase de arrebatamento devasso da mais prodigiosa envergadura, e a tal façanha de poder iogue não se pode aplicar o termo ocidental *amor* (pelo menos em seu sentido cortesão).

Não é necessário rememorar as lendas do miraculoso nascimento e das inúmeras travessuras do pequeno garoto negro-azulado, junto com seu irmão branco Balarama, entre as carroças dos vaqueiros. Basta dizer que foram suficientes para torná-lo conhecido de todas as donzelas e mulheres do grupo; de maneira que elas já eram até certo ponto suas vítimas quando ouviram, uma noite de luar, a melodia de uma flauta solitária vinda da floresta – música que comoveu seus corações. O perfume dos nenúfares brancos impregnava o ar e todas as Gopis agitaram-se no sono.

Seus corações abriram-se, e a seguir, seus olhos. Uma a uma, levantaram-se cautelosamente e, como outras tantas sombras, escaparam de suas casas. Uma cantarolou suavemente acompanhando a flauta; outra, correndo, escutava; uma terceira chamou pelo nome dele e recuou, envergonhada; enquanto uma quarta que, ao despertar, tinha visto os mais velhos de sua casa ainda acordados, fechou novamente os olhos, mas meditou com tal fervor no seu amado que se uniu a ele para sempre – na morte.

O menino declarou-se surpreso quando viu a multidão aproximar-se. "Mas onde", ele perguntou, "estão vossos pais, irmãos, maridos?" Chocadas – e todas surpresas, além do mais, por encontrarem as outras Gopis ali – algumas começaram a desenhar figuras no chão com os dedos dos pés e os olhos de todas tornaram-se lagos de lágrimas. "Não conseguimos afastar-nos de teus pés de lótus", elas alegaram, e o deus, depois de ter caçoado o suficiente, começou a mover-se livremente entre elas, continuando a tocar sua flauta. "Oh, põe tuas mãos de lótus", elas gritaram, "sobre nossos seios doloridos, sobre nossas cabeças!" E a dança começou.

Existe, entretanto, uma série de versões dessa dança, o *rāsa*, de Kṛṣṇa e das Gopis, proveniente dos séculos VI ao XVI d.C.; de maneira que temos à disposição uma documentação bastante completa do desenvolvimento do que foi, por um lado, uma tradição literária, mas por outro, uma tradição profundamente religiosa do jogo erótico. E seria difícil encontrar uma ilustração mais convincente daquele princípio universal na história do pensamento religioso que diz: na proporção em que a sensibilidade e a percepção poéticas declinam, o sensacionalismo, as expressões vulgares e o sentimentalismo prosperam.

Nas versões anteriores do *rāsa* no *Viṣṇu Purāṇa* e no *Harivamsa* do século VI, a cena ao luar de Kṛṣṇa e as Gopis conserva a atmosfera de um idílio bucólico. Seu ponto culminante era a dança na qual as mulheres, de mãos dadas, se moviam em círculo, de olhos fechados, cada uma imaginando-se amiga de Kṛṣṇa. Diz o *Viṣṇu Purāṇa*:

> Cada uma ele pegou pela mão e, quando os olhos delas se fecharam ante a magia de seu toque, o círculo se formou. Kṛṣṇa entoou uma canção exaltando o outono. As Gopis responderam louvando Kṛṣṇa, e a dança iniciou-se ao tilintar de seus guizos.
>
> Tontas de tanto girar, de vez em quando uma ou outra lançava os braços em volta do pescoço do amado, cujas gotas de transpiração eram então como uma chuva fertilizante a molhar suas têmporas. Kṛṣṇa cantava. As Gopis gritavam "Salve Kṛṣṇa!"* Para onde quer que ele fosse, elas o seguiam; quando ele se virava as encontrava novamente, e para cada uma delas, cada momento era uma miríade de anos. Desse modo, o Ser Onipotente assumiu o caráter de um jovem entre as mulheres de Vrindavan, impregnando suas naturezas e, com isso, também as naturezas de seus amos; pois, assim como em todas as criaturas os elementos se constituem de éter, ar, fogo, água e terra, da mesma forma o Senhor está em toda parte, inerente a tudo.[37]

* Comparar *supra*, p. 60: *Huree Bul!* Hari (isto é, Viṣṇu = Kṛṣṇa), Salve!

A ideia de imanência do deus transcendente é aqui o tema inspirador, e como em toda a tradição mística indiana, a tendência é conduzir isto a uma profundidade onde possa ser consumado e as diferenciações se dissolvam. Os olhos fechados das Gopis indicam que a presença está em todas elas, como a própria existência de cada ser, de maneira que a dança, nessa antiga versão, é símbolo do delicado equilíbrio do Duplo Caminho ortodoxo indiano, em que a ordem externa da virtude (*dharma*) é mantida, enquanto internamente se realiza a união (*yoga*) com um princípio que tanto sustenta a ordem quanto a transcende, e com o qual toda criatura e partícula do universo é eternamente una.

Na versão do *Harivamsa* – um apêndice do *Mahābhārata* que acentua a divindade do herói épico como uma encarnação de Hari (Viṣṇu) – a animação da dança tende, mais do que no *Viṣṇu Purāṇa*, para o estilo de abandono lascivo que, no final, ganharia terreno.

"Como as fêmeas elefantes, cobertas de poeira, gozam do frenesi de um potente macho", lemos, "também aquelas mulheres em bando – com os membros cobertos de pó e esterco de vaca – lançaram-se sobre Kṛṣṇa e dançaram com ele de um lado para outro. Suas faces, sorrindo, e seus olhos, grandes e ardentes como os dos antílopes escuros, ficaram brilhantes quando beberam avidamente o milagre de seu amigo querido. 'Aha!', ele gritava para assustá-las e elas estremeciam de prazer. E seus cabelos, soltando-se, rolavam sobre seus seios abundantes, enquanto o jovem deus, ali entre as Gopis, tocava flauta naquelas noites, sob o luar de outono." [38]

No *Bhagavata Purāṇa* do século X d.C. – até hoje a principal obra sobre a meditação devocional a Kṛṣṇa – o jovem deus é mestre na arte do amor e a balança pende agora da introversão para uma tradução do *yoga* em *bhoga* ("gozo físico, relação carnal"; da raiz *bhuj*, "desfrutar uma refeição, consumir").

"Estendendo os braços", lemos, "ele acariciou as mãos delas, seus cachos cascateantes, seus quadris, cintura e seios; arranhou-as com as unhas, penetrou-as com seus olhares; riu, brincou e provocou; gratificou-as com todos os truques do Senhor do Amor."[39]

E as Gopis gritaram para ele em êxtase: "Trespassadas por esse olhar e pelo fascínio desse sorriso, vendo esses braços fortes que dão a todas garantia de proteção e esse peito que seria capaz de acender o fogo do amor no coração da própria Deusa da Felicidade, estamos decididas a nos tornar tuas escravas. Na verdade, que mulher, seja do céu, da terra ou do inferno, não esqueceria a castidade de sua natureza quando encantada por tua flauta e pela beleza de tua forma – que é a glória do mundo e ao vê-la, mesmo as vacas, as corças, os pássaros-fêmeas chocando nas árvores sentem os pelos e penugens de seus corpos eriçarem-se de prazer".[40]

Ocorre agora, entretanto, um episódio que causa um choque no grupo e que, nos séculos seguintes de devoção religiosa e celebração poética de Kṛṣṇa e das Gopis, seria desenvolvido como um importante tema e ponto de meditação. Pois, quando as mulheres tinham sido levadas ao ponto do frenesi fora dos limites, seu deus subitamente desapareceu, e elas, completamente enlouquecidas, começaram a procurá-lo de uma floresta a outra, interrogando as vinhas, árvores, pássaros e flores, gritando seu nome e sua glória, imitando amorosamente seus movimentos; então, de súbito, uma encontrou as marcas de suas pegadas.

"Aqui", gritaram todas, "estão as pegadas de nosso Amo!"

"Mas ai!", elas gritaram novamente, pois havia marcas de pés menores ao lado das primeiras, e então, as pegadas menores desapareceram.

"Ele deve tê-la carregado!", elas gritaram. "Vejam! suas próprias pegadas estão agora mais fundas por causa do peso. E aqui ele deitou-a, para colher flores. Aqui ele sentou-se para colocar as flores nos cabelos dela. Quem é ela?"

No *Bhagavata Purāṇa* a Gopi favorecida não é nomeada. Sua aventura, entretanto, é descrita.

> Ela era a mulher (lemos) de um vaqueiro. Kṛṣṇa levou-a para a floresta, deixando as demais, e ela sentiu-se a mais abençoada do mundo. "Deixando as outras", ela pensou, "este amado Senhor de todas nós escolheu-me para seu prazer", e, orgulhosa, ela lhe disse: "Meu querido, não consigo dar mais um passo. Pega-me e leva-me para onde quiseres". "Pois bem", disse ele, "sobe no meu ombro". Mas quando ela estava prestes a saltar, ele desapareceu e, atordoada, ela caiu perdendo os sentidos; então, as outras a encontraram e todas juntas começaram a gritar desesperadamente.
>
> "Nós arriscamos nossos casamentos para virmos até ti, e tu sabes por que, Traidor! Quem senão tu abandonaria uma mulher desta maneira, à noite?" Mas logo, seus ânimos aquietaram-se. "Oh teus pobres, pobres pés", elas lamentaram. "Não estão doendo de tanto andar? Vem, deixa-nos colocá-los em nossos seios confortáveis."[41]

Ele apareceu, sorrindo, e todas ergueram-se simultaneamente, como as plantas ao toque da água. Ele estava com roupas amarelas, negro e belo, adornado com flores e as Gopis, agarrando-o pelos braços, ergueram-no até os ombros. Uma levou da boca dele para a sua o bétel que estava mascando; outra colocou os pés dele sobre seus seios. E todas então, tirando seus trajes de cima, espalharam-nos no chão para fazer-lhe um assento, onde ficou sentado enquanto elas colocavam seus pés nos regaços e suas mãos nos seios, massageando-lhe as pernas e os braços. Como se estivessem zangadas, elas disseram: "Algumas pessoas apegam-se àqueles que lhe são devotados; outras, aos que não o são; também há uma classe que não se apega a ninguém. Portanto, agora, querido Kṛṣṇa, explica-nos claramente as razões dessas atitudes extraordinárias".

Ao que o auspicioso Senhor Todo-poderoso respondeu: "Quando as pessoas se apegam mutuamente, cada uma é induzida por seus próprios interesses e, portanto, não se apegam umas às outras, mas a si mesmas. E quando há apego às não tão devotadas, devem-se distinguir duas classes de pessoas: as generosas, e as que são afetuosas. As primeiras ganham mérito religioso e as segundas ganham um amigo. E assim, aqui também encontramos interesse próprio. Mas, quanto às pessoas que não são apegadas nem às que lhes são devotadas nem às não devotadas, essas, eu diria que são de quatro espécies: as que encontram conforto em suas próprias almas, as que já conseguiram o resultado de seus desejos, as egoisticamente ingratas e, por último, as que apenas desejam oprimir. Ora, minhas queridas amigas de quadris adoráveis, eu não pertenço a nenhuma dessas categorias. Quando recuso o apego dos que são devotados a mim, minha razão é tornar sua devoção mais intensa. Eu desapareci para que vossos corações ficassem tão absortos em mim que vos tornásseis incapazes de pensar em qualquer outra coisa. Vós já havíeis abandonado por minha causa qualquer noção de certo e errado, vossos familiares, vossos maridos e vossos deveres. Não há nada de errado no que fizestes, minhas queridas; tampouco está errado o que eu fiz. Jamais poderei retribuir os serviços que me prestastes; eles poderão encontrar recompensa apenas na continuidade de vossos obséquios".[42]

Ele levantou-se e as Gopis, livres de ressentimento, ergueram-se e formaram um círculo. O Senhor multiplicou sua própria presença e cada uma sentiu que ele a abraçava pelo pescoço. O céu acima deles ficou repleto de divindades e suas consortes, reunidos para assistir; timbales celestiais ressoaram; uma chuva de flores começou a cair, e a roda das dançarinas começou a mover-se ao som rítmico dos guizos de suas pulseiras, braceletes e tornozeleiras. Com passos lentos, movimentos graciosos das mãos, sorrisos, expressões amorosas das sobrancelhas, quadris rebolantes, seios a balançar, suor abundante e laços dos cabelos desfazendo-se, assim como os das roupas, as Gopis começaram a cantar. E o Senhor Kṛṣṇa, divertindo-se entre elas, maravilhosamente brilhante, gritou: "Muito bem!", a uma que tinha desafinado um pouco, enquanto entregava o bétel de sua boca a outra que o recebia com a língua, e colocava suas mãos de lótus sobre os seios delas, deixando seu suor escorrer sobre todas.

Elas estavam fora de si, atordoadas, roupas fora do lugar, grinaldas e ornamentos caindo. Lá em cima, as consortes dos deuses, assistindo do céu, ficaram fascinadas; o espanto da lua e das estrelas intensificou seu brilho. E quando uma Gopi desmaiou a seu lado, através de uma de suas múltiplas presenças Kṛṣṇa esfregou e acariciou o rosto dela com a mão, enquanto beijava outra de tal maneira que os pelos do corpo dela se eriçavam de prazer. As unhas dele, afiadas como as flechas do Deus do Amor, deixavam suas marcas mortais sobre todas. As grinaldas de seu pescoço ficaram amassadas e todo ele lambuzado com o açafrão dos seios delas. Como um elefante louco de paixão, trombeteando em meio a um rebanho de igualmente loucas elefantes fêmeas, o suor escorrendo-lhe das têmporas, o deus, acompanhado de todo o séquito, mergulhou no rio – e ali, rindo, rolando, brincando, gritando, uns jogavam água nos outros, para todos os lados. E o deus, ali, no Yamuna, era um lótus azul-escuro, esplêndido, rodeado de um enxame de abelhas negras.

"Mas como então, ó meu Mestre", perguntou um rei, que nesse Purana foi caracterizado como um ouvinte, "como pode o criador, defensor e preservador das leis da virtude ter-se permitido violar todos os preceitos religiosos, seduzindo as mulheres de outros?"

"Meu bom rei", respondeu o brâmane que estava recontando essa história sagrada para o aperfeiçoamento religioso do rei, "mesmo os deuses esquecem-se da virtude quando suas paixões estão plenamente despertas. Mas eles não devem ser condenados por isso mais do que o fogo quando queima. Pois o que os deuses ensinam é a virtude – e ela deve ser seguida pelos homens; mas o que os deuses fazem é algo diferente. Nenhum deus deve ser julgado como um homem."

Essa é a lição número um.

"Além do mais", continua o texto, "os maiores sábios, como nós todos sabemos, estão além do bem e do mal. Absortos em devoção ao Senhor, eles não mais estão presos a seus atos."

Essa é a lição número dois. E a última?

"Mas finalmente", disse o brâmane que tudo sabia, "Kṛṣṇa já se encontrava presente nos corações tanto das Gopis quanto de seus amos – como está nos corações de todos os seres vivos. Sua manifestação como homem – na forma de Kṛṣṇa – visava suscitar devoção àquela presença interna. E todos os que escutam devidamente sua história encontrarão tanto devoção quanto compreensão acesas em seus corações – como, há muito tempo, estavam acesas no coração das Gopis de Vrindavan. Pois, quando acabou aquela noite de arrebatamento lunar, as Gopis voltaram para seus maridos e os homens, que nem desconfiavam que elas tivessem saído, não ficaram enciumados, mas apenas mais apaixonados pela força, presente nelas, da doce ilusão de Viṣṇu, criadora e mantenedora do mundo."[43]

Aparentemente, o contraste entre esta lição e a lenda do jovem Futuro Buda entre as mulheres no bosque ou na noite de sua Visão do Cemitério não poderia ser maior; mas naquele período, tanto as seitas budistas quanto hinduístas pregavam o caminho para a salvação, não apenas em termos de *neti neti*, "nem isto, nem aquilo", mas também nos de *iti iti*, "é aqui, é aqui". Vimos que dois negativos formam um positivo e que quando um pensamento dualista é afastado – e em consequência se realiza o nirvana – o que parece ser o sofrimento e a impureza do mundo (*saṁsāra*) torna-se o puro êxtase do vazio (*nirvāṇa*):

> A fronteira do nirvana é a fronteira do samsara.
> Entre os dois, não há a menor diferença.[44]

> Tudo o que é visto extingue-se: o devir está em repouso.
> Jamais, em lugar algum, a Lei foi pregada a alguém por um Buda.[45]

No período das grandes crenças, essa interpretação positiva do nirvana conduziu ao surgimento de uma série de movimentos díspares ainda que relacionados, mostrando influências recíprocas entre as congregações budistas e bramânicas. E um desses movimentos, chamado culto Sahajiya, que floresceu em Bengala no período da dinastia Pala (*c.*730-1200 d.C.), sustentava que a única experiência verdadeira do puro êxtase do vazio era o êxtase da relação sexual, quando "cada um é ambos". Esse era o caminho natural, dizia-se, para a natureza inata (*sahaja*) de cada um e, portanto, também do universo: o caminho liderado pela própria natureza.

Assim, lemos: "O mundo todo é da natureza de *sahaja*; pois *sahaja* é a 'forma apropriada' (*svarūpa*) de tudo, e isto é o nirvana para aqueles que possuem um intelecto inteiramente puro".[46] "*Sahaja* deve ser intuído internamente."[47] "É isento de qualquer som, cor e qualidade; não se pode falar dele nem tampouco conhecê-lo."[48] "Quando a mente se extingue e o sopro vital cessa, há o supremo Grande Deleite: ele nem permanece constante nem flutua; tampouco pode ser expresso em palavras."[49] "Nesse estado, a mente individual está unida a *sahaja* como a água à água."[50] "Não há nenhuma dualidade em *sahaja*. Ele é perfeito, como o céu."[51]

E ainda: "Todas as formas externas devem ser reconhecidas como puro vazio. A mente também deve ser compreendida como puro vazio. E pela compreensão de que tanto os objetos quanto os sujeitos carecem de essência intrínseca, a realidade de *sahaja* revela-se por si mesma no coração do praticante consumado".[52] Sabe-se então: "Eu sou o universo; Eu sou o Buda; Eu sou pureza absoluta; Eu sou não cognição; Eu, o que extingue o ciclo da existência".[53]

Nas lamaserias budistas do Tibete, que passaram a existir durante o período aqui descrito e persistiram até a recente chegada dos chineses, as imagens e estandartes sagrados exibiam os vários budas e *bodhisattvas* abraçados com suas *śaktis* na postura iogue conhecida como *Yab-Yum*, "Pai-Mãe". E a grande prece dos antigos moinhos de oração do Tibete, *Om maṇi padme hum*, "A pedra preciosa (*maṇi*) no lótus (*padme*)", significa, em um sentido, a imanência do nirvana (a pedra preciosa) no samsara (o lótus); mas também, como no ícone do macho e da fêmea unidos, o *liṅgam* na *yoni*. *Buddhatvam yoṣidyonisaṁśritam*, afirma um aforismo budista tardio: "O Estado de Buda reside no órgão feminino".

E foi assim que, quando o sonho relativamente intangível da dança de Kṛṣṇa com as Gopis entrou em contato com esse movimento – que já tinha assimilado a tradição Śiva-Śakti –, se desenvolveu uma nova tendência na qual o respeitado poema erótico de Jayadeva, *A Canção do Vaqueiro* (*c.*1175 d.C.), é um documento sem par. O centro do palco é ocupado aqui, não pelo grupo das Gopis nem pelo próprio Kṛṣṇa, mas por aquela cujas pegadas foram vistas junto às do seu Senhor. Ela recebe agora um nome e uma personalidade. E com uma ousadia – a meu ver – única na literatura religiosa, uma mulher por demais humana se torna um objeto de devoção ante o qual até mesmo Deus, o próprio Criador, se curva.

Ela era Radha; casada, um pouco mais velha que o rapaz. E, segundo conta Jayadeva em seu poema (concebido em doze odes, cada uma a ser cantada de acordo com certa métrica e compasso musical, à maneira de uma peça lírica), o romance entre eles iniciou-se uma noite nas clareiras de Vrindavan, quando tinham saído com Nanda, pai adotivo de Kṛṣṇa, e outros anciãos do clã a fim de cuidar do rebanho de vacas.

O céu escureceu, a floresta também, e Nanda, virando-se para Radha, disse: "O menino está com medo; leva-o para casa". Ela pegou a mão dele e naquela noite ele foi conduzido, não para casa, mas para o amor, à margem do Yamuna.

"Louvado seja Viṣṇu!", escreve o poeta. "Ouvindo esta canção de Jayadeva, que Ele a torne capaz de ensinar!"

É recitada uma litania das encarnações de Viṣṇu, da qual Kṛṣṇa é a oitava, e o que ficamos sabendo é que Radha, doente de amor, perambula inconsolável entre os bosques de Vrindavan com uma criada.

"Eu sei", cantou sua companheira quando pararam para descansar; "sei onde está Kṛṣṇa: beijando uma, acariciando outra e agarrando uma terceira. Vestido de amarelo, adornado de grinaldas, ele dança com suas mulheres, levando-as à loucura, e a mais bela de todas dança com ele agora."

Radha, furiosa, investindo contra o bosque, irrompeu enlouquecida entre o grupo e buscando a boca de Kṛṣṇa, devorou-a apaixonadamente gritando: "Sim, meu querido, tua boca é ambrosia".

E assim termina a primeira ode da canção de Jayadeva.

A segunda ode é chamada "A Penitência de Kṛṣṇa":

Pois o deus continuara dançando imperturbável e Radha, rejeitada, retirou-se amuada para um refúgio na floresta. Ela suspirava. "Ai de mim! Minha alma não consegue esquecer Kṛṣṇa." E sua criada entoou esta canção:

"Oh! que Kṛṣṇa me desfrute de todas as maneiras do desejo. Que ele se deite ao meu lado esta noite, me seduza com seus sorrisos e, apertando-me em seus braços, saboreie meus lábios, durma sobre meus seios no leito de flores!" A canção continua: "Que suas unhas se cravem em meus seios e, indo além da ciência do amor, que ele me pegue pelos cabelos para arrebatar-me, enquanto as joias nos meus membros trepidam e meus cintos se abrem! E oh, que eu caia como uma liana em seus braços, imóvel pelo êxtase, no momento em que o ato de amor tiver acabado".

"Pois agora mesmo", a canção prossegue, "vejo-o interrompendo a dança. A flauta cai de sua mão: a brincadeira no bosque perdeu o encanto. Recordando aquela breve visão de sua amada – seus seios, um braço, um cacho de cabelos – seu coração afastou -se da dança." [...]

O poema é sensual e um crítico de hoje o compararia antes com *Vênus e Adônis* de Shakespeare, uma espécie de peça de alcova, do que, digamos, com a *Imitação de Cristo* de Thomas Kempis. Mas na Índia, onde as coisas nunca são bem o que nos parecem, a "Imitação de Kṛṣṇa" no mistério de sua união com Radha (como, por exemplo, expresso no nome Radhakrishnan) foi, através dos séculos que se seguiram, uma questão de profunda devoção religiosa, apresentada pela primeira vez na corte dos reis da dinastia Pala.

A terceira ode do poema fala agora do "Kṛṣṇa Perturbado".

Ele deixou as Gopis e, depois de procurar Radha no bosque, senta-se sozinho numa moita de bambu e canta, à margem do Yamuna: "Ai de mim! Ela partiu, pois eu deixei que partisse! De que me valem agora os amigos, ou a vida? Posso ver seu cenho, furioso e ofendido. Porém guardo-a em meu coração. [...] Mas se posso conservá-la em meus pensamentos, será que ela pode, realmente, ter partido?"

A quarta ode é chamada "Kṛṣṇa Reanimado": a criada de Radha vai até Kṛṣṇa e canta para ele as saudades de sua amante. "Para os prazeres de teu abraço ela preparou um leito de flores. Como poderia ela viver sem ti? Vem! pois ela está doente de amor."

A quinta ode é "Kṛṣṇa Ansioso": "Dize-lhe que estou aqui", pediu ele. E a moça retornou a Radha com uma canção incitante, desavergonhada. "Ele afinou os tons de sua flauta de acordo com teu nome. Oh, vai a ele cheia de desejo. Sobre um leito de folhas macias, com o vestido e o cinto abertos, oferece-lhe a sensualidade de teus quadris com o rico tesouro de seu doce receptáculo de prazer. Ele está impaciente, buscando-te em toda parte. É hora."

"Kṛṣṇa mais Ousado", ode seis: mas a mulher, arrebatada pelo amor, estava fraca demais para mover-se. A criada retornou, portanto, a Kṛṣṇa.

"E que este poema", acrescenta Jayadeva, "dê alegria a todos os amantes!"

"Ela aguarda entre flores; vive apenas dos sonhos de teu amor; pergunta-se por que hesitas, e beija miragens, chorando ali sozinha. A cada folha que cai, ela pensa que podes ser tu e alisa o leito. Por que, então, demoras a chegar?"

Ode sete, "Kṛṣṇa tido como Traidor": a lua surgiu, mas nenhum Kṛṣṇa chegou, e Radha, sozinha, lamentava. "A hora chegou e foi-se", ela suspirou. "Ai de mim, fui apagada de seu coração!"

"Mas que este poema", canta Jayadeva, "viva, ó Leitor, em teu coração!"

"Outra mulher envolveu-o. Os ornamentos de seu cinto tilintam à medida que ela anda. Balançam atraentemente acompanhando seus quadris e os murmúrios de prazer. Meu Deus! Posso vê-lo colocando pérolas amorosamente em volta do pescoço dela, já marcado por suas unhas. [...]"

E Jayadeva acrescenta: "Que Viṣṇu, tocado por este poema, inspire todos os corações!"

Ode oitava, "Kṛṣṇa Repreendido": o amante chega com timidez, e apesar de ter-se curvado ante seus pés – Ele, a encarnação do Senhor que vive em todos os seres – a mulher terrena tortura-o enfurecida. "Esses olhos fundos! De chorar? Não seria, antes, resultado de uma noite de excessos? Vai! Desaparece! Segue o rastro daquela que te causou tal fadiga! Teus dentes estão negros com a pintura de seus olhos. Teu corpo marcado pelas unhas dela é a prova de sua vitória. A marca dos dentes dela em teus lábios machuca minha mente, ó tu! Tua alma é ainda mais negra do que teu corpo. Tu perambulas pela floresta apenas para devorar raparigas."

"Ó", canta o poeta. "Ó vós sábios! Escutai os lamentos do coração desta jovem mulher!"

Ode nove: "O Fim do Julgamento de Kṛṣṇa". A criada falou: "Ó minha querida Radha, teu belo amante já chegou. Que prazer maior há na terra? Por que não deixas que a abundância de teus seios, mais pesados do que cocos, se derrame de prazer? Não desprezes este delicioso jovem. Não lamentes. Olha para ele. Ama-o. Devora-o. Degusta-o como uma fruta."

"Oh, que este poema", canta o poeta, "delicie o coração de todos os amantes. E, ó adorado pastor de Vrindavan, faze com que com as notas de tua flauta – que atinge todas as mulheres como um feitiço e quebra as amarras até dos próprios deuses – remova de todos nós as cadeias do sofrimento!"

Décima ode, "Kṛṣṇa no Paraíso": pacificada por sua criada, Radha mostrou sua face mais suave, e Kṛṣṇa, no crepúsculo que se aproxima, falou-lhe entre suspiros e lágrimas.

"O brilho de teus dentes, tão reluzente quanto a lua, espanta as trevas de meu medo. O fogo do desejo arde em minha alma: deixa-me apagá-lo no mel dos teus lábios. Se estiveres com raiva, apunhala-me com os olhos, acorrenta-me em teus braços e rasga-me em tiras com teus dentes. Tu és a pérola no oceano de minha existência. Tu és a mulher do meu coração. Afasta o medo que te inspirei. Não há nenhuma outra força em meu coração que não seja a do amor."

Décima primeira ode: "A União de Radha e Kṛṣṇa", Ele se dirigiu ao leito de flores que ela havia preparado e uma das Gopis presentes aconselhou-a: "Querida, tu agora te tornarás a assassina dele. Aproxima-te com um andar algo indolente, as tornozeleiras tilintando languidamente para que ele saiba que teu ânimo agora é dócil. Leva a ele essas coxas, redondas como as trombas dos elefantes, deixando que teu coração, que está agora ansiando abertamente por seus lábios, seja teu guia. Gloriosa, adorável mulher, teu corpo majestoso está bem provido para a noite de batalha que se aproxima: continua marchando, marchando ao ritmo da batida de teu cinto de pedras preciosas, balançante; depois de deixares o retinir de tuas pulseiras proclamar o ataque iminente, cai de unhas afiadas sobre seu peito. Ele aguarda – tremendo, transpirando de júbilo. Envolve-o inteiramente nas trevas desta noite perfeita" .

Radha ruborizou-se; mas sua criada apressou-a: "Como podes ter medo de alguém a quem podes comprar como teu escravo por um pouco de gozo proporcionado tão rapidamente quanto um piscar de olhos?"

E a mulher, brilhando como o disco da lua, ergueu-se com medo e prazer, para se dirigir com as tornozeleiras tinindo ao refúgio da floresta. E as Gopis que ali estavam partiram, cobrindo a boca para esconder o sorriso; pois ela já tinha se despido de toda vergonha.

Última ode, "O Deus de Vestimenta Amarela Subjugado":

A encarnação de Deus falou a Radha. "Deixa-me abrir tuas vestes e apertar meu coração contra teu peito, devolvendo a vida ao teu escravo." Eles retardaram a fusão de seus corpos permanecendo por um tempo desfrutando do mel dos lábios e olhos um do outro; mas quando Radha tomou a iniciativa, a batalha do amor se iniciou.

Ela prendeu-o repentinamente envolvendo-o com os braços, procurou-o com o peito, arranhou-o com as unhas e cortou-lhe o lábio inferior com os dentes; agrediu-o com os quadris, puxou-lhe a cabeça pelos cabelos e então sufocou-o com o hidromel de sua boca. Quando os olhos dela se fecharam e sua respiração se tornou mais difícil, entretanto, a força de seus braços relaxou e a grande zona dos quadris ficou imóvel. O deus então moveu-se para o campo. E quando amanheceu, o que o divino amante da mulher viu sob si foi o peito dela lacerado pelo exército de suas unhas, os olhos dela em brasa por falta de sono, a cor de seus lábios extinta, sua grinalda desfeita enroscada em seus cabelos desalinhados e suas roupas soltas da cinta de pedras preciosas. A visão, como uma saraivada de flechas de amor, subjugou-o.

"E – ó leitor – que este deus que despiu Radha de suas vestes para olhar com olhos embevecidos os pináculos túmidos de seus seios, enquanto procurava entretê-la com um texto do Purana, que este deus seja tua proteção. 'Quando os deuses e demônios bateram o Oceano Lácteo', Kṛṣṇa relatou, 'a fim de obter a manteiga da imortalidade, eles o bateram por mil anos; então apareceu pela primeira vez uma fumaça tão venenosa que toda aquela ação teve de ser interrompida até que o maior de nossos iogues, Śiva, colocou o veneno numa xícara e o bebeu, retendo-o na garganta por meio de sua ioga. Eu tenho me perguntado por que ele fez isso. O veneno deixou sua garganta azul, de maneira que o chamamos de Garganta Azul. Mas agora acho que ele o bebeu porque sabia, minha querida, que quando tu vieste ao mundo à margem daquele grande mar lácteo, tu escolherias para teu amante, não a ele, mas a mim.'"

E Radha, langorosamente feliz, foi tomando consciência de seu desalinho: cabelos emaranhados, suor no rosto, arranhões nos seios e a cinta fora de lugar. Aflita, começou a desamassar sua grinalda e, enquanto com um braço protegia os seios e com o outro o sexo, ela se afastou. Quando voltou, fatigada, com prazer e admiração pediu ao amante que a ajudasse a arrumar as vestes.

"Kṛṣṇa, meu querido, renova com tua mão gentil o pó de sândalo do meu peito; agora, a maquilagem de meus olhos; aqui, os brincos; agora – num arranjo bem bonito – estas flores em meu cabelo; faze uma bela pinta em minha testa. E agora, a cinta e a corrente de pérolas para cobrir novamente estas virilhas roliças e suculentas que ofereceram uma passagem estreita para o elefante do amor."

"Ó leitor", canta o poeta, "ouve estes versos de Jayadeva com o coração!"

"Agora cobre", ela disse, "meus seios; coloca as pulseiras de volta nos meus braços. [...]"

E seu amado fez o que ela mandou, apesar de ser, de fato, o próprio Deus.

"Ó leitor – possa o Senhor, protegendo-te, multiplicar no mundo os sinais de sua onipotência: Viṣṇu, o Ser único entre Todos, que passou por uma miríade de corpos, levado por seu desejo a ver com olhos múltiplos os pés de lótus da Filha do Oceano Lácteo! Que os sábios possam extrair deste poema tudo o que há nele da arte daqueles seres divinos que em júbilo veem e celebram o Senhor! E que possam todos os que amam o Destruidor do Sofrimento levar para sempre em seus lábios esta canção do grande Jayadeva, cujo pai era o ilustre Banjadeva, e Ramadevi, a mãe."[54]

Jayadeva era um bardo. Na juventude havia sido asceta errante, mas quando um brâmane lhe ofereceu sua filha, ele a desposou; foi após seu casamento que escreveu o poema sobre a presença da divindade no amor – o próprio deus Kṛṣṇa, segundo contam, prestou-lhe assistência ante a dificuldade em descrever a beleza de Radha.[55]

Mas nem todos os que desejam experienciar a divindade do amor são dotados pela natureza daquela qualidade de espírito que os trovadores chamavam de Coração Amável. E assim como temos cursos de redação para os que não sabem escrever, na Índia foram criados cursos de amor para quem não sabia amar, e seu currículo é dividido em três níveis: 1. Iniciante (*pravarta*), que aprende a repetir o nome de Deus (*nāma*) e a recitar certas palavras mágicas (*mantra*); 2. Discípulo avançado (*sādhaka*), que aprendeu a vivenciar a "emoção divina" (*bhāva*) e assim está qualificado a iniciar-se nas disciplinas em companhia das mulheres e, finalmente, 3. O Mestre Perfeito (*siddha*) que, ao realizar o "amor" (*prema*: da raiz sânscrita *prī*, "agradar, alegrar, animar; mostrar generosidade, graça ou favor; gostar de"), alcança a "felicidade" (*rāsa*: "a seiva, o sumo, o néctar; o sabor").[56]

Existem relatos sobre essas escolas do chamado Caminho da Mão Esquerda (*vāmacārī*; das palavras *vāma*, "reverso, oposto, esquerdo; mau, vil", mas também, "belo, agradável", e *cārī*, "aquele que vai, prossegue ou anda por um caminho"); por exemplo, nas palavras do observador alemão do século XIX, A. Barth: "O uso de alimento animal e de bebidas alcoólicas, consumidos em excesso, é regra nessas estranhas cerimônias, nas quais Śakti é venerada na pessoa de uma mulher nua e as práticas terminam com a cópula carnal dos iniciados: cada casal representa Bhairava e Bhairavi (Śiva e Devi) e assim, nesse momento, identifica-se com eles. Esse é 'o círculo sagrado' (*śrī cakra*) ou 'a consagração total' (*purnābhiśeka*), o ato essencial, ou melhor, prelibação da salvação, o rito supremo deste misticismo delirante".[57]

Os textos sagrados dos *vāmacārī* pertencem a um tipo de escritura religiosa conhecida como *Tantra* ("tear, teia; veste; disciplina; manual; caminho certo"); eles vêm do período Gupta e posteriores e são essencialmente suplementos técnicos das várias escrituras purânicas de Viṣṇu, Śiva e da Deusa, sendo alguns do Caminho da Mão Direita (*dakṣiṇa*) e outros da Mão Esquerda; entre as instruções deste último, lê-se:

> "Sou Bhairava, o Eu Onisciente, dotado de qualidades."
> Tendo assim meditado, que o devoto prossiga até a adoração a Kula.[58]
>
> Vinho, carne, peixe, mulher e união sexual:
> Estas são as cinco bênçãos que afastam todos os pecados.* [59]

Nesses ritos o objeto sagrado é uma jovem nua dançando, devota, prostituta, lavadeira, esposa de barbeiro, mulher brâmane ou sudra, florista ou leiteira, e a hora tem de ser meia-noite. O grupo deve ser formado por um círculo de oito, nove ou onze casais nos papéis de Bhairava e Bhairavi. São pronunciados mantras específicos,

* Essas cinco "bênçãos" são conhecidas como os Cinco Emes: vinho (*madya*), carne (*maṁsa*), peixe (*matsya*), mulher (*mudrā*) e união sexual (*maithuna*). Nos chamados "ritos substitutivos", designados àqueles que foram aconselhados por seus gurus a adorar a deusa numa atitude antes de criança do que de amante, *madya* torna-se leite de coco; *maṁsa*, grãos de trigo, gengibre, gergelim, sal ou alho; *matsya*, rabanete vermelho, gergelim vermelho, *masur* (um tipo de grão), a verdura *brinjal* branca e *paniphala* (uma planta aquática); *mudrā*, trigo, arroz com e sem casca etc. e *maithuna*, submissão infantil diante dos Pés de Lótus da Mãe Divina (Sir John Woodroffe, *Shakti and Shakta*, Ganesh and Company, Madras e Londres, 1929, 3a ed., p. 569-570).

de acordo com a classe da pessoa escolhida para ser Śakti, que então é adorada de acordo com a regra. Ela é colocada despida, mas ricamente ornamentada, dentro ou ao lado de um círculo de pares de homens e mulheres devotos e purificada através de vários mantras. A suprema sílaba sagrada da ocasião lhe é sussurrada três vezes no ouvido; ela é aspergida com vinho, recebe carne, peixe e vinho que abençoa com seu toque e a seguir são distribuídos; ao som de uma sinfonia de cânticos sagrados, ela torna-se assim o instrumento de uma sequência de atos sacramentais preliminares que culminam numa consagração geral – "acompanhada o tempo todo", como escreve H.H. Wilson, "de mantras e formas de meditação sugerindo ideias muito alheias ao cenário".[60]

Outras maneiras de adorar a Deusa, como vimos, envolvem o sacrifício de vítimas humanas e mesmo a degustação de sua carne. Outras ainda, para a obtenção de poderes mágicos, exigem de um iogue realizado que ele medite à meia-noite num cemitério, num chão ardente ou num local onde são executados os criminosos, sentado sobre um cadáver; se ele conseguir realizar isso sem medo, os fantasmas e duendes femininos tornar-se-ão seus escravos.[61] Exercícios eróticos podem acompanhar ou encerrar tais ritos. Certos devotos "furam sua carne com ganchos e espetos, atravessam suas línguas e bochechas com instrumentos pontudos, deitam-se em camas de pregos ou cortam-se com facas".[62] Outros, chamados Portadores de Crânios, cobrem-se com as cinzas de uma pira funerária, penduram uma corrente de crânios humanos em volta do pescoço, trançam os cabelos e usam uma pele de tigre sobre os quadris, levando na mão esquerda um crânio como tigela e na direita um sino que deve ser tocado incessantemente enquanto gritam: "Oh, Senhor e Esposo de Kālī!"[63]

Em geral, as seitas do Caminho da Mão Esquerda repudiam a casta durante o momento sagrado do rito. "Enquanto o tantra de Bhairava está presente na sessão todas as castas são brâmanes", lemos em um texto típico. "Terminada a sessão, elas voltam a ser distintas."[64] O rito é uma forma de ioga, uma passagem para além dos limites da esfera do *dharma*, e, na verdade, a tal ponto que em certas variantes dessa prática mesmo as proibições de incesto têm de ser desconsideradas. Por exemplo, no chamado "culto corpete" (*kanculi*), na hora da adoração as devotas depositam suas vestes superiores numa caixa aos cuidados do guru e, ao terminarem as cerimônias preliminares, cada um dos homens pega um corpete da caixa e a mulher a quem este pertence – "mesmo sendo uma parente próxima" – torna-se sua parceira de consumação. "O objetivo", afirma H.H. Wilson ao apresentar este dado, "[...] é consolidar todos os laços de aliança feminina, não apenas fortalecendo uma comunidade de mulheres entre as devotas, mas desconsiderando até mesmo as restrições naturais." Pois declara-se "que todos os homens e todas as mulheres são de uma casta única e que sua relação sexual está isenta de transgressão".[65]

"Afasta a ideia de dois e sê de um corpo", lemos num hino que celebra a realização desse caminho, "muito difícil é esta disciplina do amor."[66]

Tanto Jayadeva quanto os cultos tântricos de Śakti colocavam a mulher no centro do sistema simbólico. As versões purânicas posteriores de Kṛṣṇa e as Gopis, por outro lado, devolveram a liderança ao deus masculino e, mesmo acrescentando a figura de Radha ao cenário, expandiram o *rāsa* a uma amplitude de loucura dionisíaca que – creio – não tem equivalente em parte alguma da história do pensamento religioso. Como lemos no *Brahmavaivarta Purāṇa* do século XIV:

> Dentro da floresta, o círculo daquela dança era cuidadosamente aspergido com aloé, açafrão, sândalo e almíscar. Na área havia numerosos lagos destinados ao lazer e jardins repletos de flores; gansos, patos e outras aves aquáticas nadavam em suas superfícies cristalinas; mangueiras e bananeiras cercavam a região, e Kṛṣṇa, vendo aquela bela clareira e a água fresca na qual podia ser lavada a fadiga da paixão, sorriu e, para chamar as Gopis para o amor, tocou sua flauta.
>
> Radha, em sua morada, ao ouvir a melodia, ficou parada como uma árvore, enquanto sua mente se dissolvia em contemplação unidirecional. E quando voltou a si, ao ouvir novamente o som da flauta, ficou muito agitada. Levantou-se. Sentou-se. Então, esquecendo-se de todos seus afazeres, saiu correndo de casa e, olhando para todas as direções, correu para o lado do qual vinha a música, sempre com os pés de lótus de Kṛṣṇa em sua mente. A volúpia de seu corpo e o brilho de suas joias iluminavam a floresta.
>
> E as outras Gopis, suas trinta e três companheiras, as melhores de sua raça, ao ouvirem a flauta, também foram assaltadas pela paixão e, esquecendo-se de suas tarefas domésticas, precipitaram-se para a floresta. Elas eram iguais em idade, beleza e adornos e cada uma estava acompanhada de muitos milhares de seguidoras: Sushila de dezesseis mil; Sashikala, de catorze mil; Chandramukhi, de treze mil; Madhavi, de onze mil etc., resultando num total de novecentas mil. Muitas tinham grinaldas nas mãos, outras sândalo, outras moscadeiros, outras almíscar; muitas levavam ouro, outras açafrão, outras, ainda, tecidos. Ao longo do caminho iam cantando o nome de Kṛṣṇa e quando chegaram ao local da dança, o que viram era mais encantador do que o céu, radiante com a pura luz do luar.
>
> Uma brisa suave transportava o perfume das flores, abelhas zuniam por todos os lados e o arrulho dos cucos seria capaz de seduzir os corações dos santos. As mulheres estavam agitadas. E o Senhor Kṛṣṇa viu com satisfação que Radha, como uma pedra preciosa entre o grupo se aproximava com olhares travessos. Seu andar sedutor, majestoso como o passo do elefante, teria perturbado a mente de um iogue: pois ela encontrava-se na flor de sua juventude, encantadora, com nádegas e coxas maravilhosamente grandes. A cor de sua pele era a da flor do champó; seu semblante era o do luar de outono; seus cabelos viçosos estavam presos por uma grinalda de perfumados jasmins; quando ela viu que o jovem Kṛṣṇa, lindamente negro, a observava, cobriu timidamente o rosto com a borda da saia, mas devolveu o olhar, por várias vezes, e profundamente atingida pela flecha do amor, sentiu um arrebatamento tal que quase desmaiou.

Mas Kṛṣṇa também fora atingido. A flauta, bem como o lótus com o qual brincava, caíram-lhe das mãos e ele ficou como que petrificado. Mesmo as roupas caíram de seu corpo. Mas em um instante ele recuperou o juízo, foi até Radha e abraçou-a, devolvendo-lhe as forças com seu toque. E o senhor de sua vida, mais caro para ela do que a própria vida, afastou-se com ela, beijando-se os dois incessantemente, e encaminharam-se para um abrigo de flores onde se acariciaram durante um tempo, trocando bételes de suas bocas. Mas quando ela engoliu o que ele lhe havia dado, ele pediu-o de volta e ela teve medo, prostrando-se a seus pés. Então, Kṛṣṇa, tomado de amor, a face radiante de desejo, uniu-se a ela num florido leito de prazeres.

Oito tipos de relação sexual – reverso e outras formas – Kṛṣṇa, o mestre dos prazeres, praticou com sua formosa Radha, arranhando, mordendo, beijando, batendo, de todas as maneiras conhecidas pela ciência do amor – maneiras que privam as mulheres de suas mentes. E com todas as outras também, a um só tempo, Kṛṣṇa comprazeu-se arrebatadamente, abraçando cada membro de seus corpos ardentes com seus membros igualmente ardentes. Como ele e Radha eram peritos na arte do prazer sexual, sua batalha de amor não teve nenhuma interrupção; porém, mesmo estando juntos, Kṛṣṇa, assumindo formas idênticas, penetrava todos os recônditos e desfrutava dos corpos das Gopis na esfera gloriosa da dança. Novecentas mil Gopis foram assim desfrutadas por um número igual de "vaqueiros", totalizando um milhão e oitocentos mil êxtases. Os cabelos de todas ficaram em desalinho, as roupas rasgadas, os ornamentos perdidos. Em todo lugar retiniam pulseiras e loucas de paixão desmaiaram todas. Então, depois de fazer o que podiam em terra, encaminharam-se todos para os lagos. E após esses jogos estavam todos exaustos. Em seguida, saíram da água e vestiram-se, examinaram seus rostos nos espelhos das joias e depois de terem passado em seus corpos sândalo, aloé, almíscar e perfumes, colocaram suas grinaldas e voltaram a seus estados normais.[67]

Não é necessário prosseguir para tirarmos a conclusão. A dança continua por ainda dois capítulos; pois, quando ela finalmente atinge o clímax, os deuses com suas consortes e séquitos, em carruagens de ouro, reúnem-se no céu para assistir. Sábios, santos, adeptos e os mortos veneráveis, os cantores celestiais e as ninfas, demônios terrenos, ogros e vários seres em forma de pássaros reuniram-se em júbilo com suas esposas para ver a grande cena, enquanto em trinta e três florestas, por trinta e três dias, Kṛṣṇa e suas Gopis dançavam e cantavam, rasgavam as roupas uns dos outros, praticavam muito mais do que os dezesseis tipos de relações sexuais autorizados – as paixões crescendo o tempo todo, "como o fogo alimentado com manteiga clarificada" – e quando tudo acabou, os deuses e as deusas, encantados, elogiaram a cena e retiraram-se para suas moradas.

Entretanto, as deusas, que tinham desmaiado muitas vezes durante o desenrolar do que haviam assistido, desejando conhecer o mestre da dança de Vrindavam, desceram à terra e, por toda a Índia, nasceram como meninas nos palácios dos reis.[68]

V. O ATAQUE DO ISLAMISMO

As cimitarras dos guerreiros de Alá – Louvado e Glorificado seja Seu Nome, O Supremo, Cheio de Graça e Misericórdia – já haviam penetrado nas fortificações do sonho eterno indiano quando Jayadeva celebrava sua visão de Radha. Cinco séculos antes – no tempo do reinado de Harsha (606-647 d.C.) – Muhammad, o mensageiro da unidade de Deus, anunciara, para orientar aqueles cuja fé no amor de Deus era grande, a revelação do islamismo, o caminho reto. E uma das maravilhas da história do mundo é o milagre da rápida expansão da única verdadeira comunidade de Deus a partir do momento de sua criação (data da Hégira: 622). Toda a África Setentrional havia sucumbido por volta do ano de 710; a Espanha fora invadida em 711; os Pireneus, atravessados em 718, e os próprios portões de Paris corriam risco quando Charles Martel enfrentou e impediu o avanço na batalha de Poitiers, em 732. Espalhando-se para leste, como o fogo numa campina de capim seco, por volta de 651 a glória da paz e da bênção do islamismo tinha atingido a Pérsia e os portais da Índia estavam ameaçados por volta de 750. Entretanto, a Índia não contava com nenhum Charles Martel. A maldição de Alá sobre os incircuncisos foi retardada duzentos anos devido a lutas internas pelo poder no âmbito do próprio islamismo, mas quando ela caiu, não houve nenhum impedimento para os castigos Dele.

No ano de 986 d.C., um ex-escravo do Turquestão, Sabuktigin, que pode ter sido ou não descendente da realeza sassânida, liderou um saque no Punjab e depois disso, todos os anos, nos meses mais frios a partir de outubro, tornaram-se comuns assaltos desse tipo à próspera Índia. Jaipal, o mais importante príncipe rajaputro da região, conseguiu em 991 reunir um exército, que foi dominado; Peshawar caiu e os assaltos continuaram.

No ano de 997, Sabuktigin foi sucedido por seu filho Mahmud al-Ghazni que, seguindo o costume dos ataques, no ano de 1001 deu o golpe de misericórdia a Jaipal – e com isso à Índia. Há uma crônica islâmica de sua façanha:

> O inimigo de Deus, Jaipal, juntamente com seus filhos, netos, sobrinhos, os chefes de sua tribo e seus parentes, foram tomados como prisioneiros e, amarrados com cordas, levados até o Sultão, como malfeitores em cujas faces as emanações da falta de fé são evidentes, e que, cobertos pelas brumas da desdita, devem ser amarrados e levados para o inferno. Os braços de alguns foram violentamente amarrados nas costas, outros foram agarrados pelas bochechas e outros, ainda, foram conduzidos a tapas na nuca. Do pescoço de Jaipal foi tirado um colar composto de grandes pérolas, pedras preciosas e rubis engastados em ouro, cujo valor era de duzentos mil dinares, e o dobro desse valor foi obtido dos pescoços de seus parentes feitos prisioneiros, ou mortos, que se tinham tornado alimento nas bocas de hienas e abutres. Alá também concedeu a seus amigos, como fruto da pilhagem, tamanha quantidade de riquezas que estava além de todos os limites e cálculos, inclusive quinhentos mil escravos, belos homens e mulheres. O Sultão retornou com seus seguidores a seu acampamento,

> depois de ter saqueado muito e obtido a vitória com a ajuda de Alá e graças a Alá – o Senhor do Universo. Pois o Todo-Poderoso tinha-lhe concedido a vitória sobre uma região da Índia, mais vasta e mais fértil do que o Khurasan.[69]

Jaipal foi libertado, mas se imolou numa pira funerária. A cidade de Kangra caiu, bem como Bulandshahr, Mathura, Kanauj e a cidade-templo de Śiva em Somnath.

Conforme o Prof. Rawlinson afirma em seu vívido sumário das crônicas da vitória, no grande templo de Śiva em Somnath havia

> um *liṅgam* de pedra maciça, de cinco cúbitos de altura, que era considerado de especial santidade e atraía milhares de peregrinos. Ele era banhado todos os dias com água trazida do rio Ganges e ornamentado com flores da Caxemira. A renda de dez mil aldeias era destinada a sua manutenção e mil brâmanes realizavam o ritual diário do templo. O santuário original, como tantos na antiga Índia, era construído em madeira, sustentado por cinquenta e seis pilares de teca, cobertos de chumbo e com pedras preciosas incrustadas. Uma sequência de sinos de ouro maciço ficava suspensa sobre o ídolo; lustres cobertos de pedras preciosas, imagens de ouro puro e cortinas bordadas com pedras preciosas faziam parte do tesouro. O templo e os edifícios para acomodar os ministrantes formavam uma cidade, cercada por um muro e fortificada.
>
> Mahmud deixou Ghazni em dezembro de 1023 com 30.000 cavaleiros selecionados. Ele apareceu subitamente diante de Multan, que se rendeu. Ali, conseguiu os camelos necessários para a travessia do deserto e tanto Bikanir quanto Ajmir abriram-lhe seus portais. Seis semanas de difícil marcha levaram-no a Anhilvad e o rajá, de nome Bhima, fugiu quando ele se aproximou. Mahmud provavelmente marchou contra Somnath pela rota que percorria a costa sul de Kathiawar. Na quinta-feira, 30 de janeiro, atravessou as defesas que cercavam a cidade e aproximou-se das muralhas da cidade sagrada. Os habitantes, confiantes no poder do deus, zombaram dos invasores desde as ameias. No dia seguinte teve início o assalto. Depois de uma árdua luta, os muçulmanos conseguiram tomar posição nos baluartes, mas estavam exaustos demais para irem além. E agora os indianos começavam a perceber o perigo em que se encontravam. Durante toda a noite o templo foi invadido por multidões lamuriantes, que batiam no peito e invocavam a divindade a vir em socorro dos seus. Mas não houve nenhuma voz nem resposta. Ao alvorecer, o ataque recomeçou e, passo a passo, os defensores foram forçados a retroceder pelas ruas estreitas e tortuosas até os muros do próprio santuário. Ali, ofereceram uma desesperada resistência até que por fim, apoiando suas escadas contra os muros, os muçulmanos os atacaram com gritos estrondosos de "Din! Din!" Cinquenta mil indianos foram passados a fio de espada; outros tentaram escapar pelo mar e morreram afogados. O tesouro pilhado excedia o valor de dois milhões de dinares. Segundo uma lenda, os brâmanes que se renderam suplicaram para pagar um resgate pelo *liṅgam*, mas Mahmud não os escutou: recusava-se a aparecer diante do Tribunal como aquele que tinha tomado dinheiro para poupar um ídolo. A pedra foi quebrada em pedaços e um fragmento enterrado na porta da mesquita de Ghazni, para ser pisado pelos pés de verdadeiros crentes. [...][70]

Não precisamos ir adiante. O horizonte fechado do sonho da Índia tinha sido definitivamente rasgado e nada podia impedi-la agora de dissolver-se diante de uma ordem de realidade que ela não tinha levado em devida consideração. O poder da ioga de modelar a experiência conforme a vontade do sábio introspectivo e o poder da sabedoria dos Vedas de provocar efeitos mágicos haviam sido superados por um mero detalhe da simples esfera de *māyā* – um detalhe que agora teria de ser assimilado.

A cidade sagrada hindu de Benares caiu em 1194 e toda a província budista de Bihar em 1199, quando a universidade de Nalanda foi totalmente destruída, sua população de cerca de 6.000 monges sumariamente passada a fio de espada e assim a última chama da luz budista se extinguiu na Índia. Na vizinha Bengala, o ancião rajá Lakshmanasena, patrono de Jayadeva, foi tomado de tal maneira de surpresa que estava jantando quando os oficiais do exército de Alá invadiram seu palácio. E, tendo assim conquistado todo o norte, as cimitarras do islamismo começaram a abrir caminho para o sul, até o ano de 1565, quando a esplendorosa cidade de Vijayanagar, a última capital indiana restante, sucumbiu.

A artilharia muçulmana atirou a pouca distância de uma divisão de cavalaria indiana sacos de pequenas moedas de cobre com efeito tão avassalador que as posições se romperam. Uma divisão de elefantes muçulmanos lançou-se então contra a multidão que gritava, e os carregadores da liteira do velho rajá Ramaraya ("noventa e seis anos de idade, mas tão valente como se tivesse trinta") soltaram a carga real e debandaram para salvar suas vidas. O príncipe muçulmano comandante decapitou o ancião e a cabeça enfiada na ponta de uma lança foi levada até as linhas de frente, onde causou pânico nos indianos, que recuaram e fugiram. Perseguidos por todos os lados, eles foram mortos – como escreve Rawlinson – "até o Kistna ficar vermelho de sangue" e "a pilhagem ser tão grande que cada soldado raso ficou carregado de joias, armas, cavalos e escravos".

Quando a notícia da terrível derrota chegou à cidade, os príncipes que haviam ficado para trás para proteger a capital carregaram o conteúdo do tesouro real e fugiram. "Diz-se", afirma nosso autor, "que mais de quinhentos elefantes foram necessários para transportar o tesouro. No décimo dia o inimigo chegou e forçou a entrada sem dificuldade. Ele matou e saqueou sem piedade e diz-se que o trabalho de destruição se prolongou por três meses. A magnífica escultura de pedra foi quebrada em pedaços com pés-de-cabra e martelos e quando os recursos humanos não eram mais suficientes, ateou-se fogo para demoli-la. [...]"[71]

E assim pereceu para sempre o fabuloso Império Indiano de Vijayanagar que, em seu apogeu, se estendera de um mar a outro.

PARTE III

AS MITOLOGIAS DO EXTREMO ORIENTE

CAPÍTULO 7

MITOLOGIA CHINESA

I. A ANTIGUIDADE DA CIVILIZAÇÃO CHINESA

"Sentia-me extremamente feliz por ter nascido em um país cuja história já tinha 5.000 anos", escreveu o Dr. Li Chi da Universidade Nacional de Taiwan na introdução de sua pesquisa "Os Inícios da Civilização Chinesa".

Digo 5.000 anos porque era o número ensinado aos jovens de minha geração. As civilizações suméria e egípcia, informavam-nos, podem ter começado antes; mas também morreram há muito tempo. Os hindus também possuem uma longa tradição, mas até recentemente seus eruditos jamais deram mostras de achar que valia a pena registrar por escrito essa tradição. Considerando-se tudo isso, a China é certamente o país mais antigo ainda existente na terra e possui a mais longa e – isto é importante – contínua história escrita de todas as nações. Essa era minha visão do passado da China antes do advento da Revolução Chinesa (de 1912).

Depois da Revolução, as coisas começaram a mudar. Houve um tempo em que os reformadores da China eram céticos com relação a tudo o que tinha sido registrado no passado e sobre o passado – inclusive a própria história. O movimento renascentista do início do século XX foi essencialmente um movimento racionalista, de espírito mais ou menos similar ao dos classicistas do século XVII. Seu lema, "demonstre com provas", embora destrutivo por natureza, trouxe um espírito mais crítico ao estudo da antiga China. Assim, se alguém quisesse prestar um excessivo tributo à Idade de Ouro de Yao e Shun, pois bem, tinha de demonstrar com provas; se alguém quisesse falar dos milagres da engenharia do Grande Yü do terceiro milênio a.C., também tinha de demonstrar com provas. O que é importante considerar com relação a isto é que apenas os registros escritos não bastavam: não eram aceitos como provas válidas.

Esse movimento em busca de provas criou uma grande polêmica com o saber tradicional e revolucionou o método de estudos clássicos. A arqueologia moderna da China surgiu nessa atmosfera.[1]

A verdadeira iniciativa arqueológica graças à qual começou a surgir o passado factual da China, oposto ao mítico, foi o trabalho não de um chinês, mas de um cientista ocidental – sob patrocínio do príncipe (hoje rei) da casa real sueca, Gustaf Adolf, com apoio das mentes e conhecimentos de uma extraordinária equipe de eruditos austríacos, canadenses, franceses, suecos e americanos, bem como de jovens chineses e, é claro, de um generoso suporte financeiro da Fundação Rockefeller.

"É bem sabido que as pesquisas pré-históricas na China se iniciaram", admite prontamente o Dr. Li Chi, "com o geólogo sueco Dr. J.G. Andersson, que não só descobriu a localidade de Choukoutien e o primeiro vestígio do Homem de Pequim, mas também foi o primeiro cientista a descobrir, na China Setentrional, a existência de uma cultura pré-histórica amplamente difundida, da fase neolítica tardia."[2]

O trabalho teve início em 1918, quando o Dr. Andersson começou a coletar vestígios de mamíferos pré-históricos nas colinas ao redor de Choukoutien, não longe de Pequim. Em 1921, ele encontrou o que pareciam ser ferramentas trabalhadas e, em 1923, seu amigo e colaborador, um austríaco, o Dr. Otto Zdansky, deparou com alguns dentes semi-humanos. O príncipe chegou em 1926 e interessou-se pelo assunto. Em 1927, os institutos científicos da China, Suécia e Estados Unidos contribuíram com fundos e, em 1928, todo o suporte financeiro da então considerável empresa – que continuou até 1939 – foi assumido pela Fundação Rockefeller.[3]

O próprio sumário do Dr. Andersson sobre os resultados de suas pesquisas sugere o seguinte esquema de datas pré-históricas básicas do Extremo Oriente mais antigo:

1.000.000 de anos atrás: traços muito indefinidos de hominídeos

Mais de 500.000 anos: um fino implemento de pederneira (em Choukoutien)

500.000 anos: *Sinanthropus pekinensis* (em Choukoutien)

Menos de 500.000 anos: mandíbula de hominídeo e lâminas grandes e bem-acabadas de pederneira (em Choukoutien)

50.000 anos: Homem Paleolítico (abundantes descobertas no deserto de Ordos)

25.000 anos: *Homo sapiens* não mongol (em Choukoutien)

25.000-4.000 anos atrás: um hiato inexplicado

*c.*2000 a.C.: a Cultura Yangshao: utensílios de cerâmica lindamente pintada: Neolítico Superior: protochinês.[4]

O Homem de Pequim (*Sinanthropus pekinensis*, cerca de 500.000 anos atrás), já discutido no primeiro volume desta obra, *Mitologia Primitiva*,[5] foi contemporâneo, *grosso modo*, do Homem de Java (*Pithecanthropus erectus*) e, na Europa, do Homem de Heidelberg (*Homo heidelbergensis*); suas ferramentas toscas de pedra lascada eram do tipo dos "cutelos", já observado na Cultura Soan da Índia.* Seus hábitos alimentares incluíam o canibalismo,[6] e sua caixa craniana, para citar o Dr. Andersson novamente, "era muito baixa com saliências supraorbitárias exageradamente fortes".[7] O queixo, "oblíquo como o dos antropoides", juntamente com os

**Supra*, p. 125-126

traços da fronte, deve ter proporcionado um perfil pouco promissor. Esse homem tosco, no entanto – a não ser que as evidências enganem –, foi a primeira criatura na terra a fazer uso do fogo.

As descobertas no deserto de Ordos foram de nível consideravelmente mais alto. "Quanto ao tipo", escreve o Dr. Andersson, "a maioria dos implementos está mais próxima do período cultural conhecido na Europa como Musteriano. [...] Mas há também muitas semelhanças com o período seguinte, o Aurignaciano. Excepcionalmente, encontramos objetos que, pela perfeição, lembram a cultura ainda posterior que os franceses chamam de Magdaleniana. Em vista de nosso limitado conhecimento da Antiga Idade da Pedra da Ásia Oriental, entretanto, pode ser cedo demais para entrarmos em comparações detalhadas e temos de nos contentar, por enquanto, com a sugestão de que as descobertas de Ordos se parecem mais, quanto ao tipo, com as civilizações Musteriana e Aurignaciana da Europa Ocidental, que é o período médio da Antiga Idade da Pedra".[8]

A observação dos traços não mongólicos dos vestígios do primeiro ser humano completo (*Homo sapiens*) do Extremo Oriente é de interesse não apenas do ponto de vista antropológico, mas também com referência aos problemas da mitologia, já que pode (estou dizendo apenas *pode*) ajudar a explicar alguns (e estou dizendo apenas *alguns*) dos paralelos a serem notados entre os mitos e as artes dos índios norte-americanos e os da antiga China. A esse respeito, vou citar as palavras do Dr. Walter A. Fairservis Jr., do Museu Americano de História Natural:

> As evidências [...] indicam que pelo final do Plistoceno (término dos Períodos Glaciários), a Ásia Setentrional, incluindo a China Setentrional, foi ocupada por um povo paleocaucasoide, provavelmente muito semelhante em termos físicos aos ainos do Japão. As evidências também indicam que não houve mongoloides no Sudeste Asiático até muito mais tarde. E como não temos nenhum tipo mongol nesse período na Ásia Ocidental, devemos pressupor um lugar de origem ao norte. [...]
>
> Alega-se que os atributos físicos (mongóis)* são resultantes de um habitat dominado por frio extremo. Semelhante meio ambiente deve ter existido na Sibéria e Ásia Centro-Oriental durante o Quarto Período Glaciário, quando áreas livres de gelo existiam como bolsões entre as geleiras montanhosas e os lençóis de gelo siberianos. Tais áreas eram extremamente frias (com frequência, abaixo de 60 °C negativos) e varridas por ventos fortes. Os homens e os animais devem ter travado uma árdua luta para sobreviver. Muitos homens morreram e os restantes, em pequeno número, adaptaram sua cultura à situação: transformaram peles de animais em roupas protetoras (primeira confecção de roupas?). Esta é uma adaptação, mas há outra de maior interesse. A exposição necessária do rosto humano, particularmente do nariz, boca e olhos, exigiu uma mudança física para proteger essas partes sensíveis. A condição mais favorável para a seleção natural pode ter existido nesses grupos restritos isolados

* Esses são: 1. constituição sólida; 2. extremidades pequenas; 3. rosto achatado; 4. olhos empapuçados, com epicantos; 5. cabelos grossos e lisos com poucos pelos no rosto e corpo.

de protomongóis (não identificados). Se esse tiver sido o caso, teriam ocorrido as mudanças anatômicas para a sobrevivência. [...]

O clássico povo mongol que saíra de seu habitat do Período Glaciário com o aquecimento da última glaciação, provavelmente começou a sair de sua terra natal em algum momento após 8.000 a 10.000 anos atrás. Misturou-se com outras raças e com o tempo produziu as descendências mongóis que hoje povoam o mundo. Por volta do segundo milênio a.C., os habitantes da China Setentrional e pelo menos parte da China Ocidental eram essencialmente mongoloides. [...]

No sudoeste da Sibéria, o tipo mongol não aparece na sequência arqueológica até o período da cultura Minusinsk Kurgan (provavelmente após 500 a.C.). Isso indicaria que o centro das culturas mongólicas estava provavelmente situado a leste do rio Ienisei e que o maior deslocamento dessa raça se encontrava ao longo de um eixo norte-sul, que iria responder por sua primeira difusão para a China e, possivelmente, para o Novo Mundo.[9]

Quatro ocorrências pré-históricas têm, portanto, de ser levadas em conta à medida que as formas peculiares do sistema mitológico chinês começam a surgir:

1. O Paleolítico Inferior, cerca de 500000 a.C., com origem primordial nos trópicos (provavelmente no centro do Sudeste Asiático: Homem de Java): uma raça de canibais semelhantes a macacos usando pesados machados toscos e, em Choukoutien, também o fogo.

2. O Paleolítico Médio e (possivelmente) Superior, cerca de 50000-25000 a.C., com ferramentas de pedra lascada mais elaboradas, sugerindo a série bem conhecida da Europa: Musteriana (Homem de Neandertal), Aurignaciana e Magdaleniana (Homem de Cro-Magnon). Ali devem ter prevalecido os ritos, mitos e costumes do mundo cultural nórdico da Grande Caça, conforme discutimos com relação tanto à América quanto à Eurásia em nosso volume *Mitologia Primitiva.*

3. Uma comunidade hipotética separada do resto do mundo, altamente especializada, de protomongóis árticos que, quando saiu por volta de 8000-6000 a.C. de sua terra natal isolada e gélida, em algum lugar ao nordeste do Ienisei, se dirigiu em parte para o sul, penetrando, através da Mongólia e da China, até a Indonésia, e em parte para a América do Norte e do Sul. Daqui para a frente procuraremos sinais que possam nos dizer algo a respeito das fórmulas míticas deste complexo protomongol circumpolar.

4. As grandes culturas de cerâmica do Neolítico Superior, que o Dr. Andersson foi o primeiro a encontrar na China em uma rica sequência de escavações em Kansu, Shansi e Honan e que emergem subitamente – como se saíssem do nada.

Quanto mais fundo penetramos no estudo daqueles tempos remotos (afirma o Dr. Andersson), mais ficamos impressionados com os enigmas indecifráveis que surgem à nossa frente. O principal deles é o "hiato neolítico", (do qual) os fatos são, em resumo, como segue:

Durante o período loesse (Era Paleolítica) o clima da China Setentrional era tão árido que a região, afora as áreas lacustres, pode ter sido amplamente despovoada.

Depois do período loesse seguiu-se o P'an Chiao, de erosão fluvial vertical, durante o qual a camada de loesse se quebrou amplamente e pequenas gargantas locais se formaram entre as rochas sólidas. Esse período, que pode corresponder aproximadamente ao Mesolítico e Neolítico Inferior, foi um tempo de chuvas abundantes, o que naquela parte do mundo deve significar um clima ameno. Em outras palavras, a região certamente era rica em caça e deve ter sido um habitat agradável para o homem primitivo. Entretanto, pelo que sei [...] nenhum sítio mesolítico ou neolítico antigo incontestável foi encontrado na China até hoje. [...]

Então, de súbito, bem no final do Neolítico, a apenas quatro mil anos de nosso tempo (isto é, por volta de 2000 a.C.), a região até aquele momento aparentemente vazia fica repleta de vida. Centenas, para não dizer milhares, de aldeias ocupam os platôs que dominam os vales. Muitas dessas aldeias eram de tamanho surpreendente e devem ter abrigado uma população considerável. Seus habitantes eram caçadores e criadores de gado, mas ao mesmo tempo agricultores, como evidenciam seus implementos e a descoberta de cascas de arroz em um fragmento de cerâmica em Yang Shao Tsun. Os homens eram carpinteiros hábeis e suas mulheres peritas em tecelagem e bordado. Sua cerâmica primorosa, igual a poucas na época, indica que os então habitantes de Honan e Kansu tinham desenvolvido um nível de civilização em geral alto. Deve ter havido, não sabemos por qual meio – novas invenções ou a introdução de novas ideias de fora –, um ímpeto que permitiu a rápida difusão de uma população em constante crescimento.[10]

Como datas prováveis, no volume *Mitologia Primitiva* foram indicadas as seguintes:

1. *Uma cerâmica rústica, não esmaltada:* hipoteticamente, sua textura rústica, modelada a mão ou torneada, decorada com impressões (de corda ou esteiras) ou com pedaços e tiras de argila sobrepostas a ela antes de ser queimada, pode ser atribuída a um (ainda não confirmado) estrato neolítico inicial de cerca de 2500 a.C. Há uma considerável difusão desse tipo de objetos de cerâmica fora da China, da Inglaterra às Américas, e sua região de origem, em geral, parece ter sido o Oriente Próximo nuclear, por volta de 4500 a.C.

2. *Uma cerâmica finamente pintada* (*Yangshao*), cerca de 2200-1900 a.C.: mostrando inegáveis afinidades sobretudo com os objetos de cerâmica pintada, por um lado, da região do Danúbio-Dniester do Sudeste Europeu (a região ária) e, por outro, do norte do Irã: notáveis motivos comuns são o machado de dois gumes, a espiral e a suástica, o meandro e o polígono, o círculo concêntrico e o xadrez, linhas onduladas, zigue-zagues angulares e listras organizadas; entretanto, uma característica interessante, peculiar, creio, à China e ao México pré-colombiano, é o chamado Tripé Li, um vaso composto como três seios pendentes, oco por dentro, sustentando-se como um tripé sobre as pontas.

3. *Uma fina cerâmica negra polida* (*Lungshan*): mais típica de Shantung ("Terra Santa da China") do que de Honan; a ser atribuída, aparentemente, a cerca de 1900-1523 a.C.

4. *Uma fina cerâmica branca* (*Shang*): associada com o bronze, a carruagem de duas rodas puxada por cavalos, a escrita e o conceito de cidade-estado hierática. A dinastia Shang é a primeira das dinastias clássicas da China e hoje lhe é atribuída a data de cerca de 1523-1027 a.C.

Com relação ao esquema que venho usando para cruzar as referências das mitologias das civilizações avançadas, parece que essa sequência chinesa, longe de ser a primeira, de fato, é a última. Lembremos que nossas datas, com respeito ao Oriente Próximo nuclear, são as seguintes:

I. Protoneolítico: *c.*7500-5500 a.C.
II. Neolítico Basal: *c.*5500-4500 a.C.
III. Neolítico Superior: *c.*4500-3500 a.C.
IV. Cidade-estado hierática: *c.*3500-2500 a.C.
V. Alta Idade do Bronze: *c.*2500-1500 a.C.
VI. Idade Heroica do Ferro: *c.*1500-500 a.C.
VII. Período dos Grandes Clássicos: *c.*500 a.C.-500 d.C.
VIII. Período das Grandes Crenças: *c.*500-1500 d.C.

A Índia entrou na história, como vimos, durante o Período V. A China aparece agora no Período VI. Entretanto, de acordo com os textos chineses disponíveis, teremos de esperar até o Período VII. Mas então, numerosos sinais já evidenciam relações, pelo menos remotas, com o Ocidente. A Rota da Seda Roma-China era usada comercialmente por volta de 100 a.C. Alexandre chegou ao vale do Indo em 327 a.C. A Pérsia tinha estado no Indo dois séculos antes e vimos que o ferro chegou à Índia via Pérsia, cerca de 500 a.C. O ferro chegou à China mais ou menos na mesma época.

As principais datas a ter em mente durante esta parte de nosso estudo são as seguintes:

Shang (Alta Idade do Bronze Chinesa Básica), 1523-1027 a.C.
Chou Antigo (período do feudalismo desenvolvido), 1027-772 a.C.
Chou Médio (período da desintegração do feudalismo), 772-480 a.C.

CONFÚCIO, 551-478 a.C.

Chou Tardio (período dos Estados bélicos), 480-221 a.C.
Ch'in (Queima dos Livros: Grande Muralha), 221-206 a.C.
Han (burocracia confuciana instituída), 206 a.C.-220 d.C.
Seis Dinastias (desunião: budismo instituído), 220-589 d.C.

BODHIDHARMA, 520 d.C.*

Sui (reunificação do império: Grande Canal), 590-617 d.C.
T'ang (auge da civilização chinesa), 618-906 d.C.

* Este é provavelmente um personagem lendário e certamente a data também é lendária.

Sung (neoconfucionismo: apogeu da pintura), 960-1279 d.C.
Yüan (dinastia mongol: Genghis Khan), 1280-1367 d.C.
Ming (restauração do neoconfucionismo), 1368-1643 d.C.
Ch'ing (dinastia manchu: desintegração), 1644-1911 d.C.

Os períodos das dinastias Shang e Chou Antigo e Médio geralmente correspondem, tanto nas características quanto no tempo, à Índia desde a chegada dos árias até o período de Buda. O século oitavo e os seguintes antes da era cristã viram surgir as grandes cidades principescas em uma vasta região da China, bem como da Índia, e o consequente colapso da ordem feudal anterior. Diz-se que na época de Confúcio havia nada menos que 770 Estados monárquicos em luta. Entretanto, quando esse universo começou a vir abaixo, a mentalidade chinesa, em vez de abandonar a luta e retirar-se para a floresta, assumiu o problema do reparo. E assim, em vez da história elevada dos caminhos do desapego, a filosofia chinesa caracterizou-se por contestar os sistemas de orientação do mundo existente – com efeitos que vamos ver agora.

II. O PASSADO MÍTICO

Edgar Allan Poe escreveu um pequeno texto que chamou "The Imp of the Perverse" [O Espírito Maligno do Perverso], e penso que deve haver nos criadores de crenças, em todo o mundo, uma influência excepcionalmente forte dessa faculdade e impulso que ele descreve, pois não é possível que eles não saibam o que estão fazendo. Tampouco é possível que se considerem impostores. Entretanto, raramente se contentam em fabricar como alimento moral da humanidade uma despretensiosa cervejinha com aquilo que eles sabem ser sua própria fantasia apócrifa: eles *precisam* apresentar seu agente inebriante, de aparência deliberadamente faustosa, como a ambrosia de alguma fonte da Verdade, à qual eles, em seu estado de espírito, tiveram acesso. Como disse nosso autor, Poe: "Todo metafisicismo", assim ele denomina tal atividade, "foi tramado *a priori.* O homem intelectual ou lógico, mais do que o sensível e observador, pôs-se a imaginar desígnios – para ditar propósitos a Deus. Tendo assim sondado, para sua satisfação, as intenções de Jeová, a partir dessas intenções ele construiu seus inumeráveis sistemas mentais".[11] E com um curioso traço da mesma perversão pela qual os sábios pregam seus desígnios, tanto o vulgo quanto os eruditos sempre relutaram em ver trazidas à luz quaisquer verdades que possam informá-los acerca da verdadeira natureza das tramas por meio das quais vivem, sonham e ordenam suas próprias vidas. Assim tem sido, sabemos, em nossa própria relação com a Bíblia. Assim também é no Extremo Oriente nas questões da idade de ouro de Yao e Shun, dos milagres da engenharia do Grande Yü e, acima de tudo, da história escrita de uma China de cinco mil anos.

Na verdade, é surpreendente quão pouco sabemos dos escritos chineses anteriores ao período de Confúcio (551-478 a.C.). E o que para alguns talvez seja ainda mais surpreendente é o fato de que do período de Confúcio em diante houve tamanha adulteração de textos que os cientistas mais eruditos, seja da Europa, Japão ou da China, ficaram impossibilitados, até agora, de reconstruir com segurança até a obra do próprio Confúcio – para não mencionar qualquer sabedoria, seja mítica, filosófica ou outra, que possa ter havido antes. Em consequência, todos os mitos (ou melhor, anedotas moralizantes) da idade de ouro da China têm de ser reconhecidos antes como produto de uma floresta confuciana de canetas do que de qualquer "terra boa" ou "floresta primeva". E se há gemas e jades a ser encontrados entre eles nas verdadeiras mitologias de Yangshao, Lungshan, Shang ou mesmo Chou (isto é, qualquer coisa anterior à queima dos livros de Shih Huang Ti, em 213 a.C.), temos de reconhecer que foram guindadas de seu cenário primitivo e remontadas cuidadosamente num cenário tardio altamente sofisticado, como um antigo escaravelho egípcio transformado em anel para a mão de alguma dama.

Em uma obra de imensa erudição, o Dr. Bernhard Karlgren, sinólogo sueco, tentou reconstruir o saber mítico com o qual os chineses – ou, pelo menos, alguns chineses – viviam antes de os escoliastas do período Han começarem a aplicar suas próprias marcas de erudição à tradição, e vou guiar-me por ele na aceitação de que os materiais apresentados em suas páginas sejam em grande medida provenientes, como ele supõe, das lendas ancestrais das casas reais do período Chou.

O primeiro ponto a ser notado é que não há lendas da criação, nem nesses primeiros mitos do período Chou nem nos posteriores clássicos confucianos. Algumas dessas lendas aparecem durante o período Han tardio, mas não pertencem ao sistema clássico e em sua maioria estão associadas ao pensamento taoista tardio. Mais do que nos informar sobre a China, ilustram a difusão mundial de temas no período dos quatro grandes impérios: Roma, Pérsia dos arsácidas, Índia dos kushanas e China dos han. Elas pertencem à mitologia cosmopolita das grandes rotas marítimas e terrestres. Tampouco encontramos no material chinês primitivo nenhuma grandiosa imagética sobre a dissolução cósmica – tal como aparece em todas as mitologias da Índia. O mundo ali é algo bem mais concreto do que na miragem cósmica indiana. E finalmente, não há qualquer sinal da Grande Reversão em sua busca fundamental da raiz da vontade de viver. Os chineses mantiveram, através de todas suas dificuldades (eles tiveram muitas), uma confiança dotada de extraordinária esperança tanto em si mesmos quanto nos simples benefícios da progênie, prosperidade e longevidade.

Em contraste com o abundante cardápio em que estivemos mergulhados na Índia, a cozinha chinesa parecerá, a princípio, um pouco frugal. Mas os pratos – o leitor verá – continuam a chegar e não demorará muito para que um verdadeiro banquete seja servido. Os chineses têm um jeito peculiarmente sinuoso de pensar e também de comer, e apesar de todos meus esforços para apresentar sua mitologia de outra maneira, o estilo sinuoso prevaleceu. E assim, aqui estamos, no início de uma curiosa estrada: o passado mítico da China, conforme representado nos restos de uma mitologia completamente destroçada dos períodos antigo e médio da dinastia Chou, que chegou até nós apenas em fragmentos distantes entre si, espalhados através dos textos das posteriores eras pós-confucianas. O leitor perceberá que aqui não há cosmogonia, nenhuma criação do mundo. O mundo já está solidificado sob os pés e a obra a iniciar-se é a construção da China.

PERÍODO DOS PRIMEIROS HOMENS

1. *Os Senhores dos Ninhos dos Pássaros.* As pessoas naquela época viviam em ninhos de pássaros construídos nas árvores, para evitar os perigos que as ameaçavam no chão.

2. *Os Senhores, os Instrutores do Fogo.* Comendo alimentos crus, as pessoas estavam destruindo seus estômagos. Alguns sábios inventaram o uso do fogo e ensinaram-nas a cozinhar.

3. *O Dilúvio de Kung Kung.* "Depois do tempo dos Instrutores do Fogo, quando Kung Kung era rei, as águas ocuparam sete décimos e a terra três décimos do mundo. Ele aproveitou-se das condições naturais e nesse espaço restrito governou o império."[12]

Deve-se observar que aqui já temos um império e temos também um Dilúvio. E um tema chinês básico se anuncia na frase final, onde consta que Kung Kung "aproveitou-se das condições naturais". A virtude consiste em respeitar tais condições e a competência, em fazer uso delas.

Na *História Clássica* posterior (*Shu Ching*), um dos textos fundamentais do pensamento clássico chinês, o período dos primeiros homens é completamente ignorado e todas as coisas boas começam com a idade de ouro de Yao e Shun (*infra*, p. 301), enquanto Kung Kung é deliberadamente transferido para aquela época e transformado em um dignitário incompetente que foi banido.

PERÍODO DA VIRTUDE SUPREMA

O nome deste período sugere que deve ter sido de considerável importância na antiga mitologia. Entretanto, nada resta dele nos textos ainda existentes, a não ser os nomes de mais ou menos uma dúzia de seus reis, um dos quais, Jung Ch'eng, é chamado o criador do calendário, e outro, Chu Jung, leva o nome do deus do fogo. O Dr. Karlgren observa que, embora os nomes dos reis daquele período obscuro "nos digam pouco", eles enfatizam o fato importante de que "na China do tempo Chou devem ter existido incontáveis mitos a respeito dos heróis primevos".[13]

PERÍODO DOS DEZ GRANDES, CULMINANDO COM YAO, SHUN E O GRANDE YÜ

A este importante período, que acaba em um dilúvio, foram atribuídos dez imperadores da antiga mitologia do período Chou. Portanto, parece que o que estamos vendo aqui pode ser uma transformação local da lista da série de antigos reis sumérios.*

* *Supra*, p. 100.

Apresentarei, junto com os nomes de seus dez monarcas míticos, alguns itens de suas próprias lendas, pois parecem reforçar o argumento de uma fonte mesopotâmica; tentarei indicar também as variações chinesas características.

1. *Fu Hsi*; 2. *Shen Nung*. Nas lendas do período Chou, estes dois imperadores exerceram papéis modestos, Entretanto, ambos adquiriram grande importância no posterior *Livro das Mutações* (*I Ching*), onde são creditados a Fu Hsi a invenção dos símbolos nos quais essa obra se baseia (p. 322), bem como ter ensinado o povo a usar redes para caçar e pescar; quanto a Shen Nung, que, segundo se conta, "governou o mundo durante dezessete gerações", supõe-se ter inventado o arado e instituído os mercados.*[14]

3. *Yen Ti*. Ao longo reinado de Shen Nung, seguiu-se o curto reinado de Yen Ti, destronado pelo seu glorioso irmão Huang Ti.

4. *Huang Ti*. Supõe-se que esta importante figura mítica, o chamado Imperador Amarelo, teve vinte e cinco filhos, dos quais não menos do que doze famílias feudais do período Chou se proclamaram descendentes; de modo que, como observa Karlgren, "sacrifícios a Huang Ti devem ter sido amplamente difundidos nas cortes feudais e não exclusivos da casa real".[15] Huang Ti inventou o uso do fogo (já inventado pelos Instrutores do Fogo), queimou as florestas das montanhas, limpou as matas, incendiou os pântanos e expulsou os animais selvagens. Dessa maneira, ele tornou possível a criação de gado. Sua virtude submeteu os bárbaros das quatro fronteiras, alguns dos quais tinham furos no peito, outros braços longos e outros olhos afundados. Ele consultou seus sábios enquanto deliberava sobre o Terraço Brilhante, ordenou que se fizessem tubos musicais e uma estrutura com dez sinos "para harmonizar os cinco sons", e quando se dirigiu ao monte sagrado T'ai-shan para convocar os espíritos, foi em uma carruagem de marfim puxada por seis dragões. O deus-vento ia à frente varrendo; o deus-chuva borrifou o caminho; tigres e lobos galoparam na frente, espíritos animados atrás, serpentes cobriram todo o caminho e fênices sobrevoavam o caminho.[16]

Vale notar aqui um tipo de pensamento que denominarei *etnologia mítica*, típico não apenas da filosofia chinesa, mas de todo o sistema arcaico.** Além do limite do Reino do Meio há apenas bárbaros, não exatamente humanos, que a China tem a missão cósmica de controlar – como concluímos, por exemplo, da seguinte mensagem admoestadora enviada pelo grande Imperador Manchu da China, em 1795, ao Rei George III da Grã-Bretanha.

* Vale a pena notar que os eruditos ocidentais do século XIX em geral concordam com os chineses sobre o fato de que esses reis lendários foram realmente monarcas. As datas de Fu Hsi foram supostas como sendo 2953-2838 a.C.; as de Shen Nung 2838-2698 a.C. (Conforme E.T.C. Werner, *A Dictionary of Chinese Mythology*, Kelly and Walsh, Xangai, 1952, p. 419.)

** Comparar com a visão indiana, *supra*, p. 184-185, letra B.

Dominando o vasto mundo, tenho apenas um propósito em vista, ou seja, manter controle absoluto e cumprir com as obrigações de Estado. Objetos estrangeiros e caros não me interessam. [...] Não tenho necessidade dos manufaturados de vosso país. [...] Cabe a vós, ó Rei, respeitar minhas opiniões e manifestar ainda maior devoção e lealdade no futuro, para que, através da perpétua submissão ao nosso trono, possais assegurar paz e tranquilidade a vosso país daqui por diante. [...] Nosso Império Celestial possui todas as coisas em prolífica abundância e não carece de nenhum produto dentro de suas fronteiras. Não havia, portanto, nenhuma necessidade de importar manufaturas bárbaras de fora, em troca de nossos produtos. [...] Não esqueço a distância solitária de vossa ilha, separada do mundo por extensões imensas de mar; tampouco esqueço vossa escusável ignorância sobre os costumes de nosso Império Celestial. [...] Obedecei tremendo e não sejais negligente.[17]

Ah! ha!

5. *Shao Hao*. Pouca coisa é contada sobre este rei nos textos disponíveis atualmente. Apenas que ele reinou por sete anos (motivo: ritual regicida?). Mas à medida que a série dos Dez Grandes se aproxima da clássica idade de ouro de Yao e Shun, os textos se tornam mais abundantes e as coisas começam a ficar mais claras.

6. *Chuan Hsü, conhecido também como Kao Yang*. Kao Yang teve oito filhos talentosos, um dos quais, Kun ("o Grande Peixe"), foi o pai do Grande Yü e seu predecessor malsucedido nas lides com o Dilúvio (ver item 8).[18]

7. *K'u*. Este monarca tinha duas esposas, Chiang Yüan e Chien Ti, e ambas conceberam milagrosamente. A primeira ficou grávida quando pisou na pegada do dedão do pé de Deus. Ela pariu Hou Chi, "sem ruptura ou laceramento" que, no reinado de Shun se tornou Ministro da Agricultura. "Eles o colocaram numa viela estreita e as vacas e ovelhas o alimentaram entre as patas. Colocaram-no sobre o gelo e os pássaros o cobriram e protegeram."[19] (Parto de virgem, banimento da criança, pais adotivos animais: evemerização de uma divindade agrícola. Compare-se com o nascimento de Cristo na manjedoura.) A segunda gravidez ocorreu quando as duas jovens damas estavam em sua torre de lazer de nove andares, desfrutando vinho, doces e música. Deus enviou-lhes uma andorinha que cantava e as duas brigaram entre si para capturá-la. Cobriram-na com um cesto, que ergueram depois de um tempo e a andorinha escapou, deixando dois ovos. Cada uma engoliu um; Chien Ti concebeu e a criança que ela pariu tornou-se, séculos mais tarde, o pai do fundador da dinastia Shang.[20] (O número nove aqui é significativo. É o número místico da Beatriz de Dante;[21] o número dos coros de anjos entoando hinos a Deus, e o número das batidas do toque do ângelus, celebrando a concepção de Cristo por Maria através da Pomba. Compare-se também Leda e o Cisne.)

8. *Yao*. Ti Yao, Divino Yao, o mais célebre monarca da idade de ouro chinesa, é o exemplo do homem sábio de todos os tempos. A grande *História Clássica* (*Shu Ching*) começa com uma celebração de seu caráter e reinado:

"Investigando a antiguidade, encontramos o Divino Yao, que, naturalmente e sem esforço, era reverente, inteligente, realizado, atencioso, sinceramente amável e diligente. Outrossim, a luminosa influência dessas qualidades era sentida nas quatro direções e alcançava tanto a esfera superior quanto a inferior. Ele distinguia os capazes e os virtuosos tendo, portanto, amável consideração por todos os integrantes das nove classes de seu parentesco, criando assim uma esfera harmônica. Ele moderava e esclarecia as pessoas, que se tornaram todas luminosamente inteligentes. Unificou e harmonizou os muitos Estados. E o povo de cabelos negros foi assim transformado. O resultado foi a harmonia universal."[22]

Entretanto, apesar de sua grande virtude e da influência cósmica de seu caráter sábio, nem tudo foi perfeito no período de Yao; pois houve grandes inundações, que ninguém parecia capaz de controlar. O Ministro de Obras prometera muito e realizara pouco.

> Ti Yao disse: "Quem procurará para mim um homem à altura dos tempos, que eu possa elevar e empregar?"
>
> Fang Chi respondeu: "Vosso próprio filho e herdeiro Chu é excepcionalmente inteligente".
>
> Ti Yao disse: "Oh! Ele não é sincero e é briguento. Será ele capaz?"
>
> Ti Yao continuou: "Quem procurará para mim um homem à altura das exigências dos meus negócios?"
>
> E seu perverso conselheiro Huan Tou respondeu: "Bem, os méritos do Ministro de Obras revelaram-se recentemente em larga escala".
>
> Ti Yao disse: "Oh! Quando tudo está em silêncio, ele fala; mas na prática, suas ações mostram-se diferentes. Ele merece respeito apenas em aparência. Ai! As inundações ameaçam os céus!"
>
> Ti Yao voltou-se, por isso, para seu Primeiro-Ministro: "Meu bom Mestre das Quatro Montanhas, as enchentes são terríveis. Elas envolvem as montanhas e cobrem as maiores alturas, ameaçando até mesmo os céus, de maneira que as pessoas de baixo gemem e murmuram. Não há absolutamente nenhum homem competente em quem eu possa confiar para corrigir essa calamidade?"
>
> E todos na corte disseram então: "E Kun?"

Pois bem, Kun, como já vimos, foi o pai do jovem que se tornaria o Grande Yü e ele próprio era um dos talentosos oito filhos do monarca anterior (6) Chuan Hsü.

> Ti Yao disse: "Oh! Quão perverso é aquele sujeito! Desobedecendo ordens ele tenta ofender seus iguais".
>
> O Mestre das Quatro Montanhas argumentou: "Mas talvez seja bom deixá-lo tentar, apenas para ver se ele não consegue".
>
> Assim, Kun foi empregado. Ti Yao disse a ele: "Vai e sê respeitoso!" Ele trabalhou durante nove anos, mas a obra permaneceu irrealizada.
>
> Ti Yao disse então a seu Primeiro-Ministro: "Ora, meu bom Mestre das Quatro Montanhas, eu já estou há setenta anos neste trono. Tu podes cumprir minhas ordens: vou entregar-te meu lugar".

Mas o outro disse: "Não tenho virtude. Seria uma desgraça em vosso lugar".

Ti Yao disse-lhe: "Indica-me então alguém entre os ilustres ou alguém entre os pobres e miseráveis".

Então, todos os presentes disseram a Ti: "Há um homem solteiro entre as pessoas inferiores, chamado Shun".

Ti Yao disse: "Sim, já ouvi falar a seu respeito. O que tendes a dizer dele?"

O Mestre das Quatro Montanhas falou: "Ele é filho de um cego. Seu pai era obstinadamente sem princípios; sua mãe adotiva falsa; seu meio-irmão Hsiang era arrogante. Entretanto, ele tem sido capaz, por sua devoção filial, de viver com eles em harmonia e de conduzi-los gradualmente ao autocontrole, de maneira que não estão mais propensos a grandes perversidades".

Ti Yao disse: "Vou testá-lo. Vou casá-lo e observar seu comportamento com minhas duas filhas".

E Ti Yao arranjou tudo como deveria ser, enviando suas duas filhas para o norte do rio Kwei, para serem esposas na família de Shun. E Ti disse a elas: "Sede respeitosas!"[23]

Assim, chegou o momento da escolha e ascensão de um novo Ti, um novo rei--deus, o que mostra claramente que a descendência e o valor não são genealógicos, mas morais – uma questão eminentemente confuciana, tornada ainda mais enfática pelo mau caráter atribuído tanto ao filho do próprio imperador quanto aos familiares do jovem Shun, cuja piedade filial é o principal e mesmo o único motivo de sua elegibilidade enquanto eixo do universo. Não há nada comparável, que eu saiba, nas mitologias da Índia, onde a ênfase recai sempre na estirpe.

Esse motivo característico da China, do monarca passando o trono ao mais meritório de seus súditos sem levar em consideração a posição social, pode ser um vestígio de uma ordem matriarcal anterior e mesmo de algo tão violento quanto o tema do assassinato do velho rei discutido por Frazer em *O Ramo Dourado*; pois Yao, como vimos – um tanto precipitadamente – entrega a Shun ambas as filhas. Na verdade, em um livro antigo há um verso que revela com exatidão esse tom assassino ao declarar: "Shun forçou Yao; Yün forçou Shun".[24] Entretanto, nesse contexto clássico posterior, o motivo arcaico – se é que existe – foi aplicado a um argumento moral que está no cerne do ideal chinês do caráter do bom rei, do rei sábio e, em consequência, do homem sábio.

Yao testou Shun por vários meios: enviou-o, por exemplo, a uma floresta ao pé de montanhas selvagens; mas nem mesmo ventos violentos, trovões e chuvas conseguiram fazê-lo desviar-se do caminho.[25] Portanto, aqui, mais uma vez, temos um tema primitivo, comum, por exemplo, nos mitos da América do Norte: o daquele que testa, o sogro ogro. Mas novamente a moral é confuciana. Pode-se comparar essa provação de Shun na floresta, entre ventanias, trovões e chuvas, com a do salvador jainista Parshvanatha* – e o contraste do tema indiano, de desapego absoluto, com

* *Supra*, p. 178.

o confuciano, de competência no envolvimento construtivo, torna-se tão vívido quanto se poderia esperar.

"Os agricultores do Li-shan desrespeitavam as divisas uns dos outros. Shun foi para lá cultivar e ao fim de um ano as divisas estavam corretas. Os pescadores à margem do Ho disputavam as águas rasas. Shun foi para lá, pescou, e ao fim de um ano eles cederam o lugar aos mais velhos. Os ceramistas dos bárbaros orientais faziam vasos rústicos e de má qualidade. Shun foi para lá e fez cerâmica. Ao fim de um ano, os vasos deles tornaram-se bons."[26]

Ti Yao permaneceu apenas mais três anos no trono, e então convidou Shun para assumi-lo, e o bom jovem, obviamente, declinou. "No entanto", afirma a *História Clássica*, "no primeiro dia do primeiro mês Shun aceitou o afastamento de Ti Yao no templo do Ancestral Realizado."[27] (Compare-se com o festival Sed do Faraó, programado para o início do ano!) E depois de Shun ter reinado por vinte e oito anos, Yao, aos 101, morreu em uma viagem ao norte para instruir as oito tribos bárbaras daquela região, entre as quais foi enterrado com simplicidade, sem túmulo, no lado norte da montanha sagrada do Norte.[28]

9. *Shun*. Como imperador vice-regente, Shun já realizara durante vinte e oito anos todos os grandes sacrifícios, fazendo viagens de inspeção a cada cinco anos nas quatro direções onde oferecia sacrifícios às montanhas. Recebia os senhores feudais dos quatro cantos a cada quatro anos em sua capital e examinava suas obras, distribuía símbolos de investidura, corrigia padrões de medida, dividia o reino em doze províncias, instituía códigos penais e punia os que mereciam punições.[29]

Era também muito generoso para conceder prêmios. Por exemplo, quando seu Guardião dos Dragões, Tung Fu, se mostrou especialista em atrair dragões para seu celeiro dando-lhes o alimento de que gostavam, Shun apreciou tanto seu ato que lhe concedeu o nome de um clã e uma família, enfeudou-o e instituiu-o como ancestral de uma grande casa real.[30]

Entretanto, o problema principal continuava, isto é, as enchentes, que Kun havia fracassado miseravelmente em controlar pois, de acordo com a *História Clássica*, em sua empreitada ele tinha cometido o erro de violar a natureza. "Ele represou as águas da inundação e com isso causou perturbação no arranjo dos cinco elementos. Como consequência, o senhor do Céu ficou irado e não lhe concedeu o Grande Plano com suas nove divisões. Portanto, os princípios imutáveis do método celestial foram à ruína. Kun foi aprisionado até sua morte, e seu filho Yü subiu e assumiu sua tarefa."[31]

10. *Yü*. "Ao Grande Yü", continua nosso texto, "o Céu forneceu o Grande Plano com suas nove divisões, e assim os princípios imutáveis do método foram devidamente colocados em prática."[32] E esse método era exatamente o oposto daquele que o pai de Yü tinha usado; pois, como informa Mêncio: "Yü escavou o solo e conduziu a água para o mar; afastou as serpentes e os dragões, relegando-os aos pântanos. As águas percorreram assim seus cursos pelo meio da terra: os rios Hsiang, Huai, Ho e Han. E, depois de removidos os obstáculos, os pássaros e animais que molestavam as pessoas foram afastados e o povo recebeu terras boas, onde se assentou".[33]

Yü tinha um longo pescoço, a boca como bico de corvo e o rosto feio também. O mundo, entretanto, continuava considerando-o um sábio, por causa de sua dedicação ao saber.[34] Uma serva do imperador, que havia feito um excelente vinho, levou-lhe um pouco; mas depois de prová-lo, achando-o delicioso, ele mandou-a embora. "No futuro", ele disse, "haverá muitos que perderão seus Estados por causa da bebida." E absteve-se dali em diante de qualquer vinho. Toda sua vida, naqueles anos, foi dedicada ao trabalho, que realizava em harmonia com as condições naturais. Quando ele entrava na terra dos nus, despia-se de acordo com o costume nativo. E ia em cumprimento de suas tarefas até os confins da terra. No mais extremo oriente, ele chegou ao lugar da árvore onde os dez sóis se banham e pousam e depois voam; no mais extremo sul, chegou à terra das árvores laqueadas, do grão vermelho, das termas, das montanhas dos nove brilhos, das pessoas aladas, das pessoas nuas e à terra dos imortais; a oeste, onde as pessoas bebem orvalho e vivem do ar, à montanha do mágico, à montanha do ouro acumulado e à terra das pessoas de três rostos e um braço; ao norte, às terras dos vários bárbaros, das águas reunidas, das montanhas sagradas do norte e à montanha das pedras empilhadas.[35] E quando acabou seu trabalho, ele foi até Shun. Conforme narra a *História Clássica*:

> Shun disse: "Deves ter experiências maravilhosas para contar".
>
> Yü respondeu com uma mesura: "Só tenho pensado em meu trabalho diário. O que posso dizer?"
>
> Disse o Ministro da Justiça: "Oh, vamos lá! Não vais nos contar absolutamente nada?"
>
> Yü respondeu: "As águas da inundação pareciam alcançar o céu; em sua magnitude, elas envolviam montanhas imensas, cobriram grandes montes, e as pessoas estavam assustadas, espantadas. De maneira que montei meus quatro veículos (carruagens por terra, barcos por mar, trenós pelas geleiras e sapatos com pregos para escalar montanhas) e nas montanhas derrubei árvores. Ao mesmo tempo, junto com o Ministro da Agricultura (ver item 7), mostrei à multidão como procurar carne para comer (apanhando peixes, pássaros e animais). Abri passagens para as águas pelas nove províncias e conduzi-as para o mar, semeando grãos ao mesmo tempo, sempre acompanhado do Ministro da Agricultura; mostrei às multidões como conseguir alimentos com o trabalho além da caça. Incitei-as a trocar o que tinham pelo que não tinham e a disporem de reservas acumuladas. Dessa maneira, todos receberam grãos para comer e as inúmeras regiões começaram a ser bem governadas. [...]
>
> "Quando me casei, permaneci apenas quatro dias com minha esposa. E quando meu filho chorava, não lhe dava atenção, mas continuei meu trabalho com todas as minhas forças."[36]

"Durante dez anos", afirma outro texto, "Yü não viu seu lar. Em suas mãos as unhas não cresceram. Em suas canelas não cresceram pelos. Além do mais, contraiu uma doença que lhe atrofiou metade do corpo, de maneira que quando andava não podia colocar uma perna diante da outra. E as pessoas apelidaram essa maneira de andar de 'o passo de Yü'".[37] "E se não fosse por Yü", disse um príncipe de Liu no ano 541 a.C., "será que não seríamos todos peixes?"[38]

Esta é, em resumo, a lenda da idade de ouro da China que até há mais ou menos cinquenta anos foi levada a sério pelos estudiosos – mesmo do Ocidente – como símbolo de reivindicação da China à antiguidade.

Façamos uma pausa para considerar alguns fatos.

O primeiro, já observado, é a óbvia analogia entre os dez reis sumérios, os patriarcas bíblicos e os monarcas chineses, junto com a lenda comum de um Dilúvio dominado pelo último da série. Seria possível argumentar que o número dez da série chinesa representa apenas uma coincidência; entretanto, certos outros pontos tornam o argumento da coincidência um pouco difícil de ser sustentado. Por exemplo, não é notável que tanto Noé quanto o Grande Yü se tenham tornado coxos durante suas lides com o Dilúvio? O herói bíblico, afirma uma lenda judaica popular, foi ferido por um leão (a besta solar) dentro do porão da sua imponente embarcação. "Um dia, na arca", conta-se, "Noé esqueceu-se de dar a ração ao leão e a besta esfomeada golpeou-o tão violentamente com a pata que ele ficou coxo para sempre e assim, por ter um defeito físico, não lhe foi permitido exercer o ofício de sacerdote."[39] De fato, é por isso que após o desembarque foi Sem, não seu pai Noé, quem serviu de sacerdote da família sacrificando um boi, uma ovelha, uma cabra, duas rolas e dois pombos.

Robert Graves, em *The White Goddess* [A Deusa Branca], apresenta um capítulo sobre a figura do rei coxo nos mitos e lendas levantinos, cretenses, gregos, célticos e germânicos, que certamente vale a pena considerar neste contexto. Ele aponta o coxear de Jacó depois de ter lutado com o anjo no vau (Gênesis 32:24-32); a pata de touro do deus Dioniso; Hefesto, o ferreiro coxo, e Wieland, também um ferreiro coxo. Ele lembra-nos também das constantes quedas de Cristo ao carregar a cruz. E se entendi bem o argumento, está baseado na ideia de que o rei, antes assassinado, em rituais posteriores era apenas tornado coxo e emasculado.[40]

Minha sugestão é que a imagem mítica do rei mutilado estaria relacionada com a lua, que é normalmente – como vimos – a contraparte celestial do rei-touro sacrificado e ressuscitado. A lua é coxa, primeiro de um lado, depois do outro e, mesmo quando cheia, é desfigurada por manchas escuras. Em meu volume *Mitologia Primitiva*, fiz uma coletânea de imagens tanto de um deus quanto de uma árvore da vida que por um lado são belos, mas por outro estão em decomposição.[41] A lua cheia, ao surgir no décimo quinto dia de seu ciclo, encara diretamente a esfera do sol se pondo. Nesse momento a luz direta do sol fere a lua, que começa a minguar. Da mesma forma o leão feriu Noé, sem dúvida no auge do Dilúvio, quando Noé navegava como a lua cheia o faz na maré alta. A lua, além do mais, é o cálice celestial da ambrosia bebida pelos deuses, e notemos que tanto Yü quanto Noé (Gênesis 9:21) ficaram embriagados.

De qualquer maneira, temos agora diante de nós três diferentes versões da natureza e significado do Dilúvio enfrentado pelo décimo monarca de uma época mítica. A primeira é a do antigo ciclo sumério da era cósmica, matematicamente inevitável, que acaba em dissolução cósmica. A segunda é a da catástrofe cósmica provocada pelo livre-arbítrio de um Deus, e isso, como vimos, parece representar o reflexo de uma atitude particularmente semita de dissociação e culpa em face da divindade. (Em contraste com a fórmula ária de uma seca védica causada por um demônio, quando os deuses estavam do lado dos homens.) E finalmente, nesta versão chinesa, vemos a catástrofe reduzida de evento cósmico a evento geográfico local, onde nem a culpa nem a matemática são invocadas para racionalizar a ocorrência. "É acima de tudo", como observou o Dr. Karlgren, "uma lenda *heroica*: o tema preponderante não é tanto a catástrofe da inundação quanto sua relação com um herói à altura dela."[42] E na concepção chinesa fundamental da ação correta – talvez já no período Chou Antigo, mas certamente confuciano – a virtude do herói reside em sua harmonia com a ordem da natureza, em consequência do que ele recebe, para o cumprimento da sua tarefa, o mandato e o Grande Plano revelado do próprio céu.

PERÍODO DA LENDÁRIA DINASTIA HSIA

Assim como Noé sobreviveu ao Dilúvio e, por isso, representa ao mesmo tempo o fim da antiga e o começo da nova era, o mesmo ocorre com o Grande Yü. E assim como a era subsequente ao Dilúvio, tanto na Bíblia quanto nas listas dos antigos reis sumérios, se aproximava gradualmente do plano da história, o mesmo ocorre com a crônica da China depois do período de Yü. Supõe-se que ele tenha sido o fundador da lendária dinastia Hsia, sobre a qual uma série de estudiosos ainda acredita que se possa encontrar alguma evidência tangível. Entretanto, como nenhuma apareceu até hoje, temos de continuar considerando-a lendária. Supõe-se que a data de sua fundação tenha sido cerca de 2205 a.C. e a data da morte de Yü, cerca de 2197 a.C.[43] Supõe-se que uma linhagem de dezessete reis tenha reinado por 471 ou 600 anos (as datações diferem significativamente). Depois de sua queda, surgiu a arqueologicamente bem validada dinastia Shang. E assim como Yao, Shun e Yü constaram da literatura chinesa como modelos do caráter do bom rei, o último monarca lendário, Chieh, da dinastia Hsia, tem sido o modelo do mau rei.

Chieh, dizem, era o protótipo do vício. No inverno não construía nenhuma ponte, no verão nenhuma balsa, com o intuito de ver as pessoas congelarem e se afogarem. Ele deixava as tigresas soltas no mercado, apenas para ver as pessoas correrem. Tinha trinta mil mulheres músicas, que gritavam e tocavam a noite inteira para serem ouvidas em toda parte e se vestiam de seda bordada.[44]

Mulheres, em particular, eram sua fraqueza. Ele atacou a região de Yu Shih e foi aplacado quando lhe enviaram uma dama, Mo Hsi, que imediatamente conquistou sua predileção. Depois atacou a região de Yu Min e o senhor local enviou-lhe duas damas, Yüan e Yen, cujos nomes ele gravou em um célebre jade, e Mo Hsi, rejeitada, foi banida para o rio Lo, onde acalentou desejos de vingança no coração.

A lenda fala a seguir de outra dama solitária, sem nome, que vivia junto ao rio Yi e, ao descobrir-se grávida, sonhou à noite que um espírito lhe dizia: "Quando a água sair do almofariz, começa a correr para o leste e não olhes para trás". Na manhã seguinte, a água saía do almofariz e, avisando os vizinhos, ela correu para o leste. Mas parou para olhar para trás. Sua cidade estava inundada. E ela foi transformada em amoreira.

Esse incidente sugere a lenda da esposa de Lot. "Fugi para salvar vossas vidas", disseram os anjos a Lot, sua mulher e suas duas filhas; "não olheis para trás". Mas a mulher parou para olhar para trás e viu que nas cidades de Sodoma e Gomorra o Senhor fazia chover fogo e enxofre. E ela foi transformada em estátua de sal (Gênesis 19:17-26).

Na lenda da queda do perverso monarca Chieh entra agora uma terceira jovem solitária. Ela era filha do senhor de certa província menor, e estava sozinha colhendo folhas de amoreira quando encontrou um bebê em uma amoreira oca. Levou-o para casa e deu-o de presente ao pai que, por sua vez, deu-o ao cozinheiro do palácio. Eles deram à criança o nome de Yi Yin, por causa do rio Yi. O menino cresceu e tornou-se extremamente sábio. E sua fama logo chegou aos ouvidos de T'ang, o senhor da casa ascendente da dinastia Shang, que enviou uma delegação para pedir por ele. Mas o senhor da província menor, cuja filha tinha encontrado o bebê, não quis separar-se do prodígio. Então, o senhor da casa real Shang pediu uma esposa e, para escoltá-la, foi enviado Yi Yin – que ao chegar foi capturado por T'ang, o qual o purificou no templo, lançou luz do fogo sagrado sobre ele, o besuntou com o sangue de um porco sacrificado e, no dia seguinte, o recebeu em audiência como membro de sua corte.[45]

Mas T'ang, o senhor de Shang, ao contrário de Chieh, o senhor de Hsia, era um modelo de virtude real. Ele armazenava grãos para salvar os famintos e dava roupas aos que passavam frio. Extraía metais e com eles fazia moedas para resgatar as crianças vendidas por pais miseráveis.[46] E quando houve uma terrível seca, ele foi sozinho a um bosque sagrado de amoreiras e ali, suplicando ao Deus nas Alturas, ofereceu seu próprio corpo em sacrifício.[47]

O tema recorrente da amoreira nesta lenda da ascensão da casa de Shang e queda da casa de Hsia sugere de modo claro um mito vegetal subjacente. O Dr. Karlgren observou que dois dos monarcas da série de Os Dez Grandes – 5, Shao Hao e 6, Chuan Hsü – viveram em um lugar chamado "A Amoreira (*sang*) Oca (*k'ung*)" que, como ele declara, deve ter recebido o nome "de alguma velha amoreira famosa, provavelmente centro de um culto, fenômeno comum mesmo na China moderna". [48] A presteza do virtuoso senhor T'ang em oferecer seu corpo nesse bosque, expressamente para produzir chuva, relaciona a lenda com a questão de *O Ramo Dourado* de Frazer e o ritual regicida restaurador do mundo. (Compare-se com o sinete do vale do Indo, da figura 17.) O bosque de amoreiras e a árvore oca são réplicas perfeitas do bosque ritual romano em Nemi e seu carvalho sagrado de Diana.[49] E quanto ao autossacrifício simbólico (não consumado) de T'ang no bosque de amoreiras se acrescenta o nascimento virginal de Yi Yin de uma *k'ung sang*, temos diante de nós todos os elementos de um mito de morte e ressurreição através de uma árvore sagrada (compare-se com Cristo na Santa Cruz).

Pensemos em Osíris, lançado no rio Nilo (compare-se com o rio Yi), encontrado no tronco de uma tamargueira por sua irmã-esposa virgem, a deusa Ísis. Há também a lenda de Adônis, o correspondente greco-sírio de Osíris e Tammuz, nascido de uma árvore que havia sido uma virgem chamada Mirra. Desejando seu pai, Mirra seduziu-o e concebeu; mas foi então transformada em uma mirra. E, conforme Ovídio conta: "A árvore rachou, a casca cedeu e surgiu sua carga viva, um menino em prantos", que foi recebido pelas mãos de Lucina, uma deusa do parto.[50] Dafne, a ninfa, também foi transformada em árvore quando perseguida pelo deus-sol Apolo. E, considerando novamente Lot, recordamos que quando sua esposa, que olhara para trás, foi transformada em estátua de sal, suas filhas o embriagaram e, seduzindo-o, conceberam; pois elas supunham que com a destruição das duas cidades, os únicos seres humanos sobreviventes eram elas próprias e seu desolado pai – como se um Dilúvio e novo começo do mundo estivessem em questão.

"É tentador", escreve o Dr. Karlgren, "suspeitar de uma influência helênica precoce no tema da mulher transformada em árvore (Filêmon e Báucis, Dafne)."[51]

Muito mais tentadora, parece-me, é a ideia de um único mito fundamental do término e reinício de uma era, que é parte e quinhão da herança da própria civilização. Em sua forma mítica primária, ele produziu os ritos de Osíris e Tammuz; nos posteriores estilos helenistas de mito literário, as lendas de Dafne, Mirra etc., e tanto nas crônicas pré-históricas bíblicas quanto chinesas, as lendas de Noé, Lot e – a oito mil quilômetros de distância – do Grande Yü e o fabuloso Yi Yin.

É possível que nos episódios culminantes dessa lenda possam ouvir-se ecos verdadeiros de algumas cenas pré-históricas do tempo da vitória do povo Shang (portador do bronze) sobre as primeiras cidades e cidades-estados neolíticas de Yangshao e Lungshan. O virtuoso senhor T'ang, conta-se, enviou seu ministro Yi Yin como seu espião; ele descobriu não apenas a miséria do povo sob o reinado perverso de Chieh, mas também a inveja da dama junto ao rio Lo. E quando chegou a hora de atacar, o próprio Céu declarou sua vontade. O sol e a lua perderam-se em seus trajetos. Frio e calor vinham misturados. Os cinco tipos de grãos secaram e morreram. Demônios uivaram dentro da terra, grous choraram por mais de dez noites e os nove caldeirões sobre tripés, símbolos da graça divina, desapareceram de Hsia e reapareceram em Shang. A dama do rio Lo, Mo Hsi, manteve Yi Yin informado de todos os presságios e eventos dentro do palácio e, quando, finalmente, ela lhe informou que o imperador Chieh tinha sonhado com dois sóis em luta, um a leste e um a oeste e que o do oeste tinha vencido, T'ang soube que seu dia havia despontado. Uma voz gritou-lhe: "Ataca! Vou dar-te as forças de que precisares, pois recebi para ti o mandato do Céu". E o virtuoso senhor de Shang enviou noventa carros de guerra em formação de gansos selvagens e seis mil soldados dispostos a morrer.

Chieh, em sua perversidade, tinha numerosos gigantes que podiam partir ao meio um rinoceronte ou um tigre vivo e matar um homem com o toque de um dedo. Mas ele não conseguiu escapar do castigo dos deuses. Chu Jung, o deus-fogo, incendiou a parte noroeste de sua cidade. Os carros de T'ang atacaram; os soldados os seguiram, Chieh fugiu com um séquito de quinhentos e foi banido. E o grande modelo de toda virtude, T'ang, ofereceu então o trono real a qualquer um que julgasse merecê-lo. Ninguém ousou. E assim, ele o assumiu para fundar a grande dinastia histórica de Shang.[52]

III. A ÉPOCA FEUDAL CHINESA: *c.*1500-500 a.C.

A DINASTIA SHANG: *c.*1523-1027 a.C.

As tumbas reais da primeira verdadeira dinastia da China foram desenterradas em uma série de escavações entre os anos 1928 e 1937, após a descoberta de J.G. Andersson da antiga capital Shang em Anyang, e, como as tumbas de Abidos da I Dinastia do Egito quinze séculos antes, revelam uma ordem espiritual totalmente distinta da de qualquer idade de ouro mítica do pensamento filosófico. A forma normal da tumba Shang era a de uma grande vala com cerca de 15 m de comprimento, 12 m de largura e 4,50 m de profundidade, no meio da qual havia uma fossa central escavada à profundidade de mais 4,50 m e dentro dessa havia ainda outra, com mais 2,40 m de profundidade. Uma última fossa, cavada abaixo desta, era suficientemente grande para conter o corpo de um soldado armado, e tudo isso era forrado em madeira e regiamente guarnecido. Todas as tumbas, obviamente, haviam sido saqueadas; porém, restava o bastante para revelar-nos a ordem do sepultamento: um soldado com uma alabarda na cova mais profunda; um caixão de madeira logo acima; no grande vestíbulo, bronzes rituais, jades, ossos esculpidos, armas etc.; nos pisos das rampas e passagens, numerosos cavalos e parelhas sepultados, cães e homens, e na cova principal, como no Egito, os esqueletos de homens e mulheres da corte. A cova inteira era preenchida com terra socada e, como novidade com relação ao Egito, nesse aterro os esqueletos dos animais – cães, veados, macacos etc. – estavam espalhados, juntamente com crânios humanos somando com frequência um total de mais ou menos uma centena.[53] Não se deve pensar que no período do próprio Confúcio o cenário mítico arcaico documentado nessas tumbas tenha sido esquecido, pois ainda no ano 420 a.C., o moralista Mo Tzu se queixava dos ritos funerários da realeza de sua época.

"Mesmo quando uma pessoa comum e sem distinção morre", escreveu esse filósofo do amor universal, "as despesas com o funeral são tais que levam a família à miséria, e quando um governante morre os tesouros do Estado ficam completamente exauridos para se conseguir suficiente ouro e jade, pérolas e pedras preciosas que se depositam junto ao corpo, tecidos finos para envolver o corpo, carruagens e cavalos para acompanhá-lo no túmulo e a quantidade necessária de tripés e tambores sob coberturas e toldos; de jarros e vasos sobre mesas e estrados; de alabardas, espadas, biombos e estandartes de penas; de objetos em marfim e couro [...]. Além do mais, no caso de um imperador, às vezes várias centenas e nunca menos de vinte ou trinta de seus servos são mortos para acompanhá-lo; no caso de um general ou primeiro-ministro, às vezes, vinte ou trinta pessoas são mortas e nunca menos de quatro ou cinco."[54]

Não há necessidade de desenvolver esta questão. A arqueologia da China revela uma série já descrita* de: 1. cerâmica rústica do Neolítico Inferior; 2. a cerâmica finamente pintada de Yangshao; 3. a cerâmica negra de Lungshan, e 4. a fina cerâmica branca, os bronzes e a mobília nas tumbas de Shang, evidência inquestionável da chegada tardia ao Extremo Oriente daquela sequência de mutações culturais já há muito familiares ao Oriente Próximo. À diferença desses, os fragmentos da mitologia chinesa primitiva que chegaram até nós, evemerizada e moralizada por estudiosos chineses posteriores, revelam com igual clareza a primazia do fluxo cultural do Ocidente para o Oriente.

E no entanto deparamos com uma sequência de fatos, não menos eloquentes, apontando para outra constelação cultural, talvez mais antiga, presente na China no período das tumbas de Shang; pois, como na Índia, também ali se podem notar sinais de um adversário – talvez originário, nesse caso, da região nativa circumpolar mongoloide sugerida acima.* Muitos dos bronzes Shang, por exemplo, não têm forma circular, como se imitassem os objetos de cerâmica, mas forma de caixa, imitando madeira, e toda a ornamentação externa dessas formas quadradas difere de qualquer coisa conhecida no Ocidente mais distante. "Os bronzes de formato angular", diz o Dr. Li Chi, "não herdaram apenas as formas dos protótipos de madeira, mas também levaram adiante o método e os padrões de decoração dos escultores em madeira, enquanto os objetos redondos fundidos em bronze e, em geral, de acordo com a tradição cerâmica, adquiriram seus ornamentos muito mais tarde".[55]

Além disso, foi assinalada semelhança de estilos entre os padrões decorativos do período Shang e as artes de muitas tribos da América do Norte e do Sul; notadamente as artes do poste totêmico dos povos pescadores da Costa Noroeste e os monumentos da esfera maia-asteca (figuras 22 e 23). Entre os traços comuns mais notáveis desse estilo circumpacífico estão: um empilhamento de formas similares em série vertical (princípio do poste totêmico); modo de partir formas animais, seja pelas costas ou pela frente, abrindo-as como um livro (separação bilateral); olhos e rostos pintados sobre articulações do corpo e nas mãos e um modo especial de organizar espirais angulares e meandros.

O Prof. Robert Heine-Geldern usou o termo "Estilo Antigo do Pacífico" para designar este complexo, e nós devemos pensar nele, hipoteticamente, como vinculado de alguma forma com o deslocamento da população mongoloide ártica. Os professores Joseph Needham e Wang Ling, em sua obra enciclopédica *Science and Civilization in China* [Ciência e Civilização na China], observaram que nesse contexto "são encontrados certos traços que apontam para uma ampla comunidade cultural em todas as latitudes setentrionais abaixo do Círculo Ártico, isto é, Ásia Setentrional e América do Norte", e sugerem que toda essa região "quase poderia ser chamada de região do xamanismo".

* *Supra*, p. 292-294.

Figura 22. Estilo Antigo do Pacífico: à esquerda, cabo de osso, China (Shang), *c.*1200 a.C.; à direita, poste totêmico, América do Norte (Costa Noroeste), recente.

Um implemento típico, comum a todas as partes dessa vasta região (eles escrevem) é a faca de pedra retangular ou semilunar, bem diferente de qualquer coisa conhecida na Europa ou no Oriente Médio, mas encontrada entre os esquimós e ameríndios, bem como entre os chineses e na Sibéria. [...] Tais facas eram comuns na dinastia Shang e continuaram a ser feitas (de ferro) na China até tempos recentes. Outra característica dessa região cultural do Norte é o uso de moradias em covas ou tocas na terra, cuja forma de colmeia pode ter passado para as casas dos camponeses do período T'ang que vemos pintadas nos afrescos de Tunhuang. O arco com tensor ou arco composto

Figura 23. Estilo Antigo do Pacífico: acima, América do Norte (Costa Noroeste), recente; abaixo: México (estilo Tajin), *c.*200-1000 d.C.

parece ter sido uma invenção dessa região. Se a América foi povoada por migrações através do estreito de Behring no início do Neolítico, aqui pode estar uma explicação para algumas das estranhas semelhanças que existem entre a civilização ameríndia e a do leste asiático; mas essa é uma questão muito difícil. [...][56]

Portanto, na agora bem documentada arte das tumbas reais do período Shang, pode-se reconhecer a interação entre uma corrente cultural proveniente do Ocidente – com raiz na Idade do Bronze e levada tanto por uma onda precoce de ceramistas neolíticos (Yangshao, Lungshan), quanto por um posterior povo bélico condutor de carruagens com evidentes afinidades ário-homéricas – e uma segunda corrente, "xamanista" circumpolar em direção ao sul, também em ondas e formada por vários grupos mongoloides.

O xamanismo é uma característica muito proeminente tanto do budismo quanto do xintoísmo do Japão, bem como da vida religiosa chinesa e tibetana, e um sinal de sua influência já no período Shang pode ser visto no motivo demoníaco da máscara animal, chamada *t'ao-t'ieh*, que predomina nos bronzes. Em três das cinco unidades do desenho do osso esculpido da figura 22 aparecem máscaras *t'ao-t'ieh*, e nas outras duas unidades da série o mesmo monstro aparece agachado de perfil. René Grousset, em seu vívido volume *Chinese Art and Culture* [Arte e Cultura Chinesas], escreve: "A ausência do maxilar inferior na *t'ao-t'ieh*, como em outros monstros zoomórficos, talvez se deva ao fato de que eles possam ser provenientes da pele de um animal usada como disfarce por feiticeiros em certas danças mágicas; uma pele na qual a cabeça, que 'coroava' o xamã, tinha necessariamente de ser reduzida à parte superior".[57] "Por vezes, garras flanqueiam a parte inferior da cabeça do animal em ambos os lados, dando a impressão de que o animal está à espreita, pronto para atacar. Pois, de fato, é um animal, e muito convincente. Em muitos de nossos bronzes Chang, a *t'ao t'ieh* é nitidamente a cara de um touro, de um carneiro, um tigre ou de um mocho (mais raramente de um veado)."[58] Marcel Granet, em sua obra *The Dances and Legends of Ancient China* [As Danças e Lendas da China Antiga], afirma que "embora o nome sugira um mocho, parece-se a um carneiro com cabeça humana, dentes de tigre, unhas humanas e olhos nas axilas".[59] E vamos notar, além do mais, que tanto em certos bronzes Chang quanto nas artes do Yucatán e México, aparece o motivo xamanista de uma cabeça humana (de sacerdote ou guerreiro) coberta com a de um animal.[60]

Entretanto, a deusa grega Atena também usa um capacete em forma de máscara em sua bela cabeça, enquanto seu escudo ostenta a máscara gorgônia de Medusa. Assim somos lembrados que, embora o xamanismo tenha se desenvolvido até um nível especial na esfera circumpolar mongoloide, na verdade teve uma longa e vasta história desde os tempos paleolíticos.[61] De maneira que, embora nas idiossincrasias óbvias do estilo ornamental Chang se possa reconhecer a influência de uma origem cultural asiático-oriental ou pacífica não documentada em outras partes, não podemos ter certeza de que os verdadeiros motivos míticos expressos nessa arte não tenham sido levados para ali do Ocidente; pois motivos usados no período Chang (não o estilo), sejam eles a serpente, o tigre, o veado, o dragão ou a *t'ao-t'ieh*, são conhecidos em toda parte.

Pode-se dizer o mesmo da arte adivinhatória, da qual uma considerável série Chang de inscrições em ossos oraculares testemunha, por exemplo:

> Adivinhando no dia Wu-wu,
> Ku indagou:
> "Vamos à caça em Ch'iu; alguma captura?"
> Caçando neste dia, de fato, capturamos:
> 1 tigre
> 40 veados
> 164 raposas
> 159 veados mochos. [...][62]

"Os ossos oraculares eram empregados como um método de adivinhação 'escapular', que parece ter sido comum a essa região cultural e pode ter-se originado um pouco antes do período Chang", afirma o Prof. Needham. "O método consistia em aquecer as omoplatas de mamíferos ou os cascos de tartarugas com carvão em brasa ou com um atiçador de bronze incandescente. A resposta dos deuses era indicada pelo tamanho ou direção das rachaduras produzidas. [...] As perguntas foram classificadas e entre as mais importantes estavam: a) a que espíritos se deveriam fazer certos sacrifícios; b) instruções de viagens, onde parar e por quanto tempo; c) caça e pesca; d) a colheita; e) condições climáticas; f) doença e recuperação etc."[63]

Deste modo, aqui encontramos novamente um estilo que é peculiarmente chinês, mas cuja arte já estava há muito tempo desenvolvida no Oriente Próximo nuclear, visto que o interesse pela adivinhação na Mesopotâmia era obsessivo. E da mesma forma que nos padrões dos mitos, também nessa sondagem da vontade do céu através de presságios, é especificamente com a Suméria que as primitivas relações chinesas parecem ter sido muito próximas.

CHOU ANTIGO E MÉDIO: *c.*1027-480 a.C.

As lendas sobre a queda da dinastia Chang e a ascensão da Chou repetem os temas já conhecidos da queda da Hsia e a ascensão da Chang. A *História Clássica* (*Shu Ching*) afirma então que quando o virtuoso fundador da dinastia Chou, o rei Wu, caiu gravemente enfermo, mais ou menos dois anos após sua vitória, seu irmão mais novo, o duque de Chou, concebeu a ideia de morrer em seu lugar. O ritual que ofereceu aos ancestrais de sua linhagem com esse propósito é de considerável interesse:

> O duque de Chou erigiu três altares em uma clareira e, depois de construir outro altar ao sul deles, de frente para o norte, ali se postou. Após colocar um símbolo circular de jade em cada um dos primeiros três altares e tendo nas mãos o longo símbolo de jade de sua posição, ele dirigiu-se aos três grandes reis ancestrais de sua linhagem. O grão-historiógrafo havia inscrito sua súplica em tabuletas, com a seguinte finalidade:
>
> "Sua Majestade, vosso grande descendente, sofre de uma doença grave e violenta. Se vós, três reis, tendes o encargo no céu de olhar por ele – o Grande Filho do Céu – permiti que eu, Tan, seja um substituto de sua pessoa. Fui amavelmente obediente a meu pai; sou dotado de muitas habilidades e artes, que me capacitam a servir seres espirituais. Vosso grande descendente, por outro lado, não tem tantas habilidades e artes quanto eu e não é tão capaz de servir a seres espirituais. Além do mais, na mansão do Senhor do Céu ele foi designado para estender sua ajuda por todo o reino, de maneira que ele poderia instituir vossos descendentes nesta terra inferior. Todos os povos, das quatro direções, curvam-se diante dele. Oh! não permitais que o mandato precioso conferido pelo Céu caia por terra; a longa linhagem de nossos reis anteriores sempre terá alguém com quem contar durante os ritos sacrificiais.
>
> Procurarei ver vossa determinação a esse respeito no casco da grande tartaruga. Se contemplardes minha súplica, tomarei estes símbolos e este jade e retornarei, aguardando vossas ordens. Se não a contemplardes, deixá-los-ei de lado."

O duque procedeu então à adivinhação em três cascos de tartaruga e os três foram favoráveis. Ele abriu com uma chave o lugar onde as respostas oraculares estavam guardadas e as examinou; também eram favoráveis. Então disse: "Segundo a forma do prognóstico, o rei não será tocado. Eu, a pequena criança, consegui a renovação de seu mandato pelos três reis, por quem um longo futuro foi profetizado. Tenho então de esperar pela ordem. Eles podem zelar agora pelo nosso homem Único."

Quando o duque retornou, colocou as tabuletas de sua oração em um cofre de metal e no dia seguinte o rei ficou bom.[64]

No clássico *Livro de Odes* (*Shih Ching*) estão preservadas 305 peças da tradição ritual e da poesia da época feudal. Muitas delas são correspondentes chineses dos Vedas tanto no tempo quanto no sentido. Cinco são atribuídas à dinastia Chang, o restante à Chou; a última é atribuída ao reinado de Ting da dinastia Chou (606-586 a.C.).

Assim começa a primeira das séries Chang:

Que Admirável! Que Perfeito!

Aqui são colocados nossos tambores e tamborins: eles ressoam fortes e harmoniosos, para deliciar o nosso meritório ancestral, o Senhor T'ang.
Com esta música, seu descendente convoca-o: que ele nos contente com a realização de nossas aspirações, que dirigimos a ele.
Profundo é o som de nossos tambores e tamborins; agudo é o som das flautas – todas harmoniosas – entrelaçando-se.
Oh! Majestoso é o descendente de T'ang: mais admirável sua música.
Os grandes sinos e tambores enchem os ouvidos; as várias danças são grandiosamente executadas. Temos conosco os visitantes admiráveis das linhagens de Yao, Shun e Hsia. Eles estão contentes. Estão encantados.
Desde os tempos antigos, antes de nossa época, os homens de outrora deram-nos o exemplo: como ser suave e humilde da manhã à noite e ser reverente em cumprir com os deveres.
Que ele considere nossos sacrifícios sazonais oferecidos desta maneira pelos descendentes de T'ang![65]

Até os dias de hoje, nos santuários xintoístas do Japão, podemos ouvir o som dos tambores rufados magnificamente, de flautas de agudos chamados, e de grandes sinos, e ver a performance grandiosa das danças com as suas influências xamanistas domadas com decoro. E este antigo hino, quando ouvido com sons contemporâneos, envia através dos séculos um chamado de poder que é muito mais profundo, muito mais convincente do que as excentricidades das posteriores histórias moralizantes confucianas narrando acontecimentos implausíveis. Os belos bronzes sacrificiais, dificilmente igualados em dignidade, falam-nos da majestade perdida daqueles tempos.

"Os espíritos purificados estão em nós", afirma outro hino da herança Chang, "e nos é conferida a realização de nossas aspirações."

Há também as sopas bem temperadas, preparadas com esmero, com seus ingredientes em proporções certas.
Por meio destas oferendas invocamos sua presença sem uma palavra,
Ele nos abençoará com as sobrancelhas da longevidade; com os cabelos brancos e o rosto enrugado, em grau ilimitado.
Os cubos de suas rodas estão forrados de couro e suas cangas estão ornamentadas, os oito sinos do cabresto de seus cavalos a tilintar: os príncipes feudais vêm assistir à oferenda.
Nós recebemos o mandato em toda sua grandeza e do Céu a nossa prosperidade é enviada: anos prósperos de grande abundância. Nosso ancestral virá. Ele desfrutará de nossas oferendas e nos conferirá felicidade sem limite.[66]

E agora um florilégio das Odes de Chou:

Em seus mantos de seda, limpos e claros,
Com seu barrete na cabeça, respeitável,
Do salão ele vai ao pé das escadas,
E da ovelha para o boi:
O oficial inspeciona as trípodes, grandes e pequenas,
E a taça curvada do chifre de rinoceronte.

Os bons espíritos são meigos, não há ruídos nem insolência –
Um presságio, este, de grande longevidade.[67]

* * *

Eles limpam a grama e as moitas;
E a grama fica exposta por seus arados.
Aos milhares de pares eles removem as raízes.
Algumas na região baixa e úmida, outras ao longo dos diques.

Lá estão o mestre e seu filho primogênito;
Seus filhos mais jovens e todos os filhos deles;
Seus fortes ajudantes e seus empregados.
Como ressoa o ruído que fazem ao comer as iguarias que lhes foram levadas!
Os maridos pensam amorosamente em suas esposas;
As esposas mantêm-se próximas dos maridos.

Então, com suas relhas afiadas
Eles põem-se a trabalhar nas terras situadas ao sul.
  Eles semeiam suas espécies diversas de grãos,
  Cada grão contendo em si o germe da vida.

Em linhas ininterruptas despontam as folhas,
E, bem nutridos, os talos tornam-se longos.
  Exuberante parece o grão novo,
  E os mondadeiros vão entre eles em multidões.

Então os ceifeiros chegam aos bandos,
E os grãos são empilhados nos campos,
Miríades, centenas de milhares e milhões de pilhas:
  Para espíritos e espíritos amáveis,
  Para oferecer a nossos ancestrais, homens e mulheres,
  E para abastecer todas as cerimônias.

Perfumado é seu aroma: realçando a glória da nação.
Como o da pimenta é seu odor: para dar conforto aos idosos.

Não é apenas aqui que há abundância;
Não é apenas agora que há tal época –
  Desde outrora tem sido assim.[68]

* * *

Nas árvores os ventos sopram chang-chang,
E os pássaros trinam ying-ying.
Um sai do vale escuro e voa
  Até a árvore majestosa; ying é seu trinado,
  Procurando com sua voz uma companhia.

Considere aquele pássaro: pássaro que é,
Procurando com sua voz uma companhia!
E o homem não procurará seus amigos?
  Seres espirituais o ouvirão, então:
  Ele terá paz e harmonia.[69]

Ao contrário dos Vedas, encontramos aqui o predomínio da agricultura, não da pecuária; uma prece dirigida aos ancestrais, não aos poderes dos deuses do mundo natural, e a liderança dos reis, não dos sacerdotes, na condução dos ritos: reis que eram, eles próprios, descendentes dos ancestrais venerados.

Spengler escreveu em *A Decadência do Ocidente* sobre o contraste entre "pensar o tempo", em termos de um destino em desenvolvimento, e "pensar o espaço", em termos de leis naturais eternas. O primeiro é representado sobretudo pelo homem de tato político, com senso do possível, que se tornaria, ele próprio, um destino; o segundo pelo homem de conhecimento clerical ou científico, que controlaria os efeitos através da aplicação de leis eternamente válidas. Aplicada ao contraste entre a China e a Índia nas principais afirmações de seus modos de pensamento e ação, essa diferença é reveladora. Pois na China foi o homem de Estado e na Índia o sacerdote que colocou seu selo na civilização, e encontramos, de um lado, uma grande ênfase nos oráculos investigando um destino mutável, *Tao*, com vistas a uma realização política e, de outro lado, um sistema de leis imutáveis, *dharma*, sintetizado em fórmulas de conhecimento concebidas como de verdade eterna: um senso histórico, de um lado, e absolutamente nenhum, de outro; a adoração dos ancestrais (direcionada no tempo) predominante na China; os deuses da terra, do ar, do céu (o campo espacial) predominantes na Índia: de um lado um senso de engajamento significativo e, de outro, de desapego, como a meta humana mais importante.

E no entanto, de uma forma maravilhosa de se observar, esses dois mundos culturais desenvolvem-se através de períodos de mudança quase simultânea, desde o período da chegada dos árias à Índia e dos condutores das carruagens Chang à China. A época feudal védica acaba num período de cidades reais emergentes, *grosso modo*, por volta do século VIII a.C. e também na China, por volta daquela época, inicia-se um período de mudanças profundas essencialmente do mesmo teor.

No ano de 776 a.C., a 29 de agosto, um eclipse do sol foi registrado pelos observadores chineses em busca de presságios celestiais e os maus tempos – que já tinham se iniciado – foram reconhecidos. As últimas páginas do *Livro de Odes* (*Shih Ching*) apresentam um novo estilo de poesia, uma literatura pessimista de lamentação:*

> Na conjunção do sol e da lua no décimo mês,
> no primeiro dia da lua, o sol foi eclipsado;
> uma coisa de muito mau agouro.
> Antes, a lua tornava-se pequena e agora, o sol tornou-se pequeno;
> Portanto, as pessoas inferiores estarão em situação muito deplorável.
> O sol e a lua anunciam o mal, não se mantendo em seus devidos trajetos.
> Em todo o reino não há governo adequado, porque os bons
> não estão sendo utilizados.
> O eclipse da lua é um evento ordinário.
> Mas agora que o sol foi eclipsado: que terrível![70]
>
> Grande Céu, injusto, está enviando estes distúrbios fatigantes.
> Grande Céu, cruel, está enviando estas grandes misérias.

* Cf. *supra*, p. 114-120.

Que os homens superiores assumam o posto para trazer paz aos corações.
Que os homens superiores executem sua justiça para que as
animosidades e iras desapareçam.

Emparelho meus quatro cavalos, meus quatro cavalos de pescoços longos.
Olho para as quatro direções: aflição por todos os lados; não há lugar
algum para onde eu possa ir.
Agora vosso mal é desmedido e eu posso ver vossas lanças.
Logo sereis pacificados e amáveis como se estivésseis brindando um ao outro.

Do grande Céu é a injustiça, e nosso rei não tem descanso.
Contudo, ele não corrigirá seu coração e se ofende
com os esforços para emendá-lo.
Eu, Chia Fu, escrevi este poema, para revelar as perturbações do rei.
Se apenas mudasse seu coração, então as miríades de regiões seriam providas.[71]

A época chinesa de desintegração do feudalismo e surgimento de Estados monárquicos rivais é conhecida eufuisticamente como o Período dos Grandes Protetores (771-480 a.C.). A descrição de Mo Tzu dos funerais, já citada, sugere algo da natureza "piedosa" daqueles tempos. A era é tradicionalmente datada a partir do ano em que o imperador Yü foi morto por um de seus vassalos ocidentais. P'ing, seu sucessor, transferiu a capital para Loyang, no leste, e dali em diante o único poder restante no oeste era o Estado relativamente bárbaro de Ch'in, que no período subsequente a Confúcio dominaria toda a China, estabeleceria o primeiro império militar chinês, construiria a Grande Muralha, queimaria os livros dos filósofos e iniciaria em grande estilo aquela política de despotismo – alternadamente explícita ou mascarada – que foi o veículo do mandato celestial no Reino do Meio.

Nas páginas seguintes, lemos muitas belas frases celebrando a virtude em um ou outro de seus aspectos; mas é preciso entender, entrementes, que na história chinesa factual uma filosofia explícita de tipo completamente contrário foi a principal força estruturadora: a do grande clássico da dinastia Ch'in da arte da política, *O Livro do Senhor Shang* (*Shang Tzu*) que, em termos de crueldade desiludida é igualado e superado apenas por seu correspondente indiano, o *Arthashastra*. Este último (para citar as palavras louváveis do político e filósofo indiano moderno, K.M. Pannikar) vai "muito além da imaginação limitada de Maquiavel", e assim "permite que os pensadores indianos desenvolvam uma teoria puramente secular de Estado no qual a única base é o poder".[72] Mas a China também, como veremos a seguir, tem uma experiência de política de poder em seu próprio passado.

O clássico em questão é um testemunho dos últimos anos da grande dinastia Chou:

"Se um país é forte e não guerreia", lemos, "haverá vilania interna e os Seis Vermes, que são: ritos e música, poesia e história; cultivo da generosidade, piedade filial e respeito aos mais velhos; sinceridade e verdade; pureza e integridade;

generosidade e moralidade; detração da guerra e vergonha de participar dela. Em um país que tem essas doze coisas, o governante não será capaz de fazer o povo plantar e lutar, e o resultado será seu empobrecimento e a redução de seu território."[73]

"Por isso, eu manteria o povo informado de que, se deseja o ganho, é apenas através do arado que o poderá conseguir; se ele teme o mal, será apenas pela luta que poderá livrar-se dele. Então, todo mundo dentro das fronteiras do país saberia que não conseguiria nenhuma felicidade sem antes dedicar-se ao arado e à guerra. O país poderia ser pequeno, mas a colheita seria grande; os habitantes poderiam ser poucos, mas seu poderio militar seria enorme. Um país que se devotasse a essas duas metas não teria de esperar muito tempo para conquistar hegemonia ou mesmo domínio completo sobre todos os outros estados."[74]

"Um país em que os virtuosos governam os perversos sofrerá distúrbios e em consequência será desmembrado; mas um país em que os perversos governam os virtuosos será ordeiro, de maneira que se tornará forte. [...]"

E com relação a uma bagatela tal como a honra: "Há vantagem em se fazer coisas que o próprio inimigo se envergonharia em fazer".[75]

IV. A IDADE DOS GRANDES CLÁSSICOS: *c.*500 a.C.-500 d.C.

CHOU TARDIO – 480-221 a.C. – PERÍODO DOS ESTADOS GUERREIROS

O principal interesse do pensamento clássico chinês, ao contrário do indiano, de desapego social e cósmico, era a reforma política, e em tal contexto, o problema principal reside no próprio centro de influência e poder terrenos. O poema de lamentação já citado, que acusa o céu, acabou por voltar-se contra o imperador; pois, de acordo com a visão mítica chinesa, havia uma influência interagindo entre o céu, a terra e o homem: e na esfera do homem a fonte central de influência e poder era o imperador que, dentro do espírito de subordinação mítica, deveria considerar-se filho do céu. Imperadores, entretanto, podiam perder seus mandatos, e assim, a questão social última era a da virtude que sustenta o mandato celestial do imperador.

O problema era complexo, mas, no geral, era visto sob dois aspectos: 1. o da ordem macrocósmica do tempo, isto é, a natureza das estações, as exigências e possibilidades do momento, determinadas por presságios e augúrios, e 2. o da ordem microcósmica do homem: o reconhecimento e uso do poder mais eficaz dentro da competência do indivíduo, para a harmonização da vida na terra. "Toda a filosofia chinesa", afirma Arthur Waley em sua excelente introdução ao *Tao Te Ching*, "é essencialmente o estudo de como os homens podem ser mais bem ajudados a viver juntos em harmonia e ordem". "Toda a filosofia chinesa é formulada não como uma teoria abstrata, mas como uma arte de governar."[76] E o modelo para esta ordem, que cada uma das escolas aceitava e interpretava como verdade, era a mítica idade de ouro de Yao, Shun e o Grande Yü.

Pois o principal documento chinês sobre o primeiro aspecto do problema, o macrocósmico, é o *Livro das Mutações* (*I Ching*), que em seu aspecto prático é uma enciclopédia de oráculos, baseada em uma visão mítica do universo fundamental a todo pensamento chinês. A lenda de sua origem conta que seus elementos básicos foram descobertos pelo primeiro dos lendários Dez Imperadores, Fu Hsi (ver p. 300, item 1). Esses elementos são dois: uma linha inteira (—) associada com o princípio masculino *yang*, que é celestial (claro, seco, quente, ativo) e uma linha quebrada (– –) associada com o princípio feminino *yin*, que é terreno (escuro, úmido, frio, passivo). Primariamente, os termos *yang* e *yin* referem-se aos lados luminoso e sombrio de um riacho, montanha ou rua. Estenda um toldo, fique embaixo dele e você sentirá as qualidades *yin* (– –) da terra; saia e sentirá as qualidades *yang* (—) do céu ensolarado. Em todas as coisas, sempre, tanto *yin* quanto *yang* estão atuantes, embora em graus diferentes, e o propósito do *Livro das Mutações* era fornecer uma enciclopédia das maneiras em que ambos podem se relacionar.

Nas mais simples combinações possíveis, são indicadas quatro relações: ⚌ ⚏ ⚎ ⚍. Elas são conhecidas como os quatro Símbolos Emblemáticos. Atribui-se a Fu Hsi a elaboração de uma série composta de três traços: os oito trigramas, denominados, arranjados e interpretados da seguinte maneira:

	NOME	ATRIBUTOS	SIMBOLISMO	ANALOGIAS FAMILIARES
1. ☰	Ch'ien, o Criativo	forte	céu	pai
2. ☷	K'un, o Receptivo	devoto dócil	terra	mãe
3. ☳	Chen, o Estimulador	incitante movimento	trovão	filho primogênito
4. ☵	K'an, o Abismal	perigoso	água	segundo filho
5. ☶	Ken, O Imóvel	repouso	montanha	terceiro filho
6. ☴	Sun, o Suave	penetrante	vento madeira	filha primogênita
7. ☲	Li, a Mudança	provedor de luz	fogo	segunda filha
8. ☱	Tui, a Alegria	alegre	lago	terceira filha

"Os filhos", afirma Richard Wilhelm em seu comentário sobre esta série, "representam o princípio do movimento em seus vários estágios – começo do movimento, perigo no movimento, repouso e término do movimento. As filhas representam devoção em seus vários estágios – penetração suave, clareza e adaptabilidade e alegre tranquilidade."[77]

Um novo desenvolvimento dos símbolos e enriquecimento de sua sutileza é atribuído ao rei Wen (pai do fundador da dinastia Chou, rei Wu): ele teria combinado os trigramas de maneira a formar sessenta e quatro hexagramas. E supõe-se que seu filho mais novo, o duque de Chou (o jovem que vimos sacrificando-se no lugar do próprio irmão), tenha escrito o texto analisando a força de cada linha em cada combinação. Confúcio, diz-se, acrescentou um comentário. No decorrer do tempo, foram acrescentados mais comentários. E no holocausto da Queima de Livros no ano 213 a.C., esse livro em particular foi poupado como uma obra prática, não um dos Seis Vermes – de maneira que, de fato, ele é comum a todas as escolas.

O método de adivinhação consiste em jogar varetas de milefólio seis vezes construindo um sinal, linha por linha, de baixo para cima, de acordo com a maneira em que as varetas caem; depois, uma consulta à enciclopédia dá o prognóstico. Tomando um exemplo ao acaso:

> *7. Shih: O Exército*
>
> Acima: K'un, o Receptivo, terra (o segundo trigrama)
> Abaixo: K'an, o Abismal, água (o quarto trigrama)
>
> Este hexagrama é composto dos trigramas K'an, água, e K'un, terra, e desta maneira simboliza a água subterrânea armazenada na terra. Da mesma forma, a força militar é armazenada na massa do povo – invisível em tempos de paz, mas sempre pronta para ser usada como fonte de poder. Os atributos dos dois trigramas são perigo dentro e obediência fora. Isto indica a natureza de um exército, que no cerne é perigoso, enquanto a disciplina e a obediência têm de prevalecer externamente. [...]
>
> Julgamento: O exército precisa de perseverança e de um homem forte. Sucesso sem culpa. [...]
>
> O símbolo: no centro da terra a água simboliza o exército. Assim o homem superior fortalece suas massas pela generosidade para com o povo. [...][78]

Supõe-se que o consultante encontre alguma espécie de correspondência entre tudo isso e seu próprio caso, pois o método de pensamento é o da livre associação de ideias. Ele terá de sentir, não pensar, seu caminho através desses mistérios, permitindo que cada símbolo se transforme num cosmos de temas associados. E subjacente a tudo isso está o princípio elementar da dialética de duas forças, *yang* e *yin* – que, em certo sentido, é análogo ao indiano de *liṅgam* e *yoni*. Entretanto, enquanto na Índia as sugestões sexuais do par são enfatizadas, a tendência na China é em direção a um estilo matemático abstrato (geométrico) de simbolização. E essas tendências contrastantes coloriram todos os aspectos das duas mitologias: a indiana, viçosa, voluptuosa ou, em reação, ferozmente ascética; a chinesa, ora secamente prática, ora jocosamente simbólica, jamais extrema.

Contudo, em essência, os dois sistemas equiparam-se. Comparemos, por exemplo, a imagem mítica indiana do Si-Próprio que se autodivide, com a seguinte afirmação do Grande Apêndice do *Livro das Mutações* e o símbolo do *Tao* na página 28.

"Há o Grande Extremo, que produziu as duas Formas Elementares. Essas duas Formas produziram os quatro Símbolos Emblemáticos que, por sua vez, produziram os oito Trigramas. Os oito Trigramas serviram para determinar os lados bom e mau dos eventos e dessa determinação surgiu o prosseguimento da grande questão da vida."[79]

O *Livro das Mutações*, em uma palavra, é uma espécie de geometria da mitologia, referindo-se especificamente ao presente imediato – o momento de jogar as varetas de milefólio. Ele fala da disposição do tempo e da arte de seguir seus fluxos embalado pelas ondas, e é a afirmação mais importante que chegou até nós daquele aspecto do pensamento chinês antigo que relaciona o indivíduo com a ordem do mundo exterior.

Voltamo-nos agora para a ordem do mundo interior: a questão da força mais efetiva dentro da competência do indivíduo para a harmonização da vida na terra. Três pontos de vista devem ser notados (além do *Livro do Senhor Shang* já citado): o de Confúcio, o de Mo Tzu e o dos taoistas, em cada um dos quais aparecerá uma visão distinta, mas ainda assim tipicamente chinesa da psicologia – em oposição à cosmologia – do mito.

Confúcio, 551-478 a.C. Quanto mais se sabe a respeito de Confúcio mais sua figura se assemelha a uma miragem. Supunha-se que ele fosse o editor de todos os grandes clássicos. Entretanto, como o Dr. Fung Yu-lan observou, "Confúcio não foi nem o autor nem o comentador e nem mesmo o editor de qualquer um dos clássicos".[80] Costumava-se supor que possuíamos certos escritos de sua pena; mas, como Fung Yu-lan novamente observou, "a escrita de livros em âmbito mais privado do que oficial era uma prática ainda não existente, que se desenvolveu apenas após a época de Confúcio".[81] A mais antiga biografia que nos resta do sábio aparece no capítulo 47 do *Shih Chi* ("Registros Históricos"), crônica da primeira dinastia da China concluída por volta de 86 a.C.[82] – de maneira que o espaço de tempo entre as datas de sua vida real (551-478 a.C.) e sua primeira biografia conhecida é o mesmo que entre as datas do Buda (563-483 a.C.) e os primeiros relatos existentes de seus ensinamentos no Cânon Páli (cerca de 80 a.C.).

A lenda, em resumo, diz que Confúcio nasceu no pequeno Estado insignificante de Lu, de uma família nobre descendente da casa imperial de Chang (isto é, pré-Chou, do mesmo modo que a linhagem do Buda era pré-ária). Seu pai, um oficial militar, morreu quando ele tinha três anos; portanto foi criado por sua mãe (tema Filho-da-Viúva: uma variante do folclore evemerista do Nascimento da Virgem).* Casou-se aos 19 anos, galgou posições no governo de Lu e com mais ou menos 50 anos tornou-se primeiro-ministro. Entretanto, quando percebeu que seu príncipe começava a negligenciar os negócios de Estado para despender seu tempo e pensamento em companhia de dançarinas e músicos enviados de presente por um monarca vizinho, Confúcio, desiludido e desanimado, se demitiu (a visão do cemitério; a grande partida) e, acompanhado por discípulos, perambulou, ensinando, de um

* Compare Parsifal e Tristão.

estado feudal a outro (sábio peregrino). Ele retornou a Lu para passar os três últimos anos de sua vida em trabalhos literários e morreu aparentemente fracassado, pois seu desejo não tinha sido, como o de Buda, confiar a guarda do mundo a outros,* mas tornar-se conselheiro de um príncipe que deveria ter restaurado o governo justo da idade de ouro de Yao, Shun e do Grande Yü.

Confúcio se autodenominava um mensageiro, não um criador;[83] as doutrinas às quais seu nome é relacionado, na verdade podem ser encontradas – pelo menos em germe – nos textos clássicos. Entretanto, como estes foram muito alterados por confucianos posteriores, é impossível saber o que surgiu primeiro: o confucionismo ou Confúcio. A anedota contada com frequência sobre sua conversa com o ancião Lao Tsé, é hoje em geral rejeitada, já que Lao Tsé é uma *total* miragem e a filosofia ligada a seu nome pertence aos séculos IV e III a.C., não ao VI. A afirmação atribuída a Confúcio nos *Analetos*, de que se alguns anos fossem acrescentados à sua vida ele dedicaria cinquenta ao estudo do *Livro das Mutações* e poderia então evitar cair em grandes erros,[84] também deve ser descartada: a passagem é uma falsificação tardia.[85] A principal fonte de nosso conhecimento do que se tem como seu pensamento, os *Analetos* (*Lun Yu*), não tem um único traço da sua mão.[86] E assim, até onde alcança nosso estudo de sua doutrina, ficaremos com a ideia de que o que estamos vendo não é Confúcio, mas o confucionismo.

O confucionismo, portanto, considera a "benevolência" (*jen*) como a força mais efetiva na harmonização da vida na terra, e assim se coloca no extremo oposto ao pensamento chinês daquela filosofia do plantar e lutar para a qual os ritos e a música, a poesia e a história, o cultivo do bem, a piedade filial e tudo mais, eram os vermes que levam a substância vital de um Estado a apodrecer. O ideograma chinês *jen* é composto de dois elementos: o sinal que significa "homem" e o sinal significando "dois", traduzido grosseiramente como benevolência ou sentimento humano. A conotação é de relação: relações benevolentes, sinceras e de respeito mútuo entre as pessoas. Nos textos confucianos são enunciadas cinco dessas relações: entre príncipe e ministro, entre pai e filho, entre marido e mulher, entre irmãos mais velho e mais novo e entre amigos.

"Chung Kung perguntou o que é a virtude perfeita", lemos nos *Analetos*, "e o Mestre respondeu: 'É quando você sai da sua casa e se comporta com todos como se estivesse recebendo um hóspede importante; é fazer uso dos serviços das pessoas como se fosse o assistente em um grande sacrifício; é não fazer aos outros o que não gostaria que fizessem a você; não haver rumores contra você no país e na família' ".[87]

O primeiro ponto importante no sistema confuciano é a benevolência, conforme o tipo de relação. O segundo é o que tem sido chamado de retificação de nomes, para que as relações sejam reconhecidas:

"O Mestre disse: 'O que é necessário é retificar os nomes. [...] Se os nomes não são apropriados, a linguagem não está de acordo com a verdade das coisas, não se

* *Supra*, p. 216.

consegue levar negócios a bom termo. Se os negócios não puderem ser levados ao sucesso, os ritos e a música não florescerão. Se os ritos e a música não florescem, as punições não são devidamente conferidas. Se as punições não são devidamente conferidas, as pessoas não sabem como mover os pés ou as mãos. Por isso o homem superior considera necessário usar os nomes devidamente e também que o que ele diz seja executado apropriadamente. O que o homem superior exige é que em suas palavras não haja nada incorreto'."[88]

"O duque Ching de Ch'i perguntou a Confúcio a respeito de governo. Confúcio respondeu: 'Que o governante seja governante, o ministro ministro, o pai pai e o filho filho'."[89]

"Em outras palavras", escreve em comentário o Dr. Fung Yu-lan, "cada nome contém certas implicações que constituem a essência da classe de coisas à qual o nome se aplica. Tais coisas, por isso, deveriam estar de acordo com esta essência ideal".[90]

Mas essa ideia é precisamente a da visão indiana de *sat* ("ser"), *satya* ("verdade") e a sua relação com o eterno *dharma* mantenedor do mundo. Como afirma Heinrich Zimmer em sua obra *Filosofias da Índia*: "Ou se *é* (*sat*) ou *não se é* (*a-sat*) e o *dharma* de alguém é a manifestação, no tempo, do que se *é*. [...] As regras de castas e profissões são consideradas como reflexos, na esfera humana, das leis desta ordem natural; daí que, ao aderir a tais regras, as várias classes cooperam entre si, mesmo quando aparentemente em conflito. Cada raça ou estamento segue sua própria virtude e todos juntos fazem a obra do cosmos. Este é o serviço pelo qual o indivíduo é elevado acima das limitações de sua idiossincrasia pessoal e se torna um conduto vivo da força cósmica. [...] Existem profissões limpas e profissões sujas, mas todas participam do Poder Sagrado. Daí a 'virtude' ser medida pela perfeição atingida por cada um no exercício de seu papel".[91]

No clássico confuciano conhecido como *A Doutrina do Meio* (*Chung Yung*), que é atribuído ao neto de Confúcio, Tzu Ssu, mas é provavelmente uma obra da dinastia Ch'in ou Han,[92] lemos: "O que o Céu confere (*ming*) é chamado de natureza inata (*hsing*). O exercício dessa natureza é chamado de Caminho (*tao*). O cultivo desse Caminho é chamado instrução".[93]

E indo, agora, um passo além: "A sinceridade (*ch'eng*) é o Caminho do Céu. A conquista da sinceridade é o Caminho dos homens".[94]

"Apenas aquele que possui a mais completa sinceridade existente sob o céu é que pode realizar o desenvolvimento pleno de sua natureza inata. Capaz de desenvolver plenamente sua própria natureza, ele poderá fazer o mesmo com a natureza de outros homens. Capaz de dar pleno desenvolvimento à natureza de outros homens, ele poderá dar pleno desenvolvimento à natureza dos animais e coisas. Capaz de dar pleno desenvolvimento à natureza dos animais e coisas, ele poderá auxiliar os poderes transformadores e mantenedores do Céu e da Terra. Capaz de auxiliar os poderes transformadores e mantenedores do Céu e da Terra, ele forma com o Céu e a Terra uma tríade."[95]

Os quatro pontos cardeais são, então, essenciais a esse sistema de pensamento chinês formador do caráter: benevolência; consideração pelo tipo de relações; retificação dos nomes para que as relações sejam reconhecidas, e sinceridade, ou seja, perfeita fidelidade à natureza interior, que ficou conhecida através da retificação.

Seguem-se três importantes corolários:

1. "O homem superior faz o que é apropriado à sua posição; ele não deseja ir além disso. Em uma posição de riqueza e honra, ele faz o que é apropriado a uma posição de riqueza e honra. Em uma posição baixa e pobre, ele faz o que é apropriado à posição baixa e pobre. Situado entre tribos bárbaras, ele faz o que é apropriado à situação de estar entre tribos bárbaras. Em uma posição de sofrimento e dificuldades, ele faz o que é apropriado ao sofrimento e dificuldades. O homem superior não se encontra em nenhuma situação na qual ele não seja ele mesmo."[96]

2. "O Mestre disse: 'É pela poesia que a mente é despertada. É pelas regras de propriedade (rituais, cerimônias, regras de conduta adequada) que se cria o caráter. É pela música que se consegue o polimento'."[97]

"Sem reconhecer os ditames do Céu, é impossível ser um homem superior. Sem conhecer bem as regras de propriedade, é impossível estabelecer o caráter. Sem o conhecimento da força das palavras, é impossível conhecer os homens."[98] E finalmente:

3. "O homem superior compreende a retidão (*i*, a 'conveniência' de uma situação); o homem inferior compreende o ganho (*li*, lucro)."[99]

A realização do próprio dever sem ambição pelos frutos (sânscrito, *karma-yoga*); a noção de que a ordem da sociedade fornece orientação infalível à realização da natureza inata da pessoa (sânscrito, *dharma*), e a crença de que a virtude de tal realização participa da virtude da realidade da ordem cósmica (sânscrito, *satya*): esta, em essência, é a lição da antiga cidade-estado hierática. E a principal diferença entre Manu e Confúcio, Índia e China, nesta visão, está simplesmente nas identificações locais dos deveres aos quais os virtuosos dão atenção: na Índia, os regulamentos de casta; para Confúcio, as propriedades das cinco relações. A metafísica dos dois sistemas é a mesma.

Mo Tzu, c.480-400 a.C. O primeiro desafio filosófico sério ao sistema de Confúcio veio daquele pregador da doutrina do amor universal, cuja reclamação contra as praxes dos ritos funerários reais de seu tempo já citamos. Mo Tzu nasceu, parece, mais ou menos na época da morte de Confúcio e, portanto, pode-se dizer que tenha florescido entre 480 e 400 a.C.

"Mesmo aqueles de vida longa não conseguem esgotar o conhecimento necessário dos estudos confucianos", escreveu o desafiador. "Mesmo as pessoas com a força da juventude não podem realizar todas as obrigações cerimoniais. E mesmo aqueles que acumularam riquezas não podem dar-se ao luxo de dedicar tempo à música. Os confucionistas realçam a beleza das artes perversas e desencaminham seu soberano. Sua doutrina não pode satisfazer as necessidades da época; tampouco seu conhecimento pode educar o povo."[100]

"Mo Tzu perguntou a um confuciano: 'Qual é a razão para executar música?' A resposta foi: 'A música é executada pela própria música'. (A palavra correspondente a "música", *lo*, também significa "prazer"; logo há aqui um trocadilho que Mo Tzu deixou escapar.) Mo Tzu disse. 'Você ainda não respondeu. Suponha que eu perguntasse: Por que construir casas?' E você respondesse 'é para afastar o frio no inverno e o calor no verão e separar os homens das mulheres'. Então, você teria me explicado a razão pela qual se constroem casas. Agora estou perguntando: Por que executar a música? E você responde 'a música é executada por ela mesma'. É como dizer: Por que construir casas? E responder 'as casas são construídas por elas mesmas'."[101]

"Como a música não tem função prática e, portanto, deve ser eliminada", afirma o Dr. Fung Yu-lan ao expor as opiniões de Mo Tzu, "todas as belas artes, naturalmente, também devem ser eliminadas. Uma vez que resultam das emoções, elas são capazes apenas de apelar para essas emoções. [...] Segundo esse utilitarismo positivista, as numerosas emoções humanas não são apenas destituídas de valor prático, mas também não têm importância alguma. Portanto, deveriam ser eliminadas, para que não se tornem empecilhos à conduta humana."[102]

"Os confucianos tentaram ser honestos na retidão, sem considerar se disso resultaria algum lucro; trataram de ser puros em seus princípios, sem considerar se isso lhes daria recompensa material. A doutrina de Mo Tzu, por outro lado, pôs ênfase exclusivamente na 'lucratividade' (*li*) e nos 'resultados' (*kung*)."[103] "Tudo tem de proporcionar lucro ao país e ao povo para possuir valor e é a riqueza e a densidade populacional de uma nação, acreditava Mo Tzu, que constituem seu maior lucro."[104]

O problema da ordem da sociedade e da dinâmica pela qual ela deve ser estruturada continua a ser a questão, como já o fora para Confúcio; mas a fé no poder da decência, das artes e dos ritos para ativar e desenvolver a natureza inata estava perdida. Além disso, toda fé na própria natureza inata também estava perdida. Para os confucianos a natureza inata tinha sido concedida e selada dentro de cada um pelo Céu. Despertada pela influência da poesia, dos ritos, da decência etc. ela florescia naturalmente, em harmonia com o *tao*. Para Mo Tzu, entretanto, não havia semelhante esperança.

No começo da espécie humana (afirma o livro *Mo Tzu* de Fung Yu-lan), quando ainda não havia nem lei nem governo, o costume era: "Cada homem de acordo com sua própria ideia". Assim, quando havia um homem, havia uma ideia, quando havia dois homens, duas ideias e quando havia dez homens, eram dez ideias diferentes. Quanto mais pessoas, maior o número de conceitos diferentes. Em consequência, cada homem aprovava sua própria visão e desaprovava a dos outros e assim surgiu a desaprovação mútua entre os homens. Como resultado, pai e filho, irmãos mais velhos e mais jovens tornaram-se inimigos e estranhos uns aos outros, incapazes de chegar a qualquer acordo. Os povos do mundo trabalharam uns contra os outros com água, fogo e veneno. A energia excedente não era usada para ajuda mútua; os bens excedentes deixavam-se apodrecer sem serem compartilhados; ensinamentos excelentes eram mantidos em segredo e não eram transmitidos aos outros. A desordem do mundo dos homens era igual à das aves e bestas. Porém, era evidente que toda aquela desordem se devia à falta de um governante.

Por isso, passou-se à procura de uma pessoa no mundo que fosse virtuosa e capaz, e ficou estabelecido que seria o Filho do Céu. [...] Quando todos os governantes haviam sido empossados, o Filho do Céu emitiu um mandato aos povos, dizendo: "Ao ouvir tanto o bom quanto o mau, a pessoa deverá relatá-lo a um superior. O que o superior achar correto, todos devem achar correto. O que o superior achar errado, todos devem achar errado".[105]

Desaparecida a fé na natureza interior, o único recurso foi então o despotismo, sentimentalizado enquanto mandato do céu, e o agente da obediência não foi a música, mas a espionagem, o medo da punição e o desejo de recompensa:

Que o patriarca institua leis e proclame ao clã: "Quem quer que descubra um benfeitor do clã deverá comunicá-lo; quem quer que descubra um malfeitor do clã deverá comunicá-lo". Então, quem quer que veja e aponte um benfeitor do clã será equivalente ao próprio benfeitor do clã. Identificando-o, o superior o recompensará. Quem quer que deixe de apontar um malfeitor do clã será equivalente ao próprio malfeitor do clã. Identificando-o, o superior o punirá; ao saber disso, o grupo o condenará. Deste modo, todos os membros do clã desejarão obter recompensas e honrarias e evitarão ser denunciados e punidos pelo superior. [...] Com os bons recompensados e os maus punidos, o clã certamente terá ordem. Mas por que o clã se torna ordeiro? Exatamente porque a administração se baseia no princípio da Concordância com o Superior (*shang t'ung*).[106]

E onde, em meio a tudo isso, encontramos o princípio do amor universal, pelo qual Mo Tzu se tornou célebre?

A tarefa do homem benevolente é conseguir benefícios para o mundo e eliminar suas calamidades. Porém, entre todas as calamidades do mundo, quais são as maiores? Eu digo que são os ataques a pequenos Estados pelos grandes, distúrbios nas famílias fracas causados pelas fortes, opressão do fraco pelo forte, abuso de poucos sobre muitos, logro do ingênuo pelo astuto e desdém do importante pelos humildes; essas são as desgraças do mundo. [...] Quando pensamos nas causas de todas essas desgraças perguntamo-nos como elas surgiram. Teriam surgido do amor pelos outros e do amparo a outros? Temos de responder que não. Antes deveríamos responder que elas surgiram do ódio pelos outros e da ofensa aos outros. Se classificarmos aqueles que no mundo odeiam a outros e prejudicam a outros, deveremos chamá-los de "preconceituosos" ou "fraternos"? Temos de dizer que são "preconceituosos". Portanto, não será o "preconceito mútuo" a causa das maiores calamidades do mundo? Por isso, o princípio da discriminação é errado. Mas quem quer que critique os outros tem de ter algo para substituir o que critica. Por isso eu digo: "O substituto do preconceito é a fraternidade".[107]

Entretanto, em nome desse princípio do amor fraterno é necessário travar uma guerra incansável.

> Suponhamos (lemos) que haja um país perseguido e oprimido pelos seus tiranos e que um sábio governante, para livrar o mundo dessa desgraça, arme um exército e comece a punir os malfeitores. Se, quando tiver vencido, ele quiser observar a doutrina dos confucianos, emitirá uma ordem às suas tropas dizendo: "Os fugitivos não devem ser perseguidos, um inimigo que perdeu seu capacete não deve ser atingido; se uma carruagem virar, vocês deverão ajudar seus ocupantes a erguê-la [...]"; se isso for feito, os violentos e desordeiros escaparão com vida e o mundo não se livrará de sua desgraça. Essas pessoas praticaram massacres indiscriminados de mulheres e homens e causaram grande mal enquanto puderam. Não haveria injustiça maior do que deixá-las escapar.[108]

Os seguidores de Mo Tzu constituíam, segundo relato deles próprios, uma organização severamente disciplinada capaz de ação militar. Seu líder era chamado o "Grande Mestre" (*Chu Tzu*). O próprio Mo Tzu foi o primeiro Grande Mestre. E ele tinha, descobrimos, "cento e oitenta discípulos, aos quais podia ordenar entrar no fogo ou caminhar sobre lâminas de espadas e a quem mesmo a morte não conseguia perturbar".[109]

Taoismo, desde cerca de 400 a.C. Agora, considerando-se um mundo em que a ordem da sociedade é constituída, por um lado, de uma massa explorada de pessoas "inferiores" mal governadas e, por outro, de uma elite confusa de déspotas ingovernáveis – ou da laia autocomplacente cuja incorrigibilidade fez com que o próprio Confúcio desistisse, ou da espécie farisaica e brutalmente utilitarista dos seguidores de Mo Tzu – deveríamos ficar surpresos ao descobrir que nos séculos IV e III a.C. grande número de chineses sensíveis tenha debandado para a floresta? A época se parece com, ou pelo menos sugere, a dos filósofos da floresta da Índia três ou quatro séculos antes, quando a ordem feudal anterior também estava desmoronando ali. Escrevendo sobre um dos mais famosos desses sábios montanheses rebeldes, o filósofo confuciano Mêncio afirma: "O princípio de Yang Chu é: 'Cada um por si'. Mesmo que pudesse ter beneficiado todo o império arrancando um único fio de cabelo, ele não o teria feito".[110] E o autor desconhecido da obra do terceiro século que tem o nome de *Han Fei Tzu* descreve todo o grupo pacífico como pessoas que "andam separadas da multidão, orgulhando-se por serem diferentes dos outros homens".

"Eles pregam a doutrina do quietismo", afirma o autor, "mas a descrição dessa doutrina é expressa em termos desconcertantes e misteriosos. [...] Admito que o dever do homem em vida seja servir seu monarca e sustentar seus pais, o que não pode ser feito pela quietude. Admito também que é dever do homem, em tudo o que ele prega, promover a lealdade, a boa fé e a Constituição Legal. Isso não pode ser feito em termos vagos e misteriosos. A doutrina dos quietistas é falsa, capaz de desencaminhar as pessoas."[111]

É claro, entretanto, que a filosofia dos homens da floresta era, no mínimo, tão responsável pela espécie humana e pelo ideal de uma ordem de decência especificamente humana quanto a daqueles que, através de ucasses de suas próprias mentes obtusas, exterminavam todos aqueles que se opunham à lei ou procuravam escapar dela.

"Um governante", afirma outro filósofo da escola da linha dura, conhecida como Legalista, "não deveria ouvir aqueles que acreditam em pessoas com opiniões próprias e na importância do indivíduo. Tais doutrinas fazem as pessoas retirar-se para lugares isolados e esconder-se em cavernas ou montanhas, para dali insultar o governo vigente, escarnecer das autoridades, reduzir a importância das posições e emolumentos e menosprezar todos os que detêm postos oficiais."[112]

Contudo, tal como o Prof. Arthur Waley demonstra:

> A verdadeira razão pela qual essas pessoas se recusaram a receber salários oficiais e insistiram em viver à sua própria maneira do fruto de seu próprio trabalho, é que elas achavam que a sociedade deveria consistir de indivíduos, cada um completo em si mesmo, e era contrário a suas consciências o fato de serem sustentados por "cabelos" arrancados da cabeça sofredora da comunidade em geral. Um certo Ch'en Chung era um recluso escrupuloso dessa classe. Ele pertencia a uma importante família na região de Ch'i (hoje parte de Shantung). Seus antepassados haviam ocupado altos postos por muitas gerações consecutivas e seu irmão mais velho havia administrado um feudo do qual recebia uma renda de 10.000 *chung*.* Como era contra os princípios de Ch'en Chung viver do que ele considerava rendas adquiridas desonestamente, deixou a casa do irmão e se instalou num lugar remoto chamado Wu-ling. Ali, sustentava-se confeccionando sandálias de sisal, enquanto sua mulher trançava a fibra. Seus meios de vida eram muito precários e em uma ocasião Ch'en não teve nada para comer durante três dias.[113]

Além do mais, em seu isolamento, praticando disciplinas de realização interior, esses dissidentes haviam alcançado algo dentro de si que lhes pareceu uma força mais benéfica para a humanidade do que a própria comida, a roupa e o abrigo que os seguidores de Mo Tzu pensavam ser a base da virtude, mas a que os eremitas das montanhas tinham até certo ponto renunciado. Também era mais benéfica do que a principal força militar e policial que deveria assegurar a todos tais bens materiais. E essa força alcançada em seu interior era constituída pela experiência e o poder profundos do *Tao* o qual, de acordo com essa mesma experiência, é o *verdadeiro* fundamento de todas as coisas, de todos os seres e da verdadeira humanidade do homem.

"Sabemos", escreve Waley, "que muitas diferentes correntes do quietismo existiram na China nos séculos IV e III antes de Cristo. Apenas uma pequena parte de sua literatura subsiste."[114] É possível, embora não provado, ele afirma, que no período de formação desse movimento, no século IV a.C., influências externas já estivessem

* Um décimo do salário de um primeiro-ministro (nota de Waley).

em ação. Entretanto, no século seguinte, "tais influências estavam claramente começando a ser de grande importância".[115]

O uso do ferro, da cavalaria na guerra e de vestimenta não chinesa para os soldados, a aquisição de novas formas de remoção dos mortos[116] e o surgimento na literatura chinesa de motivos indianos somam-se indicando que o período era de considerável influxo de ideias estrangeiras. "Todos os estudiosos estão agora de acordo", afirma Waley, "em que a literatura do terceiro século é repleta de elementos geográficos e mitológicos originários da Índia. Não vejo nenhuma razão para duvidar de que 'os santos das montanhas' (*sheng-hsien*) descritos por Lieh Tzu sejam *rishis* indianos, e quando lemos em *Chuang Tzu* sobre certos taoistas que praticavam movimentos muito semelhantes aos *āsanas* da ioga hindu, é um indício de que algum conhecimento da técnica da ioga que aqueles *rishis* usavam havia penetrado na China."[117]

Entretanto, na influência e direção últimas do movimento quietista chinês, quando comparado com o da Índia, há um grande contraste a ser notado. Na Índia, como vimos, a ioga permitia ao asceta desenvolver em si mesmo certos "poderes" (*siddhi*) com os quais se podia alcançar todo tipo de efeitos mágicos. Entretanto, a verdadeira finalidade das práticas indianas estava além desses poderes; de maneira que, embora a literatura indiana esteja repleta de exemplos do exercício dos *siddhi*, a tradição espiritual dominante exige que todo interesse neles seja abandonado. Por exemplo, um texto padrão da escola Vedanta, o *Vedāntasāra* do século XV, afirma que, já no começo de sua disciplina, o candidato à iluminação iogue tem de possuir quatro requisitos: 1. discriminação entre as coisas permanentes e transitórias; 2. *renúncia aos resultados da ação, tanto neste mundo quanto no próximo*; 3. seis tesouros espirituais: controle das inclinações mundanas; refreamento dos órgãos externos; interrupção dos trabalhos convencionais; indiferença a calor e frio, louvor e crítica e a todos os outros pares de opostos; concentração mental; fé na doutrina espiritual e no propósito. E, continuando com a série, 4. *profundo anseio pela liberação.*[118] Na China, ao contrário, era precisamente nos poderes (*tê*) que estava o interesse. "*Tê* significa poder latente, uma 'virtude' inerente a algo", afirma Waley.[119] *Tao tê* é então, "o poder latente (*tê*) do caminho, da ordem, do universo (*tao*)", que o quietista encontra dentro de si e também fora – pois é a "Mãe de todas as coisas".

O Espírito do Vale jamais morre.
Ele é denominado a Fêmea Misteriosa.
E a Porta da Fêmea Misteriosa
É a base de onde se originaram o Céu e a Terra.

Está dentro de nós por todo o tempo;
Use-a à vontade, ela jamais se esgota.[120]

Na filosofia chinesa do *Tao*, da qual o manifesto clássico é o *Tao Te Ching*, "O Livro (*ching*) do Poder (*tê*) do Caminho (*tao*)", sustenta-se que a contemplação quietista do *Tao* "proporciona o que os indianos chamam *siddhi*, e os chineses *tê*: um poder sobre o mundo externo não sonhado por aqueles que se opõem à matéria enquanto ainda são seus escravos".[121] E era crença firme dos escritores taoistas que os monarcas ancestrais da idade de ouro haviam mantido em forma a ordem da sociedade – e do mundo – apenas através do poder (*tê*) de sua própria experiência interna do *Tao*.

De outrora aqueles que eram os melhores membros da Corte
Tinham naturezas interiores sutis, obscuras, misteriosas, penetrantes,
Demasiado profundas para serem entendidas.
E como tais homens não podiam ser entendidos
Não posso falar deles senão pelo que pareciam ao mundo:

Circunspectos eles pareciam, como quem no inverno atravessa um rio,
Cautelosos como quem tem de enfrentar o perigo vindo de qualquer lado.
Cerimoniosos como quem faz uma visita;
Porém dúcteis como o gelo quando começa a derreter.

Inexpressivos como um pedaço de madeira não esculpida;
Porém receptivos como um abrigo nas montanhas.
Escuros como um rio turbulento –
Quem de vós consegue assumir tal obscuridade, para no final tornar-se
calmo e límpido?
Quem de vós consegue ficar inerte, para no final tornar-se ativo e cheio de vida?

Os que possuem esse *Tao* não tentam encher-se até a borda,
E porque eles não tentam encher-se até a borda
São como uma roupa que resiste ao uso e jamais precisa ser renovada.[122]

* * *

Avança o bastante em direção ao Vazio,
Agarra-te suficientemente firme à Quietude,
E de dez mil coisas apenas uma pode ser trabalhada por ti.
Eu observei-as, para onde elas voltam.
Vede, todas as coisas por mais que floresçam
Retornam à raiz de onde nasceram.
Esse retorno à raiz é chamado Quietude;
Quietude é chamada o acato ao Destino;
O que acatou o Destino se tornou parte do imutável.
Conhecer o imutável é ser Iluminado;
Não conhecê-lo significa caminhar cegamente para o desastre.

Aquele que conhece o imutável tem em si lugar para tudo;
Aquele que tem em si lugar para tudo não tem preconceito.
Ser sem preconceito é ser nobre;
Ser nobre é ser celestial;
Ser celestial é estar no *Tao*.
Tao é eterno e aquele que o possui,
Embora seu corpo acabe, não é destruído.[123]

Uma anedota, contada uma e outra vez, sobre o sábio taoista Chuang Tzu (que floresceu por volta de 300 a.C.), diz que quando sua mulher morreu Hui Tzu, versado em Lógica, foi até sua casa para participar das cerimônias de condolências, mas o encontrou sentado no chão com uma tigela virada nos joelhos, batucando e cantando. "Afinal", disse Hui Tzu surpreso, "ela viveu com você, cuidou de seus filhos, envelheceu com você. Que você não a pranteie já é o suficientemente ofensivo, mas deixar que seus amigos o encontrem batucando e cantando, é realmente ir longe demais!"

"Você está me julgando mal", Chuang Tzu respondeu: "Quando ela morreu, fiquei desesperado, como qualquer homem ficaria. Mas logo, ponderando sobre o que tinha acontecido, disse a mim mesmo que na morte nenhum novo destino nos espera. No começo, carecemos não apenas de vida, mas também de forma; não de forma apenas, mas de espírito. Ficamos misturados a uma única massa descaracterizada, indistinta. Então chega a hora em que a massa se transforma em espírito, o espírito em forma, a forma em vida. E então a vida, por sua vez, evolui para a morte. Pois não apenas a natureza, mas também a existência do homem tem suas estações, sua sequência de primavera e outono, verão e inverno. Se alguém está cansado e vai se deitar, não o perseguimos com gritos e repreensões. Aquela que perdi se deitou para dormir por um tempo no Grande Quarto Interior. Interromper seu repouso com o barulho dos lamentos não demonstraria nada mais do que meu desconhecimento absoluto da Lei Soberana."[124]

"Esta atitude diante da morte", escreve Waley sobre essa cena, "exemplificada repetidamente em Chuang Tzu, é apenas parte de uma atitude geral com respeito às leis universais da natureza. Uma atitude que não é meramente de resignação, nem mesmo de aquiescência, mas uma aceitação lírica, quase extática, que inspirou algumas das passagens mais comoventes da literatura taoista. Questionarmos o direito de a natureza fazer e desfazer, de desejarmos algum papel que a natureza não tenha determinado que desempenhemos, não é apenas fútil ou simplesmente prejudicial àquela tranquilidade do 'espírito' que é a essência do taoismo, mas envolve, em vista de nosso total desamparo, uma espécie de fatuidade cômica e infame a uma só vez."[125]

Pode-se então dizer que, em linhas gerais, Confúcio e os taoistas estavam de acordo em assentar o poder modelador do mundo no próprio homem; eles divergiam, entretanto, quanto à profundidade e maneira pelas quais ele poderia ser despertado. O taoista prezava a meditação introvertida como o método "sentado com a mente em branco", "de retorno ao estado de pedra não esculpida" onde, mais profundamente do que o nomeado, o formado, o venerado e o rejeitado, aquele poder estaria operando através de antinomias. *Wu wei*, "não afirmação, não coação", era sua pedra de toque, e sua doutrina, o caminho do paradoxo (*fan-yen*):

> "Para permanecer inteiro, curva-te!"
> Para tornar-te reto, sê flexível.
> Para tornar-te cheio, sê oco,
> Sê esfarrapado para que possas ser renovado.
> Os que têm pouco podem conseguir mais,
> Os que têm muito ficam apenas perplexos.
>
> Por isso o Sábio
> Abraça a Unidade Primordial,
> Testando com ela tudo sob o céu.
> Ele não se mostra, por isso é visto em todas as partes.
> Ele não se define, por isso é distinto.
> Ele não se vangloria do que fará, por isso é bem-sucedido.
> Ele não é orgulhoso de sua obra, por isso ela permanece.
> Ele não compete,
> E por essa mesma razão ninguém sob o céu pode competir com ele.
>
> Assim vemos que o antigo ditado "Para permanecer inteiro, curva-te!" não era nenhuma expressão vã; pois a verdadeira inteireza pode ser alcançada apenas pelo retorno.[126]

Confúcio, por outro lado, ensinara o caminho extrovertido de atenção sincera e respeitosa às artes da música, poesia, tradição ritual e decoro como os estimuladores daquele sentimento de bondade, suavidade e generosidade (*jen*) adquirido através da relação do homem com os homens, e dotado de graça.

Tanto Lao Tsé quanto Confúcio, em sua confiança na natureza – esteja ela no cosmos ou no interior do homem – estavam diametralmente separados de Mo Tzu e dos assim chamados Legalistas ou Realistas do caminho do intelecto apresentados no *Livro do Senhor Shang*, para quem o único poder efetivo era a força viva, e os bens a serem desejados eram comida, abrigo e ordem no mundo. No caso dos últimos, a máxima taoista "Abraça a Unidade" foi privada de seu sentido metafísico e transformada em máxima política;[127] e o princípio da pedra bruta tornou-se o do quadrado de pedra talhada pela espada.

DINASTIA CH'IN: 221-207 a.C.

Em nenhum outro lugar a doutrina confuciana da moralidade e benevolência fora tão amplamente aceita quanto no pequeno Estado de Lu; porém no ano 249 a.C. Lu foi invadido e destruído.[128] Pelo ano de 318 a.C., o Estado não filosófico de Ch'in, ainda com práticas de sacrifícios humanos, havia derrotado uma confederação de vizinhos; em 313 o reino de Chu, no sudeste taoista, foi definitivamente derrotado; em 292, Han e Wei caíram e em 260, Chao. Em 256 a.C., as propriedades da dinastia Chou foram totalmente cercadas. No ano 246 a.C., o rei Ching assumiu o trono Ch'in e em 230 anexou o Han; em 228, o Chao; em 226, o Ch'i; em 225, o Wei; em 222, o Ch'u; em 221, ele assumiu o título Ch'in Shih Huang Ti, como o primeiro imperador da China,[129] e imediatamente iniciou a construção da Grande Muralha para proteger o Império de outras invasões de bárbaros como ele próprio e, em 213, promulgou o édito da queima dos livros.

A morte deveria ser a sentença dos sábios descobertos em reunião para ler ou discutir os clássicos. Os que fossem encontrados com cópias trinta dias após o início da proibição eram marcados a fogo e mandados trabalhar por quatro anos na Grande Muralha; centenas foram enterrados vivos.[130] Em 210, entretanto, Ch'in Shih Huang Ti morreu e em 207 a dinastia sucumbiu. (Sua carreira está em oposição à de seu contemporâneo Ashoka.) Em 206 a capital foi saqueada, incêndios arderam durante três meses queimando os palácios, e o deus do fogo, Chu Jung, destruiu os livros que haviam escapado aos comissários de Ch'in Shih Huang Ti.

DINASTIA HAN: 202 a.C.-220 d.C.

A Antiga Rota da Seda para a Báctria helenista, a Índia budista, a Pártia zoroastriana e Roma já estava aberta no ano 100 a.C. Dali em diante, o fluxo de um lado para outro de correntes de ideias entre os quatro domínios da Europa, o Levante, a Índia e o Extremo Oriente, levou ao desenvolvimento, em todo o continente eurasiano, de um vocabulário mítico comum – porém aplicado em cada domínio a um estilo de pensamento e sentimento *sui generis*, que não podia ser nem comunicado nem extinto. A circunstância era análoga à de nosso cenário contemporâneo, onde as instituições, palavras e ideais desenvolvidos no Ocidente se difundiram para a África e Ásia e ali, nas esferas de influência de tradições estrangeiras, são aplicados a práticas políticas, maneiras de sentir e objetivos sociais, em muitos casos exatamente opostos àqueles aos quais os termos e instrumentos pertenceram originalmente e, em outros, completamente dissociados deles. Assim também no período de Roma, da Pérsia Pártia, da Índia de Kanishka e da China Han: um índice intercultural de motivos mitológicos mostraria um tesouro comum de temas básicos. Quanto a estilo, valores e argumentos no entanto, os quatro domínios mantiveram então – como continuam mantendo – os padrões nativos que, aparentemente, devem permanecer.

Isso lembra-nos a peça de Sartre *Entre Quatro Paredes*. Um quarto no inferno. O quarto está vazio. O mensageiro do hotel manda um homem entrar. Em seguida, entram uma mulher e outra mulher. É tudo: eles ficam ali para sempre. E o inferno é que nenhum deles pode mudar. O homem exige comiseração, que a mulher mais velha poderia lhe dar. Mas ela é lésbica e o despreza e deseja algo da mais jovem, cujos olhos veem apenas o homem, que ela não pode entender ou libertar de seu ensimesmamento. Mais tarde, a porta abre-se por um momento e eles ficam livres para fugir do inferno que eles próprios estão criando. Entretanto, nada pode ser visto do lado de fora a não ser o vazio, e eles estão todos tão autoprotegidos que não ousam dar um passo para o desconhecido. A porta fecha-se e eles estão ali – como estamos aqui, no planeta Terra: Europa (que agora inclui a América do Norte e a Austrália), Levante (que, na visão atual, inclui a Rússia), Índia, Extremo Oriente – e agora a América do Sul e África. Todos chegaram. O quarto está lotado. Todos usam trajes europeus. Mas que variedade antropológica no interior!

Ninguém foi capaz de indicar com exatidão o ponto de origem da noção mitológica dos cinco elementos. Minha sugestão, baseada no padrão distributivo, é que as evidências devem surgir, algum dia, nas tabuletas da Suméria e Acad. O mais antigo sistema grego conhecido está representado nos fragmentos remanescentes de Anaximandro (cerca de 611-547 a.C.), que dá nome ao fogo, ar, terra, água e ao não limitado. A época do sistema indiano não foi ainda datada, mas a sequência aparece no *Taittiriya Upaniṣad* (cerca de 600 a.C.?):

> Do Si-Próprio (*ātman*) surgiu o espaço
> Do espaço, o vento
> Do vento, o fogo
> Do fogo, a água
> Da água, a terra
> E da terra, as plantas, alimentos ...[131]

No sistema Sanquia de Kapila, os cinco elementos estão relacionados com os cinco sentidos: respectivamente, o espaço ou éter com a audição; o vento ou ar com o tato; o fogo com a visão; a água com o paladar, e a terra com o olfato.

O sistema chinês correspondente aparece pela primeira vez no período erudito de Han e, embora com características diferentes, é afiliado ao Sanquia. A primeira evidência autêntica aparece em um capítulo da *História Clássica* (*Shu Ching*) chamado "O Grande Plano ou Norma" (*Huang Fan*), que se supõe representar uma comunicação do antigo saber ao rei Wu, fundador da dinastia Chou, feita pelo Grande Mestre Chi da corte arruinada de Shang, o qual o atribui – obviamente – ao Grande Yü. "A ciência moderna tende a situar a verdadeira data da 'Grande Norma' entre o quarto e o terceiro século a.C.",[132] escreve o Dr. Fung Yu-lan.

Os cinco elementos chineses são água, fogo, madeira, metal e terra. "A natureza da água é molhar e cair; a do fogo, queimar e subir; a da madeira, ser curvada e ereta; a do metal é ceder e se transformar enquanto a da terra é vista no desenvolvimento e colheita de sementes. O que molha e cai se torna salgado; o que queima e sobe se torna amargo; o que é curvado e ereto se torna ácido; o que cede e se transforma se torna acre, e do desenvolvimento e colheita da semente provém a doçura."[133]

Os filósofos do período Han tiveram grande consideração por esse sistema radical dos cinco elementos, construindo sobre ele uma espécie de templo de ideias, todas associadas por analogias de cinco. Por exemplo:

Elementos:	Madeira	Fogo	Metal	Água	Terra
Direções:	Leste	Sul	Oeste	Norte	Centro
Estações:	Primavera	Verão	Outono	Inverno	Todas
Cores:	Verde	Vermelho	Branco	Preto	Amarelo
Virtudes:	Bondade	Decoro	Justiça	Boa Fé	Sabedoria
Notas: *	Chiao	Chih	Shang	Yu	Kung
Deuses:	Kou Mang	Chu Jung	Ju Shou	Hsüan Ming	Hou T'u
Imperadores:	T'ai Hao	Yen Ti	Shao Hao	Chuan Hsü	Huang Ti[134]

* Notas da escala pentatônica chinesa.

Está claro a esta altura que o período criativo do pensamento mítico chinês havia passado, e que o trabalho agora não era dos poetas nem dos sacerdotes, mas dos cavalheiros eruditos que se dedicaram a classificar e juntar fragmentos do passado – jades quebrados, joias dispersas – conforme padrões traçados pelo governo. Seu princípio de ordem era o da correlação por analogia. Sua teoria subjacente era que coisas da mesma classe energizam umas às outras. Como na Índia, aqui também não havia necessidade de pressupor um criador por trás da manifestação. A visão era orgânica; dentro de cada coisa em si mesma está sua vida, seu *tao* energizante. E, como por ressonância, influências mútuas tocavam os princípios vitais atuantes de todas as coisas, de maneira que em todo o universo ressoava uma maravilhosa harmonia cujas leis, como as da música, poderiam ser descobertas e experienciadas com admiração. Ademais, tais leis, habilmente executadas pelos homens de saber – sejam eles administradores de um império, fabricantes de espadas, poetas, amantes, mestres atletas ou construtores de casas – podiam ser tão vivificadas que a obra pretendida evoluiria, como que espontaneamente. E cada uma a sua maneira seria então, em si mesma, um exemplo vivo dessas leis. De modo que a natureza e o mundo da arte, da arquitetura, da jardinagem e do governo chinês eram um único espírito.

O império, formado de fato pela violência, agora devia ser ordenado pelo saber, de modo que suas feições deveriam harmonizar-se com a ordem do *Tao*. Desde os primórdios, os princípios dessa ordem eram conhecidos. Agora, eles podiam ser aplicados. Assim, no rico e majestoso império militar da dinastia Han (que fora estabelecido em um instante, quando seu fundador, o senhor da guerra Liu Pang, fez um tratado com seu principal adversário, Hsiang Chi, pelo qual seu pai e esposa capturados deveriam ser-lhe devolvidos, e rompeu o tratado tão logo eles retornaram em segurança e, de surpresa, tomou o poder), a diligência de muitas mãos devotadas, funcionando nos termos de um consenso, haveria de dar forma a uma civilização de uma harmonia tal que, apesar dos reinados de força e fria brutalidade de desumanidade incrível, se ergueria como o eixo inabalável do universo, o Reino do Meio, para sempre.

Como afirma o Dr. Karlgren em um trecho magnífico, em que toda a estrutura da época é revelada:

> Uma vez passada a data crucial de 200 a.C., as condições estão radicalmente mudadas. O sistema de reinos feudais que florescera por um milênio havia sucumbido por inteiro. As barreiras, tanto políticas quanto econômicas entre os vários centros culturais haviam sido abolidas; novas grandes estradas ligavam as várias partes da China umas às outras; as classes plebeias de agricultores e mercadores obtiveram condições de vida bastante diferentes das que tinham prevalecido durante a época feudal. Em resumo, a confederação de pequenos estados mais ou menos independentes foi suplantada por um império forte e centralizado, em que a nivelação ocorreu em ritmo rápido, removendo os contrastes provinciais e destruindo os costumes e crenças locais. Os templos ancestrais dos senhores feudais não mais eram centros ritualísticos e culturais: os letrados formavam uma classe social independente do patrocínio dos senhores feudais; a literatura da era Chou foi seriamente atingida pela famosa queima dos livros de 213 a.C., e as tradições e cultos dos reinos feudais não eram mais uma realidade viva, mas uma lembrança, prezada por uma pequena classe de eruditos, mas esquecida e desprezada pelos homens no poder, representantes plebeus enviados da corte imperial central sediada na capital. Em 250 a.C. os autores ainda podiam descrever os cultos que haviam testemunhado pessoalmente; em 100 a.C. eles tinham de contar a história de como as coisas haviam sido antes do cataclisma de 221-211. (Os cultos de sua própria época eram um conglomerado repleto de inovações, muitas delas recentemente instituídas por ordem imperial.) Ao mesmo tempo, multiplicaram-se as influências estrangeiras. O conhecimento das coisas da Ásia Ocidental conquistou rapidamente terreno mas, acima de tudo, os chineses do período Han entraram em estreito contato e, ao mesmo tempo, mantiveram um intercâmbio de ideias e costumes com os povos nômades do norte e noroeste e com as culturas das regiões que agora formam a China Meridional. A penetração e a colonização chinesas desta região bem ao sul do Yang-Tsé fizeram grandes avanços no decorrer de dois séculos. O saber da era Han é, portanto, uma combinação mesclada, muito menos homogênea e menos genuinamente chinesa do que o saber da era Chou.
>
> Mais um grande abismo abre-se entre as condições do Han inicial e as do século II d.C. Os três primeiros séculos do reinado Han não tinham apenas revolucionado a vida e o pensamento chineses, mas também legaram uma diferença muito significativa. No primeiro século da era Han os estudiosos não estavam ainda muito afastados no tempo da era feudal: os mestres de seus mestres haviam vivido na última fase daquela época e, embora os costumes e cultos já tivessem sido muito abalados e, em grande escala, abolidos, o conhecimento a respeito deles ainda podia ser mantido vivo, até certo ponto, nos círculos dos sábios do período Han inicial.

> Mas alguns séculos depois, na época dos grandes escoliastas Cheng Chung, Fu K'ien, Hsu Shen, Kia K'uei, Ma Jung, Ching Hsuan, Kao Yu e muitos outros, esse conhecimento havia passado pela sequência de muitas gerações; não se baseava mais nas lembranças recentes, mas no saber dos tempos antigos.[135]

AS SEIS DINASTIAS: 190/221-589 d.C.

O budismo foi introduzido na China no período Han, talvez por volta de 67 d.C.; entretanto, sua influência sobre o pensamento mítico e, em consequência, sobre a civilização do império, só se tornou significativa no período de desordem que se seguiu à queda da casa imperial de Han. Pelos quase quatrocentos anos seguintes, a guerra e a devastação levaram o país de volta às condições que têm sido, na maior parte de sua longa história, a versão chinesa da realidade, e a séria busca daquela Realidade interior mais profunda, que se iniciara no período do colapso da ordem feudal, recomeçou. É interessante notar que cada uma das dez seitas budistas enumeradas pelo Prof. Junjiro Takakusu em seu volume *The Essentials of Buddhist Philosophy* [Os Elementos Essenciais da Filosofia Budista] foi fundada nessa época "por aqueles homens capazes", como ele escreve, "que traduziram e introduziram os textos".[136] Já relatamos a peregrinação à Índia de Fa-hsien (399-414 d.C.), e notamos que foi no ano de seu retorno que se iniciou o trabalho nos templos-cavernas budistas cravados em rochas de Yunkang.

Mas no mundo do pensamento taoista também houve uma forte vivificação naquela época. A influência do confucionismo nas mentes dos literatos tinha diminuído com a ruína do sistema burocrático do Estado, onde o progresso e o prestígio haviam sido alcançados por meio do estudo dos Clássicos. Não se realizavam mais exames e um novo termo, "o aprendizado obscuro" (*hsüan hsüeh*), que entrou em uso, fazia referência a todo aprendizado taoista além da esfera daqueles nomes e formas aos quais o aprendizado confucionista se dedicava com zelo.

"Há quatro coisas", afirma uma obra taoista dessa época (Lieh Tzu, século III d.C.), "que não permitem que as pessoas tenham paz. A primeira é a longevidade, a segunda é a reputação, a terceira é a posição social e a quarta são as riquezas. Os que têm essas coisas temem fantasmas, temem os homens, temem o poder e temem o castigo. Eles são chamados fugitivos. [...] Suas vidas são controladas por fatores externos. Mas os que seguem seu destino não desejam vida longa. Os que não buscam honrarias não desejam reputação. Os que não buscam o poder não desejam posição. E os que não são avaros não têm desejo de riquezas. Dessa espécie de homens pode-se dizer que vivem em harmonia com sua natureza. [...] Suas vidas são reguladas por coisas interiores."[137]

Uma pessoa deveria viver, declaram esses mestres dos séculos III e IV de nossa era, conforme um princípio denominado *tzu-jan*, "seidade, espontaneidade, o natural"; em oposição a *ming-chiao*, "instituições e costumes".[138]

> O que o ouvido gosta de ouvir é música e a proibição de ouvir música é chamada de obstrução ao ouvido. O que os olhos gostam de ver é beleza e a proibição de ver a beleza é chamada de obstrução à vista. O que o nariz gosta de cheirar é perfume e a proibição de cheirar perfume é chamada de obstrução ao olfato. O que a boca gosta de falar é sobre o certo e o errado e a proibição de falar do certo e do errado é chamada de obstrução ao entendimento. O que o corpo gosta de desfrutar é boa comida e belas roupas e a proibição de desfrutar delas é chamada de obstrução das sensações do corpo. O que a mente gosta de ser é livre e a proibição dessa liberdade é chamada de obstrução à natureza.
>
> Todas essas obstruções são as principais causas dos problemas da vida. Livrar-se dessas causas e desfrutar de si mesmo até a morte, ou durante um dia, um mês, um ano ou dez anos é o que eu chamo de cultivar a vida. Apegar-se a essas causas e tornar-se incapaz de livrar-se delas, para ter uma vida longa mas triste, estendendo-se por cem, mil ou mesmo dez mil anos – não é isso que chamo de cultivar a vida.[139]

E a seguir, à guisa de exemplo de como isto ocorre:

"Wang Hui-chih (morreu em 388 d.C.) vivia em Shan-yin (perto da atual Hangchow). Uma noite foi acordado por uma forte nevada. Ao abrir a janela, viu uma brancura cintilante por todos os lados e, de súbito, pensou em seu amigo T'ai K'uei. Imediatamente, tomou um barco e foi ver T'ai. Foi necessária toda a noite para chegar à casa de T'ai, mas quando estava a ponto de bater à porta, ele desistiu e voltou para casa. Quando lhe perguntaram a razão de sua atitude, ele respondeu: 'Eu fui pelo impulso do prazer e agora ele desapareceu, de maneira que retorno. Por que deveria ver T'ai?' "[140]

A velha marotice desses camaradas taoistas está bem representada na seguinte anedota do sábio Liu Ling (cerca de 221-300 d.C.), que fazia parte do grupo conhecido como Os Sete Notáveis do Bosque de Bambu. Quando estava em seu quarto, Liu gostava de ficar nu e ao ser criticado por isso por um visitante, disse: "Tenho o universo inteiro como minha casa e meu próprio quarto como vestimenta. Por que, então, você entra aqui nas minhas calças?"[141]

Mas havia outro lado do estilo taoista, também em desenvolvimento nessa época. Já no período Han tardio, o milagre da "transformação em um *hsien*" – o que quer dizer um "homem da montanha", um imortal mitológico – tinha se tornado um dos propósitos da iniciativa taoista. Em outras palavras, enquanto em um lado (aquele sobre o qual os filósofos gostam de escrever) a China daquela época vinha aprendendo uma lição maravilhosa de viver sem propósitos, espontaneamente, pela motivação do *tao*, no outro canto do bosque de bambu podia-se encontrar alguém ocupado em fazer pílulas de cinábrio para a imortalidade.

"Pegue três libras de cinábrio genuíno e uma libra de mel branco", escreveu o grande taoista Ko Hung (cerca de 400 d.C.). "Misture-os. Seque a mistura ao sol. Asse-a no fogo até poder formar pílulas. Tome dez pílulas do tamanho de uma semente de cânhamo a cada manhã. Dentro de um ano, os cabelos brancos voltarão a ser negros, dentes cariados voltarão a crescer e o corpo tornar-se-á liso e resplandecente. Um velho que tomar esse preparado por um longo período de tempo se tornará jovem. Aquele que o tomar constantemente desfrutará de vida eterna e não morrerá."[142]

"É também perigoso para as pessoas que amam a vida confiar em suas próprias especialidades", escreveu o mesmo autor. "Aqueles que conhecem as técnicas do Clássico da Dama Misteriosa e o Clássico da Dama Comum (livros sobre dieta sexual não mais existentes) dirão que apenas a 'arte da alcova' conduzirá à salvação. Aqueles que entendem o método dos exercícios respiratórios dirão que apenas a absorção da força vital pode prolongar a vida. Aqueles que conhecem o método de alongamento e flexões dirão que apenas os exercícios físicos podem prevenir a velhice. E aqueles que conhecem as fórmulas das ervas dirão que apenas a medicina poderá tornar a vida eterna. Eles fracassam em sua busca do *tao* porque são muito unilaterais. Pessoas de conhecimento superficial acham que sabem o suficiente quando de fato conhecem apenas um caminho e não percebem que a verdadeira procura é a daquele que busca incessantemente, mesmo depois de ter conseguido algumas boas fórmulas."[143]

Dessa maneira – como ocorre com frequência no Oriente – dois objetivos diametralmente opostos estavam contidos num mesmo movimento: por um lado, nenhum desejo de vida longa e, por outro, exatamente esse desejo.

Além do mais, naquela época estava se desenvolvendo um sistema de taoismo religioso organizado, literalmente uma igreja, com um patriarca, o Mestre Celestial. O iniciador desse movimento foi Chang Ling, personagem do século II d.C., que coletava entre seus seguidores dízimos de cinco sacas de arroz, de maneira que sua doutrina era chamada O *Tao* das Cinco Sacas de Arroz. Wei Po-yan, mais ou menos na mesma época (floresceu de 147 a 167 d.C.), procurou sintetizar a filosofia taoista, a alquimia e o *Livro das Mutações* em uma obra denominada *Os Três Caminhos do Imperador Amarelo, Lao Tsé, e o Livro das Mutações, Unificados e Harmonizados no Último (Ts'an-t'ung-ch'i)*. E finalmente, Ko Hung – cuja receita de cinábrio acabamos de ler – juntou a tudo isso um toque de ética confuciana e, também, algo semelhante a uma poção da Índia:

> Como o Céu e a Terra são as maiores coisas, seria natural, do ponto de vista dos princípios universais, que tivessem poder espiritual. Tendo poder espiritual, seria apropriado que recompensassem o bem e punissem o mal. [...] Quando damos uma olhada nos livros taoistas de disciplina, todos são unânimes em dizer que aqueles que procuram a imortalidade têm de fixar suas mentes na acumulação de méritos e na realização de boas obras. Seus corações têm de ser generosos com todas as coisas. Eles têm de tratar os outros como tratam a si mesmos e estender sua humanidade (*jen*) até mesmo aos insetos. [...] Se, por outro lado, eles odeiam o bem e amam o mal [...] o Árbitro do Destino Humano reduzirá seus períodos de vida em unidades de três dias

ou trezentos dias, em proporção à gravidade do mal. Quando todos os dias estiverem esgotados, eles morrerão [...].

Aqueles que aspiram a ser imortais aqui na terra deveriam realizar trezentas boas ações e aqueles que aspiram a ser imortais celestiais deveriam realizar 1.200. Se a boa ação número 1.199 for seguida de outra má, eles perderão tudo o que acumularam e terão de começar de novo. Não importa se as boas ações forem grandiosas e a má ação for pequena. Ainda que eles não façam nenhum mal, se falarem sobre suas boas ações e exigirem reconhecimento por suas caridades, anularão o valor dessas ações sem, contudo, afetar as outras boas ações realizadas.[144]

E o livro diz mais: "Se não houver suficientes boas ações acumuladas, de nada adiantará tomar o elixir da imortalidade".

O Prof. Wing-tsit Chan, discutindo o tema, diz:

Como religião das massas, o taoismo [...] tem um dos panteões mais populosos do mundo, com divindades representando objetos naturais, personalidades históricas, as várias profissões, ideias e até o todo e as partes do corpo humano. Ele tem uma hoste de imortais e espíritos, bem como um rico reservatório de superstições incluindo um vasto sistema oracular, leitura da sorte, astrologia etc. Ele desenvolveu um sofisticado sistema de alquimia em busca da longevidade, que contribuiu muito para a cultura material e o desenvolvimento científico na China medieval. O taoismo imitou o budismo de forma indiscriminada em aspectos como templos e imagens, hierarquia sacerdotal, monaquismo e céus e infernos. Com frequência foi associado a seitas ecléticas e sociedades secretas, e assim tem sido um elemento importante em uma série de revoltas populares. Hoje, o taoismo religioso está em rápido declínio e aos olhos de muitos está virtualmente morto. Entretanto, sua ênfase numa boa vida terrena, seu respeito à saúde tanto física quanto espiritual, sua doutrina de harmonia com a natureza, sua simplicidade, naturalidade, paz mental e liberdade de espírito continuaram a inspirar a arte chinesa e a iluminar o pensamento e a conduta chineses. Mesmo incapaz de manter sua própria existência enquanto culto organizado, ele tem enriquecido os festivais chineses com o espírito romântico, alegre e lúdico de seu culto aos imortais e, através de seus símbolos artísticos, cerimônias e folclore, tem dado à vida chinesa tonalidade e encanto especiais.[145]

Desse modo, mesmo antes de o caminho budista ter se firmado em solo chinês, um rival – um pouco à maneira de quem estivesse parodiando suas próprias tradições – tinha surgido para contestar o Caminho do Meio, tão distante e alienígena.

K'ou Ch'ien-chih (morreu em 432 d.C.) ordenou os códigos e cerimônias do culto, fixou os nomes de seus deveres e formulou sua teologia. Através de sua influência, o taoismo tornou-se a religião oficial em 440 d.C. e o budismo foi suprimido durante algum tempo.[146]

Mas, mais uma vez: era do outro lado do bosque de bambu taoista que iria se originar o próprio vocabulário do budismo chinês. Assim, de forma sutil, o ensinamento do Buda, conhecido em sânscrito como *tathāgata*, "O que assim chegou", tornou-se em chinês *tzu-jan*: a própria espontaneidade. E o Caminho do Buda, isto é, o Caminho do Meio, foi compreendido como, precisamente, o *Tao*.

V. A ÉPOCA DAS GRANDES CRENÇAS: *c.*500-1500 d.C.

Uma pesquisa sistemática da proliferação de doutrinas dentro das congregações budista, taoista e confuciana não pode ser acrescentada a esta nossa tarefa que é indicar, *grosso modo*, as principais correntes e épocas de desenvolvimento da herança mitológica da humanidade. Entretanto, a questão do impacto de valores e ideias levados de um domínio a outro – fundamental para nosso estudo – está tão bem ilustrada nos anais do estabelecimento do budismo na China que é conveniente nos determos aqui.

Já tivemos algo a dizer sobre o padrão de impacto-e-reação intercultural na Índia dessa época: a influência de Roma nas cortes do período Gupta, provocando a liberação das energias indianas nativas prestes a desabrochar; a assimilação das sugestões estrangeiras por essas mesmas energias, e a consequente invenção de um passado mítico em que a verdadeira origem histórica foi "peneirada" e a influência estrangeira negada. Na China, mais ou menos na mesma época, ocorria um desenvolvimento semelhante com referência à contribuição budista indiana. Observamos as seguintes datas: Teodósio I, 379-395 d.C.; Chandragupta II, 378-414 d.C., e a viagem à Índia de Fa-hsien, 399-414 d.C. Esse período foi de enorme tensão na China.

"Entre 304 e 535", afirma o Prof. Needham, "não menos do que dezessete 'dinastias' lutavam entre si no norte – quatro hunas, quatro turcas (Tho-pa), seis mongóis (Hsien-pi) e apenas três governadas por casas de linhagem chinesa. Entretanto, durante todo esse tempo os 'bárbaros' se achinesaram muito mais do que os chineses setentrionais se barbarizaram. Os costumes nômades foram sem dúvida amplamente adotados, mas em geral a agricultura e a administração chinesas continuaram e os costumes bárbaros se adaptaram a elas; o casamento misto era universal e foi estimulado e mesmo os nomes polissilábicos dos chefes bárbaros foram trocados por nomes chineses."[147]

E da mesma forma, a religião estrangeira do Buda, que já se encontrava estabelecida em solo chinês havia mais ou menos cinco séculos, gerou um par de produtos nativos: dois fenômenos totalmente chineses; de um lado, a paródia taoista popular acima observada, onde o aspecto popular mais tosco do sistema budista foi, por assim dizer, vertido para o chinês e, do outro, em um plano muito mais elevado, a seita budista do Extremo Oriente conhecida como Ch'an ou Ch'an-an (japonês Zen; do termo sânscrito *dhyāna*, "contemplar"), onde o pensamento e o sentimento nitidamente taoistas foram traduzidos em termos budistas importados.

A origem dessa interessante seita é atribuída à visita à China de certo monge indiano (provavelmente lendário) que se supõe ter sido o vigésimo oitavo patriarca da Ordem Budista Ortodoxa. Os vinte e oito são enumerados como segue:[148]

1. Gautama Śākyamuni
2. Mahakashyapa
3. Ananda
4. Sanavasa
5. Upagupta
6. Dhritaka
7. Micchaka
8. Buddhanandi
9. Buddhamitra
10. Bhikshu Parshya
11. Punyayasas
12. Ashvaghosha
13. Bhikshu Kapimala
14. Nagarjuna
15. Kanadeva
16. Arya Rahulata
17. Samghanandi
18. Samghayasas
19. Kumarata
20. Jayata
21. Vasubandhu
22. Manura
23. Haklenayasas
24. Bhikshu Simha
25. Vasasita
26. Punyamitra
27. Prajnatara
28. Bodhidharma

A lenda diz que ao chegar, no ano 520 d.C., Bodhidharma, ele próprio filho de um rei, foi convidado pelo imperador Wu da dinastia Liang a uma audiência em Nanking.

Wu Ti: "Desde que assumi o trono construí muitos mosteiros. Mandei copiar muitas escrituras sagradas. Ordenei numerosos monges e monjas. Quanto mérito conquistei?"

Bodhidharma: "Nenhum".

Wu Ti: "Como assim?"

Bodhidharma: "Essas são ações inferiores. Elas podem levar a nascimentos favoráveis no céu ou na terra, mas são do mundo e acompanham seus objetos como sombras. Elas podem parecer existir, mas são inexistentes. Ao passo que as verdadeiras ações meritórias são de pura sabedoria, perfeitas e misteriosas, e sua natureza está fora da compreensão humana, portanto não deve ser buscada por meio de ações materiais".

Wu Ti: "Qual é, então, a Nobre Verdade em seu sentido supremo?"

Bodhidharma: "Ela é vazia. Não há nada de nobre nela".

Wu Ti: "E quem é este monge que está diante de mim?"

Bodhidharma: "Não sei".

O Eixo do Universo não alcançou o sentido disso; então, o santo cruzou o Yang-Tsé em direção a Loyang, capital do Estado de Wei, encaminhou-se para o templo Shao-lin e ali permaneceu sentado nove anos olhando para uma parede. Um sábio confuciano, Hui K'e, aproximou-se dele, pediu-lhe instrução e, não obtendo resposta alguma, permaneceu parado durante dias sem mover-se. Nevou. A neve subiu até seus joelhos. Ele cortou o braço com a espada para mostrar a seriedade de suas intenções, e Bodhidharma virou-se.

Hui K'e: "Procuro instrução na doutrina dos Budas".

Bodhidharma: "Ela não pode ser encontrada através de outro".

Hui K'e: "Suplico-vos, então, que apazigueis meu espírito".
Bodhidharma: "Traze-o e eu o farei".
Hui K'e: "Tenho-o procurado por muitos anos, mas não consigo encontrá-lo".
Bodhidharma: "Então, ele está em paz".
Hui K'e, assim instruído, tornou-se o Segundo Patriarca da ordem no Extremo Oriente e, quando o Primeiro estava a ponto de ir-se, os discípulos se reuniram.
Bodhidharma: "Chegou minha hora de partir. Permiti-me julgar vossas conquistas".
Tai Fu: "A verdade está além do sim e do não. Consequentemente, ela se move".
Bodhidharma: "Tu tens minha pele".
A monja Tsung Ch'ih: "É como a visão de Ananda do Reino Búdico de Akshobhya – uma vez visto, jamais é visto de novo".
Bodhidharma: "Tu tens minha carne".
Tao Yu: "Os quatro elementos são vazios; os cinco agregados da forma, sensação, concepção, cognição e consciência também são vazios. Não há nada a ser entendido como real".
Bodhidharma: "Tu tens meus ossos".
Mas Hui K'e, reverenciando o Mestre, permaneceu parado sem dizer nada.
Bodhidharma: "Tu tens minha medula".[149]

Supõe-se que o próprio Buda tenha sido o primeiro a ensinar dessa maneira enigmática, em um cenário mítico, o cume do Abutre. O deus Brahma foi até onde ele estava sentado e, dando-lhe de presente uma flor *kumbhalā*, suplicou que a Lei fosse ensinada a todos os ali reunidos. E o Buda, subindo ao Trono do Leão, ergueu a flor – ao que apenas Mahakashyapa sorriu de alegria. "Mahakashyapa", disse o Buda, "a ti a doutrina do Olho da Verdadeira Lei é aqui confiada. Aceita-a e passa-a adiante."[150]

A natureza da mensagem assim passada por meio da cadeia silenciosa dos Patriarcas até hoje é sintetizada da seguinte maneira:

Ensinamento especial, além das escrituras,
Não baseado em palavras e letras.
Apontar diretamente para o coração do homem.
Ver a própria natureza. Alcançar o Estado de Buda.[151]

E o que aconteceu com Bodhidharma quando ele se afastou de seu muro? Ninguém sabe.

DINASTIA SUI: 581-618 d.C.

O longo período de desunião política na China terminou com a breve mas terrivelmente eficiente dinastia Sui (581-618 d.C.), cujo segundo e último imperador, Yang Ti, é particularmente famoso pela conclusão de um canal ligando o rio Amarelo ao Yang-Tsé. "Ele governou sem benevolência", afirma um escritor do período Ming.[152]

"Cerca de 5.500.000 trabalhadores", afirma o Prof. Needham, "inclusive todos os cidadãos de certas regiões entre os quinze e cinquenta anos de idade, juntavam-se para trabalhar sob a guarda de 50.000 soldados. De cada cinco famílias exigia-se que uma contribuísse com uma pessoa para participar do fornecimento e preparo da comida. Os que não podiam ou não queriam satisfazer as exigências eram 'punidos com açoites e cangas'; alguns tinham de vender seus filhos. Mais de dois milhões de homens foram considerados como 'perdidos'."[153]

A grande máquina chinesa de "um milhão de homens com colheres de chá" realizou seu trabalho, e o salto foi dado. Entretanto, o imperador foi capturado em combate contra forças turcas, e a dinastia soçobrou. Contudo, exatamente como as barbaridades de Ch'in foram seguidas pela civilização de Han, assim o foi Sui por T'ang, "que a maioria dos historiadores, tanto chineses quanto ocidentais, tem considerado a Idade de Ouro da China".[154]

DINASTIA T'ANG: 618-906 d.C.

A primeira parte deste período, amplamente cosmopolita, assistiu ao florescimento da ordem budista na China. A segunda parte viu seu colapso. Ch'an, a seita do silêncio, manteve a liderança no trabalho de "achinesar" a doutrina. Contudo, entre os anos 841 e 845 uma reação confuciana-taoista demoliu mais de 4.600 mosteiros, secularizou mais de 260.000 monges e monjas, aboliu cerca de 40.000 templos e santuários, confiscou 400.000 hectares de terras férteis budistas e alforriou 150.000 escravos de mosteiros e templos.[155]

Foi no pacífico mosteiro da montanha da Ameixeira Amarela que o maior dos mestres budistas Ch'an, Hui-neng, que se tornou o sexto e último patriarca de sua seita, alcançou a realização que representa até hoje a síntese final da espiritualidade indiana e chinesa. Supõe-se que até chegar a ele, a linhagem dos patriarcas do Extremo Oriente tenha sido a seguinte:

1. Bodhidharma: 520 d.C.
2. Hui K'e: 486-593
3. Seng-ts'an: morreu em 606
4. Tao-hsin: 580-651
5. Hung-jen: 601-674
6. Hui-neng: 638-713

Hui-neng era de Hsin-chou, no sul. Seu pai morrera quando ele era ainda jovem. Ele sustentara a mãe vendendo madeira. E um dia, quando estava junto à porta de uma casa, ouviu um homem recitando dentro o *Sutra do Diamante*:

> Disse o Buda: "Ó Subhuti, o que achas? O Tathagata deve ser considerado como uma forma física?"
>
> Subhuti respondeu: "Na verdade, não, ó Venerado do Mundo; ele não deve ser considerado como uma forma física. E por quê? Porque de acordo com seu próprio ensinamento, uma forma física não é uma forma física."

> Disse o Buda a Subhuti: “Tudo o que tem forma é ilusório, e quando se percebe que toda forma é não forma, o Tathagata é reconhecido”.[156]

O jovem vendedor de madeira Hui-neng entendeu a ideia, deixou a mãe, andou durante mais ou menos um mês e quando chegou ao mosteiro da Ameixeira Amarela, o patriarca Hung-jen, que ali estava à frente de cerca de quinhentos monges, o recebeu.

Hung-jen: “De onde vens e o que desejas?”

Hui-neng: “Sou um camponês de Hsin-chou e quero ser um Buda”.

Hung-jen: “Os sulistas não têm natureza búdica”.

Hui-neng: “Bem, de fato, pode haver sulistas e nortistas, mas com respeito à natureza búdica, como podeis encontrar nisso distinções desse tipo?”

O patriarca, satisfeito, mandou-o para a cozinha para ser o triturador de arroz da irmandade. E quando já estava ali havia cerca de oito meses, chegou a hora de o velho patriarca passar a tigela simbólica de esmolar e o manto a um sucessor. Os monges candidatos tinham de sintetizar em versos seus conceitos da Lei, na parede do salão de meditação. E, conforme era esperado, o que escreveu o melhor poema foi certo estudioso erudito da Lei, Shen-hsiu (morreu em 706 d.C.):

> Este corpo é a árvore Bodhi
> A mente, um espelho radiante.
> Cuida de tê-los sempre limpos,
> Para que a poeira não pouse sobre eles.

Naquela noite, o rapaz da cozinha, um mero leigo analfabeto, conheceu o verso através de um amigo, a quem pediu para escrever o seguinte ao lado:

> Jamais existiu uma árvore Bodhi,
> Nem espelho radiante algum.
> Como nada existe na base,
> Sobre o que a poeira poderia pousar?

Quando os monges o descobriram pela manhã, esse desafio anônimo agitou o mosteiro e o patriarca, numa grande demonstração de ira, pegou seu chinelo e o apagou. Mas na noite seguinte ele chamou o rapaz da cozinha a seu quarto, concedeu-lhe a tigela de esmolar e o manto e, em segredo, mandou-o ir embora e esconder-se até que fosse propício aparecer. E dali em diante não haveria mais a transmissão de tigela e manto; pois com o insight do leigo a função da vida monástica havia sido ultrapassada.[157]

A notícia da fuga de Hui-neng espalhou-se e, ao ser alcançado num desfiladeiro, ele colocou o manto sobre uma rocha e disse a Ming, um dos que o haviam alcançado: “Aqui está o símbolo de nossa fé. Não deve ser conquistado pela força. Pega-o se quiseres”.

Mas quando o outro quis apanhá-lo, achou-o pesado como uma montanha. Ele caiu de cara no chão: "Eu vim", disse, "por causa da fé, não por causa do manto".

E o Sexto Patriarca proclamou: "Se é a fé que procuras, abandona o desejo. Não penses no bem ou no mal. Encontra teu próprio rosto original, imediatamente, o rosto que era teu antes de nasceres."

Ming perguntou: "Além do significado oculto dessas palavras, há algum outro segredo a ser desvendado?"

O Sexto Patriarca respondeu: "Naquilo que eu disse não há um sentido oculto. Examina dentro. Encontra teu verdadeiro rosto, anterior ao mundo. O único segredo está dentro de ti mesmo".[158]

Mas essa lição não é da doutrina taoista?

No *Tao Te Ching* lemos sobre "a pedra não esculpida". O conhecedor do *Tao* "retorna ao Ilimitado", "retorna ao estado de Pedra Não Esculpida":[159]

> O *Tao* é eterno, mas não tem nome:
> A Pedra Não Esculpida, embora aparentemente de pouco valor,
> É superior a qualquer coisa sob o céu.
> Uma vez esculpida, haverá nomes.[160]

"Pois o *Tao* é ele próprio o sempre-assim, o fixo, o incondicionado, aquele que 'é por si mesmo' e sem nenhuma causa, 'assim'", escreve Waley. "No indivíduo, é a Pedra Não Esculpida, a consciência sobre a qual nenhuma marca foi 'impressa', ao passo que no Universo é a Unidade Primal subjacente à aparente multiplicidade. O bebê, portanto, é quem está mais próximo do *Tao*. Mêncio, em cujo sistema a Consciência, a sensibilidade ao certo e errado, substitui a noção do *Tao*, diz que o 'homem moralmente grande' é aquele que conservou através dos anos seu 'coração de bebê'. Esta ideia permeia a literatura do século III (a.C.)."[161]

E pelo século VIII da nossa era já estava fundida com o evangelho do nirvana. Pois a dupla negação transmitida pelo Buda, de que não há em sentido absoluto nem um objeto nem um sujeito com os quais se identificar, equivalia, como vimos, a um positivo desqualificado: um assassinato de todos os "tu deves"; um assassinato do dragão das escamas de ouro e, em consequência, uma libertação da criança, a roda girando por si mesma, a natureza búdica, *tathagātha* – ser tal qual se é.* Igualmente, no ensinamento do *Tao*, ouvimos que quando as "obstruções" arbitrárias impostas pelo pensamento desejante são removidas, a qualidade de ser o que se é (*tzu-jan*) se torna manifesta. E estas duas –*tathagātha* e *tzu-jan* – eram agora conhecidas como uma única.

A *qualidade de ser o que se é*, entretanto, não é sempre suave, ou, quando rude, meramente extravagante ou jocosa, como nas vidas e ilustrações dos sábios do *Tao* autorrealizado.

No ano 840 d.C., quando o trono imperial da China ficou vago com a morte do

* *Supra*, p. 221-229.

imperador Wen-tsung (porque, temendo uma conspiração, ele tinha assassinado seu filho, o príncipe herdeiro), o poderoso Ch'iu Shih-liang, Encarregado das Obras para as Ruas do Lado Esquerdo e um dos mais influentes eunucos da corte, ajudou o irmão do monarca morto, Wu-tsung, na conquista do trono. E quando Wu-tsung foi investido com o mandato do céu, matou imediatamente – segundo informações – "mais de quatro mil pessoas na capital que tinham sido favorecidas no tempo do imperador anterior".[162] No ano seguinte, ele começou a mostrar-se inclinado a apoiar o clero taoista contra o budista. E no ano 842 iniciou a investida para extinguir de seu solo sagrado a doutrina estrangeira.

Foi publicado um édito, ordenando aos mosteiros budistas tanto que não mais recebessem noviços quanto que dispensassem seus monges e monjas ainda não registrados junto ao governo. Um segundo édito no mesmo ano ordenava que todos os monges e monjas de hábitos questionáveis retornassem imediatamente à vida leiga e os que tivessem dinheiro, cereais ou terras, os entregassem ao Estado. Os mosteiros na capital deveriam manter-se de portas trancadas com os monges e as monjas dentro. Além do mais, um monge podia ter apenas um escravo (do sexo masculino) e uma monja apenas três escravas. Todos os outros deviam ser mandados de volta para casa ou, se não a tivessem, vendidos ao Estado.[163] No ano 843, um édito ainda mais perturbador ordenou a queima das escrituras budistas no palácio e a eliminação das imagens do Buda, dos *Bodhisattvas* e dos Reis Celestiais das Quatro Direções que tinham dado ao Buda sua tigela quádrupla de esmolar. Incêndios irromperam em seguida em várias partes da cidade e ficou evidente que se tinha iniciado uma época de terror.

Mas, por acaso, naquela época chegara à China um monge budista japonês, Ennin, cujo diário – conforme afirma o Dr. Edwin O. Reischauer, seu tradutor – não deixa dúvida quanto à total penetração do budismo naqueles dias.

"Ricas comunidades de monges, intelectualmente vigorosas", escreve Reischauer, "podiam ser encontradas tanto nas cidades quanto nas montanhas do país; multidões urbanas aglomeravam-se nos festivais budistas; leigos ouviam com entusiasmo as preleções e serviços religiosos; monges e crentes leigos percorriam igualmente as trilhas rochosas de peregrinação. Houve períodos anteriores em que o governo dera ao budismo um apoio mais vigoroso e a religião indiana pode ter conseguido maior atração popular alguns séculos mais tarde, mas Ennin conheceu a China no momento em que a fé das massas, já amplamente difundida, e a ainda forte crença intelectual das classes dominantes talvez se tenham unido para levar o budismo ao seu apogeu."[164]

Ennin era membro da seita Tendai japonesa (T'ien-t'ai chinesa), que leva o nome de uma montanha do sul da China onde o fundador, Chih-kai (531-597), vivera e pregara; mas sua peregrinação levou-o também a muitos outros centros. E de todos, o maior ficava no Monte Wu-t'ai no extremo nordeste do que é hoje a província de Shansi, onde se venerava o *bodhisattva* Manjushri. Ennin soube que Manjushri havia aparecido em tempos remotos disfarçado de monge ante o imperador, a quem pediu uma quantidade de terra do tamanho de uma esteira para sentar e, quando lhe foi concedida, abriu uma esteira que cobriu 500 lis (cerca de 280 km). Maliciosamente, o imperador espalhou sementes de alho-poró na área, mas o monge respondeu espalhando sementes semelhantes às de orquídeas que neutralizaram o cheiro do alho-poró, e no tempo de Ennin viam-se em todos os terraços tanto flores semelhantes a orquídeas quanto flores de alho-poró sem cheiro. Quinhentos dragões peçonhentos viviam nas montanhas em volta e produziam tantas nuvens que, conforme escreveu Ennin, o viajante jamais tinha "uma longa extensão de visibilidade". Mas os dragões não constituíam perigo para o homem; pois eram súditos de um rei dragão que havia sido convertido por Manjushri à fé budista.

Também antigamente, como o peregrino descobriu, chegou um monge indiano, Buddhapala, atraído pela fama da região, o qual deparou com um ancião que o mandou de volta à Índia, em busca de certo texto esotérico. E quando retornou, o ancião, que era o próprio Manjushri, levou-o a uma gruta e convidou-o a entrar, o que ele fez. A gruta fechou-se e ele está lá desde esse dia. "A parede de pedra", escreveu o visitante japonês, "é dura e de cor amarela e há uma torre alta (contra a frente do rochedo) onde estaria a abertura da gruta. A abertura da gruta está na base da torre, mas ninguém consegue vê-la."[165] Dentro dela – conforme lhe contaram e ele acreditou – havia, além do monge indiano Buddhapala, três mil tipos de instrumentos musicais feitos por um único santo com sete espécies de metal precioso, bem como um sino tão grande que podia conter 1.000 litros e todos os que o ouviam badalar obtinham os quatro frutos da primeira zona de iluminação; também, uma harpa de prata com 84.000 notas, cada uma das quais curava uma das paixões mundanas; ademais, um pagode de 1.300 andares; além de escrita dourada em papel prateado da China e um bilhão de variedades de papel dos quatro continentes.[166]

"Ao entrar nessa região de Sua Santidade Manjushri", escreveu o peregrino em seu diário, "quando se vê um homem muito humilde, não se ousa sentir desdém e quando se encontra um burro, pergunta-se se pode ser uma manifestação de Manjushri. Tudo o que aparece pela frente desperta ideias de manifestações de Manjushri. [...]"[167]

E assim, à maneira de veneração popular, pregava-se a sabedoria do Buda segundo a qual "todas as coisas são coisas Buda".

Nesse meio tempo, entretanto, no seio da corte fermentava uma verdadeira tempestade. Uma insurreição do comandante regional do exército em Lu-chou (no sudeste de Shansi) tornou necessário o envio de tropas para aquela região; mas o próprio comandante havia fugido e se dizia que se disfarçara de monge. Por isso, trezentos monges foram presos e executados e a esposa e os filhos do comandante, decapitados. Publicara-se um édito imperial ordenando que, apesar de se terem realizado festivais em Wut'ai e outros lugares celebrando as várias relíquias do Buda, não seriam mais permitidas peregrinações para essas localidades. Qualquer um que fizesse oferendas receberia vinte chibatadas nas costas. Um monge ou uma monja que se encontrassem num lugar desses receberiam igual punição. Os monges que ali estivessem seriam interrogados e os que não tivessem credenciais seriam executados imediatamente. Pois temia-se que o comandante fugitivo de Lu-chou estivesse escondido ali.

O imperador alucinado, muito mais zeloso com a segurança de sua própria santa pessoa do que com qualquer outra coisa no universo do qual ele era o único suporte, convocou oitenta e um sacerdotes taoistas e mandou construir um local para o ritual dos Nove Céus nos domínios do palácio. "Oitenta bancos", escreveu Ennin, "foram empilhados e cobertos com tecidos elegantemente coloridos e durante todo o dia e a noite, foram realizados sacrifícios e cerimônias às divindades celestiais. [...] Mas como o local de ritual não ficava em um edifício e as cerimônias eram realizadas num pátio aberto, quando o tempo estava aberto o sol queimava os sacerdotes e quando chovia eles ficavam ensopados, de maneira que muitos dos oitenta e um homens adoeceram. [...]"[168]

O exército, que enquanto isso combatia os rebeldes de Lu-chou, não estava obtendo muito sucesso e quando o imperador cobrou resultados de seus oficiais, eles começaram a prender os agricultores e pastores da região, mandando-os de volta para a capital como prisioneiros rebeldes. "O Imperador", diz Ennin, "outorgou espadas cerimoniais e nas próprias ruas os prisioneiros eram cortados em três partes. As tropas cercaram-nos e esquartejaram-nos. Dessa maneira eles continuaram mandando prisioneiros e o exército se manteve. Os cadáveres esquartejados enchiam as estradas e seu sangue escorria e encharcava o chão, transformando-o em lama. Nas estradas apinhavam-se espectadores e o Imperador ia constantemente ver a cena com grande profusão de estandartes e lanças. [...] Os legionários, cada vez que matavam um homem, arrancavam-lhe os olhos e cortavam suas carnes que logo comiam, e todos os guardas diziam que naquele ano o povo de Ch'ang-an estava comendo seres humanos."[169]

> Outro édito imperial foi publicado (escreve Ennin) ordenando que em todo o país os mosteiros das montanhas, as comunidades budistas e os locais de jejum nas fontes públicas e nas aldeias pequenas demais para terem registro oficial fossem destruídos e todos seus monges e monjas forçados a retornar à vida leiga. [...] Nos distritos da cidade de Ch'ang-an há mais de trezentas comunidades budistas. Suas imagens, escrituras sagradas etc., tão magníficas quanto as descritas na Lei, são todas obras de famosos artesãos. Ali, um simples recinto ou claustro búdico equivale a um grande mosteiro nas províncias. Mas de acordo com o édito, eles estão sendo destruídos. [...]
>
> Outro édito imperial exortou os Sábios da Universidade dos Filhos do Estado, aqueles que alcançaram o status de Literatos Consumados do País, e os iniciados a adotarem o taoismo, mas até agora nem uma única pessoa o fez. [...]
>
> A partir daquele ano (844 d.C.), cada vez que chovia pouco os Encarregados de Obras, sob comando imperial, intimavam os vários mosteiros budistas e taoistas a ler escrituras e rezar por mais chuva. Mas quando, em resposta, chovia, apenas os sacerdotes taoistas recebiam recompensas e os monges e monjas budistas eram deixados

sem nada. As pessoas da cidade diziam jocosamente que quando se reza por chuva incomodam-se os monges budistas, mas quando se distribuem recompensas, é apenas para os sacerdotes taoistas.[170]

O Imperador foi até um convento taoista onde havia uma sacerdotisa taoista extremamente bela, que ele convocou à sua presença. Ele concedeu-lhe mil peças de seda e ordenou que o convento fosse reconstruído para conectá-lo ao palácio. Mais tarde, ele foi a um mosteiro taoista e, dando de presente outras mil peças, instalou ali uma figura dele próprio em bronze.[171]

É verdade, conforme o Dr. D.T. Suzuki informa, que "há algo divino em ser espontâneo e livre das formalidades humanas e suas sofisticadas hipocrisias artificiais. Quando a espontaneidade não é restringida por nada de humano, há algo direto e novo que sugere liberdade e criatividade divinas".[172]

"Durante a Oitava Lua", escreveu o peregrino Ennin, naquele ano fatídico de 844, "a Imperatriz Viúva morreu. [...] Porque era devota e acreditava no budismo, toda vez que monges e monjas eram perseguidos, ela reprovava o Imperador. O Imperador assassinou-a dando-lhe vinho envenenado.

"A Imperatriz do Palácio I Yang da família Hsiao é a meia-mãe do Imperador e é muito bonita. O Imperador ordenou-lhe que fosse sua consorte, mas a Imperatriz Viúva não permitiu. O Imperador puxou seu arco e atirou nela. A flecha penetrou no seu peito e ela morreu."[173]

O grande eunuco Ch'iu Shih-liang tinha agora falecido e um dia, ouviram seu filho adotivo dizer, embriagado: "Embora o Imperador seja tão nobre e respeitado, foi meu pai quem o instituiu". Wu-tsung matou-o imediatamente e um édito ordenou que sua esposa e mulheres da família fossem presas, mandadas para o exílio e, com a cabeça raspada, guardassem as tumbas imperiais. Os oficiais do palácio receberam ordens de tomar as riquezas da família. Presas de elefantes enchiam os aposentos; os depósitos transbordavam de pedras preciosas, ouro e prata, e a quantidade de moedas, seda e bens era além da conta.[174]

O fracasso do Oriente em desenvolver qualquer ordem, seja em nível de instituições sociais ou de valores éticos expressamente humanos, através dos quais a natureza divina de um déspota pudesse ser controlada – ou mesmo julgada e criticada – manifesta-se cruelmente em uma época como a do reinado do maníaco Wu-tsung. A noção mágica de que a benevolência, a compaixão etc. atuam por si mesmas sobre o universo deixou todo o Oriente na situação em que se encontrava o Egito no período da estela de Narmer, por volta de 2850 a.C. As devoções dos místicos, pelo fato de estarem além do bem e do mal, tinham pouca utilidade no plano puramente sociopolítico. Quando aplicadas, elas serviam apenas para dar suporte com lugares-comuns mitológicos ou para condenar com lugares-comuns ascéticos toda e qualquer coisa que acontecesse – quer divina, quer meramente material, segundo a linguagem positiva ou negativa que se usasse. Tudo é Estado de Buda; tudo é *brahman*; tudo é ilusão; tudo é produto da mente.

Tampouco causaram qualquer mudança fundamental as várias e numerosas filosofias políticas de tipo confuciano. É irônico que no período do próprio Wu-tsung tenha havido um importante ressurgimento do confucionismo, com uma porção de belos textos sobre a natureza (*hsing*), os sentimentos (*ch'ing*) e o sábio (*sheng*), o autodesenvolvimento, o domínio de si próprio e a influência da virtude sobre o universo: por exemplo, nas obras dos mestres neoconfucianos Han Yü (768-824) e Li Ao (que morreu em 844). Enquanto isso, no plano rude da crua realidade, o bem-estar não do universo, mas pelo menos dos chineses, dependia do monarca vigente e da presença ou ausência de alguma força militar pela qual ele podia ser deposto. A celebração mitológica arcaica de seu poder, como derivado e representante do mandato celestial, servia apenas para tornar sua vontade humana ainda mais desumana. Ele era grande e isso era tudo. Ele era um "ato divino", além da lei, e ao mesmo tempo a origem, o suporte e a própria existência da lei, que por sua mera palavra fazia acontecer o que quer que fosse.

O clero erudito da igreja taoista, no ano de sua vitória, 844, na Nona Lua, enviou ao palácio a seguinte petição *summa contra gentiles* e pontifícia:

> O Buda nasceu entre os bárbaros ocidentais e pregou o "não nascimento". "Não nascimento" é simplesmente morte. Ele converteu os homens ao nirvana, mas nirvana é morte. Ele falou muito em impermanência, sofrimento e vacuidade, que são doutrinas particularmente estranhas. Ele não entendeu os princípios da espontaneidade e imortalidade.
>
> Lao Tsé, o Supremo, ouvimos dizer, nasceu na China. No Céu Tsung-p'ing-t'ai-lo ele flutuava e de modo espontâneo e natural transformou-se. Ele preparou um elixir e, tomando-o, alcançou a imortalidade e passou ao reino dos espíritos e causou grande benefício sem limite.
>
> Pedimos que uma plataforma dos imortais seja construída no Palácio onde possamos purificar nossos corpos e subir aos nevoeiros celestes e flutuar nos nove céus e, com bênçãos para as massas e vida longa para o Imperador, preservar por muito tempo os prazeres da imortalidade.[175]

E foi assim que ocorreu o último louco prodígio daquele ano de metamorfose chinesa. Na Décima Lua, conforme a narrativa de Ennin:

> O Imperador ordenou que os dois exércitos construíssem no Palácio uma plataforma dos imortais com 45 metros de altura. [...] A cada dia ele fazia com que três mil legionários [...] transportassem terra para construí-la. Os Supervisores Gerais tinham varas para controlar o trabalho. Quando o Imperador foi inspecioná-lo, perguntou aos Altos Oficiais do Palácio quem eram os homens com varas. Informado, ele disse: "Não queremos vocês controlando com varas; vocês deveriam estar carregando terra". E obrigou-os a carregar terra. Mais tarde, o Imperador voltou ao lugar onde estava sendo construída a plataforma e ele próprio puxou o arco e, sem nenhuma razão, atirou num dos Supervisores Gerais, o que foi um ato dos mais imorais. [...]

A plataforma dos imortais tem 45 metros de altura. A área no nível superior é plana e suficientemente grande para as bases de uma construção de sete vãos e no topo ergue-se uma torre de cinco pontas. As pessoas dentro e fora da propriedade podem vê-la de longe, suspensa como um cume solitário. Eles trouxeram pedras das Montanhas Chung-nan e fizeram paredões de rocha nos quatro lados com grutas e caminhos pedregosos. Ela foi decorada da maneira mais bela e pinheiros, árvores-da-vida e árvores raras foram plantados nela. O Imperador ficou arrebatado de contentamento e foi proclamado um édito imperial ordenando que sete sacerdotes taoistas preparassem um elixir e procurassem a imortalidade na plataforma. [...][176]

O Imperador subiu duas vezes ao topo da plataforma. A primeira vez, ele queria ver um homem ser arremessado e quando o indivíduo que deveria dar a ordem vacilou, recebeu vinte chibatadas nas costas. A segunda vez, questionando os sacerdotes taoistas, ele disse: "Duas vezes subimos à plataforma, mas nenhum de vocês, Senhores, alcançou ainda a Imortalidade. O que significa isso?"

Ao que os espirituosos sacerdotes taoistas responderam: "Visto que no país o budismo existe paralelamente ao taoismo, *li* ("sofrimento") e *ch'i* ("respiração") abundam em demasia, bloqueando o caminho do imortal. Por isso, é impossível alcançar a Imortalidade".[177]

Por isso, o Imperador anunciou: "A cova da qual tiraram a terra (para a plataforma) é muito profunda e deixa as pessoas temerosas e apreensivas. Gostaríamos de que ela fosse coberta. Um dia, como oferenda à plataforma, vocês deveriam anunciar enganosamente que uma festa magra está sendo realizada em homenagem à plataforma, reunir todos os monges e monjas das duas metade da cidade, cortar suas cabeças e encher a cova com eles".

Entretanto, um conselheiro disse: "Os monges e monjas são basicamente pessoas comuns, e se eles retornarem à vida leiga e cada um ganhar seu próprio sustento, isso beneficiará o país. Peço-vos que não os leveis à extinção. Peço-vos que deis as devidas ordens forçando-os a retornarem à vida leiga e mandando-os de volta a seus lugares de origem para realizarem a corveia local".

O Imperador assentiu com a cabeça e passado um momento murmurou: "Seja".

Escreveu Ennin: "Quando os monges e monjas dos vários mosteiros ouviram falar do assunto, seus espíritos perderam a segurança e não sabiam para onde se voltar".[178]

A farsa cruel continuou até que, depois de muitas dificuldades, Ennin partiu para casa e um dos discípulos que o acompanharam até o navio lhe disse: "O budismo não mais existe neste país. Mas o budismo flui para leste. Assim se diz desde os tempos remotos. Espero que façais o melhor possível para alcançar vossa pátria e lá propalar o budismo. Vosso discípulo foi muito afortunado por ter-vos visto muitas vezes. Hoje nos separamos e, provavelmente, não nos veremos mais nesta vida. Espero que quando alcançardes o Estado de Buda não abandoneis vosso discípulo".[179]

E conta-se que o Imperador, logo depois, morreu de superdose de pílulas de imortalidade.

DINASTIA SUNG: 960-1279 d.C.

O budismo na China nunca se recuperou dos golpes de 841 a 845. Sobreviveu paralelamente ao taoismo sobretudo em nível de religião popular simples, estagnada e servindo às constantes necessidades da vida familiar e comunitária, proporcionando cerimônias pitorescas por ocasião de nascimentos, casamentos e mortes; jogos simbólicos para marcar as passagens e qualidades particulares das estações; consolo aos fracos e abatidos; metas míticas no além para os sem objetivo aqui; respostas arcaicas para questões não desenvolvidas sobre os mistérios da existência; uma literatura de maravilhamento; e apoio sobrenatural à autoridade parental e governamental.

A versão chinesa desses serviços, especificamente, é derivada do passado da Idade do Bronze, e nesse sentido podemos dizer que hoje representa – junto com a Índia – um passado de cinco mil anos. O nível básico é o do belo povo trabalhador, "inferior", da terra paciente. Entretanto, ao contrário do campesinato da Índia e de grande parte da Europa, o chinês não era originariamente um povo da terra. Era nômade, de uma raça desenvolvida (aparentemente) no extremo norte Ártico habitável, que foi para o sul depois da Era Glacial, expulsando todos os povos que o tinham precedido. Em seus cultos encontramos uma interessante combinação característica de elementos neolíticos da fertilidade, respeito aos ancestrais etc., como fator enfaticamente xamanista. O fenômeno da possessão é patente em todo o solo mongol, tanto no culto privado quanto público. Serve para complementar a adivinhação enquanto método de conhecimento – e mesmo de influência – da vontade do invisível. Também complementa o culto familiar de devoção aos ancestrais, basicamente a cargo, não do xamã, mas do *paterfamilias*. No pensamento chinês a ideia do ancestral está relacionada por um lado aos termos nobres *Ti*, *Shang Ti* e *T'ien*, que em geral foram traduzidos por "Deus"; mas por outro lado, essa ideia está relacionada a outros termos como *shen*, "espíritos" e *kuei*, "fantasmas". A esfera própria do xamã é a última. A esfera do *paterfamilias* centra-se em torno do culto familiar de sua própria linhagem ancestral. E a esfera do culto imperial é um desenvolvimento do culto familiar, com acréscimos do culto xamanista: a linhagem ancestral do imperador (o filho do céu), identificada, praticamente, com "o ser deificado (*ti*) acima (*shang*)", *Shang Ti*.

Com relação ao culto do nascimento e morte, são reconhecidos dois princípios essenciais: o primeiro, *p'o* (escrito com os ideogramas para "branco" e para "demônio", *daimónion*, isto é, "fantasma branco"), é realizado na hora da concepção; o segundo, *hun* (escrito com os ideogramas de "nuvens" e "demônio", isto é, "demônio enevoado"), junta-se a *p'o* na hora do nascimento, quando se vem da escuridão e se penetra no mundo da luz. O *p'o* no pensamento posterior foi identificado com o *yin*, o *hun* com o *yang*. Na morte, *p'o* permanece na tumba com o cadáver por três anos (compare-se com o *ba* egípcio) e então desce para as Fontes Amarelas; ou, se não alcançar o repouso, poderá retornar como um *kuei*, um fantasma. Por outro lado, o *hun*, que faz parte do princípio da luz, ascende ao céu, tornando-se um *shen*, um espírito.

Acredita-se hoje que os dois termos *Shang Ti* (Senhor Acima) e *T'ien* (Céu) derivam, respectivamente, dos períodos das dinastias Shang e Chou. O primeiro termo sugere uma personalidade. O último tende ao impessoal. Ambos implicam uma vontade – a vontade do céu. Entretanto, essa vontade é concebida, de acordo com a fórmula da cidade-estado hierática, à maneira de uma ordem cósmica matematicamente estruturada (*maat, me, ṛta, dharma, tao*). E como tudo na história do pensamento e civilização chineses demonstra, a realização dessa ordem foi a principal preocupação do Reino do Meio, desde a época de seu surgimento. Fundamentalmente, a ideia é a de que o indivíduo (microcosmos), a sociedade (mesocosmos) e o universo do céu e da terra (macrocosmos) formam uma unidade indissolúvel e que o bem-estar de todos depende de harmonização mútua. Na China, como na Índia, também não há nenhuma ideia de criação absoluta do mundo. Ao contrário da Índia – onde a ênfase é colocada no tema da dissolução-recriação –, na China a ideia principal está no aspecto atual do mundo. E em vez de uma sequência sistemática de quatro eras recorrentes, que vão se tornando cada vez piores, a China apresenta no *Livro das Mutações* um guia para a nuança do momento presente. De acordo com isso – conforme o Prof. Joseph Kitagawa observa de modo sucinto –, o problema principal do chinês (seja das massas supersticiosas ou do filósofo encumeado) é "Como realizar o *Tao*" mais do que "O que é o *Tao*?"[180]

E também em oposição à Índia, onde um sistema estático de castas representa o aspecto social da ordem cósmica e o indivíduo é orientado pelos deveres próprios da casta à qual pertence, na China a ênfase está no vínculo familiar e sua parentela mais próxima e o valor central do sistema é a piedade filial, não a devoção a um deus. Está escrito no *Clássico da Piedade Filial (Hsiao Ching)*: "Aquele que ama seus pais não ousará expor-se ao risco de ser odiado por qualquer homem, e aquele que venera seus pais não ousará expor-se ao risco de ser condenado por qualquer homem".[181] A filosofia de Mo Tzu de amor universal irrestrito ia contra esse sentimento fundamental, razão pela qual, até ser reavivado por volta de 1950 pelos comunistas, com cujo ponto de vista esta filosofia está de acordo, Mo Tzu exerceu influência relativamente pequena na formação do sistema de valores que sustentou a civilização dos tempos Han em diante. Na verdade, supunha-se que até mesmo o monarca deveria ser fiel ao sentimento da piedade filial.

"Quando o amor e o respeito do Filho do Céu são assim levados ao extremo no serviço aos seus pais", continua o *Clássico da Piedade Filial*, "as lições de sua virtude afetam todas as pessoas e ele se torna um exemplo para todos os dos quatro mares: essa é a piedade filial do Filho do Céu."[182]

Assim é que a religião chinesa – para citar mais uma vez o Prof. Kitagawa – jamais fez distinção entre o sagrado e o secular. "O caráter religioso dos chineses", ele escreve, "tem de ser encontrado na rotina da vida cotidiana mais do que nas atividades cerimoniais, embora estas não devam ser ignoradas. O significado da vida era buscado em toda a vida e não estava confinado em qualquer parte dela chamada religiosa."[183]

Entretanto, como vimos, quando o verdadeiro filho do céu se esquecia de seus deveres de piedade filial, nada havia que se pudesse fazer a respeito. A espontaneidade, então, era a regra – e com que resultado! Isto quer dizer que do ponto de vista sociológico os chineses podem novamente, sem objeções, reivindicar uma idade de cinco mil anos.

Após a orgia de Wu-tsung, a comunidade budista na China convalesceu e ali desenvolveu o que pode ser denominado – ao menos para nosso objetivo – a forma última da ordem mítica chinesa. A dinastia T'ang, cujos monarcas se acreditavam descendentes do sábio mítico Lao Tsé, sucumbiu em 906 e após cinco décadas de senhores guerreiros (as chamadas Cinco Dinastias), ascendeu a dinastia Sung politicamente fraca, mas culturalmente maravilhosa (960-1279). Seu fundador patrocinou a primeira edição impressa das escrituras budistas chinesas e seu segundo monarca construiu uma enorme estupa budista na capital. O budismo Ch'an, que pelo menos na escola inspirada por Hui-neng se afastara do ideal monástico, foi a principal influência budista entre os literatos e, como uma espécie de síntese dos vocabulários budista, taoista e confuciano, surgiu o neoconfucionismo.

Segundo o Dr. Fung Yu-lan:

> O propósito último do budismo é ensinar aos homens como alcançar o Estado de Buda. [...] Da mesma forma, o propósito último do neoconfucionismo é ensinar como atingir o estado de Sábio confuciano. A diferença entre o Buda do budismo e o Sábio do neoconfucionismo é que, enquanto o Buda tem de promover seu cultivo espiritual fora da sociedade e do mundo dos homens, o Sábio tem de promovê-lo dentro dos vínculos humanos. O acontecimento mais importante no budismo chinês foi sua tentativa de depreciar o "outro mundo" do budismo original. Essa tentativa esteve próxima do sucesso quando os mestres Ch'an afirmaram que "ao carregar água e cortar lenha, há nisso um maravilhoso *Tao*". Mas [...] o que eles não disseram é que ao servir à sua própria família e ao Estado – o que seria uma conclusão lógica –, também nisso está o maravilhoso *Tao*.[184]

Já nos tempos de Mêncio (372?-289? a.C.) e Hsün Tzu (*c*.298-238 a.C.) os dois principais confucianos dos tempos pré-Han, estabeleceram-se os princípios fundamentais sobre os quais a civilização consumada (em oposição à história terrível) da China havia sido fundada; ou seja:

1. Mêncio: "As dez mil coisas estão completas dentro de nós. Não há maior deleite do que realizar isso pelo cultivo de si próprio. E não há melhor caminho para a benevolência (*jen*) do que a prática do princípio do altruísmo (*shu*)".[185]

2. Hsün Tzu: "Os ritos sacrificiais são a expressão do desejo de afeto do homem. Eles representam o máximo de piedade e lealdade, de amor e respeito. Eles

representam também a inteireza da propriedade e do refinamento. Seu significado não pode ser inteiramente compreendido a não ser pelos sábios. Os sábios entendiam seu significado. Os homens superiores apreciam sua prática. Esses ritos tornam-se rotina de seus oficiantes. Eles tornam-se hábito do povo.

"Os homens superiores consideram-nos a atividade do homem, enquanto as pessoas comuns consideram-nos algo que tem a ver com espíritos e fantasmas. [...] Eles existem para prestar o mesmo serviço aos mortos e vivos, para prestar o mesmo serviço aos perdidos e aos existentes. O serviço que eles prestam não tem nem forma nem mesmo sombra; no entanto, os ritos são a inteireza da cultura e do refinamento."[186]

"Com essa interpretação", afirma Fung Yu-lan, "o significado do luto e dos ritos sacrificiais torna-se totalmente poético, não religioso."[187]

E com isso, podemos acrescentar, do lado que estou chamando de civilização, transpõe-se o abismo entre o caminho da religião e o da arte.

CAPÍTULO 8

MITOLOGIA JAPONESA

I. ORIGENS PRÉ-HISTÓRICAS

Quando nosso olhar se volta para o Japão, quatro fatos se tornam evidentes de imediato. O primeiro é que o período da chegada do budismo e, com ele, das artes de uma civilização desenvolvida, corresponde aproximadamente ao da cristianização da Europa germânica; de maneira que enquanto a Índia e a China podem ser consideradas intrinsecamente consumadas, exauridas, ou, como Spengler as denominou, *felás*, o Japão é jovem, ainda sonhador e capaz, como diria Nietzsche, "de dar à luz uma estrela dançante".

O segundo ponto é que, por causa de sua juventude, não houve no Japão tradicional nenhuma experiência fundamental de desilusão social ou cósmica como as que observamos no Egito, Mesopotâmia, Índia e China; de maneira que, quando o budismo chegou, sua primeira nobre verdade, "Toda vida é sofrimento", pode ter alcançado o ouvido mas jamais o coração. O Japão ouviu algo bem diferente no evangelho do Buda.

O ponto seguinte é que, enquanto povo relativamente primitivo, no momento de sua entrada no palco da história, o japonês era ainda dotado daquele senso original de númeno em todas as coisas que Rudolf Otto denominou estado mental *sui generis* da religião.*

E o quarto fato é que o Japão, como a Inglaterra, é um mundo insular onde existe uma relação naturalmente aceita em toda a escala social; assim, enquanto no continente os conflitos raciais, culturais e de classes que se desconsideram mutuamente representam a norma na história social, no Japão, mesmo nos tempos dos distúrbios mais violentos, o império funcionava, em linhas gerais, como uma

* *Supra*, p. 36-37 e 44-45.

unidade orgânica. E com tal eficiência que, mesmo hoje, como em nenhuma outra parte do mundo, ali temos a sensação de que um espírito essencialmente heroico e aristocrático impregnou o corpo social, dotando-o com a qualidade de honra que o permeou de cima para baixo. Ao mesmo tempo, mas em sentido inverso, a sensação de maravilhamento e deleite no número – que via de regra desaparece nas sofisticações de uma civilização desenvolvida – permanece significativa na estrutura da vida, sustentada por baixo pela sensibilidade do povo e no entanto influenciando o espectro cultural até o topo.

A arqueologia do Japão divide-se em cinco estratos. O primeiro, altamente hipotético, é o dos caçadores paleolíticos do período do Sinantropo e do Pitecantropo, cerca de 400 000 a.C., quando as ilhas parecem ter estado ligadas ao continente. Existem relatórios de descobertas de ferramentas de corte e de pelo menos um possível fragmento de uma pélvis pitecantropoide. É possível que surjam novas descobertas mas, até lá, pode-se dizer muito pouco além disto sobre os hominídeos glaciais do Japão.[1]

O segundo estrato pré-histórico, também altamente hipotético, é o dos caçadores mesolíticos, possivelmente pós 3000 a.C. Foram encontrados em Honshu alguns objetos minúsculos, julgados micrólitos por alguns estudiosos mas, mais uma vez, a discussão continua aberta e, para nosso propósito atual, de nenhuma ajuda.[2]

O terceiro estrato, por outro lado, é de considerável importância. O período é conhecido como Jomon ("frisado a corda") e, como o nome indica, se caracteriza por artefatos de cerâmica de tipo rudimentar, feitos a mão e frisados a corda. A época é de cerca de 2500 a cerca de 300 a.C., dentro de cujo longo período se conhecem cinco fases: 1. Proto; 2. Inferior; 3. Média; 4. Tardia; e 5. Final. Presume-se que os primeiros portadores da cultura tenham sido caucasoides. Seus prováveis descendentes, os ainos, estão hoje confinados à ilha norte, Hokkaido, mas em algum momento possuíram também toda ou a maior parte da Honshu. A pesca e a caça de mamíferos marítimos eram as ocupações do norte. No sul os alimentos eram mariscos, veados e bolotas. Anzóis de osso, ferramentas de pedra lascada, moradias semissubterrâneas, sepultamentos fletidos dentro ou perto das moradias e ausência de agricultura caracterizam as primeiras três fases. Durante a quarta, surgem estatuetas de cerâmica e padrões cerâmicos ritmicamente organizados que refletem a influência continental da Idade do Bronze. Na fase final, fundam-se aldeias e desenvolve-se a agricultura de trigo sarraceno, cânhamo, feijão comum e gergelim, junto com a criação de gado e cavalos.[3]

O quarto estrato, o período Yayoi, situa-se entre *c.*300 a.C.-300 d.C. e representa o estabelecimento de uma cultura japonesa propriamente dita. Os locais, confinados em Kyushu e sul de Honshu, mostram que as chegadas aconteciam via Coreia. O complexo cultural sugere a China pré-Shang (Lungshan: cerâmica negra, *c.*1800 a.C.). As datas japonesas correspondem, entretanto, às chinesas Ch'in e Han. O cultivo de arroz pelo sistema de terraços alagados, a cerâmica modelada no torno, vasos com pedestal e um antigo método chinês de preparar arroz a vapor em um sistema de vasilhas duplas são as marcas distintivas desse complexo cultural. Aparecem também a faca semilunar (complexo circumpolar); a enxó quadrangular (que se difundiu do Mar Negro ao Havaí); pás, enxadas, pilões de madeira etc., e a casa alta sobre uma única viga-mestra. Armas de cobre e bronze fundidos eram conhecidas nas fases média e tardia, e também de ferro, em pequena quantidade. A cultura, em resumo, era basicamente de estilo neolítico superior, mas as datas eram as imperiais da China de Han e de Roma.

O quinto estrato, o período Yamato, que começa por volta de 300 d.C., representa uma nova migração dos centro-asiáticos da Coreia, via Kyushu, para Honshu. Sepulturas cobertas de terra, em outeiros, circulares, quadradas e em forma de buraco de fechadura, situadas ora em colinas ora entre lavouras de arroz, nessa cultura ganharam o nome de "complexo tumular em outeiros". Por volta de 400 d.C. as tumbas alcançaram um tamanho enorme. Uma, tradicionalmente atribuída a certo imperador Nintoko, a quem se atribuem as datas 257-399 d.C. (*sic*),[4] cobre cerca de 32 hectares de terreno, com 27 m de altura e 360 m de comprimento, com santuários e dependências no topo. Uma crônica chinesa de cerca de 297 d.C. fala de uma rainha chamada Pimiko (em japonês, Himiko, "Filha-do-Sol"), visitada por uma delegação chinesa no ano 238. Quando ela morreu, foi erguido "um grande outeiro com mais de 80 m de diâmetro e mais de uma centena de atendentes, homens e mulheres, a acompanharam na sepultura."[5] "Tendo permanecido solteira", afirma outro relato chinês (*c*.445 d.C.), "ela se ocupava com mágica e bruxaria e enfeitiçava o populacho. Por isso, eles a colocaram no trono. Tinha mil serviçais do sexo feminino, mas poucas pessoas a viam. Havia apenas um homem, que era encarregado do guarda-roupa e das refeições e atuava como meio de comunicação. Ela residia num palácio cercado de torres e uma fortificação, com a proteção de guardas armados. As leis e costumes eram severos e inflexíveis".[6] Essa rainha, como observa o Prof. Joseph Kitagawa, era uma xamã.[7]

As crônicas chinesas declaram que o povo japonês fazia adivinhações chamuscando ossos, e que seus adivinhos eram homens que não penteavam o cabelo, não se livravam das pulgas, não lavavam suas roupas, não comiam carne nem se aproximavam das mulheres. Quando alguém morria, observava-se luto por mais de dez dias, período em que ninguém consumia carne. Os principais carpidores lamentavam e pranteavam enquanto os amigos cantavam, dançavam e bebiam, e, terminados os ritos, os membros da família entravam na água para um banho de purificação.[8]

Uma documentação esclarecedora sobre essa época apareceu recentemente na plêiade de *haniwa* ("imagem de barro"), estatuetas que foram desenterradas em vários locais. Essas representações ocas de terracota de soldados armados, cavalos selados etc., estavam enfileiradas em volta dos declives dos túmulos como substitutos de "acompanhantes na morte" vivos, à maneira das figuras colocadas nos túmulos egípcios três mil anos antes. Espadas, capacetes, armaduras de fasquias e acolchoadas, arcos e flechas centro-asiáticos, selas, estribos circulares e rédeas estão representados nessas pequenas formas vividamente reproduzidas. Além disso, foi recuperada uma série de armas de ferro, ornamentos e componentes de armadura dessa primitiva idade Yamato.

No volume *Mitologia Primitiva* discuti o xamanismo, os cultos ao urso, fogo e montanha, rituais de sepultamento e purificação dos ainos. Em termos culturais, a mistura desses aspectos com outros, mais primitivos, do xintoísmo japonês, aconteceu com muita facilidade. A região de origem de ambos os povos era o Nordeste e Centro-Norte asiático – região da qual saíram numerosas migrações para a América do Norte. Visto que contribuições contínuas da mesma esfera circumpolar norte-asiática também fluíram para o norte da Europa, aparecem afinidades surpreendentes em toda a tradição nativa do Japão, atingindo esferas míticas tão distantes quanto Irlanda, Kamchatka e o nordeste canadense. A Idade do Ferro atingiu a Grã-Bretanha por volta de 450 a.C. com os celtas; por volta de 250 a.C. chegou mais uma migração, diferenciada por um tipo desenvolvido (período La Tène) de utensílios de ferro cinzelados, juntamente com os túmulos de heróis, carruagens, fortificações e torres de pedra. As datas e os elementos sugerem os do Japão Yamato.

O principal vínculo da tradição japonesa primitiva é, portanto, com o Norte. Entretanto, a mitologia inclui muitos elementos que sugerem igualmente a Polinésia e o povo pescador da costa. Caçadores norte-asiáticos, povo pescador oceânico, agricultores neolíticos, migrações tardias da Idade do Bronze e, enfim, o povo guerreiro da Idade do Ferro, fornecem os ingredientes do compósito mitológico japonês. Guerras tribais e uma gradual repressão dos ainos (talvez também dos yayoi) levou os clãs Yamato à dominação por volta de 400 d.C. nas áreas do outro lado da Coreia. E foi através deles que os benefícios da civilização chinesa entraram em vigor nos séculos V e VI de nossa era.

II. O PASSADO MÍTICO

Seguindo uma regra que o leitor reconhecerá, os governantes do período Yamato, inspirados nos chineses, inventaram seu próprio passado, composto de mitos locais arranjados à maneira de uma crônica do mundo. Entretanto, ao contrário da aridez dos confucianos, consideravelmente bem-sucedidos na desmitologização da mitologia sem, no entanto, terem conseguido convertê-la em qualquer outra coisa, os literatos recém-emplumados do Japão ainda eram portadores do orvalho da juventude. Seu modelo era, na verdade, uma crônica lendária chinesa do tipo composto pela primeira vez na Suméria, narrando a origem do universo e as eras dos deuses, depois das eras dos reis sobre-humanos e, finalmente, a dos homens heroicos que vivem aproximadamente o mesmo número de anos que nós. Mas a roupagem com que vestiram aquele modelo era oriunda de sua própria herança folclórica, quase infantil. E o resultado foi a mais notável história do mundo-como-conto-de-fadas que a literatura de nosso tema conhece e em certo sentido digna do Japão onde, conforme observado nas primeiras páginas do volume *Mitologia Primitiva* (capítulo “A Lição da Máscara”), a extraordinária seriedade e a profunda gravidade do ideal de vida estão mascarados pelo elegante recurso de que tudo não passa de um jogo.

As primeiras influências chinesas importantes foram confucianas. Chegaram possivelmente no século IV d.C. e, com certeza, no V. A data memorável, entretanto, é o século VI, 552 d.C., quando um rei coreano presenteou o imperador Kimmei com uma coleção de sutras e uma imagem de ouro do Buda. Daí em diante, as artes da civilização não pararam de entrar no país e durante os trezentos anos seguintes ocorreu uma ávida assimilação, que culminou no período Nara, 710-794 d.C., quando ocorreram dois eventos simbólicos: do lado budista, a consagração de uma colossal imagem do Buda em bronze, hoje uma das maravilhas do mundo e, do lado da herança xintoísta nativa, o surgimento por decreto real de dois compêndios da tradição genealógica da casa real: *Kojiki* ("Registros de Questões Antigas"), de 712 d.C., e *Nihongi* ("Crônicas do Japão"), de 720 d.C. Como seus nomes indicam, são registros da tradição nativa antes transmitida apenas oralmente. Ao contrário de seu modelo chinês, eles começam antes do princípio do mundo. E mantêm um espírito totalmente mitológico na narração sobre o primeiro herói divino e posteriores heróis humanos do passado grandioso. Fazem a realeza descer do céu para a casa de Yamato e prosseguem com ela até algumas décadas antes de seu próprio tempo.

A seguir, apresento as lendas do *Kojiki* sobre: 1. as primeiras idades do mundo, e 2. a descida da realeza para a terra do Japão.

A IDADE DOS ESPÍRITOS

Então, quando o caos tinha começado a condensar-se, mas a energia e a forma ainda não eram manifestas e nada havia que pudesse ser nomeado, nada feito: quem podia saber sua forma? Não obstante, o Céu e a Terra separaram-se e Três Espíritos iniciaram o trabalho:

1. o Espírito Mestre do Majestoso Centro do Céu,
2. o Espírito Majestoso, Supremo e Maravilhosamente Criador,
3. o Ancestral Divino e Maravilhosamente Criador.

Eles surgiram de maneira espontânea e depois desapareceram. Mas a jovem terra, como óleo flutuante, estava agora à deriva e dela surgiu algo como um rebento de junco, do qual emergiram dois espíritos:

4. o Agradável Primogênito Príncipe-Rebento-de-Junco e
5. o Espírito Eternamente Presente no Céu, que também apareceu e depois desapareceu.

E esses foram os cinco que separaram o Céu e a Terra.

Depois, nasceram espontaneamente os seguintes pares, que também apareceram e depois desapareceram:

6. o Espírito Eternamente Presente na Terra e o Espírito Mestre Profusamente Integrador,
7. o Senhor Terra-Lama e sua irmã mais jovem, Senhora Terra-Lama,

8. o Espírito Integrador do Germe e sua irmã mais jovem, Espírito Integrador da Vida,

9. o Espírito Primogênito do Grande Lugar e sua irmã mais jovem, Espírito Dama do Grande Lugar,

10. o Espírito Exterior-Perfeito e sua irmã mais jovem, a Dama Pavorosa e

11. o Macho que Convida (*Izanagi*) e sua irmã mais nova, a Fêmea que Convida (*Izanami*).

Em seguida, todos esses Espíritos Celestiais ordenaram ao último par que fizesse, consolidasse e desse à luz esta terra flutuante, o Japão; oferecendo-lhe uma espada ornada com pedras preciosas. E os dois, que estavam na Ponte Flutuante do Céu, estenderam para baixo a espada e a moveram em círculos. Depois de agitarem o líquido salgado até deixá-lo "coalhado-coalhado" (*koworokoworo*), ergueram a espada e o líquido que pingava da ponta tornou-se uma ilha chamada Autocondensada, na qual o majestoso casal pousou.

Ali se dedicaram à construção de um Augusto Pilar Celestial e uma Mansão de Oito Braças. Depois, Sua Majestade o Macho que Convida, perguntou à Sua Majestade a Fêmea que Convida: "De que maneira é feito teu corpo?", e ela respondeu: "Meu corpo cresce em seu próprio vicejar, mas há uma parte que não acompanha o crescimento". E Sua Majestade o Macho que Convida disse-lhe: "Meu corpo também cresce em seu próprio vicejar, mas há uma parte que cresce excessivamente. Portanto, não seria apropriado introduzir a parte excessiva de meu corpo na parte de teu corpo que não acompanha o crescimento e com isso procriar territórios?"

Sua Majestade a Fêmea que Convida disse: "Estaria bem". E Sua Majestade o Macho que Convida disse-lhe: "Vamos então girar em torno deste Augusto Pilar Celestial, tu e eu, e quando nos encontrarmos, vamos em majestosa união juntar nossas partes majestosas". Ela concordou, e ele disse: "Então, vai pela direita e eu irei pela esquerda". E assim o fizeram e quando se encontraram, Sua Majestade a Fêmea que Convida, disse: "Ah! que belo e encantador jovem!" Ao que Sua Majestade o Macho que Convida respondeu: "Ah! que bela e encantadora donzela!"

Mas quando acabaram de expressar-se, Sua Majestade disse à irmã majestosa: "Não é certo a mulher falar primeiro".

Contudo, iniciaram-se no recinto e conceberam um filho chamado Leech, que colocaram num barco de junco e deixaram ir à deriva. Em seguida, deram à luz a Ilha de Espuma que, por ser também um fracasso, não conta entre sua progênie.

Os dois espíritos majestosos então deliberaram: "Os filhos que demos à luz não são bons. Seria melhor que relatássemos isto no lugar majestoso". Eles ascenderam. E depois de perguntarem a Suas Majestades os Espíritos Celestiais, estes examinaram a questão pela sublime adivinhação e mandaram-nos retornar. "A prole não saiu boa porque a mulher falou primeiro", eles concluíram. "Voltai e retificai vossas palavras."

De volta, Sua Majestade o Macho que Convida e Sua Majestade a Fêmea que Convida giraram em torno do Augusto Pilar Celestial como antes. Desta vez, entretanto, Sua Majestade o Macho falou primeiro: "Ah, que bela e encantadora donzela!"

Sua majestosa irmã mais nova exclamou: "Ah, que belo e encantador jovem!" E assim retificado o pronunciamento, uniram-se.

Eles conceberam, deram à luz e nomearam as oito ilhas do Japão. Depois, conceberam, deram à luz e nomearam os trinta espíritos majestosos da terra, do mar e das estações, dos ventos, das árvores, das montanhas, dos pântanos e do fogo. O último, entretanto, o Espírito Masculino Rápido-Fogo-Abrasador, chamuscou as majestosas partes femininas de sua mãe quando o pariu e Sua Majestade a Fêmea que Convida ficou doente e abatida.

Os espíritos que nasceram de seu vômito eram o Príncipe Montanha de Metal e a Princesa Montanha de Metal; os que nasceram de suas fezes eram o Príncipe Barro Viscoso e a Princesa Barro Viscoso; os de sua urina, o Espírito Princesa das Águas e o Espírito Jovem Realizador Maravilhoso. E então, finalmente, Sua Majestade a Fêmea que Convida recolheu-se esgotada.

E Sua Majestade o Macho que Convida disse: "Oh, minha adorável irmã caçula! Ai de mim que troquei Vossa Majestade por esta criança!"

E quando ele caiu chorando sobre o majestoso travesseiro dela e continuou chorando a seus pés, nasceu de suas majestosas lágrimas o espírito que mora ao pé das árvores na vertente do pico do Monte Perfumado, cujo nome é Espírito Feminino Lacrimejante. E ele enterrou o Espírito Majestoso divinamente esgotado, a Fêmea que Convida, no Monte Hiba, na fronteira das terras de Izumo e Hahoki.

E Sua Majestade o Macho que Convida sacou da espada, de dez palmos de comprimento, que cingia majestosamente, e cortou a cabeça de seu filho, o Espírito Masculino Rápido-Fogo-Abrasador. Do sangue que escorreu para a ponta da majestosa espada e salpicou as numerosas massas rochosas nasceram três espíritos; do sangue na parte superior da majestosa espada, que novamente salpicou as numerosas massas rochosas, mais três, e do sangue que se acumulou no cabo e escorreu entre seus dedos, nasceram dois: oito ao todo. Espíritos adicionais nasceram das oito partes do corpo do Espírito Abrasador assassinado: cabeça, peito, barriga, órgãos genitais, mão esquerda e direita, pé esquerdo e direito. E o nome da própria espada majestosa era Ponta Estendida da Espada Celestial.

Depois, Sua Majestade, desejando encontrar e ver novamente a irmã caçula, desceu ao Reino das Trevas. E quando, do palácio que ali havia, ela abriu a porta e saiu para encontrá-lo, Sua Majestade o Macho que Convida disse-lhe: "Oh, minha encantadora irmã mais jovem! Os reinos que tu e eu fizemos não estão concluídos. Retorna, portanto, comigo!"

E Sua Majestade a Fêmea que Convida respondeu: "Lamento realmente que não tenhas vindo antes; pois comi a comida deste lugar. Contudo, como estou fortalecida pela honra da entrada aqui de Vossa Majestade, meu adorável irmão mais velho, desejo retornar. Outrossim, discutirei agora a questão com os espíritos deste lugar. Mas suplico-te que não olhes para mim". E voltou para dentro do palácio.

Mas como demorasse muito, Sua Majestade o Macho que Convida não pôde esperar e quebrou um dos grandes dentes da ponta do pente preso ao majestoso cacho esquerdo de seus cabelos. Ateando fogo nele, entrou no palácio e procurou-a. Ela estava apodrecendo.

Vermes tomavam conta de seu corpo. Em sua cabeça alojava-se o Grande Trovão, em seu peito o Trovão do Fogo, em sua barriga o Trovão da Terra, em seu braço esquerdo o Jovem Trovão e em seu braço direito o Trovão Negro; em sua perna esquerda, o Trovão da Montanha; em sua perna direita o Trovão da Lua; em seu sexo, o Trovão Penetrante: oito ao todo.

Sua Majestade o Macho que Convida, estarrecido com a visão, recuou, e Sua Majestade a Fêmea que Convida, sua irmã caçula, disse a Sua Majestade: "Tu me fizeste ter vergonha!" Ela mandou a Fêmea Feia do Reino das Trevas segui-lo, enquanto ele fugia. Mas Sua Majestade o Macho que Convida tirou seu majestoso ornamento da cabeça e jogou-o para trás: o ornamento transformou-se imediatamente em uvas.* E enquanto ela se deteve para apanhá-las e comê-las, ele fugiu. Ela retomou a perseguição e ele quebrou o pente de inúmeros dentes do cacho direito de seus cabelos e atirou-o para trás: o pente transformou-se instantaneamente em brotos de bambu. E enquanto ela os arrancava e os comia, ele continuou a fuga.

Sua Majestade enviou então em sua captura os Oito Espíritos Trovões, juntamente com guerreiros do Reino das Trevas, mil e quinhentos no total, e ele puxou a espada de dez palmos que cingia majestosamente e brandindo-a para trás, continuou fugindo. Mas como todos seus perseguidores continuaram em seu encalço, ele se escondeu ao pé de um grande pessegueiro na Colina Plana na linha limítrofe entre o mundo dos vivos e o dos mortos. E quando seus perseguidores chegaram, atirou-lhes três pêssegos. E todos fugiram.

E Sua Majestade o Macho que Convida anunciou, então, aos pêssegos: "Assim como me ajudaram, devem ajudar todos os vivos da Região Central das Planícies de Juncos quando eles estiverem com problemas e atormentados". (Essa é a origem do costume de manter os espíritos malignos afastados por meio de pêssegos.) E a partir daí conferiu-lhes o título de Suas Majestades Grandiosos Frutos Divinos.

Mas, finalmente, Sua Majestade a Princesa que Convida partiu, ela mesma, em seu encalço. Então, ele puxou uma rocha, que precisaria de mil homens para ser removida e, colocando-a no meio, bloqueou a Passagem Horizontal do Reino das Trevas. De maneira que dos lados opostos daquela rocha os dois se despediram.

Sua Majestade a Fêmea que Convida declarou: "Meu querido irmão mais velho, Vossa Majestade! Se fizeres isso, a cada dia estrangularei mil pessoas de teu reino".

Sua Majestade o Macho que Convida respondeu: "Minha adorável irmã caçula, Vossa Majestade! Se fizeres isso, a cada dia engravidarei mil e quinhentas mulheres".

Sua Majestade a Fêmea que Convida é chamada, por isso, o Grande Espírito do Reino das Trevas. E também, como ela perseguiu e alcançou seu irmão mais velho, é chamada o Grande Espírito que Alcança o Caminho. E a rocha com a qual ele

* Fazendo um trocadilho: *kuro-mi-katsura* ("ornamento de cabeça") e *ebi-katsura* ("uvas").

bloqueou a Passagem do Reino das Trevas é chamada Grande Espírito do Caminho que Retorna, ou ainda, Grande Espírito que Bloqueia a Entrada do Reino das Trevas.[9]

A DESCIDA DA REALEZA PARA O JAPÃO

Lemos que, após essa terrível aventura, o Macho que Convida se purificou banhando-se num rio, e enquanto se banhava, surgiram espíritos de cada peça de roupa que ele ia atirando na beira do rio. De todas as partes de seu corpo também saíram espíritos. Mas, entre todos, os mais importantes que apareceram foram três: a deusa-sol Amaterasu Omikami (o Grande Espírito Majestoso que Ilumina o Céu), que nasceu quando ele lavou seu majestoso olho esquerdo; o deus-lua, Tsukiyomi-no-Mikoto (Sua Majestade Possuidor da Noite Enluarada), que nasceu quando ele lavou seu majestoso olho direito, e um deus-tempestade absolutamente intratável, Susano-O-no-Mikoto (Sua Majestade Masculina Valente-Veloz-Impetuoso), que nasceu quando ele lavou seu majestoso nariz.[10]

E o último deles, um dia, mortificou tanto sua majestosa irmã Amaterasu Omikami, que ela se escondeu numa caverna, ao que tanto a terra quanto o céu se tornaram escuros, e, para atraí-la para fora, os oito milhões de espíritos da Planície do Céu reuniram árvores diante da caverna, decoraram-nas com pedras preciosas, acenderam fogueiras e riram alto alvoroçados com a dança rouquenha executada por um espírito feminino de nome Uzume. A deusa, curiosa, abriu a porta de sua caverna para espiar. Eles colocaram um espelho na sua frente, o primeiro que ela via na vida e, assim, foi atraída para fora e o mundo foi novamente iluminado.

Mas o culpado Susano-O, por sua grosseria, foi banido da planície celestial para a terra. E assim esse Valente-Veloz-Impetuoso Macho, depois de descer a um lugar próximo da nascente do rio Hi, em Izumo, viu naquela hora alguns *hashi* [pauzinhos para comer] boiando rio abaixo na correnteza e achou, por isso, que deveria haver pessoas rio acima. Subindo à procura delas, descobriu um velho e uma velha com uma menina entre eles. Estavam chorando e ele dignou-se a perguntar quem eram.

"Sou um Espírito Terreno", disse o velho, "e meu nome é Ancião Acariciador--de-Pé. O nome de minha mulher é Anciã Acariciadora-de-Mão. E esta, nossa filha, é Jovem Pente-de-Cabeça."

O Macho Valente-Veloz-Impetuoso perguntou: "E qual é a causa do choro?"

O ancião respondeu: "Outrora tínhamos oito filhas. Mas há uma serpente de oito bocas que vem todo ano e come uma. É hora de ela vir novamente. É por isso que estamos chorando".

O Espírito banido do céu perguntou: "E qual é a forma dessa serpente?"

"Os olhos são vermelhos como as cerejas no inverno. Tem um corpo com oito cabeças e caudas. Nele crescem musgo e coníferas; o comprimento estende-se por oito vales e oito colinas e, quando se olha para seu ventre, vê-se que está constantemente sangrando e inflamado."

"Já que esta é tua filha, tu a darias a mim?", perguntou Sua Majestade o Macho Valente-Veloz-Impetuoso.

O ancião respondeu: "Sim, com devoção; mas não sei vosso nome".

"Sou o irmão mais velho do Espírito que Ilumina o Céu e desci do céu."

"Sendo assim, com devoção, ela é vossa."

E Sua Majestade tomou imediatamente a menina, transformou-a num pente de numerosos dentes e enfiou-a em seu majestoso cacho de cabelos, dizendo ao par de anciãos: "Destilai agora uma bebida de licor refinado oito vezes. Fazei também uma cerca em volta com oito portões; que em cada portão haja oito plataformas, e em cada plataforma um tonel de licor; despejai em cada um o licor refinado oito vezes e esperai".

Eles fizeram exatamente o que ele disse. E ao chegar, a serpente de oito bocas meteu uma cabeça em cada tonel. Então, depois de beber, cada uma das cabeças caiu adormecida. E Sua Majestade puxou sua espada de dez palmos que estava majestosamente cingida à sua volta e cortou a serpente adormecida de oito bocas em pedaços. Ele construiu um palácio no reino de Izumo e, nomeando o Ancião Acariciador-de-Pé seu camareiro-mor, procedeu a gerar filhos, que por sua vez geraram filhos, até o total de oitenta; todos eles, com exceção de um, deixaram o reino para prestar serviço a certa princesa distante muito afamada.[11]

O neto que permaneceu, cujo nome era Espírito Mestre do Grande Reino, concebeu com numerosas mulheres uma prolífica progênie: esses, que mais tarde se tornaram tumultuosos e briguentos, o Grande Espírito Majestoso que Ilumina o Céu quis pacificar enviando para a terra seu augusto filho. Seu nome? Sua Majestade *Verdadeiro Conquistador, Eu Venço Vencendo, Grandes Grandes Orelhas Celestiais e Velozes*. Sobre a Ponte Flutuante do Céu, olhando para baixo, ele anunciou: "As exuberantes planícies de juncos, terra de viçosas espigas de arroz de mil outonos, estão penosamente tumultuadas". E depois de fazer essa proclamação, imediatamente voltou a subir.[12]

Três missões diplomáticas celestiais foram então enviadas à terra para preparar a descida do monarca solar. Entretanto, todas foram seduzidas, de uma forma ou de outra, e foi necessária uma quarta para se conseguir a sujeição do Espírito Mestre do Grande Reino de Izumo, que, rendendo-se por fim ao inevitável, concordou em desocupar seu trono desgovernado com a condição de que um palácio lhe fosse construído embaixo e ele fosse apropriadamente venerado por todos os tempos.[13]

Então O Grande Espírito Majestoso que Ilumina o Céu, Amaterasu Omikami, ordenou e investiu o Herdeiro Presuntivo, Sua Majestade Grandes Grandes Orelhas, que, entretanto, respondeu: "Enquanto eu, vosso servo, me preparava, nasceu-me um filho chamado Sua Majestade *Céu Pleno, Terra Plena, Apogeu do Sol no Céu, Príncipe Pleno de Espigas de Arroz Rubras*. Esse filho é que deveria ser enviado para baixo".

Sua Majestade, o jovem príncipe, ao ser informado, respondeu: "Descerei, cumprindo vossas ordens". E deixando seu Trono de Rocha Celestial, separando as nuvens óctuplas espalhadas pelo céu, dividindo uma estrada com um majestoso divisor de estradas, começou a flutuar, confinou-se na Ponte Flutuante do Céu, desceu ao pico de certa montanha, não em Izumo, que fica no norte, mas em Kyushu, que fica no sul.

E quando ele se estabeleceu naquele país, num palácio, Sua Majestade Céu Pleno, Terra Plena, Apogeu do Sol no Céu, Príncipe Pleno de Espigas de Arroz Rubras, encontrou uma bela pessoa no majestoso cabo chamado Kasasa e perguntou-lhe de quem era filha.

"Sou filha", ela disse, "do Espírito Possuidor da Grande Montanha e meu nome é Princesa Florescendo Esplendidamente Como as Flores das Árvores".

Ele perguntou: "Tens irmãos? Irmãs?"

Ela respondeu: "Tenho uma irmã mais velha. Seu nome é Princesa da Idade das Rochas".

E ele disse: "Meu desejo é deitar-me contigo. O que achas disso?"

Ela respondeu: "Não sou eu quem decide. Meu pai, o Espírito Possuidor da Grande Montanha, é quem decide".[14]

Ele, portanto, enviou-a ao pai que, encantado, respeitosamente enviou-a de volta, acompanhada da Princesa da Idade das Rochas, sua irmã mais velha. E o pai fez com que víveres fossem colocados nas mesas, centenas de espécies de comida e bebida. Mas a irmã mais velha era hedionda. Ao vê-la, o Príncipe Pleno de Espigas de Arroz Rubras ficou chocado. Mandou-a de volta e tomou para si naquela noite apenas a mais jovem.

E o pai, coberto de vergonha quando a Princesa da Idade das Rochas retornou a ele, enviou uma mensagem ao príncipe.

"A razão para presentear minhas duas filhas juntas era que a mais velha, a Princesa da Idade das Rochas, augusta progênie do Espírito Celestial, apesar das nevadas e dos ventos, viveria eternamente, indestrutível como as rochas perenes, e graças à mais nova, a Princesa Florescendo Esplendidamente Como as Flores das Árvores, elas viveriam em flor, como o florescer das árvores. Entretanto, como mandastes de volta a Princesa da Idade das Rochas, ficando apenas com a Princesa Florescendo Esplendidamente Como as Flores das Árvores, a augusta progênie do Grande Espírito que Ilumina o Céu será tão perecível quanto as flores das árvores."

E é por isso que as vidas augustas de Suas Majestades, nossos Augustos Soberanos Celestiais, não são longas.[15]

III. O CAMINHO DOS ESPÍRITOS

Uma história engraçada circulou durante o Nono Congresso Internacional de História das Religiões em Tóquio, em 1958. Verdadeira ou não, ilustra o abismo que separa o Oriente do Ocidente em certas esferas essenciais da experiência. Referia-se a dois personagens eruditos, o primeiro um sociólogo ocidental e o outro um sacerdote xintoísta. Ambos haviam apresentado teses no congresso; cada um supunha ter conhecimento da natureza, da história e dos problemas essenciais da humanidade e nenhum dos dois se julgava aquilo que em chinês poderia ser denominado *chien*, pássaro fabuloso com um único olho e uma asa que precisa se unir a um de seus iguais para poder voar.[16]

O erudito pássaro ocidental, junto com muitos outros da multidão de delegados de todos os cantos da terra, que o Comitê Japonês Organizador transportava miraculosamente para cada um dos importantes santuários xintoístas e templos budistas do país – segundo a história que se contava – tinha presenciado sete ou oito ritos xintoístas e admirado numerosos santuários xintoístas. Tais lugares de adoração são desprovidos de imagens, têm formas simples, com tetos maravilhosos e, com frequência, pintados de vermelho claro. Os sacerdotes, imaculados em suas vestes brancas, ornatos negros nas cabeças e grandes tamancos negros, andam em filas com ar pomposo. Uma música misteriosa eleva-se; aguda, entremeada por batidas rítmicas fracas e fortes de tambor e de grandes gongos; entrecortada por sons de harpa tangidos em um *koto* invocador de espíritos. E então aparecem, silenciosos, dançarinos nobres, imponentes, pesadamente adornados, mascarados ou não, do sexo masculino ou feminino. Eles se movem de modo lento, um pouco como nos sonhos ou no transe xamânico; permanecem algum tempo à vista e retiram-se, enquanto expressões vocais são entoadas. É como fazer uma viagem no tempo retrocedendo dois mil anos. Pinheiros, rochas, florestas, montanhas, ar e mar do Japão despertam e enviam espíritos nesses sons. Eles podem ser ouvidos e sentidos em toda parte. E quando os dançarinos se retiram e a música cessa, o ritual acaba. Vira-se e olha-se novamente para rochas, pinheiros, ar e mar e todos estão silenciosos como antes – só que agora habitados, e resgatamos a consciência do milagre do universo.

Contudo, parece difícil para as pessoas de certos tipos de raciocínio experienciar o que essa arte evoca. "Comparado com as grandes religiões do mundo", li, por exemplo, "o xintoísmo talvez deva ser julgado o culto religioso mais rudimentar de que temos documentos escritos. Ele não avançou além do politeísmo elementar; suas personificações são vagas e frágeis; há pouca compreensão da concepção do espírito; ele mal possui um código moral; praticamente não reconhece um estado futuro e, em geral, mostra pouca evidência de pensamento profundo ou devoção sincera. [...]"[17]

Pois bem, nosso amigo sociólogo encontrou seu amigo sacerdote xintoísta numa festa ao ar livre em um amplo jardim japonês onde os caminhos, serpenteando entre as rochas, revelavam paisagens imprevisíveis, clareiras com cascalhos, lagos escarpados, lanternas de pedra, árvores de formas curiosas e pagodes. E nosso amigo sociólogo disse ao seu amigo sacerdote xintoísta: "Sabe, estive em uma série de santuários xintoístas e vi muitos ritos, além de ter lido e pensado sobre o assunto; mas veja, não entendo sua ideologia. Não entendo sua teologia".

E aquele cavalheiro japonês, polido, como se estivesse respeitando a profunda questão levantada pelo cientista estrangeiro, parou por um momento como se estivesse refletindo. Então, sorridente, olhou para o amigo. "Nós não temos ideologia", disse. "Nós não temos teologia. Nós dançamos."

Essa é, precisamente, a questão. Porque o xintoísmo, na origem, é uma religião, não de sermões, mas de admiração: um sentimento que pode ou não produzir palavras, mas que de qualquer maneira vai além delas. O propósito do xintoísmo não é a "compreensão da concepção do espírito", mas o sentido de sua ubiquidade. E justamente porque esse propósito é surpreendentemente alcançado, as personificações do xintoísmo são "vagas e tênues" com relação à forma. Elas são denominadas *kami*, termo usualmente traduzido como "deus", porém de modo incorreto, ou como "espírito", termo que usei nas passagens do *Kojiki* relatadas acima.

"Durante sua estadia ouvirão muita coisa a respeito das religiões japonesas", disse Sua Alteza Real Príncipe Takahito Mikasa aos convidados do Congresso, "e, sem dúvida, discordarão do uso da palavra inglesa *god* ou *gods* (deus ou deuses) como tradução aproximada do termo *kami*, objeto de adoração no culto que é exclusivamente japonês. Também perceberão, com toda probabilidade, que os termos japoneses *kami* e 'deus' são inteiramente diferentes em sua natureza essencial.

"O objeto de adoração do budismo japonês é *hotoke* (o Buda) e, como o budismo é uma religião importada, seria lógico presumir que *hotoke* e *kami* sejam bem diferentes. Entretanto, tornou-se bastante comum entre os japoneses relacionar os dois, e costuma-se usar o termo *kamihotoke*. E mais ainda, não se percebe contradição alguma nessa combinação do que teoricamente deveriam ser dois conceitos distintos; há um grande número de japoneses que pode orar, sem o menor constrangimento, a *kami* e *hotoke* ao mesmo tempo. Isso, acredito, pode ser explicado em parte pela psicologia dos japoneses, que tende mais para o emocional do que para o racional. Como os japoneses têm prazer em sentir a atmosfera, são mais propensos a ser influenciados pelo meio.

"Há um antigo poema japonês que em tradução livre diz:

> Desconhecido de mim o que aqui reside:
> Lágrimas escorrem por uma sensação de desmerecimento e gratidão.

"Dizem que esses versos foram escritos quando seu autor estava orando no Grande Santuário de Ise, e acho que refletem adequadamente o sentimento religioso de muitos japoneses."[18]

Assim, um rito xintoísta pode ser definido como um momento de reconhecimento e evocação da admiração que inspira gratidão para com a fonte e natureza da existência. E enquanto tal, ele se dirige como arte (música, jardinagem, arquitetura, dança etc.) à sensibilidade e – não às faculdades do intelecto. De maneira que vivenciar o xintoísmo não é obedecer a determinado código moral definido, mas viver com gratidão e admiração em meio ao mistério das coisas. E para conservar essa sensação, as faculdades permanecem abertas, claras e puras. Esse é o significado da pureza ritual. "O *kami* deleita-se com a virtude e a sinceridade", afirma uma obra do século XIII compilada pelos sacerdotes do Santuário Exterior de Ise. "Fazer o bem é ser puro; fazer o mal é ser impuro."[19]

Portanto, é incorreto dizer que o xintoísmo carece de ideias morais. A concepção moral básica é que os processos da natureza não podem ser maus; em consequência, o coração puro segue os processos da natureza. O homem – uma coisa natural – não é inerentemente mau; ele é divino em seu coração puro, em sua existência natural. Os termos fundamentais são "coração brilhante" (*akaki kokoro*), "coração puro" (*kiyoki kokoro*), "coração justo" (*tadashiki kokoro*) e "coração honrado" (*naoki kokoro*). O primeiro denota a qualidade de um coração brilhando claramente como o sol; o segundo, um coração límpido como uma pedra preciosa; o terceiro, um coração inclinado para a justiça, e o último, um coração amável e sem tendências desonestas. Os quatro unem-se como *seimei shin*: pureza e cordialidade de espírito.[20]

Além do mais, nos relicários internos dos principais santuários foram preservados, de uma época remota, muito além dos tempos de que temos registro, três talismãs simbólicos trazidos ao mundo, dizem, pelo augusto neto Céu Pleno, Terra Plena, Apogeu do Sol no Céu, Príncipe Pleno de Espigas de Arroz Rubras, quando a realeza desceu ao Japão. Eles são: um espelho (pureza), uma espada divina (coragem) e um colar de pedras preciosas (benevolência).

Em resumo, então, a principal preocupação do xintoísmo é devotada ao cultivo daquele sentimento que Rudolf Otto denominou o essencial da religião, "o qual, embora admita ser discutido não pode ser estritamente definido": o senso do númeno.[21] E com uma inflexão particular, não de medo, não de náusea, não de desejo por libertação, mas de gratidão experienciada ante o mistério. E assim, mais uma vez: "Desconhecido de mim o que aqui reside" – o que reside em qualquer lugar, em qualquer coisa de nosso interesse; "lágrimas escorrem" – pois estou, de fato, comovido; "por uma sensação de desmerecimento" – como alguém não perfeitamente puro de coração, e "gratidão".

"Que *kami*", lemos em um comentário do século XV de um estadista erudito, "é adorado por Amaterasu Omikami em abstinência na Planície do Céu Supremo? Ela adora seu Si-Próprio interior como *kami*, esforçando-se por cultivar a virtude divina em sua própria pessoa por meio da pureza interior e, assim, tornar-se una com o *kami*."[22]

E agora, concluindo com base no desenvolvimento atual do culto, podemos dizer que o xintoísmo no antigo Japão atuava em quatro esferas: 1. doméstica, centrada na gratidão pelo *kami* do poço, do portão, da família, do canteiro de jardim etc. e também (para citar Langdon Warner), pelos "espíritos reconhecidos no fogo da cozinha e na panela de cozinhar, pelo espírito misterioso que dirige o processo de envelhecimento que ocorre no pote de conserva e na fermentação da cerveja";[23] outrossim, pelos pais, os ancestrais (uma influência confuciana aqui) e, em sentido inverso, dos pais pelos filhos; 2. o culto comunitário local, de gratidão, tanto aos fenômenos naturais do meio em que se vive quanto aos mortos locais dignos de respeito, os *ujigami* (isto é, *kami* da *uji*, a "descendência local"); 3. os cultos das artes, honrando agradecidamente, nos próprios processos de trabalho, os mistérios e poderes das ferramentas, materiais etc. (Não é preciso lembrar que as costureiras realizam réquiens às agulhas perdidas ou quebradas, e que o fundador da indústria de pérolas japonesa, Kokichi Mikimoto (1858-1955), antes de morrer, realizou um réquiem às ostras, cujas vidas tinham feito sua fortuna. E finalmente, 4. o culto nacional, de gratidão ao imperador em seu palácio, à Casa da Admiração, e aos seus ancestrais preservadores do mundo, os Grandes Kami do *Kojiki*, dos quais o maior – nascido como a luz do universo do olho esquerdo do Macho que Convida, depois de sua vitória sobre a impureza – é particularmente espelhado aqui na terra em Ise, no Grande Santuário: no topo de uma grande elevação de uma majestosa região arborizada de grandes rochas e coníferas em forma de setas, ao qual o devoto sobe por uma grande escada megalítica, como um zigurate natural.

IV. OS CAMINHOS DO BUDA

O Buda de ouro vindo da Coreia em 552 d.C. não foi imediatamente um arauto da paz. O rei que o enviou – junto com uma coleção de estandartes, guarda-sóis e sutras budistas – o fez acompanhar de uma interessante nota. "Esta doutrina é, entre todas as doutrinas, a melhor", ele escreveu, "mas difícil de explicar e compreender. Nem mesmo o duque de Chou ou Confúcio alcançaram o conhecimento dela. [...] Imagine-se um homem possuidor de tesouros sem fim, de maneira que possa satisfazer todos seus desejos à medida que os usa. [...] Assim ocorre com o tesouro desta maravilhosa doutrina. Cada prece é atendida e nada falta. [...] Teu servo, por isso, Myöng, rei de Paekche, despachou humildemente este presente para cumprir com as palavras do Buda: 'Minha Lei espalhar-se-á pelo Oriente'".[24]

E o imperador Kimmei, lemos, pulou de alegria; mas não sabia bem o que deveria fazer. "O semblante do Buda é de austera dignidade", ele disse aos membros de seu conselho. "Deve ser adorado ou não?"

Iname do clã Soga respondeu: "Todos os países da fronteira oeste, sem exceção, o adoram, e será apenas Yamato quem se recusará?"

Mas os líderes dos clãs Mononobe e Nakatomi aconselharam vigorosamente o contrário. "Os que governaram este Império", disseram, "sempre tiveram o cuidado de adorar, na primavera, verão, outono e inverno, os 180 Grandes Kami do Céu e da Terra, além dos das regiões locais e dos cereais. Mas se agora começarmos a adorar *kami* estrangeiros em lugar deles, deve-se temer que possamos causar a ira de nossos *kami* nativos."

O Buda, como se vê, estava sendo interpretado não em termos budistas, mas xintoístas, e o imperador, então, com estes simples termos, decidiu: "Vamos dá-lo a Iname, que mostrou disposição para recebê-lo. E como experiência, que ele adore a imagem".

Assim Iname, em grande regozijo, ajoelhou-se e, ao receber a imagem de ouro, colocou-a em um trono em sua casa, afastou-se do mundo, purificou seu lar e transformou-o em templo. Em seguida, surgiu uma peste; muitas pessoas morreram; não se descobria nenhum remédio e, com o passar do tempo, as coisas pioravam.

Por isso, a imagem do Buda foi apanhada e jogada num canal. O templo foi incendiado. Mas depois, o céu permaneceu sem nuvens, não choveu mais, seguiu-se uma seca e, de súbito, chamas irromperam no grande salão do palácio, que foi consumido. Então, à noite, foi visto flutuando no mar um tronco de cânfora que brilhava; com ele, o imperador mandou fazer duas imagens radiantes do Buda. Seguiram-se prodígios, alguns malignos, outros benignos; ergueram-se santuários que mais tarde foram destruídos – sempre com um rancor crescente entre os clãs Soga e Mononobe.[25]

O feudo continuou por mais trinta anos até que, no ano 587, o filho de Iname matou toda a família Mononobe. Depois disso, os templos budistas proliferaram. Passados cinco anos, ele assassinou o imperador Sushun e entronizou a relutante viúva, que como Imperatriz Reinante Suiko (de 593 a 628) indicou para a regência o irmão mais novo de seu marido. E foi apenas então que as prometidas bênçãos da Nova Lei começaram a aparecer. Pois o amado Príncipe Shotoku (573-621) provou ser um dos grandes e nobres governantes de todos os tempos.

Sua mãe, diz-se, pariu-o sem dor durante uma viagem de inspeção pelas dependências do palácio. "Quando ela chegou ao Departamento dos Cavalos e acabara de chegar à porta dos estábulos, subitamente, pariu-o sem esforço.* Nasceu sabendo falar e quando cresceu tornou-se tão sábio que podia responder às questões de dez homens ao mesmo tempo sem equivocar-se. Estudou a Doutrina Interior (budismo), e os Clássicos Exteriores (confucionismo) e tornou-se mestre em ambos."[26] Promoveu as letras e as artes, preparou a primeira história do Japão (hoje perdida), promulgou um sistema de leis e uma organização das classes da corte e, mesmo antes de sua morte, foi venerado por muitos como um *bodhisattva*. Em seu reinado, o budismo, que no Japão tinha sido basicamente a religião de um clã, tornou-se uma religião do império, e, como na China, a linha do budismo favorecida foi a Mahayana.

"Com respeito às diferenças entre o Grande e o Pequeno Veículo", escreveu o príncipe, "no Grande, pensa-se primariamente naqueles que não buscam a liberação e tenta-se ajudá-los atraindo-os para a meta budista; enquanto no Pequeno, busca-se a iluminação apenas para si próprio, evita-se ensinar aos outros como se evita a peste e exulta-se em um falso nirvana."[27]

No ano 621, segundo mês, quinto dia, no meio da noite, o Príncipe Imperial Shotoku faleceu, e houve luto no palácio; luto também na aldeia: os velhos, como que privados de um filho querido, já não tinham mais nenhuma vontade de comer e os jovens, como que tornados órfãos, enchiam os caminhos com sons de lamentações. O agricultor deixou o arado, a mulher da moenda o pilão e todos pronunciaram a uma só voz: "O sol e a lua perderam seu brilho; o céu e a terra arruinaram-se. Em quem, daqui em diante, podemos confiar?"[28]

* Compare discussão *supra*, p. 161.

PERÍODO NARA: 710-794 d.C

O budismo no Japão não tinha até então produzido nenhuma ideia verdadeiramente nativa. A situação era a de uma simples justaposição eclética. Os *kami* do país foram enfrentados por um panteão cosmopolita de origem estrangeira, muito mais sofisticado do que tudo o que eles haviam representado até aquele momento – ou, na verdade, do que o coração de Yamato podia ter precisado naquela época. Na corte, a nova fé era sobretudo portadora de uma civilização continental que dava à vida ali um novo e elegante matiz, enquanto entre o povo era um veículo de consolo. O período – convém notar – era o do ataque fanático do islamismo a todo o Oriente Médio e Próximo e à Europa (queda da Pérsia, 650; da Espanha,711), e também da muito menos sangrenta, embora não menos fanática, destruição dos antigos santuários e bosques sagrados germânicos pela primeira missão cristã (Bonifácio, primeiro Arcebispo de Mainz, 732), cuja façanha de pedagogia canhestra produziu na psique europeia uma esquizofrenia mítica (Insânia germânica: *Zwei Seelen wohnen, ach, in meiner Brust!*) que continua profundamente em nós e será analisada no próximo volume desta obra. Já no Japão do século VIII, com uma qualidade de compaixão que nos cultos do Levante foi mais comentada do que posta em ação, os *bodhisattvas* uniram-se em apoio mútuo com os espíritos rústicos do país.

O acordo foi alcançado em quatro estágios:

1. *Em Nara: período da primeira capital budista do Japão, 710-794 d.C.* Estágio em que a arte e o pensamento budistas chineses estavam chegando com todo o vigor. O principal evento simbólico foi a construção do grande Templo Todaiji e a consagração em seu interior, no ano 752, de um colossal bronze do Buda sentado sobre um lótus de 20 metros de circunferência – cada pétala com 3 m de comprimento, a figura propriamente dita com 16 m de altura e 452 toneladas; cada olho com quase 1,20 m de comprimento e cada mão quase 2,10 m – a direita no gesto tipicamente indiano *não temas* e a esquerda no gesto que *concede bênçãos.*

2 e 3. *Na segunda capital budista, Heian (hoje Kioto):794-1185 d.C.* Primeiro, 794-894, um período de contínua influência chinesa, mas com uma nova característica, pois nos ensinamentos dos monges japoneses Dengyo Daishi (767-822) e Kobo Daishi (774-835), os *kami* do Japão eram reconhecidos como *bodhisattvas* locais. Além disso, na doutrina do último foi introduzida uma nova tendência: a da doutrina tântrica budista originária da universidade indiana de Nalanda que, naquela época, estava no apogeu, difundindo ensinamentos de poderes divinos revelados, em missões para o norte até o Tibete, para o sul até a Indonésia e para o leste até a China e o Japão.

A seguir, 894-1185, ainda em Heian: o intercâmbio cultural e diplomático com a China da dinastia T'ang foi interrompido e na elegante corte Fujiwara descrita pela Senhora Murasaki (978-1015?) na novela *Genji Monogatari*, desenrolava-se um requintado jogo erótico de sensibilidade muito semelhante ao dos trovadores do século XII. Isolados do continente, os japoneses agora estavam desenvolvendo um budismo próprio, o qual atingiu a maturidade no período seguinte, do Xogunato de Kamakura.

4. *Período Kamakura: 1185-1392*. Intenso afastamento da delicada sensibilidade e erotismo estético das damas Fujiwara e seus nobres cavalheiros. Foram fundadas quatro escolas budistas vigorosas, especificamente japonesas: Jodo, fundada por Honen (1133-1212), e Shinshu, fundada por seu discípulo Shinran (1173-1262), ambas seitas Amida; Zen, proveniente da escola chinesa Ch'an de Hui-neng, porém aplicada a novos propósitos (principal fundador, Eisai: 1141-1215), e por fim, a seita chovinista, intensamente pessoal de Nichiren (1222-1282), filho de um pescador.

Seria muito interessante examinar em detalhe cada aspecto da transformação, no Japão, da doutrina indiana do desapego em uma doutrina de apego, gratidão e admiração, mas em uma obra como esta só podem ser esboçadas as linhas principais.

O primeiro estágio do processo, dissemos, está simbolizado no Grande Buda de Todaiji – onde a figura representada não é a do Gautama Śākyamuni indiano, mas a de um Buda de meditação, fora do tempo, do espaço e do contexto racial. Ele é um dos cinco Budas Guardiães dos Níveis de Meditação, que representam aspectos da esfera causal, da qual procedem todos os Budas, *bodhisattvas* e, na verdade, todos os seres do universo visível. Eles aparecem à mente voltada para dentro quando ela penetra em seu campo de ação. E o nome sânscrito desse Buda em particular é Vairochana ("Pertencente ao, ou vindo do sol"; japonês: *Dainichi-nyorai*, "Buda Grande Sol"). Até se poderiam ver nele evidências de certa influência do culto solar do Irã. Entretanto, jamais houve, no Irã ou em qualquer outra parte do mundo a oeste do grande divisor cultural Oriente-Ocidente, uma ideologia ou teologia com as peculiaridades da visão Vairochana.

Essa poderosa figura representa um aspecto da realização budista ensinada no *Sutra Avatamsaka* (japonês: *Kegon*, "*Grinalda de Flores*"), que a grande estupa budista javanesa em Borobudur (século VIII) também testemunha.[29] É um ensinamento que se supõe ter sido enunciado pelo Buda Gautama diretamente após a iluminação. Mas como nenhum dos ouvintes foi capaz de entender uma única palavra, ele recomeçou e ensinou o caminho dualista Hinayana – mais simples – que, com o tempo, iria tornar a mente capaz de compreender o Mahayana. E com o tempo, de fato, apareceu um jovem de nome Sudhana que partiu em peregrinação (representada nos painéis da segunda e terceira galerias da estupa de Borobudur), durante a qual encontrou cinquenta e três grandes mestres. Alguns deles eram mulheres e homens viventes; outros eram Budas de meditação. E o que ele aprendeu foi o maravilhoso ensinamento contido na *Grinalda de Flores*.

Esse ensinamento é comum a todas as seitas budistas do Japão e portanto requer um esforço de nossa parte, para apresentar pelo menos um ou dois de seus pontos mais sugestivos. O que ele representa, em linhas gerais, é uma nova aplicação da doutrina primária do Buda resumida acima na cadeia causal de doze itens, os quais, como vimos, se originam de: 1. ignorância; 2. ações; 3. novas inclinações; 4. consciência incipiente (augurando nova vida); 5. um organismo; 6. órgãos sensoriais;

7. contato; 8. percepções; 9. desejo; 10. apego; 11. renascimento, e 12. velhice, doença e morte. De acordo com esse princípio, todos os seres eram autogeradores na medida em que o renascimento (item 11) era visto como resultado da ignorância (item 1). Conforme apresentado nessa cadeia causal de doze elos, o ensinamento do Buda enfatiza a ideia de uma sequência no tempo: primeiro isto, depois aquilo, depois aquilo outro; ou como dizem os budistas, "proveniente de um anterior". Na ampliação desse ensinamento na *Grinalda*, é acrescentada a ideia de uma interdependência também no espaço: quer dizer, o universo é correlato, em geral interdependente e, portanto, "mutuamente procedente" – nenhum ser existe em e por si mesmo. Ou, nas palavras do sábio Prof. Junjiro Takakusu: "Podemos chamar a isso de causação pela ação-influência comum de todos os seres".[30]

De maneira que o problema da causação é agora interpretado em termos de tempo e de espaço simultaneamente, os quais, juntos, constituem o que se conhece como a semente do *que assim chegou* (*tathāgata garbha*), o modo de existência das coisas, no qual o Buda, *tathāgata*, está oculto – mas ao mesmo tempo revelado. Essa é a grinalda, o diadema de pétalas, onde está sentado o colossal Buda Solar, dizendo com uma das mãos "Não temas" enquanto a outra distribui todas as bênçãos da existência. E o povo japonês que aflui a esse templo, admira o Buda, se curva humildemente e circum-ambula com sentimento de gratidão constitui, ele próprio, as flores da grinalda, através da qual o Buda tanto se oculta quanto se revela.

Esse ensinamento é chamado Doutrina do Mundo da Harmonia Total que se Relaciona e Interpenetra: e para elucidar sua compreensão foram transmitidas "Dez Teorias Profundas", das quais quatro serão suficientes para nós no momento:

1. A Teoria Profunda da Correlação, segundo a qual todas as coisas coexistem, surgindo simultaneamente. Elas coexistem, além do mais, não apenas com relação ao espaço, mas também ao tempo, pois passado, presente e futuro se incluem mutuamente. "Distintos como são e separados como parecem estar no tempo, todos os seres estão unidos formando uma entidade – do ponto de vista universal."[31]

2. A Teoria Profunda da Liberdade Total, segundo a qual todos os seres, pequenos e grandes, comungam entre si sem obstruções; de maneira que o poder de cada um participa do de todos e é, portanto, ilimitado. "*Mesmo em um fio de cabelo há inúmeros leões de ouro*".[32] Uma ação, por pequena que seja, inclui todas as ações.

5. A Teoria Profunda da Complementaridade, segundo a qual tanto o oculto quanto o manifesto formam o todo pela consolidação mútua. "Se um está dentro o outro estará fora, ou vice-versa."[33] Pela complementaridade eles constituem a unidade.

10. A Teoria Profunda da Plenitude da Virtude Comum, segundo a qual um líder e seu seguidor, o comandante e seus comandados, trabalham juntos de modo harmônico e transparente, pois, "de acordo com o princípio um-em-todos-e-todos-em-um, eles realmente formam um todo completo",[34] permeando-se uns aos outros.

Essa é, portanto, a maravilhosa lição do *Sutra da Grinalda de Flores*, conhecida no Japão como *Kegon*, cujo objetivo é o estabelecimento de uma totalidade harmoniosa de todos os seres, como uma grinalda em volta da natureza búdica de cada um. E o sentido disso tudo está no corpo ativo não menos que na mente meditante, de maneira que a prática da religião é a vida. Mas para realizar isso, duas coisas são necessárias: o voto do Estado de *Bodhisattva* (*praṇidhāna*), que significa trabalhar sem cessar para levar todos os seres – inclusive a si mesmo – à realização do Estado de Buda e, também, a compaixão (*karunā*).[35]

PERÍODO HEIAN: 794-1185 d.C.

O segundo grande passo em direção a uma realização budista essencialmente japonesa foi dado quando Dengyo Daishi (767-822) e Kobo Daishi (774-835) desfraldaram as velas no ano 804 em direção à China.

A ordem clerical fundada pelo primeiro ao regressar é chamada Tendai (chinês, T'ien-t'ai), em homenagem ao mosteiro nas montanhas na China Meridional fundado por Chih-kai (531-597),* supostamente discípulo de Bodhidharma. Mas Bodhidharma, se realmente existiu, esteve na China aproximadamente em 520-528 (!)

A doutrina básica da escola Tendai é que a Mente Buda está em todas as coisas – o que, obviamente, já ouvimos umas mil vezes. Mas a ideia específica aqui, que dá a esta ordem seu caráter peculiar e a tornou uma influência muito forte na formação do budismo popular do Japão posterior, é a seguinte: que o *Sutra do Lótus*, "O Lótus da Verdadeira Lei" (*Saddharmapuṇḍarīka*) é, ele próprio, o Buda. Pois o Buda, durante sua trajetória, ensinou numerosos caminhos a vários grupos. Ele ensinou o caminho do dar sem limites, o caminho do Hinayana, o caminho do Grande Deleite e, no final de seus dias, com mais profundidade, o Lótus da Verdadeira Lei. E, no momento de sua morte, o Buda disse aos que estavam à sua volta: "Não lamentem dizendo 'Nosso Mestre foi embora!' *O que eu ensinei será vosso Mestre após minha morte.* Se aderirem e praticarem meus ensinamentos, não será como se meu Corpo de Lei [*Dharma*] estivesse aqui para sempre?"[36] E o Lótus da Verdadeira Lei, a doutrina final, é o resumo do resto. Por isso, o *Sutra do Lótus* é o Corpo de Lei do Buda.

Mas temos agora de acrescentar mais uma ideia: que entre a eternidade e o tempo – Corpo de Lei e Corpo de Forma, aquilo e isto – não há distinção. Não se deve pensar que em algum lugar exista uma Substância Buda permanente, imóvel, em torno da qual as qualidades da realidade se movem e mudam. Pelo contrário: o "verdadeiro" estado que não é estado algum pode ser considerado provisoriamente como oposto a "este estado" que é fenomênico; entretanto, o meio, o Caminho do Meio, está sobre e acima, e mais: é idêntico a ambos. O Buda Vivente e seu Corpo de Lei não eram diferentes um do outro; tampouco o Corpo de Lei é outra coisa senão o *Sutra do Lótus*. Mas as coisas iguais a uma terceira são iguais entre si; portanto, o *Sutra do Lótus* é o Buda Vivente.

* *Supra*, p. 350.

Algo consideravelmente mais complexo, entretanto, chegou com o retorno do segundo viajante, Kobo Daishi, que havia estudado na China o mistério tântrico indiano conhecido como a "Verdadeira Palavra" (sânscrito, *mantra*; chinês, *chen yen*; japonês, *shingon*). O conceito básico aqui é comparável ao da Missa Católica Romana em que, pronunciando de modo adequado as palavras solenes da consagração, o consagrado sacerdote oficiante transforma de fato o pão e o vinho em corpo e sangue de Cristo. As aparências permanecem, mas a substância transforma-se em Deus. Nas escolas tântricas budistas-hinduístas também prevalece a ideia de que a "Verdadeira Palavra" pode provocar tais efeitos. Ali, entretanto, há uma ideia adicional, essencial a todo pensamento oriental, de que a esfera da divindade, a esfera búdica, está dentro do próprio celebrante: o milagre ocorre dentro do celebrante; quem é transubstanciado é ele – ou ela.

O celebrante, por isso, deve assumir a postura do princípio búdico invocado. Por meio dela, ele entra de imediato em harmonia com esse princípio no pensamento (*dhyāna*), na palavra (*mantra*) e na postura corporal (*mudrā*). Assim, nosso próprio corpo torna-se o Buda.

Além do mais, em consonância com a ideia budista-hinduísta de numerosos graus, ordens ou formas de manifestação divina, numerosas imagens simbólicas foram associadas com essas manifestações, oferecendo, por assim dizer, modelos para o sistema de posturas associado com os mantras. Tais modelos são classificados em duas grandes categorias: 1. os da coroa do corpo do diamante ou raio (*vajra*), que representam aspectos da esfera do estado indestrutível, verdadeiro ou do diamante, onde a figura central do grupo é o grande Buda Solar, Vairochana, cercado por suas emanações, e 2. os do círculo do útero (*garbha*), simbolizando a ordem do mundo mutável, que foi denominado semente do que assim chegou e é simbolizado na arte budista indiana pela deusa-lótus do mundo.*

Kobo Daishi fez os *kami* de sua terra natal participarem do círculo uterino; de maneira que enquanto antes os Budas haviam sido considerados *kami*, agora os *kami* podiam ser considerados coisas búdicas. Com isso alcançou-se uma interação bilateral. Ademais, combinou-se a magia tântrica indiana com a tradição xamanista japonesa e, mais uma vez, provocou-se uma interação bilateral. Essa ordem dual poderosa, popular e elitista ao mesmo tempo, era conhecida como Xintoísmo Ryobu, "Xintoísmo de Duplo Aspecto". A seita Tendai uniu-se ao movimento, denominando sua abordagem "Xintoísmo de uma Realidade" (Xintoísmo Ichi-jitsu). De maneira que mesmo antes de o relacionamento com a China ter sido interrompido, o Japão havia começado a elaborar seu próprio budismo.

Foi apenas na segunda fase do Período Heian, entretanto, que o Japão começou a exibir seu próprio estilo através de cada aspecto de seu estágio cultural superior recentemente assimilado. O Prof. Langdon Warner, em uma sensível discussão observa, por exemplo, que já nos séculos X e XI, "quase subitamente e, com certeza,

* *Supra*, p. 239-240.

sem nada dever às escolas anteriores de pintura, os japoneses estavam produzindo longos rolos horizontais de narrativas como o mundo jamais tinha visto. Enquanto os chineses daquelas décadas e de décadas posteriores ofereciam quadros de paisagens e climas carregados de sensibilidade para com a natureza, os japoneses ofereciam narrativas de personagens sem igual". [...]

"A diferença principal", ele conclui, "é o fato de que os chineses eram extremamente interessados em questões de filosofia, enquanto os japoneses enfatizavam o Homem e o que ocorria no mundo material em determinada época."[37]

Já observamos que na China o vocabulário do taoismo associou a ideia do *tao* à ordem da natureza, no céu e na terra; de maneira que o ideal do sábio era o de um homem que, como o próprio místico mítico Lao Tsé, abandonara a esfera social pela natureza, onde sua própria natureza tinha se desenvolvido entre as nobres influências das montanhas, águas, árvores e névoas maravilhosas. Pois ali, os mistérios anunciados no *Livro das Mutações* estavam em toda parte, visíveis de diversas maneiras e, por um princípio de ressonância espiritual, a natureza individual era ali resgatada espontaneamente. Na Índia, por outro lado, o objetivo ideal havia sido o de liberar-se (*mokṣa*), não apenas da esfera humana, mas também da cósmica.

O erudito professor de Filosofia Oriental, Dr. Hajime Nakamura, da Universidade de Tóquio, fez uma observação extremamente importante em uma conferência pronunciada em Rangoon em 1955. O conceito de *liberdade* é expresso em chinês e japonês, ele observou, pelos mesmos dois ideogramas: os que denotam *eu* e *causa* (causa própria, automotivação, ou espontaneidade, esse parece ser o sentido). "Mas", observou, "enquanto na China 'liberdade' significava *liberação do vínculo humano* (Pu-hua, por exemplo, atuando como um louco, tocando constantemente seu sino, era um sábio idiota), no Japão significava *aceitação do vínculo humano* – pela dedicação a atividades seculares."[38]

Já acompanhamos, na China, o curso da transformação da doutrina budista indiana de libertação em uma doutrina de espontaneidade – na escola Ch'an de Huineng. Temos agora de observar no Japão uma nova mudança de ênfase para o mundo dos homens e os homens do mundo: ou melhor, essa mudança de ênfase já havia sido percebida nas palavras do Príncipe Shotoku; e na doutrina de um-em-todos-e-todos-em-um do Mundo da Harmonia Total que se Relaciona e Interpenetra, isso ganhou ainda maior vigor. Na verdade, tudo o que precisa ser dito agora é que o resto da história do budismo no Japão é, de modo geral, reflexo dos diferentes vínculos humanos aos quais a doutrina foi aplicada.

A desilusão com o universo era inerente ao budismo indiano; no budismo chinês, a desilusão era com a sociedade e no japonês, com nada. De maneira que, enquanto o refúgio indiano era o Vazio e o chinês a Família (Confúcio) ou a Natureza (Lao Tsé), o japonês não se refugiava, mas permanecia exatamente onde estava, simplesmente transformava seus *kami* em coisas búdicas e via este próprio mundo – com todas suas grandezas e misérias – como o Mundo do Lótus Dourado, imediatamente aqui e agora.

E um dos primeiros entre os vários vínculos humanos no Japão a assumir o brilho do Lótus Dourado foi o mundo do palácio da corte Heian. O Prof. Masaharu Anesaki escreve:

> Era uma época de "galanteadores quiméricos" e "donzelas em flor", de suntuosos cavalheiros e damas que circulavam no ambiente romântico e artificial da corte imperial. Era uma época de esteticismo e sentimentalismo, na qual se dava vazão às emoções que eram refinadas e cultivadas pela atmosfera um tanto quanto enervante da capital do império. Todos os membros daquela pitoresca sociedade, homens e mulheres, eram poetas, sensíveis ao encanto da natureza e ansiosos por expressar cada aspecto dos sentimentos em versos. Seu sentimento de intimidade com a natureza e com as variadas emoções do coração humano era expresso pela palavra *awaré*, que significava tanto "piedade" quanto "solidariedade". Esse sentimento tinha origem no delicado romantismo da época; ele também devia muito ao ensinamento budista da unicidade das existências, da unidade básica que une diferentes seres e que persiste através das encarnações mutáveis de um indivíduo. A convicção na continuidade da vida, tanto nesta existência quanto depois, aprofundou o tom sentimental e ampliou o alcance de *awaré*. Não é de estranhar que o reinado de *awaré* tenha produzido muitas histórias de amor, tanto na vida real quanto na literatura do período.[39]

O leitor ocidental reconhecerá em *awaré* uma qualidade comparável à do ideal do trovador cortesão do século XII, de coração nobre, suscetível ao sentimento puro e enobrecedor do amor. Entretanto, no Japão, como o Prof. Anesaki mostra, o sentimento estava aberto à inclusão de tudo o que fosse da natureza e do universo.

"O budismo", ele escreve, "imprimiu nos 'galanteadores quiméricos' e 'donzelas em flor' o sentido da unicidade da vida."

Seu sentimento, *awaré*, é, portanto, um eco muito suave daquela profunda aflição sentida pelo jovem Príncipe Gautama em seu próprio período palaciano ante a compreensão da morte. Há uma frase, *mono no awaré wo shiru*, que significa "estar consciente da compaixão das coisas". Entretanto, em vez de uma visão de cemitério, a visão do mundo dos galanteadores e donzelas do jardim da vida Fujiwara era a do festival da beleza das flores caindo.

PERÍODO KAMAKURA: 1185-1333 d.C.

> Quando os Heike foram derrotados em Ichi-no-tani e seus fidalgos e cortesãos fugiram para a costa para escapar em seus navios, Kumagai Naozane chegou cavalgando por uma vereda até a praia, com a intenção de interceptar um dos capitães. Exatamente então seu olhar caiu em um cavaleiro solitário que tentava alcançar um dos navios. O cavalo que montava era de cor cinza e sua sela de enfeites dourados brilhava. Sem duvidar de que fosse um dos principais capitães, Kumagai acenou para ele com seu abano de guerra, gritando: "Vergonhoso dar as costas ao inimigo! Volta! Volta!"

O guerreiro fez o cavalo dar meia-volta e cavalgou de novo para a praia, onde Kumagai imediatamente o enfrentou em um combate mortal. Derrubando-o, atirou-se sobre ele e arrancou-lhe o capacete para decapitá-lo, deparando com o rosto de um jovem de dezesseis ou dezessete anos, levemente empoado e com os dentes enegrecidos, da idade de seu próprio filho e com traços de grande beleza. "Quem és tu?", ele perguntou. "Dize-me teu nome e talvez poupe tua vida."

"Não, primeiro dize quem és tu", respondeu o jovem.

"Sou Kumagai Naozane de Musashi, uma pessoa sem nenhuma importância especial."

"Então apanhaste uma boa presa", disse o jovem. "Corta minha cabeça, mostra-a a alguns dos meus e eles dirão quem sou."

"Como é um dos líderes deles", pensou Kumagai, "se o matar a vitória não se transformará em derrota e se o poupar, a derrota não se transformará em vitória. Esta manhã, quando meu filho Kojiro foi apenas levemente ferido em Ichi-no-tani, isso não me fez sofrer? Quanto o pai deste jovem iria sofrer ao saber que seu filho foi morto! Vou poupá-lo."

Exatamente naquele momento, ao olhar para trás, viu Doi e Kajiwara chegando com cinquenta cavaleiros. "Ai de mim! olha!", exclamou com lágrimas escorrendo-lhe pelo rosto, "mesmo que poupe tua vida, toda a região está apinhada de homens nossos e tu não poderás escapar deles. Se tiveres de morrer, que seja por minhas mãos, pois providenciarei orações para teu renascimento no Paraíso."

"Na verdade, assim tem de ser", disse o jovem guerreiro. "Corta minha cabeça de uma vez."

Kumagai ficou tão tomado de compaixão que mal pôde brandir a espada. Seus olhos inundaram-se e mal sabia o que estava fazendo, mas não havia saída; lamentando amargamente, ele cortou a cabeça do menino. "Meu deus!", gritou, "que vida é tão dura quanto a de um soldado? Só por ter nascido em uma família de guerreiros preciso sofrer tamanha aflição! Quão lamentável é cometer atos tão cruéis!" Ele apoiou o rosto no braço da armadura e chorou amargamente. Então, embrulhando a cabeça, começou a tirar a armadura do jovem e descobriu uma flauta em um saco de brocado. "Ah", ele exclamou, "foi este jovem com seus amigos que estiveram se divertindo com música entre as muralhas hoje pela manhã. Entre todos nossos homens das Províncias Orientais duvido que haja um que tenha trazido uma flauta consigo. Que delicadas as maneiras destes cortesãos!"

Quando levou a flauta ao Comandante, todos os que a viram comoveram-se às lágrimas; descobriu-se então que o jovem era Atsumori, o filho mais novo de Tsunemori, de dezesseis anos. Naquele momento, a mente de Kumagai voltou-se para a vida religiosa.[40]

A data é 1184; a ocasião é a da extinção do clã Taira (Heike) pelo Minamoto (Genji); o período, o do início dos quatro séculos e um quarto de disputas feudais, paralelas às da Europa desde a famosa Terceira Cruzada até o assassinato da Rainha Mary da Escócia, e o sentimento é *awaré*: "Ai! ai de mim!"

Os guerreiros do islamismo estão destruindo a Índia; os mongóis estão na China e a Horda Dourada nas Rússias; sobre as águas do Pacífico, a leste do Japão, reis guerreiros polinésios reivindicam cada palmo do vasto mar, e do outro lado do oceano, dois impérios militares sacerdotais, o Inca e o Asteca, estão sendo construídos sobre carne e ossos esmagados. Os centros característicos de todas as religiões da época são os suntuosos palácios fortificados e o campo armado, a cabana do camponês e a aldeia ignorante, os templos e catedrais mágicos levados ao apogeu de esplendor iconográfico nesse período, e as crescentes cidades fervilhando. Como na Europa, também no Japão descobrimos a cortesia da nata do cavaleirismo, banditismo, *awaré* e o coração delicado, monges militares, claustros para meditação e damas com seus livros de cabeceira.

Sabemos também de uma nova ordem de frades, que usavam sandálias e mantos esfarrapados, vivendo entre os pobres e auxiliando-os: na Europa, Dominico (1170-1221) e Francisco (1182-1226), no Japão, Honen (1133-1212) e Shinran (1173-1262).

O budismo do período Kamakura (1185-1333) era de duas tendências: *jiriki*, "força própria e autoconfiança", e *tariki*, "força de outro, salvação por intercessão". A última era representada principalmente pelo culto a Amida; a primeira pelo Zen. Os principais mestres do culto a Amida foram os santos Honen e Shinran; do Zen, Eisai (1141-1215) e Dogen (1200-1253). E as esferas sociais nas quais floresceu *tariki* eram sobretudo os quartos das damas nobres e as aldeias dos pobres, enquanto *jiriki* floresceu nos acampamentos de guerra masculinos.

O simples ato de apelar para Amida era conhecido no Japão havia muitos anos. Ennin, cujo diário da perseguição chinesa já citamos, ao regressar ao Japão era devoto e divulgador de Amida. Muitos sacerdotes populares perambulando pelas aldeias também tinham ensinado seu nome. Entretanto, a fundação formal de uma seita específica, a da Terra Pura (Jodo), como parte da comunidade Mahayana mas com seus próprios monges, monjas e templos foi obra do santo Honen, mensageiro do paraíso do Buda para os pobres. *Namu Amida Butsu*, "Louvado seja Buda Amida", aspiração devota pronunciada repetidamente em todas as ocasiões bem como em serviços religiosos especiais entre luzes, sinos, incensos e tudo mais, foi instituída em toda sua missão como tradição fundamental de prodigiosa influência na vida religiosa do Japão. E a finalidade não era o Estado de Buda ou a iluminação aqui na terra, mas uma vida pós-morte de beatitude, pela qual, no devido momento, se alcançaria o nirvana. O método não é a prática de quaisquer disciplinas de autoconfiança, mas a invocação devota, solícita, confiante no voto do Buda. E o benefício terreno é uma mudança no coração, como resultado dessa simples prática religiosa facilmente acessível a todos.

Honen tinha apenas 8 anos de idade quando seu pai foi assassinado, morrendo com o desejo de que o filho buscasse não a vingança, mas o Buda, e o menino entrou naquele ano na ordem Tendai como sacerdote. Aos 42 anos de idade foi tomado pelo sentimento de devoção ao nome de Amida e, assim, pelo resto da vida, levou sua mensagem a um povo subitamente dominado pela violência, gritos de guerra e heróis de ambos os lados.

Mas a completa assimilação de Amida na vida secular do Japão só foi realizada por seu principal discípulo Shinran – que perdeu o pai quando tinha 3 anos e a mãe quando tinha 8, tornando-se sacerdote-criança da ordem Tendai. Aos 28 anos encontrou Honen, que morreu quando Shinran tinha 39. A inovação realizada por Shinran no culto de Amida era dupla. Em primeiro lugar, rejeitando o ideal monástico como não válido para o Japão, deixou o mosteiro, assumiu a função de leigo e se casou. A lição dessa atitude era que a adoração não é uma tarefa especial ou um modo particular de viver, mas coexiste com a vida, é idêntica à tarefa cotidiana da pessoa, qualquer que seja. E em segundo lugar, ele enfatizou não o voto e o paraíso de Amida, mas a crise do despertar no próprio interior do devoto, que chamou "o despertar da fé", cujo sentido era uma verdadeira realização (que podia, entretanto, permanecer inconsciente enquanto transmutava cada aspecto do pensamento, palavra e ação da pessoa) da realidade da verdade da *Grinalda de Flores*: um é todos e todos são um. Junto com este despertar está a gratidão ao mundo, e pronunciar o nome passou a ser uma ação de graças. Na verdade, o método agora não é, como no Jodo de Honen, pronunciar o nome, mas viver a vida e escutar a doutrina em atitude de gratidão, cultivando a fé no mistério simbolizado na figura do Buda Amida Solar. E o despertar chega, não pelo esforço, mas por si mesmo.[41]

Por outro lado, no Zen, que no período de sua introdução no Japão se tornou o budismo dos samurais, encontramos uma visão essencialmente não teológica sobre o problema da vida iluminada. Todas as coisas são coisas búdicas. O Estado de Buda é inerente. Olhe dentro e o Buda será encontrado. Aja nesse sentido e o Estado de Buda atuará. A *liberdade* ("automotivação", "espontaneidade") é, ela própria, a manifestação do Buda Solar, que egocentrismo, ansiedade, medo, imposição, raciocínio etc., apenas impedem, distorcem e bloqueiam. Na Índia, no sistema iogue de Patanjali, o propósito da ioga era descrito como "a interrupção intencional da atividade espontânea da substância mental".* No Zen, pelo contrário, o objetivo é, antes, deixar o estofo da mente funcionar espontaneamente em toda sua mobilidade.

> Sentado imóvel, sem fazer nada,
> A primavera chega e a grama cresce por si mesma.

"Esse 'por si mesma'", observa Alan W. Watts, "é a maneira natural de agir da mente e do mundo, como quando os olhos veem por si mesmos e os ouvidos ouvem por si mesmos e a boca abre-se por si mesma, sem ter de ser forçada pelos dedos."[42]

E no contexto da arte bélica: "A perfeição na arte do manejo de espadas é alcançada", escreveu Eugen Herrigel em *A Arte Cavalheiresca do Arqueiro Zen*, "quando o coração não está mais perturbado pela ideia de Eu e Você, do adversário com sua espada, da própria espada e como empunhá-la – por nenhum pensamento,

* *Supra*, p. 31.

nem mesmo sobre a vida e a morte. 'Tudo é vacuidade: seu próprio eu, a espada veloz e os braços que a brandem. Mesmo o pensamento de vacuidade não está mais presente.' Desse vazio absoluto, afirma Takuan, 'surge a mais surpreendente manifestação de ação'".[43]

Até certo ponto, qualquer grande atleta ou ator reconhecerá esta última afirmação como aquilo que chamamos "estar em forma". O Zen, pode-se dizer, é a arte de "estar em forma" para tudo, o tempo todo. Não há bloqueio: tudo flui perfeitamente. E o Estado de Buda está nisto na medida em que não há egocentrismo intrusivo em ação. O egocentrismo está em ação apenas no neófito, no amador, no jogador desastrado; no profissional perfeitamente treinado não existe. E assim, encontramos no Zen, por assim dizer, o Estado de Buda de competência nas artes. Na arte do samurai, era aplicado à arte bélica. Nos períodos posteriores e em outras esferas da vida no Japão, seus princípios eram aplicados a todas e quaisquer artes: nos mosteiros, à arte da meditação; na sala de chá, à arte de servir o chá, e igualmente na pintura, caligrafia etc., ao ato "em forma".

E agora, finalmente, devemos notar mais um importante movimento: o do filho impetuoso de um pescador, Nichiren, que perguntou a si mesmo quando tinha quinze anos: "Qual foi a Verdade ensinada pelo Buda?", e em sua busca decidiu que um redespertar da escola Tendai representaria a abordagem mais próxima daquela verdade. Pois é nela que se enfatiza a ideia daquele princípio último do Estado de Buda que é eterno, o Buda de idades imensuráveis, sempre atuante como o Iluminador, do qual os Budas históricos, Budas de Meditação, *Bodhisattvas* e demais não passam de formas aparentes. Os termos "Buda da Posição Original" e "Buda da Manifestação que Deixa Rastros" resumem a dicotomia. Por isso, Nichiren denunciou todos os outros caminhos que estavam sendo ensinados como devoções ilusórias a meros rastros. Eles são do reino de *upāya*, "aproximações", "máscaras" ou "expedientes", visto que o "único veículo para todos", o último da segunda metade do *Sutra do Lótus*, mostra o ensinamento do Reino da Origem.

Nichiren condenou Honen como inimigo de todos os Budas, escrituras, sábios e povos de todos os tempos e pediu ao governo que interviesse para acabar com sua heresia: Jodo é o inferno; Zen, o demônio; Shingon, a ruína nacional. O próprio Nichiren foi atacado e banido; mas voltou. Ele via no Japão a terra do destino budista, da restauração do budismo e, em consequência, da iluminação do mundo. Naquela época, a dinastia mongol chinesa ameaçava seriamente invadir o Japão. Nichiren, cujo nome significa Lótus (*ren*) do Sol (*nichi*), declarou que sua reforma religiosa salvaria a história. "Serei o sustentáculo do Japão; serei os olhos do Japão; serei o recipiente do Japão", ele escreveu e começou a considerar-se o Bodhisattva Vishishtacharita ("Ação Meritória"), a quem o Buda tinha confiado o trabalho de proteger a verdade.[44]

Em seu culto, como no Tendai, é o *Sutra do Lótus* que recebe adoração e a prece repetida, gritada mesmo, acompanhada das batidas – dondon dondoko dondon – de um tambor, é *Namu Myōhō-renge-kyō*: "Viva o Lótus da Verdadeira Lei!" E sozinho, no final, solitário em um eremitério na montanha, ele escreveu: "Sei que meu peito é o lugar onde todos os Budas estão imersos em contemplação; sei que eles giram a Roda da Verdade sobre minha língua; que minha garganta os faz nascer, e que eles estão alcançando a Suprema Iluminação em minha boca. [...] Assim como a Verdade é nobre, também o é o homem que a corporifica; assim como o homem é nobre, também o é o lugar em que ele reside".[45]

Os números referentes às pessoas que, no Japão, se declaram adeptas das seitas que vimos são atualmente mais ou menos os seguintes:[46] Amida (Shinshu e Jodo): 13.238.924; Nichiren: 9.120.028; Shingon: 7.530.531; Zen (Rinzai e Soto): 4.317.541; Tendai: 2.141.502; Kegon: 57.620, e todas as outras seitas budistas: 608.385.

V. O CAMINHO DOS HERÓIS

"Fomos convidados a acompanhar a testemunha japonesa ao *hondo* ou recinto principal do templo, onde a cerimônia seria realizada. Era uma cena imponente." Assim começa o relato de A.B. Mitford sobre um ritual de suicídio japonês.

> Um vasto salão de teto alto sustentado por pilares escuros de madeira: do teto pendia uma profusão de imensos lustres dourados e ornamentos peculiares aos templos budistas. Em frente ao altar-mor, o chão – elevado a uns 7 a 10 cm – estava coberto com belas esteiras brancas, sobre as quais fora colocado um tapete de feltro escarlate. Velas altas dispostas a intervalos regulares refletiam uma pálida luz misteriosa, apenas suficiente para permitir que se visse o desenrolar da cena. Os sete japoneses tomaram seus lugares à esquerda do chão elevado; os sete estrangeiros, à direita. Não havia nenhuma outra pessoa presente.
>
> Depois de um intervalo de alguns minutos de ansiosa expectativa, Taki Zenzaburo, um homem forte de trinta e dois anos, de ar nobre, entrou no recinto vestindo seu hábito de cerimônia, com as asas de cânhamo próprias às grandes ocasiões. Chegou acompanhado de um *kaishaku* e três oficiantes, que usavam o *jimbaori* ou cota com enfeites de tecido dourado. A palavra *kaishaku*, deve-se notar, não é o termo equivalente a nossa palavra *verdugo*. O ofício é o de um cavalheiro. Em muitos casos, ele é desempenhado por um parente ou amigo do condenado e a relação entre eles é antes a de chefe e subordinado que a de vítima e carrasco. Nesse caso, o *kaishaku* era um pupilo de Taki Zenzaburo e foi escolhido por e entre amigos do último por sua habilidade no manejo da espada.
>
> Taki Zenzaburo e o *kaishaku* à sua esquerda avançaram lentamente em direção às testemunhas japonesas ante as quais se curvaram, e logo se dirigiram aos estrangeiros saudando-nos da mesma forma, talvez ainda com mais deferência; em ambos os casos a saudação foi cerimoniosamente retribuída. Com lentidão e grande dignidade o homem condenado subiu ao chão elevado, prostrou-se duas vezes diante do altar-mor e sentou-se no tapete de feltro de costas para o altar. O *kaishaku* ajoelhou-se à

sua esquerda. Então, um dos três oficiantes aproximou-se trazendo um suporte do tipo usado nas oferendas dos templos, sobre o qual, embrulhado em papel, estava o *wakizashi*, espada curta ou adaga dos japoneses, com 25 cm de comprimento, com a ponta e o gume tão afiados quanto os de uma navalha. Ele entregou-a, prostrando-se, ao condenado, que a recebeu com reverência, elevando-a até a cabeça com ambas as mãos e colocando-a diante de si.

Depois de outra profunda reverência, Taki Zenzaburo, numa voz que expressava tanta emoção e hesitação quanto se pode esperar de um homem que faz uma confissão dolorosa, mas sem nenhum sinal, nem no rosto, nem no gesto, falou assim:

"Eu e apenas eu, injustificadamente, dei ordem de atirar nos estrangeiros em Kobe e, ainda, quando eles tentaram escapar. Por esse crime eu estripo a mim mesmo e peço a vocês que estão presentes que me deem a honra de testemunhar o ato."

Curvando-se outra vez, o orador deixou cair suas roupas superiores até o cinto, desnudando o torso. Cuidadosamente, de acordo com o costume, prendeu as mangas sob os joelhos para impedir sua queda para trás, pois um nobre cavalheiro japonês deve morrer caindo para a frente. Com mão firme pegou o punhal que estava à sua frente; olhou para ele ansiosamente, quase com afeição; por um momento, pareceu juntar seus pensamentos pela última vez e, então, apunhalando-se abaixo da cintura do lado esquerdo, puxou a adaga lentamente para o lado direito e, virando-a na ferida, fez um leve corte para cima. Durante essa repugnante e dolorosa operação, não moveu um só músculo da face. Quando puxou a adaga para fora, inclinou-se para a frente e esticou o pescoço; só então uma expressão de dor atravessou seu rosto, mas não emitiu nenhum som. Naquele momento o *kaishaku* que, ainda a seu lado, observava atentamente cada movimento, levantou-se e brandiu a espada por um segundo no ar; houve um clarão, um ruído pesado e surdo, uma queda estrepitosa; com um golpe, a cabeça tinha sido separada do corpo.

Seguiu-se um silêncio de morte, interrompido apenas pelo ruído hediondo do sangue jorrando da cabeça inerte diante de nós, que há apenas um instante tinha sido a de um valente homem nobre. Foi horrível.

O *kaishaku* fez uma profunda reverência, limpou a espada com um pedaço de papel próprio para isso e retirou-se do chão elevado. A adaga ensanguentada foi solenemente levada embora – prova viva da execução.

Os dois representantes do micado deixaram então seus lugares e, dirigindo-se para onde estavam as testemunhas estrangeiras, convocaram-nos a atestar que a sentença de morte sobre Taki Zenzaburo havia sido fielmente cumprida. Tendo acabado a cerimônia, deixamos o templo.[47]

Passou-se um longo período desde o tempo das cidades-estados hieráticas e as tumbas reais de Ur – e no entanto o princípio básico aqui, como lá, é o da total e solene identificação do indivíduo com o papel que lhe é socialmente atribuído. A vida na civilização é concebida como uma grandiosa e nobre representação que se desenrola no palco do mundo, e a função de cada um é representar sua parte sem resistências resultantes de qualquer falha da personalidade. Taki Zenzaburo, em certa ocasião, interpretara mal seu papel. Havia, entretanto, um estilo adequado para sair do palco que, em seu rigor, deu-lhe a oportunidade de provar que sua identificação fundamental não era com a personagem responsável pelo incidente (ou seja, ele próprio como indivíduo atuando livremente), mas com seu papel. E, no mesmo espírito, lemos nos anais japoneses inúmeros relatos de homens e mulheres galantes que no desempenho de seus papéis foram de bom grado à morte – da maneira mais impressionante, no ritual conhecido como *junshi*, companheiros na morte.

As figuras *haniwa* colocadas em volta dos outeiros tumulares do período Yamato eram substitutos das vítimas vivas; porém o costume de vivos acompanharem os mortos permanece no Japão até o presente. No período das grandes guerras feudais ele foi revivificado e, quando um *daimyo* morria, quinze ou vinte de seus criados estripavam-se. A seguir, durante séculos, mesmo contra as regras firmes do Xogunato Tokugawa (1603-1868), "atores" heroicos da antiga escola insistiram em continuar a representação. Desobedecendo ordens expressas, por exemplo, um certo Uyemon no Hyoge estripou-se no final do século XVII por ocasião da morte de seu senhor, Okudaura Tadamasa, e o governo prontamente confiscou as terras de sua família, executou dois de seus filhos e mandou o resto dos parentes para o exílio. Outros seguidores leais, quando seus senhores morriam, raspavam a cabeça e se tornavam monges budistas.[48] E ainda em 1912, o conde e general Nogi, herói de Porto Artur, suicidou-se na hora exata do enterro do micado Meiji Tenno, e sua mulher, a condessa Nogi, matou-se então para acompanhar o marido.[49]

A conduta adequada da mulher no caso era cortar o pescoço depois de amarrar as pernas juntas com um cinto para que, quaisquer que fossem seus estertores, o corpo fosse encontrado devidamente composto.[50]

E há um interessante e breve poema celebrando o suicídio de Nogi, escrito por Ruiko Kuroiwa, editor do jornal *Yorozo Choho*:

> Falsamente considerei-o
> Um velho soldado:
> Hoje, reconheço-o
> Deus encarnado.[51]

Bushido, "o Caminho (*do*, *tao* em chinês) do Guerreiro (*bushi*)", foi denominado a alma do Japão. Eu diria, em sentido mais amplo, que é a alma do Oriente, e, ainda mais amplo, a alma do mundo arcaico. Pois é o ideal hierático da representação poderosa.

VI. O CAMINHO DO CHÁ

Vimos que na Mesopotâmia, por volta de 2500 a.C., uma psicologia de dissociação mítica quebrou o antigo encantamento da identidade do homem com o divino, separação que foi herdada pelos sistemas míticos posteriores do Ocidente, mas não ocorreu nem no Egito nem no Oriente a leste do Irã. O Japão participa do sistema oriental e, de fato, é seu representante mais vital no mundo moderno.

Porém, há algo não menos importante que o Japão compartilha com o Ocidente e que eu delinearia mais em termos de tempo que de geografia; pois, embora em margens opostas do continente asiático, o Japão e a Europa ocidental amadureceram mais ou menos simultaneamente e no mesmo ritmo. O período Yayoi (300 a.C.-300 d.C.) pode ser comparado com o celta europeu e o Yamato com o período da *Völkerwanderung* germânica. A época da chegada e propagação inicial do budismo, desde o recebimento do presente coreano até o término da relação com a China T'ang (552-894), pode ser comparada com o período contemporâneo europeu merovíngio-carolíngio (*c.*500-900). Igualmente, os séculos de esteticismo palaciano do período Heian sugerem em muitos sentidos o florescimento das artes do amor nas cortes da Europa, enquanto em ambos os domínios uma série de movimentos religiosos significativos aparece no século XIII (Honen, Shinran, Eisai, Nichiren; Dominico, Francisco, Aquino). Depois disso, no Japão até 1638 (expulsão dos jesuítas) e na Europa até 1648 (fim da Guerra dos Trinta Anos), sobrevieram períodos comparáveis de desintegração das relações feudais e lutas religiosas e dinásticas cada vez mais ferozes.

É importante notar ainda que no Japão do século XIV as coisas chegaram a tal ponto que, de 1339 a 1392, houve dois micados, cada um apoiado por uma grande família feudal; enquanto na Europa de 1378 a 1418 houve dois, e até três papas excomungando um ao outro. Langdon Wamer observou na arte e vida japonesas durante o final do século XIV e início do XV, uma nova "tendência semiprofana". "Pois, como na Renascença europeia, acabou a tradição antiga onde todas as artes eram essencialmente subordinadas à religião."[52] Warner não foi o único estudioso ocidental que indicou tais analogias. Um observador francês do início do séc. XX, M. de la Mazelière, escreveu o seguinte:

> Por volta da metade do século XVI, tudo era confusão no Japão – no governo, na sociedade, na igreja. Mas as guerras civis, os hábitos retornando à barbárie, a necessidade de cada um fazer justiça por si mesmo, formaram homens comparáveis aos italianos do século XVI, em quem Taine louva "a vigorosa iniciativa, o hábito de resoluções rápidas e empreendimentos arrojados, a grande capacidade de fazer e sofrer". No Japão como na Itália "os hábitos rudes da Idade Média fizeram do homem um animal nobre, inteiramente combativo e inteiramente resistente". E é por isso que o século XVI apresenta no mais alto grau a principal qualidade da raça japonesa: aquela grande diversidade que se encontra entre as mentes, bem como entre os temperamentos. Enquanto na Índia e mesmo na China os homens parecem diferir principalmente em nível de energia ou inteligência, no Japão eles diferem também pela originalidade de caráter. [...] Usando uma expressão cara a Nietzsche, poderíamos dizer que na Ásia continental falar de humanidade é falar de suas planícies; tanto para o Japão como para a Europa, é falar de suas montanhas.[53]

Outro fato a ser notado é o da paisagem: o Japão e a Europa carecem daqueles imensos desertos que na Ásia imprimem no espírito humano uma sublime indiferença do universo para com o homem. As suaves paisagens encantadoras, onde as quatro estações se exibem ao prazer do homem, sugerem um mundo preferencialmente apropriado à humanidade; um mundo que tem o poder mesmo de humanizar a humanidade. Isso pode ter facilitado a mudança de foco no Japão, que abandonou as paisagens naturais dos grandes mestres chineses em favor de cenas de regiões povoadas, cidades vívidas e urbanas. A brecha entre os caminhos do homem e os da natureza não foi tão grande ou perceptível no Japão quanto na China.

De qualquer maneira, a questão final que eu colocaria nesta breve pesquisa do funcionamento e transformações da mitologia no Japão, é que, no curso de quatro séculos sombrios de desintegração feudal, forjou-se, como em uma fornalha de alta temperatura, uma extraordinária civilização de natureza vítrea, embora intensamente pungente, em que as qualidades de toda a herança religiosa do Extremo Oriente foram transmutadas para fins seculares. As lições práticas que os japoneses assimilaram da herança mitológica notavelmente complexa, mas solidamente sintetizada, podem ser assinaladas da seguinte forma: a) a visão xintoísta do mundo, segundo a qual os processos da natureza não podem ser maus, junto com o fervor xintoísta pela pureza e pela casa tão limpa quanto o coração, onde os processos se tornam manifestamente desimpedidos, propiciando o reconhecimento do espanto inefável nas pequenas coisas e, em seguida, b) a lição budista da *Grinalda de Flores*, cuja essência é que o todo é um e o um é o todo, originando-se mutuamente – o que acrescentou uma magnitude singular à mística xintoísta, c) o sentimento taoista da ordem da natureza e o confuciano do *Tao* nas relações humanas, junto com o budista de que todas as coisas se encaminham ao Estado de Buda, que já está nelas, d) a ideia do líder e seus seguidores e, em consequência, o reconhecimento budista do sofrimento, não com repulsa violenta (Hinayana) mas em compaixão afirmativa, solidariedade, piedade e "consciência da compaixão de todas as coisas" (*mono no awaré wo shiru*),[54] e) o ensinamento de Shinran, para quem o caminho do Japão não era o do ascetismo, mas o da vida normal do homem comum, vivida apropriadamente e com espírito de gratidão pelo despertar da fé na realidade da *Grinalda de Flores* – o que ocorrerá de maneira espontânea e f) a ênfase adicional do Zen da perseverança na disciplina, visando a ação livre e natural. Através de todas estas lições promoveram-se as virtudes heroicas fundamentais do nobre Caminho do Guerreiro: lealdade com coragem, veracidade, autocontrole e benevolência, bem como disposição para desempenhar inteiramente o papel atribuído a cada um na representação da vida.

E do século XIV em diante essas lições produziram um leque de artes seculares, tanto populares quanto de elite, mutuamente enriquecedoras, prevalecendo em todas uma ordem estética de encantamento. Os jardins foram projetados de maneira a levar a própria natureza ao múltiplo jogo simbólico, não como seu mero teatro, mas como participante ativa, evocando um reconhecimento tanto da humanidade quanto de algo mais – que vem a ser o mesmo: grandes jardins, abrindo-se para vistas de aldeias distantes; pequenos jardins interiores. Sentimos o sabor do verso Zen:

> Uma longa coisa é o longo Corpo do Buda;
> Uma coisa curta é o Corpo curto do Buda.[55]

Surgiram vários gêneros de teatro altamente estilizados, numerosas novas artes, jogos e condutas próprias de festivais. O mundo encantado da gueixa desenvolveu-se – para lembrar o Japão de um ponto pouco enfatizado pelos monges indianos de cabeça raspada, ou seja, de que quando o Buda, aos oitenta anos (e portanto, bem experimentado de acordo com a sabedoria da Margem de Lá), estava a ponto de deixar a cidade de Vaisali pela última vez para passar para a extinção absoluta, a princesa regente da antiga família Licchavi esperava recebê-lo para um jantar de despedida; contudo, a mais elegante cortesã da capital havia apresentado seu convite primeiro. E quando o Buda partiu daquela cidade, acompanhado de seu primo Ananda, parou para descansar em uma montanha nas proximidades e, olhando o agradável cenário com seus numerosos santuários, árvores sagradas e relicários, disse a Ananda: "Colorida e rica, magnífica e atraente é a Índia, e adorável e sedutora é a vida dos homens".[56]

E uma disciplina central de toda essa espiritualidade cortês era o chá. Pois o ato de tomar chá é uma prática normal, secular e cotidiana, como o é sentar-se em uma sala com amigos. Porém, considere o que acontece quando você resolve prestar total atenção a cada aspecto do ato de tomar chá, enquanto sentado em uma sala com amigos, escolhendo primeiro as xícaras melhores e mais adequadas, arranjando-as da maneira mais elegante, usando um bule especial, partilhando com alguns amigos que se comprazem em estar juntos e provendo-os com coisas para admirar: algumas flores em arranjos perfeitos, para que cada uma irradie sua própria beleza e também a do arranjo; uma pintura escolhida para a ocasião, e talvez uma caixinha de maravilhas, para abrir, fechar e examinar de todos os lados. Então, se no ato de preparar, servir e beber o chá cada etapa da ação for executada dessa maneira graciosamente funcional para que todos os presentes possam desfrutar dela, será possível dizer que essa simples ocasião foi elevada ao status de poema. E, de fato, na escrita de um soneto, as palavras usadas são instrumentos rotineiros de trabalho, seculares e normais. Com o chá acontece exatamente como na poesia: certas regras e estilos foram desenvolvidos em consequência a séculos de experiência; dominando-os, alcançam-se forças de expressão extremamente sutis. Pois como a arte imita a natureza em seu modo de operar, o mesmo ocorre com o chá. O modo da natureza é espontâneo, mas ao mesmo tempo, organizado. A natureza não é, na maior parte do tempo, mero protoplasma. E quanto mais complexa for a organização, maior a manifestação do alcance e força da espontaneidade. O domínio da arte do chá é, portanto, o domínio do princípio da liberdade (automotivação) no contexto de uma civilização altamente complexa, de natureza vítrea, regrada e onde, ao se pretender viver como homem, cada contingência deve despertar apenas gratidão.

CAPÍTULO 9

O TIBETE: O BUDA E A NOVA FELICIDADE

Em um documento intitulado "A Iniquidade Negra dos Reacionários Impostores que Pertencem às Instituições Religiosas é Totalmente Intolerável", aparece o seguinte relato da vida do Buda.

"Naquela época havia muitos reinos na Índia e o reino onde Śākyamuni havia nascido era o maior e mais brutal de todos. Estava sempre oprimindo os reinos menores vizinhos. Durante o reinado de Śākyamuni, toda a população opôs-se a ele e, posteriormente, o reino vizinho uniu-se a ela e juntos insurgiram-se; finalmente, Śākyamuni foi derrotado, mas conseguiu escapar dos exércitos que o cercavam. Como não tinha para onde ir, foi para um eremitério na floresta e, depois de meditar, criou a religião budista. Assim, após ter induzido a arrependimentos e fraquezas o forte coração do povo, ele voltou para impor sua autoridade. Esse é nitidamente o início da religião."[1]

Diz-se que o autor desta Versão Revisada foi um monge tibetano antes de ter sido levado para a China e introduzido na luz da pesquisa científica, moderna e objetiva. E no final de seu testamento, ele afirma orgulhoso: "Se existem aqueles que falam de deuses, o deus no qual acredito é o Comunismo. Se me perguntarem por quê, é porque o Comunismo nos trará uma vida de felicidade. Portanto, quando limparem as fronteiras de todos aqueles potentados monásticos reacionários, continuarei a seguir o Comunismo, enquanto viver".[2]

Para melhor compreender a postura deste monge, ouçamos seu mestre.

"Os deuses? Eles podem muito bem merecer nossa veneração. Mas se não tivéssemos nenhuma associação camponesa, e sim apenas o Imperador Kuan e a Deusa da Misericórdia, teríamos derrubado os tiranos locais e a nobreza decadente?

Os deuses e deusas são, na verdade, deploráveis; mesmo venerados durante centenas de anos, eles não conseguiram derrubar para vocês um único tirano local nem sequer um único nobre perverso!

"Agora vocês querem uma redução no preço do aluguel. Gostaria de perguntar o que vão fazer. Acreditarão nos deuses ou na associação dos camponeses?"[3]

Tais afirmações são de Mao-Tsé-Tung, que continua:

> A visão dialética do mundo já tinha surgido nos tempos antigos tanto na China quanto na Europa (escreveu Mao em sua obra *Sobre a Contradição*). Mas a dialética antiga tem algo espontâneo e ingênuo; baseando-se nas condições sociais e históricas daqueles tempos, ela não foi formulada em uma teoria adequada, por isso não conseguiu explicar por completo o mundo, e foi posteriormente suplantada pela metafísica. O famoso filósofo alemão Hegel, que viveu do fim do século XVIII ao início do XIX, deu contribuições muito importantes à dialética, mas a sua é uma dialética idealista. Foi apenas quando Marx e Engels – os grandes homens de ação do movimento proletário – fizeram a síntese das conquistas positivas na história do conhecimento humano e, em particular, absorveram criticamente os elementos racionais da dialética hegeliana e criaram a grande teoria do materialismo dialético e materialismo histórico, que uma grande revolução sem precedentes ocorreu na história do conhecimento humano. Posteriormente, Lênin e Stálin desenvolveram essa grande teoria. Introduzida na China, tal teoria provocou de imediato tremendas mudanças no mundo do pensamento chinês.
>
> Essa visão dialética do mundo ensina ao homem sobretudo como observar e analisar com eficiência o movimento dos contrários nas várias coisas e, com base em tal análise, descobrir os métodos para resolver as contradições, Por conseguinte, é da máxima importância para nós compreender efetivamente a lei da contradição nas coisas.[4]

Aqui, a primeira questão de interesse para o estudioso de mitologia é que ocorreu uma junção da antiga dicotomia chinesa *yin-yang* com o materialismo dialético de Marx. E, como sugerem muitas manifestações no moderno Oriente, há na mente oriental um sentido de profunda afinidade com a visão marxista, o qual, creio, deve estar baseado no fato de que, no dogma marxista de uma lei irreversível da história, a ideia de *maat*, *me*, *dharma*, *tao* foi aplicada à ordem humana na terra. A noção de uma lei cósmica é descartada por seu caráter irrelevante, mas a de uma lei nas questões humanas é preservada: uma lei a ser conhecida e seguida, sem necessidade ou mesmo possibilidade de escolha individual e liberdade de decisão. De maneira que, enquanto antigamente era o sacerdote, o intérprete dos astros, quem conhecia e ensinava a Lei, agora é o estudioso da sociedade. Assim, parece oferecer-se a possibilidade de entrar na modernidade em termos totalmente modernos, sem ter de enfrentar o problema crucial do Ocidente, aquilo que o Dr. C.G. Jung chamou de individuação ou, em termos mais antigos, livre-arbítrio: a responsabilidade de cada indivíduo, não de obedecer, mas de avaliar e decidir.

"O inglês fala de livre-arbítrio", disse o santo indiano Shri Ramakrishna. "Mas aqueles que realizaram Deus têm consciência de que o livre-arbítrio é mera aparência. Na realidade, o homem é a máquina e Deus seu Operador. O homem é o veículo e Deus o Condutor."[5]

Fora da ordem limitada do mundo de nomes e formas não há nenhuma mitologia no Oriente sobre a sede da individualidade transcendente e antecedente, de caráter e valor eternos, mas apenas o vazio, o *brahman* não dual, a outra face vazia do *Tao*. Ou, em outras palavras: no Oriente essa entidade peculiar é Deus e não homem. Contudo, o homem, ou melhor, este homem em particular, esta ou aquela mulher, tem um valor eterno que, quando livre, não é mera manifestação da espontaneidade cósmica, mas seu sujeito, seu desencadeador. "Mostra-me o rosto que tinhas antes de nascer!", ouvimos do Oriente – a ideia da pedra não esculpida. Mas o que dizer da pedra que é esculpida através de uma série de decisões criativas sem precedentes?

Um dos mais importantes fatos mitologicamente condicionados do cenário mundial de hoje é que, enquanto todo apelo do Ocidente para a liberdade individual soa aos ouvidos orientais como propaganda do próprio demônio (*aham*, "Eu", que criei o mundo – e, de fato, ele o fez!), a canção da "Grinalda de Flores" marxista soa como a inevitável transformação moderna de um tema há muito louvado como profundamente espiritual, misterioso e sagrado. Não há nenhuma ideia de que os homens possam *decidir* que tipo de mundo eles querem, e então criá-lo.

E assim, como todos nós sabemos hoje, esse novo desenvolvimento da ideia de uma lei superior à qual todas as mentes humanas devem curvar-se foi levado, em década recente, para o Tibete – onde, mais do que em qualquer lugar da terra, a feição do Oriente mais antigo estava ainda preservada: frágil, talvez envelhecida e decrépita, porém viável e agradável. Deixemos que o leitor consulte, por exemplo, a visão de vida tibetana antes da catástrofe, expressa por Marco Pallis em seu *Peaks and Lamas*[6] [Cumes e Lamas]. Ou que examine a visão meticulosamente ponderada da Comissão Legal de Inquérito sobre o Tibete, da Comissão Internacional de Inquérito de Juristas, publicada em Genebra em 1960. "A imagem do povo tibetano", informam-nos ali, "[...] é de uma nação vigorosa, bem-disposta e autoconfiante, vivendo em paz com os vizinhos e procurando em grau notável cultivar a fé e o misticismo conhecidos de poucos fora do Tibete."[7]

O budismo do Tibete representava em geral as doutrinas Mahayana indianas do século X ao XII d.C.: um desenvolvimento, em grande parte, da ordem Shingon, com ênfase psicológica de grande sofisticação – como mesmo um breve estudo do maravilhoso *Livro dos Mortos* tibetano será suficiente para demonstrar.[8]

E então, de súbito, abateu-se sobre esse povo uma materialização imediata das cenas espirituais de seu próprio Inferno das Divindades Iradas, à maneira de um teste absolutamente decisivo sobre o poder da meditação do budismo Mahayana de reconhecer em todos os seres, todas as coisas, todos os atos, originando-se mutuamente, a presença – o que assim chegou – do Buda. É, entretanto, um teste que o mundo budista já tinha enfrentado antes. O teste, ouso dizer, do qual ele nasceu. E as cenas, por incríveis que pareçam, em linhas gerais devem ser repetições em roupagem moderna dos temas já ensaiados – por exemplo, por ocasião de 844 de nossa era.

Um monge de trinta e sete anos, que fugira de Thrashak, aldeia Nyarong, para o Nepal, testemunhou que em março de 1955 todas as pessoas de sua aldeia, inclusive os monges, foram convocadas para uma reunião e interrogadas sobre onde seus chefes haviam conseguido suas fortunas e se eles as tratavam mal.

> A resposta foi que ninguém tinha sido maltratado e que não havia queixas dos líderes. Na reunião, os chineses requisitaram as armas e munições. Então, perguntou-se aos monges que tipo de colheitas, propriedades e bens eles tinham e quem eram os bons e maus líderes. A resposta foi que seus líderes eram bons e os tratavam bem. Os chineses então disseram aos monges que eles eram todos corrompidos e que deveriam casar-se. Os que recusaram casar-se foram mandados para a cadeia e ele próprio viu dois lamas, Dawa e Naden, que estavam entre eles, crucificados com pregos e abandonados à morte. Um lama chamado Gumi Tsering foi perfurado na coxa com um instrumento pontudo como um furador da grossura de um dedo. Ele foi torturado dessa maneira porque se recusou a pregar contra a religião. Os chineses chamaram seus companheiros lamas e monges para carregá-lo. Eles participaram da tortura e ele morreu. Não se sabe se foram forçados a fazê-lo. Depois disso muitos monges e aldeões fugiram. Até onde sabe o informante, nenhum monge concordou em casar-se e ouviu dizer que outros doze tinham sido crucificados. As crucificações eram realizadas nos mosteiros e ele soube delas porque fugitivos voltavam à noite para saber o que estava acontecendo. [...] Eles viram muitos chineses dentro do templo, para onde também levavam seus cavalos. Os chineses levaram também mulheres para ali, mas os monges recusaram-se a possuí-las. Eram mulheres khamba, levadas em grupos por chineses armados. As escrituras foram transformadas em colchões e também usadas como papel higiênico. Um monge de nome Turukhu Sungrab pediu aos chineses que desistissem e seu braço foi cortado acima do cotovelo. Disseram-lhe que Deus lhe daria de volta o braço. Os chineses lhe disseram que a religião não existe e que sua prática era o desperdício da vida e do tempo da pessoa. Por causa da religião as pessoas não trabalhavam.[9]

Um agricultor de cinquenta e dois anos, de Ba-Jeuba, ao ouvir um alvoroço na casa do irmão, olhou pela janela e, em suas próprias palavras, "viu os gritos da esposa de seu irmão serem sufocados com uma toalha. Dois chineses seguraram-lhe as mãos e outro estuprou-a; em seguida, os outros dois, cada um por sua vez, a estupraram e foram embora". Em 1954* quarenta e oito bebês daquela aldeia, com menos de um ano de idade, foram levados para a China,

> porque, disseram os chineses, assim seus pais poderiam trabalhar mais. Muitos pais suplicaram aos chineses que não levassem os bebês. Dois soldados e dois civis com

* Compare-se a data do Acordo Sino-Indiano sobre Comércio com o Tibete com os "Cinco Princípios de Coexistência Pacífica", *supra*, p. 246, nota.

alguns colaboradores tibetanos entraram nas casas e tomaram os bebês dos pais à força. Quinze pais que protestaram foram jogados no rio pelos chineses e um se suicidou. Todos os bebês eram de classe média e alta. [...] Os filhos eram estimulados a submeter os pais a injúrias e a criticá-los se não se sujeitassem aos costumes chineses. A doutrinação tinha começado. Um jovem doutrinado viu o pai com um moinho de orações e um rosário e se pôs a chutá-lo e maltratá-lo. O pai começou a bater no garoto, que lhe devolveu os golpes e algumas pessoas vieram fazê-los parar com aquilo. Três soldados chineses chegaram e impediram que as pessoas interviessem, dizendo-lhes que o garoto tinha pleno direito de fazer o que estava fazendo. O garoto continuou a maltratar e a golpear o pai, que ali mesmo se suicidou, jogando-se no rio. O nome do pai era Ahchu e o do filho Ahsalu, de dezoito ou dezenove anos. [...]

Em 1953, esse mesmo informante foi chamado para testemunhar a crucificação de um homem de uma família abastada, em sua aldeia de Patung Ahnga.

Uma fogueira foi acesa por baixo do homem e ele viu a carne queimar. Ao todo vinte e cinco pessoas das classes abastadas foram crucificadas e ele assistiu a todas as execuções. Quando deixou o Tibete, em janeiro de 1960, a luta ainda continuava em Trungyi. [...] A esta altura os mosteiros daquela região tinham deixado completamente de existir enquanto instituições religiosas. Estavam sendo usados como alojamentos dos soldados chineses e os andares inferiores eram usados como estábulos. Algum tempo depois de as crianças terem sido enviadas para a China, ele viu vinte e cinco pessoas assassinadas em Jeuba com pregos enfiados nos olhos. Novamente o povo foi chamado para testemunhar. Eram pessoas de classe média e os chineses disseram que aquilo estava sendo feito porque elas não estavam no caminho do comunismo, pois haviam expressado sua relutância em colaborar e em enviar os filhos à escola.[10]

"Todo poder", escreveu Mao-Tsé-Tung, "à Associação Camponesa!"

Os principais alvos de ataque dos camponeses são os tiranos locais, os nobres perversos e os proprietários fora da lei, atingindo de passagem as ideologias e instituições patriarcais, oficiais corruptos nas cidades e maus costumes nas regiões rurais. Em eficácia e importância, o ataque é como uma tempestade ou furacão; os que se submetem a ele sobrevivem e os que resistem, perecem. Como consequência, os privilégios que os senhores feudais desfrutaram durante milhares de anos estão sendo esmagados. A dignidade e o prestígio desses senhores são jogados por terra. Com a queda da autoridade dos senhores, a associação dos camponeses torna-se o único órgão de autoridade e o que o povo chama "todo poder à Associação Camponesa!" passou a vigorar. Mesmo uma bagatela como uma briga de marido e mulher tem de ser resolvida na Associação Camponesa. Nada pode ser resolvido na ausência dos integrantes da Associação. A Associação, na verdade, decide todas as questões na região rural e é literalmente verdadeiro que "o que quer que ela diga é feito". O povo pode apenas elogiar a Associação e jamais condená-la. Os tiranos locais e nobres perversos e os senhores fora da lei foram totalmente privados do direito de ter opinião e ninguém ousa balbuciar a palavra "não".[11]

"Em 1956 os chineses cercaram o mosteiro Litang enquanto se realizava uma cerimônia especial, e a testemunha (um nômade de 40 anos, de Rawa, situada a um dia de viagem), assistia à cerimônia dentro do mosteiro junto com outros forasteiros. Os chineses disseram aos monges que havia apenas duas vias possíveis: o socialismo e o antigo sistema feudal. Se eles não entregassem toda sua propriedade ao socialismo, o mosteiro seria inteiramente destruído. Os monges recusaram-se. [...] Durante sessenta e quatro dias, com a testemunha ainda dentro, o mosteiro permaneceu cercado. Os chineses atacaram os muros e os monges lutaram com lanças e espadas. No sexagésimo quarto dia aviões bombardearam e metralharam o mosteiro, atingindo os prédios anexos mas não o templo principal. Naquela noite, cerca de dois mil monges fugiram e mais ou menos dois mil foram presos. [...]" Um lama foi crucificado, outro morto queimado, dois outros baleados e feridos – um lançado em água fervendo e estrangulado e o outro apedrejado e golpeado na cabeça com um machado.[12]

Um chefe de aldeia de Ba-Nangsang foi mandado para Minya a fim de ver o que acontecia com as pessoas que se opunham à reforma. "Um homem chamado Wangtok foi preso e levado a um grande salão onde tibetanos foram obrigados a presenciar o que acontecia. Mendigos que se tinham tornado soldados do exército chinês golpearam-no com varas e despejaram água fervendo em sua cabeça. Ele então admitiu possuir nove carregamentos de ouro (que jamais apareceram, diz a testemunha). Ele foi amarrado e pendurado pelos polegares e dedões dos pés. Queimou-se palha embaixo dele e interrogaram-no sobre o paradeiro do ouro. Um prego de cobre incandescente, de uns 3 cm de comprimento foi então enfiado em sua testa. Em seguida foi posto em um caminhão e levado embora. Os chineses disseram que o tinham levado para Pequim."[13]

Os pés do lama Khangsar, o abade de Litang, foram algemados juntos e uma estaca foi atravessada sobre seu peito e braços. "Então amarraram-lhe os braços, com um arame. Ele foi pendurado com uma pesada corrente em volta do pescoço e enforcado, apesar de as pessoas suplicarem por sua libertação. O *uza* (recitador de orações) foi preso, despido e queimado nas coxas, peito e nas axilas com um ferro incandescente de mais ou menos dois dedos de espessura. Isso foi feito por três dias, com aplicações de unguentos entre uma sessão e outra. Quando a testemunha partiu, após quatro dias, o *uza* ainda estava vivo."[14]

No mosteiro Sakya, perto de Sikkim, arrancaram o cabelo, em público, à mãe da mulher de um lama Nymapa (linhagem dos Bonetes Vermelhos, na qual os religiosos se casam).[15] Em Derge Dzongsar a filha de um chefe de aldeia, de aproximadamente 40 anos, foi primeiro maltratada como exploradora do povo; depois, com a boca cheia de capim, foi arreada e selada e a ralé montou em suas costas, fazendo-a andar de quatro; em seguida, os chineses fizeram o mesmo.[16] Em uma aldeia da província de Amdo, Rigong, onde as pessoas estavam reunidas para ver seus líderes serem mortos, "um homem foi baleado por etapas, de baixo para cima, em nove etapas ao todo. A um outro homem perguntou-se se preferia morrer de pé ou deitado. Ele preferiu de pé. Abriu-se uma cova e ele foi colocado dentro. Em seguida, a cova foi coberta de terra e socada. E continuaram socando, mesmo depois de ele já ter morrido, até seus olhos saltarem da cabeça e serem então cortados pelos chineses. Quatro outros foram obrigados a relatar as culpas de seus próprios pais, que eram devotos da religião etc., para em seguida serem mortos com tiros na cabeça. Como seus miolos se espalharam, os chineses os chamaram de flores vicejantes".[17]

"Que uma centena de flores viceje", escreveu Mao-Tsé-Tung, "e que se enfrentem uma centena de doutrinas de pensamento."[18]

"Identidade, unidade, coincidência, permeação recíproca, interpenetração, interdependência (ou interdependência para existir), interconexão ou cooperação – todos estes diferentes termos significam a mesma coisa e se referem às duas condições seguintes: primeiro, no processo de desenvolvimento de uma coisa, cada um dos dois aspectos de cada contradição encontra a pressuposição de sua existência no outro aspecto e ambos os aspectos coexistem em uma entidade; segundo, cada um dos dois aspectos contraditórios, de acordo com as condições dadas, tende a transformar-se no outro. É isso o que se quer dizer com identidade."[19]

"A revolução agrária que realizamos já é e será um processo no qual a classe dos latifundiários se torna uma classe privada de suas terras, enquanto os camponeses, antes privados de suas terras, se tornam pequenos arrendatários. Os 'ter e não ter', ganhos e perdas, estão interligados por causa de certas condições; há identidade dos dois lados. Sob o socialismo, o sistema de propriedade privada dos camponeses tornar-se-á, por sua vez, a propriedade pública da agricultura socialista; isso já ocorreu na União Soviética e ocorrerá em todo o mundo. Entre a propriedade privada e a propriedade pública há uma ponte que liga uma à outra, que em filosofia se chama identidade, ou transformação uma na outra, ou permeação recíproca."[20]

Na região de Amdo, também em Rigong, arrancaram o cabelo, em público, a três lamas muito importantes; tiraram seus sapatos e eles foram golpeados e depois forçados a se ajoelhar no cascalho. "Perguntaram-lhes: 'Pelo fato de serem lamas, não sabiam que seriam presos?' Três poços foram abertos e os lamas colocados dentro deles. Os presentes foram obrigados a urinar sobre suas cabeças. Os chineses, então, convidaram os lamas a sair dos poços. Em seguida, foram levados para a cadeia e algemados juntos nos pescoços e forçados a carregar excrementos humanos em balaios."[21]

Um homem de vinte e dois anos, de Doi-Dura, na região de Amdo, foi informado pelos chineses de que necessitava de tratamento para tornar-se mais inteligente. Os chineses naquela época diziam aos tibetanos que eram uma raça estúpida inferior que teria de ser suplantada pelos russos e chineses. Fizeram exames de sangue desse homem, de sua mulher e muitos outros e há uma série de relatos coincidentes de muitas partes do Tibete detalhando o tipo de operação a que esse homem e sua mulher foram forçados, no dia seguinte, a se submeter. Ambos foram levados a um hospital. "Ele foi totalmente despido, colocado numa cadeira e seus órgãos genitais foram examinados. Em seguida o submeteram a um exame digital do reto e o dedo foi movimentado. Ele então ejaculou um líquido esbranquiçado e uma ou mais gotas caíram em uma lâmina de vidro que foi levada embora. Depois, um longo instrumento pontudo com cabos como os de tesoura foi inserido na uretra e ele desmaiou de dor. Quando se recuperou os médicos lhe deram um comprimido branco, dizendo-lhe que ia dar-lhe forças. Aplicaram-lhe então uma injeção na base do pênis, onde ele se une ao escroto. A agulha causou dor, mas a injeção não. Ele sentiu a região momentaneamente anestesiada até a agulha ser retirada. Ficou dez dias no hospital e depois um mês de cama em casa. [...] Ele estava casado havia apenas dois anos e antes desse tratamento tinha fortes desejos sexuais. [...] Depois disto, eles desapareceram totalmente. [...]"

Enquanto isso, sua mulher "foi despida e amarrada. Suas pernas foram erguidas e abertas. Inseriram-lhe na vagina algo muito frio e que lhe causou dor. Ela viu uma espécie de balão de borracha com um tubo de borracha, cuja ponta foi inserida na vagina. O balão foi apertado e ela sentiu algo muito frio dentro de si. Não lhe causou dor, pois apenas o tubo e não o balão foi inserido. Ela permaneceu consciente o tempo todo. Então foi levada para a cama. O mesmo procedimento foi realizado todos os dias durante uma semana. Depois disso, foi para casa e permaneceu de cama por mais ou menos três semanas". A partir daí não teve mais nenhum desejo sexual nem menstruou.[22]

"O oficial do distrito de Tuhlung fugiu e foi capturado dois dias depois. Cortaram-lhe os lábios, o amarraram e o levaram nu de volta para Tuhlung. Os chineses não estavam satisfeitos com o ritmo de sua marcha; como era um homem gordo, não conseguia caminhar muito rapidamente e era espetado com baionetas para caminhar mais depressa. A testemunha viu-o coberto de ferimentos de baioneta. Os chineses amarraram-no a uma árvore e convidaram os tibetanos a bater nele, acusando-o de crueldade. Disseram-lhes que não o matassem com os golpes, pois isso o beneficiaria. [...] Na verdade, ele foi golpeado pelos chineses e morreu depois de oito dias. Seus lábios foram cortados quando ele suplicou para ser morto em vez de torturado."[23]

E finalmente – apesar de os relatos serem inúmeros – havia um nômade de 49 anos, antigamente proprietário de vinte ou trinta iaques e que vivia em tendas, que viu dois de seus companheiros queimados vivos em público. Depois viu todas as pessoas abastadas da região de Kham serem executadas e, em seguida, os lamas e os monges. Estes últimos foram tirados dos mosteiros do distrito e cerca de mil foram executados em público. O informante viu-os claramente de uma montanha onde estava escondido. "Viu quatro serem estrangulados com uma corda da qual pendia uma pesada imagem do Buda. [...] E ele viu Dzorchen Rimpoche, um dos mais famosos lamas do Kham, amarrado a quatro estacas e inteiramente eviscerado. A acusação contra os lamas era que enganavam e exploravam o povo."[24] Em Doi, na região de Amdo, em 1955, os monges "foram levados para as lavouras, encangados aos pares, para puxarem o arado sob o comando de um chinês que empunhava um chicote".[25]

Em todo o *Livro dos Mortos* tibetano, seja do tipo celestial ou infernal, a alma é aconselhada pelo lama assistente a reconhecer como projeções de sua própria consciência todas as formas vistas; e quando as cenas do inferno estão prestes a surgir, o lama diz: "Não tenhas medo, não tenhas medo, ó tu, de nobre nascimento! As Fúrias do Senhor da Morte colocarão uma corda em volta de teu pescoço e o puxarão; cortarão tua cabeça, extrairão teu coração, arrancarão teus intestinos, sugarão teus miolos, beberão teu sangue, comerão tua carne e roerão teus ossos; mas em realidade, teu corpo é da natureza do vazio; tu não precisas ter medo. [...]"[26]

"Não fiques aterrorizado; não fiques assustado. Se todos os fenômenos existentes – que brilham e se irradiam como formas divinas – forem reconhecidos como emanações da própria mente, o Estado de Buda será alcançado nesse mesmo instante. [...] Aquele que reconhecer suas próprias formas-pensamento através de um ato importante e através de uma palavra, atingirá o Estado de Buda."[27]

E com esta visão terrível – despida de qualquer enfeite –, visão consumada de todas as coisas, materialização da mitologia na vida, concluo em silêncio; pois nenhuma mente ocidental poderia tecer comentários sobre esses dois aspectos de um Oriente único e grandioso em termos apropriados ao próprio Oriente que, nas palavras de suas principais mentes contemporâneas, tem certo orgulho e esperança em ambos os aspectos.

A antiga doutrina egípcia do Segredo dos Dois Parceiros, a doutrina Mahayana da Vacuidade, da Originação Dependente e da *Grinalda de Flores*, a doutrina taoista da complementaridade do *yang* e *yin*, a comunista chinesa da permeação recíproca e a tradição tântrica da presença interior em cada ser de todos os deuses e demônios dos céus e infernos de todos os patamares: elas, ao que parece, viradas e fraseadas de diferentes maneiras, representam a única doutrina atemporal da vida eterna – o néctar do fruto da árvore do jardim que o homem ocidental ou, pelo menos, um número notável deles, não experimentou.

NOTAS DE REFERÊNCIA

PARTE I: A DIVISÃO ENTRE ORIENTE E OCIDENTE
CAPÍTULO 1: OS SINAIS DISTINTIVOS DOS QUATRO GRANDES DOMÍNIOS

1. Sir James George Frazer, *The Golden Bough* (The Macmillan Company, Nova York, edição em um volume, 1922), p. 264 e seguintes.
2. Sir Charles Leonard Woolley, *Ur of the Chaldees* (Ernest Benn Ltd., Londres, 1929), p. 33 e ss., citado e discutido em *As Máscaras de Deus – Mitologia Primitiva* (Palas Athena Editora, São Paulo, 1992), p. 328-333. A data atribuída por Woolley à sua descoberta, cerca de 3500 a.C., é hoje reconhecida como um milênio antecipadamente.
3. Duarte Barbosa, *Description of the Coasts of East Africa and Malabar in the Beginning of the Sixteenth Century* (The Hakluyt Society, Londres, 1866), p. 172; citado por Frazer, op. cit., p. 274-275, e Joseph Campbell, *As Máscaras de Deus – Mitologia Primitiva,* p. 141-142.
4. E.A. Gait, "Human Sacrifice (Indian)", in James Hastings, *Encyclopaedia of Religion and Ethics* (Charles Scribner's Sons, Nova York, 1928), vol. VI, p. 849-853.
5. Ibid.
6. *Kālikā Purāṇa,* "Rudhirādhyāya"; tradução adaptada de W.C. Blaquière, *Asiatic Researches,* 1797, vol. V, p. 371-391, e Gait, loc. cit.
7. *Bhagavad Gītā* 2:22.
8. Para determinar a data *c.*1000 a.C. e discussão geral do problema, cf. G.B. Gray e M. Cary, em *The Cambridge Ancient History,* vol. IV (The University Press, Cambridge, 1930), p. 206-207 e 616-617; e para determinar a data *c.*550 a.C., A.T. Olmstead, *History of the Persian Empire* (The University of Chicago Press, Phoenix Books, Chicago, 1948), p. 94 e ss.
9. *Yasna* 44:3.
10. *Yasna* 30:9.
11. Rabbi Bahia ben Asher, *Commentary on the Pentateuch* (Varsóvia, 1853), sobre Gênesis 2:9; cf. citado por Louis Ginzberg, *The Legends of the Jews* (The Jewish Publication Society of America, Filadélfia, 1925), vol. V, p. 91.
12. *Bṛhadāraṇyaka Upaniṣad* 1.4.1-5.
13. Gênesis 2:21-22.
14. Isaías 2.20.
15. Ibid., 8:9-10.
16. *Śvetāśvatara Upaniṣad* 6:20.
17. Isaías 40:5.
18. *Kena Upaniṣad* 1.3.
19. *Bṛhadāraṇyaka Upaniṣad* 1.4.7.

20. Gênesis 3.8

21. *Kena Upaniṣad* 1.

22. *Chāndogya Upaniṣad* 6.11.

23. C.G. Jung, *Das Unbewusste im normalen und kranken Seelenleben,* 1916, 1ª ed.; 1918, 2ª ed.; Rascher Verlag, Zurique, 1926, 3ª ed.; reimpresso em *Two Essays on Analytical Psychology* (Baillière, Tindall and Cox, Londres, 1928; The Bollingen Series XX, *The Collected Works of C.G. Jung,* vol. 7, Nova York, 1953).

24. Sigmund Freud, *Jenseits des Lustprinzips* (Internationaler Psychoanalytischer Verlag, Leipzig, Viena, Zurique, 1920).

25. *Jātaka* 1.68-71, segundo (com pouca alteração) a tradução de Henry Clarke Warren, *Buddhism in Translations,* (Harvard University Press, Cambridge, Massachusetts, 1922), p. 75-76.

26. Aśvaghoṣa, *Buddhacarita* 13-14 (resumida), segundo, em grande parte, a tradução de E.B. Cowell, *Sacred Books of the East,* vol. XLIX (The Clarendon Press, Oxford, 1894), p. 137-158.

27. *Tao Te Ching* 1.1-2. James Legge, *The Sacred Books of the East,* vol. XXXIX (The Clarendon Press, Oxford, 1891); Paul Carus, *The Canon of Reason and Virtue* (The Open Court Publishing Co., La Salle, Illinois, 1913); Dwight Goddard, *Laotzu's Tao and Wu Wei* (Brentano's, Nova York, 1919); Arthur Waley, *The Way and Its Power* (The Macmillan Company, Nova York; George Allen and Unwin Ltd., Londres, 1949).

28. Waley, op. cit., p. 30.

29. Marcel Granet, *La Pensée chinoise* (La Renaissance du Livre, Paris, 1934), p. 280, n. 2.

30. *Tao Te Ching* 1.3.

31. *Kuan Tzu,* P'ien 12, início (nota de Waley).

32. Ibid., P'ien 36, início (nota de Waley).

33. Ibid., P'ien 36 (nota de Waley).

34. Waley, op. cit., p. 46-47.

35. *Jātaka* 1.76.

36. Sir Monier Monier-Williams, *A Sanskrit-English Dictionary* (The Clarendon Press, Oxford, 1888), p. 528.

37. James Haughton Woods, *The Yoga System of Patañjali* (The Harvard University Press, Cambridge, Massachusetts, 1927), p. xx, sugere *c.*650-850 d.C., que, entretanto, o Dr. M. Winternitz, *Geschichte der indischen Litteratur,* vol. III (C. F. Amelangs Verlag, Leipzig, 1920), p. 461, questiona seriamente, sugerindo a data anterior, *c.*350-650 d.C., como a mais provável.

38. Woods, op. cit., p. xxi-xxii.

39. Winternitz, loc. cit.

40. Woods, op. cit., p. xix.

41. *Yogasūtras* 1.2.

42. *Chuang Tzu,* Livro VI, Parte I, seção VI. 2-3; tradução de James Legge, op. cit., p. 238-239.

43. *Tao Te Ching* 25.5-6; conforme Legge, op. cit., p. 67-68.

44. *Aṣṭavakra-saṁhitā* 19.3.

45. *Symposium* 189D e ss.; segundo a tradução de Benjamin Jowett, *The Dialogues of Plato* (The Clarendon Press, Oxford, 1871).

46. F. M. Comford, *Greek Religious Thought from Homer to the Age of Alexander* (J. M. Dent and Sons, Ltd., Londres; E.P. Dutton and Co., Nova York, 1923), p. xv-xvi.

47. Jó 2:3.

48. Jó 40:4; 42:2 e 6.

49. Aeschylus, *Prometheus* 11.938-939. Tradução de Seth C. Benardete, in David Green and Richmond Lattimore (editores), *The Complete Greek Tragedies* (The University of Chicago Press, Chicago, 1959), vol. I, p. 345.

50. Friedrich Nietzsche, *Menschliches Allzumenschliches: Ein Buch für freie Geister,* Nietzsche's *Werke,* tomo II (Alfred Kroner Verlag, Leipzig, 1917), aforismo nº 23.

51. Ibid., Vorrede 2 (p. 5).

CAPÍTULO 2: AS CIDADES DE DEUS

1. Rudolf Otto, *The Idea of the Holy*, traduzido por John W. Harvey (Oxford University Press, Londres, 1925).
2. Ibid., p. 4.
3. Discutido *em As Máscaras de Deus – Mitologia Primitiva*, Capítulos 3 e 10, p. 121-124 e 325-327.
4. H.R. Hall. *A Season's Work at Ur, Al-'Ubaid, Abu Shahrain (Eridu), and Elsewhere* (Methuen and Co., Londres, 1919); H.R. Hall e C. Leonard Woolley, *Ur Excavations I, Al-' Ubaid* (Oxford University Press, Londres, 1927); P. Delougaz, "A Short Investigation of the Temple at Al-'Ubaid", *Iraq*, V, Parte 1 (1938), p. 1-12.
5. Julius Jordan, Arnold Nöldeke, E. Heinrich, et al., "Vorläufige Bericht über die von der Notgemeinschaft der deutschen Wissenschaft in Uruk-Warka unternommenen Ausgrabungen", *Preussische Akademie der Wissenschaften zu Berlin. Abhandlungen*, 1929, nº 7; 1930, nº 4; 1932, nº 2, nº 6; 1933, nº 5; 1935, nº 2, nº 4; 1936, nº 13; 1937, nº 11; 1939, nº 2.
6. Hall, op cit., p. 187-228; Seton Lloyd e Fuad Safar, "Eridu", *Sumer* III, nº 2 (1947), p. 85-111; IV, nº 2 (1948), p. 115-127; VI, nº 1 (1950), p. 27-33.
7. Henri Frankfort, "Preliminary Reports on Iraq Expeditions", *Chicago University, Oriental Institute Communications*, nºs 13, 16-17, 19-20 (1932-1936); também Delougaz, op. cit., p. 10, fig. 1.
8. Seton Lloyd e Fuad Safar, "Tell Uqair", *Journal of Near Eastern Studies*, II, nº 2 (1943), p. 132-158.
9. M.E.L. Mallowan, *Twenty-five Years of Mesopotamian Discovery (1932-1956)* (The British School of Archaeology in Iraq, Londres, 1956), p. 27-31.
10. André Parrot, *Ziggurate et Tour de Babel* (Albin Michel, Paris, 1949), p. 167.
11. H.R.H. Príncipe Peter da Grécia e Dinamarca, "The Calf Sacrifice of the Todas of the Nilgiris (South India)", *Selected Papers of the Fifth International Congress of Anthropological and Ethnological Sciences, Philadelphia, 1956* (University of Pennsylvania, Filadélfia, 1960), p. 485-489.
12. Estrofes de um hino à Deusa em seu aspecto de "Regente do Mundo" *(Bhuvaneśvarī)*, do *Tantrasāra*. Cf. Arthur e Ellen Avalon, *Hymns to the Goddess* (Luzac and Co., Londres, 1913), p. 32-33.
13. Henri Frankfort, *Cylinder Seals* (The Macmillan Company, Londres, 1939), p. 17.
14. Ernest de Sarzec, *Découvertes en Chaldée* (Ernest Leroux, Paris, 1884-1912), vol. I (Texto), p. 319-320; vol. II (Gravuras), fig. 30 *bis*, nº 21.
15. Comparar o ritual do assassinato em conúbio e subsequente refeição canibalista da (tribo) Marind-anim da Nova Guiné, descrito em *As Máscaras de Deus – Mitologia Primitiva*, p. 145-146.
16. Ou, talvez, melhor afirmado neste contexto: o escorpião representa o mesmo princípio da serpente da figura 2 e o homem com uma arma da figura 4; isto é, o princípio da morte.
17. Na determinação da data estou seguindo Alexander Scharff e Anton Moortgat, *Ägypten und Vorderasien im Altertum* (Verlag F. Bruckmann, Munique, 1950, 1959).
18. Gudea, Cylinder B, 5, 11 e ss., reproduzido em de Sarzec, op. cit., figura 37.
19. Frankfort, op. cit., p. 75-77.
20. Ibid., p. 77.
21. *As Máscaras de Deus – Mitologia Primitiva*, p. 327-333, citando Sir Charles Leonard Woolley, *Ur of the Chaldees* (Ernest Benn Ltd., Londres, 1929), p. 46-65.
22. Scharff e Moortgat, op. cit., p. 214.
23. Otto, op. cit., p. 7.
24. Carl G. Jung, *The Integration of the Personality*, traduzido por Stanley M. Dell

(Farrar and Rinehart, Nova York e Toronto, 1939), p. 59.

25. Otto, op. cit., p. 8.

26. E.A. Wallis Budge, *Osiris and the Egyptian Resurrection* (Philip Lee Warner, Londres; G.P. Putnam's Sons, Nova York, 1911), vol. I, p. xiv-xv e passim; também, *The Gods of the Egyptians* (Methuen and Co., Londres, 1904), vol. I, p. xiv-xv, 7 e ss. etc.

27. John A. Wilson, *The Culture of Ancient Egypt* (University of Chicago Press, Chicago, 1951), p. 27 e 22-23.

28. J.E. Quibell, *Hierakonpolis,* Egyptian Research Account Nº 4 (Bernard Quaritch, Londres, Parte I, 1900; Parte II, 1902), Parte II, p. 20-21 e fig. LXXV.

29. George Andrew Reisner, *The Development of the Egyptian Tomb down to the Accession of Cheops* (Harvard University Press, Cambridge, Mass., 1936), p. 1.

30. Ibid., p. 13.

31. Quibell, op. cit., p. 20.

32. Helene J. Kantor, "The Chronology of Egypt and Its Correlation with That of Other Parts of the Near East in the Periods before the Late Bronze Age", in Robert W. Ehrich (ed.), *Relative Chronologies in Old World Archeology* (University of Chicago Press, Chicago, 1954), p. 6.

33. A sugestão foi feita primeiro por Sethe e Garstang *(Denkmäler Narmers: Hierakonpolis;* ver também Capart); Eduard Meyer não a considerou improvável *(Kulturgeschichte des Altertums,* vol. I, Parte 2, seção 208, nota), e foi aceita por Henri Frankfort, *Ancient Egyptian Religion* (Columbia University Press, Nova York, 1948), p. 159.

34. Estou seguindo o sistema de fixação de datas de Alexander Scharff e Anton Moortgat, op. cit., p. 38. De 3100 a.C., cf. *Wilson,* op. cit., p. 319; de 3000 a.C., Samuel A.B. Mercer, *The Pyramid Texts* (Longmans, Green, Nova York, Londres e Toronto, 1952), vol. IV, p. 225; e 2400 a.C., P. vau der Moer, in *Orientalia Neelandica* (1948), p. 23-49. Determinações de datas pelo método Carbono-14 de uma tumba da I Dinastia revelaram as seguintes variações: 3010 ± 240 a.C. e 2852 ± 260 a.C. (W.F. Líbby' *Radiocarbon Dating* [University of Chicago Press, Chicago, 1952], p. 70-71), i.e., uma extensão total de probabilidade de *c.*3250-2592 a.C.

35. Heródoto II. 99.

36. Henri Frankfort, *Kingship and the Gods* (University of Chicago Press, Chicago, 1948), p. 171.

37. W. Max Müller, *Egyptian Mythology. The Mythology of All Races,* vol. XII (Marshall Jones Company, Boston, 1918), p. 38-39.

38. Frankfort, *Kingship and the Gods,* loc. cit.

39. Thomas Mann, "Freud and the Future", in *Life and Letters Today,* vol. XV, nº 5, 1936, p. 90-91.

40. Frankfort, *Kingship and the Gods,* p. 18.

41. Frankfort, *Kingship and the Gods,* p. 51, citando A.H. Gardiner, in *Proceedings of the Society of Biblical Archaeology,* Londres, XXXVIII, p. 50.

42. Henri Frankfort, *The Birth of Civilization in the Near East* (Williams and Norgate, Londres, 1951), p. 102.

43.0swald Spengler, *The Decline of the West* (Alfred A. Knopf, Nova York, 1926 e 1928), tradução de Charles Francis Atkinson, vol. II, p. 16.

44. Ibid., vol. I, p. 166-167.

45. Ibid., vol. II, p. 163.

46. Auguste Mariette, *Catalogue général des monuments d'Abydos* (lmprimerie Nationale, Paris, 1880); Emile Amélineau, *Les Nouvelles Fouilles d'Abydos* (Ernest Leroux, Paris, vol. I, *1895-96* [1899], vol. II, *1896-97* [1902], vol. III, *1897-98* [1904]); W.M. Flinders Petrie, *The Royal Tombs of the First Dynasty* (The Egypt Exploration Fund, Londres, Parte I, 1900; Parte II, 1901).

47. Petrie, op. cit., Parte II, p. 5-7 e fig. LIX.

48. Ibid., p. 5 e Meyer, op. cit., vol. I, Parte 2, p. 132; também Scharff e Moortgat, op. cit., p. 40-41.

49. Petrie, op. cit., Parte II, p. 24.
50. Meyer, op. cit., vol. I, Parte 2, p. 208.
51. George A. Reisner, *Excavations at Kerma,* Harvard African Studies, vol. V (Peabody Museum of Harvard University, Cambridge, Massachusetts, 1923), p. 65-66.
52. Ibid., p. 68-70.
53. Kewal Motwani, *India: A Synthesis of Cultures* (Thacker and Company, Bombaim, 1947), p. 253.
54. *Ṛg Veda* 1.153.3; 8.90.15; 10.11.1.
55. A.A. Macdonell, *Vedic Mythology. Grundriss der Indo-Arischen Philologie und Altertumskunde,* vol. III , 1º fascículo A. (Karl J. Trübner, Estrasburgo, 1897), p. 122.
56. *Ṛg Veda* 1.136.3.
57. Ibid., 5.46.6.
58. Ibid., 8.25.3; 10.36.3; 10.132.6.
59. Ibid., 4.18.10; 10.111.2.
60. Heinrich Zimmer (ed. Joseph Campbell), *The Art of Indian Asia* (Pantheon Books, The Bollingen Series XXXIX, Nova York, 1955), vol. II, figs. 294-295.
61. Cf. Heinrich Zimmer (ed. Joseph Campbell), *Filosofias da Índia* (Palas Athena Editora, São Paulo, 2ª edição revisada e ampliada, 2003), p. 103 e nota 47.
62. Reisner, *Excavations at Kerma,* p. 70-71.
63. Rev. William Ward, *A View of the History, Literature, and Religion of the Hindoos* (The Baptist Mission Society, Serampore, 1815, 1ª ed.; Black, Parbury and Allen, Booksellers to the Hon. East India Company, Londres, 1820, 2ª ed., condensada e aperfeiçoada, vols. I e II, 1817, vols. III e IV). O excerto é do vol. I (1817), p. lxxi-lxxiii, nota.
64. Reisner, *Excavations at Kerma,* p. 99-102.
65. Ibid., p. 78-79.
66. *As Máscaras de Deus – Mitologia Primitiva,* Caps. 4, 5, e 10.
67. *As Máscaras de Deus – Mitologia Primitiva,* p. 328-331, citando Sir Charles Leonard Woolley, *Ur of the Chaldees,* p. 57.
68. British Museum nº 29, 777; reproduzido in E.A. Wallis Budge, *Osiris and the Egyptian Resurrection* (Philip Lee Warner, Londres; G.P. Putnam's Sons, Nova York, 1911), vol. I, p. 13; também, in Joseph Campbell, *The Hero with a Thousand Faces,* Bollingen Series XVII (Pantheon Books, Nova York, 1949), p. 54.
69. Henri Frankfort, "Gods and Myths on Sargonid Seals", *Iraq,* vol. I, nº 1 (1934), p. 8; citado em *As Máscaras de Deus – Mitologia Primitiva,* p. 333.
70. Petrie, op. cit., Parte II, p. 16-17.
71. Reisner, *The Development of the Egyptian Tomb down to the Accession of Cheops,* p. 354.
72. Petrie, op. cit., Parte I, p. 14-16.
73. Walter B. Emery, "Royal Tombs at Sakkara", *Archaeology,* vol. 8, nº 1 (1955), p. 7.
74. Frazer, op. cit., p. 286.
75. *As Máscaras de Deus – Mitologia Primitiva,* p. 124-129.
76. *Supra,* p. 5, e *As Máscaras de Deus – Mitologia Primitiva,* p. 124-144.
77. Ver *As Máscaras de Deus – Mitologia Primitiva,* p. 124-144.
78. Petrie, op. cit., Parte I, p. 22.
79. Frankfort, *Kingship and the Gods,* p. 79.
80. *As Máscaras de Deus – Mitologia Primitiva,* p. 130-144.
81. Frankfort, *Kingship and the Gods,* p. 85.
82. Frankfort, *Kingship and the Gods,* p. 86.
83. Petrie, op. cit., Parte I, p. 22.
84. Frankfort, *Kingship and the Gods,* p. 83-87.
85. Cf. Joseph Campbell, *The Hero with a Thousand Faces.*
86. Segui, para os detalhes do festival, a reconstrução apresentada por Frankfort, *Kingship and the Gods,* p. 85-88.

87. Spengler, op. cit., vol. I, p. 12.
88. Petrie, op. cit., Parte II, p. 31.
89. Frankfort, *Kingship and the Gods,* p. 21-22.
90. James Henry Breasted, "The Philosophy of a Memphite Priest". *Zeitschrift für ägyptische Sprache und Altertumskunde,* vol. XXXIX, 39.
91. G. Maspero, "Sur la toute puissance de la parole", *Transactions of the Ninth International Congress of Orientalists,* Londres, 1891; vol. III.
92. Adolf Erman, "Ein Denkmal memphitischer Theologie", *Sitzungsbericht der Königlichen Preussischen Akademie, 1911,* XLIII, p. 916-950.
93. Meyer, op. cit., seção 272, p. 245; Frankfort, *Kingship,* notas refs. ao Cap. 2, p. 352-353; John A. Wilson, "Egypt", in Henri Frankfort et al., *The Intellectual Adventure of Man* (University of Chicago Press, Chicago, 1946); Pelican Books edition: *Before Philosophy,* 1949, p. 65.
94. Pyramid Text 1248; tradução de Samuel A.B. Mercer, *The Pyramid Texts* (Longmans, Green, Nova York, Londres, Toronto, 1952), vol. I, p. 206.
95. Pyramid Text 1652 (Mercer, op. cit., I, p. 253).
96. Pyramid Text 447b (ibid., p. 100).
97. Pyramid Text 1655 (ibid., p. 253).
98. James Henry Breasted, *Development of Religion and Thought in Ancient Egypt* (Hodden and Stoughton, Londres, 1912), p. 45, n. 2.
99. Minha versão baseia-se em Breasted, *Development,* p. 44-46; Frankfort, *Kingship,* p. 29-30; e John A. Wilson, "The Memphite Theology of Creation", in James B. Pritchard (ed.), *The Ancient Near East* (Princeton University Press, Princeton, 1958), p. 1-2.
100. Meyer, op. cit., vol. I, seção 272, p. 246.
101. "The Destruction of Men", E. Naville, *Transactions of the Society of Biblical Archaeology,* vol. IV (1876), p. 1-19; vol. VIII (1885), 412-420. Também, von Bergmann, *Hieroglyphische Inschriften,* figs. LXXV-LXXVII.
102. Reisner, *Development,* p. 122.
103. Ibid., p. 348.
104. Meyer, op. cit., seção 230, p. 169.
105. Cecil M. Firth e J.E. Quibell, *Excavations at Saqqara: The Step Pyramid* (Imprimerie de l'Institut Français d'Archéologie Orientale, Cairo, 1936), vol. I, passim.
106. Meyer, op. cit., vol. I, seções 233 e 247, p. 177 e 200; Reisner, *Development,* p. 357.
107. Meyer, op. cit., vol. I, seção 236, p. 182.
108. Ibid., seção 234, p. 178.
109. Ibid., seção 248, p. 200.
110. Ibid., seção 219, p. 152.
111. Abdel Moneim Abubakr, "Divine Boats of Ancient Egypt", *Archaeology,* vol. 8, nº 2, 1955, p. 97.
112. Meyer, op. cit., vol. I, seção 238, p. 185-186.
113. Sir G. Maspero, *Popular Stories of Ancient Egypt* (H. Grevel and Co., Londres; G.P. Putnam's Sons, Nova York, 1915), p. 36-39.
114. Meyer, op. cit., seção 252, p. 207-208.

CAPÍTULO 3: AS CIDADES DOS HOMENS

1. Wilson, *The Culture of Ancient Egypt,* p. 160.
2. Morris Jastrow Jr., *Aspects of Religious Belief and Practice in Babylonia and Assyria* (G.P. Putnam's Sons, Nova York e Londres, 1911), p. 143-264
3. Samuel Noah Kramer, *Sumerian Mythology* (The American Philosophical Society, Filadélfia, 1944), p. 8-9.

4. Parrot, *Ziggurat et Tour de Babel,* p. 148-155.
5. Cf. H.V. Hilprecht, *Die Ausgrabungen im Bêl-Tempel zu Nippur* (J.C. Hinrichs'sche Buchhandlung, Leipzig, 1903).
6. W. Andrae, *Das Gotteshaus und die Urformen des Bauens im alten Orient,* Studien zur Bauforschung, fascículo 2 (Hans Schoetz und Co., Berlim, 1930).
7. Stephen Henry Langdon, *Semitic Mythology. The Mythology of All Races,* vol. V (Marshall Jones Company, Boston, 1931), p. 103-106.
8. Samuel Noah Kramer, *From the Tablets of Sumer* (The Falcon's Wing Press, Indian Hills, Colorado, 1956), p. 172-173; Langdon, op. cit., p. 194-195.
9. Kramer, *From the Tablets of Sumer,* p. 77-78.
10. Hesiod, *Theogonia* 176.
11. Kramer, *From the Tablets of Sumer,* p. 101-144; também, Kramer, *Sumerian Mythology,* p. 68-72; e Thorkild Jacobsen, "Mesopotamia", in Henri Frankfort et al., *Before Philosophy* (Penguin Books, Harmondsworth, 1949), p. 175-178, 202-207.
12. Pyramid Text 1 (Mercer, op. cit., vol. I, p. 20).
13. Pyramid Text 842 (ibid., vol. I, p. 156).
14. Pyramid Text 2171 (ibid., vol. I, p. 315).
15. Pyramid Text 1321 (ibid., vol. I, p. 215).
16. Pyramid Text 1142 (ibid., vol. I, p. 194).
17. Kramer, *From the Tablets of Sumer,* p. 77.
18. Ibid., p. 177; Arno Poebel, *Historical Texts* (University of Pennsylvania, Filadélfia; Publications of the Babylonian Section, The University Museum, vol. IV, nº 1, 1914), p. 17.
19. Kramer, *From the Tablets of Sumer,* p. 92-93.
20. Ananda K. Coomaraswamy, *The Transformation of Nature in Art* (Harvard University Press, Cambridge, Massachusetts, 1934), p. 31.
21. Dante Alighieri, *Divina Commedia,* Paradiso I, 103-105.
22. Thomas Aquinas, *Summa Theologica* I-II, questão 21, artigo 4, resposta 1. Tradução dos Padres da Ordem Dominicana Inglesa (Burns, Oates and Washbourne, Londres, 1914). vol. 6, p. 276.
23. *Grimnismol* 23; tradução de Henry Adams Bellows, *The Poetic Edda* (The American--Scandinavian Foundation, Nova York, 1923), p. 93.
24. *Mahābhārata* 3.188.22 e ss.; também, 12.231.11 e ss., e *Mānava Dharmaśāstra* 1.69 e ss. Comentários de H. Jacobi, "Ages of the World (Indian)". Hastings (ed.), op. cit., vol. I, p. 200-201.
25. J.L.E. Dreyer, *A History of the Planetary Systems from Thales to Kepler* (Cambridge University Press, Cambridge, Inglaterra, 1906), p. 203-204. A precessão anual varia de fato entre os limites de 50" · 2015 ±15" · 3695 (ibid., p. 330).
26. H.V. Hilprecht, *The Babylonian Expedition of The University of Pennsylvania, Series A: Cuneiform Texts,* vol. XX, Parte I (University of Pennsylvania, University Museum, Filadélfia, 1906), p. 31.
27. Alfred Jeremias, *Das Alter der babylonischen Astronomie* (J. C. Hinrichs'sche Buchhandlung, Leipzig, 1909, 2ª ed.), p. 68, n. 1.
28. Ibid., p. 71-72.
29. V. Scheil, observação in *Revue d'assyriologie et d'archéologie orientale,* vol. 12, 1915, p. 195 e ss.
30. Erich F. Schmidt, *University of Pennsylvania, The Museum Journal,* vol. 22 (1931), p. 200 e ss .
31. E. Heinrich, "Vorläufige Bericht über die von der Notgemeinschaft der deutschen Wissenschaft in Uruk-Warka unternommenen Ausgrabungen", *Preussische Akademie der Wissenschaften zu Berlin. Tese 1935,* nº 2, tabela 2.
32. Sir Charles Leonard Woolley, *Ur of the Chaldees* (Penguin Books, Harmonsworth, 1929), p. 17-18.
33. L.C. Watelin e S. Langdon, "Excavations at Kish IV", *Field Museum – Oxford University Joint Expedition to Mesopotamia,*

1925-1930, p. 40-44. Ver também Jack Finegan, *Light from the Ancient Past* (Princeton University Press, 1959), p. 27-28.

34. Respectivamente de Arno Poebel, *Historical Texts* (University of Pennsylvania, Filadélfia, 1914), The University Museum Publications of the Babylonian Section, vol. IV, nº 1, p. 17, e Langdon, op. cit., p. 206. Uma terceira interpretação da linha é dada por Kramer, *From the Tablets of Sumer,* p. 177: "To Nintu I will return the ... of my creatures".
35. Poebel, Langdon e Kramer, loc. cit.
36. Segui primeiramente Poebel, op. cit., p. 17-20, mas com ajuda considerável das versões posteriores de Langdon, op. cit, p. 206-208, e Kramer, *From the Tablets of Sumer,* p. 179-181.
37. Kramer, *From the Tablets of Sumer,* p. xix: "a primeira metade do segundo milênio antes de Cristo".
38. Poebel, op. cit., p. 70.
39. Obituary, *Journal of the Royal Asiatic Society,* 1906, p. 272-277.
40. Julius (Jules) Oppert, "Die Daten der Genesis", *Königliche Gesellschaft der Wissenschaften zu Göttingen.* Nachrichten, nº 10 (Maio 1877), p. 201-223.
41. Ibid., p. 209.
42. Daisetz T. Suzuki, "The Role of Nature in Zen Buddhism", *Eranos-Jahrbuch 1953* (Rhein-Verlag, Zurique, 1954), p. 294 e 297.
43. Thorkild Jacobsen, *The Sumerian King List,* (University of Chicago, 1939), p. 77-85.
44. Edward J. Harper, *Die babylonischen Legenden von Etana, Zu, Adapa, und Dibbara* (August Pries, Leipzig, 1892), p. 410; Morris Jastrow, Jr., "Another Fragment of the Etana Myth", *Journal of lhe American Oriental Society,* vol. XIII, 1909-1910, p. 101-129; Stephen H. Langdon, op. cit., p. 168-173.
45. Jastrow, "Another Fragment of the Etana Myth", p. 127-128.
46. Ibid., p. 126.
47. Ibid., p. 128.
48. Ibid., p. 129.
49. *Bhagavad Gītā* 2:20.
50. Wilson, *The Culture of Ancient Egypt,* p. 78-79.
51. Breasted, *Development of Religion and Thought in Ancient Egypt,* p. 188, segundo Adolf Erman, "Gespräch eines Lebensmüden mit seiner Seele", *Abhandlungen der königlichen Preussischen Akademie,* 1896, traduzindo um manuscrito em papiro do Reino do Meio, Berlim P. 3024, aqui grandemente condensado.
52. Aquinas, *Summa Contra Gentiles,* Livro III, Capítulo XLVIII, parágrafo I.
53. Nietzsche, *Also Sprach Zarathustra,* Parte I, Cap. 3.
54. Inscrição histórica bilíngue em sumério e acádio, *c.*2350 a.C. George A. Barton, *The Royal Inscriptions of Sumer and Akkad* (Yale University Press, New Haven, 1929), p. 101-105.
55. Tradução (resumida) segundo Morris Jastrow, "A Babylonian Parallel to Job", *Journal of Biblical Literature,* vol. XXV, p. 135-191; tb. François Martin, "Le juste souffrant babylonian", *Journal Asiatique,* série 10, vol. xvi, p. 75-143; e Simon Landersdorfer, "Eine babylonische Quelle für das Buch Job?" *Biblische Studien,* vol. xvi, 2. Segundo as observações dessas autoridades, recuperei o nome Enlil nos últimos versos, onde um escriba posterior colocou o do deus posterior da cidade de Babilônia, Marduk. O nome do próprio rei, Tabi-utul-Enlil, fala a favor da propriedade desse resgate.
56. "The Counsels of King Intef", tradução de Allan H. Gardiner, in Charles F. Horne (ed.), *The Sacred Books and Early Literature of the East* (Parke, Austin and Lipscomb, Nova York e Londres, 1917), vol. II, "Egypt", p. 98-99.

PARTE II: AS MITOLOGIAS DA ÍNDIA
CAPÍTULO 4: A ÍNDIA ANTIGA

1. Ananda K. Coomaraswamy, *Yakṣas, Part II* (Smithsonian Institution, Publicação 3059, Washington, D.C., 1931), p. 14.
2. Donald E. McCown, "The Relative Stratigraphy and Chronology of Iran", in Ehrich (ed.), *Relative Chronologies Old World Archeology,* p. 59 e 63; Stuart Piggott, *Prehistoric India* (Penguin Books, Harmondsworth, 1950), p. 72 e seguintes.
3. V. Gordon Childe, *New Light on the Most Ancient East* (D. Appleton-Century Company, Nova York, 1934), p. 277.
4. Robert Heine-Geldern, "The Origin of Ancient Civilizations and Toynbee's Theories", *Diogenes,* nº 13 (Primavera 1956), p. 96-98.
5. Piggott, op. cit., p. 126-127.
6. Walter A. Fairservis, Jr., *Natural History,* vol. LXVII, nº 9.
7. Piggott, op. cit., p. 127.
8. Ver *As Máscaras de Deus – Mitologia Primitiva,* p. 293-297 e 318-320.
9. Piggott, op. cit., p. 33. O resumo das descobertas da Idade da Pedra, sobre o qual está baseado meu relato, será encontrado, juntamente com notas e bibliografia, p. 22-41.
10. Leo Frobenius, *Monumenta Terrarum* (Frankfurter Societäts-Druckerei, Frankfurt am Main, 1929, 2ª ed.), p. 21-25.
11. Leo Frobenius, *Indische Reise* (Verlag von Reimar Hobbing, Berlim, 1931), p. 221-222.
12. W. Norman Brown, "The Beginnings of Civilization in India", *Supplement to the Journal of the American Oriental Society,* nº 4, Dez. 1939, p. 44.
13. Kewal Motwani, *Manu Dharma Śāstra: A Sociological and Historical Study* (Ganesh and Co., Madras, 1958), p. 223-229.
14. Sri Aurobindo, *On the Veda* (Srī Aurobindo Āsram, Pondicherry, 1956), p. 11 citado por Motwani, op. cit., p. 215.
15. Sir Mortimer Wheeler, *Early India and Pakistan* (Frederick A. Praeger, Nova York, 1959), p. 98.
16. Ibid., p. 109-110.
17. Piggott op. cit., p. 146-147.
18. Ibid., p. 148.
19. Jules Bloch, "Le Dravidien", in A. Meillet e Marcel Cohn (eds.), *Les Langues du monde* (Centre National de la Recherche Scientifique, Paris, 1952), p. 487-491.
20. Piggott, op. cit., p. 145-146.
21. *Ṛg Veda* 7.21.5.
22. Wilhelm Koppers, "Zum Ursprung des Mysterienwesens in Lichte von Völkerkunde und Ethnologie", *Eranos-Jahrbuch* 1944 (Rhein-Verlag, Zurique, 1945), p. 215-275.
23. Frazer, op. cit., p. 435-437.
24. G.E.R. Grant Brown, "Human Sacrifices near the Upper Chindwin", *Journal of the Burma Research Society,* vol I; citado por Gait, loc. cit.
25. *As Máscaras de Deus – Mitologia Primitiva,* especialmente p. 150-155.
26. *The Gospel of Srī Ramakrishna,* tradução para o inglês e introdução de Swami Nikhilananda (Ramakrishna – Vivekananda Center, Nova York, 1942), p. 135-136.
27. Sir John Marshall (ed.), *Mohenjo-Daro and the Indus Civilization* (Arthur Probesthain, Londres, 1931), vol. I, p. 52.
28. Marshall, op. cit., vol. I, p. 61-63.
29. Piggott, op. cit., p. 132 e ss.; Marshall (ed.), op. cit., vol. I, p. 28-29; Wheeler, op. cit., p. 93 e ss.; Ernest Mackay, *The Indus Civilization* (Lovat Dickson and Thompson, Ltd., Londres, 1935), p. 21 e ss.
30. *As Máscaras de Deus – Mitologia Primitiva,* p. 167-168, citando Ananda K. Cooma-

raswamy, *The Ṛg Veda as Lánd-Náma-Bok* (Luzac and Co., Londres, 1935).

31. Sir Leonard Woolley, *Ur: The First Phases* (The King Penguin Books, Londres e Nova York, 1946), p. 31.

32. Childe, op. cit., p. 181-182.

33. Harold Peake e Herbert John Fleure, *The Horse and the Sword. The Corridors of Time,* vol. VIII (Yale University Press, New Haven, 1933), p. 85-94.

34. *Ṛg Veda* I. 35, versos 1, 2, 3, 9 e 11; tradução baseada em Arthur Anthony Macdonell, *A Vedic Reader* (Oxford University Press, Londres, 1917), p. 10-21.

35. C.C. Uhlenbeck, "The Indogermanic Mother Language and Mother Tribes Complex", *American Anthropologist,* vol. 39, nº 3 (1937), p. 391-393.

36. As referências védicas de cada uma dessas afirmações serão encontradas em Macdonell, *Vedic Mythology,* p. 22-27.

37. Hermann Oldenberg, *Die Religion des Veda* (J.G. Cotta'sche Buchhandlung Nachfolger, Stuttgart e Berlim, 3ª e 4ª eds., 1923), p. 195-197.

38. Nikhilananda (tradutor), op. cit., p. 136.

39. *Ṛg Veda* V. 80, versos 2, 5.6.

40. *Ṛg Veda* VIII. 48, versos 1, 3, 5 e 6; segundo Macdonell, *A Vedic Reader,* p. 157-158.

41. *Ṛg Veda* I. 32A, verso 3.

42. *Ṛg Veda* I. 32A, versos 7 e 8.

43. Winternitz, op. cit., vol. I, p. 70; citando o *Ṛg Veda,* VIII. 14. 1-2.

44. *Mahābhārata* 12.281.1 a 282.20.

45. *Māṇḍūkya Upaniṣad* 1.

46. *Aitareya Brāhmaṇa* 3.3, tradução de Arthur Berriedale Keith, *Rigveda Brahmanas;* Harvard Oriental Series, vol. 25 (Harvard University Press, Cambridge, Massachusetts, 1920), p. 166-167, condensada.

47. Ibid., 2.37.

48. *Śatapatha Brāhmaṇa* 2.2.2.6; 4.3.4.4.

49. Ibid., 12.4.4.6.

50. *Mānavadharma Śāstra* 9.319.

51. *Aitareya Brāhmaṇa 5.28.*

52. Frazer, op. cit., p. 11-37.

53. *Taittirīya Saṁhitā* 7.4.5.1; citado por J.J. Meyer, *Trilogie altindischer Mächte und Feste der Vegetation* (Max Niehans Verlag, Zurique e Leipzig, 1937), Parte III, p. 238-239.

54. K. Geldner, artigo "Aśvamedha", in Hastings (ed.), op. cit., vol. II, p. 160.

55. *Śatapatha Brāhmaṇa* 13.2.1.2.-5; *Taittirīya Brāhmaṇa* 3.8.14; *Apastamba Śrautasūtra* 20.10.5, et al.: citado por Meyer, op. cit., Parte III, p. 239-240.

56. *Ṛg Veda* I.162.2-4; 163.12; citado por Oldenberg, op. cit., p. 472, nota 1.

57. *Mahābhārata* 14.88.19-36 (condensado).

58. As fontes sânscritas desse rito são *Śatapatha Brāhmaṇa* 13.1.-5; *Taittirīya Brāhmaṇa* 3.8-9; e os *Śrautasūtras* de Katyāyana 20. Apastamba 20, Aśvalāyana 10.6 e ss., Sānkhyāna 16. Segui as interpretações de Meyer, op. cit., Parte III, p. 241-246. Para discussão de interpretações variadas do texto Śatapatha, cf. Julius Eggeling, *The Śatapatha Brāhmaṇa, Sacred Books of the East,* vols. XII, XXVI, XLI, XLIII, XLIV (The Clarendon Press, Oxford, 1882-1900), vol. XLIV, p. 321-322, nota 3.

59. Ibid., p. 246.

60. Ibid., p. 248.

61. *Ṛg Veda* IV.39.6.

62. *Ṛg Veda* X.9.1-3.

63. *Mahābhārata* 14.89.2-6 (um pouco condensado).

64. Uno Holmberg, *Finno-Ugric Mythology. The Mythology of All Races,* vol. IV, Parte I (Marshall Jones Company, Boston, 1927), p. 265-281.

65. E.J. Rapson, "Peoples and Languages", in E.J. Rapson (ed.), *The Cambridge History of India,* vol. I, *Ancient India* (Macmillan, Nova York, 1922), p. 46.

66. A. Berriedale Keith, "The Age of the Rigveda", in Rapson (ed.), op. cit., p. 81.
67. *Bṛhadāraṇyaka Upaniṣad 2.1.*
68. *As Máscaras de Deus – Mitologia Primitiva,* p. 343-344.
69. *Chāndogya Upaniṣad* 5.3-10, condensado; tradução em grande parte de Robert Ernest Hume, *The Thirteen Principal Upanishads* (Oxford University Press, Londres e Nova York, 1921), p. 230-234.
70. Outros gurus monárquicos pregando aos brâmanes foram: Rei Ashvapati Kaikeya (*Chāndogya Upaniṣad* 5.11-24), Rei (?) Atidhanvan (ibid., 1.9.3), e um, talvez mítico, Sanatkumara, que deu instrução ao lendário discípulo-sábio Narada (ibid., 7.1-25).
71. Paul Deussen, *Die Philosophie der Upanishad's* (F.A. Brockhaus, Leipzig, 1ª ed., 1899; 4ª ed., 1920), p. 19.
72. *Kena Upaniṣad* 3.1. a 4.1; segundo Zimmer, *The Art of Indian Asia,* vol. I, p. 108-109.
73. *Kena Upaniṣad 4.2.*
74. Zimmer, *The Art of Indian Asia,* vol. I, p. 109-110.
75. Zimmer, *Filosofias da Índia.*
76. *Atharva Veda,* passim.
77. Mircea Eliade, *Yoga: Immortality and Freedom* (Pantheon Books, The Bollingen Series LVI, Nova York, 1958), p. 337-339.
78. Oldenberg, op. cit., p. 64.
79. Macdonell, *Vedic Mythology,* p. 34, citando Yāska (*c.*700-500 a.C.?); também J. Muir, *Original Sanskrit Texts,* vol. V (Trübner and Co., Londres, 1870), p. 165, citando Yāska, *Nirukta* 10.31. Cf. Lakshman Sarup, *The Nighantu and the Nirukta* (Oxford University Press, Londres, 1921), tradução inglesa e notas, p. 164.
80. *Ṛg Veda* I.35.6.
81. Ibid., 1.35.5.
82. Cf. Macdonell, *Vedic Mythology,* p. 32-35, para referências do *Ṛg Veda.*
83. *Ṛg Veda* II.33.3.
84. *Ṛg Veda* I.154.3 e 5; segundo Macdonell, *A Vedic Reader,* p. 33 e 35.
85. *Mahā-Vagga* 1.21.1-2.
86. *Taittirīya Upaniṣad* 3.10.6; segundo Hume, op. cit., p. 293.
87. *Bṛhadāraṇyaka Upaniṣad* 1.1.1.
88. *Mahā-Vagga* 1.21.2-4; tradução de Henry Clarke Warren, *Buddhism in Translations,* Harvard Oriental Series, vol. III (Harvard University Press, Cambridge, Massachusetts, 1896). p. 352-353.
89. *Arthaśāstra,* Livro XIV, "Secret Means", Cap. III, "The Application of Medicines and Mantras", item 418; da tradução de R. Shamasastry (Sri Raghuveer Printing Press, Mysore, 1951, 4ª ed.), p. 450.
90. Ibid., Item 422; Shamasastry, p. 453.
91. *Viṣṇu Purāṇa* 4.2-3; tradução baseada em H.H. Wilson, *The Vishnu Purāṇa* (The Oriental Translation Fund of Great Britain and Ireland, Londres, 1840), p. 363-368.
92. Zimmer, *Filosofias da Índia,* p. 144.
93. Cf. Mrs. Sinclair Stevenson, *The Heart of Jainism* (Oxford University Press, Londres, 1915), p. 272-274; Hermann Jacobi, artigo "Jainism", in Hastings (ed.), op. cit., vol. VII, p. 466; Zimmer, *Filosofias da Índia,* p. 144; Helmuth von Glasenapp, *Der Jainismus* (Alf Hager Verlag, Berlim, 1925), p. 244 e ss.; A. Guérinot, *La religion djaina* (Paul Geuthner, Paris, 1926), p. 140-141.
94. Cf. Monier-Williams, op. cit., p. 823.
95. Minha fonte principal para a apresentação das ordens jainas da mônada foi Guérinot, op. cit., p. 186-205.
96. Cf. Monier-Williams, op. cit., p. 448 e 1168.
97. Spengler, op. cit., vol. I, p. 57, 83, 63.
98. *Uttarādhyayana Sūtra* 30.5-6; Hermann Jacobi, *The Gaina-Sūtras, Part II, Sacred Books of the East*, vol. XLV (The Clarendon Press, Oxford, 1895), p. 174.

99. Kunda-kunda Acharya, *Pravacana* II.2-3, 7-9, 20; tradução de Barend Faddegon, F.W. Thomas (ed.), Jain Literature Society Series, vol. I (Cambridge University Press, 1935), p. 152-155; 157-159; 165.

100. *Tātparya-vṛtti* III.24b, 4-5, 7-8; tradução de Faddegon in Thomas (ed.), op. cit., p. 202.

101. *Pravacana-sāra* 1.44; ibid., p. 27.

102. Para a história da vida completa de Parshva, ver Maurice Bloomfield, *The Life and Stories of the Jaina Savior Parçvanātha* (The Johns Hopkins Press, Baltimore, 1919); também, Zimmer, *Filosofias da Índia,* p. 143 e ss. Para os estágios do caminho, Stevenson, op. cit. A fonte de Bloomfield é *Bhavadevasuri's Parśvanātha Carita* (ed. Shravak Pandit Hargovinddas e Shravak Pandit Bechardas, Benares, 1912); em Zimmer, em parte, comentário de Laksmivallabha sobre *Uttarādhyayana-Sūtra* (Calcutá, 1878), p. 682 e seguintes.

CAPÍTULO 5: A ÍNDIA BUDISTA

1. Miguel Asín y Palacios, *La Escatologia musulmana en la Divina Comedia* (Imprenta de Estanislao Maestre, Madrid, 1919; Escuelas de Estudios Árabes, Madrid-Granada, 1943, 2ª ed.).
2. Ibid. (1943), p. 166-168.
3. Langdon, *Semitic Mythology,* p. 94-102, 161-162.
4. Zimmer, *Filosofias da Índia,* p. 174.
5. *Yasna* 30:2; tradução de L.H. Mills, *The Zend Avesta,* Parte III, *Sacred Books of the East,* vol. XXXI (The Clarendon Press, Oxford, 1887), p. 29.
6. *Vendidad* 4.47-49. Tradução de James Darmestetter *(Sacred Books of the East,* vol. IV, *The Zend-Avesta,* Parte I; The Clarendon Press, Oxford, 1880), p. 46-47.
7. Darmestetter, op. cit., p. lxxvi.
8. N.G.L. Hammond, *A History of Greece to 322 B.C.* (The Clarendon Press, Oxford, 1959), p. 75.
9. *Ṛg Veda* 2.12.4.
10. Wheeler, op. cit., p. 117 e 125.
11. Ibid., p. 26-28.
12. Ibid., p. 132.
13. Ibid., p. 132-133.
14. *Timaeus* 30 D.
15. Definição do termo "zona mitogenética", de *As Máscaras de Deus – Mitologia Primitiva,* p. 314-315.
16. Karl Kerényi, "Die Orphische Kosmogonie und der Ursprung der Orphik", *Eranos-Jahrbuch 1949* (Rhein-Verlag, Zurique, 1950), p. 64.
17. Mateus 16:23; *Mahāparinibbāna-Sutta* 61.
18. *Sāṁkhya-Sūtra* 4.1. (Tradução, Zimmer, *Filosofias da Índia,* p. 225.)
19. *Mahābhārata* 3.107.
20. Vijñānabhikṣu, comentário sobre *Sāṁkhyasūtra* I.146, citado por Richard Garbe, *Die Samkhya-Philosophie* (H. Haessel Verlag, Leipzig, 1917, 2ª ed.), p. 387.
21. Vijñānabhikṣu, comentário sobre *Sāṁkhyasūtra* II.34; Garbe, loc. cit.
22. Nietzsche: *Die Geburt der Tragödie,* p. 7, penúltimo parágrafo.
23. Aśvaghoṣa, *Buddhacarita,* Livros 2-15, bastante condensado.
24. *Dīgha-nikāya* II.55.
25. Arrian, *Anabasis of Alexander,* VII.2.4.; Strabo, *Geography,* XV, *c.*714 f. e Plutarch, *Alexander* 65; cf. citado por E.R. Bevan, "Alexander the Great", in Rapson (ed.), op. cit., p. 358-359.
26. Arrian VII. e Strabo XV, *c.*717*;* Bevan, op. cit., p. 381.
27. *Tattvarthādhigama Sūtra* 4 *(Sacred Books of the Jaina,* vol. II), p. 6-7.
28. *Thera-gāthā* 62 (Vajji-putta), tradução, Mrs. Rhys Davids, *Psalms of the Early Buddhists II – Psalms of the Brethren,*

Pali Text Society (Henry Froude, Londres, 1913), p. 63.

29. Comparar Rapson, "The Scythian and Parthian Invaders", in Rapson (ed.), op. cit., p. 581-582 (78-123 d.C.) e H.G. Rawlinson, *India: A Short Cultural History* (D. Appleton-Century, Nova York e Londres, 1938), p. 93-94.

30. Aśvaghoṣa, *Buddhacarita* 16.57-129 (condensado).

31. Hpe Aung, "Buddhist Ethics, Buddhist Psychology and Budhist Philosophy, from Buddhadesana", in *Proceedings of the IXth International Congress for the History of Religions, Tokyo and Kyoto, 1958* (Maruzen, Tóquio, 1960), p. 311-313.

32. *Vajracchedikā* (The Diamond-Cutter), 5 e 16.

33. *Yoga Sūtras* 4.34.

34. Friedrich Nietzsche, *Also sprach Zarathustra,* Parte I, Discursos de Zarathustra, seção I. Tradução de Walter Kaufmann, *The Portable Nietzsche* (The Viking Press, Nova York, 1954), p. 137-139.

35. Albert Schweitzer, *Indian Thought and Its Development,* traduzido por Mrs. Charles E.B. Russell (Hodder and Stoughton, Londres, 1936), p. 13.

36. *Aṣṭavakra Saṁhitā* 18, versos 57 e 49.

37. As fases do Novo Mundo foram as seguintes: na Mesoamérica: Pré-maia Chicanel (424 a.C.-57 d.C.), Maia Anterior Tzakol (57-373 d.C.), Maia Posterior Tepeuh (373-727 d.C.). No Peru: Salinar e Gallinazo (*c.*500-300 a.C.), Moche, Nazca e Tiahuanaco Anterior (*c.*300 a.C.-500 d.C.). Ver *As Máscaras de Deus – Mitologia Primitiva,* p. 178-179.

38. Rapson (ed.), op. cit., p. 467-473.

39. Wheeler, op. cit., p. 172-173. Ver tb. E. Diez, *Die Kunst Indiens* (Akademische Verlagsgesellschaft Athenaion, Potsdam, n.d.), p. 11, e Benjamim Rowland, *The Art and Architecture of India: Buddhist, Hindu, Jain. The Pelican History of Art* (Penguin Books, Londres, Melbourne, Baltimore, 1953), p. 44-45. Para ilustrações, Zimmer, *The Art of Indian Asia,* vol. I, figs. B7a e b, e vol. II, fig. 4; ou Rowland, op. cit., figs. 8, 9, 10 e 11.

40. Zimmer, *The Art of Indian Asia,* vol. I, p. 257 e fig. B4c.

41. A. Dupont-Sommer, "Une inscription greco-araméenne du roi Asoka récemment découverte en Afghanistan", *Proceedings of the IXth International Congress for the History of Religions, Tokyo and Kyoto, 1958* (Maruzen, Tóquio, 1960), p. 618.

42. Ibid.

43. Mateus 5:39; 8:22.

44. Rock Edict XIII; Vincent A. Smith, *The Edicts of Asoka* (Essex House Press, Broad Campden, 1909), p. 21.

45. Rock Edict IX; Smith, op. cit., p. 15.

46. Minor Rock Edict I (Rupuath Text); Smith, op. cit., p. 3.

47. Rock Edict VI; Smith, op. cit., p. 12.

48. Rock Edict XIII; Smith, op. cit., p. 20-21.

49. Rock Edict XII; Smith, op. cit., p. 17.

50. Rock Edict XII; Smith, op. cit., p. 20.

51. R.E.M. Wheeler, "Brahmagiri and Chandrawelli 1947: Megalithic and Other Cultures in the Chitaldrug District, Mysore State", *Ancient India,* nº 4, p. 181-310.

52. Kauṭilya's *Arthaśāstra.* Supõe-se que Kauṭilya tenha sido o conselheiro e vizir de Chandragupta Maurya; cf. Zimmer, *Filosofias da Índia,* p. 77-112.

53. Zimmer, *Filosofias da Índia,* p. 360, citando Rapson (ed.), op, cit., p. 558.

54. E.J. Rapson, "The Successors of Alexander the Great", in Rapson (ed.), op. cit., p. 540 e seguintes.

55. Ibid., p. 551.

56. Wintemitz, op. cit., vol. II, p. 140-141. Livros IV-VII estão faltando na tradução chinesa feita entre 317-420 d.C., e são, portanto, julgados como sendo de data posterior.

57. *The Questions of King Milinda*, traduzido por T.W. Rhys Davids, *Sacred Books of the East*, vols. XXXV e XXXVI (The Clarendon Press, Oxford, 1890, 1894).
58. Para as datas 78-123, ver E.J. Rapson, "The Scythian and Parthian Invaders", in Rapson (ed.), op. cit., p. 582-83; e para 120-162, H.G. Rawlinson, *India: A Short Cultural History* (D. Appleton-Century, Nova York e Londres, 1938), p. 93-94.
59. Zimmer, *The Art of Indian Asia*, vol. II, fig. 61.
60. D.C. Sircar, "Inscriptions in Sanskritic and Dravidian Languages", *Ancient India*, nº 9, 1953, p. 216.
61. Zimmer, *The Art of Indian Asia*, vol. II, fig. 9.
62. Ibid., fig. 11b.
63. *Sutta Nipāta* 5.7.8.
64. Zimmer, *The Art of Indian Asia*, vol. II, figs. 62-67.
65. Ibid., figs. 71-73.
66. Ibid., vol. I, p. 340.
67. Citação extraída das regras da Ordem (Vinaya) por Edward Conze, *Buddhism, Its Essence and Development* (Philosophical Library, Nova York, sem data), p. 58.
68. Zimmer, *The Art of Indian Asia*, vol. II, fig. 27.
69. Ibid., fig. 12.
70. Ibid., figs. 9, 15, 22.71.
71. *Aṣṭasāhasrikā Prajñāpāramitā* 1; Zimmer, *Filosofias da Índia*, p. 349.
72. Cf. K.L. Reichelt, *Truth and Tradition in Chinese Buddhism* (Commercial Press, Xangai, 1927), p. 9-12.
73. *Buddhacarita* 15.11-12.
74. *Amitāyur-dhyāna Sūtra*, Parte III, parágrafo 22, segundo a tradução de Junjiro Takakusu, in *Buddhist Mahāyāna Texts, Sacred Books of the East*, vol. XLIX (The Clarendon Press, Oxford, 1894), Parte II, p. 188.
75. *Amitāyur-dhyāna Sūtra*, Parte III, parágrafo 30; Takakusu, op. cit., p. 197-199.
76. Marie-Thérèse de Mallmann, *Introduction à l'étude d'Avalokiteçvara* (Civilizations du Sud, Paris, 1948), p. 90-91.
77. Ver a discussão dessa figura em Pierre Lambrecht, *Contributions à l'étude des divinités celtiques* (Rijksuniversiteit te Gent, Brugge, 1942), p. 56-60.
78. *Amitāyur-dhyāna Sūtra*, Parte I, parágrafos 1-7; Takakusu, op. cit., p. 161-167.
79. Ibid., Parte II, parágrafos 1-12; Takakusu, op. cit., p. 169-173.
80. Ibid., Parte II, parágrafo 17; Takakusu, op. cit., p. 178.
81. Zimmer, *The Art of Indian Asia*, vol. I, p. 343.
82. Heinrich Zimmer, *Kunstform und Yoga im indischen Kultbild* (Frankfurter Verlags-Anstalt, Berlim, 1926), p. 12.
83. *Amitāyur-dhyāna Sūtra*, II.17; Takakusu, op. cit., p. 178-179.
84. Ibid., 19; Takakusu, op. cit., p. 181-185.
85. *Vajracchedikā* 31 e 32.
86. L. de la Vallée Poussin, *Boudhisme* (Gabriel Beauchesne, Paris, 1925, 3ª ed.), p. 403; citado por Albert Grünwedel, *Mythologie des Buddhismus in Tibet und der Mongolei* (F.A. Brockhaus, Leipzig, 1900), p. 142.

CAPÍTULO 6: A IDADE DE OURO DA ÍNDIA

1. Fa-hsien (Fa Hian), *Fo-kwo-ki*, traduzido por Samuel Beal, *Travels of Fah-Hian and Sung-Yun* (Trübner and Co., Londres, 1869), p. 55-58.
2. Goethe, *Sämtliche Werke, Jubiläumsausgabe* (J.G. Cotta'sche Buchhandlung Nachfolger, Stuttgart e Berlim, 1902-1907), vol. I, p. 258.
3. Pliny, *Natural History*, VI.26,101; citado por Wilfred H. Schoff, *The Periplus of the Erythraean Sea: Travel and Trade in the Indian Ocean by a Merchant of the First*

Century, traduzido do grego e comentado (David McKay Company, Nova York, 1916), p. 219.

4. Ibid., IX.57, 114; citado por Schoff, op. cit., p. 240.
5. Schoff, op. cit., p. 220.
6. *Periplus,* parágrafos 54 e 56; Schoff, op. cit., p. 44-45.
7. Ibid., parágrafo 49; Schoff, p. 42.
8. Ibid., parágrafo 50; Schoff, op. cit., p. 43.
9. Wheeler, com Ghosh e Deva, op. cit. *(Ancient India,* nº 2, 1946), p. 17.
10. Hermann Goetz, "Imperial Rome and the Genesis of Classical Indian Art", *East and West,* New Series, vol. 10, nºs 3-4, Set.-Dez., 1959, p. 180.
11. Rawlinson, op. cit., p. 98.
12. Goetz, op. cit., p. 262.
13. Ibid., p. 264.
14. Ibid., p. 264.
15. Ibid., p. 265.
16. Ibid., p. 262 e 264-268.
17. A. Berriedale Keith, *The Sāṁkhya System,* The Heritage of India Series (Association Press, Calcutá; Oxford University Press, Londres, sem data), p. 30.
18. *Mahābhārata* 1.63.1-85, condensado.
19. Ibid., 1.100.40-101, condensado.
20. Ibid., 1.101-106, condensado.
21. Millar Burrows, *The Dead Sea Scrolls* (The Viking Press, Nova York, 1955), p. 222-223.
22. *Mahābhārata* 1.
23. Ibid., 12.333.
24. Ibid., 3.33.2.
25. *Samyutta-nikāya* 2.43.
26. *Prajñāpāramitā-sūtra.*
27. *Kaṭha Upaniṣad* 3.12; Hume, op. cit., p. 352.
28. *Bhagavad Gītā 6.6.*
29. Ibid., 3.35.
30. Rawlinson, op. cit., p. 111.
31. Ibid., p. 199-200.
32. Goetz, op. cit., p. 262-263.
33. Zimmer, *The Art of Indian Asia,* vol. II, figuras 348-375.
34. P.N. Chopra, "Rencontre de l'Inde et de l'Islam", *Cahiers d'histoire mondiale,* vol. VI, nº 2 (1960), p. 371-372.
35. H. Goetz, "Tradition und schöpferische Entwicklung in der indischen Kunst", *Indologen-Tagung, 1959,* Verhandlungen der Indologischen Arbeitstagung in Essen-Bredeney, Villa Hügel (Vandenhoeck und Ruprecht, Göttingen, 1959), p. 151.
36. Ibid., p. 152.
37. *Viṣṇu Purāṇa* 5.13, um pouco condensado; segundo Wilson, op. cit., p. 531-535.
38. *Harivaṁsa* 75.
39. *Bhagavatā Purāṇa* 10.29.46.
40. Ibid., 10.29.39-40.
41. Ibid., 10.30-31.
42. Ibid., 10.32.
43. Ibid., 10.33.
44. *Mādhyamika Śāstra* 25.20 (versão tibetana).
45. Ibid., 25.24. De Max Walleser, *Die Mittlere Lehre des Nāgārjuna, nach der tibetanischen Version übertragen* (Carl Winter's Universitätsbuchhandlung, Heidelberg, 1911), p. 163-164.
46. *Hevajra Tantra* (Manuscript in library of Royal Asiatic Society of Bengal, Calcutá), p. 36 (B); citado por Shashibhusan Dasgupta, *Obscure Religious Cults as Background of Bengali Literature* (University of Calcutta, 1946), p. 90.
47. Dasgupta, op. cit., p. 91.
48. Ibid., p. 94, citando Saraha-pāda, *Dohākoṣa.*
49. Ibid., p. 93, citando o mesmo.
50. Ibid., p. 93, citando o mesmo.
51. Ibid., p. 95, citando o mesmo.
52. Ibid., p. 97, citando o mesmo.

53. Ibid., p. 100, citando Tillo-pāda, *Dohākoṣa.*
54. Jayadeva, *Gitāgovindakāvyam,* consideravelmente condensado; ed. C. Lassen (Bonn, 1836).
55. Winternitz, op. cit., vol. III, p. 127.
56. Dasgupta, op. cit., p. 164.
57. A. Barth, traduzido por J. Wood, *The Religions of India* (Houghton, Mifflin and Company, Boston, 1882), p. 205-206.
58. *Śyāma Rahasya;* cf. citado em H.H. Wilson, "Essays on the Religion of the Hindus", *Selected Works* (Trübner and Company, Londres, 1861), vol. I. p. 255, nota 1.
59. Ibid., cf. citado por Wilson, "Essays on the Religion of the Hindus", p. 256, nota 1.
60. Wilson, "Essays on the Religion of the Hindus", p. 258-259, nota 1; citando o *Devī Rahasya.*
61. Ibid., p. 257.
62. Ibid., p. 265.
63. Ibid., p. 264, nota 1, citando Ānandagiri, *Savikara Vijāya.*
64. Ibid., p. 262, nota 1; citando *Śyāma Rahasya.*
65. Ibid., p. 263.
66. Dasgupta, op. cit., p. 166, citando Candidas.
67. *Brahmavaivarta Purāṇa,* Kṛṣṇajanma-khaṇda, 28.12-82.
68. Ibid., 28.84-181; também 29 e 30.
69. Sir H.M. Elliot (ed. por J. Dowson), *The History of India as Told by Its Own Historians;* 8 vols. (Trübner and Co., Londres, 1867-1877), vol. II, p. 26; citado por Rawlinson, op. cit., p. 206-207.
70. Rawlinson, op. cit., p. 208-209, citando Elliot, op. cit., vol. IV, p. 180-183.
71. Rawlinson, op. cit., p. 277-278.

PARTE III: AS MITOLOGIAS DO EXTREMO ORIENTE
CAPÍTULO 7: MITOLOGIA CHINESA

1. Li Chi, *The Beginnings of Chinese Civilization* (University of Washington Press, Seattle, 1957), p. 3-4.
2. Ibid., p. 12.
3. O leitor encontrará uma excelente visão resumida desse empreendimento na obra vívida de Herbert Wendt, traduzida do alemão por James Cleugh, *In Search of Adam* (Houghton Mifflin, Boston, 1956), p. 455-466.
4. J.G. Andersson, "Researches into the Prehistory of the Chinese", *Bulletin of the Museum of Far Eastern Antiquities,* nº 15, 1943, p. 25.
5. *As Máscaras de Deus – Mitologia Primitiva,* p. 293-294, 318-320.
6. Andersson, op. cit., p. 24.
7. Ibid., p. 23.
8. Ibid., p. 30.
9. Walter A. Fairservis, Jr., *The Origins of Oriental Civilization* (The New American Library of World Literature, Inc.; A Mentor Book, Nova York, 1959), p. 73-76, condensado.
10. Andersson, op. cit., p. 296-297.
11. Edgar Allan Poe, *Works* (Thomas Nelson and Sons, Nova York, 1905), seção I, Parte IV, p. 27-28.
12. Bernhard Karlgren, "Legends and Cults in Ancient China", *Bulletin of the Museum of Far Eastern Antiquities,* nº 18, 1946, p. 218-219, citando *Kuan Tzu.*
13. Ibid., p. 221.
14. Ibid., p. 276-277 e 212, citando *Lü Shih Ch'un Ch'iu.*
15. Karlgren, op. cit., p. 278.
16. Ibid., p. 278-280; citando *Kuan Tzu, Lü Shih Ch'un Ch'iu* e *Han Fei Tzu.*
17. E.T. Backhouse e J.O.P. Bland, *Annals and Memoirs of the Court of Peking* (W. Heinemann, Londres, 1914), p. 322; cf.

citado por Adda B. Bozeman, *Politics and Culture in International History* (Princeton University Press, 1960), p. 145-146.

18. Karlgren, op. cit., p. 211; citando *Tso Chuan.*
19. Ibid., p. 257, nota 1, citando *Shih Ching,* ode 245.
20. Ibid., p. 211, citando *Lü Shih Ch'un Ch'iu.*
21. Dante, *Vita Nuova,* 2, 3; também 6.
22. *Shu Ching* 1.1; segundo James Legge, *The Sacred Books of China: The Texts of Confucianism, Part I, Sacred Books of the East,* vol. III (The Clarendon Press, Oxford, 1899, 2ª edição), p. 32-33.
23. *Shu Ching* 1.3; segundo Legge, op. cit., p. 34-36.
24. *Han Fei Tzu* cf. citado por Karlgren, op. cit., p. 295.
25. *Shu Ching* 2.1.2; Legge, op. cit., p. 38.
26. *Han Fei Tzu,* Nan 1, cf. citado por Karlgren, op. cit., p. 297.
27. *Shu Ching,* 2.1.2; Legge, op. cit., p. 38.
28. Karlgren, op. cit., p. 292-293, citando *Mo Tzu.*
29. *Shu Ching* 2.1.3; Legge, op. cit., p. 38-40.
30. Karlgren, op. cit., p. 298, citando *Tso Chuan.*
31. *Shu Ching* 5.4.1; Legge, op. cit., p. 139-140.
32. Loc. cit.
33. *Mencius* 3.1.4.7; segundo Karlgren, op. cit., p. 303.
34. *Karlgren,* op. cit., p. 306, citando *Shih Chi.*
35. Ibid., p. 305. citando *Lü Shih Ch'un Ch'iu.*
36. *Shu Ching* 2.4.1; segundo Legge, op. cit., p. 57-60.
37. Karlgren, op. cit., p. 303, citando *Shih Chi.*
38. Loc. cit., citando *Tso Chuan.*
39. Louis Ginzberg, op. cit., vol. I, p. 163-166; e vol. V, p. 187.
40. Robert Graves, *The White Goddess* (Creative Age Press, Nova York, 1948), p. 272.
41. *As Máscaras de Deus – Mitologia Primitiva,* p. 104-107.
42. Karlgren, op. cit., p. 303-304.
43. E.T.C. Werner, *A Dictionary of Chinese Mythology* (Kelly & Walsh, Xangai, 1932), p. 597.
44. Karlgren, op. cit., p. 326-327, citando *Kuan Tzu.*
45. Ibid., p. 329, citando *Lü Shih Ch'un Ch'iu.*
46. Ibid., p. 327, citando *Kuan Tzu.*
47. Ibid., p. 328, citando *Lü Shih Ch'un Ch'iu.*
48. Ibid., p. 329, nota 1.
49. Frazer, op. cit., p. 1-2 e passim.
50. Ovid, *Metamorphoses* X, linhas 512-513.
51. Karlgren, op. cit., p. 329, nota 1.
52. Ibid., p. 331-333, citando abundantemente *Mo Tzu.*
53. Fairservis, op. cit., p. 127-128.
54. Tradução de Arthur Waley, *Three Ways of Thought in Ancient China* (The Macmillan Company, Nova York, 1939; Doubleday Anchor Books, Garden City, N.Y., 1956), p. 123.
55. Li Chi, op. cit., p. 32.
56. Joseph Needham e Wang Ling, *Science and Civilization in China* (Cambridge University Press, Cambridge, Inglaterra, 1954), vol. I, p. 81.
57. René Grousset, traduzido do francês por Haakon Chevalier, *Chinese Art and Culture* (The Orion Press, Nova York, 1959), p. 17.
58. Ibid.
59. Marcel Granet, *Danses et légendes de la Chine ancienne* (Felix Alcan, Paris, 1926), p. 491, nota 2; citado por Grousset, op. cit., p. 18, nota 37.

60. Ver, por exemplo, a série de ilustrações em Miguel Covarrubias, *The Eagle, the Jaguar, and the Serpent* (Alfred A. Knopf, Nova York, 1954), p. 48-49.
61. *As Máscaras de Deus – Mitologia Primitiva,* p. 191 e ss.
62. Li Chi, op. cit., p. 23.
63. Needham e Wang Ling, op. cit., vol. I, p. 84.
64. *Shu Ching* 5.6.1; Legge, op. cit., p. 152-154.
65. *Shih Ching,* "The Sacrificial Odes of Shang", ode 1; segundo Legge, op. cit., p. 304-305.
66. *Shih Ching,* "The Sacrificial Odes of Shang", ode 2; Legge, op. cit., p. 306.
67. *Shih Ching,* "The Sacrificial Odes of Chou", década 3, ode 7; Legge, op. cit., p. 334.
68. Ibid., década 3, ode 6; Legge, op. cit., p. 331-332.
69. Ibid., "The Minor Odes of the Kingdom", década 1, ode 5, estrofe 1; Legge, op. cit., p. 347.
70. *Shih Ching,* "The Minor Odes of the Kingdom", década 4, ode 9 (parcial); Legge, op. cit., p. 355.
71. *Shih Ching,* "The Minor Odes of the Kingdom", década 4, ode 7, condensado; Legge, op. cit., p. 353.
72. K.M. Panikkar, "Indian Doctrines of Politics", First Annual Lecture at the Harold Laski Institute of Political Science at Ahmedabad, July 22, 1955; citado por Bozeman, op. cit., p. 264. Para uma compreensão da filosofia da política indiana clássica, remete-se o leitor a Zimmer, *Filosofias da Índia,* p. 77-100; da chinesa, Waley, *Three Ways of Thought in Ancient China,* p. 152-188; e uma revisão dessas ideias com relação à história do pensamento político da Ásia, Adda B. Bozeman, *Politics and Culture in International History* (Princeton University Press, 1960), p. 118-161.
73. *Shang Tzu* 8.2a e 13.8b; tradução da obra de Waley, *Three Ways of Thought in Ancient China,* p. 167-168, e J.J.L. Duyvendak, *The Book of the Lord Shang: A Classic of the Chinese School of Law* (Arthur Probsthain, Londres, 1928), p. 236 e 256.
74. Ibid., 25.11 b (Duyvendak, op. cit., p. 326); trad. Waley, op. cit., p. 167.
75. Ibid., 4.11 a e b (também 20.3b); Duyvendak, op. cit., p. 196, 199-200 (também p. 305); Waley, op. cit., p. 173.
76. Arthur Waley, *The Way and Its Power,* p. 64 e 41.
77. Richard Wilhelm, tradução de Cary F. Baynes, *The I Ching or Book of Changes* (Pantheon Books, Bollingen Series XIX, Nova York, 1950), vol. I, p. xxxi.
78. Ibid., vol. I, p. 32-34, condensado.
79. *I Ching,* "Great Commentary"; tradução de James Legge, *The Sacred Books of China: The Texts of Confucianism, Part II, The Yi King. Sacred Books of the East,* vol. XVI (The Clarendon Press, Oxford, 1899), p. 12 e 373.
80. Fung Yu-lan, *A Short History of Chinese Philosophy,* editado por Dirk Bodde (The Macmillan Company, Nova York, 1948), p. 39.
81. Ibid., p. 40.
82. Ibid., p. 38.
83. *Analects* 7.1.
84. Ibid., 7.16.
85. Needham e Wang Ling, op. cit., vol. II, p. 307.
86. Fung Yu-lan, op. cit., p. 39.
87. *Analects* 12.2; James Legge, *The Four Books,* p. 157.
88. Ibid., 13.3, 5-6; Legge, *The Four Books,* p. 176.
89. Ibid., 12.11; Legge, *The Four Books,* p. 165-166.
90. Fung Yu Lan, op. cit., p. 41.
91. Zimmer, *Filosofias da Índia,* p. 128-129.
92. Fung Yu-lan, *A History of Chinese Philosophy* (Princeton University Press, 1952), vol. I, p. 370.

93. *Chung Yung* 1.1; Legge, *The Four Books,* p. 349.
94. Ibid., 20.18; Legge, *The Four Books,* p. 394.
95. Ibid., 22; Legge, *The Four Books,* p. 398-399.
96. Ibid., 14.1-2; Legge, *The Four Books,* p. 367.
97. *Analects* 8.8; Legge, *The Four Books,* p. 100.
98. *Analects* 20.3; Legge, *The Four Books,* p. 306.
99. *Analects* 4.16; Legge, *The Four Books,* p. 44, e Fung Yu-lan, *A Short History,* p. 42.
100. *Mo Tzu* 39; tradução da obra de Fung Yu-lan, *A Short History,* p. 52.
101. *Mo Tzu* 48; tradução da obra de Fung Yulan, *A History of Chinese Philosophy,* vol. I, p. 86.
102. Fung Yu-lan, *History,* vol. I, p. 90.
103. Ibid., p. 84.
104. Ibid., p. 87.
105. *Mo Tzu* 11; Fung Yu-lan, *History,* vol. I, p. 100.
106. *Mo Tzu* 13; Fung Yu-lan, *History,* vol. I, p. 101-102.
107. *Mo Tzu* 16; tradução, Fung Yu-lan, *A Short History,* p. 54.
108. *Mo Tzu* 9.39; tradução, Waley, *Three Ways of Thought,* p. 131.
109. Fung Yu-lan, *A Short History,* p. 50-51.
110. *Mencius* 7.26.1; tradução, Legge, *The Four Books,* p. 956.
111. *Han Fei Tzu* 51; tradução de Waley, *The Way and Its Power,* p. 43.
112. *Kuan Tzu* 65; tradução de Waley, op. cit., p. 37.
113. Waley, *The Way and Its Power,* p. 37-38, citando *Mencius,* 3.2.10; cf. Legge, *The Four Books,* p. 681-685.
114. Waley, *The Way and Its Power,* p. 46.
115. Ibid., p. 114.
116. Ibid., p. 52.
117. Ibid., p. 114-115.
118. *Vedāntasāra* 15-25.
119. Waley, *The Way and Its Power,* p. 32.
120. *Tao Te Ching* 6; tradução, Waley, *The Way and Its Power,* p. 149.
121. Waley, *The Way and Its Power,* p. 45-46.
122. *Tao Te Ching* 15; Waley, p. 160.
123. *Tao Te Ching* 16; Waley, p. 162.
124. *Chuang Tzu* 18.2; tradução de Waley, *The Way and Its Power,* p. 53-54.
125. Waley, *The Way and Its Power,* p. 54-55.
126. *Tao Te Ching 22*; Walley, *The Way and Its Power,* p. 171.
127. Waley, *The Way and Its Power,* p. 84.
128. Ibid., p. 72.
129. Needham e Wang Ling, op. cit., vol. I, p. 97-98.
130. Legge, *The Sacred Books of China: The Texts of Confucianism,* p. 6-7.
131. *Taittīriya Upaniṣad* 2.1.
132. Fung Yu-lan, *A Short History of Chinese Philosophy,* p. 131-132.
133. *Shu Ching* 5.4; Legge, *The Sacred Books of China: The Texts of Confucianism,* p. 139-141.
134. Karlgren, op. cit., p. 222; Fung Yu-lan, *A History of Chinese Philosophy,* vol. II, p. 7-30.
135. Karlgren, op. cit., p. 200-201.
136. Junjiro Takakusu, *The Essentials of Buddhist Philosophy,* ed. W.T. Chan and Charles A. Moore (University of Hawaii, Honolulu, 1947; 2ª edição, 1949), p. 14-16.
137. *Lieh Tzu,* Capítulo Yang Chu *(Yang Chu's Garden of Pleasure,* tradução de Anton Forke), citado por Fung Yu-lan, *A Short History,* p. 232-233.
138. Fung Yu-lan, *A Short History,* p. 233.
139. *Lieh Tzu,* loc. cit., tradução Fung Yu-lan, *A Short History,* p. 234.

140. *Shih Shuo* 23; in Fung Yu-lan, *A Short History,* p. 235-236.
141. *Shih Shuo* 23; Fung Yu-lan, p. 235.
142. *Ko Hung* (também chamado *Pao-p'u Tzu), Nei P'ien,* 7, tradução da obra de Obed Simon Johnson, *A Study of Chinese Alchemy* (Xangai, 1928), p. 63.
143. *Pao-p'u Tzu* 6.42; tradução da obra de Wm. Theodore de Bary, Wing-tsit Chan, e Burton Watson, *Sources of Chinese Tradition* (Columbia University Press, Nova York, 1960), p. 301.
144. Ibid., 6.5b-7a e 3.10a-b; de *Sources,* p. 302-304.
145. Wing-tsit Chan, in *Sources,* p. 298.
146. Ibid., p. 297.
147. Needham e Wang Ling, op. cit., vol. I, p. 119.
148. Daisetz Teitaro Suzuki, *Essays in Zen Buddhism (First Series)* (Rider and Company, Nova York, Londres etc., sem data), p. 168.
149. Suzuki, op. cit., p. 186-189; Takakusu, op. cit., p. 159; citando Tao Hsüan, *The Records of the Transmission of the Lamp* (escrito em 1004 d.C.)
150. Suzuki, op. cit., p. 165; Takakusu, op. cit., p. 158-159.
151. Suzuki, op. cit., p. 174; Alan W. Watts, *The Way of Zen* (Pantheon Books, Nova York, 1957), p. 88.
152. Yu Shen-Hsing, cf. citado em Fu Tse-Hung, *Golden Mirror of the Flowing Waters (Hsing Shui-Chin Chien),* 92; citado por Needham e Wang Ling, op. cit., vol. I, p. 123.
153. Needham e Wang Ling, op. cit., vol. I, p. 123-124.
154. Loc. cit.
155. Edwin O. Reischauer, *Ennin's Travels in T'ang China* (The Ronald Press Company, Nova York, copyright 1955), p. 227.
156. *Vajracchedikā 5.*
157. Suzuki, op. cit., p. 203-206; Watts, op. cit., 91-92.
158. Suzuki, op. cit., p. 208-209.
159. *Tao Te Ching* 28.
160. Ibid., 32, condensado; tradução, Waley, *The Way and Its Power,* p. 183.
161. Waley, *The Way and Its Power,* p. 55.
162. Reischauer, op. cit., p. 235.
163. Ibid., p. 238-239.
164. Ibid., p. 211.
165. Edwin O. Reischauer, *Ennin's Diary* (The Ronald Press Company, Nova York, copyright 1955), p. 246-247.
166. Ibid., p. 247-248.
167. Reischauer, *Ennin's Travels in T'ang China,* p. 196.
168. Reischauer, *Ennin's Diary,* p. 341.
169. Ibid., p. 345.
170. Ibid., p. 347-348.
171. Ibid., p. 343-344.
172. ____________
173. Ibid., p. 347-348.
174. Ibid., p. 350-351.
175. Ibid., p. 351-352.
176. Ibid., p. 352-353.
177. Ibid., p. 357.
178. Ibid., p. 358-359.
179. Reischauer, *Ennin's Travels in T'ang China,* p. 262.
180. Joseph M. Kitagawa, *Religious of the East* (The Westminster Press, Filadélfia, 1960), p. 44.
181. *Hsiao Ching* 2; tradução, Legge, *The Sacred Books of China: The Texts of Confucianism,* Parte I, p. 467.
182. Loc. cit.
183. Kitagawa, op. cit., p. 50.
184. Fung Yu-lang, *A Short History of Chinese Philosophy,* p. 271.
185. *Mencius* 7.1.4; tradução, Fung Yu-lan, *A Short History,* p. 77; Legge, *The Four Books,* p. 935-936.
186. *Hsün Tzu* 19; tradução, Fung Yu-lan, *A Short History,* p. 149-150.
187. Fung Yu-lan, loc. cit.

CAPÍTULO 8: MITOLOGIA JAPONESA

1. Faiservis, op. cit., p. 145-146, citando J. Maringer, "Einige faustkeilartige Geräte von Gongenyama (Japan) und die Frage des Japanischen Paläolithikums", *Anthropos,* VI, 1956, p. 175-193; ibid., "A Core and Flake Industry of Paleolithic Type from Central Japan", *Artibus Asiae,* vol. XIX, 2, p. 111-125; e R.K. Beardsley, "Japan Before Prehistory", *Far Eastern Quarterly,* vol. XIV, 3, 1955, p. 321.
2. Ibid., p. 146, citando J.E. Kidder, "Reconstruction of the Pre-pottery Culture of Japan", *Artibus Asiae,* XVII, 1954, p. 135-143.
3. Ibid., p. 148-150, citando J.E. Kidder, *The Jomon Pottery of Japan,* suplemento 17. *Artibus Asiae,* 1957, p. 150-151.
4. *The Japan Biographical Encyclopedia and Who's Who* (The Rengo Press, Tóquio, 1958), p. 1050.
5. *Wei Chi* ("History of the Kingdom of Wei"), tradução da obra de Ryusaku Tsunoda e L. Carrington Goodrich, *Japan in the Chinese Dynastic Histories,* Perkins Asiatic Monograph Nº 2 (P.D. e Ione Perkins, South Pasadena, 1951), p. 8-16.
6. *Hou Han Shu* ("History of the Latter Han Dynasty"), Tsunoda e Goodrich, op. cit., p. 3.
7. Joseph M. Kitagawa, artigo "Japan: Religion", *Encyclopaedia Britannica,* 1961.
8. *Hou Han Shu* e Kitagawa, loc. cit.
9. *Kojiki* 1, Prefácio e 1-9; segundo Basil Hall Chamberlain, *Ko-ji-ki: "Records of Ancient Matters",* suplemento do vol. X, *Transactions of the Asiatic Society of Japan,* p. 1-41, condensado e alterado, com elementos da obra póstuma de Wheeler, *The Sacred Scriptures of the Japanese* (Henry Schuman, Inc., Nova York, 1952), p. 1-17.
10. *Kojiki,* 1.10.
11. Ibid., 1.18-21; Chamberlain, op. cit., p. 71-81.
12. Ibid., 1.26-30; Chamberlain, op. cit., p. 98-113.
13. Ibid., 1.31-32; Chamberlain, op. cit., p. 114-128.
14. Ibid., 1.33-34; Chamberlain, op. cit., p. 128-138.
15. Ibid., 1.37; Chamberlain, op. cit., p. 140-143.
16. *Mathews' Chinese-English Dictionary,* edição americana revista (Harvard University Press, Cambridge, Massachusetts, 2ª impressão, 1960), p. 114, verbete 833.
17. W.G. Aston, artigo "Shinto", em Hastings (ed.), op. cit., vol. XI, p. 463.
18. Referência do Príncipe Takahito Mikasa, in *Proceedings of the IXth International Congress for the History of Religions,* Tóquio e Kioto, 1958, p. 826-827.
19. *Shinto Gobusho;* cf. citado por Genchi Kato, *What Is Shinto?* (Maruzen Company, Tóquio, 1935), p. 45 e 43.
20. *An Outline of Shinto Teachings,* compilado pelo Comitê Xintoísta do IX Congresso Internacional de História das Religiões (Tóquio, 1958), p. 31; também *Basic Terms of Shinto,* compilado e publicado pelo mesmo Comitê, p. 52.
21. Otto, op. cit., p. 7.
22. Ichijo Kaneyoshi (1402-1481), *Nihonshoki Sanso;* citado por Kato, op. cit., p. 46.
23. Langdon Warner, *The Enduring Art of Japan* (Grove Press, Nova York, 1952), p. 18.
24. *Nihongi* 19.34-35; W.G. Aston, *Chronicles of Japan: From the Earliest Times to* 697 d.C. (George Allen and Unwin, Londres, 1956; baseado no "Supplement to Transactions and Proceedings of the Japan Society", 1896), Parte II, p. 66.
25. Ibid., 19.35-38; Aston, op. cit., vol. II, p. 60-68.
26. Ibid., 22.2; Aston, op. cit., Parte II, p. 122.
27. Shotoku, *Shomangyo-gisho;* tradução segundo Shinsho Hanayama, "Japanese Development of Ekayana Thought", in

Religious Studies in Japan, editado pela Japanese Association for Religious Studies and Japanese Organizing Committee of the Ninth International Congress for the History of Religions (Maruzen Company, Ltd., Tóquio, 1959), p. 373.

28. *Nihongi* 22.32-33; Aston, op. cit., Parte II, p. 148.
29. Para um estudo das séries de Borobudur, cf. Zimmer, *The Art of Indian Asia,* vol. I, p. 301-312, e vol. 11, figuras 476-494.
30. Takakusu, op. cit., p. 114.
31. Ibid., p. 120.
32. Philipp Karl Eidmann, "The Tractate of the Golden Lion", tradução e comentários (inédito).
33. Takakusu, op. cit.; p. 120.
34. Ibid., p. 121.
35. Quero reconhecer aqui com gratidão os cinco meses de discussão com os Profs. Shinya Kasugai e Karl Philipp Eidmann em Chion-in e Nishi Honganji, Kioto.
36. *Nirvāna sūtra.* Takakusu, op. cit., p. 127-128.
37. Warner, op. cit., p. 29-30.
38. Hajime Nakamura, "The Vitality of Religion in Asia", em *Cultural Freedom in Asia,* Proceedings of a Conference Held at Rangoon, Burma, Feb. 17-20, 1955 (Charles E. Tuttle Company, Rutland, Vermont e Tóquio, 1956), p. 56.
39. Masaharu Anesaki, *Japanese Mythology, The Mythology of All Races,* vol. VIII, Parte II (Marshall Jones Company, Boston, 1928), p. 296.
40. *Heike Monogatari (The Tale of Heike: The Death of Atsumori),* tradução de A.L. Sadler, em Donald Keene (ed.), *Anthology of Japanese Literature,* UNESCO Collection of Representative Works (Grove Press, Nova York, 1955), p. 179-181.
41. Philipp Karl Eidmann, et al., *The Lion's Roar,* vol. 1, nº 3 (Abril, 1958), passim, e *Takakusu,* op. cit., p. 166-175.
42. Alan W. Watts, *The Way of Zen* (Pantheon Books, Nova York, 1957), p. 134.
43. Eugen Herrigel, *Zen in the Art of Archery* (Pantheon Books, Nova York, 1953), p. 104.
44. Takakusu, op. cit., p. 176-184.
45. Masaharu Anesaki, *Nichiren, the Buddhist Prophet* (Harvard University Press, Cambridge, Massachusetts, 1916), p. 129.
46. *Religions in Japan at Present* (Institute for Research in Religious Problems, Tóquio, 1958), p. 54.
47. A.B. Mitford, *Tales of Old Japan* (Macmillan and Co., Londres, 1871), p. 232-236; citado por Inazo Nitobé, *Bushido: The Soul of Japan* (Teibi Publishing Company, Tóquio, 1911, 17ª edição, revista e ampliada), p. 106-111.
48. Lafcadio Hearn, *Japan* (Grosset and Dunlap, Nova York, 1904), p. 313-314.
49. Citado em *As Máscaras de Deus – Mitologia Primitiva,* p. 340.
50. Nitobé, op. cit., p. 129-130.
51. Citado da obra de Genchi Kato, *Shinto in Essence, as Illustrated by The Faith in a Glorified Personality* (The Noki Shrine, Tóquio, 1954), p. 12.
52. Warner, op. cit., p. 58.
53. Citado por Nitobé, op. cit., p. 19-20.
54. Por essa particular paráfrase da ideia, agradeço a Alan W. Watts (comunicação pessoal).
55. Zenrin, verso citado por Watts, op. cit., p. 126.
56. Zimmer, *The Art of Indian Asia,* p. 189-190.

CAPÍTULO 9: O TIBETE: O BUDA E A NOVA FELICIDADE

1. *Tibet and the Chinese People's Republic,* A Report to the International Commission of Jurists by Its Legal Inquiry Committee on Tibet (International Commission of Jurists, Genebra, 1960), p. 59.
2. Ibid., p. 63.
3. Mao Tsé-Tung, *Selected Works,* vol. I (International Publishers, Nova York, 1954), p. 49.
4. Mao Tsé-Tung, *On Contradiction* (International Publishers, Nova York, 1953), p. 14.
5. Nikhilananda, op. cit., p. 379-380.
6. Marco Pallis, *Peaks and Lamas* (Cassell, Londres, 1939; Alfred A. Knopf, Nova York, 1949).
7. *Tibet and the Chinese People's Republic,* p. VIII.
8. W.Y. Evans-Wentz, *The Tibetan Book of the Dead* (A Galaxy Book, Oxford University Press, Nova York, 1960).
9. *Tibet and the Chinese People's Republic,* Declaração nº 45, p. 278.
10. Ibid., Declaração nº 1, p. 222-223.
11. Mao Tsé-Tung, *Selected Works,* vol. 1, p. 23.
12. *Tibet and the Chinese People's Republic,* Declaração nº 26, p. 254.
13. Ibid., Declaração nº 11, p. 235.
14. Loc. cit.
15. Ibid., Declaração nº 4, p. 225.
16. Ibid., Declaração nº 5, p. 226.
17. Ibid., Declaração nº 7, p. 229.
18. Mao Tsé-Tung, *Let a Hundred Flowers Bloom* (The New Leader, Nova York, 1958), ed. por G.F. Hudson, p. 44.
19. Mao Tsé-Tung, *On Contradiction,* p. 42.
20. Ibid., p. 44-45.
21. *Tibet and the Chinese People's Republic,* Declaração nº 7, p. 229-230.
22. Ibid., Declaração nº 2, p. 223. Outros exemplos desse tratamento aparecem nas Declarações nº 7 (p. 230), nº 10 (p. 234), nº 36 (p. 267), nº 37 (p. 269), nº 38 (p. 269), nº 39 (p. 271), nº 44 (p. 277), e passim.
23. Ibid., Declaração nº 32, p. 260.
24. Ibid., Declaração nº 44, p. 276.
25. Ibid., Declaração nº 35, p. 266.
26. Evans-Wentz, op. cit., p. 166.
27. Ibid., p. 147.

ÍNDICE REMISSIVO

A-bar-gi, 43
Abidos, 54, 56, 63-65, 71, 79, 80, 310
Abu-Simbel, 87, 231
Acad, 106, 116, 129
Acádio (língua), 198
Acadianos, 106, 129
Acyuta, 177, 187
Adão, 18, 19, 29, 97, 100, 240
Adhvaryu, sacerdote, 157, 158 e ss.
Ādipuruṣa, 206
Aditi, 58
Adivinhação, 89, 314-315, 323-324, 356, 362
Adônis, 40, 46, 309
Adriano, 256
Afeganistão, 231, 232, 235
África, 46, 63, 65, 125 e ss., 131, 336
Afrodite, 40
Agade, 106, 116
Agni, 144, 146, 149, 167, 171, 172, 208, 214
Agrária, civilização, ver Neolítico
Aha-Mena, 55, 63
Aham ("Eu"), 21, 24, 206, 268, 395; ver também Si-Próprio na forma de homem
Ahura Mazda, 16, 34, 198, 244
Ainos, 293, 361, 363
Ajanta, cavernas, 255
Ajatashatru, 163-164, 200, 246
A-jīva, 182
Ajmir, 287
Ājñā, 79
Akaki kokoro, 373
Ākāśa, 189
Alá, 34, 286
Alcorão, 17
Alexandre II, 234
Alexandre o Grande, 89, 206, 221-222, 230 e ss., 296
Alexandria, 257, 269
Amaravati, 201, 257
Amarelo, Imperador, ver Huang Ti
Amarelo, rio, 143, 346
Amar-Sin, 106
Amaterasu Omikami, 368, 369, 373
Amdo, 399
Ameixeira Amarela, mosteiro da, 347, 348
América, 45, 63, 230, 294, 295, 303, 311-313, 363, 384
Amida, 240-252, 263-265
Amida, seitas japonesas, 241, 377, 384-385, 387; ver também Budismo, no Japão
Amitabha; ver Amida
Amitayus; ver Amida
Amoreira, 308
Amoritas, 106
Amor-morte, ritual, 43, 62; ver também Casamento, ritual do
Amri, cerâmica, 123
An, 92, 94, 95, 103, 105, 112, 146, 195; ver também Anu
Anahid-Cybele, 269
Analetos, 325
Ananda, 205, 221, 239, 345, 346, 392
Anātman, 218
Anatólia, 143

Anaximandro, 337
Ancestrais, culto dos, 315, 318, 319, 356, 373
Andaman, habitantes da ilha de, 146
Andersson, J.G., 292, 293, 294, 310
Andrae, W., 91
Anesaki, Masaharu, 382
Angra Mainyu, 16
Anhilvad, 287
Aniácia, indústria, 126
Añjali, 30
Anki, 94
Ano Grande, 98-101; ver também Cósmicas, eras
Anṛta, 147
Antediluvianos, reis, 98, 99, 100, 104, 178, 300, 306
Antígono Gónatas, 234
Antíoco II, 234
Anu, 112, 113, 116; ver também An
Anyang, 310
Apego, 267; ver também Desapego; Engajamento; Desengajamento; Livre-arbítrio
Ápis, touro, 78, 86, 140, 161, 265
Apolo, 33, 244, 309
Apsaras, 258
Aqueliana, cultura, 126
Aquemênida, estilo, 231
Aquemênida, império, 17, 230, 233
Aquenáton, 86
Aquino, Santo Tomás de, 97, 116, 390
Árabes, 90, 106
Arábia, 106, 131
Arada, 215-217, 223
Aral, Mar de, 145
Arallu, 196
Aramaica, 232, 233
Arameus, 106
Arhats, 224, 236
Ariadne, 68
Árias: vestígios arqueológicos, ausência de, 199-200, 222, 230; chegada na Índia, 143-144, 199-200, 227; assimilação dos, 151-152, 155, 169; atitude para com habitantes anteriores, 132-133, 155, 199; na planície do Ganges, 162, 200; comparados aos gregos, 198-200; língua dos, 131, 144-145; na Mesopotâmia, 116; panteão dos, 145-147; origem pré-histórica dos, 143-145; comparados aos semitas, 147, 149, 205, 226, 307; ver também Védica, mitologia
Arikamedu, 257
Arishtanemi, 178
Aristófanes, 33
Aristóteles, 221
Arjuna, 263, 266; ver também Pandavas
Armas, 149, 363; espada, 143, 385
Armênios, 145
Arroz, 135, 295, 342, 361
Arsácida, Pérsia, 298
Arses, 232
Artaxerxes, I, 232
Artaxerxes II, 232
Artaxerxes III, 232
Arte, papel na mitogênese, 68-69, 79-82, 83, 87, 96-97, 246-248, 249-253, 359
Ártemis, 40, 236
Artha, 26, 267
Arthashastra, 173, 320
Árvore, sagrada, 113, 138, 205, 226, 238-240, 308-309; ver também Bodhi, árvore; Amoreira; Figueira-dos-pagodes
Āryan, 184
Āsanas, 332
Ashikaga, período, 270
Ashoka, 201, 223, 231-235, 237, 336
Ashvaghosha, 23, 207, 224, 237, 239, 241, 345
Asín y Palacios, Miguel, 195
Asita, 204
Assam, 15, 135
Assim Falava Zaratustra, 227-228
Assírios, 106, 110
Assur, 196
Assurbanípal, 99, 106, 110
Astarté, 40
Astecas, 311, 384
Astrologia, 89
Astronomia, 89, 98-101, 258
Astroscopia, 89
Asuras, 185
Aśva-medha, 157
Atena, 314
Atenas, 81, 201
Ātman (Si-Próprio), 20, 153, 163, 164, 166, 169, 267; ver também Si-Próprio na forma de homem
Atsumori, 382-383
Atum, 74-76, 84
Aurignaciana, cultura, 293, 294
Austrália, 130; ver também Protoaustraloide
Avalokiteshvara, 242, 249, 252
Avasarpinī, 178
Avatamsaka Sutra; ver *Grinalda de Flores, Sutra da*
Awaré, 382, 383, 384, 391

Ayodhya, 179
Azab-Marpaba, 64
Azhi Dahaka, 197

ba, 70 e ss., 357
Babilônia, 106, 196
Babilônios, 99, 106, 108, 110, 113, 116-120; lista de reis, 98, 100-101, 108-109
Báctria, 231, 235, 237, 243, 336
Badaga, 131
Badtibira, 103
Bagdá, 38
Bahrein, 91, 129
Ba-Jeuba, 396
Balaki, 162
Balarama, 266, 271; ver também Viṣṇu
Bali, 63
Balto-eslávicas, tribos, 145
Ba-Nangsang, 398
Banquete, O, 33, 34
Baroda, 257
Barth, A., 282
Basava, 270
Batismo, 91
Behistun, 198
Bel, 112, 113; ver também Enlil
Bel Marduk, 196
Beluchistão, 123, 124, 125, 131, 142, 200
Benares, 140, 162, 177, 224, 226, 288
Benevolência *(jen)*, 325 e ss., 335, 343, 358
Bengala, 133, 201, 276, 288
Bengala, tigre de, 162
Berossos, 91, 98-102, 108
Bhagavad Gītā, 15
Bhagavata Purāṇa, 273-276
Bhairava, 282, 283
Bhairavi, 282
Bhakti, 270
Bhāva, 282
Bhil, 131
Bhima, 263, 266; ver também Pandavas
Bhima (rajá), 287
Bhishma, 261-262
Bhoga, 273
Bíblia, 18 e ss.; 73, 95, 97, 100, 104, 108, 245, 256, 271, 297, 306 e ss.; patriarcas antediluvianos, 100-101, 108-109, 178, 306
Bihar, 131, 133, 162, 201, 231, 288
Bikanir, 287
Biliku, 146
Bimbisara, 215, 216, 246
Bizâncio, 270
Bodhi, 22, 205, 208, 223; ver também Buda, Iluminação
Bodhi, árvore, 22, 23, 24, 30, 138, 205, 218, 219, 220, 238, 240; ver também Figueira-dos-pagodes; Árvore, sagrada
Bodhidharma, 229, 296, 345-347, 379
Bodhisattva, Caminho do, 220
Bodhisattva, definição, 223-224
Bodhisattvas, 208, 209, 220, 223, 224, 225, 241, 242, 277, 376, 377, 386; Dois Grandes, 242-244, 249, 252
Boécio, 229
Bombaim, 126, 129
Bonifácio, Arcebispo de Mainz, 376
Borobudur, estupa, 377
Bosque de Bambu, Os Sete Notáveis do, 341, 343
Brahma, 39, 152-155, 165, 175, 229, 247, 346
Brahmagiri, 235
Brahman, 137, 162, 163, 166-169, 171, 227, 229, 265, 267, 395
Brahmanas, 156, 157, 168, 200, 226
Brahmarshidesha, 162
Brahmavaivarta Purāṇa, 284
Brahmavarta, 162
Brahui, 131
Brak, Tell, 38, 89
Brâmane, casta, 152, 155-158, 159n., 162-169, 177, 268
Bramanicídio, 152, 154
Bramanismo, 62, 155-162, 164, 169, 226 e ss., 229, 255, 258-259, 265, 267, 276; ver também Gupta, período; Hinduísmo; *Mahābhārata*
Breasted, James Henry, 73, 102
Bretanha, 234, 244, 257, 295, 363
Bṛhadāraṇyaka Upaniṣad, 18
Brihadratha, 235
Brihaspati, 168
Britânico, Museu, 63, 73
Bronze, 124, 131, 143, 146, 148, 234, 309, 362
Bronze, Idade do, 169 e s., 230, 234; China, 296, 309-314; Egito, 46; Índia, 129-142, 148, 151, 160, 169, 199, 202-203, 226; Japão, 361, 363; Mesopotâmia, 164
Bronzes, Shang, 311, 314, 317
Brown, W. Norman, 128
Buda (Gautama Śākyamuni), 22, 23, 25, 26, 30, 33, 35, 37, 138, 140, 171-172, 177, 178, 182, 198, 201, 202-207, 213-221, 223-229, 238-251, 253, 254, 297, 324, 325, 344, 346, 347-348, 349, 350, 351, 354, 377-378, 379,

382, 392, 393; comparado com Cristo, 204-205; início da vida, 207-219; comparado com Mahavira, 177; ver também Budismo
Buda, futuro, 224,
Buda, reinos, 241-253
Budas, 23, 24, 224, 241, 252, 277, 377, 386; Pratyeka, 224
Buddhapala, 351
Budge, E.A. Wallis, 46
Budismo, 30-33, 162, 169, 195-253, 254-255, 263, 267-268, 276-277, 343, 379; arte, 87, 140-141, 231, 238, 240-241, 249-253, 277; na China, 229-230, 240-241, 340, 343, 344-346, 347, 349 e ss., 352-353, 355-356, 358; comparado ao Jainismo, 195, 196, 204, 206, 218, 223, 225, 227, 229, 246n., 248, 252; no Japão, 241, 350, 360, 364, 372, 374-387; comparado à filosofia Sanquia, 206, 207-208, 223, 225, 227, 229, 248; no Tibete, 395, 400-401; ver também Amida; *Bodhisattvas;* Bodhi, árvore; Buda (Gautama Śākyamuni); Buda, futuro; Buda, reinos; Budas; Ch'an, budismo; Hinayana, budismo; Mahayana, budismo; Meditação, Budas de; Solar, Buda; Zen-budismo
Bulandshahr, 287
Burma, 126, 135, 223
Bushido, 389
Buto, 52, 69

Cães, 142; como símbolo de azar, 158
Cakravartin, 58
Caldeus, 106, 199
Calendário, 41, 97-98, 99-100, 108, 139, 148, 299
Calígula, 256
Cambises, 231
Camboja, 223
Caminho do Meio, 177, 207, 208, 214, 218, 223, 343, 379; ver também Budismo
Cananeus, 106
Canarense, 131
Canção do Vaqueiro, A, 271, 277-282
Canibalismo, 292; ritual, 14
Cantar dos Cantares, 271
Capricórnio, 91
Capsitano, período, 125, 126
Carma, 166, 190, 192, 194, 267
Carneiro/*Aries*, 99
Carruagens, 143, 152, 170, 313
Casamento, ritual do, 43; ver também Amor--morte, ritual
Casta, 142, 151, 166, 268-269, 326 e ss., 357
Cáucaso, Montanhas do, 143, 145
Causação, cadeia budista de, 219, 378
Cavalo, domesticado, 142-143, 145, 161; como símbolo do universo, 172; e guerra, 143-144, 148-149, 332; ver também Carruagem
Cavalo, sacrifício do, 156-162, 172
Cavalo Branco, Mosteiro, 240
Caxemira, 269, 287
Ceilão, 125, 130, 203, 214, 223, 234, 235, 238, 255
Celtas, 108, 145, 244, 306, 363, 390
Cerâmica, 37, 48, 80, 123 e ss., 127, 131, 200-201, 234 e s., 292-296, 304, 311, 361; colorida de ocre, 200, 230; negra polida do norte, 201, 230, 235; cinza pintada, 200-201, 230
Cernunnos, 244
Chá, cerimônia do, 386, 392
Chan, Wing-tsit, 343
Ch'an, budismo, 344, 347, 358, 377, 381; ver também Budismo, na China
Ch'an-an, budismo; ver Ch'an, budismo
Chandaka, 209-210, 212, 213
Chandragupta II, 255, 258, 344
Chandragupta Maurya, 231, 235
Chang Ling, 342
Ch'ang-an, 254, 352
Chanhu-daro, 144
Chao, 336
Checos, 145
Chen yen, 380
Ch'en Chung, 331
Cheng Chung, 340
Ch'eng, 326
Chi, Grande Mestre, 337
Ch'i, 355
Ch' i, Escola de, 29
Chia Fu, 320
Chiang Yüan, 301
Chieh, 307, 308, 309
Chien, 371
Chien Ti, 301
Chih-kai, 350, 379
Childe, V. Gordon, 124, 143
Ch'in (dinastia), 296, 320, 326, 335-336, 347, 361
Ch'in (Estado), 320, 336
China: 29, 30, 35, 291-359; antediluvianos, imperadores, 299-307; Idade do Bronze, 296, 309, 310-314; comparada ao Egito,

310, 353, 357; e Índia, 316, 318-319, 320, 323, 326, 327, 332-333, 337, 344, 356; literatura de lamentação, 319-320, 321; comparada à Mesopotâmia, 45, 63, 299-300, 307, 315; neolítica, 292, 294-296, 299-309, 311, 313; paleolítica, 292-294; pré-histórica, 297-310; comparada aos semitas, 307; ver também Budismo, na China; Confucionismo; Mohistas; Taoistas; Dinastias, por nome
China, Muralha da, 237, 296, 320, 336
Chindwin, 135
Ching; ver Shih Huang Ti
Ching, duque de Ch'i, 326
Ch'ing, 354
Ch'ing, dinastia, 297
Ching Hsuan, 340
Chinna Kimedy, 134 e s.
Ch'iu Shih-liang, 350, 353
Chopra, P.N., 270
Chota Nagpur, 162
Chou, dinastia, 298, 299, 315-335, 320, 337, 339, 357; inicial, 296-297, 298-299, 307, 315-321; média, 296-297, 298-299, 315-321; tardia, 296-297, 321-335
Chou, duque de, 315-316, 323, 374
Choukoutien, 126, 292, 294
Chu, 302
Chu Jung (deus), 309, 336, 338
Chu Jung (rei), 299
Chu Tzu, 330
Chuan Hsü, 301, 302, 308, 338
Chuang Tzu, 332
Chuang Tzu, 334
Chung Kung, 325
Chung Yung, 326
Chungnan, Montanhas, 355
Ciclo, princípio do, 13, 16, 40, 152, 154-155, 166, 169 e ss., 177; ver também Morte, e ressurreição; Eterno retorno; Lunar, mitologia
Cidades-estados, hieráticas, 65, 202-203, 388; egípcias, 45-54, 65, 70, 77-78, 86-87; indianas, 200; mesopotâmicas, 41-43, 45, 70, 89, 95, 102 e ss., 107, 196
Cidades-estados, seculares, 201-203
Circumpolar, complexo cultural, 294, 311-314, 362, 363
Cirene, 234
Ciro, o Grande, 17, 231
Citas, 237
Clássico da Dama Comum, 342
Clássico da Dama Misteriosa, 342
Clássico da Piedade Filial, 357
Cláudio, 256
Clemente, 257
Cobre, 124, 129, 143, 234, 362
Comunismo, 393-401
Confúcio, 198, 229, 296 e ss., 310, 323, 324-325, 326 e ss., 335, 374, 381; ver também Confucionismo
Confucionismo, 230, 303, 307, 325-327, 328, 330, 334-335, 340, 347, 364, 391; ver também Confúcio; Neoconfucionismo
Constantino, 233
Constantinopla, 270
Coomaraswamy, Ananda K., 97, 123, 142
Coreia, 249, 250, 361, 362, 363, 374, 390
Cornford, F.M., 33
Coromandel, costa do, 257, 270
Cósmicas, eras, 41, 98-101, 107, 141, 149, 178-181, 306-307, 309
Cósmico, dançarino, 202
Cósmico, ovo, 202
Coxo, rei, 306
Creta, 45, 46, 124, 142, 199, 306
Criação, mitos da, 16, 18, 19, 21, 29, 73-77, 91-95, 109, 298
Cristianismo, 17, 20, 113-114, 203-205, 229 e ss., 233, 242, 244 e s., 380
Cristo, 40, 155, 203, 241 e ss., 250, 257, 271, 278, 301, 306, 308, 331
Cro-Magnon, cultura, 126, 294
"Crônicas do Japão", 364
Cronos, 92
Culpa, 87, 110, 226, 245, 307
"Culto corpete", 283
Cultura, estilo *versus* estágio, 46, 53, 70-71
Cybele, 268

Dabar Kot, 125
Dadhikravan, 161
Dafne, 309
Dainichi-nyorai, 377
Dakṣiṇa, 282
Dante, 97, 181, 182, 185, 195, 196, 242, 301
Danúbio, 145, 295
Dario I, 17, 198, 206, 229, 231
Dario II, 232
Dario III, 89, 232
Darmestetter, James, 198
Darwin, Charles, 97
Dāsas (dasyus), 132, 199
Decadência do Ocidente, A, 53, 189, 319

Decimal, sistema de numeração, 97, 146
Délhi, 162, 200, 269
Deméter, 40
Demétrio, 235
Dengyo Daishi, 376, 379
Den-Setui, 64, 67, 71
Derge Dzongsar, 398
Desapego, 23, 24, 173, 192, 267, 297, 303-304, 319; ver também *Moṣka;* Libertação
Desengajamento, 197-198; ver também *Moṣka;* Libertação
Deusa Branca, A, 306
Deusa, dos "olhos de peixe", 125 e s.
Deusa-lótus, 239, 240, 252, 380
Deusa-mãe, 38, 40, 44, 52, 78, 92, 95, 108, 124-125, 133 e ss., 136-139, 141, 147-148, 166-168, 169, 232; ver também Deusa--vaca; Deusa-terra; Inanna; Kālī; Ninhursag
Deusa-terra, 37, 92; ver também Deusa-mãe
Deusa-vaca, 37, 41, 44, 49, 50, 51, 58, 78, 108; ver também Hátor; Ninhursag
Deuses, solares, 84, 85-86, 169-170, 205-206; ver também Solar, mitologia
Deussen, Paul, 166
Devadatta, 205
Devi, 282
"Dez Teorias Profundas", 378
Dharma, 26, 27, 28, 96, 97, 108, 152, 154, 226, 229, 242, 260, 267, 268, 273, 283, 319, 326, 327, 357, 394
Dharma (deus), 266
Dharmadhātu-kāya, 250
Dhritarashtra, 262, 265, 266
Dhyāna, 344, 380
Diamante, Sutra, 347
Diana, 308
Difusão *versus* desenvolvimento paralelo, 123 e s., 127-128
Dilmun, 91, 106, 129
Dilúvio, (mito do), 96, 98, 100, 102-107, 110, 128, 150 e s., 299, 301, 306-307, 309
Dinastias, Cinco, 358
Dio Crisóstomo, 257
Diógenes, 222
Dioniso, 46, 161, 202, 236, 306
Divina Comédia, 195
Dnieper, rio, 145
Dniester, rio, 295
Doab, região, 162, 200
Dogen, 384
Doi, 383
Doi-Dura, 399
Domiciano, 256
Dominico, 384, 390
Don, rio, 145
Doutrina do fogo e da fumaça 165-166, 177-194
Doutrina do Meio, A, 326
Doutrina do Mundo da Harmonia Total Que Se Relaciona e Interpenetra, 378, 381
Draupadi, 266
Dravidianos, 131, 133, 151-152; ver também Indo, civilização do vale do
Duḥṣamā, 179
Duḥṣamā-duḥṣamā, 181
Duḥṣamā-suṣamā, 180
Dumuzi, 40, 43, 100; ver também Tammuz
Duplo Caminho, 273
Dupont-Sommer, A., 233
Duppasahasuri, 181
Durga Puja, 14, 15
Dzorchen Rimpoche, 400

Ea, 89, 91, 112
Éden, Jardim do, 240; Paraíso, 19, 97
Edfu, 69
Édipo, complexo de, 94, 245
Éditos em Pedra, de Ashoka, 233-234
Eftalitas, hunos, 269, 270
Egeia, civilização, 199 e ss.
Egito: 47-87; arte, 54, 79-82, 87; comparado com a China, 310, 353, 356-357; mito da criação, 73-77; estados dinásticos, 65, 70-71, 78, 86; I Dinastia, 56, 64-65, 67, 69-70, 78, 82, 86; II Dinastia, 56, 71, 80, 82, 86; III Dinastia, 56, 80, 82, 86; IV Dinastia, 56, 82 e ss. 86; V Dinastia, 56, 82, 84, 86, 205; VI Dinastia, 82, 116; cidades-estados hieráticas (pré-dinásticas), 45, 47-54, 65, 70-71, 78, 86; comparado à Índia, 57-58, 62-63, 78, 87, 168-169, 227; literatura de lamentação, 114-116, 202; Baixo, 47 e s., 69; comparado à Mesopotâmia, 45-46, 47 e s., 49, 52 e s., 63 e s., 87, 88-89, 94 e s., 110, 116; neolítico, 45-46, 83; Antigo Reino, 55 e s., 65, 73, 79, 83-84; e Pérsia, 198-199; clero, 66, 73-78, 79-82, 86, 95, 231 e s.; pirâmides, 80-81, 82 e ss.; tumbas, 47-48, 54-57, 63-65, 70, 74-75, 79-80; Unido, 47 e s., 51 e ss., 67 e ss.; Alto, 47 e s., 65, 69, 70-71; ver também Hátor; *Maat*; Rá; Segredo dos Dois Parceiros, O
Ego, 15-26, 34, 37, 51, 70, 71, 82, 196-197; ver também Livre-arbítrio; Mônadas

Eisai, 377, 384, 390
Elamita, 198
Eleáticos, 189
Elementos, doutrina dos, 202, 337-338
Eliade, Mircea, 169
"Elo Perdido", 126; ver também Pitecantropo ereto
Elura, 87
Emery, Walter, 65
Empédocles, 201, 203
Enéade, 74, 75-76
Enéas, 196
Engajamento, 197-198, 304, 319; ver também Apego; Desapego; Desengajamento; Livre-arbítrio
E-Ninmar, 116
Enki, 89, 91-95, 102, 103, 104; ver também Ea
Enlil, 90, 92-95, 102, 103, 105, 112, 113, 116, 118, 120, 146, 196
Ennin, 350-355, 384
Epiro, 234
Equinócios, precessão dos, 98-99
Ereshkigal, 196
Eridu, 38, 89 e ss. 103, 123
Erman, Adolf, 73
Eros, 21, 23; como Senhor Desejo, 23-24, 26; ver também *Kāma*
Erotismo, 239-240, 271-285, 377
Escapular, adivinhação, 314
Escrita, 39, 41, 139, 300; escritos, 232-233
Esfinge, 79, 138-139
Espanha; ver Ibéria
Espanto, maravilhamento, admiração, 36-37, 45, 87, 109, 200, 372; ver também numênico
Espírito Santo, 205
Espontaneidade *(tzu-jan)*, 340-342, 344, 349, 381, 385-386, 391, 392
Esquerda, Caminho da Mão, 282-283; ver também Tântricas, doutrinas
Ésquilo, 198, 229
Esquimós, 145, 312
Estela nº 797, 73, 75-78, 102
Estrabão, 221, 222
Estupas, 40, 58, 214, 231, 232, 237, 238, 239, 257
Etana, 110-114
Eterno retorno, mito do, 13-16, 17-18, 40, 152, 220n.; ver também Ciclo, princípio do; Morte, e ressurreição; Lunar, mitologia
"Eu" (*aham*), 18 e ss., 23-26, 206, 268, 395; ver também Si-Próprio na forma de homem
Euclidianos, números, 189
Eufrates, 88-89, 123
Europa, (deusa), 37
Europa, comparada ao Oriente, 96-97, 199-200, 201-202, 229-230, 244, 250-251, 268, 270-271, 360, 376, 382, 383-384, 389-390
Eutidemo, 235
Eva, 19, 29, 240

Fa-hsien, 254, 255, 259, 340, 344
Fairservis, Jr. Walter A., 293-294
Falo, adoração do, 125, 132, 139-141, 155, 157, 170; ver também *Liṅgam*
Fan-yen, 335
Fang chi, 302
Faraó, princípio do, 47, 50-54, 56, 66-69, 82-83, 139, 264-265
Fenícios, 106, 198
Ferro, 143, 199, 201, 232, 234, 235, 296, 332, 362
Ferro, Idade do, 160, 203, 363
Fértil, Crescente, 123, 142; ver também Mesopotâmia, Suméria
Fertilidade, ritos da, 37, 45, 157; ver também Deusa-mãe; Neolítico; Falo, adoração do
Figueira-dos-pagodes, 124 e ss., 138; ver também Bodhi, árvore
Filêmon e Báucis, 309
Filial, piedade, 325, 357
Finês-queremense, 162
Finnegans Wake, 94
Florestais, sábios, 162-168, 172, 174-177, 330-331; ver também Budismo; Taoismo; Ioga
Fogo, caminho do, 165, 169, 190-194, 213, 227
Fogo, conceito mitológico do, 149, 169, 171
França; ver Gália
Francisco de Assis, São, 384, 390
Frankfort, Henri, 40, 42, 51, 52, 66, 73
Frazer, Sir James G., 14, 41, 45, 46, 65, 134-135, 157, 303, 308
Freud, Sigmund, 21-22, 26
Frobenius, Leo, 127-128
Fu Hsi, 300, 300n., 322
Fujiwara, corte, 376, 377, 382
Fu K'ien, 340
Fumaça, caminho da, 165, 169, 177-189
Fung Yu-lan, 324, 326, 328, 337, 358, 359

Gaia, 92
Gália, 234, 244, 257
Gandhara, estilo, 238, 241, 250-251

Gandharvas, 258
Gandhavati, 261; ver também Satyavati
Gandhi, Mahatma, 58
Gaṇeśa, 244
Ganges, 120, 162, 177, 181, 255, 256, 257, 287
Ganges, civilização do, 162, 200 e ss., 234, 237, 269
Garbha, 380
Gargya, 162-164
Garuda, 25, 159
Gautama; ver Buda (Gautama Śākyamuni)
Gaya, 232
Geb, 67, 75, 94, 95
Gedrosia, 131; ver também Beluchistão
Gêmeos/*Gemini*, 99
Gênesis, Livro do, 17 e ss., 73, 97, 100, 104, 108, 109, 306 e ss.
Genghis Khan, 297
Genji, 383
Genji Monogatari, 376
Germânicos, povos, 108, 145, 306, 360, 376, 390
Gerzeano Tardio, período, 53
Ghazni, 286, 287
Ghisgalla, 41
Gilgamesh, 113
Girika, 260
Gītā Govinda (A Canção do Vaqueiro), 271, 277-282
Gizé, 83
Gnosticismo, 229, 263
Goethe, 255
Goetz, Hermann, 257-258, 259, 270, 271
Gomorra, 308
Gôndi, 131
Gopis, 271-276, 277-279, 280, 284-285
Gosala, 201
Götterdämmerung, 98
Granada, 270
Grande Canal da China, 296
Grande Muralha da China, 237, 296, 320, 336
"Grande Reversão", 37, 116, 172-177, 225, 227, 298
Granet, Marcel, 28, 314
Graves, Robert, 306
Grécia: civilização, 108-109, 198-199; e Índia, 189, 198-200, 201-202, 203, 221-222, 230-231, 235-237, 238, 240-241, 250-251, 337; língua, 232-233; mitologia, 33-34, 113, 146, 306
Grinalda de Flores, Sutra da, 377, 378, 385, 391, 401
Grousset, René, 314
Guarda-Sol Levemente Inclinado, 181-182, 190, 194
Guerra: desenvolvimento tecnológico na, 143, 149; armas de, 143, 149, 362-363, 385-386; e Zen, 385-386
Gupta, período, 87, 138, 258-259, 267, 269 e ss., 282, 344
Gurjaras, 269, 270

Haeckel, 126
Hahoki, 366
Halaf, cerâmica, 37, 124
Hamlet, 211
Hammond, H.G.L., 199
Hamurábi, 106, 129, 196
Han, dinastia, 244, 296, 298, 326, 336-340, 341, 347, 357, 361, 362
Han, rio, 304
Han Fei Tzu, 330
Han Yü, 354
Hang Ming Ti, 240
Hangchow, 341
Haniwa, 362, 389
Hara-kiri, 387-389
Harapa, 129, 131, 137, 141, 142, 199
Hari, 60, 272n., 273; ver também Viṣṇu
Harivamsa, 272, 273
Harsha, 269, 286
Hastinapura, 200, 261
Hátor, 49, 50 e ss., 66 e s., 79, 81, 86, 94, 108
Hatshepsut, 88
Havaí, 362
Hebreus, 17, 20, 106, 196, 229, 263; ver também Levante; Semitas
Hebreus, Epístola aos, 95
Hefesto, 81, 306
Hegel, 394
Hegira, 286
Helan, 376; período, 376, 379-382, 390
Heidelberg, Homem de, 292
Heike, clã, 382, 383
Heine-Geldern, Robert, 124, 311
Heliópolis, 74 e ss.
Hepatoscopia, 89
Hepzefa, 61
Héracles, 236
Heráclito, 202
Hermes, 244
Hermópolis, 76
Herodes, 204
Heródoto, 48

Herói, conceito de, 68, 114, 149-152, 154-155, 196-197, 201, 307; ver também Livre--arbítrio
Herrigel, Eugen, 385
Hesíodo, 92
Hexagramas, (*I Ching*), 323-324
Hi, rio, 368
Hiba, Monte, 366
Hicsos, 88, 143
Hieracômpolis, 47 e s., 54, 63
Hilprechet, H.V., 99
Himalaias, 215
Himiko, 362
Hinayana, budismo, 208, 220, 224-225, 227, 229, 241, 248, 252, 267, 377, 379, 391; ver também Páli, cânon
Hindo-Kush, 145
Hinduísmo, 182, 196-197, 239, 251, 267-268, 276; princípios básicos do, 166; influência dravidiana, 151-152; comparado à mitologia védica, 151-155, 158-159, 166, 168, 171; ver também Bramanismo; *Dharma*
Hiparco de Bitínia, 99
Hiqait, 84-85
História Clássica, 299, 301, 337; citação da, 301-303, 304, 305, 315-316, 337-338
Históricos, Registros, 324
Hititas, 143
Ho, rio, 304
Hokkaido, 361
Homero, 16, 161, 259
Honan, 294 e ss.
Honen, 384-386, 390
Honshu, 361, 362
Horda Dourada, 384
Hórus, 47, 50 e ss., 69, 71-72, 73, 76, 84, 86, 155, 161
Hotoke, 372
Hotri, sacerdote, 157-160
Hou Chi, 301
Hpe Aung, 225
Hsia, dinastia, 307-308, 309
Hsiang (herói), 303
Hsiang, rio, 304
Hsiang Chi, 338
Hsiao Ching, 357
Hsien, 341
Hsien-pi, 344
Hsin-chou, 347, 348
Hsin shu, 29
Hsing, 326, 354
Hsu Shen, 340
Hsüan hsüeh, 340
Hsün Tzu, 358-359
Huai, rio, 304
Huan Tou, 302
Huang Fan, 337
Huang Ti, 300, 338
Hui K'e, 345-347
Hui-neng, 347, 348, 358, 377, 381
Hui-Tzu, 334
Hun, 356-357
Hung-jen, 347-348
Hunos, 237, 269 e ss., 344
Hybris, 113

i, 327
I Ching; ver *Livro das Mutações*
Ibbi-Sin, 106
Ibéria, 131, 234
Ichi-no-tani, 382, 383
Ichijitsu, Xintoísmo, 380; ver também Tendai, seita
Idade Média, europeia, 96-97, 214, 270, 390
Idin Dagan, 43
Ienisei, rio, 294
Ilíada, 200, 259
Iluminação (*bodhi*), 23, 26, 32, 205, 208, 223-224, 239; ver Budismo
Imanente, divindade, 20, 87, 89, 95, 109-110
Imanente transcendente, divindade, 20, 29, 31, 35, 73, 76, 78, 168-172
Imitação de Cristo, 278
Iname, 374-375
Inanna, 38, 39, 40, 103, 112, 113, 116; ver também Ístar
Inata, natureza: *hsing*, 326-328, 354; *sahaja*, 276
Incas, 384
Índia, 14-22, 27-32, 35, 123-288; Idade do Bronze, 129-142, 148, 160, 169, 199, 203, 226; e China, 240-241, 254-255, 257, 270, 316, 318-319, 320, 323, 326, 327, 332, 337, 340, 344, 356; comparada ao Egito, 57-58, 62-63, 78-79, 87, 168-169, 227; comparada à Grécia, 188-189, 198-199, 201-202, 203, 337; gregos na, 221-222, 230-231, 235-237; e hunos, 269 e ss.; e Islã, 286-288; e Japão, 270-271, 377, 380 e ss., 385; comparada à Mesopotâmia, 45-46, 62-63, 101, 131-132, 164, 181, 227; neolítica, 123-125, 128, 133, 139; paleolítica, 125-127, 136, 142, 234; e Pérsia, 198-199, 230-231, 231-233, 235, 241, 242-243, 269-270; influência romana,

230, 234, 256-259, 269; cidades-estados seculares, 201; Sul da, 234; influências ocidentais, 198-199, 221-222, 229-231; comparada ao Zoroastrismo, 197-198; ver também Árias; Bramanismo; Budismo; Hinduísmo; vale do Indo, civilização do; Jainismo; Kushanas
Indo, civilização do vale do, 45 e s., 123, 128, 129-142, 151-152, 154, 168 e ss., 226 e ss., 239-240, 244
Indo, mitologia do vale do, 30-31, 133-142, 239-240; comparada com hinduísmo, 151-152, 154-155, 161-162, 168-169; sinetes, 139-141, 154, 162, 168-169, 173, 178, 205, 226-227, 308; comparada à mitologia védica, 147-150, 154, 169; ver também Deusa-mãe; Ioga
Indo, rio, 123, 128, 198, 296
Indo, vale do, 143-144, 198 e ss., 230, 235
Indo-árias; ver Árias
Indo-europeus, 145
Indo-germânicos, povos, 145
Indonésia, 63, 294, 376
Indra, 58, 146, 150-156, 167, 171, 200, 216, 236, 266
Inferno: jaina, 181, 185, 187; oriental *versus* ocidental, 195-196
Inglaterra, ver Bretanha,
Io, 37
Ioga: 20-21, 30-31, 139 e ss., 153, 154, 162, 164, 166, 168-169, 170, 173-174, 190, 193-194, 206, 222, 225, 226-227, 267, 281, 283, 288, 332-333, 385
Irã, ver Pérsia
Iraque, 124
Irlanda, 44, 234, 363
Isaías, Livro de, 17
Ise, Grande Santuário de, 372, 374
Ishara, 43
Isin, 43
Ísis, 46, 75, 84-85, 88, 309
Islã, islamismo, 17, 20, 106, 195-196, 269-270, 286-288, 384; ver também Muhammad
Islândia, 98
Ístar, 40, 112, 113; ver também Inanna
Iti iti, 276
Izanagi, 364-368, 374
Izanami, 364-368
Izumo, 366, 368 e ss.

Jacó, 306
Jaibali, 164-165, 200
Jainismo, 30, 162, 177-194, 195 e ss., 201-202, 204, 218, 223, 225, 227, 229, 239-240, 246n., 248, 252; comparado ao budismo, 195, 196, 203, 206, 220n., 223, 225, 227, 229, 246n., 248, 252; desengajamento do ciclo do mundo, 190-194; comparado à filosofia Sanquia, 206-207, 214; ciclo do mundo, 177-190; comparado ao zoroastrismo, 197-198
Jaintia, montanhas, 15
Jaipal, 286-287
Janamejaya, 266
Japão: 32, 360-392; Idade do Bronze, 361-363; e China, 363-364, 373, 375 e ss., 379, 384, 386, 389, 391; e Índia, 270, 377, 380 e ss., 385; Idade do Ferro, 363; e Coreia, 361, 362, 363, 374; comparado à Mesopotâmia, 44, 389; síntese mitológica do, 391-392; neolítico, 362, 363; paleolítico, 361; ver também Budismo, no Japão; Xintoísmo
Jastrow, Morris, 112-113
Java, 126, 255, 377
Java, Homem de, 292, 294; ver também Pitencantropo ereto
Javé, 33, 196
Jayadeva, 271, 277-282, 284, 286, 288
Jemdet Nasr, período, 102, 124
Jen, 325, 335, 342, 358
Jeremias, Alfred, 99
Jericó, 106
Jerusalém, 199
Jesuítas, 390
Jhukar, cultura, 144
Jiriki, 241, 384
Jīvas, 182, 189, 198, 205; ver também Mônadas
Jó, 34, 116, 118; Livro de, 95
João Batista, 91
Jodo, seita, 241, 377, 384, 385, 386, 387; ver também Budismo, no Japão; Honen
Jomon, período, 361
Jônicas, ilhas, 198
Judas, 205
Jung, Carl G., 21-22, 45, 394
Jung Ch'eng, 299
Junshi, 389
Júpiter, planeta, 41
Justiniano, 229, 270

Ka, 70, 75 e ss.
Kaishaku, 387-388
Kaivalyam, 190, 223
Kajiwara, 383

Kakui, 85
Kalanos, 222
Kalepar, cerâmica, 123
Kālī, 14-15, 78, 136, 137, 141, 148, 283; ver também Śakti
Kali Yuga, 98
Kalidasa, 255
Kalighat, 14
Kalika Purāṇa, 15
Kāma, 23, 26, 177, 218, 267
Kamakura, período, 377, 382-387
Kamakura, Xogunato, 377
Kamchatka, 363
Kami, 372 e ss., 374, 376, 380, 381
Kamihotoke, 372
Kanarak, templo do sol, 269
Kanauj, 269, 287
Kanculi, culto, 283
Kandahar, 232
Kangra, 287
Kanishka, 223, 237-239, 259
Kansu, 294, 295
Kanthaka, 211, 212, 213
Kao Yang; ver Chuan Hsu
Kao Yu, 340
Kapila, 201, 205, 206, 207, 212, 214, 216, 227, 337; ver tb. Sanquia, filosofia
Kapilavastu, 205, 213, 238
Karlgren, Bernhard, 298, 299, 300, 307-309, 339-340
Karma-yoga, 327
Karoṣṭhi, 232
Karunā, 218, 227, 229, 242, 379
Kasasa, 370
Kathiawar, 144, 287
Kauravas, 262-265, 266
Kautilya, 173
Kāvya, estilo "poético", 23, 208, 237
Kāyotsarga, 178
Kegon, ver *Grinalda de Flores*, *Sutra da*
Kegon, seita, 387
Kena Upaniṣad, 168
Kerényi, Karl, 203
Kerma, 57, 61, 63
Khabur, vale do, 38
Khafajah, 38, 39, 89
Khafre; ver Quéfren
Kham, 400
Khasekhemui, 71, 80
Khnum, 84-85
Khondi, 131
Khonds, 133-135, 139
Khufu; ver Quéops
Ki, *(ki)*, 91, 94, 146
Kia K'uei, 340
Kimmei, 364, 374-375
Kioto, 376; ver também Heian
Kish, 102, 110, 111, 116
Kitagawa, Joseph, 357, 362
Kiyoki kokoro, 373
Ko Hung, 341, 342
Kobe, 388
Kobo Daishi, 376, 379, 380
Kodagu, 131
Kojiki, 364, 372, 374; citação, 364-370
Kolam, 131
Koppers, Wilhelm, 133
Kota, 131
K'ou Ch'ien-chich, 343
Kramer, Samuel Noah, 92
Kṛṣṇa, 236, 266, 271-276, 277-281, 284-285; ver também Viṣṇu
K'u, 301
Kuei, 356, 357
Kuku Nor, 237
Kulli, cultura, 123, 131
Kumagai Naozani, 382-383
Kumaragupta I, 258
Kun, 301-302, 304
Kung, 328
Kung Kung, 299
K'ung sang, 308
Kushanas, 237-239, 243, 250, 257, 298
Kwan Chow, 255
Kwei, 303
Kyushu, 361, 362, 370

La Tène, cerâmica, 363
Lagash, 41, 116
Lahore, 162
Lakshmanasena, 288
Lakṣmī, 178, 236, 239, 240
Lamentação, literatura de, 202, 227, 319-320, 321
Lancelote e Guinevère, 271
Land-náma, 142
Lao Tsé, 325, 335, 342, 354, 358, 381
Larak, 103
Lascaux, caverna, 126
Lavínios, 145
Leão: solar, 79, 81; como símbolo, 56, 58, 78-79, 81, 168; ver também Solar, mitologia
Leda e o Cisne, 301
Legalista, escola, 331, 335

Levante/Oriente, 33-35, 229-230, 263, 269, 306, 336, 376
Leviatã, 34
Li (lucro), 327
Li (sofrimento), 355
Li Ao, 354
Liberdade, 381, 385-386, 392; ver também Espontaneidade
Li Chi, 291, 292, 311
Li, Tripé, 295
Liang, dinastia, 345
Libertação, 26-27, 32, 36, 37, 120, 166, 202; ver também Desapego; Desengajamento; Grande Reversão; *Mokṣa;* Salvação
Líbia, 48, 69
Licchavi, família, 392
Lieh Tzu, 332, 340
Liṅgam, 139 e ss., 277, 287, 323
Li-shan, 304
Litang, mosteiro, 398
Lituanos, 145
Liu, 306
Liu Ling, 341
Liu Pang, 338
Livre-arbítrio, 27, 34, 109-110, 149, 152, 154, 197, 394-395
Livros da Floresta, 168
Livro das Mutações, 300, 322-323, 324, 342, 357, 381
Livro de Odes, 316, 317-318, 319-320
Livro do Senhor Shang, 320, 324, 335
Livro dos Mortos, egípcio, 195
Livro dos Mortos, tibetano, 395, 401
Lo, rio, 307, 309
Lo Yang, 240
Lomas Rishi, gruta, 232
Lop Nor, 254
Lot, 308, 309
Lótus da Verdadeira Lei, 379, 386
Lótus, Sutra do, 379, 386
Loyang, 320, 345
Lu, 324, 325, 335
Lua; ver Lunar, mitologia; Touro-lua
Lu-chou, 351, 352
Lucina, 309
Lugal, 91
Lugalzaggisi, 116
Lun-Yu; ver *Analetos*
Lunar, mitologia, 37, 41, 44, 78, 79, 81, 85, 146-147, 168, 205, 226, 306
Lungshan, cerâmica, 295, 311, 313, 361; cultura, 298, 309
Ma Jung, 340
Maat, 51 e s., 66, 70, 88, 96, 97, 108, 120, 147, 154, 226, 267, 357, 394
Macedônia, 234
Magdaleniana, cultura, 293, 294
Madhva, 270
Madras, 58, 126, 131, 231, 235, 256
Madras-aqueliana, zona cultural, 126
Madya, 282n.
Magas, 234
Mahābhārata, 30, 98, 152, 154, 158, 159, 161, 200, 201, 206, 259-266, 273; citação, 152-154, 158-159, 159n., 161
Mahakashyapa, 345, 346
Mahasena, 236
Mahasthama, 242, 249, 252
Mahavira, 30, 177, 178, 198, 201
Mahayana, budismo, 87, 207, 214, 218, 220, 224, 225, 229, 237, 238, 240-253, 267, 375, 377, 384, 395, 401
Maheshvara, 139
Mahmud al-Ghazni, 286-287
Maias, 311
Maithuna, 282n.
Maitreya, 224, 241
Makkan, 129
Malabar, 131, 139, 269, 270
Malaiala, 131
Malásia, 126
Mallmann, Marie-Thèrese de, 243
Malto, 131
Malwa, 269
Mamallapuram, 58
Mamatā, 176
Maṁsa, 282n.
Manchu, dinastia, 297
Mandhatri, 174, 175
Mani, 244
Maniqueísmo, 229, 244
Manjushri, 350, 351
Mann, Thomas, 51, 65, 70
Mantra, 282, 283, 380
Manu, 106, 327
Mao-Tsé-Tung, 394, 397-398, 399
Mar Morto, pergaminhos do, 263
Māra, 23, 177, 218
Mara, 25, 178, 205, 207, 241
Maria, 205, 301
Maria Madalena, 271
Marrocos, 125
Marshall, John, 137-138, 141

Marte, planeta, 41
Maruts, 170
Marx, Karl, 154, 394
Marxismo, 394-395; ver também Comunismo
Maskhonuit, 84-85
Maspero, G., 73
Matemática, 41, 45, 97, 99, 101, 107-108, 139, 146, 149, 152, 307
Mateus, Evangelho segundo, 17
Mathura, 162, 237, 238, 250, 251, 287
Matriarcado, 303
Matsya, 282n.
Maukharis, 269
Maurya, dinastia, 230, 231, 235
Māyā, 20 e ss., 137, 146, 152, 153, 192, 205, 230, 265, 288
Maya, 205
Mazelière, M. de la, 390
Me, 96, 97, 101, 108, 120, 147, 154, 226, 267, 357, 394
Meditação, 29, 191, 192, 226, 246-250, 273
Meditação, Budas de, 245-246, 377, 386
Mediterrâneo, tipo racial, 130, 131
Medusa, 314
Meghamalin, 178, 193
Meiji Tenno, 389
Melanésia, 128, 130, 141
Meluhha, 129
Menandro, 235, 236, 237
Mêncio, 304, 330, 349, 358
Menes, 48-49, 55, 65
Mênfis, 48, 49, 57, 65, 73-76, 79-81, 169
Menfita, clero, 73-79, 95, 231
Mercúrio, deus, 244; planeta, 41
Meriah, 133
Merneith, 64
Mersekha-Semempses, 64
Mert, 68
Meru, monte, 40, 182
Mesopotâmia, 36-44, 88-120; arte, 96; e China, 45-46, 63, 299-300, 307, 315; conceito de universo, 195-196; estados dinásticos, 70-71; comparada ao Egito, 45-46, 47 e s., 49-50, 52, 63, 87, 88-89, 94 e s., 109-110, 116; dilúvio, 102-109; cidades-estados hieráticas, 40-43, 45, 63, 89, 90-91, 95, 102 e ss., 107, 196; comparada à Índia, 45, 62-63, 101, 131-132, 150 e ss., 164, 181-182, 227; comparada ao Japão, 389-390; literatura de lamentação, 114, 118-120, 202; matemática, 97-102, 107-109; neolítica, 37-41, 89, 95, 101, 124; e império persa, 198-199; sacerdócio, 41, 88-89; sinetes, 138-139; influência semítica na, 106-107, 110, 113, 116; zigurates, 89-91, 95, 97-98, 195, 258; ver também Babilônios; Suméria
México, 295, 313, 314
Meyer, Eduard, 77, 80, 82, 83, 85
Meyer, J.J., 160-161
Micênica, civilização, 199-200
Mihirgula, 269
Mikimoto, Kokichi, 374
Milinda, 236-237; ver também Menandro
Milindapañha, 236-237
Minakṣī, 125
Minamoto, clã, 383
Ming, 326
Ming, 348
Ming, dinastia, 270, 297, 346
Ming-chiao, 340
Minotauro, 37
Minusinsk Kurgan, cultura, 294
Minya, 398
Mirra, 309
Mitford, A.B., 387-388
Mítica, dissociação, 15-16, 27, 91, 110, 113, 307, 389
Mítica, enfatuação, 70-71, 86, 110, 207
Mítica, eternização, 205-207
Mítica, identificação, 13-16, 27, 70-71, 86, 110, 168-169, 207, 226
Mítica, subordinação, 82-83, 86, 110, 207
"Mito já vivido", 51
Mitogênese, 120; oriental, 13-16; egípcia, 53-54, 70-71, 81-82, 84, 85-87; indiana, 136-139, 188, 202-203; mesopotâmica, 15-16, 45-46, 91, 101-102, 109-110; neolítica do Oriente Próximo, 14-16, 37-44; ocidental, 15-17
Mitologia, ciência da, 47
Mitra, 58, 144
Mitraísmo, 269
Mlecchas, 184
Mo Hsi, 307, 309
Mo Tzu, 320, 324, 327-330, 335, 357; citação, 310, 327, 328-329; ver também Mohistas
Moghul ghundai, 125
Mohenjo-Daro, 129, 131, 141, 143-144, 199
Mohistas, 328, 330, 331; ver também Mo Tzu
Moira, 104, 108
Mokṣa, 26 e ss., 32, 205, 229, 384, 386; ver também Desapego; Desengajamento; Grande Reversão; Libertação; Salvação
Mônadas *(Jīvas)*, 182-187, 189, 192, 193, 196, 198, 206, 207, 218, 223

Mongóis, dinastias da China, 297, 344, 384, 386
Mongólia, 293
Mongoloides, 237, 293-294, 311-314, 356; ver também Circumpolar, complexo cultural
Mononobe, clã, 374-375
Moortgat, Anton, 44
Morte, acompanhamento na, 362, 389
Morte, ideia da, 53-54, 70-71, 116, 136, 334; e ressurreição, 13-16, 17, 40, 79, 81, 101, 136, 141, 166, 169, 308; ver também Morto e ressuscitado, deus; Reis-deuses; Lunar, mitologia; Regicida, ritual
Morto e ressuscitado, deus, 40, 43, 46, 65, 141, 169; ver também Adônis; Dioniso; Dumuzi; Osíris; Tammuz
Mortos, culto dos, 70-73, 82
Mucalinda, 220
Mudrā, 282n., 380
Muhammad, 195, 196, 269; 286; ver também Islã
Multan, 287
Murasaki, Senhora, 376
Musashi, 383
Música, 96, 97, 102, 300, 327 e ss.
Musteriana, cultura, 293, 294
Muziris, 256
Myöng, 374
Mysore, 131, 234, 235

Nabhi, 179
Nagas, 135
Nagasena, 236-237
Nagila, 181
Nairanjana, 217, 218
Nakamura, Hajime, 381
Nakatomi, clã, 374
Nakula, 263, 266; ver também Pandavas
Nal, 123
Nalanda (universidade), 288, 376
Nāma, 282
Nami, 178
Nammu, 92
Nan Shan, montanhas, 237
Nanda, 277
Nanda, dinastia, 231
Nandabala, 218
Nandi, 58, 78
Nanking, 345
Nanna, 89
Naoki kokoro, 373
Nara, 376; período, 364, 376, 377-379
Narmer, 48, 49, 52, 55, 63, 97
Narmer, estela de, 48, 50-57, 65, 67, 71, 72, 80, 94, 108, 353
Nasik, 201
Natufiano, período, 131
Neandertal, Homem de, 126, 178, 294
Needham, Joseph, 311-312, 344, 347
Néftis, 75, 84-85
Negro, Mar, 362
Nemi, 308
Neoconfucionismo, 297, 354, 358-359
Neolítico, 123-124, 145; China, 292, 294-296, 298-311, 312-313; Egito, 45-46, 83; Índia, 123-125, 128, 133, 139; Japão, 362, 363; Mesopotâmia, 37-41, 89, 95, 101, 123-124; Oriente Próximo nuclear, 123-124, 145, 296; na Pérsia 123-124; ver também Deusa-vaca; Touro-lua; Deusa-mãe
Nepal, 271, 396
Nero, 256
Nerva, 256
Neti neti, 227, 276
Ngan Che-Kao, 243
Nichiren, 377, 386, 387, 390
Nichiren, seita, 387
Nietzsche, Friedrich, 35, 116, 155, 210-211, 227-228, 360, 390
Nihongi, 364
Nilgiri, montanhas, 39, 131
Nilo, 48-49, 65, 88, 89, 123, 143, 309
Nimbaditya, 270
Ninhursag, 38, 40, 49, 89, 91, 95, 102, 103, 108
Ninlil, 93
Nintoko, 362
Nintu, 102-103; ver também Ninhursag
Nipur, 90, 99, 102, 196
Nirvana, 31, 180, 192, 194, 221-229, 225, 239, 241, 276, 349, 384; ver também *Mokṣa;* Vazio
Noé, 97, 100, 104, 106, 306-307, 309
Nogi, conde, 389
Nômades: árias, 143, 162; indianos paleolíticos, 126-127; semitas, 107
Nova Guiné, 141
Núbia, 55, 56, 62
Numênico, 44-46, 74, 360-361, 373; ver também Espanto
Números: sistema decimal, 97, 146; euclideano, 189; sexagesimal, 97, 99, 108
Nut, 75, 94, 95
Nyarong, 396

Obeid, 38 e ss., 89, 123, 124; período de, 102
Ocidental, visão de mundo, comparada com oriental, 13-35, 109, 113-114, 195-198, 288-289, 394-395, 401

Ocidente, ver Europa; Ocidental, visão de mundo
Ocre, utensílios coloridos com, 200, 230
Octópode, Monte, 180
Odisseia, 200, 259
Ofélia, 211
Okudaura Tadamasa, 389
Oldenberg, Hermann, 147, 169
Oleografia, 89
Olimpo, Monte, 40
OM, 156
Om mani padme hum, 277
Ombos, 69
On; ver Heliópolis
Onesicrito, 221, 222
Oppert, Julius, 108
Oraon, 131
Ordem, princípio da; ver *Dharma; Maat; Me; Rta; Tao*
Ordos, descobertas no Deserto de, 292, 293
Orfeu, 202
Órficos, 189, 202, 203
Oriente, comparado ao Ocidente; ver Europa; Ocidental, visão de mundo
Oriente/Levante, 33-35, 229-230, 263, 269, 306, 336, 376
Oriente Próximo, nuclear, 14-15, 17, 123 e ss., 145, 295-296; ver também Mesopotâmia
Origem das Espécies, A, 97
Orissa, 131, 133, 201, 231, 235, 269
Osíris, 46, 50 e ss., 63, 67 e s., 71, 75 e ss., 87, 95, 161, 164, 195, 205, 309
Otto, Rudolf, 36, 44-45, 360, 373
Oudh, 162
Ovídio, 309

Pacífico, Estilo Antigo do, 311 e ss.
Padmanatha, 181
Paekche, 374
Pajitânia, indústria, 126
Pala, dinastia, 276, 278
Paleolítico, 145, 314; China, 292-294; Leste Asiático, 126; Eurafricano, 126; Índia, 125-127, 136, 142, 159; Japão, 361
Palestina, 106, 131
Páli, cânon, 203, 208, 223, 238, 267, 324; ver também Hinayana, budismo
Pallis, Marco, 395
Palya, 179, 179n., 189
P'an Chiao, período, 295
Pandavas, 262-263, 266
Pandu, 262, 265
Panini, 30
Pannikar, K.M., 320
Pans, 133
Parashara, 260
Parcas, 104
Pares de opostos, 16, 23, 52, 71-73, 154-155, 177, 263-264, 265
Párias, 268
Parmênides, 201
Parque dos Cervos, Benares, 140, 224, 226
Parshva (natha) Senhor, 178, 193-194, 197, 202, 220n., 226, 240, 303
Parsifal, 324n.
Pártia, 243, 336; ver também Pérsia
Pasífae, 37
Pastoril, civilização; ver Neolítico
Patanjali, 30, 206, 207, 227, 385
Patesi, 91
Patriarcado, 95, 145
Patung Ahnga, 397
Pedra, trabalho em, 56, 64, 79-82, 87, 124, 126-127, 200, 230, 231-232
Pedro, São, 205
Peixes, *(Pisces)*, *98*
Pensilvânia, Universidade da, 90, 99, 102
Pentateuco, 20, 256
Pequim, 292
Pequim, Homem de *(Sinanthropus pekinensis)*, 126, 292, 361
Perabsen; ver Sekhemab/Perabsen
Periano Ghundai, 125
Périplo do Mar da Eritreia, 256, 269
Persa, língua, 198
Persépolis, 206, 231
Pérsia, 124, 145, 198-199, 201, 203, 205-206, 221, 229-230, 231-233, 241, 242-243, 244, 263, 269, 286, 296, 298, 336, 376, 390; ver também Zoroastrismo
Pérsico, Golfo, 89, 91
Peshawar, 286
Petrie, Sir Flinders, 56, 64, 67, 69
Phalgushri, 181
Piggott, Stuart, 124, 126, 130, 131
Pimiko, 362
P'ing, 320
Pirâmide, de degraus, 80-81
Pirâmides, 75, 80 e ss.,
Pirâmides, Era das, 81, 82, 83
Pirâmides, Textos das, 94
Pitágoras, 96, 102, 189, 201, 203, 222
Pitecantropo ereto, 126, 178, 292, 361; ver também Java, Homem de

Platão, 33, 189, 202, 222
Platônico, ano; ver Ano Grande
Plínio, o Velho, 256
Plutarco, 164, 236
P'o, 356-357
Poe, Edgar Allan, 297
Poebel, Arno, 102, 106, 107
Polinésia, 363, 384
Política, teoria chinesa, 319, 320-321
Poloneses, 145
Posídon, 37
Possessão, divina, 169, 226, 356; ver também Xamanismo
Prajñā-pāramitā, textos, 238-239
Prakṛti, 206, 223
Praṇidhāna, 379
Prasad, 39
Pratitya-samutpāda, ver Causação, cadeia budista de
Pratyeka, Budas, 224
Pravarta, 282
Precessão dos equinócios, 99
Prema, 282
Prometeu, 34-35, 155
Protoaustraloide, 130, 131, 133, 136, 141, 226
Protomongóis, 294; ver também Mongoloides
Prussianos, antigos, 145
Ptá, 74-70, 81, 87, 95, 140, 169, 231, 232, 264
Ptolomeu II, 234
Pu-hua, 381
Punjab, 129, 198 e ss., 235, 254, 286
Puranas, 259, 265, 275, 281; ver também *Bhagavata Purāṇa; Brahmavaivarta Purāṇa; Kalika Purāṇa; Viṣṇu Purāṇa*
Purânico, período, 58, 98
Purgatório, 242, 244
Purimatala, 180
Purnābhiṣeka, 282
Puruṣa, 206-207, 223, 227, 268
Pushan, 158
Pushya, 173
Pushyamitra, 235

Qa, 64
Quéfren, 83
Queima de Livros, 296, 298, 320, 323, 336, 339
Quéops, 82, 83
Quetta, 123, 125
Quietismo, 29, 330, 331-333

Rá, 56, 84-86, 88, 115, 205, 207
Radha, 277-281, 284-285
Rahula, 208
Rajagriha, 215
Rajaputros, 269, 286
Rajasthan, 129
Rajmahal, 131
Ramakrishna, Shri, 136, 148, 395
Ramanuja, 270
Ramaraya, 288
Ramo Dourado, O, 14, 41, 45, 65, 303, 308
Ramsés II, 87
Rāsa, (êxtase), 282
Rausir, 84, 85
Ravi, 129
Rawa, 398
Rawlinson, H.G., 269, 287, 288
Realeza, ideia de, 52, 53, 63, 139
Reencarnação, 114, 151, 202, 242, 244
Regicida, ritual, 41, 45, 63, 65 e ss., 70, 139, 168-169, 226, 308; ver também Sed, festival
"Registro de Antigas Questões", ver *Kojiki*
Reims, altar galo-romano, 244
Reis-deuses, 14-16, 41, 46, 51-52, 70-71, 77-78, 82-83, 86, 91, 141, 148-149, 303, 321; ver também Regicida, ritual
Reischauer, Edwin O., 350
Reisner, George, 48, 55-59, 61, 64
Relicários, estupas, 40, 58, 231, 232, 237-238, 239, 257, 373, 392
Relíquias, culto de, 214, 232
Renascença, europeia, 270, 390
Renascimento, 165 e s., 173, 202, 203; ver também Morto e ressuscitado, deus; Regicida, ritual; Reencarnação; Sacrifício, do rei deus
Reno, rio, 145
Ressurreição; ver Morte e ressurreição
Retidão, *(i)*, 327
Retificação de nomes, 325-327
Reverência; ver Numênico; Espanto
Rig Veda, 58, 145, 153, 157, 161, 162, 170; citação, 144, 150-151, 161
Rigong, 399
Rinzai, seita, 387
Rishabha (natha), 179, 202
Rishis (ṛṣi),155, 259, 332
Rockefeller, Fundação, 292
Roda da Lei, 224, 233, 236, 238
Roma, 54, 108, 230, 234-235, 240, 244, 254, 256, 257, 298, 336, 344, 362; influência da Índia, 230, 234, 256-259, 269
Rota da Seda, Antiga, 240, 254, 257, 296, 336

Ṛṣi; ver *Rishis*
Ṛta, 146, 147, 149, 152, 154, 172, 226, 357
Ruditdidit, 84-85
Rudra, 170
Rússia, 145, 384; ver também Sibéria
Ryobu, Xintoísmo, 380; ver também Kobo Daishi

Sabakos, 73
Sabuktigin, 286
Sacara, 65, 74, 78, 79, 80
Sacerdotais, castas; ver Bramanismo; Cidades--estados hieráticas
Sacrifício: conceito de, 169, 171, 226; do rei--deus, 41-43, 45-46, 78, 141, 149; humano, 15-16, 43, 56-65, 69-70, 71, 133-135, 139, 162, 362; ritual regicida, 41, 42-43, 62-63, 65 e ss., 70, 139, 169, 226, 308; ver também Morto e ressuscitado, deus; Soma
Saddharmapundarika, ver *Lótus, Sutra do*
Sādhaka, 282
Sahadeva, 263, 266; ver também Pandavas
Sahaja, 276, 277
Sahajiya, culto, 276
Sahuriya, 85
Śakti, 78, 265, 277, 282-284; ver também Kālī
Śākya, clã, 205
Sakya, mosteiro, 398
Śākyamuni, ver Buda (Gautama Śākyamuni)
Salmos, 95
Salvação, 36, 151, 198
Salvadores do Mundo, modelos de, 201, 203
Sama Veda, 157, 158
Samádi, 32
Samarra, cerâmica, 48, 124
Samsara, 276 e s.
Samurai, 385, 386
Sanchi, 239
Sanquia, filosofia, 206, 207, 208, 218, 223, 225, 227, 229, 337; ver também Kapila
Sânscrito, 207, 224, 237, 240, 250
Santanu, 261, 262, 265
Santo Agostinho, 244
São José, 204
Saoshyant, 16
Sar, 102, 108
Sargão, 106, 107, 116, 129
Sartre, Jean-Paul, 336
Sarzec, Ernest de, 41
Sassânidas, 286
Sat, 59-60, 326
Satã, 204
Sati, 58, 59, 60, 62, 64, 65, 70, 71, 80, 83, 139; ver também Sepultamento, com sacrifício humano
Satī, deusa, 58
Satī, ver Sati
Satori, 32
Saturno, deus, 92; planeta, 41
Satya, 59-60, 326, 327
Satyashri, 181
Satyasya satya, 163
Satyavati, 260-263, 265
Saubhari, 174-177
Saul, 106
Śava, 78, 265; ver também Śiva
Savitri, 144, 158, 169, 170, 171
Scheil, V., 99
Schopenhauer, Arthur, 210
Schweitzer, Albert, 229
Seca, mito da, 150, 307
Secmet, 78, 79
Sed, festival, 66-67, 69, 71, 81, 304
Segredo dos Dois Parceiros, O, 67, 68, 71, 81, 82, 155, 198, 264, 401
Seimei shin, 373
Seis Dinastias, 296, 340-344
Sekhemab/Perabsen, 71, 80
Selêucidas, 235
Seleukos, 231
Sem, 306
Semerkhat, ver Mersekha-Semempses
Semitas, 232, 307; comparados aos árias, 147, 149, 205, 226, 307; na Mesopotâmia, 106-107, 110, 113, 166
Seng-ts'an, 347
Sepultamento, com sacrifício humano, 43-44, 55-63, 64 e ss., 69-70, 71, 362; ver também Morte, acompanhamento na; Sati
Serpente, como símbolo, 141, 178, 220, 226, 240
Set, 52, 71-73, 75, 79, 155, 164
Sexagesimal, sistema de numeração, 97, 99, 108
Shakuntala, 255
Shamash, 107, 111, 113, 205; ver também Utu
Shang, cultura, 298, 309, 310-315, 319; bronzes, 311, 313, 316-317; cerâmica, 296, 311
Shang, dinastia, 143, 296-297, 301, 307-308, 309-315, 316-317, 324, 337, 357
Shang Ti, 356-357
Shang t'ung, 329
Shang Tzu, ver *Livro do Senhor Shang*
Shankara, 270

Shansi, 294, 350, 351
Shantung, 295, 331
Shan-yin, 341
Shao Hao, 301, 308, 338
Shen, 30, 356-357
Shen Nung, 300
Sheng, 354
Sheng-hsien, 332
Shen-hsiu, 348
Shih Chi, 324
Shih Ching, ver *Livro de Odes*
Shih Huang Ti, 298, 336
Shingon, 380, 386, 387, 395
Shinran, 377, 384, 385, 390, 391; ver também Shinshu, seita
Shinshu, seita, 241, 377, 387; ver também Budismo, no Japão; Shinran
Shita, 138
Shotoku, Príncipe, 375, 381
Shravana, 181, 194
Shu, 74 e ss., 94
Shu, 358
Shu Ching, ver *História Clássica*
Shu-Sin, 106
Shub-ad, 43-44
Suddhodana, 204, 205, 208-210, 212-213
Shulikas, 270
Shun, 291, 297, 299, 301, 303-305, 307, 316, 321, 325
Shunga, dinastia, 235
Shuruppak, 102 e ss.
Shvetaketu, 164
Sibéria, 293, 294, 312
Siddha, 282
Siddhi, 173, 332-333
Sikkim, 398
Simão, 204
Sinai, 106
Sinanthropus pekinensis; ver Pequim, Homem de
Sind, 129, 131, 269
Sinkiang, 237
Sipar, 99, 103
Si-Próprio; ver *Ātman;* Ego; Si-Próprio na forma de homem
Si-Próprio na forma de homem, 18-19, 23, 26, 29, 74 e ss., 78, 265, 267, 268, 323, 337
Si-Próprio que disse "Eu"; ver Si-Próprio na forma de homem
Síria, 38, 88, 106, 124, 234, 269
Sírio-cilícia, região, 37 e s.
Sirius, 88
Śiva, 15 e ss., 39, 58, 78 e ss., 87, 139-141, 153 e ss., 162, 168, 170, 205, 226, 236, 244, 265, 270, 277, 281, 282; protótipo de, 139-141, 154, 168, 170; templo de, 87, 287; ver também Rudra
Sma, 55
Soan, zona cultural, 126, 292
Sócrates, 221, 222
Sodoma, 308
Soga, clã, 374-375
Sogdianos, 243
Sol: pássaro solar, 25, 47, 50-51, 79, 110-111, 159; leão solar, 79, 81; deuses do, 84, 85-86, 169-170, 205-206; ver também Solar, Buda; Solar, mitologia
Sol Invictus, 269
Solar, Buda, 241, 378, 380, 385; ver também Amida
Solar, leão, 79, 81
Solar, mitologia, 79, 81, 84, 85-86, 169-170, 205-206, 227; ver também Lunar, mitologia; Deuses, solares
Solar, pássaro, 25, 47, 50-51, 79, 110-111, 159; ver também Hórus
Soma, 147, 149, 154, 163, 168; ver também Sacrifício, conceito de
Soma, deus, 146, 149, 150, 153, 163, 165, 169, 171, 205
Somnath, 287
Soss, 97, 99, 102
Sótis, 88
Soto, seita, 387
Sotthiya, 22
Spengler, Oswald, 53, 54, 70, 189, 319, 360
Srī cakra, 282
Sṛṣṭiḥ, 18 e ss.
Sthūla, 183
Strassburg, Gottfried von, 271
Subhuti, 240, 347-348
Sudão, 57, 63
Sudhana, 377
Sudras, casta, 159 e ss., 268, 282
Suécia, 234, 292
Sui, dinastia, 270, 296, 346-347
Suicídio, ritual do, 387-389
Suiko, 375
Sukhāvatī, 242
Sukṣma, 183
Suméria, 14, 16; comparada aos árias, 146-147; mito da criação, 91-95, 109; apogeu, 90; listas de reis, 98 e s., 100-101, 178, 299, 306 e s.; ordem do universo, 95-97, 107-

108, 146-147; sinetes, 39-43, 78, 95, 232; complexos de templos, 37-39, 43, 45-46, 89; ver também Enlil; *Me;* Mesopotâmia; Ninhursag, Ur
Sung, dinastia, 28, 297, 356-359
Śunyatā, 229, 239; ver também Vazio
Surya, 269
Susa, cerâmica, 124
Suṣamā, 179
Suṣamā-duḥṣamā, 179
Suṣamā-suṣamā, 179
Susano-O-no-Mikoto, 368
Sushun, 375
Sutlej, 162
Sutra, definição, 30
Suvrata, 178
Suzuki, Daisetz, T., 109, 353
Svasvarūpam, 206

Tabi-utul-Enlil, 116-118
Tadashiki kokoro, 373
Tai Fu, 346
T'ai Hao, 338
T'ai K'uei, 341
T'ai-shan, 300
Tailândia, 223
Taira, clã; ver Heike, clã
Taittirīya Upaniṣad, 337
Takahito Mikasa, 372
Takakusu, Junjiro, 340, 378
Takuan, 386
Tales, 202
Tâmil, 131
Tammuz, 40, 46, 96, 146, 205, 309; ver também Dumuzi
Tampânia, indústria, 126
Tamrilipti, 255
Tanatos, 21, 23; como Senhor Morte, 23-26; ver também *Māra;* Mara
T'ang, 308-310, 316
T'ang, dinastia, 270, 296, 312, 347-356, 358, 376, 390
Tântricas, doutrinas, 58, 78, 136-137, 264-265, 282-284, 376, 380, 401
Tao, 27-29, 31-32, 96, 97, 108, 174, 319, 323, 331, 332-333, 334, 338, 344, 349, 357, 358, 381, 389, 391, 394, 395; ver também Taoismo
Tao das Cinco Sacas de Arroz, O, 342
Tao Te Ching, 321, 332-333; citação, 27, 29, 32, 333-334, 342, 349
Tao-hsin, 347
Tao Yu, 346
Taoismo, 28, 230, 298, 324, 330-335, 340-344, 347, 349-350, 352, 354, 355-356, 381-391; ver também *Tao*
T'ao-t'ieh, motivo, 313 e ss.
Tapas, 169, 190
Tariki, 241, 384
Tathāgata, 250, 251, 343-344, 347-349, 378
Tathāgata garbha, 378
Tattvavaiśrādī, 30
Táurea, região, 38
Taxila, 141, 201, 221, 254
Tê, 332-333
Tebas, 57
Tefnut, 74 e ss.
Telmun, 129; ver também Dilmun
Telugu, 131
Templos, complexos de, 37-38, 41, 43, 45, 58, 81
Tendai, seita, 350, 379, 380, 384-387; ver também Budismo, no Japão; Dengyo Daishi
Teodósio I, 258, 344
Testamento, Antigo, 95
Thanesar, 269
Thomas Kempis, 278
Tho-pa, 344
Thrashak, 396
Ti, 356
Tibério, 256
Tibete, 249, 271, 277, 313, 376, 393-401
T'ien, 356, 357
T'ien-t'ai, seita; ver Tendai, seita
Tigre, rio, 89, 123, 124
Tijolos, 38, 43, 47, 48, 55 e s., 63, 64, 80, 85, 124, 142, 200, 258
Timeu, 202
Ting, 316
Tīrthaṅkaras: ("Autores da travessia do rio"), 180, 190 e s.
Tito, 256
Todaiji, templo, 376 e s.
Todas, 39; língua, 131
Togorsh, 39
Tokugawa, Xogunato, 389
Tolstoi, 54, 154
Tot, 76
Totêmico, poste, 311-312
Touro: deus-touro, 37, 50 e s., 58; touro-lua, 37, 41, 43-44, 78-79, 81, 146-147, 205; sagrado, 37, 41, 135, 139-140, 157 e ss.; como símbolo, 56, 58, 63, 81, 124 e ss., 139-140, 168; ver também Ápis, touro; Nandi; Lunar, mitologia
Trajano, 256

Transcendente, divindade, 19-20, 37; ver também Imanente, divindade
Transe, arrebatamento, 169, 248; ver também Xamanismo
"Três Joias", 141
Trigramas *(I Ching)*, 322-324
Trindade: cristã, 34; hinduísta, 155
Tristão e Isolda, 271, 324n.
Triśūla, 139
Trivarga, 26
Troia, 161, 259; Cavalo de, 161
Trungyi, 397
Ts'an-t'ung-ch'i, 342
Tsukiyomi-no-Mikoto, 368
Tsunemori, 383
Tsung Ch'ih, 346
Tsung-p'ing-t' ai-lo, Céu, 354
Tung Fu, 304
Tunhuang, 312
Turcomanos, 237
Turcos, povos, 270, 344, 347
Turquestão, 145, 255, 286
Tzu-jan, 340, 344, 349
Tzu Ssu, 326

Udgatri, sacerdote, 157, 158
Udgitha, 158
Udraka, 217
Ugrashrava, 266
Uhlenbeck, C.C., 145
Ujigami, 373
Ujjain, 200, 235
Ulisses, 196
Uma Haimavati, 167
Umbigo, 40
Umma, 116
Upaniṣad, 163; ver também Upanixades
Upanixades, 162, 166, 169, 200, 226, 227, 229; citação, 18, 162-163, 167, 171, 337
Upāya, 386
Upwaut (O Franqueador do Caminho), 53, 67, 68
Uqair, 38, 39
Ur, 89, 96, 101, 102, 106, 116; tumbas reais de, 14, 43, 58, 63, 96, 101, 143, 387, 388; ver também Suméria
Uraeus, serpente, 79
Uranos, 92
Uruk, 38, 89, 102, 116; período, 39, 41
Usir-raf, 85
Utsarpinī, 178, 181
Utu, 105, 107, 205; ver também Shamash
Uyemon no Hyoge, 389
Uza, 398

Vaca, sagrada, 38-39, 58
Vachaspatimishra, 30
Vaidehi, 246-247, 249, 251-252
Vaikriyika, 185
Vairochana, 241, 377, 380; ver também Solar, Budha
Vaisali, 392
Vaishampayana, 266
Vaixia, casta, 159n., 166, 268
Vajra, 380
Vallabhacharya, 270
Vāmacāri, 282
Vardhanas, 269
Varuna, 58, 144, 146, 147, 149, 150, 151, 152, 158, 159, 161, 182, 262
Vasishtha, 153
Vasu, 260
Vayu, 156, 167
Vazio, 26 e ss., 30, 32, 169, 225, 227, 229 e ss., 238, 267, 268, 276, 277, 381, 386, 395, 401
Vedāntasāra, 332
Vedas, 128, 147, 148, 151, 152, 156, 159, 162, 164, 168, 170, 174, 197, 208, 226, 229, 259, 262, 265, 288, 316, 318; ver também *Rig Veda; Sama Veda;* Védica, mitologia; *Yajur Veda*
Védica, mitologia: e bramanismo, 155-161, 162, 164, 166, 168, 169, 226; comparada ao hinduísmo, 151-155, 158, 170-171; comparada à mitologia do vale do Indo, 147-150, 154, 169; comparada à Mesopotâmia, 146-147, 150; ordem do universo, 146-147, 149-150; panteão, 145-146, 151, 154, 166, 167-168; comparada aos semitas, 147, 149, 205, 226; ver também Árias; *Ṛta*
Vênus, deusa, 40; planeta, 41, 93, 112
Vespasiano, 256
Vidura, 263
Vidyā, 226
Vijayanagar, 288
Vimalavahana, 179
Vindhya, montanhas, 234, 237
Vīra, 201
Virgem, parto de, 40-41, 84-85, 261, 301, 309, 324
Vishishtacharita; ver Nichiren
Vishvakarman, 175
Viṣṇu, 39, 58, 60, 152 e ss., 171, 266, 270, 272n., 273, 276-279, 281, 282; ver também Kṛṣna

Viṣṇu Purāṇa, 272-273
Visualização, 248-253
Volga, 162
Vrindavan, 272, 276, 277, 278, 279
Vritra, 150-154, 204
Vyasa, 30, 259-267

Wadjet, 52
Wakizashi, 388
Waley, Arthur, 28, 29-30, 321, 331e ss., 331n., 334, 349
Wang Hui-chih, 341
Wang Ling, 311
Ward, William, 60-61
Wagner, Langdon, 373, 380, 390
Watts, Allan W., 385
Wen, 322-323
Wen-tsung, 350
Wheeler, Sir Mortimer, 129, 200, 201, 231, 257
Wieland, 306
Wilhelm, Richard, 322
Wilson, H.H., 283
Wilson, Jobn A., 46, 114
Winternitz, M., 151
Wooley, Sir Leonard, 14, 43, 63, 143
Wu (Chou), 315-316, 322, 337
Wu (Liang), 345-346
Wu wei, 335
Wu-ling, 331
Wu-t'ai, monte, 350, 351
Wu-tsung, 350-351, 352-355, 358

Xamanismo, 169, 226-227, 311-315, 316, 356; ver também Adivinhação; Possessão
Xátrias, casta, 159n., 163, 165 e ss., 177, 268, 269
Xenófanes, 201
Xerxes I, 231
Xintoísmo, 313, 316, 363, 364, 370-374, 380, 391

Yab-Yum, postura, 277
Yajnavalkya, 18
Yajur Veda, 157
Yakṣas, 124, 167, 186
Yama, 262
Yamato, período, 362-364, 374, 376, 389, 390
Yamuna, 162, 200, 201, 260 e ss., 275, 277, 278
Yang, 28-29, 322, 323, 356, 394, 401
Yang Chu, 330
Yang Shao Tsun, 295
Yang Ti, 346
Yang-Tsé, 339, 345, 346
Yangshao, cultura, 292, 298, 309; cerâmica, 295, 311, 313
Yao, 291, 297, 299, 301-304, 307, 316, 321, 325
Yashodhara, 208
Yayoi, período, 361, 363, 390
Yen, 307
Yen Ti, 300, 338
Yi, rio, 307 e ss.
Yi Yin, 308-309
Yin, 28-29, 322, 323, 356, 394, 401
Yoga Sūtra, 30-31
Yoga-bhāṣya, 30
Yoni, 141, 277, 323
Yü, 320
Yü, o Grande, 291, 297, 299, 301, 302, 304-306, 307, 309, 321, 337
Yu Min, 307
Yu Shih, 307
Yüan, 307
Yüan, dinastia, 297
Yucatán, 314
Yudhishthira, 263, 266; ver também Pandavas
Yueh-chi, 237, 243; ver também Kushanas
Yunkang, templos-cavernas, 255, 340

Zdansky, Otto, 242
Zen-budismo, 109, 344, 377, 384, 385-386, 387, 391-392; ver também Budismo, no Japão
Zer, 63, 69, 71, 80
Zet, 64
Zeus, 33, 34, 37, 90, 104, 236
Zhob, vale do, 124
Zigurates, 89-91, 95, 97, 195, 258
Zimmer, Heinrich, 167-168, 196, 224, 232, 238, 251, 326
Ziusudra, 100, 104-106, 107
Zodíaco, 89, 91, 98-99
Zoroastrismo, 16, 34, 182, 195, 197-199, 229, 242, 244
Zoroastro, 16, 197, 198, 206, 242, 244
Zoser, 80, 81

Texto composto em Times New Roman.
Impresso em papel Pólen Soft 80g na Cromosete.